N. I. Tarassow
Klassischer Tanz
Die Schule des Tänzers

N. I. Tarassow

Klassischer Tanz

Die Schule des Tänzers

Herausgegeben von
Martin Puttke

HENSCHEL

Bibliografische Information der Deutschen Nationalbibliothek
Die Deutsche Bibliothek verzeichnet diese Publikation in der Deutschen Nationalbibliografie; detaillierte bibliografische Daten sind im Internet über http://dnb.ddb.de abrufbar.

Titel der russischsprachigen Originalausgabe:
Классический танец. Школа мужского исполнительства, © 1971
Originalverlag: Государственное издательство »Искусство«

Herausgegeben und aus dem Russischen übertragen von Martin Puttke
Besonderer Dank für die Hilfe bei der Herausgabe der deutschsprachigen Fassung gebührt dem Autor N. I. Tarassow und Dr. Renate Billinger, Berlin

ISBN 978-3-89487-208-X

Umschlaggestaltung: Ingo Scheffler, Berlin
Titelbild: © ullstein bild - SPUTNIK
Zeichnungen: W. M. Ustinowa
Gestaltung und Satz: AS Typo & Grafik, Berlin
Printed in Germany

www.henschel-verlag.de

Inhalt

Vorbemerkung

Die Neuauflage dieses Buches stellte mich vor die Frage, ob eine Überarbeitung vor allem des 1. Teils notwendig sei, um ein besseres Verständnis der durch den Zeitgeist der 50er bis 70er Jahre in der Sowjetunion geprägten weltanschaulichen, ästhetischen und pädagogischen Darlegungen des Autors zu ermöglichen. Einzelne sprachliche Korrekturen, die auch die neue politische Konstellation der ehemaligen Staaten des Ostblocks nach der Wende berücksichtigen, oder Glättungen von heute ungebräuchlichen Formulierungen wären nicht nur aus der Sicht des Übersetzers eine Verfälschung. Sie würden auch den Zeitgeist der Entstehung dieses Werkes unberücksichtigt lassen, und damit den geistigen und ethischen Boden für einige Grundaussagen dieses Lehrbuches eliminieren.

Die weltweit nach wie vor ungeschmälerte Bedeutung und Anerkennung dieses Buches ist eben darin zu sehen, daß der Autor in der Darlegung methodisch-pädagogischer Fragen weit über den Rahmen einer strengen und systematischen Aufarbeitung hinausgeht und sich durch sittliche und humanistische Fragestellungen als ein großer Pädagoge nicht nur seiner Generation erweist.

So ist z. B. die Auffassung von der eigenständigen Rolle beider Geschlechter im Tanz eine der Grundaussagen Tarassows und bildet die sittliche Wurzel für seine Forderung nach Natürlichkeit des tänzerischen Gestus, in diesem Fall des männlichen Tänzers. Ebenso ist seine methodische Konzeption von einer Rationalität durchgedrungen, die weit über die zu seiner Zeit und nicht nur in der damaligen Sowjetunion bestehenden Auffassungen hinausreicht. Sie ist heute noch als modern zu bezeichnen und steht den üblichen Ausbildungsmethoden mancher Ballett- oder Tanzlehrer diametral entgegen, die den Unterricht ausschließlich zur Erziehung körperlicher Gefühle benutzen und das geistige Potential des Ballettschülers wenig oder überhaupt nicht berücksichtigen oder herausfordern.

Tarassows methodisches Prinzip zielt ausschließlich auf die Erziehung des künstlerischen Ausdruckes hin. Die Technik erscheint lediglich als ein Mittel zum Zweck und soll die Voraussetzungen für eine freie und individuelle Darstellung des Tänzers schaffen. Damit wird auf dieser Grundlage auch die Brücke zu modernen Tanzstilen geschaffen und die Möglichkeit für den in diesem Geiste erzogenen Tänzer, sich den choreographischen Herausforderungen und anderen Schulen des Tanzes der Gegenwart zu öffnen.

Meine mehr als dreißigjährige Praxis als ehemaliger Schüler von Tarassow, Ballettpädagoge und Ballettdirektor in Berlin und Essen war getragen von der Absicht, auf dieser Grundlage Interpreten zu formen, die den klassisch-akademischen Tanz als unverzichtbare Basis für den heutigen Tänzer am Theater verstehen und sich mit hoher Professionalität ebenfalls die verschiedenen Stilrichtungen und Schulen des zeitgenössischen Tanzes anzueignen imstande sind. Beeindruckende Interpreten wie z. B. Oliver Matz, Mario Perricone, Raimondo Rebeck oder Gregor Seyffert sind das Ergebnis einer langjährigen Auseinandersetzung mit den Ideen Tarassows und der Zusammenarbeit mit diesen Schülern an der Staatlichen Ballettschule Berlin und an einigen Opernhäusern Deutschlands.

Tarassow selbst war ein äußerst kritischer Geist, dessen Methoden sich schwer in gängige und eingeschliffene Ausbildungspraktiken selbst in Rußland einpassen lassen. Sein Werk stellt für den Ballettpädagogen eine Herausforderung dar und verlangt eine kritische Durchdringung sowohl der allgemein-pädagogischen Aussagen wie auch der künstlerisch-methodischen. Das wäre in seinem Sinne, denn er selbst haßte die blinden Nacheiferer.

Berlin, im Juni 2005
Martin Puttke

Vom Autor

Verehrter Leser, mit großer Freude und den besten Wünschen möchte ich Ihnen meine Arbeit, die in der deutschsprachigen Übersetzung in einigen Details verändert wurde, vorlegen.

Die Veröffentlichung ist als Beitrag zur Vervollkommnung der Lehrprinzipien der russischen und sowjetischen Schule des klassischen Tanzes zu verstehen und wurde für die Ballettabteilungen der Theaterhochschulen und für die Ballettschulen geschrieben. Sie wendet sich insbesondere an angehende Pädagogen, die Tänzer ausbilden, d. h. auf dem Gebiet der männlichen Darstellungskunst arbeiten oder beabsichtigen, sich in dieser Richtung zu spezialisieren.

Die Arbeit gliedert sich in zwei Teile. Der erste Teil beinhaltet die Ziele und Aufgaben der Schule des klassischen Tanzes, die Planung der Arbeit des Pädagogen und die Leistungsbewertung. Im zweiten Teil werden die einzelnen Bestandteile der Übungen (das Lehrmaterial) in der Form dargelegt, wie sie in die Schule des klassischen Tanzes integriert worden sind. Zeichnungen, die die Ausführung der einzelnen Übungen veranschaulichen, vervollständigen den Text. In der Publikation wird die Methodik der Unterrichtsführung im klassischen Tanz als einheitliches System von Erziehungs- und Lernprozeß bei der Ausbildung von Balletttänzern dargelegt.

Es muß jedoch betont werden, daß selbst die beste Publikation nicht die Praxis ersetzen kann, denn mit Hilfe der Praxis entwickelt der Pädagoge seine Meisterschaft und sammelt Erfahrungen. Aber sie kann dem Pädagogen helfen, seine theoretischen und methodischen Kenntnisse zu erweitern und zu vertiefen und die Zielstrebigkeit und Planmäßigkeit seiner Unterrichtsführung zu verbessern. Folglich ist sie für die praktische Arbeit des Pädagogen von hohem Nutzen.

Ich habe versucht, in meiner Arbeit auf die Frage nach dem Ziel, dem Inhalt und der Methodik der Schule des klassischen Tanzes so umfassend wie möglich zu antworten und den Kern der darstellerischen und pädagogischen Meisterschaft herauszuarbeiten.

In welchem Maße mir dieses Vorhaben gelungen ist, darüber mögender Leser und die Zeit entscheiden.

Ich wäre vollauf zufrieden, wenn meine Arbeit für den angehenden Pädagogen eine – zumindest nur kleine – Hilfe bietet. Es würde mich sehr freuen, wenn von meinen methodischen Hinweisen und Ratschlägen nicht nur die Pädagogen an den Ballettschulen, sondern auch die Pädagogen an Laientheatern, Kulturinstituten und Volkskunstensembles profitieren.

Abschließend möchte ich all jenen danken, die in der DDR bei der deutschsprachigen Herausgabe meiner Arbeit entscheidend mitgewirkt haben. Ich hoffe, daß sie der weiteren Festigung und Entwicklung der kulturellen Beziehungen auf dem Gebiet der Ballettkunst dient.

Moskau, September 1973
Nikolai I. Tarassow

Erster Teil

Erstes Kapitel

Die Schule des klassischen Tanzes

1.

Die Ballettkunst hat ihren Ursprung im volkskünstlerischen Schaffen. Die lebendigen, unversiegbaren Quellen der Choreographie der Volkstänze waren immer wieder der Ausgangspunkt für die Ballettkunst, ermöglichten ihr den Reichtum und die Vielfalt der tänzerischen Ausdrucksmittel, über die das Ballett heute verfügt.

Mit dem Bestreben, möglichst unterschiedliche und mannigfaltige Themen und Stoffe auf der Bühne tänzerisch zu gestalten, bildete und entwikkelte das Ballett seine spezifischen Ausdrucksmittel, nach denen man den typischen Volkstanz vom historischen Tanz, den klassischen Tanz von der Groteske und auch von der Pantomime unterscheidet.

Wann und wie sich diese unterschiedlichen Genres des Tanzes herausbildeten, darüber sollen andere, künftig noch zu schreibende Arbeiten berichten. Hier soll lediglich bemerkt werden, daß der klassische Tanz über ein außerordentlich genau aufgebautes und ausgearbeitetes System szenischer Bewegungen verfügt. Der Umfang seiner Darstellungstechniken ist ungewöhnlich groß. Diese Spezifik des klassischen Tanzes gibt dem Ballettmeister die Möglichkeit, die unterschiedlichsten choreographischen Kompositionen zu erfinden, ähnlich wie dem Musiker, der auf der Grundlage einer bestimmten Tonfolge die vielfältigsten Tonverbindungen aufbauen kann. Anders ausgedrückt: Die Ausdrucksmittel des klassischen Tanzes erlauben es dem Ballettmeister, Ballette mit unterschiedlichem Inhalt und verschiedenartigsten Formen zur Aufführung zu bringen – angefangen von kleinen Konzertetüden bis zu Balletten mit mehreren Akten; von Kompositionen für das corps de ballet bis zu denen für große Tanzpartien, wie z. B. Odette und Odile, Giselle, Raymonda, Julia, Maria, Esmeralda, Parascha, Kitri, Laurencia, Swanilda, Aurora, Fadetta, Danila, Romeo, Jewgeni, Philipp, Waclaw, Spartacus u. a.

Mit einem Wort, der klassische Tanz ist reich an Mitteln, die für die Ballettdramaturgie und die Charakteristik der handelnden Personen zur Verfügung stehen. Das alles besagt aber noch nicht, daß der klassische Tanz die Hauptkomponente der Bühnenchoreographie ist. Bei weitem nicht. Alle Arten des Bühnentanzes stehen gleichberechtigt nebeneinander, erscheinen in ihrer Art als eigenständiges Mittel zur künstlerischen Gestaltung einzelner Szenen oder ganzer Aufführungen.

Der Entwicklungsweg des klassischen Tanzes ist kompliziert und schwierig. Es gab Zeiten, in denen die Modernisten und andere ähnliche »Neuerer der Tanzkunst« der Meinung waren, daß die Sprache des klassischen Tanzes überholt sei, daß sie den neuen Inhalt des Lebens nicht mehr zum Ausdruck bringen könne, daß es an der Zeit wäre, den klassischen Tanz samt seinen akademischen Schulen schnell und für immer in das Archiv der Tanzgeschichte zu verbannen.

Es ist bekannt, daß der Modernismus und die Dekadenz mit der Propagierung ihres Pessimismus, ihrer ungesunden Symbolik, mit ihrer Mystik und morbiden Sexualität mit Recht von der sowjetischen Kunst verurteilt werden. Der klassische Tanz hat der Zeit standgehalten und setzt seine erfolgreiche Entwicklung auf dem Weg des Realismus fort. Die künstlerischen Erfahrungen der sowjetischen Ballettmeister haben mit aller Deutlichkeit bewiesen, daß man auch heute noch mit den Mitteln des klassischen Tanzes Werke schaffen kann, die wahrheitsgemäß und überzeugend den neuen Inhalt unseres Lebens widerspiegeln. Unterstützt wird dieser Tatbestand durch eine Reihe neuer Aufführungen und Ballettwerke, wie z.B.: »Fliegt, Tauben«, »Das Mädchen und der Rowdy«, »Auf dem Gewitterpfad«, »Leningrader Sinfonie«, »Ufer des Glücks«, »Gorjanka«, »Asselj«, »Jacqueline« und viele andere. In diesen neuen Ballettwerken sind die Mittel des Tanzes optimal genützt. In ihnen sind die strengen, plastisch vollendeten Formen der Choreographie, der poetische Stil der Handlung, die fehlerfreie und gekonnte Technik der Bewegungen streng bewahrt. Verändert haben sich der kompositorische Aufbau der tänzerischen Sprache, die künstlerische Gestalt, der Charakter und die Taten der Helden; die historisch entstandenen und gewachsenen Grundlagen der Ballettkunst aber blieben unverändert.

In der Vergangenheit bediente sich der klassische Tanz zur Gestaltung seines Inhalts vor allem solcher Gestalten wie Prinzen und Prinzessinnen, ihrer Gespielen und Gespielinnen, Sklaven und Sklavinnen, verschiedener phantastischer Figuren in den unterschiedlichsten, märchenhaften Sujets. Die Basis, auf der die »Sprache« des klassischen Tanzes aufbaut, ist lebensnah und natürlich – sie entspricht der Natur des Menschen, der Organik seiner Bewegungen; sie ist sein schöpferisches Abbild, seine Emotionalität, seine Liebe, sein Streben zum Schönen, zum Guten, zum Höheren, seine moralische Sauberkeit, wie sie das Volk in seinen Volkstänzen zum Ausdruck brachte und wie sie das Ballett von ihnen übernahm.

Diese ausdrucksstarken Mittel des klassischen Tanzes müssen aber richtig und geschickt genützt werden. Es ist wohl kaum möglich, mit Mitteln des Volkstanzes solche Helden wie Julia, Parascha, Romeo und Eugen u. a. auf die Bühne zu bringen. Andererseits kann man sich den berühmten »Kissentanz« im Ballett »Romeo und Julia« nur als einen historischen Tanz vorstellen. Ein falscher Einsatz der genregebundenen Ausdrucksmittel ist dem unzureichenden Vermögen des Ballettmeisters zuzuschreiben und nicht der choreographischen Kunst.

Der klassische Tanz wird nicht nur durch die Schöpferkraft des Ballettmeisters vervollkommnet, sondern auch durch die gestalterische Meisterschaft der Ausführenden, durch die Unterrichtsmethodik, durch die Theorie. Ich möchte aber noch einmal wiederholen: die tänzerische Grundlage, d. h. ihre »Schule«, muß genauso unveränderlich bleiben wie die Tonleiter in der Musik.

Solche bedeutenden russischen Ballettmeister wie M. I. Petipa, L. I. Iwanow, M. M. Fokin und A. A. Gorski beherrschten den klassischen Tanz und seine Schule ausgezeichnet; ausgehend von einer sicheren Grundlage, schufen sie choreographische Werke von hoher künstlerischer Qualität, die sich mit den Strömungen und dem Stil ihrer Zeit in Einklang befanden. Deshalb stellen diese Meister der Ballettkunst in der Geschichte der Choreographie echte Neuerer dar.

Das gleiche kann man auch von unseren zeitgenössischen und vielen anderen Ballettmeistern sagen, wie z. B. von F. W. Lopuchow, K. J. Goleisowski, L. M. Lawrowski, R. W. Sacharow, W. I. Wainonen, K. M. Sergejew, B. A. Fenster, J. N. Grigorowitsch, I. D. Belski, L. W. Jacobson und O. M. Winogradow.

Schließlich muß man bemerken, daß für die wahrheitsgemäße und klare Widerspiegelung des Lebens nicht nur die Kenntnis der Schule notwendig ist, sondern auch ein tiefes Verständnis der Gegenwart, die Fähigkeit zur Regie und zu gestalterischem Vermögen, eine hohe Musikkultur und schauspielerische Begabung der Tänzer. Deshalb muß der Pädagoge des klassischen Tanzes ständig darauf achten, daß er nicht nur eine hohe Darstellungstechnik vermitteln und ausbilden, sondern auch ein moralisch-ästhetisches Bewußtsein dem künftigen Tänzer anerziehen muß. Davon hängt ab, wie es seinen Schülern gelingen wird, die neuen Werke der Gegenwart künstlerisch zu gestalten.

2.

Das Repertoire des sowjetischen Balletttheaters erhält einen immer tieferen Ideengehalt. Die Dramaturgie zeitgenössischer Ballettaufführungen verlangt von dem Tänzer nicht nur ein ausgezeichnetes technisches Können, sondern auch immer bessere schauspielerische Fähigkeiten, eine hohe Musikalität und eine ausgeprägte allgemeine Tanzkultur.

Die Erziehung und Ausbildung des künftigen Tänzers sind wesentlich von den Traditionen, der künstlerischen Richtung und dem Können der Pädagogen bestimmt.

Die ältesten professionellen Schulen des klassischen Tanzes – die französische, die russische und die italienische Schule – verfügen über tiefverwurzelte nationale darstellerische Traditionen; aber die choreographischen Grundlagen (der Bestand an Bewegungen) sind in allen drei Schulen einheitlich.

Der Stil der künstlerischen Ausführung, die Art der Bewegungen, ihre ideell-künstlerischen und nationalen Besonderheiten – wie sie im Können der einzelnen Tänzer ihren Ausdruck finden – sind jedoch sehr unterschiedlich.

Für die französische Ballettschule sind eine hohe Gestaltungstechnik, ein eleganter Stil, weiche Bewegungen charakteristisch: all das Leichte, Graziöse und manchmal etwas Verfeinerte, was der französischen Kunst im allgemeinen eigen ist.

Die italienische Schule zeichnet sich durch virtuose Technik, durch einen strengen Stil mit einem leichten Hang zum Grotesken, durch ungestüme, heftige und manchmal zugleich angespannte und eckige Bewegungen aus.

Für die russische Schule ist die Vollkommenheit der Technik typisch, ihr strenger akademischer Stil, ihre einfachen, verhaltenen und weichen Bewegungen, die frei von allen äußerlichen Effekten sind. Der russischen Ballettschule sind Elemente des sogenannten »modernen Stils« völlig fremd.

Einige ausländische Choreographen sind der Meinung, daß die russische Schule eine »Vereinigung« der französischen und italienischen Traditionen darstellt. Natürlich sind weder der Bestand der Bewegungen des klassischen Tanzes noch seine Terminologie in Rußland entstanden. Aber die ideell-künstlerischen und nationalen Besonderheiten, die das Können des russischen Tänzers auszeichnen, existieren völlig eigenständig. Auch die Tonfolgen in der Musik sind nicht auf russischem Boden entstanden, aber die russische Musikschule verfügt über ihre eigenen, tiefverwurzelten nationalen Traditionen, stellt eine eigene ideell-künstlerische Richtung in der Musik dar.

Es ist aber unumstritten, daß Wechselbeziehungen zwischen den einzelnen Ballettschulen existiert haben. In der Vergangenheit haben sowohl russische als auch andere ausländische Ballettmeister bei ihren Gastspielen voneinander gelernt. Sie befruchteten sich gegenseitig in der Gestaltung und in der Tanztechnik. Viele ausländische Choreographen unterrichteten russische Tänzer. Im vorrevolutionären Rußland herrschten fast ausschließlich Stil und Manier der französischen und italienischen Ballettschulen vor. In dieser Zeit war die schöpferische Tätigkeit der führenden russischen Choreographen – Jewgenija Kolossowa, Awdotja Istomina, Jekaterina Sankowskaja, Timofej Bublikow, Andrej Nesterow, Adam Gluschkowski, Sergej Sokolow, Didelot und vieler anderer – darauf gerichtet, die russische Schule des klassischen Tanzes zu entwickeln. Diese Schule nahm zwar die besten Leistungen der ausländischen Ballettschulen in sich auf, kämpfte aber gleichzeitig für die Bewahrung und Ausprägung ihrer eigenen nationalen Traditionen.

Die Oktoberrevolution befreite die russische Schule des klassischen Tanzes von fremden Einflüssen.

A. J. Waganowa schreibt, daß bereits »mit Beginn des ersten Jahrzehnts des 20. Jahrhunderts weder die französische noch die italienische Tanzschule in reiner Form auf unseren Bühnen anzutreffen war«. Das heißt, daß schon zu Beginn der zwanziger Jahre die russische Schule des Balletts ihre künstlerische Eigenständigkeit ausgeprägt hatte.

So begann man z. B. bereits Mitte der zwanziger Jahre mit der Einrichtung von Ballettschulen in den Sowjetrepubliken. Die RSFSR erwies diesen Einrichtungen eine freundschaftliche und umfangreiche Hilfe. Russische Ballettmeister und Lehrer arbeiten in den Theatern und Schulen der verschiedensten Republiken. In Leningrad und Moskau werden für die Republik-Theater Dramaturgen, Choreographen, Ballettmeister und pädagogische Kräfte ausgebildet.

Einige dieser choreographischen Ausbildungsstätten in den Republiken sind noch sehr jung. Sie befinden sich noch im Stadium der Entstehung; das betrifft sowohl den Umfang als auch das künstlerische Niveau der Ausbildung. In der Ausprägung ihrer nationalen Traditionen unterliegen diese Schulen aber einer völlig eigenständigen Entwicklung.

Gegenwärtig ist für alle Schulen des klassischen Tanzes in der Sowjetunion die Pflege des strengen akademischen Stils bezeichnend, der sich in einer Fülle von gestalterischen Mitteln und Bewegungsarten äußert und der die Individualität des Tänzers nicht etwa begrenzt oder einschränkt, sondern, im Gegenteil, ihm die Ausschöpfung all seiner künstlerischen Möglichkeiten und seiner nationalen Eigenart erlaubt. Das Können des sowjetischen Tänzers zeigt sich in seiner schöpferischen Individualität und nicht in der Imitation der Allüren des Lehrers oder der seines Vorbildes. Eine der grundlegenden Traditionen der russischen und sowjetischen Schule des klassischen Tanzes besteht in der Erziehung und Ausbildung selbständiger Künstlerpersönlichkeiten.

Es ist verständlich, daß in der ersten Zeit die Schüler unwillkürlich die künstlerischen Gewohnheiten und Besonderheiten des Lehrers nachahmen. Dann aber, wenn das Vertrauen in die eigenen Kräfte wächst und eine gewisse Selbständigkeit im Handeln einsetzt, muß man darauf achten, daß er in jeder Unterrichtskombination *sein* gestalterisches Gefühl zum Ausdruck bringt, daß er sein inneres Verhältnis zur Aufgabe entwickelt und deutlich werden läßt, daß er *seine* Art der Bewegung entwickelt, ohne dabei den streng akademischen Stil zu durchbrechen.

In dieser Übergangsperiode muß man darauf achten, daß die Lernenden die gegebene Handlung wahrhaft, ohne Affektiertheit, ohne äußerliche »Manier« der Bewegung zum Ausdruck bringen. Die Bewegungen müssen natürlich und ungezwungen sein. Ein solches pädagogisches Herangehen gestattet den Schülern, »zu sich selbst zu finden«, ihre Individualität auszuprägen, die für die künstlerische Meisterschaft des künftigen Tänzers außerordentlich wichtig ist. Zum anderen müssen aber auch eine einförmige, »kalte« und monotone Bewegungsweise sowie erlogenes Pathos, erkünsteltes Temperament, Selbstzufriedenheit und ähnliche Geschmacklosigkeiten vermieden werden.

Die künstlerische und die allgemeine Kultur des Tänzers bestimmen auch die Bewegungsart, welche selbstverständlich nur auf der Grundlage großer technischer Fertigkeiten entwickelt werden kann. Eine vollkommene Technik ist andererseits ohne eine hohe Stufe der Persönlichkeitsentwicklung des Tänzers nicht möglich. Die Bewegungsart ist das individuelle plastische Ausdrucksmittel des Tänzers, ist sein ureigenes gestalterisches Vermögen, ist echtes Können und nicht mehr nur die Nachahmung der Bewegungen des Lehrers oder des auserwählten Tänzer-Vorbildes. Kein Mensch würde auf den Gedanken kommen, daß die künstlerischen Eigenarten solcher Tänzer wie K. Sergejew, W. Tschabukiani, A. Jermolajew, M. Gabowitsch, A. Messerer und N. Fadejetschew etwa »Kopien« der Allüren ihrer bedeutenden Lehrer sind. Dabei ist der Einfluß dieser Lehrer, ihre Traditionen, ihre hohe Bewegungstechnik und ihre Art der Widerspiegelung der Wirklichkeit erkennbar – von einer Kopie kann aber nicht die Rede sein. Der jungen Generation von Pädagogen wünschen wir, daß sie um die zeitgemäße und individuelle Art der Bewegung weiter auszubauen – die Traditionen der von der Szene abtretenden Tänzer-Generation fortsetzt, daß sie sich kritisch gegenüber Formalismus, gegenüber Mängeln im tänzerischen Können und der Musikalität des Tänzers verhält, daß sie Oberflächlichkeiten nicht duldet und stets um eine exakte und saubere Tanztechnik ringt.

Die realistische Richtung in der Kunst des russischen und sowjetischen Balletts hat tiefverwurzelte Traditionen. Sie bestimmen nicht nur den Charakter der Theaterentwicklung im allgemeinen, sondern auch den Charakter der Ballettschulen und des Unterrichts. Geht es im Unterricht um die Darstellung und Gestaltung des Lebens, um seine schöpferische Aufnahme und tänzerische Verwandlung, so läßt das erkennen, daß hier Tänzer einer realistischen Schule erzogen werden. Wenn der Schüler erkennt, daß die Bewegungstechnik, an der er arbeitet, als Mittel zum tänzerischen Ausdruck seiner Gefühle und Gedanken dient, so heißt das, der Lehrer bedient sich im Unterricht der realistischen Methode. Selbst die perfekteste Technik kann der Ballettkunst keinen Dienst erweisen, wenn sie eine tote, eine mechanische Technik ist, wenn sie nicht dem Leben und dem künstlerischen Schöpfertum des Tänzers entspricht. Selbst das einfachste battement im Unterricht muß künstlerisch, d. h. in seiner Plastik durchdacht, musikalisch und mit dem vollen Verständnis und Gefühl für die technische und gestalterische Aufgabenstellung ausgeführt werden.

Jeder beliebige Bühnentanz, darunter auch der klassische Tanz, hat nur dann eine nachhaltige Wirkung auf den Zuschauer, wenn das Können des Tänzers auf einer ausdrucksstarken, aber nicht mechanischen Gestik basiert, wenn er die Handlung auf realistische und nicht auf abstrakte Weise zum Tragen bringt. Die junge begabte Generation sowjetischer Tänzer, wie B. Wassiljew, J. Solowjew, M. Liepa, M. Lawrowski, J. Wladimirow und noch viele andere mehr, wurden in Ballettschulen und werden heute in den Theatern zu realistischen Künstlern erzogen. Die russische und sowjetische Choreographie ist stolz auf ihre Lehrer und Ballettpädagogen an den Ballettschulen, zu denen solche bekannten Lehrer wie P. A. Gerdt, N. P. Domaschew, W. D. Tichomirow, N. G. Legat, L. S. Leontjew, W. A. Semjonow, W. I. Ponomarjow, B. W. Schawrow, A. A. Pisarew, L. S. Petrow, A. J. Puschkin, A. M. Messerer, A. M. Rudenko und viele andere gehören. Jeder von ihnen hat seine eigene, individuelle Unterrichtsmethode entwikkelt, aber alle zusammen kämpfen sie für die Reinerhaltung des klassischen Stils, für die Weiterentwicklung der realistischen Richtung in der Ballettkunst, die zu einer Vielfalt in den unterschiedlichsten Genres der Ballettkunst führt: von den klassischen Balletten wie »Coppelia«, »Giselle«, »Schwanensee« u. a. bis zu neuen Balletten wie »Ufer der Hoffnung«, »Leili und Medshnun«, »Legende von der Liebe«, »Spartacus« usw.

3.

Um die künstlerische Meisterschaft des klassischen Tanzes zu beherrschen, muß man sein Wesen, seine Gestaltungsmittel, seine Schule kennen und sich aneignen. Der Fundus der Bewegungen des klassischen Tanzes ist umfangreich und vielfältig, aber sein »Grundelement« ist die Pose in ihrer tänzerischen und kompositorischen Verschiedenartigkeit. Die Pose des klassischen Tanzes ist ihrem Wesen nach eine Abstraktion. Der emotionalgedankliche Inhalt und der Verlauf einer szenischen Handlung werden durch Mittel der poetischen Überhöhung, nicht durch prosaisch alltägliche Bewegungen zum Tragen gebracht.

Die Pose des klassischen Tanzes ist ein stilisiertes Gestaltungsmittel. In ihr ist alles den Gesetzen von Raum und Zeit der Bühnen-Choreographie untergeordnet, welche die menschlichen Bewegungen plastisch verstärkt, vergrößert, überhöht und zu einer ungewöhnlichen Virtuosität führt. Dennoch ist die Pose in ihrer stilisierten Graduiertheit völlig realistisch. Sie liefert der Kunst des klassischen Tanzes ausgesprochen harmonische, variable und geschmeidige Ausdrucksmittel. Man kann z. B. mit der Ausführung einer Pose arabesque, ohne ihren choreographischen Aufbau zu zerstören, die ihrem Charakter nach unterschiedlichsten szenischen »Handlungen« ausdrücken: von feinfühliger, strahlender Lyrik bis zur tiefen Dramatik.

Die Pose des klassischen Tanzes zeichnet sich durch die Vielfalt der Gestaltungsmöglichkeiten aus. Sie kann Haupt- oder Ergänzungselement dieser oder jener Bewegung sein. Die Bewegung kann schnell und langsam ausgeführt werden, sie kann lange oder nur kurze Zeit fixiert werden, sie kann die Dynamik der Bewegung verstärken oder verringern. Die Pose kann in kleiner oder in großer Form ausgeführt werden, auf dem Boden (par terre) und in der Luft (en l'air), ohne Wendung, mit Wendung, mit Drehung, mit battu bei einer cabriole usw.

Die Posen können mit Hilfe der verschiedensten Verbindungselemente in Abhängigkeit vom Ziel der choreographischen Komposition vereinigt werden. Und wenn diese Komposition überlegt, begeisternd, musikalisch und technisch vollkommen ausgeführt wird, dann kann die Pose, indem sie sich in einen lebendigen Gestus des Tanzes verwandelt, zur Charakterisierung der verschiedenen Figuren, Genres, Stile und Epochen dienen, die den Inhalt des Ballettwerkes bestimmen; sie kann die verschiedenen Gefühle, Vorstellungen und Erlebnisse des Menschen zum Ausdruck bringen. Wird die Pose oder die ganze Komposition nur formal ausgeführt, ohne Gefühl und innere Beteiligung, so bleibt sie lediglich ein choreographisches Bewegungsschema.

Auf diese Weise ist die Pose des klassischen Tanzes ihrer Natur nach eine Geste, die aus einer überlegten und klar gestalteten Handlung hervorgeht, aber eine Geste, an der der ganze Körper beteiligt ist, nicht nur ein Arm oder beide Arme. Die Arme dienen lediglich der Verstärkung des tänzerischen Ausdrucks.

Um seine Kompositionen auszuarbeiten, wählt der Ballettmeister entsprechende choreographische Posen aus, die dem Tänzer die Möglichkeit geben, umfassend und künstlerisch glaubwürdig den Inhalt und die zu verkörpernde Gestalt aus der Handlung hervortreten zu lassen. Und wenn beide, sowohl der Ballettmeister als auch der Darsteller mit Talent und Können ihre künstlerische Aufgabe lösen, dann kann man eine schier endlose Zahl von Gefühlen, Absichten und unerwarteten plastischen Intonationen in die Geste des klassischen Tanzes hineinlegen.

In unserer Zeit wird die Pose des klassischen Tanzes immer wandelbarer und vielfältiger. Es ist sicher naiv zu behaupten, daß nur die Pose im Unterricht noch »reine Klassik« ist, aber alles andere eigentlich schon die Verletzung ihres historisch gewachsenen Aufbaus, ihres Stils und ihrer Ausdrucksmöglichkeiten.

Es wäre aber auch falsch zu behaupten, daß der klassische Tanz konservativ sei, losgelöst, abgeschlossen in sich und den anderen Genres der Tanzkunst entfremdet. Im Gegenteil, er hat die engsten Beziehungen zu ihnen.

So kann z. B. der klassische Tanz durch Stilelemente aus der Choreographie des Volkstanzes bereichert werden (russische, ukrainische, belorussische, grusinische usw.); er kann durch eine bildhafte und vermenschlichte Nachahmung des Vogels ergänzt werden (Schwan, Adler, Taube), durch märchenhafte Elemente, wie die Personifizierung der Eidechse, der Blume, des Edelsteins; er kann sich auch einiger Bewegungen des Sportes bedienen (wie Fechten, Tennis spielen), wenn alle diese Elemente dem Ballettmeister zur Realisierung der szenischen Handlung notwendig erscheinen.

Die Bewegungen des Charaktertanzes führen, wenn sie eng mit der gestalterischen Technik des klassischen Tanzes verwoben sind, zu einer größeren Virtuosität, Plastizität, zu Kraft, Edelmut, Bildhaftigkeit und zur Charakterisierung des künstlerischen Ausdrucks. Mit einem Wort, alle Arten der Tanzkunst bedienen sich in diesem oder jenem Umfange der Darstellungstechnik des klassischen Tanzes,* was diesen Genres hilft, ein höheres künstlerisches Niveau zu erringen.

In allen Ballettschulen wird schon mit den ersten Schritten – besonders in den Unterrichtsstunden für klassischen Tanz – an dem beruflichen Können, an der Festigung und Weiterentwicklung des gesamten Bewegungsapparates der Lernenden, an der Erziehung des Gefühls, der Pose und der Musikalität gearbeitet; damit werden die Grundlagen für die darstellerische Meisterschaft gelegt, ohne die der künftige Tänzer in dem spezifischen Genre der Ballettkunst nicht überzeugend wirken kann.

Auch der »moderne Tanz«, der im westlichen bürgerlichen Ballett weit verbreitet ist, kann ohne die Schule des klassischen Tanzes nicht auskommen, er benötigt sie zur Sicherung seines technischen Arsenals und zur Gewährleistung seiner Ausdruckskraft.

Die Bühnenerfahrungen beweisen nachdrücklich, daß die Schule des klassischen Tanzes, die auf einer breiten Skala technischer und künstlerischer Ausdrucksmittel aufbaut, die entscheidende Grundlage für alle Genres der Ballettkunst bildet. Damit ist speziell die Schule des klassischen Tan-

* Sogar der Sport, z. B. der Eiskunstlauf, die künstlerische Gymnastik u. a., benutzen Elemente des klassischen Tanzes.

zes gemeint, ihre Gestaltungstechnik, durch die der künftige Ballettkünstler sich die Fähigkeiten zur psychologischen Gestaltung der zu verkörpernden Figuren aneignet, durch die er lernt, künstlerisch an seiner Rolle zu arbeiten.

In diesem Zusammenhang muß man daran erinnern, daß in den alten klassischen Balletten die betont dramatischen Szenen von den führenden Tänzern gewöhnlich mit Hilfe der Pantomime gestaltet wurden. Das Gegenwartsballett, das die Begrenztheit der sogenannten erzählenden Geste im klassischen Tanz, ihren illustrierenden Charakter überwunden hat, kann selbst die kompliziertesten darstellerischen Aufgaben mit tänzerischen Mitteln ohne Hilfe der Pantomime lösen. Hier kann der Monolog Romeos in der Szene »Mantua« aus dem Ballett »Romeo und Julia« von S. S. Prokofjew als Beispiel dienen, in dem der Ballettmeister S. M. Lawrowski ohne Hilfe der Pantomime die Dramatik der szenischen Handlung und die psychologische Tiefe der Erlebnisse des Helden ganz deutlich zum Ausdruck brachte.

Auch die Szene Marie und Waclaw in dem Ballett »Der Springbrunnen von Bachtschissarai« von B. W. Assafjew in der Inszenierung von R. W. Sacharow beweist, daß der klassische Tanz über große Ausdrucksmöglichkeiten verfügt und daß die Hilfe der Pantomime durchaus nicht immer nötig ist.

Als hervorragendes Beispiel dafür, was die Darstellungskunst des klassischen Tanzes vermag, kann uns das Schaffen von Galina Ulanowa dienen. Die bestechend geschliffene Technik, das Poesievolle, die Einfachheit, die Eleganz, die Wahrhaftigkeit, die Natürlichkeit, die Ungezwungenheit und die Sparsamkeit der Bewegungen zeichneten sich bei dieser großen Künstlerin stets durch eine hohe Meisterschaft aus. Ihre Pose lebte immer vom Plastischen, vom Tänzerischen, nie aber vom pantomimischen Aufbau einer Bewegung. Die Pose der Ulanowa wuchs jedesmal ohne die geringste Anstrengung zu einer organischen Einheit mit der Musik zusammen, wobei sie es vermochte, das Geschehen auf der Bühne durch feinste Nuancen deutlich zu machen. Die Künstlerin schuf immer wieder eine ungewöhnlich subtile plastische und psychologisch genaue Zeichnung der Rolle unter Verwendung bildhafter und eindringlicher Mittel des Tanzes, ohne Zuhilfenahme der Pantomime, die sie – nebenbei gesagt – ebenfalls meisterhaft beherrschte. Wenn wir von dem außergewöhnlichen Können Galina Ulanowas sprechen, müssen wir auch bemerken, daß sie dieses Können nicht nur ihrem seltenen Talent verdankte, ihrer Arbeitsliebe und ihren Erfahrungen, sondern vor allem auch den besten russischen und sowjetischen Traditionen der Schule des Balletts, die bedeutende Meister der Ballettkunst hervorgebracht hat und ihr Hauptaugenmerk auf die Entwicklung einer hohen Darstellungskunst richtete.

Es wäre falsch zu behaupten, daß das klassische Ballett der Gegenwart nur deshalb eine echte psychologische Tiefe des szenischen Ausdrucks errungen hat, weil es sich Elemente der Pantomime zu eigen gemacht hat. In unseren Tagen schöpfen die Darsteller des klassischen Tanzes die lebendige künstlerische Wahrheit und Begeisterung aus dem Leben selbst.

Mit einem Wort, man darf die Pantomime im Ballett nicht schlechthin als den Ausdruck des Lebens betrachten und den klassischen Tanz als künstlerisch ausgedachtes Schema szenischer Bewegung, in das der Ballettmeister oder der Darsteller je nach Bedürfnis Elemente der Pantomime einbauen können.

Falsch ist es auch zu glauben, daß die Pantomime im zeitgenössischen Ballettschaffen überhaupt nichts zu suchen hätte, daß alle Szenen nur durch tänzerische Mittel gelöst werden könnten. Ich persönlich kann mir schwer vorstellen, daß der Khan Girej das ganze Ballett hindurch *tanzt.*

Ohne hier eine ausführlichere Einschätzung der Pantomime geben zu können, muß aber gesagt werden, daß die Pantomime eine alte urwüchsige und auserlesene Kunst ist, die über einen dem Genre gemäßen Reichtum verfügt. Im Ballett erfüllt die Pantomime selbständige und sehr wichtige künstlerische Aufgaben. In ihrem Wesen, in ihrer Plastik und in der Technik der Bewegung (der Schule) unterscheidet sich der klassische Tanz von der Pantomime in demselben Maße wie in der Oper die Arie vom Rezitativ. Das wird um so deutlicher, wenn man bedenkt, daß die Meisterschaft des gegenwärtigen Künstlers im Bühnentanz, besonders im klassischen Tanz, auf der Kunst des Erlebens beruht, nicht aber auf der Kunst des Vorstellens. Es versteht sich von selbst, daß der Ballettmeister am besten weiß, wann und wie die Pantomime im Ballett Verwendung findet. Jedoch hängt die Wahrhaftigkeit, Bildhaftigkeit, die psychologische Feinheit und Tiefe der tänzerischen Handlung nicht nur von der gekonnten Verwendung der Pantomime ab, sondern auch vom Inhalt des Librettos, vom inhaltlich-musikalischen Einfallsreichtums des Komponisten, von der handwerklichen und künstlerischen Reife, vom Wissen und Talent des Ballettmeisters, von dem technischen Können, den Erfahrungen und der Begabung des Darstellers. Um aber die ausdrucksvolle Geste eines Bühnentänzers zu beherrschen, muß er tief in das Wesen, in die Natur und die Wechselwirkung zwischen den einzelnen darstellerischen Elementen des klassischen Tanzes – wie sie im weiteren von mir dargelegt werden – eindringen.

Der klassische Tanz als Lehrfach hat nicht das Ziel, die Grundlagen der darstellerischen Meisterschaft zu vermitteln. Dessen ungeachtet sind aber die Unterrichtsstunden im klassischen Tanz (von der ersten bis zur letzten Klasse) untrennbar mit der Aneignung derjenigen Ausdrucksmittel verbunden, auf die sich die Meisterschaft der Ballettkunst gründet. Und je sicherer die Tanztechnik beherrscht wird, je eher erreicht der Schüler die ausdrucksvolle Geste des Ballettänzers.

4.

Das Ballett ist eine Kunst des Musiktheaters. Wie anpassungsfähig, schmiegsam, verständnisvoll und feinfühlig muß die Kunst des Tänzers sein, wenn sie imstande sein soll, den Inhalt der Musik widerzuspiegeln und zu erschließen. Begeisternd und virtuos den Gehalt der Musik »tanzen« zu können, heißt eines der wichtigsten Elemente der künstlerischen Meisterschaft zu beherrschen. Deshalb muß der künftige Lehrer sehr genau wissen, in welcher Richtung und wie diese Fähigkeiten den Schülern anerzogen werden. Die Erziehung zur Musikalität ist einfach und kompliziert zugleich. Ein einheitliches Herangehen in dieser Frage ist kaum möglich.

Das Balletttheater schafft neue Werke immer in dem Bemühen, den Inhalt der Musik zu erschließen. Aber nicht immer und nicht bei allen Darstellern ist die musikalisch-darstellerische Fähigkeit in ausreichendem Maße entwickelt. Sie muß aber – ganz offensichtlich – schon in der Schule, in den entsprechenden tänzerischen und gestalterischen Disziplinen, anerzogen werden.

Wenn der musikalische Inhalt bei den Lernenden zu einer bewußten, aktiven, schöpferischen Grundlage wird, zum inneren Gefühl der Handlung, von dem sie sich leiten lassen, dann heißt das, daß die Schule ihre künftigen Tänzer gut ausgebildet hat. Das Theater wird dann mit Dankbarkeit diese begonnene Arbeit vollenden, denn es stellt für die jungen Künstler die zweite »Schule« dar, in der sie ihre musikalisch-gestalterischen Fähigkeiten voll ausbilden. Ein richtiger Tänzer muß die Musik nicht nur hören und sie in ihrem Inhalt richtig erfassen können, er muß sie lieben, verstehen, erfühlen, sich für sie begeistern. Deshalb müssen sowohl der Pädagoge als auch sein Schüler die besondere Aufmerksamkeit im Unterricht nicht nur auf die Entwicklung der rhythmischen, sondern auch der emotional-handlungsbetonten Verbindungen zwischen Musik und Tanz richten. Und man muß sich dessen genau bewußt sein, daß die Musik die Kunst ist, in der die Ideen, Gefühle und Erlebnisse rhythmisch und intonationsmäßig ausgedrückt werden; daß aber auch im Tanz Ideen, Gefühle und Erlebnisse durch Rhythmus, Intonation und durch die Plastizität der szenischen Bewegungen, der Pose und der tänzerischen Geste zum Ausdruck gebracht werden; daß die Musikalität eine Fähigkeit zum genauen Verständnis der Musik ist, daß das Tänzerische die Fähigkeit zum genauen Verständnis der Feinheiten des Tanzes ist; daß der Bühnentanz nicht einfach eine Komponente, ein sichtbarer Nachvollzug des Inhalts der Musik ist, sondern eine selbständige Kunstgattung, die über eigene Ausdrucksmittel verfügt, mit deren Hilfe sie den Gedanken- und Inhaltsreichtum der Handlung szenisch darstellt. Und schließlich muß klar sein, daß ohne echte Musikalität keine großen tänzerischen Leistungen möglich sind, denn der Inhalt des musikalischen Werkes und die szenische Handlung bilden eine untrennbare Einheit. Die musikalische und die tänzerische Gestalt ergeben in ihrer Synthese das wahrhaft Künstlerische in der Ballettkunst.

Folglich müssen die Schüler im Unterricht dazu erzogen werden, nicht nur jede Übung technisch perfekt und physisch sicher, sondern auch künstlerisch und musikalisch mitreißend auszuführen. Die Musikalität des künftigen Tänzers setzt sich aus drei miteinander verbundenen künstlerischen Komponenten zusammen.

Die erste Komponente ist die Fähigkeit, die Bewegung mit dem musikalischen Rhythmus in Übereinstimmung zu bringen.

Es ist bekannt, daß jedes musikalische Werk seinen eigenen Rhythmus hat, dessen man sich mit Hilfe des Metrums, d. h. der Struktur des Taktes und des Tempos, d. h. der Stufe der Geschwindigkeit sowie des Charakters der musikalischen Bewegung, bewußt wird. Jedes Ballett folgt streng dem Rhythmus der Musik, der in vielem sowohl die Dynamik als auch den Charakter der szenischen Handlung bestimmt.

Schon die kleinste Verletzung des musikalischen Rhythmus beraubt den Tanz seiner handlungsgebundenen und künstlerischen Genauigkeit im Ausdruck. Deshalb muß die volle Aufmerksamkeit der Lernenden darauf gerichtet sein, den musikalischen Rhythmus nicht nur als mechanisches Auszählen des Taktes, sondern als Ausdruckskomponente des Tanzes zu betrachten.

Es ist selbstverständlich, daß zu Beginn der Ausbildung die Schüler zunächst einmal die einfachsten musikalischen und tänzerischen Rhythmen im Zweiviertel- und Vierviertel-Takt beherrschen müssen, dann die komplizierten Rhythmen im Dreiviertel- und Sechsachtel-Takt usw. So gehen sie allmählich von den langsamen zu den schnellen Tempi über und damit zur Steigerung der Dynamik in den ausgeführten Übungen, was sie dazu befähigt, die enge Bindung zwischen Musik und Tanz immer genauer und auf künstlerische Weise herzustellen.*

Die zweite Komponente der Musikalität ist die Fähigkeit der Lernenden, bewußt und künstlerisch überzeugend das Thema – die Melodie – aufzunehmen und sie tänzerisch zu verkörpern.

Es ist bekannt, daß sich der Inhalt jedes musikalischen Werkes im Thema

---

* Tempo ist die Stufe der Schnelligkeit und der Charakter der Ausführung der tänzerischen Übungen analog zur »Bewegung« der Musik. Das Tempo kann sehr langsam sein – largo, langsam – adagio, ruhig, fließend – andante, schnell – allegro, sehr schnell – presto. Die Dynamik der Ausführung tänzerischer Übungen kann auch analog zur Lautstärke der Musik sein. Sie kann stark sein – forte, schwach – piano, anschwellend – crescendo oder abfallend – diminuendo.

– der Melodie – offenbart, die ausdrucksstark die verschiedensten Gestalten und Zustände durch die Besonderheiten der Intonation, des Rhythmus, des Timbres und der Dynamik übermitteln kann. Jeder Tanz ist bemüht, das Thema des musikalischen Werkes in der Gestalt, im Charakter und im Wesen der szenischen Handlung deutlich werden zu lassen. Deshalb dürfen die Lernenden das musikalische Thema nicht abstrahiert, sondern als eine künstlerisch geschlossene Einheit auffassen.

Echte Begeisterung und Emotionen kann der Tanz nur dann beim Publikum wecken, wenn der Tänzer vom musikalischen Thema selbst ergriffen ist, das dann immer zugleich auch seine künstlerische Leistung beinhaltet. Ohne diesen inneren schöpferischen Antrieb kann der Tanz nicht zu einem echten, lebendigen Ausdruck szenischer Handlung werden. Die emotionale Aufnahme des musikalischen Themas ruft bei den Schülern immer das Bestreben hervor, nicht nur technisch (physisch) einwandfrei zu tanzen, sondern auch bewußt, durchdacht, mit innerer Anteilnahme, d. h. schöpferisch und nicht schablonenhaft oder formal die tänzerische Aufgabe zu lösen.

Mit anderen Worten, die Plastik der tänzerischen Pose und Geste soll sowohl auf der Bühne als auch im Unterricht das lebendige Empfinden des musikalischen Themas widerspiegeln; sie soll nicht die einfache Wiedergabe eines abstrakten Bewegungsschemas sein, sondern ein gestalterisches Mittel zur Verkörperung des Inhaltes der Musik.

Nicht ein einziger Ballettpädagoge wird daran zweifeln, daß sich die Technik des Tänzers im untrennbaren Zusammenhang mit der Entwicklung des Gefühls für musikalischen Rhythmus ausbilden muß, im Zusammenhang mit dem Vermögen, die Handlung in völliger Übereinstimmung und Abfolge der Takte und der Akzente der Musik zu entwickeln. Im Zusammenhang mit diesen Erfahrungen gibt es aber auch einen Widerspruch, der darin besteht, daß die emotional-gestalterische und die metrisch-rhythmische Seite der Musik, die für den Unterricht vorgesehen ist, von den Anfängern nicht sofort als eine Ganzheit in ihrem vollen musikalischen Inhalt aufgefaßt werden darf, denn das würde ihre Aufmerksamkeit für die Entwicklung einer hohen und exakten Technik negativ beeinflussen. Deshalb soll der Rhythmus der Musik, die im Unterricht verwendet wird, besonders klar und deutlich sein, vorzugsweise im Zweiviertel- oder Vierviertel-Takt gehalten, und das musikalische Thema sollte einen mehr abstrahierenden Charakter haben, es soll die Phantasie der Schüler nicht zu stark anregen und sie zunächst so wenig wie möglich zur aktiven, emotionell-durchdachten Bewegung anregen.

Eine bewußte und begeisterte Aufnahme des musikalischen Themas behindert durchaus nicht die Entwicklung einer hohen Technik, im Gegenteil, sie aktiviert sie, wenn sie mit der Herausbildung des notwendigen Geschmacks, der Erreichung des Unterrichtszieles und dem wachsenden künstlerischen Vermögen der Schüler verbunden ist. Deshalb ist es so außerordentlich wichtig, daß dem gesamten Studium des klassischen Tanzes, jeder Unterrichtsstunde, jeder einzelnen Übungsaufgabe, und sei sie noch so elementar, eine lebendige Aufnahme und Verarbeitung der Musik zugrunde gelegt wird. Das ist ein unverbrüchliches Gesetz der Ballettkunst, ohne das sie nicht existieren kann.

Weiterhin muß die Schule in dem künftigen Tänzer das Streben nach einer bewußten, nicht intuitiven künstlerischen Leistung wecken. Die Musik darf für ihn nicht nur eine rhythmische »Stütze« sein, sondern mehr noch innerer Stimulator emotionaler Begeisterung, die sich in einer bewußten und lebendigen, technisch vollkommenen und vergeistigten Plastik des Tanzes widerspiegelt. Das musikalische Thema soll von den Schülern nicht oberflächlich oder nur ungefähr, sondern als emotional-gestaltete Bewegungsgrundlage erfaßt werden.

Der künftige Tänzer wird sich immer, wenn er die Musik liebt, zu ihr hingezogen fühlen. Als ein – an die Musik gebundener – Darsteller läßt er in die alltäglichen Übungen, auch in die elementarsten, einen Teil seiner inneren Begeisterung einfließen, durch die sich dann auch seine künstlerische Individualität formt. Deshalb muß das musikalische Thema als das künstlerische, emotional-willensbetonte Gefühl des Tanzes, als lebendige, bewußte »tänzerische Kantilene« die gesamte Darstellung des Schülers durchdringen. Dabei dürfen keine Sujets und ausdrucksgebundenen Bewegungen in den Unterricht einfließen. Sie werden im Fach »Gestaltungsunterricht« gelehrt. Das Verhältnis zum Inhalt des musikalischen Themas muß im Verhalten des Schülers auf natürliche, einfache, ungezwungene Weise seinen Ausdruck finden, ohne äußerliche Betonung und ohne besondere Nachdrücklichkeit. Schon die geringsten Bestrebungen des Schülers, sein Verhältnis zum Inhalt des musikalischen Themas rein plastisch wiederzugeben, durch Mimik darzustellen, müssen allmählich abgebaut werden. Solche Haltungen führen zum Unechten, zur Verstellung, zur Geschmacklosigkeit und nivellieren die künstlerische Individualität des künftigen Tänzers.

Die Fähigkeit, Musik aufmerksam und richtig zu rezipieren, ihren Inhalt zu erfassen, muß den Schülern vom ersten Studienjahr an vermittelt werden; von dem Moment an, wo sie fest auf den Beinen stehen, wo sie die Elemente der Übungen sowohl an der Stange als auch in der Mitte des Saales gut beherrschen. Die Erziehung zur Musikalität muß allmählich entwickelt und vertieft werden, aber nicht abstrakt, sondern in engster Verbindung mit der Aneignung der Technik des klassischen Tanzes.

Das Vermögen, während stärkster physischer und nervlicher Anstrengung das Thema der Musik noch deutlich zu hören, ist Zeichen der echten Meisterschaft des Tänzers. Zerreißt die innere Beziehung zum musikalischen Thema, so bedeutet das den Verlust der durchdachten Bewegung, den Übergang zur »reinen«, formalen Technik.

Wenn die Lernenden selbst im Moment der äußersten Ermüdung noch bestrebt sind, aktiv die Musik zu hören, die Standfestigkeit und die Genauigkeit der Bewegung zu bewahren, frei und elastisch große und komplizierte Sprünge, battus, verschiedene Arten von Drehungen usw. auszuführen, dann kann man sagen, daß sie über das notwendige tänzerische Können verfügen. Daraus schlußfolgernd muß man sagen, daß die Vernachlässigung der genauen und eindeutigen Arbeit mit der Musik im Unterricht eine berufliche Fehlleistung wäre.

Der Tänzer wird mit dem musikalischen Thema rechtzeitig, vor seinem Auftritt, bekannt gemacht und lebt sich so in den Inhalt ein. Der Schüler schließt die Bekanntschaft mit der Musik schon im Unterricht. Dabei empfinden sowohl der ausgebildete Tänzer als auch der Schüler in der Phase äußerster Anspannung aller Kräfte immer die große Schwierigkeit, zusammen mit der technischen Aufgabe auch die musikalisch-künstlerische Ausstrahlungskraft zu bewahren. Diese Kunst muß man den Schülern nicht nur in den Proben, sondern auch während der gewöhnlichen Unterrichtsstunden im klassischen Tanz beibringen.

Wenn der Schüler aus dem Unterricht kommt, soll er sich nicht nur an die »Choreographie« erinnern, an die Hinweise des Lehrers, sondern auch an die musikalischen Themen, die ihn innerlich berührten, anregten (und sei es auch noch so wenig) und ihm geholfen haben, die Technik der tänzerischen Meisterschaft zu entwickeln.

Deshalb sollte die Übungsaufgabe in der gleichen oder der darauffolgenden Unterrichtsstunde (z. B. Adagio oder Allegro) nicht nur wegen der Vervollkommnung der Technik wiederholt werden, sondern wegen einer künstlerisch reiferen Verarbeitung des bereits bekannten musikalischen Themas. »Überspielen«, d. h. überstrapazieren, sollte man die musikalischen Themen, vor allem die »Lieblingsthemen« der Schüler, auf keinen Fall, das führt zum Verlust der emotionalen Tiefe bei der Musik-Rezeption. Deshalb sollten meiner Meinung nach Melodien populärer Lieder sowie den Schülern bekannte musikalische Themen aus dem gängigen Ballettrepertoire nicht für den Unterricht im klassischen Tanz verwendet werden, weil sich entweder mit dem Wort oder mit bestimmten Ballettgestalten verbundene Assoziationen einstellen, die den Rahmen des Unterrichts im klassischen Tanz sprengen würden.

Das musikalische Thema soll aber nicht nur richtig erfaßt und in der tänzerischen Leistung des Schülers richtig widergespiegelt sein. Wie wir oben schon gesagt haben, soll die Musik nicht vorgestellt, nicht mimisch nachvollzogen werden, denn dadurch würde sich der Unterricht im klassischen Tanz in Gestaltungsunterricht verwandeln. Das Gesicht und der gesamte Körper des Schülers sollen sich frei bewegen, von Begeisterung getragen sein, in völliger Harmonie mit den Gesetzen der Ballettkunst und nicht mit denen der Pantomime. Darin liegt der prinzipielle Unterschied in der Erziehung des Tänzers und des Mimen.

Die dritte Komponente der Musikalität ist das Vermögen der Schüler, sich in die Intonation des musikalischen Themas aufmerksam einhören zu können, den Klang der Musik technisch richtig und künstlerisch überzeugend in der Plastik des Tanzes einzufangen. Mit einem Wort, Musik und Choreographie sollen in allen ihren Wechselbeziehungen für den Schüler zum geschlossenen Objekt seiner Aufmerksamkeit werden.

Die Praxis des sowjetischen Balletttheaters beweist, daß das richtige Einfühlen und die sichere Widerspiegelung der musikalischen Intonation im Tanz bei den Schülern im gleichen Maße anerzogen werden muß wie das richtige Gefühl für Rhythmus und das Verständnis des Themas. Man kann rhythmisch richtig tanzen, exakt und wahrheitsgemäß den Inhalt des musikalischen Themas erfassen und dabei die Intonation der Musik gar nicht oder nur unzureichend tänzerisch wiedergeben. Deshalb muß der Schüler im Unterricht des klassischen Tanzes nicht nur lernen, was das musikalische Thema ihm zu sagen hat, sondern auch wie es zu ihm spricht.

Aus all diesen Gründen sollte man die Entwicklung einer musikalisch-plastischen Intonation bei den Schülern nicht fürchten, sie bedeutet keinesfalls eine Zerstörung der Lehrtraditionen oder des Kanons des klassischen Tanzes, sie ist die Überwindung einer »kalten« Technik der Bewegungen, die Überwindung des Automatismus und der Monotonie.

Verändert der Schüler den plastischen Charakter bei der Ausführung einer beliebigen Übung im erlaubten Rahmen, indem er die rhythmischen Akzente verstärkt oder abschwächt (kraftvoll-energisch, weich-verhalten, flüssig-melodisch, schlagartig-beschleunigt usw.), so kann er die musikalische Intonation deutlicher zum Ausdruck bringen. Solche Aufgaben gehören nicht nur zu den Übungen des Gestaltungsunterrichts, sie sind entscheidender Bestandteil der Arbeit an der musikalischen Plastizität des Tanzes. Die »Überwindung« einer kalten Bewegungstechnik ist also mit einer durchdachten, zielstrebigen, lebendigen und nicht puppenhaft-exakten Bewegung des Kopfes, der Arme, des Körpers und der Beine, auch bei der Ausführung der elementarsten battements verbunden.

Deshalb möchte ich noch einmal wiederholen: Zu »befürchten«, daß die musikalische Intonation in der Lehrtätigkeit die darstellende Bewegungstechnik »zerstören« oder ihre bewußte Entwicklung behindern könnte, würde bedeuten, das Leben selbst zu fürchten.

Im Gegenteil: Die Fähigkeit, mit Leidenschaft die musikalische Intonation zu ergründen, »zwingt« die Schüler dazu, ihre Übungsaufgaben nicht nur abstrakt, äußerlich als rhythmisch exaktes Bewegungsschema (Mechanik), sondern als lebendige, künstlerische Plastik des Tanzes aufzufassen.

Der künftige Musik-Interpret eignet sich die Griffe auf dem von ihm auserwählten Instrument auch nicht nur abstrakt an, sondern mit der bestimmten Absicht, die Töne nicht nur rhythmisch exakt, sondern auch sauber, einschmeichelnd, weich und innig hervorzubringen. Nur auf diese Weise sind sie zur künstlerischen Intonation geeignet. Der Komponist B. W. Assafjew schrieb zu diesem Problem: »Wenn man von einem Geigenvirtuosen sagt: Bei ihm spricht die Geige, ist das das höchste Lob für seine Kunst. Dann hört man nicht nur *ihm* zu, sondern ist vor allem bemüht herauszufinden, worüber uns die Geige etwas zu erzählen hat.«*

Es ist selbstverständlich, daß das Vermögen, die Musik als Ganzes aufzunehmen, in ihrem Rhythmus, ihrem Thema, ihrer Intonation, nur allmählich anerzogen werden kann, im Übergang vom Einfachen zum Komplizierten, im Verlauf des gesamten Unterrichts des klassischen Tanzes; berücksichtigend, daß die Schüler mit dem zunehmenden Wissen und dem komplizierter werdenden Charakter der Übungen persönlich reifen. So sollte z. B. in der Unterstufe, besonders in der ersten Klasse, die Musik in jeder Beziehung sehr einfach und klar sein, ja sogar naiv und leicht verständlich – angemessen der Psyche der zehn- und elfjährigen Schüler. Für die Zwölf- bis Fünfzehnjährigen kann die Musik schon komplizierter sein. In den höheren Klassen sollte man dann zu einer Musik greifen, die ihrem Inhalt nach von den sechzehn- bis achtzehnjährigen Schülern voll erfaßt werden kann.

Schon in der ersten Klasse sollten wir uns solcher Musik zuwenden, die in Inhalt und Charakter der Psyche der Jungen nähersteht als der der Mädchen.

Wenngleich dieses Prinzip in allen unteren Klassen noch keine so große Rolle spielt, ist seine Einhaltung in den mittleren und oberen Klassen notwendig. Dabei versteht es sich von selbst, daß der Inhalt der Musik, die für das Exercice in allen Klassen und Gruppen ausgewählt wird, bedeutend einfacher sein muß als für die Unterrichtsstunden im Adagio und Allegro. In der Unterrichtspraxis gibt es zwei Arten der musikalischen Gestaltung von Unterrichtsstunden im klassischen Tanz. Die erste konzentriert sich auf die musikalische Improvisation, die zweite auf die musikalische Literatur.

---

* B. W. Assafjew: Ausgewählte Arbeiten, Bd. 5, Moskau 1957, S. 166, russ.

Die musikalische Improvisation im Unterricht ist weit verbreitet, schon deshalb, weil auch der Lehrer in seiner alltäglichen Arbeit improvisiert, bestimmte Beispiele aufbaut, ohne dabei auf die Gestalten der szenischen Ballettliteratur zurückzugreifen.

Der Konzertmeister* ist der unmittelbare Verbündete, der Assistent des Lehrers. Da er sowohl den Charakter als auch den Rhythmus und die Zusammenstellung der Elemente (der tänzerischen Komposition) der Übungsaufgabe kennt, kann er die ganze Aufmerksamkeit der Schüler auf das entsprechende Thema, die Tonalität, die Dynamik, den Umfang und die Akzentuierung der musikalischen Improvisation lenken. Es existiert die Meinung, daß die musikalische Improvisation in den Unterrichtsstunden des klassischen Tanzes sich nicht durch eine ausreichende künstlerische Qualität auszeichnet, weil sie nicht auf den Werken großer Komponisten beruht, sondern nur auf der musikalischen Intonation durch gewöhnliche Konzertmeister. Das ist sicher richtig, nur werden die tänzerischen Übungen auch nicht von großen Ballettmeistern zusammengestellt, sondern von »gewöhnlichen« Lehrern.

Unterrichtsstunden im klassischen Tanz sind ungewöhnlich anstrengende und komplizierte Arbeit. Sie sind von der endlosen und rücksichtslosen Wiederholung und Präzisierung bereits gelernter und neu zu erarbeitender Beispiele der Technik angefüllt. Die musikalische Begleitung muß also der Natur dieser Arbeit entsprechen. Deshalb ist es sehr gut, wenn der Rhythmus der Musik genau mit der Übungsaufgabe übereinstimmt, und es wirkt sich außerordentlich nachteilig aus, wenn das musikalische Thema und seine Intonation dem Charakter der Übung nicht entsprechen. Auf diese Weise entsteht bei den Ausführenden kein echtes künstlerisches Engagement, kein Bemühen um die richtige Verbindung zwischen Übungsarbeit, Inhalt der Musik und innerer Beteiligung. Schlecht ist natürlich auch, wenn die musikalische Begleitung einen nur formalen, monotonen Charakter hat.

Aus all diesen Gründen sollte das Unterrichtsziel, das der Lehrer durch die verschiedenen Übungen zu erreichen bemüht ist, von dem Konzertmeister/Improvisator nicht gleichgültig zur Kenntnis genommen, sondern musikalisch verarbeitet werden, ohne musikalische Primitivität oder übersteigerte Kompliziertheit.

Der bedeutende russische Tanzpädagoge N. G. Legat improvisierte in den Unterrichtsstunden des klassischen Tanzes selbst auf dem Flügel. Wenn er uns die Aufgabe stellte, sang er uns halblaut das musikalische Thema vor und führte es dann in den entsprechenden Harmonien auf dem Flügel aus.

---

* Unter dem Konzertmeister ist in unserer Ballettpraxis der Pianist zu verstehen, der die Probe oder den Unterricht begleitet, der Korrepetitor. (Anm. d. Übers.)

Diese Themen zeichneten sich natürlich nicht durch hohe künstlerische Qualität aus. Aber sie waren erstens immer gut zu hören und leicht aufzunehmen – wir sangen sie während des Tanzes mit –, und zweitens entsprach jedes Thema genau dem Charakter und dem choreographischen Aufbau der Übungsaufgabe, ganz gleich, ob es sich um das Exercice, Adagio oder Allegro handelte. Und drittens und letztens stimmten diese Themen immer genau mit den individuellen Besonderheiten der Schüler – ob Jungen oder Mädchen – überein.

Ende des 19. Jahrhunderts begleiteten die Ballettmeister in Rußland und auch im Ausland die Übungen im klassischen Tanz auf der Geige. Mir scheint, daß das nicht zufällig geschah und nicht nur deshalb, weil der Bogen für die Bestrafung der Schüler besonders »geeignet« war. Der wahre Grund ist, daß die Geige das Thema besser »singt« als irgendein anderes Instrument, daß sie in der Intonation des Themas besonders nahe an die Intonation und den Klang des Orchesters herankommt. Darüber hinaus lehrte man auch die Absolventen der Ballettschulen das Geigenspiel – und nicht das Klavierspielen -, und zusätzlich wurde ihnen Unterricht im Solfeggio* erteilt. Das half den Schülern, die Intonation der Musik richtig zu hören, zu verstehen und tiefer in das Thema einzudringen, ganz abgesehen von der Schulung des Gehörs, der Aneignung musikalischer Kenntnisse und eines guten musikalischen Geschmacks. All das soll nicht heißen, daß man zu den alten Formen der musikalischen Erziehung zurückkehren sollte, bei weitem nicht. Heute erhalten die Schüler einen sehr guten Unterricht im Klavierspiel und solide Kenntnisse der Musikanalyse. Es muß unsere Aufgabe sein, in den Schülern das gleiche achtungsvolle und aufmerksame Verhältnis zur Musik zu erziehen, wie es die alten Meister bei der Ausbildung des Gefühls für die innere Melodik des Tanzes zu tun pflegten.

Die Methodik der künstlerischen Erziehung in der Ballettkunst besteht gegenwärtig in der wachsenden Vertiefung der Bindung zwischen Musik und Tanz in allen tänzerischen Disziplinen. Das verlangt die gegenwärtige Theaterentwicklung. Deshalb ist die Einführung eines ausgedehnten Unterrichts zur Erlangung von besonderen Fähigkeiten beim Hören und Tanzen des musikalischen Themas in das Unterrichtsprogramm der Ballettschulen ein unabdingbares Element der Ausbildung, das nicht formal und oberflächlich, sondern als echte schöpferische Bereicherung der Schüler gehandhabt werden sollte.

Die Gestaltung von Unterrichtsstunden im klassischen Tanz nach musikalisch-literarischen Themen und auch nach musikalischen Improvisationen nimmt immer mehr zu.

---

* Gesangsübung ohne Text (Anm. d. Übers.)

Die musikalische Literatur als organisches Element der Kunst des Bühnentanzes in den Unterricht einzubeziehen ist eine sehr schwere Aufgabe. Der Konzertmeister muß über ein sicheres Gefühl für Rhythmus, über künstlerischen Geschmack und Einfühlungsvermögen verfügen, wenn er ein musikalisches Werk auswählt, das den Unterrichtszielen entspricht.

Die musikalische Literatur wird im Unterricht des klassischen Tanzes zu anderen Zielen genutzt als die musikalische Improvisation. Auf der Grundlage des musikalischen Werkes baut der Lehrer eine choreographische Etüde auf, wobei er die Musik nicht der Übungsaufgabe unterordnet, sondern umgekehrt in seiner Choreographie bemüht ist, den Inhalt der Musik zum Ausdruck zu bringen. Auf diese Weise entsteht nicht mehr nur eine gewöhnliche Kombination aus dem Exercice, sondern schon eine tänzerische Phrase mit Lehrcharakter.

Ich möchte daran erinnern, daß in die Arbeit an einer Etüde nur diejenigen Bewegungen einbezogen werden dürfen, welche die Schüler bereits ausreichend beherrschen. Die Etüde darf also nicht abstrakt zusammengestellt werden, sondern in strengem Einklang mit der weiteren Erarbeitung bestimmter darstellerischer Mittel der Technik, genau so, wie z. B. ein Pianist mit Hilfe von Czerny-Etüden an bestimmten Griffen arbeitet. Was würde ein Musiklehrer zu dem Vorschlag sagen, seinen Schülern die Interpretation ausgewählter, hochanspruchsvoller Musik abzuverlangen, wenn sie für diese Ziele noch gar nicht vorbereitet sind! Nur eine zielgerichtete pädagogische Arbeit an Etüden kann auf notwendige Weise die darstellerische Technik des künftigen Tänzers entwickeln. Deshalb sollten für die Etüden-Arbeit nicht nur wertvolle musikalische Werke ausgewählt werden, sondern u. a. solche, die den Lehrzielen entsprechen. Der Ballettmeister schafft Kompositionen für die Bühne, der Lehrer Etüden für die Unterrichtsarbeit. Das eine mit dem anderen zu verwechseln bedeutet, einen ernsthaften beruflichen Fehler zu begehen. Die künstlerischen Ziele des Ballettmeisters und des Lehrers sind ihrem Inhalt nach ganz unterschiedlich, ungeachtet dessen, daß jeder von ihnen sich seine Kompositionen erarbeitet. Das ist in beiden Fällen nur möglich unter Berücksichtigung des Inhalts der Musik und bei ausgezeichneter Kenntnis der Schule des klassischen Tanzes als professioneller Grundlage der Bühnenchoreographie.

Ich habe bereits darüber gesprochen, daß der Charakter der Musik unbedingt den Übungsaufgaben entsprechen muß. Hier soll nur hinzugefügt werden, daß solche Erscheinungen wie Pessimismus und Weltfremdheit den Schülern keinesfalls mit Hilfe der Musik anerzogen werden dürfen. Übertriebene Fröhlichkeit, zu Tränen rührende Lyrik, neurasthenischer oder sogenannter Salon-Jazz müssen aus der Unterrichtsarbeit ausgeschlossen werden. Nur eine solche Musik eignet sich für die Unterrichtsarbeit, die eine emotional-bildhafte tänzerische Darstellung ermöglicht, die von Optimismus und Willenskraft durchdrungen ist und sich durch eine ausdrucksstarke und künstlerisch vollkommene Melodik auszeichnet. Der ausgeprägte musikalische Geschmack des Konzertmeisters und des Lehrers bereichern den Inhalt der Unterrichtsarbeit, erhöhen die Aufnahmebereitschaft und die schöpferische Aktivität der Lernenden und umgekehrt: Fehlender Geschmack beim Lehrer führt zu einem oberflächlichen und nachlässigen Verhältnis zur Musik bei den Schülern. Es soll hier nochmals betont werden, daß die vorrangige Aufgabe in der Beherrschung einer exakten, detailliert ausgearbeiteten Technik besteht, die aber keineswegs mechanischen Charakter tragen soll, sondern feinfühlig und wahrheitsgemäß den emotional-gedanklichen Inhalt der Musik widerspiegelt. Aus all diesen Gründen ist es notwendig, die Musik in den Unterrichtsstunden des klassischen Tanzes als Übungsmaterial zu betrachten und zu handhaben, als Mittel zur Erziehung der künftigen Tänzer und nicht als Komponente, die lediglich die physische Anstrengung erleichtern soll.

Mit der wachsenden Beherrschung der Technik beginnen die Schüler in der Regel von ganz allein – ohne den besonderen Hinweis des Lehrers – den Inhalt der Musik und ihre Intonation aktiv und emotionell aufzunehmen und zu gestalten. Ein solches Bestreben ist ganz natürlich und gesetzmäßig, aber es verlangt vom Lehrer eine nicht nachlassende strenge Kontrolle. Erstens muß der Lehrer darauf achten, daß jede Übungsaufgabe sowohl in ihrer Gesamtheit als auch im Detail von den Teilnehmern technisch einwandfrei ausgeführt wird. Zweitens muß gesichert sein, daß sie ihr Verhältnis zum Inhalt der Musik auf ungezwungene und natürliche Weise tänzerisch äußern können. Zwingt man den Schülern ein »Erwachsenen«-Verständnis der Musik auf, so führt das zu einer formalen Nachahmung, zu einer Gestaltung fremder, vom Schüler nicht selbst empfundener, sondern erdachter Gefühle. Der Schüler muß unbedingt auf eine wahrheitsgemäße und selbständige Aufnahme der Musik orientiert werden, weil ein aufgezwungenes Verständnis der Musik seine schöpferische Aktivität behindert. Ohne dieses schöpferische Gestaltungsvermögen kann aber aus dem Schüler kein Ballettkünstler werden. Das Gefühl für das richtige Maß, für Strenge, Einfachheit und Natürlichkeit, ein ausgebildeter musikalischer Geschmack müssen unabdingbarer Bestandteil der Tanzkultur jedes Schülers werden. Erscheinungen von Äußerlichkeit, Affektiertheit, Spielerei müssen möglichst schnell beseitigt werden. Man muß die Schüler stets dazu anhalten, daß sie in das Thema, die Tonalität und den lebendigen Rhythmus der Musik eindringen, daß sie versuchen, den lebendigen Atem der Musik in die Plastik des Tanzes umzusetzen, d. h., diese mit der Bewegung ihres Körpers zu gestalten. Das ist der Grund, warum Choreographie und Musik bei jeder Übungsaufgabe unbedingt übereinstimmen sollten.

Die Erziehung zur Musikalität verlangt kein neues, besonderes Unterrichtssystem. Dazu ist nur notwendig, in jeder Unterrichtsstunde und bei jeder Übung den Schülern zu helfen, die technischen Schwierigkeiten zu meistern, und sie zum schöpferischen Verständnis des musikalischen Inhaltes zu erziehen. Das bewahrt sie vor einem äußerlichen Technizismus.

Technik ist vor allem Übung, Erziehung des gesamten menschlichen Organismus, der Muskeln, der Psyche und des Nervensystems. Eine solche Erziehung des menschlichen Organismus ist nur möglich bei einer systematischen, sich ständig wiederholenden physischen Belastung des Körpers und bei Ausbildung der für die Ballettkunst notwendigen Bewegungsgewohnheiten. Aber für die echte künstlerische Leistung bedarf es des schöpferischen Impulses, des Vorstellungsvermögens, das durch die Musik im Tanz geboren wird; jedoch nicht erst auf der Bühne, sondern schon in der alltäglichen Übungsarbeit. Deshalb sollte der Pädagoge den Mut haben, seine Schüler schon sehr früh von dem noch fernen, aber immer klaren, konkreten und sehr gegenständlichen Ziel träumen zu lassen – von der künstlerischen Geste, von dem lebendigen musikalisch-plastischen Gefühl des Tanzes, das sich auf der Bühne in ein beeindruckendes Gestaltungsmittel verwandelt. In jeder Unterrichtsstunde des klassischen Tanzes muß man daran denken, daß die »nackte Technik« bei den künftigen Tänzern stets zu einer inneren Armut führt, daß sie die szenische Handlung ihrer Gestaltungstiefe und ihrer künstlerischen Gestaltungskraft beraubt. Die Unterordnung der Technik des klassischen Tanzes unter den gedanklichen und emotionalen Reichtum der Musik ist eine Grundbedingung echter Ballettkunst.

Die Phantasie ist die Grundlage jeglichen Schöpfertums. Die Bevorzugung der Technik allein führt den Tänzer zu Schematismus, aber nicht zur gestalteten Handlung; sie negiert seine Individualität. Unzulänglichkeiten und mangelnde Ausgereiftheit der Musikkultur hindern den Tänzer an der Erreichung echter schöpferischer Leistungen. Der Auftritt eines solchen Tänzers, selbst wenn er künstlerisch talentiert ist, kann technisch durchaus effektvoll sein, von glänzender Virtuosität, temperamentvoll und in formalinhaltlicher Übereinstimmung mit der Rolle, aber er wird nie über den tiefen künstlerischen, d. h. musikalischen, emotionalen und psychologischen Reichtum verfügen, den die wirkliche, realistische Tanzkunst von ihrer Imitation unterscheidet. Wenn der künftige Ballettkünstler nicht in der Lage ist, den Inhalt der Musik als künstlerische Komponente des Tanzes, als gestaltete Welt menschlicher Träume, als eine beeindruckende Poesie des Menschen, als lebendigen Ausdruck künstlerischen Schöpfertums zu verstehen, so wird aus ihm nie ein echter Künstler werden.

5.

Allen ist bekannt, daß das Skelett mit seinem Gelenkapparat die Stütze des menschlichen Körpers bildet, mit deren Hilfe sich der Mensch bewegt. Ist dieser Apparat nicht biegsam genug, so ist der Körper des Tänzers in seiner Ausdrucksfähigkeit behindert. Ein nur schwer oder begrenzt biegsamer Rücken erlaubt dem Tänzer keine tiefe, elastische Beugung des ganzen Körpers, wie es z. B. für die Ausführung einiger Formen des port de bras, der arabesque, des renversé usw. notwendig ist. In ihrer Bewegungsfreiheit begrenzte Schultern, Ellenbogen, Handgelenke und Finger führen zur Härte in den Bewegungen. Eine ungenügende Auswärtsdrehung der Hüfte verhindert eine freie Beinbewegung, eine Auswärtsdrehung der Beine ebenso wie einen weiten Schritt. Die mangelnde Biegsamkeit von Knie und Fußgelenk erschwert ebenfalls die Beweglichkeit der Füße, z. B. bei Ausführung des plié-relevé beim Springen. Auf diese Weise führt eine Beschränkung der Biegsamkeit des Körpers im Tanz zu einer bestimmten Härte und Schwerfälligkeit, die mit dem Begriff des »Klassischen« nicht harmonieren.

Die Biegsamkeit des künftigen Tänzers hängt in vielem von seinen natürlichen Anlagen ab, die ständig – auf der Grundlage der Technik – durch die Aneignung der Normen des klassischen Tanzes entwickelt und gefestigt werden müssen. Eine akrobatische Biegsamkeit des Körpers in der Art des »Spagats« oder des »liegenden Frosches«, außergewöhnliche Verrenkungen der Ellenbogen, Finger, Knie und Fußgelenke gehören nicht zum »Arsenal« des klassischen Tanzes. Groteskes und Exzentrisches in den Bewegungen des klassischen Tanzes sind Elemente zur szenischen Gestaltung, werden aber von dem Choreographen in ihn hineingetragen. Im Bewußtsein des Schülers muß aber die genaue Vorstellung von der Kunst des klassischen Tanzes, von der Strenge seines Stils, der Genauigkeit seines choreographischen Aufbaus und seines künstlerischen Wesens ständig gefestigt werden. Deshalb darf die notwendige Entwicklung der Biegsamkeit des Körpers beim Schüler nicht zu einem künstlichen »Verrenken« der Gliedmaßen, z. B. der Hüfte, des Rückens, des Fußgelenkes usw., ausarten.

All dieser »Überschuß« an Gelenkigkeit führt zu einem mechanischen und formalen Gefühl für die Bewegung, zu einer Vergewaltigung des menschlichen Organismus.

Der klassische Tanz benötigt eine Gelenkigkeit des Körpers, die vom natürlichen Bewegungsgefühl ausgeht. Wenn der noch wenig ausgebildete Schüler sich gewaltsam um einen äußerst weiten Schritt bemüht, den er im Tanz noch nicht mit der nötigen Aktivität und Leichtigkeit ausführen und musikalisch fixieren kann, dann sind solche Anstrengungen völlig sinnlos. Das Balletttheater kennt bedeutende Meister des klassischen Tanzes, die mit einem kleinen Schritt auskommen, aber über großes darstellerisches Vermögen und über einen diffizilen musikalischen Geschmack verfügen; es gibt aber auch die umgekehrte Erscheinung; Ballettkünstler mit einem äußerst weiten Schritt, denen das Gefühl für den Tanz fehlt.

Natürlich kann man vor Beginn der Unterrichtsstunde den »Schritt weich machen«, indem das Bein auf die Stange gelegt wird; aber die natürlichen Unzulänglichkeiten der Schüler können auf diese Weise nicht ausgeglichen werden, zumal die Schule des klassischen Tanzes über alles Notwendige verfügt, was zur Erlangung eines elastischen, weichen, freien und gleichmäßigen Schrittes notwendig ist, was dem Charakter der szenischen Handlung, dem Inhalt der Musik entspricht. Die Biegsamkeit im klassischen Tanz ist ein musikalisch-künstlerisches Ausdrucksmittel. Sie bringt die notwendigen Nuancen und Details zum Ausdruck. Eine standardisierte Biegsamkeit verleiht dem Tanz nicht den erforderlichen Charakter und Stil. In der Gesangskunst muß man z. B. auch leicht und musikalisch singen und nicht einfach schreien; ähnlich ist es auch in der Kunst des klassischen Tanzes: Man muß sich auf künstlerische Weise bewegen und nicht auf der Basis von Tricks und akrobatischer »Biegsamkeit«. Es geht vor allem darum, nicht nur die physische Biegsamkeit bei den künftigen Tänzern zu entwikkeln, sondern auch die musikalisch-plastische Gelenkigkeit des Körpers auszubilden. Es gibt eine große elastische und eine standardisierte, d. h. eine ausdrucksarme, wenig musikalische Biegsamkeit des Körpers; es gibt aber auch eine Biegsamkeit, die exakt und deutlich den Charakter und den Inhalt der Handlung widerspiegelt.

In die Ballettschulen sollte man deshalb nur solche Kinder aufnehmen, die über einen ausreichend biegsamen Körper verfügen; auf diese Weise ist es nicht notwendig, Biegsamkeit durch eine gewaltsame Dehnung der Gelenke und Bänder zu erzeugen. Um an der Beweglichkeit der Schultern, Ellenbogen, Handgelenke und Finger zu arbeiten, ist es vor allem nötig, sich an die plastischen Normen ihres Beugungs- und Streckungsvermögens zu halten, damit nicht gewollt eckige oder zu gerade Linien entstehen. Das Strecken und Abrunden der Arme – von den Schultern bis zu den Fingerspitzen – muß frei und plastisch erfolgen. Das Übertragen der Arme aus einer Position in die andere muß sich frei und mit strenger Linienführung vollziehen, ohne überflüssige Bewegungen der Handgelenke und ohne Verdrehung der übrigen Gelenke. Die Finger behalten ihre Stellung bei und werden natürlich abgerundet und gestreckt – ohne jegliches gekünsteltes Abspreizen.

Wenn die Beweglichkeit des Halses und des Rückens erarbeitet wird, muß man unbedingt beachten, daß die Hals- und Rückenwirbel weitaus beweglicher sind als die Brustwirbel. Aber im Unterricht sollte man stets sein Augenmerk darauf richten, daß die Schüler sich in allen Wirbeln nach hinten und zur Seite beugen können. Das verleiht den Bewegungen des Körpers eine gekonnte und vollkommenere Linie, d. h. keine kantige, sondern eine abgerundete Bewegungsführung, wie sie z. B. für die arabesque u. a. notwendig ist. Das Vorbeugen des Körpers wird gewöhnlich mit Hilfe der Rückenwirbel und ein wenig auch in den Halswirbeln vorgenommen, damit kein krummer Rücken entsteht.

Wenn am Schritt gearbeitet wird, muß stets berücksichtigt werden, daß die Weite des Schrittes nicht auf Kosten einer verringerten Auswärtsdrehung der Hüften erreicht wird. Ein weiter Schritt, nur unvollkommen auswärts, stellt keine Vervollkommnung der Technik der Beinbewegung dar und bereichert nicht die Plastizität des Körpers.

Schritt und Auswärtsdrehung bilden im klassischen Tanz eine Einheit. Deshalb führt das Bemühen des Schülers um einen möglichst weiten Schritt, der aber unvollkommen auswärts ist, immer zur Zerstörung der Bewegungsplastik und der Stabilität in der Bewegung, besonders bei der Pose. Die Entwicklung des Schrittes beruht also nicht auf einem »Hochreißen« der Beine, sondern auf solchen natürlichen Eigenschaften, die dem Schüler im Verlaufe der Jahre erlauben, ein auswärtsgedrehtes Bein auf 45°–90° und höher anzuheben, immer in Abhängigkeit von den körperlichen Fähigkeiten. Nur auf solche Weise wird Nachlässigkeit und eine gewisse »Schlampigkeit« in der Bewegung der Beine verhindert. Die Auswärtsdrehung des Beines hält das Bein, führt es in die notwendige Position, diszipliniert die Bewegung und vervollkommnet ihre Plastik. Also muß man die Entwicklung des Schrittes mit der Festigung der Auswärtsdrehung der Beine beginnen und nicht mit dem Bemühen um die optimale Höhe.

Bei der Entwicklung der Biegsamkeit des Knies und des Sprunggelenks geht es vor allem um ein leichtes, freies und zugleich kräftiges Beugungs- und Streckungsvermögen der Beine (in Abhängigkeit vom Tempo, Charakter und der Form der Bewegung), wobei die notwendige Auswärtsdrehung ständig beachtet werden muß. Ein unzureichend bewegliches Knie, mangelnde Beweglichkeit des Knöchels, der Achillessehne, des Fußes und der Zehen behindern die Bewegungsfreiheit der Beine und führen ebenfalls zu Nachlässigkeit und plastischer Unvollkommenheit in den Bewegungen.

Aus diesen Gründen, das möchte ich noch einmal betonen, sollte man in die Ballettschulen nur Kinder mit einer ausreichenden Biegsamkeit aufnehmen. Wird das nicht berücksichtigt, werden ihre Fortschritte immer nur mittelmäßig, erzwungen – der Berufskunst wenig dienlich – sein. Natürlich können ausgezeichnete Kenntnisse und Erfahrungen der Schule und des Ballettpädagogen Wunder vollbringen, aber immer nur auf der Grundlage entsprechender Fähigkeiten des Schülers.

Verfügt der Schüler über eine überdurchschnittliche Biegsamkeit, so muß er angehalten werden, Akrobatisches, Überbeweglichkeit und Zerfahrenheit in den Bewegungen zu vermeiden.

Im Unterricht muß eine solche Biegsamkeit anerzogen werden, die nicht nur die richtige Körperbewegung unterstreicht, sondern auch die musikalisch-plastische Verschiedenartigkeit von Rhythmus und Tempo zum Tragen bringen kann. Arbeit an der tänzerischen Biegsamkeit heißt, die Aufmerksamkeit auf die künstlerische Ausdrucksfähigkeit zu richten; besonders auf die Genauigkeit, Plastizität und intonierte Musikalität der Bewegungen des Kopfes, der Blickrichtung im Einklang mit den Bewegungen der Arme, Hände und dem Oberkörper.

Die Füße haben im Tanz eine Fortbewegungsfunktion, deshalb ist die Plastik ihrer Bewegungen relativ einfach. Aber auch hier hängt viel von der Elastizität des Schrittes ab, von der Auswärtsdrehung; von der Fähigkeit, die Bewegungen der Beine in völliger Übereinstimmung mit den Bewegungen des Kopfes, der Arme und des Körpers richtig zu beherrschen. Hinter all diesen technischen Details verbirgt sich die gewaltige Ausdrucksfähigkeit des Tanzes, wenn sie von Ballettmeister und Tänzer künstlerisch bewältigt wird. Die tänzerische Biegsamkeit ist eine Kunst, ohne die der klassische Tanz in seiner Lebendigkeit und Musikalität nicht denkbar ist.

6.

Die Fähigkeit des Tänzers, sich auf der Bühne sicher und exakt bewegen zu können, ohne das Gleichgewicht zu verlieren, nennt man Aplomb. In der direkten Übersetzung bedeutet dies Wort: senkrechte Haltung, Senkrechte. Auf den Tanz übertragen, bezeichnet es die Standfestigkeit* des Tänzers, die es ihm ermöglicht, nicht nur technisch vollkommen, sondern auch musikalisch und künstlerisch in hoher Qualität zu tanzen.

Ein unzureichender Aplomb kann zur Unterbrechung oder zur Verzögerung des szenischen Inhaltes und der künstlerischen Gestaltung führen, kann in die Handlung Elemente des Zufälligen oder sogar des Dilettantismus hineintragen.

Wenn der Tänzer nicht über ausreichende Standfestigkeit verfügt, dann erweist sich der wirklich schöpferische Prozeß für ihn als unerreichbar, dann kann er seine künstlerische Aufgabe nicht erfüllen. So sind z. B. die Gestalten der »Kitri« und des »Sterbenden Schwans« ihrem Charakter

* Der Autor versteht unter »Aplomb« nicht nur »Standfestigkeit«, sondern die gesamte Haltung, einschließlich der »inneren«.

nach völlig gegensätzlich. Kitri ist das Leben selbst, der Schwan ist zum Tode verurteilt. Für die erste Gestalt sind willensstarkes, energisches Handeln kennzeichnend, strahlende Freude und Lebensbejahung; für die zweite Gestalt erlöschendes Leben, der Tod.

Aber beide Gestalten erfordern einen ausgezeichneten Aplomb, denn das Zitternde und Bebende, das Zerbrechliche im Verhalten des Schwanes verlangt die sichere Bewahrung des Gleichgewichtes, eine virtuose und »genaue« Standfestigkeit, mit deren Hilfe die Tänzerin ihren Gedanken Ausdruck verleiht.

Mit anderen Worten, die Standfestigkeit der Tänzerin muß zu einem solchen organischen und plastischen Element ihrer Technik geworden sein, daß sie als *künstlerisches Ausdrucksmittel* verwendet werden kann.

Im Prozeß des Erlernens der Standfestigkeit muß so streng auf alle Regeln der Bewegungstechnik von Beinen, Körper, Armen und Kopf geachtet werden, wie sie die Schule des klassischen Tanzes vorschreibt.

Es versteht sich schon fast von selbst, daß ein gut entwickelter Aplomb auch nicht überbetont werden darf, um Inhalt und Charakter der szenischen Handlung nicht zu beeinträchtigen. Eine überflüssige Pirouette oder eine über das Maß hinausgehende Fixierung einer Pose auf halber Spitze kann zu einer Verletzung der künstlerischen Aufgabe des Tänzers führen. Der Aplomb wird in geringem oder größerem Ausmaße in allen tänzerischen Disziplinen geschult. In den Unterrichtsstunden des klassischen Tanzes wird an der Standfestigkeit besonders ausdauernd gearbeitet, was bereits mit dem Erlernen der Beinpositionen beginnt; hier wird den Schülern zuallererst beigebracht, fest und richtig auf den auswärtsgedrehten Beinen zu stehen.

Die Auswärtsdrehung der Beine ist die Grundvoraussetzung für die Ausübung der Technik des klassischen Tanzes.

Sie ermöglicht, wie schon bekannt, eine (im Becken) freiere und plastisch vollkommenere Bewegung der Beine, vergrößert die Stützfläche und erhöht folglich die Standfestigkeit. Die Stützfläche erhält dann eine besondere Bedeutung, wenn die auswärtsgedrehten Beine in der I. Position stehen. In der II. und besonders in der IV. Position wird die Stützfläche vergrößert.

Um die Standfestigkeit zu erhöhen, müssen folgende Regeln unbedingt beachtet werden: Die Fußsohle muß immer fest und gleichmäßig an den Boden gedrückt werden. Die Zehen müssen, fest an den Boden gedrückt, mit aller Kraft das Gleichgewicht halten; die Fersen sind ebenfalls fest, aber mit hoher Elastizität als Stütze auf den Boden aufgesetzt. Man darf den großen Zeh dabei nicht überbelasten, da dadurch die Stützfläche verkleinert und die Standfestigkeit vermindert wird.

Wenn auf solche Weise das Körpergewicht auf den ganzen Fuß, darunter auch auf die Ferse, verlagert ist, fällt es dem Tänzer nicht schwer, sein Gleichgewicht zu halten. Werden diese Regeln nicht eingehalten, so verlieren die Beine schnell ihre Auswärtsdrehung, und die Füße beginnen hin- und herzurutschen. Das geschieht vor allem bei der Ausführung von Sprüngen. Im allgemeinen soll der Fuß im klassischen Tanz immer nur leicht, elastisch auf den Boden aufgesetzt werden, möglichst unhörbar und von den Zehenspitzen beginnend; die Ferse muß aber unbedingt fest auf den Boden aufgesetzt werden; sonst gibt es keine Standfestigkeit.

Zur Bewahrung der Standfestigkeit muß auch das Fußgelenk und das Bein unterhalb des Knies mit einbezogen werden, denn gerade das Fußgelenk kann – ohne daß es die Zuschauer bemerken – Korrekturen vornehmen, um das Gleichgewicht wiederherzustellen.

Auf dem ganzen Fuß ist der Aplomb natürlich leichter zu bewahren als auf halber Spitze, wo sich die Stützfläche vermindert. Unter diesen Umständen muß das Fußgelenk besonders angespannt und beweglich bleiben, um Korrekturen am Gleichgewicht schnell vornehmen zu können. Auch in diesem Falle sollte der Tänzer bemüht sein, die Korrektur möglichst unauffällig zu vollziehen, damit sich in den Tanz keine Unsicherheiten einschleichen.

Auch die Knie und die Hüfte haben eine bestimmte Funktion bei der Bewahrung des Gleichgewichtes. Sie müssen stets auswärtsgedreht und in elastischer Wechselwirkung mit den Füßen bleiben. Beim plié müssen Knie und Fuß auf einer vertikalen Linie gehalten werden. Diese Haltung erhöht die Stützfähigkeit des Fußes. Wenn die Knie nach vorn fallen, wird die Auswärtsdrehung der Hüfte beeinträchtigt, man überbelastet die große Zehe und der Aplomb wird gestört.

Das Bemühen um einen sicheren Aplomb darf keine negativen Auswirkungen auf die Haltung der Hüft- und Beckenpartie haben. Dieser Teil muß immer angespannt und hochgezogen bleiben, um die Schönheit der Figur des Tänzers nicht zu beeinträchtigen. Aus diesen Gründen ist die Auswärtsdrehung notwendig, wobei gleichzeitig der Aplomb auf einem Bein bewahrt werden muß. Die Auswärtsdrehung des Standbeines völlig beizubehalten und das andere Bein dabei zugleich auf 90° zu öffnen ist praktisch nur an der Stange möglich. Deshalb werden die großen Posen der II. und besonders der IV. Position rück im Freien mit einem nicht vollständig auswärtsgedrehten Standbein ausgeführt.

In der Regel ist die Auswärtsdrehung für das Spielbein, das mit der Fußspitze auf den Boden aufgesetzt bzw. auf 22°, 45° oder 90° angehoben ist, von gleicher Bedeutung wie für das Standbein. Im anderen Falle wird nicht nur die Konzentriertheit und der Aufbau der tänzerischen Figur beeinträchtigt, sondern auch die Standfestigkeit. Das Spielbein muß genauso seinen Bewegungsgesetzen folgen wie das Standbein. Wenn das Spielbein nicht richtig zur Seite geführt oder seine Stellung im Raum nicht richtig fixiert wird (wenn es sich allmählich senkt, in der Hüfte entspannt wird oder wenn die Straffheit der Zehen nachläßt), wenn also die Auswärtsdrehung verlorengeht, so bedeutet das, daß die Bewegungen unsicher, falsch werden, daß sie nicht ausreichend fixiert werden können.

Der klassische Tanz verfügt über eine Vielzahl von Möglichkeiten beim Übergang von einem Bein auf das andere in Form der unterschiedlichen Schritte – pas. Aber schon der geringste Verlust an Standfestigkeit bei diesen Übergängen führt im Tanz zu Unsicherheit und technischer Unvollkommenheit. Deshalb muß die Fähigkeit, das Schwergewicht des Körpers vom Standbein auf das Spielbein zu verlagern, kontinuierlich entwickelt werden – mit höchster Genauigkeit, Folgerichtigkeit, Beachtung der verschiedenartigen Tempi, des Rhythmus und Charakters der Bewegung.

Der Übergang von einem Bein auf das andere kann sich am Platz oder in der Fortbewegung vollziehen, langsam oder schnell, einfach oder kompliziert; immer aber muß die Schwerpunktverlagerung auf das neue Standbein richtig und sicher vollzogen werden.

Die Erziehung zu einer aufrechten Körperhaltung beim Schüler trägt ebenfalls zur Sicherung des Aplombs bei. Bekanntlich werden alle Bewegungen des Körpers gewissermaßen vom Rückgrat »gesteuert«. Das ist unsere physisch gekräftigte und gefestigte Achse, die von der Taille bis zum Kopf verläuft und es ermöglicht, den Körper bei der Ausübung jeder beliebigen Bewegung des klassischen Tanzes im nötigen Gleichgewicht zu halten. Das Gleichgewichtszentrum befindet sich immer auf dem Standbein, wie es die Gleichgewichtsgesetze verlangen. Die Bewahrung des Gleichgewichts ist besonders bei der Ausübung von mehrmaligen und schnellen Drehungen, bei komplizierten Sprüngen usw. von größter Wichtigkeit.

Begriffe wie »den Körper aufrecht halten«, »den Rücken anspannen«, »ein freies Öffnen und Senken der Schultern«, »auf dem Bein stehen«, wie sie in der tänzerischen Praxis üblich sind, bezeichnen das Gefühl der Angespanntheit, das zur Entwicklung des Aplombs des Tänzers unabdingbare Voraussetzung ist.

Die Körperbewegung des Tänzers auf der Bühne kann unterschiedliche Handlungselemente widerspiegeln, aber in keinem Falle dürfen die elementaren Regeln des Aplombs verletzt werden, die der Kunst, ausdrucksvoll zu tanzen, als Grundlage dienen.

Die richtige Haltung und Bewegung der Arme, Beine und des Oberkörpers dienen ebenfalls der Gleichgewichtsbewahrung des Körpers. Kann der Tänzer seine Arme nicht mit dem Bewegungstempo des ganzen Körpers in Einklang bringen, sagt man dazu, daß er ohne Aplomb tanzt.

Die Armbewegungen sind im klassischen Tanz sowohl ihrer Plastizität nach als auch im Rhythmus und Charakter sehr verschiedenartig. Aber sie alle basieren auf einem einheitlichen, räumlichen Bewegungssystem, dessen Verletzung letztendlich immer zur Zerstörung des technischen und emotionalen Aplombs im klassischen Tanz führt. Die Arme des Tänzers können die unterschiedlichsten Elemente der Handlung zum Ausdruck bringen oder unterstreichen, aber nur dann, wenn sie sich streng im Rahmen des erarbeiteten Bewegungssystems halten. Mit der wachsenden Beherrschung der Armbewegungen beginnt der Schüler, sich allmählich den darstellerischen Aplomb anzueignen, d. h. die Fähigkeit, bestimmte räumliche Bewegungen und Stellungen sicher zu fixieren. Das port de bras hilft den Schülern, die Arme von der einen Pose sicher in eine andere Pose zu übertragen. Die Posen erziehen den Schüler zu einer sicheren Fixierung der unterschiedlichen tänzerischen Armbewegungen.* Auf diese Weise festigt sich beim Lernenden das System der port de bras. Außerdem verlangt die Standfestigkeit eine aktivere und sichere Armbewegung. Der Arm des Schülers muß die uneingeschränkte plastische Vollkommenheit der tänzerischen Geste ausdrücken. Deshalb dürfen Ellenbogen und Handgelenke des künftigen Tänzers nicht leblos »durchhängen« oder schlaffe, eckig-passive Bewegungen vollziehen. Die Arme dürfen aber auch nicht übermäßig angespannt werden, als eine Art reflektorischer Nachahmung der Beinbewegungen. Bein- und Armbewegungen müssen stets in Rhythmus und Plastizität übereinstimmen, so wie es der darstellerische Aplomb verlangt, ohne dabei aber ihre Selbständigkeit einzubüßen.

Nicht weniger bedeutsam für die Ausbildung des Aplombs sind die richtigen Kopfbewegungen. Die Wendungen und Neigungen des Kopfes müssen in strenger Übereinstimmung mit dem Rhythmus, der Kraft und dem Charakter der Bewegungen, d. h. in Übereinstimmung mit der gesamten Figur des Tänzers stehen. Schon die geringste rhythmische oder plastische Ungenauigkeit in der Bewegung des Kopfes kann zu einer starken Beeinträchtigung des Gleichgewichts führen, besonders bei der Ausübung mehrfacher Drehungen, wie pirouette, tours chaînés, tours en l'air usw. Die Kopfbewegungen im klassischen Tanz sind außergewöhnlich vielfältig und vervollkommnen die plastische Gestaltung des port de bras, der Pose. All das verlangt die gezielte und doch zugleich freie Bewegung des Kopfes einschließlich der Blickrichtung. Deshalb ist es notwendig, den Schülern eine freie, ohne jede Überanstrengung verlaufende Bewegung des Halses anzuerziehen, die dann auch alle notwendigen Drehungen und Neigungen des Kopfes erlaubt.** Zusammen mit der Standfestigkeit muß dem Schüler

---

* Siehe Positionen der Arme, Port de bras, S. 174 ff.
** Siehe Positionen der Arme, Port de bras, S. 174 ff.

auch die Fähigkeit anerzogen werden, jede Bewegung oder Pose sicher zu fixieren. Schon die geringste Beeinträchtigung einer Bewegung oder Pose und ihrer musikalisch-rhythmischen Einheit erzeugt den Eindruck der Unsicherheit, vor allem dann, wenn sich diese rhythmische Ungenauigkeit als eine Unterbrechung der Verbindung von einer Bewegung zur anderen äußert. Die fließende Verbindung der einen Pose mit der anderen muß während der Erarbeitung des Aplombs gelehrt werden und darf keinesfalls dem zufälligen darstellerischen Geschick überlassen bleiben.

Aus den gleichen Gründen ist es auch erforderlich, bei dem Aufbau der Übung – angefangen vom Elementaren bis zum Kompliziertesten – auf den sicheren Abschluß hinzuarbeiten. Es ist bekannt, daß der noch wenig erfahrene Tänzer mit seinen Kräften schlecht haushalten kann, daß er gewöhnlich zu schnell ermüdet und daß sich dann gerade gegen Ende der Variation seine Bewegungen »aufzulösen« drohen. Auf diese Weise erreicht er das Finale nicht mit der notwendigen Ausstrahlungskraft und Sicherheit. Deshalb muß jeder Schüler seine Übung immer mit dem erforderlichen Aplomb abschließen, mit der gleichen musikalisch-plastischen Qualität, wie er sie begonnen hat.

Wir haben aber bereits davon gesprochen, daß für die Entwicklung der Standfestigkeit auch ein notwendiges Maß an Kraft und Kondition entwikkelt werden muß. Sind z. B. die Beine eines Tänzers unzureichend gekräftigt, so können sie weder eine pirouette sicher ausführen, noch verfügen sie über die nötige Sprungkraft für große komplizierte Sprünge und das anschließende leichte und sichere Aufsetzen. Dieselben Mängel stellen sich ein, wenn der Rücken nicht ausreichend gekräftigt und ausgerichtet ist, selbst dann, wenn die Bewegungen der Beine, der Arme und des Kopfes völlig richtig sind. Zur Entwicklung der Kraft der Beine im Exercice an der Stange und im Freien muß eine ausreichende Zahl von demi-pliés und relevés auf halber Spitze ausgeführt werden, besonders in solchen kraftfordernden Bewegungen wie battement développé, grand rond de jambe en l'air, grand battement jeté; mit dem gleichen Ziel sollte das battement développé tombé geübt werden, um die Fähigkeit der Schwerpunktverlagerung des Körpers von einem Bein auf das andere ausreichend zu entwickeln. Es ist angebracht, das battement développé mit verschiedenen Formen des port de bras und Wendungen und Neigungen des Oberkörpers auszuführen.

In das Exercice sollten auch Drehungen eingebaut werden: pirouette und fouetté auf 90°, Sprünge in der Art des sissonne simple, temps levé simple, pas ballonné, rond de jambe en l'air sauté, jeté passé. Solche Sprünge dürfen nur in geringer Anzahl (von jeder Art einer) in das Exercice einbezogen werden, als eine gewisse zusätzliche Kraftanstrengung. Dabei müssen wir immer berücksichtigen, daß die Ausbildung der Standfestigkeit schon mit der Erarbeitung der elementarsten Bewegungen beginnt.

Übungen im Freien müssen unbedingt en tournant (siehe Unterrichtsprogramm) ausgeführt werden, was ebenfalls zur Stärkung der Ausdauer und der Festigkeit des Standbeines und zur sicheren Orientierung im Raum beiträgt. Diese Fähigkeiten werden auch bei der Ausführung der pirouette und anderen Arten von Drehungen geübt. Dabei sollte nicht nur an der Mechanik und der Form der pirouette selbst gearbeitet werden, sondern ihre Fertigkeiten und ihre Sicherheit müssen vor allem im Exercice und beim en tournant erarbeitet werden. Besonders nützlich ist es, wenn in die Übungsstunden im Freien die battements divisés en quarts einbezogen werden. Sie sind besonders geeignet zur Entwicklung der Standfestigkeit bei der grande pirouette und allen anderen Arten von fouetté auf 90°. Je weiter entwickelt die Schüler sind, um so reichhaltiger und vielfältiger (auch quantitativ) sollte das für sie zusammengestellte Übungsprogramm sein. Aber sowohl die kräftemäßigen als auch die koordinativen Belastungen oder Aufgaben zur Entwicklung der Standfestigkeit sollten entsprechend dem Leistungsvermögen stets so geplant werden, daß der Übergang zum komplizierteren Teil der Stunde – zum Adagio – ausreichend vorbereitet ist. Die Lernenden haben dann eine sehr nützliche und wichtige Stufe ihres Lehrprogramms erreicht, wenn sie über die elementare Sicherheit und Festigkeit nicht nur der Beine, sondern des gesamten Körpers verfügen.

Bei der Zusammenstellung des Adagios im Unterricht kommt es nicht nur darauf an, den Aplomb durch einfache und komplizierte, langsame und schnelle Verlagerung des Körpergewichts von einem Bein auf das andere, sondern vor allem die Ausführung verschiedener Bewegungen auf ein und demselben Standbein zu üben. Nur eine ausreichend lange, angespannte und komplizierte Arbeit auf dem Standbein, wie sie für das Adagio notwendig ist, entwickelt die virtuose Sicherheit des Tänzers. Es versteht sich von selbst, daß die Belastung des Standbeines in Abhängigkeit von Umfang und Kompliziertheit des Übungsprogramms und von den Möglichkeiten der Schüler vorgenommen werden muß.

Es gibt eine spezifische Übung, die der Entwicklung sicherer und richtiger Drehungen bei großen Pirouetten dient: Sie nennt sich »quatres pirouettes« und wird auf dem Standbein ausgeführt. Diese Übung ist außerordentlich nützlich. Ausgangspose – à la seconde, anschließend tour lent en dehors mit nachfolgendem ununterbrochenem Übergang in die große pirouette en dehors à la seconde, danach kleine Pirouetten mit abschließendem Übergang in die Ausgangsposition. Diese Übung wird insgesamt viermal in einer Richtung wiederholt, danach ebenso oft auf dem anderen

Bein und en dedans.* Diese Übung ist technisch schwierig und ermüdend (besonders wenn eine große Anzahl von pirouettes in ihr enthalten ist), aber sie entwickelt die Ausdauer und Kraft des Standbeines, das sichere Drehvermögen des ganzen Körpers, den Willen und die Charakterfestigkeit des Schülers, was für die Ausbildung des Aplombs von großer Wichtigkeit ist. Besonders in den unteren Klassen muß man aber darauf bedacht sein, das Standbein nicht zu überlasten: Das führt zur Übermüdung und zu verschiedenen Verletzungsarten. Der Schwierigkeitsgrad des Adagios in jeder Klasse muß in strenger Übereinstimmung mit dem Lehrprogramm und den Fähigkeiten der Schüler stehen.

Man darf aber nie vergessen, daß sich der Aplomb nur im Prozeß schwerer Arbeit, unter Anspannung aller Kräfte des Schülers herausbildet. Es ist keine leichte Aufgabe, den Schüler im Adagio so vorzubereiten, daß er auch die Arbeit an den Sprüngen im dritten Teil der Stunde – dem Allegro – noch mit voller Kraft ausführen kann. Deshalb sollten sowohl im Adagio als auch im Exercice große Sprünge in begrenzter Zahl mit dem Ziel vorhanden sein, wie eben bereits dargelegt. Zum Beispiel solche Sprünge wie grande sissonne ouverte, grand jeté mit geöffneter Beinhaltung, grand fouetté, entrelacé, verschiedene battus oder cabrioles.

Sprünge erfordern u. a. kräftige Beine, Stabilität des Körpers, genaue Bewegungen der Arme und des Kopfes. Alle diese Eigenschaften werden zunächst – auf elementare Weise – im Exercice geübt, in komplizierterer Form im Adagio, und schließlich werden sie im Allegro vervollkommnet.

Die Stabilität des Sprunges hängt in bedeutendem Maße von einem demi-plié ab, das auswärts, kräftig und elastisch ist und dem Schüler einen leichten Absprung und eine aufrechte Haltung während des Fluges und der Landung erlaubt. Eine kurze, schwache, wenig ausgebildete Achillessehne, schwach entwickelte Waden- und Hüftmuskeln sind die meist auftretenden Unzulänglichkeiten, die den Tänzer an der Entwicklung der Sprungstabilität hindern. Solche Mängel werden durch die Beinarbeit im demi-plié und relevé im Exercice und im Adagio überwunden. Eine richtige Körperhaltung ist die Voraussetzung für die Sprungstabilität. Beim Absprung, während des Fluges und beim Aufkommen müssen Rücken und Hüftpartie angespannt bleiben. Wenn der Oberkörper nicht angespannt und konzentriert in den Bewegungen ist, so kann keine aktive Beinarbeit erfolgen und auch die Standfestigkeit nicht gesichert werden. Der gesamte Körper muß sich genau und mit ausreichender Kraft in die Flugbahn und Vertikale abstoßen. Wird die Lage des Schwergewichtes für die

* Dieses Beispiel kann man auch in anderen Posen ausführen, variieren oder noch komplizierter gestalten.

Flugphase nicht richtig berechnet, so wird der Sprung zufällig und ungenau beendet.

Die Stabilität während des Sprunges wird auch noch durch die Arme gewährleistet. Sie dürfen weder passiv noch unbeteiligt bleiben noch irgendwelche unkontrollierten reflexiven Bewegungen vollführen. Das zerstört die tänzerische Plastik und verleiht den Bewegungen etwas Unkontrolliertes und Unsicheres. Wenn die Arme während des Sprunges nicht irgendeine bestimmte Haltung einzunehmen haben, so sollten sie sich frei bewegen, und zwar so, daß sie den Schwung der Beinbewegungen beim Sprung aktiv unterstützen. Wenn die Arme während des Absprunges eine Bewegung auszuführen haben, dann sollte das auf energische Weise vollzogen werden und so, daß der Absprung dadurch verstärkt wird. Eine solche Art der Armbewegung nennt man in der Unterrichtspraxis das »podchwat«*. Je höher und komplizierter der Sprung, um so genauer, kräftiger und angemessener muß die Bewegung der Arme sein. Besondere Aufmerksamkeit wird diesen Übungen in dem Abschnitt über die Sprünge gewidmet, u. a. bei Sprüngen en tournant und komplizierten Drehungen, wo es auf besondere Genauigkeit und Exaktheit bei der Ausführung des »podchwat« ankommt. In solchen Fällen wird gesagt, daß man den notwendigen Force nehmen muß, d. h., die Ansatzbewegung der Arme für die Drehung muß mit solcher Kraft und Genauigkeit erfolgen, daß die vorgegebene Bewegung sicher ausgeführt werden kann.

Die Bewegungen können nicht allgemein erarbeitet werden, sondern nur unter der besonderen Berücksichtigung aller Details des »Schwungnehmens« und des Force bei jedem einzelnen Sprung. Nur in diesem Fall unterstützen die Arme eine richtige Gewichtsverlagerung während des Sprunges.

Aber auch die Kopfbewegung trägt zur Stabilität des Sprunges bei. Wie die Arme, so kann auch der Kopf während des Fluges ruhig gehalten werden oder sich bewegen, aber in beiden Fällen muß sich die Haltung und Bewegung des Kopfes in das allgemeine Tempo des Sprunges einfügen. So entscheidet z. B. bei solchen Bewegungen wie tour en l'air, double saut de basque usw. die Aktivität und Genauigkeit der Kopfbewegung über die Stabilität des Sprunges. Schwache und ungenaue Kopfbewegungen beeinträchtigen die Sicherheit des Sprunges.

Es geht bei der Beinarbeit, beim Einsatz des Oberkörpers, der Arme und des Kopfes im entscheidenden Maße um den Kraftfaktor, der eine gute Stabilität des Sprunges sichert. Die Kraft ist aber nur dann von Nutzen, wenn der Ausführende alle drei Phasen des Sprunges – den Absprung, den Flug

* Schwungnehmen (Anm. d. Übers.)

und die Landung – im einheitlichen Tempo und in Übereinstimmung mit allen Regeln der Technik des klassischen Tanzes ausführt.

Die Fähigkeit, eine ganze Reihe von Sprüngen elastisch und leicht miteinander zu verbinden, ihren plastischen und musikalisch-rhythmischen Aufbau sicher durchzuhalten, nennt man Elevation. Es ist aber falsch anzunehmen, daß man eine Elevation ohne eine ausreichende Stabilität und Sicherheit der Sprünge, ohne die Fähigkeit, die im Sprung geplante Höhe des Fluges und der Fortbewegung des Körpers in dem entsprechenden Rhythmus und Tempo genau zu berechnen, aufbauen kann. Das bedeutet, der Beginn der Elevation liegt in den ausreichend geübten sicheren Grundelementen des Sprunges, in den allerkleinsten Details der Sprungtechnik. Zur Entwicklung der Sprungstabilität muß das besondere Augenmerk auf Bewegungen gelenkt werden, die auf ein- und demselben Bein ausgeführt werden. Nur auf diese Weise kann die Sprungkraft des Beines entwickelt werden. Eindeutige und sichere Bewegungen aus dem Abschnitt »en tournant« des Unterrichtsprogramms müssen in jeder Unterrichtsstunde in ausreichendem Maße vorhanden sein. All das führt nicht nur zur Ausbildung des Aplombs, sondern auch zur Elevation und zum Ballon des Sprunges.

Unter Berücksichtigung dieser Zielstellung müssen die Übungsaufgaben den notwendigen physischen und technischen Schwierigkeitsgrad haben. Die Sprünge werden sicher, wenn sich die praktischen Fähigkeiten des Schülers in demselben umfassenden Maße gefestigt haben wie seine theoretischen Kenntnisse.

Es ist durchaus oft so, daß die Schüler mehr wissen und verstehen, als sie in der Praxis ausführen können, d. h., daß die Entwicklung des tänzerischen Vermögens mit den Kenntnissen nicht übereinstimmt.

Ein Tänzer, der sich gut auf der Bühne orientiert, kann sich besser an den vorgeschriebenen Aufbau der tänzerischen Konzeption halten, kann die gestalterischen Aufgaben, auch in Zusammenarbeit mit dem Partner, leichter lösen. Deshalb müssen die Schüler dazu erzogen werden, sich nicht nur streng an den Aufbau der Bewegungen und Posen zu halten, sondern auch an die Haltung en face, épaulement croisé, effacé, die Richtungen der Fortbewegung – geradeaus, diagonal, kreisförmig mit Wendungen und mehrmaligen Drehungen – par terre und en l'air, en dehors und en dedans.

Ebenso wichtig ist es, daß die Schüler die richtige Einteilung und Berechnung ihres Unterrichtsraumes lernen, daß sie die Abstände untereinander einhalten und die Kombinationen auch in der umgekehrten Reihenfolge ausführen.

Bei der Aufstellung der Kombination müssen die Ausmaße des Ballettsaales unbedingt beachtet werden, damit die mögliche Bewegungsfreiheit durch die Schüler voll ausgenutzt wird. Man kann die Schüler mit Hilfe eines speziellen Schemas mit der Einteilung des Raumes im Ballettsaal bekannt machen. Dieses Schema wurde von W. I. Stepanow entwickelt und von A. J. Waganowa (Abb. 1) verbessert. Im Unterricht hat diese Art der Aneignung des Raumes vermittels der bezifferten Punkte und Flächen nur einen bedingt nützlichen und etwas abstrakten Charakter. Es ist besser, den Schülern kurz und klar die Beschaffenheit der Bühne und ihre Raumeinteilung zu erklären.

Der Schüler muß wissen, wo sich die Bühnenöffnung befindet, wo der Vorhang ist, die Rampe, die Kulissen (die linke und rechte Seite – in bezug auf die Zuschauer) und wo sich der Bühnenhintergrund befindet; was der Bühnenboden darstellt, seine Neigung und die Linien, die parallel zur Rampe, zu den Kulissen und diagonal verlaufen; was die Breite, Tiefe und Höhe der Bühne ausmacht. All diese Dinge muß der künftige Tänzer nicht nur wissen, sondern »erfühlen«. Dann erst wird er sich auf der Bühne sicher bewegen. Kurz zusammengefaßt: Man muß die Arbeit im Ballettsaal stets so gestalten, als würde sich der Schüler im richtigen Bühnenraum bewegen.

Die Entwicklungsstufe des Aplombs hängt auch davon ab, wie die Stunde vorbereitet und durchgeführt wird.

Ein zu hoher Schwierigkeitsgrad der Übungen führt nicht zur Ausbildung eines sicheren Raumempfindens, unterstützt nicht die Genauigkeit und das sinnvolle Maß der Bewegungen, erzieht nicht zum Gefühl für Rhythmus und Raum, kurz, fördert nicht die Entwicklung des Schülers, sondern hemmt sie. Ein zu leichter Aufbau der Übungen führt auch nicht zum Ziel. Die Unterrichtsstunden sollten eine bestimmte Abfolge von Bewegungen bewahren, die von den Schülern beherrscht werden. Diese Abfolge darf aber nicht zu einer endlosen Wiederholung von den gleichen Kombinationen über Wochen, Monate und Jahre hindurch führen; das bewirkt durchaus noch nicht den notwendigen Aplomb beim Schüler. Im Gegenteil, es führt zu einer einseitigen, unzureichenden Ausbildung der tänzerischen Fähigkeiten. Virtuosität verlangt auch eine anstrengende, ausreichend komplizierte und vielseitige Belastung des Blutgefäßsystems.*

Und schließlich wird die Entwicklung des Aplombs auch von der Fähigkeit des Schülers bestimmt, Musik richtig hören zu können, ein Gefühl für Rhythmus und Charakter der Musik zu haben, sich die Übungsaufgaben gut merken zu können und ständig beharrlich nach Vervollkommnung des Wissens und der Tanztechnik zu streben.

Aber auch dann, wenn man den Schüler zur tänzerischen Gestaltung anregt, wenn man ihn im Glauben an seine Kraft unterstützt, wenn man

* Das Gleichgewicht aller Bewegungen des Menschen wird durch den Gefäßapparat reguliert und damit auch das Gefühl für die Bewegung und Lage des Körpers im Raum.

Raumschema des Ballettsaales a) Stepanow B) Waganowa 1

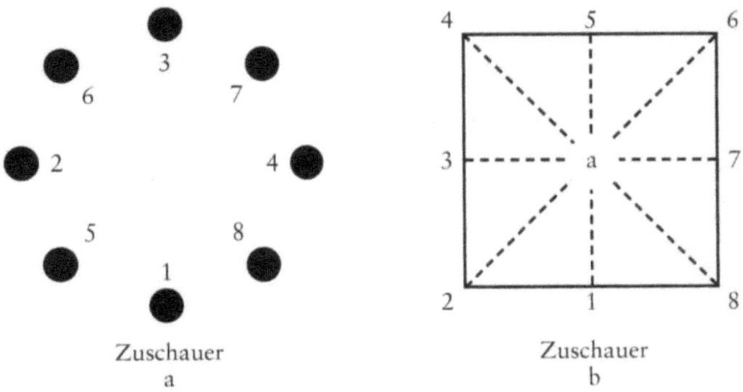

sein tänzerisches Temperament fördert und Entschlossenheit und Mut zur künstlerischen Gestaltung in ihm weckt, fördert man seinen tänzerischen Aplomb auf psychologische Weise. Ohne diese erzieherische Seite der Ballettausbildung sind echte künstlerische Leistungen nicht denkbar.

7.

Die gesamte inhaltliche Tiefe eines Balletts kann nur durch eine exakte Technik wiedergegeben werden. Genauigkeit beim Tanz hat nichts mit Pedanterie oder Schablone zu tun, ist nicht Selbstzweck, sondern lebendiger Ausdruck eines tiefempfundenen künstlerischen Gefühls für den Tanz, Ausdruck der inneren Reife und der technischen Vollkommenheit, Ausdruck des gestalterischen Könnens des Tänzers. Die Genauigkeit ermöglicht dem Tänzer nicht nur eine hohe Plastizität und eine entsprechende Phrasierung seiner Bewegungen, Vertrauen in die Kraft, sondern auch schöpferische Aktivität. Ohne ausgearbeitete Technik gibt es keine echte Ballettkunst. Weder ein großer künstlerischer Gedanke noch ein überzeugendes Sujet können zum Tragen kommen, wenn die Darstellungstechnik mit dem Inhalt nicht übereinstimmt. Solche Begriffe wie »ungefähr« oder »annähernd« sind mit dem klassischen Tanz unvereinbar. Schon die geringste plastische Ungenauigkeit der Bewegung, die Abweichung von Charakter und Intonation der Musik, eine wenig überzeugende tänzerische Geste zeugen vom mangelnden Können des Tänzers.

Die Erschließung aller »Geheimnisse« der Technik des klassischen Tanzes beginnt bereits mit den ersten Schritten und verläuft dann nach dem

Prinzip: vom Einfachen zum Komplizierten. Aus diesem Grunde sollte der Übergang von einer Aufgabe zur nächsten – komplizierteren – immer erst dann vollzogen werden, wenn die Schüler die bereits vorangegangene Bewegung beherrschen. Außerdem muß man streng darauf bedacht sein, daß alle Elemente, aus denen sich die neue, kompliziertere Aufgabe zusammensetzt, bereits in den erlernten Grundlagen enthalten sind. Geht man zum Erlernen neuer Bewegungen ohne die notwendige Vorbereitung über, so führt das zu einem unkontinuierlichen, falschen Wachstum der Technik. In der Regel lassen sich Ungenauigkeiten, die bereits zur Gewohnheit geworden sind, nur schwer und manchmal überhaupt nicht wieder korrigieren. Die Hauptursachen für »kleine« und »große« Unsauberkeiten sind einerseits gestalterische Oberflächlichkeit und andererseits zu geringe Anforderungen durch den Lehrer.

Nicht minder wichtig ist es, bei den Schülern zu erreichen, daß sie den Rhythmus ihrer Bewegungen mit der Musik in Übereinstimmung bringen, Charakter und Tonalität der Musik deutlich unterscheiden können, d. h., daß sie nicht nur die Raum-, sondern auch die Rhythmusgesetze der Technik sicher beherrschen.

Die Erfahrungen des sowjetischen Balletts weisen überzeugend nach, daß die Sprache des klassischen Tanzes über einen großen gestalterischen Reichtum verfügt, daß sie zur Widerspiegelung des realen Lebens – angefangen von den romantischen Zügen bis zur überzeugenden psychologischen Tiefe – außerordentlich geeignet ist. Aber diese Überzeugungskraft erlangt sie nur auf der Grundlage hoher tänzerischer Meisterschaft.

In diesem Zusammenhang möchte ich die angehenden Ballettpädagogen vor dem sogenannten »trockenen« Tanzen* der Schüler warnen, d. h. vor der verspäteten Erziehung der Schüler zur musikalischen Gestaltung. In diesem Falle kommt es beim Schüler leicht zu technischen Ungenauigkeiten in den Bewegungen oder zu einer nur »äußerlichen« Gestaltung der Musik. Das darstellerische Vermögen und die Genauigkeit müssen zusammen mit dem »ABC« des klassischen Tanzes anerzogen werden. Geschieht das nicht, so muß man die Schüler tatsächlich »trocken« tanzen lassen, d. h. zu einem unerwünschten Amateur-Kompromiß greifen. Im Unterricht kommt es natürlich zuerst auf die Beherrschung der tänzerischen und rhythmischen Grundlagen an, dann erst geht es an die musikalische Gestaltung. Aber diese musikalische Gestaltung muß rechtzeitig erfolgen, dann erübrigt sich ein »trockenes« Tanzen der Schüler, und die Arbeit vollzieht sich normal, entsprechend dem erarbeiteten Unterrichtsprogramm.

---

* Gemeint ist ein Einstudieren der Bewegungen oder Kombinationen ohne Musik. (Anm. d. Übers.)

8.

Sich leicht zu bewegen, ohne physische Überanstrengung, bedeutet, vor den Zuschauern alle Anstrengungen der künstlerischen Meisterschaft, die Verausgabung von Kraft und Energie zu verbergen. Schon die kleinste Befangenheit in den Bewegungen (des Kopfes, des Körpers, der Arme und Füße), der geringste Verlust an Kraft, an Energie und Willen erschwert die Bewegungen des Tänzers, hindert ihn daran, die gesamte Palette seines Könnens zu demonstrieren.

Allein die Leichtigkeit in den Bewegungen des Tanzes bedeutet nicht »überirdische Körperlosigkeit« oder zur Schau getragenen Optimismus, sie ist vor allem Ergebnis künstlerischer Ausdrucksfähigkeit in ihrer möglichen plastischen Vielfalt. Die Leichtigkeit ermöglicht eine gehobene »beflügelte« Plastizität des tänzerischen Ausdrucks, besonders bei der Ausführung von Posen, großen Sprüngen, Drehungen usw.

Im Unterricht erreicht man die Leichtigkeit auf der Grundlage der Biegsamkeit, des Aplombs, der Genauigkeit der Bewegungen und der Musikalität der Schüler. Die Ausführungen der Bewegungen durch die Schüler sollten immer kraftvoll, genau, entschlossen, ausdrucksstark und ihrem Charakter nach vielfältig sein, aber vor allem leicht und unbeschwert, ohne dabei die inhaltliche Gewichtigkeit des Dargestellten aufzuheben. Die unterschiedlichen Arten des Schleifens des Fußes, des plié, des Öffnens der Beine, die Beugungen und Wendungen des Körpers, die Bewegungen der Arme und des Kopfes müssen stets leicht und frei sein. Alle diese Fähigkeiten sollten bereits durch elementare Bewegungen kontinuierlich, ohne jede gekünstelte Leichtigkeit anerzogen werden. Eine nur äußerlich betonte Leichtigkeit hat nichts gemein mit echter, tänzerischer Virtuosität.

9.

Aber nicht nur die Leichtigkeit, sondern auch die Weichheit der Bewegungen gehört zu den Gestaltungselementen des klassischen Tanzes. Sie unterstreicht den strengen, willensbetonten und männlichen, nicht aber einen süßlich-schlaffen Charakter der Bewegungen. In dem Maße, wie sich die Skala der Bewegungen erweitert, bereichert die Weichheit der Bewegungen die Plastik des Tanzes in ihrer Verbundenheit, eröffnet sie neue Ausdrucksmöglichkeiten, die sich vor allem auf die Erschließung einer größeren Tiefe, Wärme und Feinheit im tänzerischen Vermögen positiv auswirken. Ein schwerfälliger, eckiger, noch »unpersönlicher« Charakter der Bewegungen vermindert die Vielfalt tiefempfundener emotionaler Ausdrucksmöglichkeiten.

Die tänzerische Intonation kann sich durch besonderen Lyrismus oder durch scharfe Charakterzeichnung, durch eine bis an die Grenze reichende »glühende Empfindungstiefe«, durch kraftvolle, temperamentvolle, heldenhafte und machtvolle Nuancierungen auszeichnen; die Technik der Bewegungen muß aber in jedem Falle ihre tänzerische Weichheit bewahren.

Eine unzureichende Biegsamkeit des Tänzers, eine mangelnde Auswärtsdrehung der Beine führt zu harten Bewegungen. Kantige, abgehackte und scharfe Bewegungen des ganzen Körpers, das Fehlen eines ausreichenden Schrittes und eines elastischen plié ermöglichen keine weiche, »fließende« Plastik der tänzerischen Geste. Die russische und sowjetische Schule des klassischen Tanzes zeichnet sich durch eine weiche, schmiegsame und nicht durch eine eckig-harte und scharfe Darstellungsplastik aus.

Eine mangelnde Musikalität des Tänzers hat besonders negative Auswirkungen auf die Weichheit der Bewegungen; sie verlieren bei der szenischen Darstellung ihre Lebendigkeit, ihre Ausdruckskraft und verwandeln sich in unbewegliche plastische Schablonen. Der musikalische Ton kann die unterschiedlichsten Intonationen annehmen, die Weichheit basiert aber auf dem Timbre, auf den Eigenschaften des Tones (Tonhöhe, Lautstärke, Klangfarbe, Dauer). Deshalb muß den Lernenden bewußt werden (vor allem den mittleren und älteren Klassen), daß die Weichheit der Bewegung sich nicht in der Fähigkeit erschöpft, sich elastisch, wendig, geschmeidig und rhythmisch bewegen zu können, sondern daß es sich hierbei um eines der wichtigsten künstlerischen Ausdrucksmittel der Ballettkunst handelt.

Im Unterricht kommt es darauf an, solche demi-pliés zu entwickeln, die den Schülern einen »weichen« Übergang von langsamen zu schnellen Tempi, von kleinen zu größeren Bewegungsamplituden, von einfachen zu komplizierten Rhythmen (besonders bei der Ausübung von Sprüngen) gestatten. Bei der Erarbeitung aller battements ist es notwendig, die Elastizität und Exaktheit der Bewegungen zu entwickeln und damit die Voraussetzung für ihre weiche und federnde Ausführung zu schaffen.

Alle ports de bras müssen in ihren unterschiedlichen Formen sehr genau sein, aber vor allem weich und biegsam in den Handgelenken, Fingergelenken, Ellenbogen, im Oberkörper, Hals und in der Kopfbewegung. Bei den Posen und auch bei anderen komplizierten Bewegungen darf man keine grobe Plastik verspüren, sondern männliche Weichheit.

Bei der Ausbildung der Musikalität des Schülers muß man darauf achten, daß er immer eine genaue, aber ausreichend weiche, fließende Phrasierung bei der Ausführung der Kombination anstrebt. Auf diese Weise wird die Weichheit in der Bewegungstechnik durch plastische Vielfalt und eine breite Skala künstlerischer Ausdrucksmittel erreicht, wie sie dem klassischen Tanz eigen ist.

10.

Die Bewegung, die sich entsprechend den Gesetzen der physischen Natur des Menschen vollzieht, ist die lebendige schöpferische Grundlage des Tänzers, ohne die er zu keiner echten, überzeugenden realistischen Gestaltung kommen kann.

Junge, noch unerfahrene Tänzer wenden sich oft, ohne besondere Notwendigkeit, außergewöhnlich emotional-plastischen Elementen und etwas übersteigerten Bewegungen zu, was in der Regel die szenische Gestaltung unzulänglich simplifiziert.

Die Fähigkeit, auch die feinsten Emotionen und psychologischen Zustände der handelnden Person wiederzugeben, kann nur auf der Grundlage eines natürlichen Gefühls für die Bewegung, aber nicht auf der Basis eines äußerlichen Posierens – sei es technisch auch noch so virtuos – erwachsen.

Die Erziehung und Ausbildung der künftigen Tänzer vollzieht sich auf komplizierten, manchmal auch widersprüchlichen Wegen.

Alle Übungen muß der Schüler ihrer Form nach genau und überzeugend absolvieren, vor allem aber mit einem deutlich spürbaren Verhältnis zur Kunst des Balletts und der Kunst der Musik. Immer er selbst zu bleiben – ist die wichtigste Unterrichtsaufgabe für den Schüler; sie führt ihn zu natürlichen, tiefempfundenen und einfachen Bewegungen. Ein solches Herangehen erlaubt dem Schüler die volle Entfaltung seiner Individualität, seiner inneren Welt, seines Vorstellungsvermögens; dadurch bewahren wir ihn vor formaler Nachahmung und künstlich »einstudierten« Emotionen. Bei der künstlerischen Gestaltung ist die Einfachheit die höchste Stufe des Könnens, der tänzerischen Harmonie. Sie erlaubt nichts Überflüssiges, Fremdes, Aufgesetztes, sie ist fester Bestandteil des realistischen Erbes und der Traditionen. Die Kunst Anna Pawlowas, Jekaterina Geltzers, Michail Mordkins, Galina Ulanowas, Konstantin Sergejews u. a. ist das beste Beispiel dafür.

Während des gesamten Unterrichts müssen die Schüler zu dieser Einfachheit angehalten werden. Jegliche Geziertheit, gewollte Schönheit und jedes In-sich-selbst-verliebt-Sein müssen überwunden werden. Männliche Bescheidenheit, entschlossene Willenshandlungen und Ausdauer bezeichnen den Weg, auf dem der Tänzer zu überzeugender, darstellerischer Einfachheit gelangt. Diese dem klassischen Tanz eigene Einfachheit der Bewegungen kann nur dann erreicht werden, wenn gestalterische Strenge waltet, die nicht nur zur akademischen Vollkommenheit und Geschlossenheit der choreographischen Formen führt, sondern vor allem zu einem gesunden künstlerischen Geschmack, zu einem durchdachten Verhältnis zur Musik und zu den eigenen Bewegungen. Erscheinungen von Gekünsteltheit, Asketismus, Gedankenleere und Gefühlsarmut als falsch verstandener »Strenge der Bewegung« muß im Unterricht entgegengewirkt werden. Die Strenge der Bewegung ist eine echte Berufseigenschaft, die dem Tänzer hilft, das richtige Maß der Verallgemeinerung und des tänzerischen Zuschnittes für den zu gestaltenden Inhalt zu finden, ohne die er leicht auf die Bahn des Naturalismus, glänzender formaler Wiedergabe, aber inhaltlicher Vernachlässigung geraten kann.

Es wird oft davon gesprochen, daß der strenge künstlerische Stil des klassischen Tanzes als Gestaltungsmittel überholt sei, daß der gegenwärtige Stil kurze, scharfe, mehr kantige, kontrast- und dissonanzreiche Ausdrucksformen verlange, daß runde Linien und Kantilenen, wie sie bis zur logischen und plastischen Vollkommenheit im klassischen Tanz entwickelt wurden, das Wesen der neuen Musik, den Klangstil des Jahrhunderts und das Wesen der gegenwärtigen Bühnentheaterkunst nicht mehr erfassen könnten, daß die »alte« strenge Klassik dem »Altertum« angehöre.

Ich teile nicht diese Meinung und vertrete den Standpunkt, daß die Ausbildung der künftigen Tänzer sich auf der Grundlage des strengen akademischen Stils und eines gesunden künstlerischen Geschmacks vollziehen muß. Es müssen solche Tänzer ausgebildet werden, die die Psychologie der Handlung im Rahmen der strengen Gesetze des klassischen Tanzes zum Ausdruck bringen können und nicht dem Modernismus unterliegen.

Der strenge Darstellungsstil ist ein unumstößlicher nationaler Zug und eine traditionelle Richtung der russischen und sowjetischen Schule des klassischen Tanzes.

11.

Die Ungezwungenheit der Bewegung ist eines der wichtigsten Elemente der Ballettkunst. Es ist bekannt, daß die Handlungen des Menschen durch den Intellekt und die Gefühle gelenkt werden. Eine nicht minder aktive Funktion haben die Muskeln, mit deren Hilfe die unmittelbaren Körperbewegungen vollzogen werden. Die Muskeln des Tänzers müssen über Kraft, Ausdauer, Elastizität und Beweglichkeit verfügen, nur dann können sie ihre Arbeit ökonomisch und zielstrebig ausüben, ohne Überanstrengung, mit der notwendigen Freiheit und Lockerheit der körperlichen Bewegung. Werden z. B. die Gesichtsmuskeln, die Halsmuskeln, die Muskulatur der Arme oder des Körpers zu stark beansprucht, so erlaubt das den Schülern keine plastisch freie Ausführung verschiedener port de bras oder Posen. Für die Bewahrung der richtigen Haltung oder Bewegung der Beine ist ebenfalls eine ausreichende, aber nicht übermäßige Anstrengung der Muskeln nötig; ohne diese Anspannung der Muskeln sind die verschiedenen plié, relevé, battements, rond de jambe, einfachen Sprünge, Wendungen, Drehungen, die die Grundlage für kompliziertere Bewegungen des klassischen Tanzes bilden, in freier und leichter Ausführung nicht möglich.

Von der ersten Klasse an muß man die Schüler dazu erziehen, sich ausreichend energisch und sicher zu bewegen, dabei aber immer überlegt und ökonomisch, ohne Überanstrengung der Muskeln. Eine übermäßige Anspannung der Muskeln kann zur Gewohnheit werden und die Entwicklung der Bewegungstechnik stören, die freie Ausprägung der Individualität behindern und zu einer Art Gestaltungsschematismus führen.

Zur richtigen Entwicklung einer freien Bewegung der Muskeln sind keine besonderen Übungsstunden nötig. Man muß während des Unterrichts ständig daran arbeiten, daß die Schüler sich effektiv bewegen, d. h. mit ihren Kräften haushalten, daß sie sich zielgerichtet bewegen, ohne jegliche Überanstrengung der Muskeln. Ohne die Beachtung dieser grundlegenden Aufgabe kann selbst der qualifizierteste Gestaltungsunterricht diesen Mangel nicht ausgleichen.

Damit die Muskeln ausreichend gekräftigt werden, über die notwendige Ausdauer und Beweglichkeit verfügen, ist ein täglicher aktiver Unterricht (außer an den freien Tagen und im Urlaub) von nicht weniger als zwei akademischen Stunden während des gesamten Studiums notwendig.*

Unterrichtsausfall, auch wenn er nur von kurzer Dauer ist, verhindert die volle Übermittlung und Ausbildung aller Feinheiten der Technik des klassischen Tanzes, weil sich die Muskeln auf diese Weise nicht gleichmäßig, sondern im Wechsel von abrupter Unterbrechung und plötzlicher Anstrengung ausbilden. Die Berufstänzer wissen sehr gut, daß mehrere hintereinander oder nur vereinzelt versäumte Übungsstunden sich sofort negativ auf die gesamte Technik auswirken. Die Muskeln erschlaffen und gehorchen nicht mehr dem Willen des Tänzers. Um die notwendige Elastizität und Ausdauer der Muskeln, die Genauigkeit und Freiheit der Bewegung wieder zu gewinnen, ist viel Zeit und Kraft erforderlich. Nur eine regelmäßige, in Zeit, Umfang, Kompliziertheit und Intensität ausreichende Arbeit ermöglicht dem künftigen Tänzer die Aneignung und Beherrschung der Technik

---

* In der Oberstufe, besonders im Abgangsjahr, ist – mit Erlaubnis des Schularztes und des Lehrers – ein zusätzlicher Unterricht in der Freizeit oder in den Ferien erlaubt, mit dem Ziel, die Muskeln weiter zu entwickeln und sich somit noch besser auf die Arbeit am Theater vorzubereiten. Die bedeutenden russischen und sowjetischen Tänzer haben als Schüler mit großer Begeisterung, Liebe und Erfindungsreichtum ihre Meisterschaft in der Freizeit vervollkommnet. Dabei versteht es sich von selbst, daß diese zusätzlichen Belastungen mit dem täglichen obligatorischen Unterrichtspensum in Übereinstimmung gebracht werden müssen, damit keine Gesundheitsschädigungen eintreten.

des klassischen Tanzes, d. h. die volle Ausnutzung der Kraft und Ausdauer der Muskeln, ihren freien und ökonomischen Einsatz ohne Überanstrengung und mit dem notwendigen Gefühl für das Maß ihrer Beanspruchung.

Das Erlernen der neuen Bewegungen des klassischen Tanzes muß sich folgerichtig und systematisch vollziehen, d. h., es muß auf die schon angeeigneten Elemente aufgebaut werden, die dann durch neue tänzerische Details ergänzt werden. Das ermöglicht eine aktive, genaue, ökonomische und freie Muskelarbeit ohne jegliche Überbeanspruchung. Unterbrechungen im Unterricht verhindern die plastische Verbundenheit und das Gleichmaß in der Arbeit der Muskeln. Fließende Bewegungen können sich nur dann entwickeln, wenn die Schüler das Maß der Beanspruchbarkeit ihrer Muskeln kennen und fühlen, ihr Anwachsen und Abfallen. Um das zu erreichen, muß man mit höchster Folgerichtigkeit und Kontinuität die Elemente des klassischen Tanzes lehren. Dabei sollte die Aufmerksamkeit des Schülers nicht nur darauf gelenkt werden, was und wieviel er tanzt, sondern vor allem darauf, wie und mit welchem Ziel er die Übungen absolviert. Dann wird der Schüler nicht nur den choreographischen Aufbau und den Rhythmus der Übungsaufgabe kontrollieren, sondern auch die Arbeit seiner Muskeln.

Jede Bewegung im klassischen Tanz besitzt eine bestimmte räumliche Struktur und eine zeitliche Gebundenheit, die nur in Abhängigkeit vom Grad ihrer Beherrschung, von der Stufe des technischen Könnens, von der Übereinstimmung mit dem allgemeinen Rhythmus dieser oder jener Kombination verlangsamt oder beschleunigt werden kann.

Wenn zu Beginn des Erlernens einer Bewegung oder Pose das Tempo zu schnell ist, führt das in der Regel zu einer Überanstrengung und Verkrampfung der Muskeln. Zunächst müssen die Schüler lernen, die Muskeln nicht sofort bis zu einem Höchstmaß anzuspannen, sondern allmählich und mit Pausen bei jedem einzelnen Teil der Bewegung. Das ermöglicht den Lernenden, sich ein Gefühl für das rationelle Maß der Anspannung entsprechend den technischen Schwierigkeiten der Bewegung anzueignen. Ein zu langsames Übungstempo ist ebenfalls nicht angebracht. Die Steigerung des Tempos muß langsam und entsprechend der normalen Kraftanspannung der Muskeln vorgenommen werden.

Die Verbindung einzelner Bewegungen zu einer Kombination muß zunächst im langsamen Tempo erfolgen. Werden alle Elemente der Bewegung in ihrer Verbindung untereinander mit der notwendigen Sicherheit, Genauigkeit und Elastizität ausgeführt, so kann man zu einem normalen Tempo der Muskelarbeit übergehen.

Die Erholungspausen zwischen den einzelnen Aufgaben müssen so sein, daß die Muskeln der Schüler sich zwar erholen, aber nicht abkühlen und der gesamte Organismus im »Arbeitszustand« verbleibt. Ist die Pause zu kurz, so bleibt der Erholungseffekt bei den Muskeln aus, sie erlangen die notwendige Elastizität nicht wieder, und schon bei der nachfolgenden Übung kommt es unausbleiblich zu einer Überanstrengung der Muskeln.

Jede Bewegung des klassischen Tanzes verlangt vom Ausführenden eine bestimmte Anstrengung der Muskeln. Es ist undenkbar, daß z. B. solche Sprünge wie grand jeté und petit jeté durch die einmalige Anspannung der Muskeln ausgeführt werden können, ungeachtet dessen, daß beide Bewegungen ausgesprochen kraftvoll, exakt, leicht und elastisch sein müssen.

Diese oder jene szenische Handlung, die durch eine der oben genannten Bewegungen zum Ausdruck gebracht werden soll, verändert auch die Anspannung der Muskeln. So werden bei einem lyrischen Charakter der Handlung die Muskeln weich angespannt, gedehnt; eine heroische Handlung verlangt eine energische, zielgerichtete und manchmal auch eine sehr scharfe Anspannung der Muskeln. Folglich erschöpft sich die Darstellungstechnik im klassischen Tanz nicht nur in der Kraft, im Stil und im Tempo der Muskelarbeit, sie umfaßt auch die Plastik der Muskelanspannung, die es eigentlich erst erlaubt, adäquat den musikalisch-inhaltlichen und psychologischen Charakter der szenischen Handlung widerzuspiegeln. Die Arbeit der Muskeln kann man mit dem »Anschlag« des Pianisten vergleichen, mit der Berührung der Tasten, der Variabilität ihres Anschlagens, die entscheidenden Einfluß auf die Kraft und Klangfarbe des Tones hat. Ist der Tänzer also nicht in der Lage, die Musik richtig zu hören und zu empfinden, sie künstlerisch zu gestalten und mit Inhalt anzureichern, so führt das zu einer standardisierten, in einigen Fällen überbetonten, in anderen Fällen zu wenig energischen Muskelanspannung. Der Zustand stürmischer Lebensfreude oder größten seelischen Schmerzes kann mit demselben Aufwand an Muskelkraft erfolgen, aber nur dann, wenn die Anspannung voll dem musikalisch-plastischen Charakter des darzustellenden Inhaltes entspricht.

Um eine richtige Muskelarbeit zu entwickeln, benötigt man nicht nur die Bühnenpraxis und den Gestaltungsunterricht, sondern auch eine Vielzahl von Stunden im klassischen Tanz, wo die Schüler lernen, die Bewegungen mit der notwendigen Genauigkeit wie auch Kombinationen sicher auszuführen. Auf diese Weise wird in den Übungsstunden eine gewisse »Stabilität« der Muskelanspannung erreicht, die es dann ermöglicht, zu Übungen mit verschiedenartig musikalisch-plastischem Charakter überzugehen. Diese Übungen verlangen nicht mehr nur eine körperlich kräftige, exakte und effektive Muskelarbeit, sondern vor allem die Unterordnung unter den musikalischen Inhalt. In der Regel vollzieht sich dieser Prozeß unbemerkt, frei und auf ganz natürliche Weise, fast wie von selbst. Wenn der Schüler talentiert ist, arbeitsfreudig und gut lernt, so fühlt er bald eine gewisse

Sicherheit bei der Einteilung seiner Kräfte. Haben seine Muskeln einen bestimmten Grad von Beweglichkeit und Elastizität erreicht, so kann er gegenüber dem Inhalt der Musik nicht gleichgültig bleiben, er wird sie aufnehmen, gestalten und den Charakter seiner körperlichen Bewegungen aus ihr ableiten.

Wenn der Pädagoge es aber zu eilig hat und den Schülern die Gestaltung nach der Musik zu früh erlaubt, ohne daß ihre Muskeln über die ausreichenden Kräfte verfügen, begeht er einen ernsthaften beruflichen Fehler. Und umgekehrt, verfügen die Muskeln der Schüler über die ausreichenden Kräfte, und der Lehrer gestattet seinen Zöglingen noch nicht, eine gewisse plastische Vielfalt in der Gestaltung zu zeigen (entsprechend dem Charakter der Musik), so verfällt er in das andere, ebenso falsche Extrem. Eine zu große Emotionalität bei der Ausführung oder eine nervöse Erregtheit beim Schüler erschweren ebenfalls die normale Arbeit der Muskeln. Wenn der Schüler als Ergebnis seines unausgeglichenen, ungezügelten Charakters beginnt, die Bewegungen zu sehr zu forcieren (zu »reißen«), wenn er ihren musikalisch-rhythmischen und plastischen Aufbau nicht zum Tragen bringen kann, so bedeutet das, daß er die notwendige Kontrolle über seine Muskeln verloren hat, daß sie zu stark angespannt sind, sich arhythmisch bewegen und dadurch ihre Plastizität einbüßen.

Praktiziert der Lehrer einen ungerechtfertigten »Drill«, so führt das in der Regel bei den Schülern zu blindem Gehorsam, zu einer inneren Verschlossenheit, zu einer »toten«, standardisierten Muskelarbeit.

Die körperliche Freiheit der Bewegungen kann man aber nicht nur durch eine ausreichende Entwicklung der Kräfte, der Ausdauer und der Beweglichkeit der Muskeln erreichen, sie verlangt auch die Erziehung des Glaubens an sich selbst, an seine eigenen schöpferischen Fähigkeiten. Übereifer und »Drill« drücken der Muskelarbeit immer irgendeinen plastischen »Stempel« auf. Es geht aber nicht darum, einen Standard in der physischen Bewegung zu erziehen, sondern die Formung der inneren Disziplin voranzutreiben, dank der sich die schöpferische Individualität des künftigen Tänzers voll entfalten kann.

Wir müssen uns auch immer darüber im klaren sein, daß die Erziehung zur Bewegungsfreiheit und Ungezwungenheit bei den angehenden Tänzern auf den hohen moralisch-ethischen und ästhetischen Prinzipien der sowjetischen Kunst beruht, daß also jeder Pädagoge an einer Ballettschule zu einer solchen Erziehung der Bewegungs- und Handlungsfreiheit geradezu verpflichtet ist. Es versteht sich von selbst, daß alle pädagogischen Anstrengungen natürlich dem Reifegrad der Psyche der Schüler angepaßt und in einer für sie verständlichen und erreichbaren Form dargelegt und praktiziert werden müssen.

Das Erarbeiten der freien tänzerischen Bewegung mit Hilfe des Exercice an der Stange und im Freien verlangt eine ständige Konzentration auf die stabile Anspannung der Muskeln, d. h. die Einführung einer größeren musikalisch-plastischen Variabilität und Vielfalt. Die tänzerische Gestaltung muß sehr vorsichtig und bedacht vorgenommen werden, in genauer Übereinstimmung mit dem Ziel der gegebenen Unterrichtsstunde. Bei der Ausführung des Adagios dürfen die Schüler die Belastung der Muskeln, wie sie im Exercice vorgenommen wurde, keinesfalls abschwächen, sondern müssen sie noch verstärken. Das bezieht sich aber nicht nur auf die komplizierte Verbindung der unterschiedlichen Bewegungen, sondern vor allem auf das Bemühen der Schüler, sich in die kompliziertere Übungsaufgabe »hineinzufühlen«, in sie einzudringen, ihren Inhalt, der sich aus dem Charakter der tänzerischen Phrase – dem Adagio ergibt, voll zu erschließen. Das zwingt die Schüler, von der im Exercice bereits stabilisierten Anspannung der Muskeln zu einer eindeutigen und klaren Verkörperung des musikalischen Gefühlsreichtums überzugehen, ihre persönliche, gestalterische Individualität zu offenbaren. All das muß sich in Übereinstimmung mit den gewachsenen Fähigkeiten und der tänzerischen Reife der Schüler vollziehen.

An die Zusammenstellung des Allegros im Unterricht sollte man – in bezug auf die gesteigerte und komplizierte Anstrengung der Muskeln – genauso herangehen wie beim Exercice und Adagio. Werden die Sprünge in elementarer Form wie im Exercice ausgeführt, so gilt es, die Stabilität der Muskelarbeit zu erhalten, die dann auch die weitere Entwicklung der Genauigkeit, Freiheit, Verbundenheit und Weichheit der Bewegung garantiert. In den Kombinationen des Allegros (bei gleichbleibender Beanspruchung der Muskeln) muß die größere Aufmerksamkeit auf die musikalisch-plastische Intonation der Bewegung gerichtet werden, auf die Entwicklun der Fähigkeit der Schüler, auf der Grundlage einer kräftig ausgearbeiteten Bewegungstechnik in jeder Situation entsprechend der »Tonalität« der Bewegung und der Muskelanspannung sicher tanzen zu können. Die vorgeschlagene Arbeitsrichtlinie kann natürlich, abhängig von dem individuellen methodischen Herangehen des Pädagogen an den Unterrichtsaufbau, verändert werden. Aber eines dürfen wir nie außer acht lassen, *daß der klassische Tanz eine Kunst des Musiktheaters ist, daß seine »Sprache« die Kunst des tänzerischen Ausdrucks menschlicher Gefühle ist und nicht die Wiedergabe irgendeines abstrakten choreographischen Bewegungsschemas.*

Bei der Muskelarbeit muß man stets darauf achten, daß sich die Figur des Schülers in strengen, harmonischen und nicht »gedrungenen« Proportionen entwickelt. Das fördert ebenfalls die Schönheit und Freiheit der Körperbewegungen des Tänzers. Die Hauptbelastung beim klassischen Tanz liegt auf der Beinmuskulatur. Sie trägt das gesamte Gewicht des Körpers vor allem bei solchen komplizierten Bewegungen wie beim großen Adagio und den Sprüngen. Deshalb muß die Stunde so aufgebaut und durchgeführt werden, daß sich alle Muskeln des Körpers gleichmäßig entwickeln und daß die Beinmuskulatur nicht in Widerspruch zur Muskulatur des Oberkörpers gerät. Einigen jüngeren Tänzern wird immer wieder vorgeworfen, daß ihre schwach ausgeprägten Oberpartien des Körpers mit der starken Muskulatur ihrer Beine nicht harmonieren würden. Es geht beim Tanz nicht darum, massive Muskeln an Oberkörper, Armen und Hals auszubilden, sondern ihre Kräftigung so vorzunehmen, daß die Muskeln ihren normalen Umfang und ihre harmonischen Proportionen beibehalten. Die Stärkung des Oberkörpers muß der normalen Figur des Tänzers angemessen sein und darf nicht den Eindruck eines Schwerathleten erwecken.

Die Entwicklung der Oberkörpermuskulatur kann zusätzlich mit Hilfe eines speziellen Komplexes gymnastischer Übungen und im Pas-de-deux-Unterricht durch Hebungen vorgenommen werden. Ein solcher spezieller Übungskomplex sollte gemeinsam von Sportspezialisten und Choreographen erarbeitet werden, unter Berücksichtigung der individuellen Besonderheiten jedes Schülers. Im Endresultat sollte die gesamte Körpermuskulatur des klassischen Tänzers bei unverändertem Umfang der Muskeln zu ihrer maximalen Stärkung geführt werden.*

Damit die Muskeln der Schüler (besonders die Waden- und Oberschenkelmuskulatur) ihre harmonischen Proportionen bewahren, darf man sie nicht einer zu hohen, zu langanhaltenden, sich häufig wiederholenden und einseitigen Kraftanspannung aussetzen.** Ohne den Aufbau des Unterrichts oder einzelner Übungen zu unterbrechen, sollte man nach Möglichkeit zwischen einer starken und leichten Anspannung der Muskeln wechseln, unter Berücksichtigung der notwendigen Vielfalt der unterschiedlichen Bewegungsarten und der notwendigen Pausen. Die überlegte Wiederholung bestimmter Bewegungen kann dabei nützlich sein. Die Wiederholung ist Grundlage jeglichen Könnens, aber sie muß auf durchdachte, vernünftige und verschiedenartige Weise geschehen.

Oft wird den Pädagogen des klassischen Tanzes vorgeworfen, sie würden zu wenig Aufmerksamkeit auf eine funktionelle Muskelarbeit lenken; dies

---

* Bei der Auswahl der Schüler an den Ballettschulen sollte die asthenische Art der Figur bevorzugt werden, nicht aber die athletische oder pyknische Figur, d. h. nicht die kompakten und vollen Figuren.

** Durch spezielle Kraftübungen kann man eine größere Stärke der Muskeln erreichen; einige Sportler, besonders die Schwergewichtheber, erweitern durch spezielle Übungen auch die Massivität, den Umfang der Muskeln.

führe zur Herausbildung einer »blinden«, intensiven Bewegungstechnik. Es sei notwendig, das Grundwissen der Schüler in bezug auf die plastische Anatomie des Menschen wesentlich zu verbessern.

Der Vorwurf ist berechtigt, denn ein solches Wissen würde dem angehenden Tänzer helfen, die Arbeit seiner Muskeln und seines Bewegungsapparats besser zu spüren und zu kontrollieren. Wenn die Schüler aber kein lebendiges Gefühl für die Posen haben, ihren musikalischen Atem nicht empfinden und gestalten können, helfen ihnen auch die gründlichsten theoretischen Anatomie- und Physiologiekenntnisse nichts. Die Beherrschung echter Tanzkunst verlangt beides.

In allen Ballettschulen der UdSSR erhalten die Schüler natürlich auch Unterricht im Fach Anatomie, nur sind die vermittelten Kenntnisse zu wenig auf die spezifischen anatomischen Anforderungen des Tanzes zugeschnitten. Wir sind der Meinung, daß man für die Ballettschulen, in enger Zusammenarbeit von Anatomen, Ballettmeistern und Pädagogen, einen speziellen Anatomiekurs erarbeiten sollte, der dem Lehrprogramm entspricht. Dieser Kursus soll aber nicht innerhalb der Unterrichtsstunden für klassischen Tanz absolviert werden, sondern als spezielles Unterrichtsfach unter der Bezeichnung »Anatomische Grundlagen des Tanzes«. In Verbindung mit diesem theoretischen Unterricht können in den Unterrichtsstunden des klassischen Tanzes die Schüler auf jene Gruppen von Muskeln hingewiesen werden, denen besondere Aufmerksamkeit gewidmet werden muß. Dadurch wird die Möglichkeit gegeben, das nötige Dehnungsvermögen der Muskeln zu erreichen und ihre Bewegungs- sowie gestalterisch-plastische Funktion voll entwickeln zu können.

Was die Erziehung zur künstlerischen, gestalterischen Freiheit anbelangt, so beginnt sie bereits in dem Moment, wenn der Schüler seine Muskeln in der Gewalt hat, wo er aufmerksam und aus innerem Antrieb die Musik in sich aufnimmt, wo er im Rahmen seiner Gestaltungskraft, seiner Emotionen und Bestrebungen um einen hohen künstlerischen Stil ringt.

12.

Jeder Tänzer, besonders aber die Solisten und Darsteller von Hauptpartien, müssen über eine kräftige und ausdauernde Atmung verfügen.

Der Atmungsrhythmus auf der Bühne besteht nicht nur aus der richtigen Atemtechnik, sondern ist zugleich Ausdruck des Gefühlslebens des Helden, in Verbindung mit Inhalt und Charakter der Handlung. Deshalb gibt es keine feste Formel für die Atmung, weder für die einzelnen Bewegungen noch für die Bewegungskombinationen in ihrer musikalisch-plastischen

Vielfalt. Die Atmung hat nicht nur rekreativen Charakter, sondern ist zugleich künstlerisches Gestaltungsmittel.

Bei angestrengten, komplizierten psychologischen Leistungen des Organismus findet der Tänzer unbewußt meist auch den rationellsten und künstlerisch möglichen Atemrhythmus. Dieser kann ruhig, tief und gleichmäßig sein oder außergewöhnlich intensiv, kurz, heftig, je nach dem Inhalt der szenischen Handlung. Das bedeutet aber nicht, daß die Atemtechnik des Tänzers ausschließlich dem emotionalen Ausdruck der szenischen Handlung dient; sie unterstützt und ergänzt in gleichem Maße auch die physischen und nervlichen Anstrengungen des Darstellers. Deshalb muß die Atemtechnik (der Atemmechanismus) beim Tänzer gut ausgebildet sein.

Der Tänzer muß zunächst in der Lage sein, ohne Unterbrechung gleichmäßig und tief zu atmen. Die Bauchatmung muß sich mit der Brustatmung auf natürliche Weise verbinden. Das gibt dem Tänzer große Atemkraft und einen großen Atemumfang, d. h. alle jene Eigenschaften, die dem Körper die ausreichende Sauerstoffzufuhr und die nötige Lebensenergie sichern. Diese Atemtechnik wird bereits in der Schule ausgebildet, zunächst bei der Ausführung einfacher Übungen, später durch physisch schwerere und kompliziertere Übungen, dann in der Bühnenpraxis und letztendlich im Theater, auf den Proben und während der Aufführungen.

Der Organismus des Tänzers kann weder über Kraft noch Ausdauer verfügen, wenn die Atmung schwach oder gar nicht entwickelt ist. Das ist eigentlich völlig klar: Wie kann der Tänzer noch die Musik wahrnehmen, sich im Raum orientieren, auf den Partner oder das Ensemble reagieren, Gestaltung und Stil der szenischen Handlung einhalten, wenn ihm im wahrsten Sinne des Wortes »die Luft ausgeht«, d. h., wenn sein Wille und seine Muskeln erschlaffen. Ein durchgängig gleichmäßiger Atemrhythmus ist im klassischen Tanz nicht möglich, da es außergewöhnlich komplizierte und virtuose Bewegungen gibt, die vom Darsteller die ganze Kraft erfordern. Das verlangt eine zeitweilige Atemunterbrechung (z. B. bei solchen Bewegungen wie den großen Ballonsprüngen, den mehrfachen Drehungen auf dem Boden und in der Luft usw.).

Technisch komplizierte und langandauernde szenische Kompositionen verlangen vom Tänzer eine gedrängte, kurze Atmung, besonders bei den Hauptdarstellern.

Während der Übungsarbeit ist ein gleichmäßiger Atemrhythmus nur bei den einfachsten Bewegungen des Exercice möglich. Kräftige und komplizierte Bewegungen rufen bei den Schülern natürlich schon eine größere Anspannung und Beschleunigung der Atmung hervor.

Im Adagio und besonders bei den komplizierten Kombinationen des Allegros atmet der Schüler schon im weitaus angestrengteren und gedrängteren Rhythmus entsprechend dem besonderen Aufbau jeder einzelnen Übung. Aber ganz gleich, wie schwer und kompliziert die Übung auch sein mag, man muß immer darauf achten, daß die Schüler nach Möglichkeit durchgängig, tief und gleichmäßig atmen, ohne überflüssige Erregung und Muskelanspannung vor allem von Gesicht, Hals und Schultern. Der angehende Tänzer muß leicht atmen können, ohne äußere Anzeichen der Ermüdung und der Überanstrengung. Zu Beginn der Ausbildung müssen die Schüler daran gewöhnt werden, durch die Nase zu atmen und nicht durch den Mund. Bei der Ausführung schwieriger Übungen, die eine Beschleunigung der Atmung bewirken, empfiehlt es sich, durch den Mund einzuatmen und durch die Nase auszuatmen, was für einen Augenblick der Anspannung ein freieres und tieferes Einatmen ermöglicht und den Atemrhythmus wiederherstellt.

Besondere Aufmerksamkeit muß auf die Ausbildung einer solchen Atemfähigkeit gerichtet werden, die es dem künftigen Tänzer durch eigenen Willen erlaubt, die Stufe der höchsten physischen Ermüdung, den sogenannten »toten Punkt«, durch Zuhilfenahme der »zweiten Atmung« zu überwinden und die Arbeitsfähigkeit des Organismus wiederherzustellen. Indem der Tänzer diese »Barriere« der höchsten körperlichen Erschöpfung überwindet, wird er in die Lage versetzt, weitere nervliche Belastungen und Anstrengungen der Muskeln auszuhalten.

In den unteren Klassen, der ersten, zweiten und dritten, sollten die Belastungen so sein, daß die Lernenden die »erste Atmung« sicher beherrschen, damit dann allmählich der Übergang zur Arbeit an der »zweiten Atmung« erfolgen kann.

In den mittleren Klassen, der vierten, fünften und sechsten, ist der Organismus der Schüler (besonders Herzmuskel und Lunge) so weit gefestigt, daß man zu einer größeren Belastungsstufe übergehen kann. Es können solche Aufgaben gestellt werden, die die »zweite Atmung« erfordern. Die Schüler verspüren auf diese Weise die professionelle Bedeutung und Notwendigkeit dieser Technik.

In den oberen Klassen – in der siebenten und achten und besonders in den Abgangsklassen – muß die »zweite Atmung« bis zur höchsten Stufe entwickelt werden. Der günstigste Zeitpunkt für die Ausbildung der »zweiten Atmung« sind die komplizierten und kraftfordernden Übungen des Adagios und Allegros bei einem insgesamt intensiven Übungstempo der vollen Unterrichtsstunde. Auch durch verschiedene Variationen und Ausschnitte, die zusätzlich ins Übungsprogramm aufgenommen werden, kann die »zweite Atmung« bei Schülern der mittleren und höheren Klassen gefestigt und weiter ausgebildet werden.

Ich möchte noch einmal betonen, daß eine unzureichend kräftige und ausdauernde Atmung in der Regel zu einer Beeinträchtigung der technischen und künstlerischen Möglichkeiten des Tänzers führt. Die Bühnenpraxis beweist, daß Tänzer mit einer unzureichenden Atmung große künstlerische Leistungen, d. h. eine hohe gestalterische Ausdruckskraft und echte physische Bewegungsfreiheit und Ungezwungenheit nicht erreichen.

Ursachen für Mängel in der Atmung können folgende sein:
1. Der Lehrer stellt die Unterrichtsstunde nicht richtig zusammen und führt sie auch nicht richtig durch.
2. Der Schüler ist krank und nimmt gegen die Entscheidung des Arztes am Unterricht teil.
3. Der Lehrer beachtet nicht die Individualität des Schülers.
4. Die Luftzufuhr, d. h. die Ventilation im Ballettsaal ist unzureichend.

Wenn diese Mängel nicht behoben werden, wird sich das Atmungssystem bei den Schülern nicht kontinuierlich vervollkommnen, werden sie die Technik des klassischen Tanzes nicht beherrschen. Es ist sehr gut, daß in einigen Ballettschulen die Grundlagen der Atemtechnik gelehrt werden, aber dieses Grundlagenwissen ist zu wenig mit dem praktischen Unterrichtsstoff des klassischen Tanzes verbunden. Deshalb ist es wünschenswert, daß in den Ballettschulen nicht schlechthin das Fach »Atmung« gelehrt wird, sondern daß dieser Unterrichtsstoff sich mehr auf die »Atmung des Tänzers« hin orientiert. Ein solcher Kursus könnte nur von qualifizierten Ballettspezialisten und Wissenschaftlern mit Spezialausbildung auf diesem Gebiet ausgearbeitet und zusammengestellt werden. Der Stoff dieses Faches muß in Unterrichtsstunden theoretisch erarbeitet werden. Im praktischen Unterricht kann der Lehrer im besten Fall darauf achten, daß die erlernten allgemeinen Atmungsprinzipien eingehalten und berücksichtigt werden. Denjenigen Schülern, die auf diese Weise bereits über eine gesunde und stark ausgeprägte Atmung verfügen, braucht der Lehrer keine besondere Aufmerksamkeit mehr zu widmen.

Einige unserer bedeutendsten Tänzer beschäftigen sich nicht weiter speziell mit Fragen der Anatomie und Physiologie der Atmung; sie beherrschen sie auf der Bühne meisterhaft, weil sie eine gute Schule des klassischen Tanzes durchlaufen haben. Natürlich ist es schlecht, daß sie theoretisch über die Atmung weit weniger wissen, als notwendig ist, dafür beherrschen sie die Atmung in der Praxis auf der Bühne und können ihre ganze Aufmerksamkeit auf die Musikalität, auf die Gestaltung der Handlung und ihre eigene Darstellungskraft richten.

Sowohl der Pädagoge als auch der Schularzt müssen gerade im Fach »Atmung des Tänzers« die Schüler immer im Auge haben, um ihnen bei der

Beseitigung von Schwächen in der Atemtechnik zur Seite zu stehen. Nur der Schüler kann Solist oder ein hervorragender Tänzer werden, der über eine ausreichend kräftige und ausdauernde Atmung verfügt.

13.

Unter der Aufmerksamkeit des Tänzers versteht man die Gerichtetheit und Angespanntheit, seine psychologische Tätigkeit, die in unmittelbarem Zusammenhang mit seinem künstlerischen Schöpfertum steht. Die Aufmerksamkeit des Tänzers unterscheidet sich wie bei anderen Künstlern durch besondere berufsgebundene Qualitäten und ist eng mit dem gestellten Ziel des Unterrichts und der Bühnenarbeit verbunden: die szenische Handlung durch hohe künstlerische Leistung den Zuschauern nahezubringen und auf diese Weise hohe künstlerische Resultate zu erzielen.

Wenn der Tänzer sich bewußt, überlegt und sicher bewegt, ohne technische Fehler und gestalterische »Lücken«, so bedeutet das, daß auch seine Aufmerksamkeit normal funktioniert. Die Fähigkeit, gleichzeitig alle Seiten der eigenen künstlerischen Meisterschaft im Griff zu haben, in die Dramaturgie des Stückes einzudringen, die Idee des Komponisten zu erfassen und die Absichten des Ballettmeisters und des Librettisten zu berücksichtigen, nennt man die »Aufmerksamkeit« des Tänzers, und schon nach dieser Aufzählung wird deutlich, welchen Umfang sie hat. In der rationellen Einteilung der Kräfte, dem schnellen und genauen Umschalten von einem Rhythmus in den anderen, im Wechsel des Charakters der szenischen Handlung zeigt sich, daß die Aufmerksamkeit den Tänzer u. a. zu einer schnellen Reaktion und zur konzentrierten genauen Handlung auf der Bühne befähigt.

Alle die genannten Qualitäten der tänzerischen Aufmerksamkeit bauen auf dem darstellerischen Können des Tänzers auf, aber im Prozeß der Verkörperung einer Gestalt wirken sie vertiefend und komplizierter als in der Bewegungstechnik. Je komplizierter und feiner die psychologische Zeichnung der zu verkörpernden Gestalt ist, um so tiefer muß der Tänzer in die geistige Welt seines Helden eindringen; d. h., seine Aufmerksamkeit ist nicht in erster Linie auf die Bewegungstechnik gerichtet, sondern vor allem auf die künstlerischen Ausdrucksmittel.

Ungeachtet dessen sollte aber auch keine »künstliche« Teilung der Aufmerksamkeit in eine motorische und eine schöpferische vorgenommen werden. Die Bewegungstechnik ist nicht ein einfacher physischer Automatismus, in ihr ist immer ein bestimmtes Quantum Schöpfertum enthalten, aber mit der inhaltlichen Verkörperung einer Ballettgestalt kann sie nicht verglichen oder gleichgesetzt werden. In diesem Falle ist die Aufmerksamkeit des Tänzers mit weitaus komplizierteren, tiefgreifenden und nur schwer faßbaren psychischen Prozessen verbunden, aus denen die künstlerische Verkörperung der Gestalt, die Musikalität, Wahrheitstreue und der poetische Gefühlsreichtum der tänzerischen Wiedergabe erwachsen.

Die Technik des Tänzers ist immer professionell determiniert, in ihren gestalterischen Methoden und Bewegungen bestimmt. Die Arbeit an der Darstellung einer bestimmten Figur bedeutet immer künstlerisches Suchen, innere Improvisation. Deshalb ist es notwendig, daß der Tänzer an die schwersten physischen und technischen Belastungen gewöhnt wird, damit seine volle Aufmerksamkeit auf eine möglichst schöpferisch-aktive, ungezwungen-freie und überzeugende Darstellung der Handlung gerichtet ist. Die echte künstlerische Leistung kann nur um den Preis einer schweren körperlichen Arbeit errungen werden, die, wenn sie bewältigt wird, Freude und Genugtuung über das erfolgreich erreichte Ziel hervorruft.

Die allseitige Entwicklung der Aufmerksamkeit erlaubt dem Tänzer nicht nur, eine Vervollkommnung seiner Bewegungstechnik, seiner Musikalität und seines darstellerischen Könnens zu erreichen, sie hilft ihm auch, zu sich selbst zu finden, die eigene Individualität auszuprägen, seine künstlerischen Möglichkeiten zu bestimmen. Eine hochentwickelte Aufmerksamkeit ist eine der stärksten künstlerischen »Waffen« des heutigen Tänzers und Darstellers. Sie beflügelt die Gedanken, regt zum Schöpfertum an, vervollkommnet und bereichert die Gestaltungstechnik.

Die Entwicklung der Aufmerksamkeit bei den Schülern muß mit der Erziehung des Willens einhergehen. Ein schwach ausgeprägter Wille des Schülers erlaubt es ihm nicht, seine Aufmerksamkeit in die nötige Richtung zu lenken. Ganz gleich, welcher Art der Wille des Schülers ist, er äußert sich stets in seiner Aufmerksamkeit und daher folglich auch in seiner Gestaltungsweise. Grundlage der Willenserziehung ist eine bewußte Disziplin, denn nur sie stärkt den Charakter der Schüler, ihre Arbeitsliebe, Standhaftigkeit, Beharrlichkeit und die Fähigkeit, einen hohen Grad physischer und nervlicher Anstrengungen auszuhalten. Ein gestählter Wille ist dazu geeignet, die Aufmerksamkeit des Schülers auf alle seine darstellerischen Bewegungen und Handlungen zu richten.

Ist die Aufmerksamkeit des Schülers in nicht ausreichendem Maße oder nur einseitig entwickelt, so heißt das, daß der Lehrer etwas in seiner Arbeit versäumt hat. Ist ein völlig gesunder Schüler während des Unterrichts zerstreut und fahrig, so ist das bereits ein Grad von Unkontrolliertheit, der dem Willen genau entgegensteht. Der künftige Tänzer muß seine Arbeit lieben, seiner Kunst ergeben sein, er muß Vertrauen in seine Kraft haben und immer ehrlich und mit vollem persönlichen Einsatz nach möglichst hohen und guten Resultaten streben.

Zur Ausbildung der Aufmerksamkeit bei den angehenden Ballettkünstlern gibt es einige Regeln, die beachtet werden müssen:

1. Kommt der Lehrer in den Ballettsaal, so sollten die Schüler ruhig ihren Platz an der Stange eingenommen haben. Das gestattet ihm, ohne besondere Hinweise sofort mit dem Unterricht zu beginnen, sobald – nach traditioneller Manier – die Begrüßung des Lehrers und Konzertmeisters stattgefunden hat. Ein solcher Stundenbeginn bedeutet keine »Konzession« gegenüber der Tradition oder eine glatte Formalität, er ist bereits ein wertvoller und nützlicher Ausgangspunkt für die Erziehung zur Aufmerksamkeit. Sind die Schüler, besonders die unteren Klassen, bei Eintritt des Lehrers noch mit ganz anderen Dingen beschäftigt und beruhigen sich nur langsam, so heißt das, daß sie innerlich noch nicht auf die Stunde eingestellt sind, daß ihre Aufmerksamkeit noch von anderen Dingen gefangengenommen ist. Der Anfang der Stunde gehört bereits zum Unterricht. Mit welcher Aufmerksamkeit die Schüler die Stunde beginnen, davon hängt der weitere Erfolg in der Arbeit ab. Deshalb muß der Beginn einer Stunde immer sehr exakt organisiert sein – denn aus dem Kleinen erwächst das Große; und die Fähigkeit, sich vor dem Auftritt auf der Bühne in höchstem Maße zu konzentrieren, ist für den angehenden Künstler außerordentlich wichtig. Diese Art der Stundeneinteilung sollte von der ersten bis zur letzten Klasse durchgehalten werden.

Alle Unterrichtsstunden im klassischen Tanz beginnen gewöhnlich mit einer bestimmten Form der préparation, die die Schüler an Rhythmus und Charakter der Musik gewöhnt und ihnen die Ausgangssituation für die nachfolgenden Übungen bezeichnet, d. h. ihre Aufmerksamkeit auf die Richtung des Übungsverlaufs lenkt. Ist die Einleitung nur formal und nicht dem Charakter der Übung entsprechend, so hat der Schüler keine richtige Einstellung zum Ziel der Übung, und seine Aufmerksamkeit ist nicht auf den Ablauf der Übung ausgerichtet.

2. Alle Übungen sollten den Schülern ohne wiederholende Erklärungen dargelegt werden, außer bei neuen Bewegungen. Der Lehrer muß mit größter Prägnanz, allen verständlich, aber in möglichst kurzer Zeit, die Aufgaben zeigen und erklären, besonders dann, wenn neue Elemente erarbeitet werden sollen. Auf diese Weise nehmen die Schüler visuell und auditiv die Übung in sich auf und konzentrieren ihre Aufmerksamkeit auf die saubere Ausführung des Details. Das ist besonders in den unteren Klassen wichtig.

Bei der Zusammenstellung der Übung muß man stets besorgt sein, daß die Aufmerksamkeit der Schüler nicht überbeansprucht wird. Eine solche »Überbelastung« entwickelt zwar die Auffassungsgabe der Schüler, »in einem Zug« den gesamten Aufbau der Übung zu erfassen, den Ablauf der Bewegungen nicht zu verwechseln, sich schnell in Raum und Zeit zu orientieren, aber das Gefühl für die Musik, für die Plastik, für die künstlerische Ausführung und Genauigkeit der choreographischen Struktur entgeht der Aufmerksamkeit.

Eine bestimmte Kompliziertheit des Übungsablaufes in jeder Unterrichtsstunde ist notwendig, aber sie darf nicht die gesamte Aufmerksamkeit des Schülers beanspruchen. Jede technische Schwierigkeit soll von ihm nicht mechanisch, sondern auf überlegte, künstlerische Weise gemeistert werden. Eine echte »Belastung« der Aufmerksamkeit erfolgt im Verlauf des Unterrichts in der allmählichen Steigerung der Übungen vom Einfachen zum Komplizierten, vom Kleinen zum Großen (ohne abrupte Abfälle und plötzliche Steigerungen). Die Aufmerksamkeit der Lernenden muß sich gleichmäßig und allmählich unter Berücksichtigung der Aufgabe und jedes Unterrichtsabschnittes erhöhen. Das Exercice sowie die Bewegungen zu Beginn und zum Abschluß der Stunde verlangen eine geringere Aufmerksamkeit als das Adagio und das Allegro, wo die Übungen weitaus komplizierter und kraftaufwendiger sind. Aber ganz gleich, in welchem Unterrichtsabschnitt wir uns befinden, mit der wachsenden Kompliziertheit des Übungsaufbaus richtet sich die Aufmerksamkeit der Schüler immer mehr darauf, *was* sie zu tun haben, und nicht, *wie* sie es zu tun haben.

Es ist verständlich, daß bei der Einstudierung neuer Bewegungen die Aufmerksamkeit der Schüler besonders groß ist, sich aber oft auf die Erlernung der Technik der Bewegung konzentriert. Wird die Bewegung dann im ausreichenden Maße beherrscht, richtet sich die Aufmerksamkeit ganz wie von selbst auf einen größeren Umfang und eine größere Verbundenheit der Bewegungen. Erst jetzt ist auch ein tieferes Eindringen in die Plastik des Tanzes und in den Inhalt der Musik möglich; das bedeutet, sich intensiv mit der Kunst des Tanzes zu beschäftigen und nicht mit einer Art Gymnastik.

Zu leichte, primitiv konstruierte Übungen in zu schnellem oder zu langsamem Tempo sind auch nicht das Ziel des Unterrichts, sie entwickeln weder die notwendige Energie noch Schärfe der Aufmerksamkeit. Notwendige Bemerkungen während des Unterrichts sollten vom Lehrer so vorgenommen werden, daß die Aufmerksamkeit der Klasse nicht unterbrochen wird. Es muß auch stets darauf geachtet werden, daß nacheinander auszuführende Bewegungen aktiv und detailliert vollzogen werden und stets so, daß die nächstfolgende Bewegung durch die vorangegangene gut vorbereitet ist. Nur so wird aus den einzelnen Bewegungen ein geschlossenes Ganzes. So werden die künftigen Tänzer dazu angehalten, ihre Bewegungen im voraus zu berechnen und zu planen, sich die Zeichnung der Bewegung, den Charakter und die Musikalität der Ausführung der Übung zurechtzulegen. Die Kunst des fließenden Tanzes kann nur auf diesem Wege erlernt werden.

Eine Unterbrechung des Unterrichts während der Ausführung bestimmter Übungen sollte so selten wie möglich vorgenommen werden und nur dann, wenn ernsthafte Fehler vorliegen oder die notwendige Aufmerksamkeit fehlt. Jeder Pädagoge entwickelt in der Regel seine eigene Art der Fehlerkorrektur. Hier soll nur noch einmal unterstrichen werden, daß das künftige tänzerische Können des Schülers auf dem Boden einer aktiven Aufmerksamkeit wächst. Deshalb gehören häufige, belanglose Unterbrechungen des Unterrichts und ein ständiges Vorsagen und Bemängeln zu den wenig geeigneten Methoden der Herausbildung und Schulung der Aufmerksamkeit. Natürlich muß jede neue Bewegung ausführlich erklärt und gezeigt, kontrolliert und korrigiert werden. Wenn an der Bewegung oder an einer Reihe von Bewegungen aber schon über eine längere Zeit gearbeitet wurde und trotzdem noch elementare Fehler unterlaufen, so bedeutet das, daß dem Schüler für die Aufmerksamkeit die notwendige Selbständigkeit und Ausdauer fehlt, weil bereits eine Gewöhnung an die ständigen Hilfestellungen erfolgte. Man sollte weniger an den Schülern »herumkritteln«, dafür mehr Selbständigkeit und persönliche Verantwortung für ihre Ausführungen von ihnen fordern.

3. Ist die Übung beendet, sollten die Schüler ihre Aufmerksamkeit nicht gleich »abschalten«. Das Ende jeder Übung muß deutlich fixiert werden. Dadurch erhält die ganze Übung einen überzeugenden Schlußpunkt. Danach erst macht der Lehrer seine Bemerkungen und hilft, unterlaufene Fehler zu verbessern. Dann sollten die Schüler sich etwas erholen, sich entspannen, um mit neuer Kraft an die nächste Übung zu gehen.

Für die normale Entwicklung der Aufmerksamkeit muß der Schüler alles durchgenommene Material gut beherrschen; er darf die gestellten Aufgaben nicht verkomplizieren und nicht vereinfachen, er muß stets um ein künstlerisches Verhältnis zur Technik des Tanzes und zur Musik ringen. Auf diese Weise erlangt der Schüler eine hochentwickelte Aufmerksamkeit, ohne die eine echte tänzerisch-schöpferische Gestaltung immer oberflächlich bleibt.

14.

Ist der Tänzer in der Lage, in seinem Bewußtsein einen großen Schatz von Eindrücken und Erfahrungen zu speichern, kann er sich alle Nuancen der szenischen Handlung und alle Seiten der von ihm zu gestaltenden Rolle gut einprägen, so spricht man davon, daß er über ein gut entwickeltes Gedächtnis verfügt. Ein gutes Gedächtnis ist zur Ausbildung darstellerischer Meisterschaft ebenso wichtig wie für eine hohe Gestaltungstechnik.

Ein gut entwickeltes Gedächtnis sichert die geistige Vorwegnahme der jeweils folgenden szenischen und tänzerischen Handlung und führt den Tänzer sicher an das gesetzte Ziel. Ein schwaches Gedächtnis begrenzt den Überblick über die Handlung und ruft manchmal die unerwartetsten darstellerischen Reaktionen hervor. Eine wirklich tiefergreifende und feinfühlige Wiedergabe des Schicksals des zu verkörpernden Helden verlangt ein ausgezeichnetes Gedächtnis des Tänzers. Wenn es ihn auch nur für einen Moment verläßt, so kann die Handlung schon unverständlich, unmusikalisch und unwahr erscheinen.

Das Gedächtnis des Tänzers setzt sich aus drei Teilen zusammen: aus dem auditiven, visuellen und motorischen Gedächtnis. Das auditive Gedächtnis umfaßt all das, was er bei seinen Lehrern, Repetitoren und Ballettmeistern gelernt hat, und all das, was die Musik betrifft: die Hinweise des Konzertmeisters und des Dirigenten. Das visuelle Gedächtnis fixiert all das im Bewußtsein, was Lehrer, Repetitoren, Ballettmeister, Bühnenbildner ihm gezeigt und beigebracht haben sowie den gesamten Ablauf der szenischen Handlung, an dem er beteiligt ist. Das motorische Gedächtnis prägt sich die Gesamtheit der Methoden und Bestandteile der Bewegungstechnik ein, wie der Tänzer sie an der Schule, in den Proben und in der Vorstellung gelernt hat.

Diese unterschiedlichen Gedächtniseigenschaften stehen natürlich in einem untrennbaren Zusammenhang. Sie gestatten es dem Tänzer, sich sowohl technisch als auch künstlerisch richtig zu bewegen und zu gestalten. Arbeitet eine dieser Gedächtniseigenschaften nicht genau (z. B. die motorische), so leidet durch diese Unzulänglichkeit sowohl die Form der Bewegung als auch der durch sie gestaltete Inhalt der Handlung.

Bildlich gefaßt könnte man das Gedächtnis des Tänzers als die »Partitur« bezeichnen, in der alle Seiten der szenischen Handlung verzeichnet sind. Wenn der Tänzer sich den Inhalt und den Sinn seiner Rolle, den Charakter und die Gestalt des Helden, die Welt seiner Gefühle, seine Bestrebungen und psychologischen Besonderheiten nicht fest einprägen kann, so kann er sich auch nicht frei, zielstrebig, mit der notwendigen Tiefe des Einfühlungsvermögens und der nötigen Überzeugungskraft der gestalterischen Aufgabe annehmen.

Das Gedächtnis des Ballettkünstlers basiert auf einer gut entwickelten Aufmerksamkeit. Dabei kann die Aufmerksamkeit den Tänzer für eine kurze Zeit verlassen, das Gedächtnis darf es nie. Zerstreutheit und Unaufmerksamkeit sind der größte Feind des Gedächtnisses. Nur eine gut ausgebildete Aufmerksamkeit kann Mängel in der Gedächtnisleistung beheben. Um sein Gedächtnis zu vervollkommnen, muß der Tänzer regelmäßig und systematisch die szenische Handlung wiederholen und sich ins Gedächtnis einprägen. Auf andere Weise kann sich das Gedächtnis nicht festigen und entwickeln. Eine tiefempfundene Handlung hinterläßt im Gedächtnis deutliche Spuren. Deshalb muß der Tänzer immer bemüht sein, bewußte und geistig vertiefte Bewegungen sowie genaue und stabile Gewohnheiten auszuprägen. Dann erst wird sein Gedächtnis über die notwendige Deutlichkeit, Sicherheit, Tiefe und Leistungsfähigkeit verfügen.

An dem Gedächtnis des Tänzers muß ebenso wie an der Ausbildung der Aufmerksamkeit von den ersten Schritten an im Unterricht gearbeitet werden.

Das auditive Gedächtnis wird durch Wort und Musik geschult. Bemerkungen, die der Lehrer an den Schüler richtet, müssen immer gezielt, kurz und bündig sein. In die Unterrichtsstunde eingestreute und wortreiche Bemerkungen bleiben ohne Wirkungen. Die Rede des Lehrers muß deshalb immer anschaulich, lebendig und klar seine Gedanken darlegen. Zeichnet sich die Sprache des Lehrers nicht durch das notwendige kulturelle Niveau aus, so hinterläßt das beim Schüler einen negativen Eindruck, der sich bis auf die Bühnenpraxis auswirkt. Spricht der Lehrer mit seinen Schülern in einem unbegründet weichen, scharfen oder groben Ton, so bleibt das in der Erinnerung der Schüler haften und verbindet sich oft im Unterricht sowie in der Bühnenpraxis mit bestimmten Handlungen des Tänzers. Alles, was der Schüler im Verlauf des Unterrichts von seinem Lehrer hört (das Gute wie auch das Schlechte), wird in seinem Gedächtnis als Schatz von Eindrücken und Kenntnissen, die er in seiner weiteren Arbeit verwendet, gespeichert und aufbewahrt. Natürlich muß ein Lehrer streng sein und Forderungen an seine Schüler stellen. Das schließt nicht aus, daß sich seine Kommunikation mit den Schülern auf der Ebene einer angemessenen geistigen und ästhetischen Sprechkultur vollzieht.

Wenn wir von dem musikalischen Gedächtnis des Schülers sprechen, meinen wir damit in erster Linie die Entwicklung seiner Musikkultur. Gelingt es dem Lehrer und dem Konzertmeister nicht, die Schüler an das Hören und Empfinden anspruchsvoller Musik in seiner künstlerisch hochwertigen Darbietung zu gewöhnen, so wird ihr Gedächtnis mit solchen Eindrücken und Erfahrungen angefüllt, die zu einer qualitativ hohen Darstellungskultur in Widerspruch geraten. Nur durch ein unmittelbares Verhältnis zur Musik kann im Schüler ein vielseitiges, anregendes und begeistertes Empfinden für die tänzerische Gestaltung des musikalischen Inhaltes geweckt werden. Es geht also nicht in erster Linie darum, wieviel musikalische Rhythmen und Melodien sich der Schüler merken kann, es geht vor allem darum, welche Musik und wie er diese Musik in sein gestalterisches Bewußtsein aufnimmt. Selbst die schönste Musik kann, wenn sie mit dem Charakter der Übung nicht übereinstimmt und die Übung selbst zu kompliziert aufgebaut ist, von den Schülern nicht oder nur formal und oberflächlich erfaßt werden.

Im ersten Fall kann bei den Schülern ein innerer, psychologischer Protest entstehen, im anderen Fall kann es geschehen, daß die Schüler der Musik wenig Aufmerksamkeit schenken, sie schlecht oder gar nicht hören. Nur bei einer völligen Übereinstimmung zwischen Musik und Übung prägt der Schüler sie sich fest und tief in sein Gedächtnis ein. Vollzieht sich diese Übereinstimmung nicht, so wird die Musik nur teilweise aufgenommen, verbindet sich nicht zu einem einheitlichen Ganzen und weckt im Schüler keine emotionellen und schöpferischen Antriebe.

Das visuelle Gedächtnis wird vor allem durch Anschaulichkeit ausgebildet und gefestigt. Davon, wie der Lehrer sich im Unterricht bewegt, wie er sich verhält und wie er die unterschiedlichen Übungen vormacht, hängt das Einprägen bestimmter visueller Eindrücke und Erfahrungen beim Schüler ab. Deshalb sollte das Verhalten des Lehrers als Vorbild dienen, sowohl im Hinblick auf Haltung und Ausdauer als auch auf Geschmack, Einfachheit und Achtung vor den Mitmenschen. Ohne Liebe zu den Schülern ist die pädagogische Arbeit arm und ohne Ausstrahlungskraft.

Allgemein ist man der Ansicht, daß die überzeugendste Art der Erklärung für den Ballettpädagogen das Zeigen, die direkte Anschauung, ist. Andere vertreten die Meinung, daß das Wort eine Sache oft deutlicher bezeichnen kann als das Zeigen, wenn es in sich logisch ist und der Ballettkunst, ihrem Wesen und Inhalt, der Musik und ihrer Gestaltung, Emotionalität und Intonation angemessen ist, wenn es das Herz und den schöpferischen Willen des Schülers erreicht.

Das Zeigen bestimmter Bewegungen vollzieht sich auf zweierlei Arten: 1. das Zeigen neu zu erlernender Bewegungen; 2. das Zeigen kombinierter Aufgaben. In den unteren Klassen müssen alle neuen Bewegungen ausführlich, im langsamen Tempo und mehrmals gezeigt werden, natürlich im Zusammenwirken mit den notwendigen mündlichen Erläuterungen, bis die Schüler sie begriffen haben.

Auch das Zeigen von Kombinationen ist in den jüngeren Klassen noch notwendig, nur sollte die Demonstration der Übung oder Bewegung bereits im normalen Tempo vorgenommen werden und ohne Wiederholungen. Der Schüler muß lernen, sich die Übung beim einmaligen Zeigen fest einzuprägen. Das ist ein Grundsatz, der den Schülern zunächst Schwierigkeiten bereitet, aber sehr gut dazu geeignet ist, sie zu einem sicheren visuellen Gedächtnis zu erziehen. Es gibt natürlich Ausnahmen, aber in der Regel hindert das zwei- oder sogar dreimalige Zeigen einer Bewegung die Schüler an einem aktiven und selbständigen Einprägen der Aufgabe.

Die schöpferische Individualität des Lernenden beginnt sich bereits mit den ersten selbständigen Schritten im Unterricht herauszubilden. Ihr weiteres Wachstum ist mit der Entwicklung der Bewegungstechnik verbunden. Die täglichen Übungsstunden vermitteln dem künftigen Tänzer das künstlerische Wesen des Tanzes. Zusammen mit der Harmonie der Bewegungen, den Gesetzen des Rhythmus, der Dynamik, Plastik, Gestik und Musikalität dringt das ästhetische Wesen des Tanzes in das Bewußtsein des Schülers ein. Daraus erwächst das natürliche Streben des Schülers, der Darstellungstechnik (sei es auch die allerelementarste) sein Gefühl für die Plastik der Bewegung, für die Pose und Musik zugrunde zu legen. Das ist bereits ein schöpferischer und nicht mehr nur mechanischer Akt.

Ist dieser Punkt beim Schüler erreicht, so wird die strenge Einhaltung der Regeln der Bewegungstechnik zum Ausgangspunkt für die Erziehung zur schöpferischen Individualität, zu seiner aktiv-produktiven und freien Teilnahme am Lernprozeß.

Schon die einfachste Wendung oder Neigung des Kopfes, die Richtung des Blicks, die Fixierung oder Übertragung der Arme, eine gerade oder leicht geneigte Haltung des Oberkörpers usw. müssen von den Schülern mit größter Genauigkeit und Leichtigkeit in der Technik ausgeführt werden; das Gefühl für die Plastik und Musikalität der Bewegung ist aber durchaus unterschiedlich und vielfältig.

Der Entwicklung der Individualität im Unterricht wie auf der Bühne muß immer der Vorrang eingeräumt werden, sonst eignen sich die Schüler eine ihrer Natur fremde Bewegungsallüre an, die zwar auf einem formal richtigen Lernprozeß basiert, aber ihrem Wesen nach unschöpferisch ist.

Das Gefühl für die tänzerischen Bewegungen und Posen muß – in Abhängigkeit von Alter und Psyche der Schüler – technisch exakt und von Musikalität getragen sein, frei von jeder blinden Unterordnung unter die Musik, die immer zu einer rein äußerlichen Plastik, zu einem überflüssigen Posieren und zum Verlust der echten künstlerischen Freiheit und Natürlichkeit führt. Der Schüler muß sich unbedingt dem Willen des Lehrers unterordnen, aber dessen Hinweise und Aufgabenstellungen soll er stets so ausführen, daß er dabei immer er selbst bleibt.

Es gibt auch eine solche Meinung, daß die Schüler zunächst lernen sollen, fest »auf ihren Beinen« zu stehen, ohne die gestalterische Individualität zu berücksichtigen; diese würde sich später in der Bühnenpraxis von allein formen. Zunächst müssen die Schüler das »ABC« der Tanztechnik beherrschen lernen, die elementare Fähigkeit, ihren Körper ohne Überanstrengung der Muskeln bewegen zu können. Erst danach kann man zur Herausbildung und Ausprägung ihrer künstlerischen Individualität übergehen, zur Herausbildung ihrer schöpferischen Aktivität und Musikalität.

Das ist sicher richtig. Klar ist aber auch, daß die Individualität sich nicht erst in der Bühnenpraxis und im Gestaltungsunterricht formt, sondern den gesamten Ausbildungsweg begleitet. Die Individualität tritt immer da in Erscheinung, wo es um die Festigung des Willens geht, um das schöpferische Verhältnis zur Arbeit, zur Technik der Bewegungen, zur Plastik des Tanzes, wo es um die Aufnahme der Musik und des Charakters der Übung geht.

Wenn die Schüler ihre gesamte Aufmerksamkeit nur der Muskelarbeit, den exakten Formen und Bewegungsrhythmen widmen, so sind sie weit entfernt von der Entwicklung ihrer künstlerischen Individualität, vom Gefühl für freies, tänzerisch-gestalterisches Schöpfertum, wie es echter Ballettkunst eigen ist. Sie beschäftigen sich mit äußerer Nachahmung; und haben sie einen guten Lehrer, so nehmen sie im besten Fall die Manier des Lehrers an, ohne ihre eigene Persönlichkeit zur Grundlage ihres tänzerischen Ausdrucks zu machen.

Keinesfalls einverstanden kann man mit solch einer Meinung sein, wonach der Lehrer durch häufiges Zeigen der Bewegungen nur eine Kopie seiner eigenen Manier vermittelt und die Entwicklung der künstlerischen Individualität der Bühnenpraxis überlassen bleibt. Das Bedürfnis nach Schöpfertum ist in jedem Schüler lebendig, es kommt nur darauf an, es zu erhalten und von Kindheit an zu entwickeln. Wenn auch am Anfang die Erscheinungen des schöpferischen »Ich« noch zaghaft und unentschlossen sind, so sind sie jedoch in jeder elementaren Bewegung enthalten und müssen vom Lehrer gefördert werden, allerdings nicht auf Kosten der akademischen Genauigkeit der Bewegungen. Die Ausprägung seiner Individualität gibt dem Schüler nicht das Recht, die Bewegungsgesetze zu zerstören. Die Herausbildung der Individualität des Schülers kann nur als Erziehung der Begabung verstanden werden, nicht aber als Aufhebung der Unterrichts- und Bühnengesetze.

Das Zeigen von Bewegungen durch den Lehrer soll nur dazu dienen, dem Schüler Grundregeln für die Darstellung und die Technik zu vermitteln, nicht aber seine künstlerische Individualität zu unterdrücken.

Ein Zuviel des Zeigens dessen, was die Schüler schon gut kennen, nimmt nur zusätzlich Zeit in Anspruch und wirkt sich nachteilig auf die Gedächtnisleistungen aus. Wenn bei einmaligem Zeigen eine Kombination nicht begriffen wird, so bedeutet das, daß entweder die Übung zu kompliziert oder der Schüler unaufmerksam war.

Wenn der Lehrer jedesmal alle Übungen von Anfang bis Ende und im vorgeschriebenen Tempo vormachen wollte, so würde die Unterrichtsstunde für den geplanten Stoff nie ausreichen und es wäre auch nicht genügend Zeit für Bemerkungen. Außerdem würden auch die Pausen zwischen den einzelnen Übungen zu lang werden.

So sollte z. B. bei den Aufgaben im Exercice nur jeweils die Hauptbewegung gezeigt werden, ihre Zeichnung und ihr Aufbau, ohne weitere Wiederholungen. Das Adagio sollte man ganz zeigen, die einfachen Sprünge in den wichtigsten Teilen, wie beim Exercice, die komplizierten ganz. Bei all dem muß aber mit der Zeit sparsam umgegangen werden und möglichst nicht auf Kosten der Exaktheit und Musikalität der vorgeführten Übung.

Das Zeigen nach der Ausführung der Übung durch die Schüler ist ebenfalls üblich und notwendig. Dabei kommt es darauf an, die von den Schülern gemachten Fehler besonders hervorzuheben, damit sie sie schneller erkennen und leichter beheben können.

Jedes Zeigen von Übungen in den jüngeren Klassen muß dem körperlichen Wachstum und der Reife der Neun- bis Elfjährigen angemessen sein, sonst würde sich bei ihnen, in dem ehrlichen Bemühen, ihren Lehrer nachzuahmen, eine ihrem eigenen Wesen nach fremde Bewegungsmanier des erwachsenen Tänzers ausbilden, die schablonenhaft bleiben muß, da sie von ihnen noch nicht mit Leben erfüllt werden kann.

In den mittleren Klassen ist das Vorführen von Übungen nur in geringerem Maße notwendig. Reife, Bewußtsein und Technik sind so weit ausgebildet, daß die Schüler die neuen Bewegungen schneller erfassen und beherrschen, obgleich das Lehrprogramm schon sehr umfangreich und schwierig ist. Ein doppeltes Vorführen sollte nur dann erfolgen, wenn es unbedingt erforderlich ist. In den Prozeß des Zeigens sollten die Elemente nicht aufgenommen werden, die der Lehrer auf bedeutend kürzere und klarere Weise den Schülern mündlich erklären kann.

Auch für die höheren Klassen hat das Zeigen von Bewegungen noch eine Bedeutung; es sollte aber noch sparsamer erfolgen als in den unteren Klassen, denn es tritt weit hinter die Rolle des Wortes zurück. Ist das nicht der Fall, so zeigt es nur die Unfähigkeit des Pädagogen, in den Schülern den eigenen inneren Anstoß zur richtigen Ausführung zu entwickeln. Während des Zeigens müssen natürlich auch die nötigen mündlichen Erklärungen gegeben werden. Das Denken und folglich auch das Gedächtnis der Schüler sollen vor allem durch die aktive und selbständige Aufnahme der Übungsaufgabe entwickelt werden, unterstützt durch die im Vorführen enthaltene Anschaulichkeit, und nicht umgekehrt.

Zusammenfassend kann man sagen, daß das anschauliche Beispiel eine gute Methode zur Ausbildung des Gedächtnisses und des Verhaltens der Schüler ist, aber nur in dem Falle, wenn sie mit der Ausdruckskraft des Wortes und der Musik vereint ist. Der Sinn des Vorführens besteht darin, die Individualität der Schüler und ihre schöpferischen Potenzen allseitig zu entwickeln und zu vervollkommnen, sie also nicht zur bloßen Nachahmung anzuhalten. Der Künstler im Lehrer sollte in diesen Fällen in den Hintergrund treten und seinen Platz an den Pädagogen abtreten.

Das motorische Gedächtnis des Schülers wird auf der Grundlage einer exakten Darstellungstechnik ausgebildet und gefestigt. Nachteilig ist es, wenn sich im Gedächtnis des Schülers falsche Elemente in der Darstellung und in der Bewegungstechnik festsetzen. Die Erfahrungen beweisen, daß Umlernen schwerer ist als Neulernen.

Die Entwicklung des motorischen Gedächtnisses bei den Lernenden verlangt vom Pädagogen eine präzise »Wertarbeit«, große Geduld und – das allerwichtigste – eine ausgezeichnete Kenntnis der Schule des klassischen Tanzes. Hektik, unsystematisches Herangehen, Unregelmäßigkeit im Unterricht bedeuten den Tod jeder künstlerisch verantwortungsvollen Ballettarbeit.

Das motorische Gedächtnis festigt sich nur langsam, durch häufige Wiederholung aller Übungen, die im Verlauf der gesamten Schulzeit erlernt wurden. Ohne ein solches motorisches Gedächtnis kann der künftige Tänzer sich nicht die notwendige Sicherheit, Biegsamkeit, Leichtigkeit, Weichheit, Einfachheit und Freiheit der Bewegungen aneignen. Es versteht sich von selbst, daß alle diese Eigenschaften undenkbar sind ohne die Entwicklung der physischen Kraft, der Ausdauer, des Willens, der Aufmerksamkeit, der Musikalität, der richtigen Aneignung aller professionellen Eigenschaften, die einen Tänzer auszeichnen.

All diese beschriebenen darstellerischen Elemente der Schule des klassischen Tanzes können sich die künftigen Tänzer nur zu eigen machen, wenn der Unterricht gezielt, auf der Grundlage eines festen Planes durchgeführt wird.

Zweites Kapitel

Unterrichtsplanung

In den sowjetischen Ballettschulen vollzieht sich der Unterricht nach einem allgemeingültigen Lehrplan. Der Inhalt dieses Planes wird durch das Ziel der Ausbildung bestimmt: die Erziehung allseitig entwickelter und hochqualifizierter Ballettkünstler.

Dieser Lehrplan umfaßt die Anzahl der allgemeinbildenden und spezifischen Disziplinen, die entsprechende Anzahl der Stunden und die Aufteilung des Lehrstoffes auf die verschiedenen Lehrabschnitte.

Dazu muß man wissen, daß es in den sowjetischen Ballettschulen zwei Ausbildungsprogramme gibt: eine achtjährige und eine verkürzte, sechsjährige Ausbildung. Diese Ausbildungszeit wird einmal nach dem Reifegrad der Schüler testgelegt, zum anderen hängt sie auch von den Studienzielen ab, die sich die Ausbildungsstätte stellt.

Aber ganz gleich, welcher Art die gestellten Ziele und Aufgaben sind, eins muß betont werden: Um gute Tänzer auszubilden, ist es notwendig, die Ausbildung im klassischen Tanz mit neun- bis zehnjährigen Schülern zu beginnen, so daß die Schüler – mit achtzehn/neunzehn Jahren die Schule verlassen. Gerade in diesem Lebensabschnitt ist der Organismus des Schülers am entwicklungsfähigsten, am geschmeidigsten und in seiner psychophysischen Entwicklung am aufnahmefähigsten, was eine natürliche, gründliche, stabile Aneignung und Beherrschung der Schule des klassischen Tanzes ermöglicht. Dafür ist der gründlich erarbeitete Lehrplan entscheidende Voraussetzung.

Dabei ist es meistens so, daß die Zwölf- bis Vierzehnjährigen, die die verkürzte Ausbildung durchlaufen, in den ersten beiden Klassen zunächst mehr verstehen und aufnehmen; im weiteren Verlauf, vor allem wegen des außerordentlich angefüllten Programms (dieses Programm ist schwierig, sehr umfangreich und kompliziert), aber nicht so organisch in das echte musikalische Empfinden für den Tanz hineinwachsen wie diejenigen Schüler, die schon mit acht oder zehn Jahren die Ballettausbildung beginnen.*

Der Beginn des Unterrichts im Kindesalter ist deshalb so günstig, weil sich die Schüler schon zeitig in die Technik des klassischen Tanzes und seine Elemente »hineinleben« und dann auf der Bühne nicht mehr daran denken müssen, wie sie die physischen Anstrengungen »überstehen«, sondern all

* Das Erlernen eines Instruments (Klavier, Geige oder Violoncello) sollte ebenfalls schon im Kindesalter beginnen.

ihre moralischen Willensanspannungen und ihre psychischen Kräfte auf die künstlerische Gestaltung ihrer Rolle konzentrieren können.

Es gibt natürlich Ausnahmen, wo besonders Begabte, die erst mit vierzehn, sechzehn oder manchmal sogar erst mit achtzehn Jahren den Unterricht aufnahmen, zu guten und ausgezeichneten Tänzern geworden sind. Diese seltenen Ausnahmen bestätigen aber im übrigen nur die durch die alten berühmten Ballettschulen in Moskau und Leningrad gesammelten Erfahrungen, daß schnell und gut selten übereinstimmt. Gestalterische Meisterschaft und hohe Tanzkultur werden in der Regel nicht durch eine Verkürzung der Studienzeit, durch ein überladenes Unterrichtsprogramm und durch das höhere Alter der Schüler erzielt, sondern durch eine Aufteilung und Aneignung des zu erlernenden Stoffes über die gesamte Schulzeit hinweg und durch eine normale psychologische und physiologische Ausbildung des Organismus, d. h. vom neunten oder zehnten bis zum achtzehnten Lebensjahr.

Die Frage besteht aber gar nicht so sehr darin, wieviel Jahre man sich mit dem klassischen Tanz beschäftigt, als vielmehr darin, von welchem Alter an die Schüler sich die künstlerischen Ausdrucksmittel des klassischen Tanzes und seine Sprache, die der künftige Tänzer natürlich mit technischer Vollkommenheit beherrschen muß, auf virtuose Weise, in der nötigen künstlerischen Freiheit und Musikalität aneignen.

Die für die Ausbildung ungenutzten Kinderjahre erweisen sich für die Darstellungskunst des künftigen Tänzers als ein echter Verlust. Denn gerade in der Kindheit zeigt sich eine besondere Aufnahmefähigkeit des Menschen für das Schöne, für Musik und Tanz. Kinder unterliegen besonders stark emotionellen Eindrücken, haben eine große Begeisterungsfähigkeit, verbunden mit echter Phantasie, Träumen und Tatendrang.

Das sowjetische Balletttheater verlangt von den Ballettschulen gründliche und nicht kurzfristig ausgebildete Tänzer. Darüber hinaus hat die Ausbildung des Tänzers im sowjetischen klassischen Ballett hinsichtlich der Originalität der choreographischen Komposition wie auch der Monumentalität der zu verkörpernden Helden und der dazu notwendigen virtuosen Technik in den letzten Jahren einen immer bedeutenderen Platz eingenommen. Besonders deutlich wird das in Chatschaturjans Ballett »Spartacus« in der Inszenierung von Lenin-Preisträger J. Grigorowitsch.

Wenn das Theater dazu angetan ist, die Meisterschaft der jungen Tänzer zu vervollkommnen, so ist die Aufgabe der Schule, ihnen die notwendigen beruflichen Grundlagen zu vermitteln und im Verlauf der gesamten Erziehungsarbeit – vom Kindesalter bis zur Reife – ein sicheres Fundament zu legen.

Die Praxis beweist also, daß sich in allen Ballettschulen die achtjährige

Ausbildung mit einer Vorbereitungszeit von einem Jahr außerordentlich bewährt hat. Das ist auch deshalb notwendig, weil nicht nur der erfahrene, sondern auch der erst heranreifende Pädagoge sich gründlich in alle Feinheiten und Besonderheiten des Unterrichtsplanes einarbeiten und die Möglichkeit erhalten muß, entsprechend seinen eigenen Erfahrungen, Korrekturen in diesem Plan vorzunehmen. Von all diesen Faktoren hängen nicht nur die Erfolge des Lehrers und der Schüler ab, sondern auch die Erfolge der Schule und des sowjetischen Balletts.

Der Anteil der Unterrichtsstunden für den klassischen Tanz im Verlauf der achtjährigen Ausbildung umfaßt zwölf akademische Stunden wöchentlich. Eine solche Stundenanzahl ist unbedingt erforderlich, da der klassische Tanz im System der Ballettausbildung und der übrigen tänzerischen Disziplinen den wichtigsten Platz einnimmt. Wir haben bereits darauf verwiesen, welche große Rolle die Verwendung von Ausdrucksmitteln des klassischen Tanzes in anderen Arten der Bühnentanzkunst spielt.

Eine Verkürzung dieser Anzahl von Übungsstunden sollte unter keinen Umständen erlaubt werden. Das führt in der Regel zu einer Senkung des beruflichen Ausbildungsniveaus, zu einer oberflächlichen Absolvierung des Übungsprogramms in diesem Unterrichtsfach.

Die nur sechs Jahre umfassende Ausbildungszeit hat aber auch ihre positiven Seiten. In sie können alle diejenigen begabten jungen Menschen aufgenommen werden, die in ihrer Kindheit – aus den unterschiedlichsten Gründen – nicht die Möglichkeiten hatten, die achtjährige Ausbildung zu besuchen. Solche Schüler muß die Ballettschule unbedingt in dem sechsjährigen Kurs zusammenfassen und, so weit wie möglich, nach einem speziellen Unterrichtsplan und mit Hilfe der besten Lehrkräfte individuell auf ihre Tänzerlaufbahn vorbereiten.

Wenn ein Balletttheater, z. B. das GABT der UdSSR (Staatliches Akademisches Bolschoi-Theater), von der Ballettschule jährlich einen führenden Solisten erhält, so ist das schon ein ausgezeichnetes Ergebnis. Im Verlauf der achtjährigen Ausbildung kann eine ziemlich große Gruppe befähigter und ausgezeichneter Tänzer herangebildet werden, ganz gleich, in welche Abteilung der Schule sie zunächst aufgenommen wurden.

Das wichtigste Mittel der Arbeitsorganisation für den Lehrer ist das Unterrichtsprogramm in dem von ihm speziell unterrichteten Fach. In ihm ist der zu behandelnde Stoff enthalten, System und Umfang der zu vermittelnden Kenntnisse und die Zeit, in der die Schüler sich diese Kenntnisse angeeignet haben müssen.*

---

* Im weiteren ist die Rede vom Lehrprogramm für die gesamte achtjährige Ausbildungszeit und für das laufende Jahr.

Das Unterrichtsprogramm eines Jahres ist immer unmittelbar mit dem Programm des darauffolgenden Jahres verknüpft. In der Unterstufe (erste bis dritte Klasse) werden die elementaren Grundkenntnisse vermittelt, ohne die im weiteren Verlauf der Ausbildung die Festigung und Vervollkommnung des tänzerischen Könnens nicht möglich ist. In der Mittelstufe (vierte bis sechste Klasse) eignen sich die Schüler, gestützt auf das in den unteren Klassen gelegte Fundament, komplizierte technische Fähigkeiten an. Und in der Oberstufe (siebente und achte Klasse) wird der anspruchsvollste, die Ausbildung abschließende Teil des Programms realisiert, unter Berücksichtigung alles bis dahin Gelernten.

Wenn nur ein Teil dieses Gesamtprogramms vom Lehrer technisch oder künstlerisch nicht richtig durchgearbeitet wird, entstehen bei dem Schüler im Verlauf der gesamten Ausbildung Lücken, die nur schwer wieder geschlossen werden können. Deshalb dürfen die einzelnen Teile nicht für sich genommen und als besonders wichtig oder weniger wichtig betrachtet werden. Jeder Teil dieses Unterrichtsprogramms hat seine spezifische Bedeutung und seinen besonderen Schwierigkeitsgrad und steht völlig gleichberechtigt neben dem anderen. Die erfolgreiche Durchführung des Gesamtplanes besteht in der Aneignung der gesamten Summe von Kenntnissen und Fähigkeiten durch die Lernenden, hängt ab von dem pädagogischen Geschick des Lehrerkollektivs und der methodischen wie auch künstlerischen Leitung der Ballettschule.

Bei der Umsetzung des Jahresprogramms muß stets das Wissen und Können gefestigt und weiterentwickelt werden, das sich die Schüler in dem vorangegangenen Jahr angeeignet haben. Dabei muß besonders an den Punkten gearbeitet werden, wo noch Mängel und Schwächen sichtbar werden. Beherrschen die Schüler aus irgendwelchen Gründen das Programm des Vorjahres unzureichend oder lückenhaft, so sollte sich der Lehrer mit der Vermittlung neuen Stoffs zunächst zurückhalten und, wenn es notwendig ist, sogar im Programm noch einmal zurückgreifen, um die früheren Versäumnisse aufzuholen. Danach erst kann im normalen Programm fortgefahren werden. Das Programm muß, wie bereits mehrmals betont, dem Entwicklungsstand und der Reife der Schüler angemessen sein, alle Besonderheiten des gegebenen Faches berücksichtigen und das Minimum an Stoff umfassen, über das alle Schüler zur weiteren kontinuierlichen Ausbildung unbedingt verfügen müssen. Die Schüler sind aber durchaus unterschiedlich talentiert, und so ist es nicht verwunderlich, daß die Lernresultate sich voneinander unterscheiden. Nicht alle erlangen die höchste Stufe der Beherrschung der Technik des klassischen Tanzes. In diesem Falle muß der Pädagoge aber immer darum bemüht sein, die den einzelnen Fähigkeiten der Schüler entsprechenden besten Resultate zu erzielen. Wenn das nicht möglich ist, so muß man das Programm für den betreffenden Schüler als abgeschlossen betrachten.

Sind die Studienergebnisse auch nicht einheitlich, so sollten doch alle Absolventen der Schule über eine im Rahmen ihrer Möglichkeiten liegende Darstellungskultur verfügen. Deshalb muß die gesamte Studienzeit nicht nur unter dem Gesichtspunkt der technischen Ausbildung betrachtet werden, sondern als umfassender Erziehungsprozeß befähigter Tänzer, die in der Lage sind, ihr technisches Können in künstlerische Gestaltung umzusetzen.

Die erfolgreiche Erfüllung des Unterrichtsprogramms hängt auch von der richtigen und rechtzeitigen Einordnung des neuen Übungsstoffes in den Unterricht ab. Die Reihenfolge der einzelnen Bewegungen in jeder Klasse ist im Programm immer im Zusammenhang mit der Folgerichtigkeit der Darlegung ausgewiesen. Diese Reihenfolge muß unbedingt eingehalten werden.

Nicht enthalten im Programm sind jedoch Hinweise über die Art der Vermittlung der verschiedenen Bewegungen, Erläuterungen darüber, mit Hilfe welcher Lehrformen und musikalisch-rhythmischer Aufteilungen* sich die Schüler die Technik des Tanzes aneignen und auf welche Weise sie zu Musikalität, echtem Künstlertum und Individualität erzogen werden.

Der junge Pädagoge kann solche Hinweise aus Lehrbüchern entnehmen oder bei erfahrenen, hervorragenden Pädagogen der Schule Rat suchen. Dadurch erhält er die Möglichkeit, seinen Unterricht fundierter aufzubauen, das Unterrichtsprogramm planmäßiger zu verwirklichen und das Wesen und die Anforderungen seines Berufes besser zu verstehen.

Andererseits ist nicht immer und nicht jede methodische Empfehlung direkt auf die Praxis übertragbar, da zwischen der Empfehlung und den realen Möglichkeiten der Schüler Diskrepanzen bestehen können. Zum Beispiel kann ein bestimmter methodischer Hinweis in der Praxis den Schüler im Verhältnis zu seinen berufsspezifischen Voraussetzungen, seiner körperlichen und geistigen Reife, seinem Wissen, seiner Begabung und zur Ausbildungsdauer entweder unter- oder überfordern.**

Deshalb muß jeder Pädagoge mit dem Anwachsen seines Erfahrungsschatzes eigene Ansichten und Lösungen finden, selbständige Formen der Arbeit, die durch die Praxis bedingt sind. Mit einem Wort: Er muß sich sowohl in der Unterrichtsmethodik als auch in der komplexen Erziehung des Schülers einen schöpferischen *Arbeitsstil* aneignen. Jeder methodische

---

* Gemeint ist die Zerlegung einer Bewegung in ihre Bestandteile.

** Es handelt sich darum, daß von Zeit zu Zeit das Unterrichtsprogramm überarbeitet und die Verteilung der einzelnen Bewegungen auf die verschiedenen Klassen verändert wird.

Hinweis darf nicht als Dogma oder als »Rezept« angesehen werden, sondern immer in unmittelbarem Zusammenhang mit den spezifischen Erscheinungen der Praxis.

Die besten schulischen Traditionen in der Methodik des klassischen Tanzes müssen nicht nur sorgsam bewahrt, sondern auch schöpferisch und mit Elan weiterentwickelt werden.

Der Unterricht in dieser Disziplin an den Ballettschulen hat im allgemeinen die Formierung eines Balletttänzers (besser noch Solisten oder führenden Tänzers) zum Ziel, der über eine komplexe und abgeschlossene Berufsausbildung verfügt, d. h. eines Künstlers, der sowohl die Praxis an der Schule als auch am Theater ausgezeichnet kennt. Andernfalls könnte selbst der fundierteste methodische Hinweis dem jungen Pädagogen nicht helfen, seinen Unterricht in der notwendigen Qualität und unter Berücksichtigung aller entscheidenden Faktoren durchzuführen.

Es gibt im Lehrplan ebenfalls keine Vorschriften, zu welchem Zeitpunkt des laufenden Schuljahres diese oder jene Bewegung durchgenommen werden soll, d. h., es fehlt ein nach dem Kalenderjahr gestaffelter Bewegungsablauf. Ein richtiger Aufbau des Lehrplanes fördert aber in bedeutendem Maße das Lernvermögen und die Erfolge bei den Schülern. Ausgehend von der Zahl der Stunden, die für den entsprechenden Unterricht vorgesehen sind, und von den Möglichkeiten der Schüler, sollte der Lehrer deshalb einen nach Monaten aufgeschlüsselten Lehrplan für das laufende Jahr erarbeiten.

Im ersten Quartal (das gilt nicht für die erste Klasse) muß genügend Zeit für die Wiederholung und Festigung derjenigen Bewegungen eingeräumt werden, die in der vorangegangenen Klasse erlernt wurden. Darüber hinaus muß der Körper der Schüler in dieser Zeit daran gewöhnt werden, eine volle professionelle Arbeitsbelastung auszuhalten. Dafür benötigt man in der Regel zwei bis drei Wochen.

Die übrige Zeit verwendet man auf die Einstudierung einfacher Elemente des Programms und komplizierterer Verbindungen von Bewegungen aus dem vorangegangenen Studienjahr.

Für das zweite Quartal kann das Erlernen komplizierterer Elemente und schwieriger Kombinationen geplant werden, wie sie im Programm für das erste Quartal noch nicht enthalten waren.

Im dritten Quartal, nach den Winterferien*, muß eine bestimmte Zeit für die Vorbereitung des Organismus auf die normale Arbeitsbelastung und für die Wiederholung des Unterrichtsstoffes aus dem zweiten Quartal vorgese-

* In den sowjetischen Ballettschulen ist neben den Sommerferien auch eine größere Unterrichtspause im Januar üblich.

hen werden. Dazu sind etwa zwei Wochen nötig. In der übrigen Zeit des dritten Quartals müssen die kompliziertesten Elemente des Lehrprogramms in ihrer schwierigsten Zusammenstellung durchgenommen werden. Eigentlich sollte in diesem Quartal das Erlernen des Jahresprogramms in allen Klassen abgeschlossen werden, außer in der ersten, wo im Verlauf des Schuljahres nur die grundlegenden Elemente des klassischen Tanzes vermittelt werden und die Koordination von Bewegungen noch unbedeutend ist. Deshalb wird in der ersten Klasse auch das vierte Quartal darauf verwendet, etwas kompliziertere Bewegungen einzustudieren. Die letzten beiden Wochen dienen der Prüfungsvorbereitung.

Für das vierte Quartal des Unterrichtsjahres, nach den Frühjahrsferien, muß man ebenfalls (wie nach den Winterferien) eine Einführungs-Periode von ungefähr einer Woche einplanen. Dann beginnt die konzentrierte Arbeit unter Einbeziehung des gesamten durchgenommenen Stoffes. Das vierte Quartal ist die eigentliche Periode der Vervollkommnung und des Abschlusses des Unterrichtsplanes und der unmittelbaren Vorbereitung auf die Prüfung. Diese prinzipielle Planung des Unterrichts nach dem Kalenderjahr kann natürlich variiert werden, bedingt durch die unterschiedliche Bewältigung des Unterrichtsstoffes durch die Schüler und durch das unterschiedliche pädagogische Geschick der Lehrer. Ein zu langsamer oder zu schneller Übungsablauf wirkt sich aber in keinem Falle positiv auf die Leistungsfähigkeit der Schüler aus. Einige Lehrer absolvieren im ersten halben Jahr das gesamte Unterrichtsprogramm und lassen das zweite Halbjahr als Reserve für das »Training« von Details des durchgenommenen Stoffes. Eine solche Methode findet zwar das Interesse der Schüler, vermittelt ihnen aber kein gesichertes professionelles Wissen und Können.

Eine Einstudierung neuer Bewegungen, die sich über das ganze Studienjahr ausdehnt, muß man ebenfalls als falsche Unterrichtsplanung bezeichnen. Ein solches langsames Vorgehen vollzieht sich meist auf Kosten der Kombinationen, wie sie für das vierte Quartal vorgesehen sind. Das heißt, der Unterrichtsplan wird nicht in der erforderlichen Qualität absolviert. Außerdem stört eine solche Arbeitsmethode auch den normalen Verlauf der Prüfungsvorbereitungen.

Die Form des Unterrichtsplanes kann sich jeder Lehrer selbst aussuchen. Wichtig ist nur, daß in ihm die Zeiträume, in denen sich das gesamte Unterrichtsprogramm abwickelt, deutlich erkennbar sind.

Auf diese Weise wird der Unterrichtsplan zu einem echten Hilfsmittel und reguliert und organisiert die Arbeit des Lehrers im gesamten Unterrichtsjahr. Hierin liegt seine methodische Bedeutung und seine Wirksamkeit.

Aber der ganze, gut zusammengestellte Plan erfüllt sich nicht, wenn der

Lehrer nicht auch jede einzelne Unterrichtsstunde gründlich vorbereitet. Die Lernergebnisse der Schüler, die umfassende und allseitige Erfüllung des Unterrichtsplanes hängen nicht nur von den Erfahrungen, den Kenntnissen und dem Geschick des Lehrers ab, sondern auch von der Intensität, mit der er sich auf jede Unterrichtsstunde vorbereitet.

Bei der Vorbereitung auf den Unterricht muß sich der Lehrer vor allem auf den Inhalt, d. h. auf den Stundenstoff konzentrieren. Jede Unterrichtsstunde im klassischen Tanz beginnt mit der Wiederholung des bereits Behandelten, um das schon vorhandene Wissen und Können zu festigen und zu vervollkommnen; dann erst beginnt die Einstudierung des neuen Stoffes, wie er im Unterrichtsplan vorgesehen ist. Die Unterrichtsvorbereitung richtet sich aber in jedem Falle nach den Übungsaufgaben und verändert sich in Abhängigkeit von ihnen.

Der angehende Pädagoge sollte bei der Unterrichtsvorbereitung folgende Regeln berücksichtigen:

1. Die neuen Bewegungen zur Festigung und Vervollkommnung der Kenntnisse und Gewohnheiten der Schüler für jeden einzelnen Stundenabschnitt ausarbeiten.
2. Den neuen Studienstoff bezeichnen, entsprechend dem vorgesehenen Unterrichtsplan und der Aufnahmefähigkeit der Schüler.
3. Den neuen Stoff in Form der verschiedenen Kombinationen zur weiteren Ausbildung der gestalterischen Fähigkeiten der Schüler in den Stundenablauf einbauen.
4. Mit dem Konzertmeister Umfang und Charakter der musikalischen Begleitung für jede Stunde abstimmen.

Dieser Vorbereitungsplan für die Stunden sollte von dem noch wenig erfahrenen Pädagogen schriftlich fixiert werden. So gewöhnt er sich daran, jede seiner Stunden richtig zu planen. Im weiteren Verlauf seiner Entwicklung (das muß der Lehrer selbst einschätzen können) reicht es dann aus, wenn er sich Inhalt und Form der Stunde im Kopf genau zurechtlegt.

Ein solcher fixierter Plan sollte aber nicht so gehandhabt werden, daß er die schöpferische Arbeit des Lehrers einschränkt oder behindert. Das bedeutet, daß der Lehrer bei Einhaltung seiner methodischen Zielstellung und seines Erziehungsziels für die Stunde die geplanten Übungsaufgaben leicht verändern, einfacher oder komplizierter gestalten kann.

Mit einem Wort: Ist der Lehrer gut auf die Stunde vorbereitet, so kann er sie auch frei und sicher durchführen und entsprechend dem Ablauf der Stunde Korrekturen vornehmen, die sein methodisches Herangehen bei der Vermittlung und Aneignung des Stundenstoffes noch verbessern und vertiefen. Für die laufende Stunde muß man sich auch überlegen, was, wann und wie man den Schülern einiges sagt, nicht nur zur Darstellungstechnik, sondern zur Kunst des Tanzes, zur Arbeit des Tänzers, über die Bühne, die Musik usw.

Sich auf die Form und den Ablauf der Stunde vorzubereiten, ist noch nicht alles; man muß mit der eigenen Begeisterung für das Fach auch in das Bewußtsein und die Herzen der Schüler eindringen, muß sie zum Verständnis für die Poesie des Tanzes erziehen.

Dem erst heranwachsenden Pädagogen muß aber auch klar sein, daß ein gut ausgearbeitetes Programm noch längst nicht alles ist, was er können muß; er muß auch über die berufliche und künstlerische Methode zur Durchführung dieses Unterrichtsprogramms verfügen. Das Programm kann kein Ersatz für persönliches Talent, das Können, für die Erfahrungen und das Wissen des Lehrers sein. Nur eine unermüdliche, von schöpferischer Neugier getragene, bewußte Einstellung gegenüber den erzieherischen und künstlerischen Aufgaben kann Lehrern und Schülern zu dem gewünschten Erfolg verhelfen.

Der gesamte Lehrplan, der Unterrichtsplan und die gut vorbereiteten einzelnen Unterrichtsstunden sind nur die Anleitung zum Handeln. Um ein guter Pädagoge zu sein, muß man nicht nur über ein hohes Wissen im Fach verfügen, sondern dieses Wissen auch in der Praxis anwenden können. Pädagogische Fähigkeiten bilden sich nur langsam heraus, über Jahre hinweg, im Prozeß der allmählichen Selbstvervollkommnung bei der Arbeit, durch ein kritisches Verhältnis zu sich selbst und hohe Anforderungen an die Schüler.

Es ist klar, daß jeder Pädagoge seinen Schülern nur so viel Wissen und Können vermitteln kann, wie er selbst beherrscht. Ein Lehrer im klassischen Tanz muß über ein breites Wissen verfügen, angefangen von Grundkenntnissen der marxistisch-leninistischen Ästhetik, der Ethik, der Pädagogik bis hin zu Fragen der Musik, der Geschichte und Theorie des Tanzes, der Schauspielkunst, der Anatomie, Physiologie und Psychologie. Die Spezifik des Gegenstandes verlangt vom Pädagogen für klassischen Tanz eine breite und qualitativ anspruchsvolle Kultur aller Persönlichkeitseigenschaften und Fähigkeiten.

Für die Lehrtätigkeit ist der richtige Aufbau (die Planung) der Stunde besonders wichtig. Jede Unterrichtsstunde im klassischen Tanz muß entsprechend seinen spezifischen Entwicklungsgesetzmäßigkeiten nach dem Prinzip: vom Einfachen zum Komplizierten, vom Kleinen zum Großen aufgebaut sein. Sie stellt somit stets ein bestimmtes Glied in der folgerichtig und kontinuierlich ablaufenden Kette von Stunden, dem gesamten Unterrichts- und Lehrplan dar.

Die Unterrichtsstunde im klassischen Tanz besteht aus vier Teilen. Der erste – das Exercice – umfaßt das Erlernen der elementarsten Bewegungen, aus denen sich dann die komplizierteren Formen des klassischen Tanzes zusammensetzen. Das Exercice muß von den Schülern mit Perfektion beherrscht werden, da es die Grundlage für eine sichere Technik des darstellerischen Könnens bildet.

Einen großen Fehler begehen diejenigen Pädagogen, die das Exercice als einen zweitrangigen, unbedeutenden Teil des Unterrichts betrachten, der nur dazu dient, die »Beine warm zu machen«. Das Exercice ist aber nicht nur für den angelernten, sondern auch für den qualifizierten Tänzer das entscheidende Mittel, um die Grundlagen seines darstellerischen Könnens zu erhalten und weiterzuentwickeln.

Bei der Arbeit am Exercice muß folgendes beachtet werden:

1. Alle Bewegungen müssen, ganz gleich, ob an der Stange oder im Freien, sowohl auf dem einen als auch auf dem anderen Bein ausgeführt werden, damit sich der Bewegungsapparat des Schülers gleichmäßig entwickelt.
2. Alle Bewegungen müssen zunächst an der Stange, dann im Freien geübt werden, damit sich die elementare Technik festigt und vervollkommnet.
3. Alle Übungsaufgaben müssen mit der entsprechenden Vorbereitung begonnen werden (préparation).
4. Zugleich mit der richtigen Vorbereitung und Ausführung der Übungen muß bei den Lernenden auch die Fähigkeit entwickelt werden, die Übungsaufgabe ebenso exakt und aufmerksam abzuschließen, was zur Entwicklung des tänzerischen Aplombs beiträgt. Die Fähigkeit, auch das Ende der Übung sicher zu fixieren, wird zunächst im Exercice entwickelt dann auch in den anderen, komplizierteren Teilen der Stunde. Das wirkt dem häufigen Nachlassen der Aufmerksamkeit und Kondition am Ende einer Übung entgegen und erzieht die Schüler zur Arbeits- und Selbstdisziplin.

Die Kontinuität im Ablauf aller Bewegungen des klassischen Tanzes verlangt ein geschlossenes Lehrprogramm in diesem Fach. Entsprechend dem Grad der Beherrschung der Bewegungen kann ihre Reihenfolge verändert werden und muß dann aber so bestehen bleiben.

An der Stange und im Freien kann die Abfolge im Exercice z. B. folgende sein:

1. Grand plié
2. Verschiedene Formen des battement tendu
3. Rond de jambe par terre
4. Battement fondu und battement soutenu

5. Verschiedene Formen des battement frappé
6. Battement relevé lent und battement développé
7. Rond de jambe en l'air
8. Grand battement jeté
9. Petit battement sur le cou-de-pied.

Hierher gehören auch die verschiedenen Posen, ports de bras, tänzerischen Schritte, Wendungen, Pirouetten, deren Schwierigkeitsgrad im Verlauf des Exercice anwächst. Der Ablauf des Exercice kann je nach Ausbildungsgrad der Schüler und entsprechend der persönlichen Methode des Lehrers variiert werden. Einige Ballettpädagogen schließen das Exercice mit einem battement développé an der Stange ab und setzen das grand battement jeté in die Mitte des Exercice; andere beginnen das Exercice an der Stange mit einem battement tendu und nicht mit dem grand plié usw.

Das Exercice im Freien wird in der Regel kompakter, kürzer und technisch anspruchsvoller gestaltet. Der Aufbau sollte von Jahr zu Jahr komplizierter und der Anteil der beteiligten Bewegungen vermindert werden. Aber ganz gleich, wie das Exercice im Freien zusammengestellt ist, es hat immer die Funktion, die Schüler auf den nächsten Teil der Stunde systematisch vorzubereiten.

Der zweite Teil der Stunde – das Adagio – ist der allseitigen Ausbildung und Aneignung der Posen des klassischen Tanzes und ihren unterschiedlichen Kombinationsmöglichkeiten gewidmet. Wird im Exercice durch mehrfache Wiederholung der unterschiedlichen battements und anderer Bewegungen im Rahmen ein- und derselben Übung besonders an der elementaren Technik gearbeitet, so geht es im Adagio um die Ausprägung von Charakter, Allüre und Technik des Tanzes, wie sie für die Ausführung großer, fließender tänzerischer Phrasen vonnöten sind.

Der Lehrplan sieht für das Adagio bestimmte Bewegungen vor, mit deren Hilfe die großen Posen unmittelbar miteinander verbunden werden können. Trotzdem sollte man sich stets daran erinnern, daß: 1. der Schüler die Posen miteinander verbinden muß, während er auf einem Bein steht oder auf das andere Bein übertritt; 2. der einfachste Weg, um von einer Pose zur anderen und von einem Bein auf das andere zu gelangen, über die V. Position verläuft, d. h., das Spielbein wird in die V. Position eingesetzt, während das Standbein zum Spielbein wird, dieser Übergang wird am Platz vollzogen; 3. der Übergang von einer Position in die andere über die II. und IV. Position mit Hilfe des pas dégagé bzw. pas tombé erfolgen muß; 4. der Übergang von einer Position in die andere auf ein und demselben Standbein auch hier über die V., die Ausgangsposition, mit Hilfe von battement développé oder battement relevé lent vollzogen werden kann (das geöffnete Bein wird in die V. Position geführt und dann erneut in eine bestimmte Richtung geöffnet) oder durch die Übertragung des Beines mit einem passé durch die I. Position und über die Haltung sur le cou-de-pied »an der Wade« oder »am Knie« (diese Bewegungsverbindungen sind nur in den unteren Klassen üblich); 5. in der Mittelstufe die Posen, außer auf die genannte Art und Weise, auch noch mit Hilfe des grand battement jeté durch die I. Position, des grand rond de jambe en l'air und verschiedenen Formen des grand fouetté, flic-flac und der kleinen Pirouette miteinander verbunden werden können; 6. in der Oberstufe der Übergang von einer Pose in die andere durch Sprünge erfolgen kann.

Der Aufbau des Adagios in den verschiedenen Klassen ergibt sich aus den bereits durchgenommenen Posen und Bewegungen. In der ersten Klasse existiert noch kein richtiges Adagio. Hier beginnt man lediglich mit einer Reihe von Beinposen am Boden. In der zweiten Klasse lehrt man die Pose auf 90° und verbindet sie mit weniger komplizierten Bewegungen. Auf diese Weise entsteht das einfachste Adagio, das man nach dem Exercice im Freien übt.

Etwa in der vierten und fünften Klasse erhält das Adagio einen schwierigeren und mehr Kraft fordernden Charakter, vor allem durch den wachsenden Umfang und zunehmenden Schwierigkeitsgrad in der Zusammensetzung der Übungen. Das sind besonders Verbindungen durch Wendungen und kleine und große Pirouetten. Auf diese Weise formt sich langsam das große Adagio.

Schließlich wird in der fünften und sechsten Klasse, in der die Ausbildung der Schüler schon eine intensivere Belastung erfordert, nach dem großen Adagio noch das sogenannte zweite Adagio eingeführt, das sich aus dem Wechsel nach und nach komplizierter werdender Drehungen auf dem Boden zusammensetzt. In technischer Hinsicht soll sein Aufbau komplizierter und beweglicher sein als im großen Adagio, in bezug auf die Kraftanspannung aber leichter und kürzer.

Das zweite Adagio kann man mit kleinen Pirouetten beginnen, die in verschiedenen großen Posen enden. Danach ist es möglich, zur Ausführung kleiner Pirouetten überzugehen, die aus großen Posen beginnen. Weiterhin können beide Arten durch ein nicht fixiertes demi-plié miteinander verbunden werden. Im zweiten Adagio können dann verschiedene Arten von durchgehenden Drehungen, wie z. B. die tour chaîné, enthalten sein. Außerdem erweist es sich in der Oberstufe als günstig, wenn man in das große Adagio – zur Vorbereitung der Schüler – zu kleinen und großen Pirouetten noch einige Sprünge, wie z. B. pas failli und das sissonne tombée aufnimmt.

Im zweiten Adagio können die oben genannten Sprünge durch den pas échappé über die II. Position (kleine Pirouetten) sowie durch das jeté passé und grand jeté aus geöffneter Beinhaltung ergänzt werden. Diese Sprünge können mit Wendungen verbunden werden, vorzugsweise aber nur im zweiten Adagio in den höheren Klassen und den Abgangsklassen.

Beim Aufbau des ersten und zweiten Adagios muß man darauf achten, daß alle Bewegungen logisch und folgerichtig miteinander verbunden sind, daß sie einen in sich geschlossenen Übungsteil ergeben und sich nicht nur aus zufällig zusammengestellten Übungen ergeben. Mit jedem Adagio muß aber auch ein ganz bestimmtes Bildungs- und Erziehungsziel, eine bestimmte Unterrichtsaufgabe verbunden sein, die darin besteht, ein bestimmtes gestalterisches Element zu erarbeiten und nicht einfach nur allgemein die Kräfte, die Sicherheit und die Plastizität der Bewegungen zu üben.

Im dritten Teil der Unterrichtsstunde, dem Allegro, geht es um die Erarbeitung der unterschiedlichsten Sprünge des klassischen Tanzes. Werden im Exercice die elementaren Bewegungen erlernt, im Adagio die Posen und tänzerischen Phrasen im langsamen Tempo erarbeitet, so erfolgt im Allegro gewissermaßen ihre Summierung bei den Sprüngen. Das können kleine und große, einfache und kompliziertere, weiche und federnde, gezielte und verhaltene Sprünge sein.

Die Sprünge, wie auch alle anderen Bewegungen, müssen in der Reihenfolge erlernt werden, wie sie im Lehrplan vorgesehen sind. Im weiteren Unterrichtsverlauf verändert sich diese Abfolge ein wenig.

Zu Beginn werden Kombinationen ausgeführt (außer in der ersten Klasse), die aus kleinen Sprüngen, wie z. B. dem temps sauté, pas échappé, pas glissade, petit pas assemblé, petit pas jeté, sissonne simple, sissonne tombée und auch aus petite cabriole, verschiedenen Wendungen und kleinen Pirouetten usw. bestehen. Jeder Sprung muß im Rahmen ein und derselben Kombination, je nach Schwierigkeitsgrad, wiederholt werden.

Danach sollte man zu großen Sprüngen ohne besonderen Ansatz übergehen, wie dem grande sissonne ouverte, grande sissonne fermée, pas ballotté, temps levé in großen Posen, jeté passé, große battus von zwei Beinen auf zwei Beine zu verschiedenen Wendungen, kleinen und großen Pirouetten, einfachen tours en l'air usw.

Nun erfolgt der Übergang zu großen Sprüngen, mit besonders energischem Ansatz, wie z. B. dem pas chassé pas glissade, pas failli, pas coupé, pas de bourrée usw. Solche großen Sprünge können auch sein: grand assemblé, grand jeté, jeté entrelacé, grand fouetté, grande cabriole, saut de basque, verschiedene Wendungen, große battus, komplizierte tours en l'air usw. Diese Sprünge zeichnen sich aus durch große Höhe, eine große Fortbewegung auf gerader und diagonaler Linie und durch eine abgerundete Flugbahn. Sie werden im Verlauf der Übungen auf immer kompliziertere Weise miteinander kombiniert, genauso wie im vorangegangenen Teil der Stunde.

Abschließend werden erneut kleine Sprünge geübt, aber in einer komplizierteren Verbindung als zu Beginn der Stunde. Hier werden die verschiedenen virtuosen battus mit Wendungen eingebaut, z. B. brisé, pas jeté usw. Die Sprünge insgesamt werden mit einfachen Übungen in der Art des petit changement de pied im Zusammenhang mit entrechat quatre usw. abgeschlossen, um den Organismus des Schülers und seine Atmung wieder in einen ruhigeren Zustand zu versetzen. Dazu muß ergänzend gesagt werden, daß in dem Maße, wie die Schüler in den verschiedenen Klassen – besonders in der Oberstufe – die Sprünge beherrschen, diese eine größere »Beweglichkeit«, d. h. eine größere Vielfalt in der Zusammensetzung und im Unterrichtsablauf erhalten.

Der vierte, abschließende Teil der Stunde ist dazu bestimmt, daß der Organismus der Schüler nach der anstrengenden Arbeit wieder in den Zustand der Ruhe mit Hilfe verschiedener Formen des port de bras versetzt wird.

Ein solcher Stundenaufbau ermöglicht ein kontinuierliches Anwachsen der Belastung, ohne plötzliche und scharfe Steigerungen oder Abfälle. Dabei verfügt jede Stunde insgesamt über eine ansteigende und abfallende Kurve, die dem Schüler erlaubt, für die nächste Stunde wieder frische Kräfte zu sammeln. Ein solcher Aufbau der Unterrichtsstunde entspricht den physiologischen Besonderheiten des Organismus der Schüler und bewahrt sie vor einer Beschädigung ihrer Gelenke, Bänder, ihres Herzens usw.

Allerdings muß man berücksichtigen, daß auch die Struktur der verschiedenen Bewegungen und die Einhaltung ihrer Regeln zur Ausführung bei den Schülern einen unterschiedlichen Grad psychologischer Belastungen hervorrufen. Deshalb empfiehlt es sich, zu Beginn jedes Unterrichtsabschnittes ihrer Struktur nach einfache Bewegungen durchzuführen, die noch nicht besondere Anforderungen an die Aufmerksamkeit und das Gedächtnis der Schüler stellen, sondern lediglich der wachsenden physischen Belastung der auszuführenden Übungen Rechnung tragen. Danach kann man zu komplizierteren Bewegungen übergehen, die sowohl eine hohe Aufmerksamkeit verlangen als auch die Verausgabung aller Kräfte des Schülers. Und schließlich sollte man in jedem Teil der, Stunde zu Bewegungen übergehen, die zwar die größte Aufmerksamkeit erfordern, aber mit einer geringeren physischen Belastung verbunden sind außer im letzten Stundenabschnitt. Komplizierte, kraftvolle Bewegungen müssen mit leichteren abwechseln, damit die Schüler im Verlauf der Unterrichtsstunde ihre Kräfte wiederherstellen und den nächsten Schwierigkeitsgrad bewältigen können.

Dies sind diejenigen orientierenden Hinweise, die der angehende Pädagoge unbedingt berücksichtigen muß. Eine absolute Bestimmung, wie die einzelnen Teile des Unterrichts und die einzelnen Bewegungen ablaufen müssen, gibt es nicht. Selbst wenn es gelänge, eine solche absolute Form zu finden, so würde das nur zu einem falschen Standard führen, der sich weder auf die allseitige Entwicklung des technischen Könnens und der Individualität des Schülers noch auf die schöpferische Arbeit des Lehrers positiv auswirkt. Ich möchte nur noch einmal betonen, daß eine dynamisch verlaufende Stunde (mit Steigerungen und Abfällen) im ganzen aber durch einen logischen und folgerichtigen Ablauf der einzelnen Bewegungen und der einzelnen Stundenabschnitte gekennzeichnet sein muß.

Eine weitere Voraussetzung für den richtigen Stundenablauf ist die Dauer der einzelnen Stundenteile, d. h. der Zeitanteil, der für jeden Stundenabschnitt benötigt wird.

Der Gesamtumfang einer Unterrichtsstunde im klassischen Tanz beträgt an den sowjetischen Ballettschulen zwei akademische Stunden. Im Rahmen dieser Übungszeit verkürzt sich (parallel zum ansteigenden Unterrichtsprogramm von der ersten bis zur letzten Klasse) die Zeiteinheit für den ersten Stundenabschnitt zugunsten des wachsenden Anteils komplizierter und schwieriger Kombinationen. Der zweite und dritte Unterrichtsabschnitt dehnt sich nicht nur in der Zeit, sondern auch im Umfang und im Schwierigkeitsgrad der Bewegungen immer mehr aus. Der vierte Abschnitt verkompliziert sich nur in unbedeutendem Maße und nimmt nur wenig Zeit der Unterrichtsstunde in Anspruch.

Nimmt gegen Ende der ersten Klasse der erste Teil der Stunde, das Exercice an der Stange und im Freien, die Hälfte der Unterrichtsstunden in Anspruch, so braucht man für das Exercice in der letzten Klasse nur noch ein Viertel der gesamten verfügbaren Zeit. Der zweite Teil der Stunde, das Adagio, wächst um das zweifache, der dritte Teil, das Allegro, um das drei- und vierfache.

Die Stundeneinteilung kann nur eine ungefähre sein. Abweichungen von dieser Norm ergeben sich aus den konkreten Arbeitsbedingungen. Sind die Schüler durch die Bühnenpraxis oder szenische Arbeit in der Schule stark beansprucht, so sollte man die Unterrichtsstunde verkürzen, besonders aber den zweiten und dritten Teil. Nach den Ferien, besonders nach den Sommerferien, muß die gesamte Zeit einer Unterrichtsstunde allmählich bis auf die normale Zeit ausgedehnt werden, besonders im zweiten und dritten Teil der Stunde, während am Ende des Studienjahres, nach den Prüfungen, die Unterrichtszeit verkürzt werden sollte.

Auf Schüler, die durch Krankheit längere Zeit nicht am Unterricht teilnehmen konnten, muß der Lehrer seine besondere Aufmerksamkeit richten. Die Übungszeit muß für sie allmählich bis zur vollen Stundenlänge gesteigert werden.

Eine weitere Grundbedingung für die erfolgreiche Durchführung der Unterrichtsstunde ist das richtige Unterrichtstempo. Man kann einen durchdachten, vernünftigen Ablaufplan für die unterschiedlichen Bewegungen erarbeitet, mit professionellem Geschick Kombinationen zusammengestellt und die Dauer des Unterrichtsabschnittes richtig eingehalten haben, und trotzdem wird das Stundenziel nicht erreicht. Die Schüler »kühlen immer wieder ab«* oder ermüden, mit anderen Worten, sie befinden sich nicht die ganze Zeit über in dem nötigen »warmen« Arbeitszustand. Diese Fehler entstehen gewöhnlich dadurch, daß nicht auf das richtige Unterrichts-Tempo geachtet wird.

Die allmählich anwachsende Belastung ruft bei den Lernenden nicht nur eine maximale Anspannung der Muskeln hervor, sondern auch eine solche des zentralen Nervensystems. Je höher die Anstrengung, um so schneller ermüdet der Körper. Um einer Überanstrengung aus dem Wege zu gehen, müssen die Perioden der Anspannung mit Perioden der Erholung wechseln. Nur so können die Lernenden neue Kräfte sammeln und sich auf die nächstfolgende kompliziertere Übung vorbereiten. Das bedeutet, daß diese wechselnden Perioden streng eingehalten werden müssen; ihnen unterliegt auch der richtige Wechsel im Unterrichtstempo. Wenn die Erholungspausen zur Wiederherstellung des Arbeitszustandes nicht ausreichen und die Übungen außergewöhnliche Ermüdungserscheinungen hervorrufen, so ist das Tempo zu schnell. In solch einem Falle zeigen sich bei gesunden Kindern Übermüdungserscheinungen wie allgemeine Schlappheit, Zerstreutheit, Ungenauigkeit und vermindertes Reaktionsvermögen. Das sind Warnsignale für den Lehrer.

Wenn die Pausen die Schüler zu sehr »abkühlen«, d. h., wenn die Unterrichtsstunde zu träge, in zu schleppendem, langsamem Tempo verläuft, so wird die Zeit nicht rationell genutzt. Solche Unterrichtsstunden fördern weder die Kräfteentwicklung der Schüler noch ihre Ausdauer. So sollten z. B. Pausen zwischen den einzelnen Aufgaben des Exercice nur kurz sein, weil die Belastung in diesem Stundenabschnitt relativ gering ist.

Im Adagio sollte man die Lernenden in zwei Gruppen aufteilen, weil die Belastungen schon relativ hoch sind. Während die eine Gruppe arbeitet, kann sich die andere erholen.

Im Allegro können die ersten kleinen Sprünge von allen gleichzeitig aus-

* Der Begriff »Abkühlen« bedeutet, daß die Schüler aus der normalen Arbeitssituation heraustreten. Der unvorbereitete Organismus verspürt in diesem Moment den scharfen Übergang zu einer weiteren physischen Anstrengung, was negative Auswirkungen auf die Gesundheit der Schüler hat. Außerdem ruft dieser Zustand bei den Lernenden oft eine indolente Haltung gegenüber dem Unterricht hervor oder führt zu physischen Verletzungen.

geführt werden. Mit dem anwachsenden Schwierigkeitsgrad empfiehlt es sich ebenfalls, die Schüler in zwei oder drei Gruppen aufzuteilen. So gibt man allen die Möglichkeit, sich ausreichend zu erholen, denn dieser Teil des Unterrichts fordert eine maximale Kraftanstrengung.

Außer dem allgemeinen Unterrichtstempo spielt auch das Tempo der einzelnen Übungen oder einzelner Kombinationen eine große Rolle. Die Bewegungen des klassischen Tanzes unterscheiden sich im Ausführungstempo – abhängig von der Kompliziertheit des Übungsaufbaus –, in den Ausführungsbedingungen und den Einübungsstadien voneinander.

Für das effektive Erlernen dieser oder jener Bewegung muß der Lehrer in jedem Fall ein zweckmäßiges Tempo anstreben. Empfehlungen kann man hier schlecht geben, da die Bestimmung des Tempos einmal vom Stand der Ausbildung und von den individuellen Möglichkeiten der Schüler abhängt. Aber sicher ist, daß ein langsames Tempo die Grundlage für die kontinuierliche Entwicklung der Technik darstellt, weil dadurch die Arbeit am Detail, an der einzelnen Bewegung möglich wird und auch der Aufbau der Übung im Ganzen von den Schülern richtig erfaßt werden kann. Um die Muskeln zu kräftigen, ist auch unbedingt ein ausreichend langer Moment des Fixierens der Ausspannung notwendig.

Außerdem erlaubt das langsame Tempo auch eine Entwicklung der Aufmerksamkeit, des Gedächtnisses, des Gefühls für Rhythmus, Exaktheit, Elastizität, Sicherheit und für die Stabilität der Bewegungen. Je höher die Klassenstufe, um so mehr beschleunigt sich das Tempo der Bewegungen, aber das methodische Herangehen bleibt immer unverändert.

Deshalb ist es erforderlich, daß jede Bewegung im langsamen Tempo erarbeitet wird, damit sie danach in jeder beliebigen Kombination richtig ausgeführt werden kann. So muß die Pose im Adagio zum Beispiel eine bestimmte Zeit gehalten werden, damit die richtige Haltung der Arme, des Kopfes, des Oberkörpers, die Struktur der Pose, ihre Plastik bewahrt und überprüft werden kann. Die verschiedenen Arten von Drehungen sollte man nicht in einem zu schnellen Tempo erlernen. Erst wenn die Lernenden sich die richtige Form der Drehung angeeignet haben, kann man zum normalen Tempo zurückkehren. Beim Erlernen der Sprünge muß zunächst nach jedem einzelnen Sprung eine Pause ausgehalten werden. In den Kombinationen darf das demi-plié nicht zu tief ausgeführt werden.

Zu lange dürfen die Schüler auf diesem langsamen Übungstempo nicht verharren. Alle von den Schülern bereits sicher erlernten Bewegungen sollten in jeder Klasse im normalen Tempo ausgeführt werden. Es liegt in der Verantwortung des Lehrers, die Schüler rechtzeitig an das normale Tempo zu gewöhnen.

Das Einhalten eines normalen Übungs- oder Unterrichtstempos besagt aber nicht, daß damit zugleich Abstriche an der künstlerischen Ausführung gemacht werden dürfen. Das wäre ein grober methodischer Fehler. Die Schüler müssen nicht nur gut »warm gemacht« werden, man muß ihnen alles abverlangen, was sie zu leisten imstande sind, und ihnen alles geben, was sie zum Erlernen einer sicheren Technik und einer hohen Tanzkultur benötigen.

Eine nicht minder große Bedeutung für die Unterrichtsvorbereitung hat die Methode des Zusammenstellens von Kombinationen. Diese Aufgaben können klein oder groß sein, einfach oder kompliziert; aber alle sollen sie dem Schüler helfen, bestimmte Elemente der Darstellungstechnik des klassischen Tanzes sicher zu beherrschen. Für die Zusammenstellung der Kombinationen gibt es keine feststehende Methode. Für den Ablauf der Unterrichtsstunden im klassischen Tanz, seiner Abschnitte und einzelnen Bewegungen hat sich eine bestimmte Ordnung herausgebildet.

Die Zusammensetzung der Kombinationen hängt im wesentlichen jedoch von den Fähigkeiten des Lehrers ab, die einzelnen Teile des Unterrichtsstoffes in ein richtiges Verhältnis zueinander zu bringen.

Die schöpferische Individualität, das Können und die Erfahrungen des Pädagogen spielen nicht nur eine wichtige Rolle bei der Herausbildung unterschiedlicher Methoden und einer besonderen Manier beim Aufbau von Kombinationen, sie bestimmen zugleich auch die methodische Richtung im Herangehen an den gesamten Lernprozeß.

Die Herausbildung einer Lehr-Chrestomathie im klassischen Tanz wird in Zukunft die Aufgabe eines ganzen Kollektivs von Pädagogen sein. Aber einige allgemeine Hinweise und Ratschläge kann man dem angehenden Pädagogen auch jetzt schon geben.

So müssen z. B. bei der Zusammenstellung von Kombinationen folgende Faktoren berücksichtigt werden: die Studiendauer (sechs oder acht Jahre), der Stoff des Lehrplanes, Alter und Entwicklungszustand der Schüler.

Zu Beginn jedes Übungsabschnittes werden die Bewegungen bezeichnet, aus denen sich die geplante Kombination zusammensetzen soll.* Dann erarbeitet man den folgerichtigen Bewegungsablauf unter Beachtung eines allmählichen Anwachsens des Schwierigkeitsgrades. Der Ablauf darf keine zufälligen oder unnützen Verbindungen enthalten. Die Körperhaltung am Ende jeder Bewegung muß so geplant werden, daß sie als Ausgangsposition für die nächste Bewegung dient. Auf diese Weise erhält jede Bewegung, außer ihrer selbständigen, auch noch eine zusätzliche Verbindungsfunktion. Hält man diese Regeln nicht ein, so wird die Kombination unklar. Ihr

* Gemeint sind damit die Bewegungen, die unbedingt in einen der Unterrichtsabschnitte eingebaut werden müssen.

Wesen besteht gerade in der Geschlossenheit, der Kompaktheit und ihrem fließenden Bewegungsablauf.

Hinzufügen muß man aber noch, daß eine Verbindung von kleinen und großen Bewegungen in der Kombination möglich ist. Sie verleihen den Kombinationen einen kontrastreichen, vielfältigen Charakter. Aber eine solche Zusammensetzung sollte nur in geringem Maße und sehr vorsichtig erfolgen, damit die Genauigkeit der Bewegungen, die der Kombination zugrunde liegen, nicht verlorengeht.

Eine Kombination von sehr komplizierten und ausgefallenen Bewegungen kann zwar in den Augen des Ballettmeisters sehr interessant und effektvoll sein, als Unterrichtsaufgabe ist sie unannehmbar.

Aber gerade der noch unerfahrene Pädagoge greift oft zu einer Verbindung von zu verschiedenartigen und zu komplizierten Bewegungen. Das Resultat ist, daß die Schüler ihnen sonst gut bekannte Bewegungen in der schwierigen Verbindung ungenau und nicht in Übereinstimmung mit der Musik ausführen. Die Kombinationen dürfen aber auch nicht zu stark vereinfacht werden, denn jede von ihnen soll dazu dienen, eine neue Schwierigkeitsstufe in den Unterricht hineinzutragen.

Als richtig zusammengesetzte Kombinationen kann man diejenigen betrachten, bei deren Ausübung der Schüler (auf der Grundlage der bereits ausgeprägten Fähigkeiten) die gegebenen Schwierigkeiten meistert und die den Grad seiner Ausbildung nicht übersteigen.

Die Bewegungen, aus denen sich die Kombinationen zusammensetzen, sollten sich in der Kombination unbedingt wiederholen. Dem Schüler gestattet das, die Bewegungen* mit größerer Genauigkeit und Aufmerksamkeit auszuführen und seine Fähigkeiten und sein Wissen zu vertiefen; dem Lehrer ermöglicht es eine systematischere und produktivere Korrektur der auftretenden Mängel. Auf keinen Fall sollte in die Kombination eine große Anzahl verschiedenartiger Bewegungen einbezogen werden. Es ist besser, wenn die Kombination kürzer ist, dafür aber die Möglichkeit bietet, an den ausgewählten Bewegungen gründlich und zielstrebig zu arbeiten und die tänzerische Entwicklung der Schüler voranzutreiben.

Die Wiederholung von Bewegungen des Exercice bildet den dominierenden Faktor bei der Zusammenstellung von Kombinationen. Im Adagio und im Allegro ist dieser Faktor im geringeren Maße enthalten und nur soweit, wie es die tänzerische Sicherheit der Schüler erfordert.

Ich möchte noch einmal betonen, daß die Wiederholung von Bewegungen (und ihre kompliziertere Gestaltung in Kombinationen) auf keine Weise

---

* Im gegebenen Fall wird unter »Bewegung« die Bewegung schlechthin verstanden, sowohl die Posen als auch die Verbindungen.

der künstlerischen Erziehung der Schüler widerspricht. Im Gegenteil, sie entwickelt das plastisch-musikalische Gefühl für den Tanz. So sollten z. B. komplizierte Bewegungen, die eine längere Übungszeit benötigen, in den verschiedensten Kombinationen wiederholt werden; im gegebenen Fall auch im Zusammenhang mit Sprüngen und Drehungen.

In der ersten Klasse ist das Kombinieren von erlernten Bewegungen noch nicht angebracht. In der zweiten Klasse kann man damit beginnen, aber es sollten möglichst nicht mehr als zwei einfache Bewegungen miteinander verbunden werden. In den nachfolgenden Klassen steigt die Anzahl der verschiedenen Bewegungskombinationen und auch ihre rhythmische Vielfalt.

Alle Bewegungen, die sich noch im Stadium des Erlernens befinden, dürfen nicht in die Kombinationen einbezogen werden. Mit dem wachsenden Grad ihrer Beherrschung werden sie zunächst in einfache, dann in immer komplizierter werdende Kombinationen eingebaut.

Wenn der Pädagoge bemerkt, daß einige Bewegungen innerhalb der Kombination von den Schülern teilweise unsauber oder falsch ausgeführt werden, so muß er diese Bewegungen einzeln im Verlauf einiger Übungsstunden wiederholen lassen, sie dann erneut wieder einbeziehen und, wenn möglich, auch noch in anderen Kombinationen üben.

Bewegungen, die bereits in verschiedenen Verbindungen erarbeitet wurden, sollten in dem Maße in Kombinationen hineingenommen werden, wie sie zur Stabilisierung der Bewegung beitragen und die Qualität der Ausführung erhöhen.

Neu erarbeitete Bewegungen müssen in ausreichender Anzahl und mit den notwendigen Wiederholungen in die unterschiedlichen Kombinationen eingebaut sein. Auf sie muß man seine besondere Aufmerksamkeit richten und sie mit bereits gut angeeigneten Bewegungen auf unterschiedliche Weise verbinden.

Die Kombinationen dürfen kein Konglomerat von verschiedenartigen Bewegungen darstellen. Sie müssen alle auf einer einheitlichen Entwicklungslinie beruhen. Natürlich kann man alle bereits erlernten Bewegungen nicht in einer Stunde abhandeln, das gilt besonders für die Mittel- und Oberstufe; man darf die Aufgabenstellungen des Exercice nicht losgelöst von der des Adagios und Allegros betrachten. Alle Übungsteile und Aufgaben müssen mit der methodischen Zielstellung der Stunde verbunden sein, sowohl was den choreographischen als auch den logischen Aufbau des Unterrichts betrifft. Es darf nicht geschehen, daß das methodische Programm zerstört wird und die Unterrichtsstunde in lauter einzelne Teile auseinanderfällt.

Es ist zu empfehlen, die Kombinationen z. B. im Verlauf von drei Übungsstunden zu wiederholen. Die erste Stunde ist dem Erlernen der neuen Kombination gewidmet, in der zweiten Stunde wird diese Kombination mit etwas größerem Schwierigkeitsgrad wiederholt, und in der dritten Stunde wird die abschließende Festigung der Kombination bei Verkürzung der Erholungspausen vorgenommen. Eine solche Methode erlaubt den Schülern ein kontinuierliches und durchdachtes »Eindringen« in die erlernten Bewegungen und den Charakter ihrer Verbindungen, ohne daß sie ihre Aufmerksamkeit in jeder Stunde erneut nur darauf konzentrieren, sich die täglich neuen Kombinationen einzuprägen, die ihrem Aufbau nach sehr wertvoll sein können, aber ohne periodische Wiederholung und kontinuierliche Steigerung des Schwierigkeitsgrades nicht zur Ausprägung tänzerischer Fähigkeiten führen. Auf eine solche Weise wird das darstellerische Können der Schüler gründlich, kontinuierlich und planmäßig entwickelt.

Nach diesen Übungsstunden muß man eine ganz neue Unterrichtsstunde entwerfen, in der auf der Grundlage eines konkreten, sich wiederholenden Themas das tänzerische Vermögen der Schüler entwickelt wird, wobei der Lehrer die Mängel der vorangegangenen Periode berücksichtigen und im Auge behalten sollte.*

Außerdem ist es nötig, diese Perioden zu einem bestimmten Abschluß zu führen, zu einer Art »Entspannung«. Das bedeutet, daß man am Ende eines jeden Monats z. B. drei Stunden mit völlig neuen Kombinationen ansetzt, um auf diese Weise die noch schwachen Seiten der Ausbildung deutlich zu machen. Das hilft dem Pädagogen, die nächsten Kombinationen unter Berücksichtigung dieser aufgetretenen Mängel zusammenzustellen.

Man muß auch daran denken, daß Schüler, die in die nächste Klasse kommen, sich nicht sofort an den neuen Aufbau der Kombinationen gewöhnen und sie nicht immer gleich zur Zufriedenheit der neuen Pädagogen ausführen können. Diese Übergangszeit ist meist nur kurz, und der Schüler

* Ich mochte ergänzen, daß die Wiederholung ganzer Stunden oder einzelner Kombinationen auch für das »Training« der Tänzer nützlich ist. Die Wiederholung regeneriert die nervlichen und physischen Kräfte und ist eine gute Vorbereitung auf den bevorstehenden Auftritt; sie fördert die Exaktheit und Plastizität der Bewegungstechnik besonders bei Solisten. Mit anderen Worten, das »Training« sollte für die Tänzer am Theater auch Unterrichtscharakter tragen; es sollten nicht einfach täglich verschiedene Kombinationen wiederholt werden. Die alten Meister des klassischen Tanzes sagten: »Wir haben heute (oder in den vergangenen Tagen) gut gelernt; denn wir haben die vorige Stunde wiederholt.« Die Übungsklassen für Tänzer werden manchmal auch »Trainingsklassen« genannt. Das ist aber nicht richtig. Der Tanz ist eine Kunst und bleibt es in jeder Unterrichtsstunde. Sagt man denn vom Sänger, er würde die Stimme »trainieren«, oder vorn Musiker, er »trainiert« auf der Geige? Vom Tänzer kann man sagen, daß er – außer bei der Probe und dem Auftritt – täglich lernt oder übt, aber nicht trainiert. Das Wort »Training« entspricht nicht der wirklichen Tätigkeit und klingt dilettantisch.

gewöhnt sich schnell an die »Handschrift« des neuen Lehrers, an die Besonderheiten seiner Manier und an die Methode der Übungszusammenstellung. Damit der Zeitverlust möglichst gering bleibt, sollte der Lehrer zunächst die Kombinationen vereinfachen, damit der Schüler sich schneller in die Arbeitsmethode des Lehrers hineinfindet.

Vorbereitungsstunden für die Jahresprüfungen in der Mittel- und Oberstufe sollten einige Tage vor Beginn der Examina durchgeführt werden, damit der gesamte Unterrichtsstoff noch einmal vollständig dargelegt und gezeigt werden kann und die Schüler, ohne sich sehr aufzuregen, beweisen können, wie sie den erlernten Stoff beherrschen. Dabei ist es durchaus von Nutzen, wenn Pädagogen anderer Klassen in der Prüfung den Schülern Kombinationen aufgeben, um festzustellen, wie sie mit einem solchen für sie neuen Stoff, der gewissermaßen »vom Blatt abgelesen« wird, fertig werden. Auf der Bühne gibt es natürlich keine solchen »unvorbereiteten« Auftritte, und trotzdem müssen Absolventen einer Ballettschule alle Elemente der Ballettkunst sicher beherrschen und zu jeder Zeit einsetzen können; müssen sie über eine ausgezeichnete Aufmerksamkeit, über ein gutes Gedächtnis und ein außerordentliches Reaktionsvermögen des Bewegungsapparates verfügen.

Dem angehenden Lehrer fällt es meist schwer, selbständig Kombinationen zusammenzustellen, die den methodischen Anforderungen an einen richtigen Stundenablauf entsprechen. Diese Unsicherheit ergibt sich natürlich aus seinen noch unzureichenden pädagogischen Kenntnissen und Erfahrungen. Deshalb sollte er sich zunächst an diejenigen Kombinationen erinnern, die er selbst in der Schule gelernt hat; natürlich nicht bis ins letzte Detail, sondern nur in der allgemeinsten Form. Deshalb ist es angebracht, anfangs die Unterrichtsstunden erfahrener Pädagogen zu besuchen und aufzuschreiben und sie zum Ausgangspunkt der eigenen praktischen Übungen zu machen, ohne dabei automatisch die Unterrichtsmethode zu kopieren und auf den eigenen Unterricht zu übertragen. Aber selbst die perfekt übernommene und schriftlich vorbereitete Unterrichtsstunde kann die schöpferische Arbeit des Pädagogen nicht ersetzen, die darin besteht, die Stunde zielgerichtet und mit hohen Anforderungen an sich selbst und an die Schüler durchzuführen.

Die aufgezeichneten Kombinationen können auch für die Klasse, die der junge Pädagoge unterrichtet, nicht angemessen sein und den Aufgaben der gegebenen Lehrperiode nicht entsprechen.

Jede zu früh zusammengestellte Kombination, die die Möglichkeiten der Schüler nicht ausreichend berücksichtigt, birgt in sich die Gefahr einer mechanischen und formalen Anwendung im Unterricht und ist nicht dazu geeignet, die Vervollkommnung der Kenntnisse, des schöpferischen Ideenreichtums und des Verantwortungsbewußtseins des Lehrers für das Resultat seiner Arbeit zu entwickeln. In diesem Buch werden ganz absichtlich keine Beispiele für Kombinationen gegeben, weil jede dieser Übungen erst durch das Talent und die Erfahrungen des Lehrers Leben erhält und weil ohne diese persönlichen Fähigkeiten des Pädagogen die Erziehung zur künstlerischen Meisterschaft bei den angehenden Tänzern nicht möglich ist. Die Gestaltungsfähigkeit und die Musikalität der Schüler werden nicht nur mit Hilfe wertvoller Kombinationen ausgebildet, sie basiert vor allem auf einer schöpferisch-selbständigen Arbeit jedes Pädagogen. Die schematische Adaption fremder Methoden und Übungen bedeutet, daß man sich von der eigenständigen Richtung im Unterricht und vom individuellen Herangehen an jede neue Gruppe von Schülern lossagt. Deshalb ist es immer noch besser, wenn die Übungskombinationen in der ersten Zeit noch bescheiden und unvollkommen sind, aber wenigstens die eigenen Vorstellungen und Ziele und die schöpferischen Intentionen des jungen Lehrers zum Ausdruck bringen.

Die eigene »Handschrift« hat eine große Bedeutung für die Erziehung zur Technik und einer hohen Berufskultur bei den angehenden Tänzern. Deshalb muß nicht nur der noch unerfahrene junge Pädagoge, sondern auch der erfahrene stets darauf bedacht sein, seine »Handschrift«, d. h. seine Ausgeglichenheit, künstlerische Einfachheit, Strenge und Vielfalt weiter auszuprägen und jedes Wirrwarr und Durcheinander im Unterricht zu vermeiden.

Natürlich unterscheidet sich die »männliche Handschrift« in Stil und Charakter von der weiblichen, denn die Arbeit in Mädchenklassen verlangt eine besondere Ausbildung vor allem der Grazie und plastisch-feiner Bewegungen von Kopf, Hals, Schultern, Rücken, Taille, Ellenbogen, Unterarm und Handgelenken, sowohl in bezug auf das Tanzempfinden als auch auf die Bewegung der Beine, die zum Spitzentanz ausgebildet werden müssen.

Lehrer, die längere Zeit in Mädchenklassen unterrichtet haben, sind leicht geneigt, Kombinationen zusammenzustellen, die deutlich eine »weibliche Handschrift« verraten. Das ist natürlich nicht günstig für die Erziehung zur Männlichkeit in der Darstellung und wirkt sich negativ auf die Virtuosität der Technik aus, z. B. auf die großen Sprünge und komplizierten battus usw.

Junge, noch unerfahrene Pädagogen verlieben sich in der Regel zu sehr in die Besonderheiten ihrer »eigenen Handschrift« (die sich noch gar nicht geformt hat), was sich negativ auf den Aufbau von Kombinationen auswirkt. Jeder Pädagoge kann aber die tänzerischen Fähigkeiten seiner Schüler nur auf dem Wege eines dem Unterrichts- und Lehrprogramm gemäßen Aufbaus der Kombination entwickeln, wobei er nicht seinen Wünschen und Einfällen als Ballettmeister folgen darf, sondern sich streng an die künstlerischen Besonderheiten seiner Lehrtätigkeit halten muß. Nur auf diese Weise lernen die Schüler ihren Bewegungsapparat frei und allseitig zu beherrschen. Je höher das technische Können und der Geschmack für die künstlerische Gestaltung bei den jungen Tänzern entwickelt sind, um so umfassender sind auch ihre Mittel für den ausdrucksvollen Tanz.

Der richtige Stundenaufbau und -ablauf hängt also von vier Bedingungen ab: von der richtigen Aufteilung und Einordnung der Bewegungen in die einzelnen Unterrichtsabschnitte; von der entsprechenden Dauer der einzelnen Unterrichtsabschnitte; vom Unterrichtstempo; von der richtigen Zusammenstellung der Kombinationen. Alle vier Bedingungen sind organisch miteinander verbunden und verlangen Proportionen untereinander, wenn der Unterricht erfolgreich verlaufen soll.

Nehmen wir einmal an, daß die Folgerichtigkeit der Bewegungen eingehalten wird, die Dauer der einzelnen Unterrichtsabschnitte aber falsch geplant ist, so erweist sich die gesamte Unterrichtszeit als unrationell. Wird die Dauer der Unterrichtsabschnitte eingehalten, die Reihenfolge der Bewegungen dem Zufall überlassen, so gibt es keine Steigerung des Schwierigkeitsgrades in der Stunde.

Werden die ersten beiden Bedingungen eingehalten und nur das Unterrichtstempo wird verletzt, so vermindert das ebenfalls den Arbeitsturnus und die Arbeitsfähigkeit der Schüler. In dem Falle, wo alle drei genannten Bedingungen erfüllt sind und die Kombinationen nicht in der entsprechenden Lehrform zusammengestellt sind, können sich die Schüler keine sicheren tänzerischen Fähigkeiten aneignen. Deshalb muß die Unterrichtsstunde nicht nur gut aufgebaut sein und über einen Zeitplan verfügen, sie muß auch im entsprechenden Tempo abgewickelt werden und den richtigen Schwierigkeitsgrad haben, damit sich die Ausbildung immer gemäß den physischen Möglichkeiten der Schüler vollzieht.

Im Lehrplan der Ballettschulen gibt es ein spezielles Unterrichtsfach »Bühnenpraxis«. Ziel dieses Faches ist die allseitige Entwicklung und Vervollkommnung des darstellerischen Könnens der Schüler durch Probenarbeit und Bühnenauftritte. Deshalb stellt dieses Fach einen untrennbaren, ergänzenden Teil des Lernprozesses dar.

In diesem Buch berühren wir ausschließlich Fragen, die mit dem Unterricht im klassischen Tanz und der Bühnenpraxis in Verbindung stehen. Schüler an Ballettschulen nehmen in der Regel erst ab der zweiten Klasse an der Bühnenpraxis teil, denn sie verlangt schon bestimmte berufliche Kenntnisse und Fähigkeiten, die zwar durchaus noch elementarer Natur sein können, aber doch ausreichend exakt und gut beherrscht werden müssen.

Deshalb ist es angebracht – nach Kenntnisnahme des szenischen Aufbaus des Ballettwerkes – die Kombinationen in den wichtigsten Unterrichtsabschnitten mit den tänzerischen praktischen Aufgaben zu verbinden. Anfangs sollte man aus den etwas komplizierteren Elementen der Bühnenchoreographie (nach Auswahl durch den Lehrer) maximal zwei bis drei Bewegungen herausnehmen und in die Kombinationen so einbauen, daß sie der Bühnensituation »nahekommen« und in Rhythmus, Form und Charakter ähnlich sind. Das darf nicht dazu führen, daß diese Übungen das Unterrichtsprogramm des entsprechenden Stundenabschnittes sprengen; diese Bewegungen müssen so eingebaut sein, daß sie den Schülern helfen, sich genauer und zielstrebiger mit der notwendigen technischen Fertigkeit die darstellerischen Elemente der Bühnenchoreographie zu erarbeiten. Auf diese Weise stützt sich die Bühnenpraxis auf die im Unterricht vermittelten Grundkenntnisse, vertieft diese in den Proben und vervollkommnet sie durch die Auftritte der Schüler.

Erstrebenswert ist es, wenn die Unterrichtsarbeit wie auch die bühnenpraktische Arbeit von einem Lehrer geleitet werden, da Unterricht und Vorbereitung auf den Bühnenauftritt sich auf diese Weise miteinander verbinden.

Für die erfolgreiche Durchführung einer Unterrichtsstunde müssen eine ganze Reihe Bedingungen geschaffen werden. So sollte man die Schüler zur besseren Beobachtung einmal in der Woche den Platz wechseln lassen; die Schüler, die an den Seitenstangen stehen, gehen an die Mittelstange und umgekehrt. Das ermöglicht dem Lehrer, Mängel besser zu entdecken, die nur schwer zu sehen sind, wenn der Schüler immer an demselben Platz steht.

Bei Übungen im Freien müssen sich die Schüler im Schachbrettmuster aufstellen, damit der Lehrer jeden Schüler im Auge hat. Nach ein oder zwei Stunden sollten die Linien gewechselt werden. Die Zusammensetzung innerhalb einer Linie sollte möglichst konstant bleiben und unabhängig von den Fähigkeiten der einzelnen Schüler vorgenommen werden. Jeder Schüler muß sich im Unterricht als gleichberechtigtes Mitglied des Kollektivs fühlen und zur echten, gesunden Kameradschaft zwischen allen beitragen.

Eine Aufteilung der Schüler in Gruppen für die Arbeit im Freien muß so erfolgen, daß sie sich gegenseitig nicht stören. Alle an der Übung zeitweilig nicht beteiligten Schüler stehen an der rechten und linken Stange, ohne sich auf sie aufzustützen. Die Mittelstange muß frei bleiben. Das sind die Grundbedingungen zur Durchführung des Unterrichts.

Wichtig ist noch, daß die Schüler bei Fortbewegungen die Intervalle richtig einhalten. Die Fähigkeit der Schüler, untereinander den richtigen Abstand einzuhalten, ist auch für die Arbeit am Theater von großer Wichtigkeit.

Soweit es möglich ist, sollten alle Unterrichtsstunden im klassischen Tanz vor dem Spiegel erfolgen. Das gibt den Schülern die Möglichkeit, sich zu beobachten. Zeitweilig sollte die Arbeit vor dem Spiegel unterbrochen werden. Diese Perioden sind notwendig zur Verbesserung der Selbstkontrolle und gewöhnen den Schüler an die räumlichen Verhältnisse der Bühne, wo es keinen Spiegel gibt.

Inhalt, Charakter und Form der Bemerkungen während des Unterrichts haben eine große Bedeutung für die erfolgreiche Arbeit des Lehrers. Diese Bemerkungen können an die ganze Klasse oder an einzelne Schüler gerichtet sein. In diesem oder jenem Falle sind auch erklärende Bemerkungen vorbeugenden Charakters notwendig. Kennt der Lehrer die schwachen Seiten seiner Klasse, so kann er bereits vorher darauf aufmerksam machen, was sie besonders beachten und was sie vermeiden soll.

Bemerkungen, die das Exercice und das Adagio betreffen, können während des Übungsablaufes gemacht werden. Die Dauer und die Wiederholung der Bewegungen in diesen Unterrichtsteilen erlauben das. Das schnelle Tempo der Sprünge erlaubt keine Bemerkungen während der Ausführung; sie sind erst nach Abschluß der Übung angebracht.

In den Fällen, wo die gute Ausführung der Übung keine besonderen Bemerkungen erfordert, sollte der Lehrer die Schüler loben, ohne bei ihnen Gefühle der Selbstzufriedenheit zu erzeugen.

In den unteren Klassen, besonders in der ersten Klasse, kann man zugleich mit den mündlichen Bemerkungen vorsichtige Korrekturen der Armhaltung, der Auswärtsdrehung der Beine, der Kopf- und Oberkörperhaltung mit den Händen vornehmen. Das hilft den Schülern, diese oder jene Stellung oder Körperhaltung richtig zu fixieren. Diese Methode darf man aber nicht überstrapazieren, denn die Schüler müssen zu den Resultaten ihrer Arbeit möglichst selbständig gelangen. In diesen Fällen ist der Lehrer immer nur mit einem der Schüler beschäftigt und verliert die anderen notgedrungen aus dem Blickfeld. Die Bewegungen aller Schüler gleichzeitig zu verfolgen ist zweifelsohne schwierig, in dieser Fähigkeit zeigt sich aber gerade das Können des Lehrers. Er muß in der Lage sein, die typischen Fehler »auszuwählen« und sie dem Grad ihrer Wichtigkeit nach zu korrigieren. Das heißt aber nicht, daß man die zweitrangigen oder unbedeutenden Fehler übersehen darf. Die Schüler müssen stets das Gefühl haben, daß dem Lehrer keine Ungenauigkeit und kein Fehler entgeht. Am besten ist es deshalb, wenn sich der Lehrer am Spiegel (im Zentrum) befindet, von wo aus er die Arbeit aller Schüler beobachten kann. Der angehende Pädagoge muß von Anfang an darauf bedacht sein, diese Fähigkeit der umfassenden Beobachtung aller Schüler in sich auszubilden.

Die Bemerkungen müssen einfach, klar, kurz, überzeugend und logisch sein, besonders in den jüngeren Klassen. Nicht alle Gedanken und Beobachtungen dürfen in einer Bemerkung vermischt sein.

Inhalt, Form und Charakter der Bemerkungen müssen der Unterrichtssituation angemessen sein. So werden zunächst die Mängel und Fehler in der Beinarbeit bezeichnet, dann die der Arme, des Oberkörpers und des Kopfes. Oder man beginnt mit Bemerkungen zur Choreographie, zur Musik, zur Aufmerksamkeit, zum Gedächtnis, zur Sicherheit, Weichheit, zu den Bewegungsverbindungen usw.

Es empfiehlt sich auch nicht, zu lange und wortreiche Bemerkungen abzugeben. Das geht nur auf Kosten der praktischen Arbeit, führt zu unnützem Zeitverlust und zum »Abkühlen« der Schüler, wodurch das Unterrichtsziel nicht erreicht wird. Das Unterrichtsfach selbst verlangt vom Pädagogen zielgerichtete, kluge, exakte Bemerkungen. Sie müssen sich auf die wesentlichen Seiten der Übungen konzentrieren und so dargelegt werden, daß die Schüler sie schnell und gut verstehen. Von den richtigen und rechtzeitigen Bemerkungen des Lehrers hängen in bedeutendem Maße die Erfolge in der Ausbildung der Schüler ab. Es kann aber vorkommen, daß berechtigte und rechtzeitig gegebene Bemerkungen in strenger und komprimierter Form gegeben wurden, aber dadurch beseitigt geglaubte Fehler sich trotzdem wiederholen. Das bedeutet, daß der Lehrer die Schüler zwar auf ihre Fehler aufmerksam gemacht hat, sie aber nicht gezwungen hat, diese Fehler zu korrigieren. In diesem Falle sucht der unerfahrene Lehrer die Schuld oft im Unverständnis und in der mangelnden Aufmerksamkeit der Schüler, was ihn daran hindert, die wahre Ursache bei sich selbst zu finden. Der Pädagoge muß sich ständig daran erinnern, daß eine seiner wertvollsten Eigenschaften darin bestehen muß, eine Sache bis zu Ende zu führen, d. h. die Schüler immer dazu anzuhalten, daß sie seinen Anweisungen oder Hinweisen unbedingt Folge leisten. Sonst gehen die Bemerkungen am Ziel vorbei, die Schüler gewöhnen sich an die geringen Anforderungen des Lehrers, erfüllen die Übungen nur noch nachlässig und lasch. Ist dieser Stand erst erreicht, können auch die begründetsten und rechtzeitig angegebenen methodischen Bemerkungen die Qualität des Unterrichts nicht mehr retten.

Zugleich darf man aber die Methode des zeitweilig harten »Anpackens« (der strengen Forderungen) nicht zur Regel machen. Die Beziehungen zwischen Lehrern und Schülern sollen immer klar sein und sich auf gegenseitige Achtung gründen. Wenn ein Schüler oder eine Gruppe von Schülern einmal zu faulenzen beginnt, sich Züge der Trägheit und der Gleichgültigkeit breitmachen, so ist das die Schuld des Lehrers, der für alles verantwortlich zeichnet, was im Unterricht geschieht: sowohl für das Lernverhalten der Schüler als auch für ihre Erziehung zur bewußten Disziplin.

Der Lehrer soll zwar streng sein, aber nicht übermäßig hart oder sogar grob, er darf die Schüler nicht in Angstzustände versetzen.

Wenn wir von einer bestimmten Anforderungshaltung des Lehrers sprechen, so meinen wir damit nicht, daß der Lehrer mit aller Gewalt die Schüler an das Lernen »heranzieht«. Es muß ein Zustand der gegenseitigen Hilfe erreicht werden, um zu guten Lernresultaten zu kommen. Talentierte und besonders aufnahmefähige Schüler machen dem Lehrer meist Freude und bringen ihm Erfolge, die »schwierigen« Schüler sind zwar anstrengend, aber sie »fördern« die pädagogischen Fähigkeiten des Lehrers. Mit einem Wort, der angehende Pädagoge muß sich auch mit den Prozessen der psychischen Tätigkeit des Menschen beschäftigen, muß die Psychologie als Wissenschaft betreiben, denn nur sie erlaubt es ihm, tiefer und genauer in die Fragen der Persönlichkeitserziehung einzudringen.

Dem jungen Lehrer fällt es meist auch schwer, z.B. Kontrollstunden, Belege oder Prüfungen, die von einem seiner Kollegen gezeigt oder erarbeitet wurden, klar und deutlich zu analysieren und zu bewerten.

Beteiligt man sich an solchen methodischen Einschätzungen, müssen die abgegebenen Urteile logisch und genau sein. Zunächst kann man sich darüber äußern, wie der Kollege die Unterrichtsstunde aufgebaut hat: War sie kompliziert genug und nützlich, wie war ihr Lehrcharakter, d. h., verlief sie ohne Befehle, ohne rein äußerliche Kommandoeffekte oder umgekehrt, war sie zu einfach, zu primitiv und von der Absicht getragen, mit Hilfe eines choreographischen Talents die technischen und anderen Mängel der Schüler zu »beschönigen« und zu verdecken usw.

Im weiteren Verlauf können Bemerkungen über die Körperhaltung (Haltung der Füße, Arme, des Oberkörpers und des Kopfes) der Schüler gemacht werden: Welche darstellerischen und technischen Fehler gab es in den Übungen und Elementen, welche dieser Elemente werden gut und welche noch schwach beherrscht. Dann folgen Bemerkungen zur Musikalität, zur Individualität und zum künstlerischen Vermögen der Schüler, zum Grad der Realisierung des Unterrichtsprogramms, zum Erziehungsstand in bezug auf Arbeitseifer und bewußte Disziplin der Schüler. Zum Schluß muß auch die Arbeit der Pädagogen und des Konzertmeisters objektiv, kameradschaftlich und zugleich ehrlich und offen – auch zum Nutzen der Schüler – eingeschätzt werden.

Diese Methode kann dem jungen Pädagogen helfen, seine Meinung nicht nur über die Arbeit von Kollegen, über Unterrichtsstunden, Belege und Prüfungen knapp und sachlich abzugeben, es kann ihm auch zur Bewertung der eigenen Arbeit dienlich sein.

Eine gute und sehr gute Arbeit des Lehrers muß natürlich anerkannt und entsprechend gewürdigt werden, aber überschwengliches Lob ist nicht am

Platze, da es ohne echten Nutzen ist, nur Zeit raubt und der beruflichen Entwicklung des Lehrers wie auch der Schüler wenig dienlich ist. Der junge Lehrer, der über seine Arbeit Rechenschaft ablegt, muß den Mitgliedern des pädagogischen Rates auch kurz und knapp darlegen können, wie er mit den Schülern gearbeitet, welche Aufgaben er ihnen gestellt hat, wie er mit dem Konzertmeister künstlerisch zusammenarbeitet, wie der Lehrplan erfüllt wurde. Der angehende Pädagoge muß natürlich auch lernen, die offene Kritik der Kollegen, besonders der erfahrenen Pädagogen, an seiner Arbeit richtig aufzufassen und zu verarbeiten. Er muß die Kritik ruhig und dankbar zur Kenntnis nehmen, so betrüblich sie auch für ihn sein mag. Selbstzufriedenheit und übersteigertes Selbstgefühl haben noch nie zu echten Leistungen geführt.

Am Unterricht für klassischen Tanz nehmen die Mädchen und Jungen in den sowjetischen Ballettschulen getrennt teil, weil sich der Unterricht sowohl im Gestaltungsstil als auch in den Übungen und dem Lehrstoff deutlich unterscheidet.

In den ersten zwei Klassen (die Schüler sind neun bis elf Jahre) macht sich dieser Unterschied noch nicht so bemerkbar, aber im weiteren Verlauf der Ausbildung ist er deutlich sichtbar. Sind z. B. die Mädchen in ihrer Reifeperiode, der Pubertät (im Alter von zwölf bis sechzehn Jahren), schon bestrebt, sich graziös und leicht zu bewegen, so wirken die Bewegungen der Jungen in diesem Alter noch etwas ungelenk und unbeholfen. Überhaupt bewegen sich Mädchen in der Regel überlegter, gewandter und sicherer, da sie psychophysisch schneller reifen als die Jungen.

Jungen erreichen erst mit siebzehn bis neunzehn Jahren (im Übergang zum Mannesalter) eine gewisse Männlichkeit und Harmonie in den Bewegungen, während Mädchen in demselben Alter sich schon weitaus sicherer, selbständiger und aktiver fühlen.

Dabei sollen die Schüler, trotz ritterlicher Achtung und Aufmerksamkeit gegenüber der Grazie der Altersgenossinnen, die Besonderheiten ihrer altersgebundenen Bewegungsmanier beibehalten und nicht von ihrer technischen Entwicklung abweichen. Während des Unterrichts muß der Lehrer immer darauf bedacht sein, sowohl die noch ungelenken »widerspenstigen« Knaben, als auch die etwas »empfindlichen« Halbwüchsigen und die schüchternen und sehr emotional betonten jungen Männer von jener Grazie fernzuhalten, die für die Mädchenklassen natürlich und notwendig, für die Jungenklassen aber unerwünscht ist.

Sowohl die Schüler als auch die Schülerinnen aller Klassen müssen gut erzogen sein, über einen guten Geschmack und Musikalität verfügen, eine angenehme Bewegungsmanier und darstellerische Fähigkeiten haben usw., aber immer in unmittelbarer Abhängigkeit von ihrem Alter.

Die Unterrichtspraxis zeigt, daß erfahrene Lehrerinnen des klassischen Tanzes, die in den unteren Knabenklassen unterrichten (erste bis dritte Klasse), die Kinder zu einer ausgezeichneten Sicherheit in den Bewegungen und in den tänzerischen Elementen erziehen, was für die weitere Entwicklung sehr wichtig und wertvoll ist. Diese Lernergebnisse werden außerordentlich hoch eingeschätzt. Und trotzdem scheint es, daß die Fragen der Erziehung der Psyche des angehenden Tänzers unmerklich vernachlässigt werden. Denn in Wirklichkeit beginnt alles Können schon in den untersten Klassen. In ihnen wird der gesamte Grundstock gelegt, der Keim für den männlichen Darstellungsstil, der deshalb schon hier in falschen Ansätzen ausgebildet werden kann – in Erscheinungen überzogener Grazie oder weiblicher Bewegungsmanier.

Wir müssen dafür Sorge tragen, daß mit der Zeit vor allem die jüngsten Knabenklassen von erfahrenen männlichen Pädagogen geleitet werden. Die gegenwärtige Situation kann man nur als einen zeitweiligen Zustand, als eine Ausnahme betrachten, der durch den Mangel an guten Lehrern für den klassischen Tanz bedingt ist.

In der Tat kommt ja auch keiner auf die Idee, eine Mädchenklasse einem Lehrer anzuvertrauen, selbst wenn er noch so talentiert und befähigt ist. Die Ausbildung einer Mädchenklasse unterliegt ihrer besonderen Unterrichtsspezifik, ihrem Stil, Charakter und einer Vielzahl anderer darstellerischer Feinheiten, die ein Lehrer vielleicht gar nicht kennt und leicht versäumen kann.

Einige Unterrichtsstunden in unteren Mädchen- oder Jungenklassen abzuhalten, ist nicht schwer, aber im Verlauf einer langen Unterrichtsperiode die Individualität, die Musikalität, den Geschmack und das darstellerische Können in den Schülern zu wecken und auszubilden ist eine sehr schwere und diffizile Aufgabe, die vom Pädagogen echtes Einfühlungsvermögen in die männliche oder weibliche Natur erfordert.

Ich möchte noch einmal betonen, daß ein zu feiner Darstellungsstil, der die weibliche Grazie kopiert, der natürlichen Natur des männlichen Tanzes entgegensteht, zu Ästhetizismus und Formalismus führt und deshalb mit der realistischen Schule der sowjetischen Ballettkunst unvereinbar ist.

Den Unterschied zwischen dem Darstellungsstil von Jungen und Mädchen kann man folgendermaßen erklären. Bei der Ausführung eines battement, port de bras, der Posen, Sprünge usw. sind Form und Tempo der Bewegungen im wesentlichen gleich, nur ihr Charakter verändert sich. Bei den Jungen ist in der Regel die Bewegung energischer, getragen von physischer Kraft, Einfachheit, Gradlinigkeit und Strenge in der Darstellung.

Wenn Mädchen und Jungen ein und dieselbe Wendung oder Neigung des Kopfes fixieren, so soll der Junge das weitaus entschlossener, bestimmter und mit einer größeren, willensbetonten, plastischen Färbung tun als das Mädchen. Die Bewegungen von Hals, Armen, Oberkörper und Beinen des Schülers müssen sich ihrem Charakter nach ebenfalls von der zarten, schmiegsamen Plastik der Schülerin unterscheiden. Die Erziehung des Darstellungsstils bei den Schülern oder Schülerinnen verlangt jeweils ein spezifisches psychologisches Eingehen und einen strengen Geschmack des Lehrers und nicht schlechthin eine »schöne« und virtuose Bewegungsmanier des künftigen Tänzers oder der künftigen Tänzerin.

Aus all diesen Gründen sollten die Ballettschulen die jungen Lehrerkader für Männerklassen sehr sorgsam, genau und verantwortungsbewußt auswählen und ausbilden, besonders die Lehrer für die unteren Klassen. Sie dürfen diese Arbeit nicht Lehrerinnen, auch nicht den hochqualifiziertesten, überlassen.

Es wäre auch denkbar, das Lehrprogramm im Fach »klassischer Tanz« getrennt für Schüler und Schülerinnen aufzustellen und dabei entsprechende Erklärungen und Korrekturen vorzunehmen. Diese Maßnahme würde uns helfen, Wesen und Charakter des Unterrichts und der Erziehung der künftigen Ballerinen und Tänzer genauer festzulegen, d. h. an einer umfassenden Unterrichtsmethodik weiterzuarbeiten.

Die Entwicklung der Lehrer für klassischen Tanz vollzieht sich an den Ballettschulen ganz unterschiedlich. Die einen spezialisieren sich – entsprechend ihren Neigungen – auf die mittleren Klassen, andere auf die jüngeren, älteren oder Abgangsklassen. Die Erfahrungen bestätigen, daß es nur sehr selten Lehrer gibt, die den Unterricht in allen Klassen, die gesamte Ausbildung hindurch, einheitlich gut führen können.

Um sich aber für eine bestimmte Stufe spezialisieren zu können (für Unter-, Mittel- oder Oberstufe), muß man seine pädagogischen Fähigkeiten vom ersten Arbeitsjahr in der Schule an und vor allem durch die Arbeit in den unteren Klassen ständig vervollkommnen. Das ist aus den unterschiedlichsten Gründen leider nicht immer möglich. Es erlaubt dem jungen Lehrer aber, die elementaren Grundlagen der pädagogischen Arbeit zu verstehen und zu erlernen, sich die Ausrichtung und Technik der Unterrichtsführung anzueignen, um sie dann in den nächsthöheren Klassen sicher und planmäßig weiterzuentwickeln und anzuwenden, natürlich immer unter der Anleitung erfahrener Pädagogen. Hat er auf diese Weise genug Erfahrungen gesammelt, kann er sich auf den Unterricht in einer der Klassen spezialisieren.

Einige der angehenden Pädagogen finden schnell zu sich selbst, andere nur schwer und langsam, was unterschiedliche Ursachen hat. Eine dieser Ursachen liegt darin, daß sie entweder nur zufällig in eine Klasse »hineingeworfen« werden oder die Klasse häufig wechseln müssen. Das wirkt sich auf die Arbeit der jungen Pädagogen sehr nachteilig aus und damit folglich auch auf die Erfolge der Schüler und der ganzen Schule.

Die Heranbildung von Pädagogen ist eine komplizierte Sache und verlangt von der Künstlerischen Leitung der Schule und von den Arbeitskollegen große Sorgfalt, Aufmerksamkeit, Geduld und Wissen. Übergibt man dem beginnenden Lehrer eine eigene Klasse oder Gruppe von Schülern, so bedeutet das, ihm ständig, systematisch und qualifiziert zu helfen. Nur auf diesem Wege wird aus dem ausgezeichneten Darsteller ein ausgezeichneter Pädagoge, ein Meister seines Faches.

Einige Fachleute behaupten, daß man sich pädagogisches Können nicht aneignen kann, sondern daß man damit geboren werden muß. Natürlich gehört zu jedem Beruf auch ein gewisses Talent (wie z. B. zum Ballettmeister), aber das Talent muß durch berufliche Kenntnisse, echte Liebe zu seiner Arbeit, durch eine hohe persönliche Kultur ergänzt werden.

Wissen, Können, Arbeit und Talent – das ist die Synthese, die für die Ausbildung eines guten Ballettspezialisten nötig ist. Das Talent ist nur eine wertvolle Voraussetzung; die Fähigkeiten des Pädagogen entwickeln sich in einer speziellen Vorbereitung und Fachausbildung. Wir wünschen uns mehr ausgezeichnete Lehrer, die über eine schöpferische Individualität verfügen, sich in Talent, Stil und Unterrichtsmethode voneinander unterscheiden. Aber allen soll die Fähigkeit eigen sein, ausgezeichnete Tänzer heranzubilden und die wertvollen künstlerischen Prinzipien der sowjetischen Ballettschulen und des sowjetischen Balletts zu beherzigen und weiterzuentwickeln.

Hier kann ich nur einige Besonderheiten der Unterrichtsführung im klassischen Tanz für Männer nennen, und die Methodik wird nur in ihren Grundlagen berührt, sozusagen als Richtung, die bei der Erziehung des Darstellungsstils der künftigen Ballettkünstler helfen soll.

Drittes Kapitel

Leistungsbewertung

In bestimmten periodischen Abständen sollte der Lehrer für klassischen Tanz eine Bewertung der Leistungen der Schüler in Form von Zensuren in einem eigens dafür eingerichteten Dokument vornehmen (Tabelle, Klassenbuch, Tagebuch).

Die Zensuren legen nicht nur formal Zeugnis von den qualitativen Leistungen der Schüler ab, sie sind auch ein Erziehungsmittel und stimulieren als solche die aktive und bewußte Arbeit jedes Schülers. Der Lehrer ist also sowohl für die Qualität der erreichten Leistungen bei seinen Schülern verantwortlich als auch für die Bewertung dieser Leistungen.

Ich erlaube mir, zu dem oben genannten Problem einige Ratschläge und Hinweise zu geben.

Es gibt Zwischenzensuren (laufende Zensuren) und Durchschnittszensuren. Die ersteren kennzeichnen die laufenden Unterrichtsleistungen der Schüler, die zweiten liefern ein geschlossenes Leistungsbild für einen bestimmten Zeitabschnitt des Unterrichtsjahres: für das Quartal, für das Halbjahr oder für das ganze Jahr. Außer diesen Einschätzungen gibt es noch Jahres- und Prüfungszensuren.

Die Zwischenzensuren sind ein wichtiges Glied in der Gesamtbewertung der Unterrichtsleistungen; auf sie stützt sich der Lehrer, wenn er die Jahreszensur zusammenstellt.

Jeder Schüler bringt ein Maximum an Fleiß und Ausdauer auf, wenn er weiß, daß die Bewertung seiner Leistungen durch den Lehrer nicht nur von Fall zu Fall, sondern regelmäßig vorgenommen wird und daß alle Anstrengungen, die er zur Steigerung seiner Leistungen unternimmt, in der Durchschnittszensur des Quartals, Halbjahres und des ganzen Studienjahres berücksichtigt werden. Auf diese Weise wird auch vermieden, daß weniger fleißige Schüler in den letzten zwei bis drei Unterrichtsstunden vor der »fälligen« Bewertung plötzlich aktiv werden und versuchen, das Versäumte nachzuholen, nur um ihre Zensur zu verbessern.

Die Zwischenzensuren geben dem Lehrer ein Bild von der Unterrichtseinstellung des Schülers; auf ihrer Grundlage kann er rechtzeitig in der Schule oder auch mit dem Elternhaus Erziehungsmaßnahmen festlegen oder, im Falle von Ausfall durch Krankheit, zusätzliche Unterrichtsstunden und andere Hilfsmaßnahmen organisieren.

Eine laufende Zensierung muß in allen Klassen vorgenommen werden, ungefähr alle 14 Tage eine Benotung. Die Zensuren werden in das Klassenbuch und in die Tagebücher der Schüler eingetragen. Auf diese Weise schlüsselt sich das Quartal in vier Teile auf und wird so vom Lehrer zusätzlich nach der Entwicklung der Leistungen kontrolliert.

Sich aber allein auf die laufenden Zensuren zu stützen, reicht nicht aus, da sie nur einzelne, kurze Lernperioden umfassen (im Durchschnitt 12mal zwei akademische Stunden, d. h. zwölf Unterrichtsstunden im klassischen Tanz). Es müssen auch Durchschnittszensuren erteilt werden, denn erst sie zeigen, wie sich der Schüler im Verlaufe des Quartals, des Halbjahres und des ganzen Jahres entwickelt hat, ob die ganze Zeit hindurch fleißig und systematisch gearbeitet wurde.

Bei der Aufstellung von Durchschnittszensuren müssen alle Noten berücksichtigt werden, die der Schüler im Verlauf eines Quartals erhalten hat. Dabei soll diese Durchschnittszensur aber nicht nur einfach das arithmetische Mittel dieser Noten darstellen. Sie muß auf dem fachlichen Können der Schüler begründet sein, d. h., sie muß besonders die letzten laufenden Zensuren zusammenfassen.

Nach demselben Prinzip wird auch die Jahreszensur errechnet.

Ganz gleich, welche Bewertung der Lehrer vornimmt, er muß immer bestrebt sein, seine Maßstäbe weder zu niedrig noch zu hoch anzusetzen. Objektivität und Genauigkeit sind die Grundprinzipien für eine gerechte Bewertung der Leistungen. Schließlich sind die Resultate und die Leistungssteigerung der Schüler der Spiegel für das Können und die Arbeit des Lehrers. Deshalb dürfen die Leistungen nicht über- und nicht unterbewertet sein, sie müssen den Schülern zeigen, daß nur eine den wahren Leistungen entsprechende gerechte Bewertung für sie von Nutzen ist und daß sie nur dann ihre Leistungen steigern können, wenn sie sich selbst auch objektiv und produktiv zu der ihnen erteilten Zensur verhalten. Dieses gesunde Verhältnis zur gegebenen Bewertung seiner Leistungen entsteht beim Schüler nicht von selbst, es wird ihm systematisch auf dem Wege eines unvoreingenommenen und die Leistungen aller Schüler fordernden Verhältnisses des Lehrers zu den Schülern anerzogen.

In die laufende oder Jahresbewertung werden nicht nur die praktischen Leistungen einbezogen, sondern auch die mündlichen Kontrollen ihres Wissens, z. B. Kenntnisse der tänzerischen Elemente, des künstlerischen Geschmacks, der Musik, der Posen, der Gestik usw.

Der klassische Tanz ist eine praktische und keine theoretische Disziplin. Deshalb gibt es die Meinung, daß sich mündliche Fragen erübrigen, wenn der Lehrer die Übungsaufgaben gut zeigen und erklären kann und die Schüler sie gut ausführen; ja, daß sie nur unnütze Zeit in Anspruch nehmen; denn faktisch würde jeder Schüler in jeder Unterrichtsstunde, wenn er seine Übungsaufgaben absolviert, Zeugnis von seinem Wissen und Können ablegen. Wir stehen auf dem Standpunkt, daß das nicht völlig richtig ist. Um die Leistungen eines Schülers allseitig und objektiv einschätzen zu können, darf man nicht nur seine tänzerischen Leistungen und seine Arbeitseinstellung sehen, man muß auch den Entwicklungsgrad seines Verständnisses für die Übungsaufgaben mit berücksichtigen. Ohne eine mündliche Überprüfung ist es nur sehr schwer, manchmal überhaupt nicht möglich, herauszufinden, wie der Schüler seine Übungsaufgaben erfüllt – intuitiv oder bewußt. Mündliche Fragen müssen jedem Schüler gestellt werden, aber nur solche Fragen, die in unmittelbarer Verbindung zu den laufenden Übungsaufgaben stehen. Sie müssen auch so gestellt werden, daß sie nicht zuviel Unterrichtszeit beanspruchen und das Tempo des Unterrichtsablaufs nicht stören. Die Schüler müssen ihrerseits lernen, ihre Gedanken kurz, klar und genau und mit der richtigen Aussprache der musikalischen und Ballett-Termini darzulegen.

Es gibt noch eine Methode der Überprüfung und Festigung des Wissens der Schüler, die aber leider nur selten praktiziert wird. Das ist die Form der schriftlichen Hausarbeit. Ich habe im Verlauf meiner pädagogischen Arbeit diese Methode oft angewandt und empfehle, sie auf folgende Weise zu handhaben: Einmal im Verlauf von zwei Wochen erhalten die Schüler aller Klassen eine schriftliche Hausaufgabe, deren Note zwar nur in das Tagebuch eingetragen wird, die aber unbedingt zu der Zwischenzensur dazugerechnet werden muß.* Die Themen für diese Arbeiten können folgendermaßen gestaffelt werden: In den unteren Klassen werden bestimmte Termini des klassischen Tanzes notiert oder Ausführungsregeln der erlernten Bewegungen beschrieben, unter Berücksichtigung von Umfang und Charakter der zu verwendenden Musik. In den mittleren Klassen kann dasselbe zur Aufgabenstellung gemacht werden mit folgenden Ergänzungen: Darlegung ausgeführter Kombinationen, selbständige Zusammenstellung von Übungsaufgaben unter Berücksichtigung der benötigten Musik. In den höheren Klassen können die Hausarbeitsthemen ebenso sein wie in den mittleren Klassen, aber mit möglichen Ergänzungen: Darlegung einer absolvierten Unterrichtsstunde, selbständige Zusammenstellung einzelner Unterrichtsabschnitte oder einer ganzen Stunde. Mit der Zusammenstellung einer ganzen Unterrichtsstunde sollte man die Schüler höchstens einmal im Quartal beauftragen und nur in den letzten beiden Klassen.

Leider ist die Methode der schriftlichen Hausarbeiten noch wenig ausgearbeitet und praktisch erprobt. Aber eines ist jetzt schon erwiesen: Sie ist

* In der ersten Klasse können solche schriftlichen Hausarbeiten erst im zweiten Halbjahr gestellt werden, wenn bereits ein bestimmter Übungsstoff absolviert wurde und die Schüler sich mit der Spezifik des zu erlernenden Faches vertraut gemacht haben.

außerordentlich nützlich, da sie den Schüler zu einer gründlicheren Selbstkontrolle und zur höheren Aufmerksamkeit erzieht, folglich das schöpferische Herangehen an die Aufgaben im Fach klassischer Tanz fördert.

Solche Hausarbeiten sind nicht nur für die Ausbildung von Tänzern geeignet, sondern auch für die angehenden Lehrer, Ballettmeister, Repetitoren, denn jeder von ihnen benötigt gute und allseitige Kenntnisse über die Schule des klassischen Tanzes. Deshalb müßte in den Ballettschulen eine gewisse Zeit im Unterricht eingeplant sein, in der die schriftlichen Hausarbeiten kritisch analysiert werden. In dieser Unterrichtszeit muß der Lehrer die Arbeit jedes Schülers besprechen: wie sie aufgebaut ist, welche Vorzüge und Mängel sie hat und welche Note sie verdient. In dieser Zeit kann der Lehrer den Schülern auch einige seiner pädagogischen und Bühnen-Erfahrungen vermitteln, die unmittelbar mit dem Erlernen der Kunst des klassischen Tanzes verbunden sind. Für solche ausführlichen Bemerkungen ist in den laufenden Unterrichtsstunden keine Zeit.

Die Leistungen der Schüler werden durch ein Fünfpunkte-System bewertet, wobei die »1« die ausgezeichneten Leistungen bezeichnet, die »2« die guten, die »3« die befriedigenden, die »4« die mangelhaften und die »5« die ungenügenden Leistungen. Zu den grundlegenden Kriterien, die der Lehrer bei der Leistungsbewertung berücksichtigen muß, gehören: 1. in welchem Maße der Schüler das gesamte Lehrprogramm beherrscht (den Umfang); 2. in welchem Maße er in seinen Inhalt gedanklich eingedrungen ist und ihn in sich aufgenommen hat; 3. wie und in welcher Qualität er praktisch den durchgenommenen Unterrichtsstoff beherrscht.

Gleichzeitig müssen natürlich auch Umfang und Charakter der noch vorhandenen Fehler, die sich im Unterricht gezeigt haben, in die Leistungsbewertung einbezogen werden. Diese Fehler können aufgeteilt werden in *grobe* Fehler, wenn elementare Grundlagen der Bewegungstechnik häufig verletzt werden und auch Rhythmus und Charakter der Musik nur schlecht nachvollzogen werden können; in *zweitrangige* Fehler, wenn der Schüler nur hin und wieder einige Details der Bewegungstechnik verletzt und nicht immer im Rhythmus der Musik bleibt; und in *unbedeutende* Fehler, wenn der Schüler zufällig und nur selten die Bewegungstechnik verletzt und in unbedeutendem Maße von Musik und Rhythmus abweicht.

Anzahl und Charakter der Fehler können sehr unterschiedlich sein, aber nicht alle müssen in die Leistungsbewertung eingehen. Berücksichtigt werden müssen nur solche Fehler, die trotz der ständigen Forderungen und Hilfestellungen des Lehrers von den Schülern nicht abgestellt wurden und sich auch im weiteren Unterricht fortsetzen. Fehler, die der Schüler infolge einer noch ungenügend gefestigten physischen Konstitution nicht beheben kann, müssen, auch wenn er über außerordentliche musikalische und darstellerische Fähigkeiten verfügt, sehr streng beurteilt werden; denn der klassische Tanz bereitet die Schüler auch auf die anderen tänzerischen Disziplinen vor, auf das bühnenreife, tänzerische Können im allgemeinen.

Die Leistungen der Schüler hängen in vielem von ihrem Fleiß ab, der allerdings nicht eine gewisse, notwendige Stufe von Begabung ersetzen kann; Talent ohne Fleiß, ohne eine gesunde Einstellung zur Arbeit, erweist sich ebenfalls als eine ungenutzte Potenz. Es gibt sehr talentierte und mit ausgezeichneten Voraussetzungen ausgestattete Schüler, die schlecht arbeiten. Ein ernsthaftes Verhältnis aber zu den täglichen Pflichten hängt in bedeutendem Maße vom Lehrer ab. So, wie das persönliche Vorbild des Lehrers, seine Erfahrungen, seine Anforderungen und sein pädagogisches Können in den Unterricht einfließen, so spiegelt es sich auch im Verhältnis der Schüler zum Unterrichtsfach und in ihren persönlichen Leistungen wider. Deshalb muß der Lehrer bei der Bewertung des Fleißes der Schüler als einem Bestandteil der Bewertungskriterien besonders objektiv und selbstkritisch sein. Wenn der Fleiß unzureichend aktiviert und entwickelt ist, so muß man versuchen, die Ursachen aufzudecken und Schlußfolgerungen zu ziehen. Das kann heißen, die eigenen Fehler und Mängel in der Arbeit zu beseitigen oder die Schüler von ihrem falschen Arbeitsverhalten (das auch durch Einflüsse von außen hervorgerufen werden kann) abzubringen. Wenn der Schüler keine Anstrengungen unternimmt, seine Arbeitseinstellung zu verbessern, muß sich das in einer schlechteren Zensur niederschlagen.

Ein ebenfalls nicht unwesentlicher Faktor der Arbeitseinstellung ist das Äußere des Schülers. Er soll nicht nur innerlich gesammelt und konzentriert zum Unterricht erscheinen, sondern auch akkurat gekleidet sein, in einem gut sitzenden Trikot, einschließlich der Schuhe usw. Kurz, das gesamte Äußere des Schülers, seine persönliche Hygiene und seine Verhaltensweise (gegenüber den Altersgenossen, den jüngeren und den älteren Schülern) ist ebenso Bestandteil des Erziehungsprozesses wie die Ausbildung der Technik, denn alle diese Eigenschaften benötigt der Schüler nicht nur für sein persönliches Leben, sondern auch für die Arbeit auf der Bühne.

Die Schüler müssen aber nicht nur in der Spezialdisziplin, sondern auch in allen anderen allgemeinbildenden Fächern über die entsprechenden Leistungen verfügen. Überprüfen kann man ihre Leistungen in diesen Fächern am besten über den unmittelbaren Kontakt mit dem Klassenlehrer. Wenn notwendig, müssen die Schüler immer wieder daran erinnert werden, daß ein Tänzer im sowjetischen Balletttheater ein allseitig gebildeter und entwickelter Mensch sein muß und daß unzureichendes Wissen, Nachlässigkeit im Verhalten und im Äußeren, im persönlichen Habitus sich auch negativ auf das darstellerische Können und die Kultur des künftigen Tänzers auswirken.

Wenn vom beruflichen Können der Schüler die Rede ist, so versteht man darunter meist die Leistungsfähigkeit der Schüler; im Theater spricht man von der Qualifikation und dem Arbeitsstil des Tänzers.

Das berufliche Können setzt sich aus einer Reihe äußerer Faktoren zusammen: Körperbau, Proportionalität der Figur und Größe; aus psychophysischen Faktoren: Aufmerksamkeit, Gedächtnis, Willen, Aktivität, Gewandtheit (eine freie und ungezwungene Koordination der Bewegungen), Muskelkraft, Ausdauer und Geschmeidigkeit des gesamten Bewegungsapparates; aus musikalisch-darstellerischen Faktoren: Musikalität, Gefühlstiefe und schöpferisches Vorstellungsvermögen.

Diese Aufzählung ist nur relativ und begrenzt, aber sie zeigt bereits, aus wie vielen unterschiedlichen Faktoren sich das berufliche Können der Tänzer zusammensetzt.

Die Bühnenpraxis beweist, daß es einige Tänzer mit sehr bescheidenen äußeren physischen Möglichkeiten zu hochqualifizierten künstlerischen Resultaten bringen. Es gibt aber auch die umgekehrten Erscheinungen, daß ihren äußeren Vorzügen nach gut ausgebildete, technisch versierte Tänzer nicht in der Lage sind, eine Rolle lebendig, mit künstlerischem Einfühlungsvermögen und gestalterischer Überzeugungskraft auf die Bühne zu bringen. Folglich muß der Lehrer das gestalterische Vermögen der Schüler sehr hoch bewerten. Diese besondere Begabung nicht bemerkt oder berücksichtigt zu haben bedeutet, das Wichtigste im Schüler nicht entdeckt zu haben.

Bei der Bewertung der beruflichen Fähigkeiten gehen einige Pädagogen so vor, daß sie an alle Schüler die gleichen Anforderungen stellen und sie alle als künftige Darsteller im klassischen Tanz und ausschließlich in Hauptrollen des Ballettrepertoires sehen. Dabei vergessen sie, daß es unterschiedliche Genres und demnach auch eine unterschiedliche Qualifikation als Ballettänzer gibt.

Die darstellerischen Fähigkeiten jedes Schülers müssen jedoch vom Lehrer im klassischen Tanz umfassend bewertet werden, da dieses Fach auf dem Gebiet der tänzerischen Berufsausbildung das wichtigste ist. Der Lehrer im klassischen Tanz muß aber auch wissen, wie die Leistungen der Schüler in den anderen Spezialdisziplinen sind. Dadurch erkennt er besser und deutlicher ihre Neigungen und Interessen in bezug auf die künftige Bühnenarbeit, denn schon in der Schule offenbaren sich die besonderen beruflichen Begabungen der Schüler, zeichnet sich das Profil ihrer Spezialisierung ab.

Der Lehrer für klassischen Tanz muß auch im Auge behalten, daß einige Schüler ihrem Berufsprofil nach Charaktertänzer werden wollen. Abwertende Bewertungen sind in diesem Falle unangebracht und schaden dem

Schüler nur, belasten seine Psyche. Eine analoge Situation kann bei Schülern entstehen, die über ausgezeichnete darstellerische Fähigkeiten verfügen, aber über weniger gute äußere und physische Voraussetzungen. Diesen Schülern sollte man ebenfalls, aus den oben genannten Gründen, im Fach klassischer Tanz keine abwertenden Zensuren geben.

In Anlehnung an die bereits dargelegten Leistungskriterien kann man die Note »1« nur an Schüler vergeben, die den vollen Umfang des Lehrprogramms ausgezeichnet beherrschen, die ohne Schwierigkeiten, aktiv, exakt, sicher, biegsam und weich alle Übungsaufgaben in jeder beliebigen Variante ausführen können; die auftretenden Fehler dürfen nur unbedeutend sein und müssen sich auf komplizierte Übungsaufgaben beschränken; sie müssen über eine einwandfreie, tägliche Arbeitsdisziplin verfügen und alle Hinweise des Lehrers aktiv verarbeiten; sie dürfen (nach Erlaubnis des Lehrers) auch Gegenfragen an den Lehrer stellen, die die Bewältigung des laufenden Unterrichtsstoffes betreffen; ihr Körperbau ist den Proportionen nach normal entwickelt, der Bewegungsapparat ist kräftig, ausdauernd, biegsam und leicht beweglich. Die Schüler verfügen über eine gut entwickelte Aufmerksamkeit, über ein ausgezeichnetes auditives und visuelles Gedächtnis, über ein angeborenes Gefühl für Rhythmus, über ein tiefes, emotionales Aufnahmevermögen für die Musik, über hohen gestalterischen Geschmack, über einen willensstarken und zielstrebigen Charakter und über die notwendige darstellerische Individualität.

Die Note »3« kann dann gegeben werden, wenn der Schüler den Unterrichtsstoff und die Ausführungsregeln der erlernten Bewegungen befriedigend kennt, wenn er gut mit der Ausführung einfacher und bereits vertraut gewordener Übungsaufgaben fertig wird und wenn er seine Kräfte immer richtig und effektiv einsetzt; ihm können verschiedene Fehler unterlaufen, auch einige grobe; er hat ein gutes Verhältnis zu seiner täglichen Arbeit und beeinträchtigt nicht die Disziplin der Klasse; die Hinweise des Lehrers nimmt er aktiv, wenn auch nicht immer auf, sein Körperbau ist normal proportioniert, sein Bewegungsapparat insgesamt verhältnismäßig beweglich, aber nicht ausreichend kräftig und ausdauernd; er hat ein gutes Gedächtnis und ein befriedigendes Gefühl für Rhythmus; er ist ausreichend musikalisch, schöpferisch aktiv, aber seine darstellerische Individualität (einbezogen auch die äußeren Faktoren) zeichnet sich durch keine hervortretenden Eigenschaften aus.

Wir haben hier lediglich die Bewertungsmaßstäbe von »1« und »3« dargelegt, weil sie ausreichen, um eine bestimmte Vorstellung von denjenigen Faktoren und Eigenschaften zu vermitteln, die bei der Bewertung der Schüler berücksichtigt werden müssen. Diese Beispiele darf man aber nicht als starres Schema betrachten, sie können nur zur Orientierung für die Summe von Faktoren dienen, aus denen sich die Zensur zusammensetzt. Die gegebenen Zensuren kann man noch detaillierter, entsprechend den im Unterricht vorgenommenen Übungen und Bewegungen darlegen oder wenn das alles klar ist, sie mit kurzen und knappen Worten begründen. Abschließend zu diesem Problem möchte ich noch darauf hinweisen, daß man die Noten nicht als »trockenes« arithmetisches Mittel an die Schüler verteilen darf, sondern mit Wohlwollen und einer kleinen Prognose für die künftige künstlerische Tätigkeit. Die Leistungen der Schüler befinden sich im Stadium der ständigen Vervollkommnung. Deshalb darf man die Bewertung nie losgelöst von der künftigen Bühnenarbeit der Schüler betrachten, aber als die Ergebnisse einer noch sehr jungen, noch nicht gefestigten, aber unablässig wachsenden Generation von Tänzern. Je jünger der Schüler, um so behutsamer, liebevoller und weitsichtiger muß man seine Leistungen einschätzen. Zu dem bereits Gesagten muß noch ergänzt werden, daß der Lehrer, wenn er die Zensuren verteilt, dem Schüler unbedingt erläutern muß, warum er ihm gerade so eine Note gegeben hat und wie er die noch vorhandenen Mängel überwinden kann. Nur auf diese Weise kann die Zensur zu einem echten und wirksamen Erziehungsmittel werden, das die Schüler zu noch besseren Leistungen und Lernresultaten anspornt. Es ist allgemein bekannt, daß sich der Beruf des »Choreographen« in vier Spezialisierungen aufgliedert: Ballettmeister, Tänzer, Repetitor, Lehrer. Alle diese vier Berufsrichtungen sind einerseits eng miteinander verbunden, andererseits unterscheiden sie sich aber auch deutlich voneinander. Der Ballettmeister schafft choreographische Werke. Der Tänzer bringt mit seinen darstellerischen Mitteln die Ideen des Ballettmeisters zum Ausdruck. Der Repetitor bereitet den Tänzer auf die Bühnenauftritte vor.* Der Pädagoge im Theater erhöht die darstellerische Qualifikation des Tänzers. Der Lehrer an der Ballettschule bildet Nachwuchskader aus.

Auf die Frage, was das Wichtigste an der Arbeit des Lehrers in der Ballettschule ist, kann man nur antworten – alles. Es ist aber immer wieder notwendig, einige Besonderheiten dieses Berufes hervorzuheben, die das Verständnis seines Wesens und seiner Spezifik erleichtern.

Der Lehrer muß ausgezeichnet die Ziele und Aufgaben der sowjetischen Pädagogik kennen und die Schule des klassischen Tanzes, ihre Grundlagen, Richtungen und Arbeitsmethoden beherrschen; er muß seine Arbeit richtig planen und mit den Schülern schöpferisch arbeiten können; er muß die berufsentsprechenden Begabungen und Leistungen seiner Schüler objektiv einschätzen können; er muß seine Schüler und seinen Beruf lieben und

---

* Es handelt sich dabei um eine Berufsausbildung, die mit Hilfe eines besonderen methodischen Herangehens die Schüler auf die Bühnenpraxis vorbereitet.

sowohl an sich als auch an seine Schüler maximal hohe Anforderungen stellen. Das alles zusammen führt auf der Basis eines echten beruflichen Verantwortungsbewußtseins, eines starken Willens und ausgeprägten Talents, ergänzt durch einen wertvollen Schatz angespeicherter Erfahrungen, zur pädagogischen Meisterschaft.

Natürlich sind darstellerische Erfahrungen und Talent außerordentlich wichtige Bestandteile in der Arbeit des angehenden Lehrers, da die Natur des Tanzes nur durch die tänzerische Gestaltung sichtbar wird. Eine überlegte, durchdachte, pädagogische Tätigkeit ist ohne die oben genannten Kenntnisse und Fähigkeiten nicht möglich.

Die methodische Selbstanalyse ist ebenso eine Voraussetzung für die erfolgreiche Arbeit des Lehrers. Unschöpferisches Kopieren oder Nachahmen sind der sowjetischen Pädagogik im allgemeinen und der sowjetischen Ballettschule im besonderen fremd.

Je tiefer der angehende Lehrer in das Wesen seines Berufes eindringt, um so schöpferischer und produktiver wird seine Arbeit.

Zweiter Teil

In diesem Teil des Buches werden die Bewegungen (das Lehrmaterial) behandelt, wie sie der Schule des klassischen Tanzes entsprechen. Alle Bewegungen werden nach Gruppen und in Kapitel unterteilt – in Abhängigkeit von ihren allgemeinen strukturellen Kennzeichen, Benennungen und vom Schwierigkeitsgrad der Ausführung. Anfangs wird der Aufbau einer Bewegung beschrieben, wobei die Haltungen und Bewegungen der Beine, Arme, des Oberkörpers und des Kopfes einzeln und in dieser Reihenfolge behandelt werden. Anschließend werden nach dem gleichen Prinzip Charakter der Ausführung und das methodische Prinzip der Vermittlung dieser Bewegung dargelegt. Zum Schluß folgen eventuelle Varianten der beschriebenen Bewegung.

Diese Form der Darlegung gestattet es, jede einzelne Bewegung wie in einer »Partitur« zu studieren. Somit wird das Verständnis des Aufbaus und der Besonderheiten in der Ausführung unter Schulbedingungen wesentlich erleichtert.

Die Zeichnungen fixieren nur das Schema der richtigen Haltungen und Bewegungen und auch nur solcher, bei denen die Dynamik darstellbar ist. Die Pirouetten, Touren in der Luft, Battus usw. werden nicht in den Zeichnungen berücksichtigt. Sie würden – ohne sichtbaren Nutzen – zuviel Platz einnehmen. Außerdem können für die kompliziertesten Bewegungen die vorangegangenen Zeichnungen als Grundlage gelten, deshalb werden sie nicht wiederholt.

Das vorliegende Buch ist kein »Lehrbuch für den Selbstunterricht«, deshalb erscheinen im Text nur die Zeichnungen, die für den angehenden Lehrer unbedingt notwendig sind.

ERSTES KAPITEL

Die elementaren Bewegungen des klassischen Tanzes

Alle elementaren Bewegungen werden in zwei Abteilungen zusammengefaßt. In der ersten Abteilung sind die verschiedenen Arten des plié, des relevé, des battement und des rond de jambe aufgeführt, in der zweiten Abteilung die verschiedenen Formen des port de bras. Die erste Abteilung beginnt mit den Beinpositionen, die zweite mit den Armpositionen.

Die Beinpositionen

Es gibt im klassischen Tanz fünf Beinpositionen (Abb. 2).

In der *I. Position* berühren sich beide Füße mit den Fersen und bilden eine gerade Linie.

In der *II. Position* stehen die Füße auf einer Linie. Der Abstand zwischen den Fersen beträgt eine Fußlänge.

In der *III. Position* berühren sich die Füße, wobei der eine Fuß den anderen zur Hälfte verdeckt.

In der *IV. Position* stehen sich die Füße im Abstand einer Fußlänge parallel gegenüber.

In der *V. Position* stehen die Füße zusammen und verdecken sich vollständig. Dabei berührt die Ferse des einen Beines die Fußspitze des anderen.

In allen fünf Positionen sind die Beine auswärts. Die Füße stehen fest und

2 *Beinpositionen*

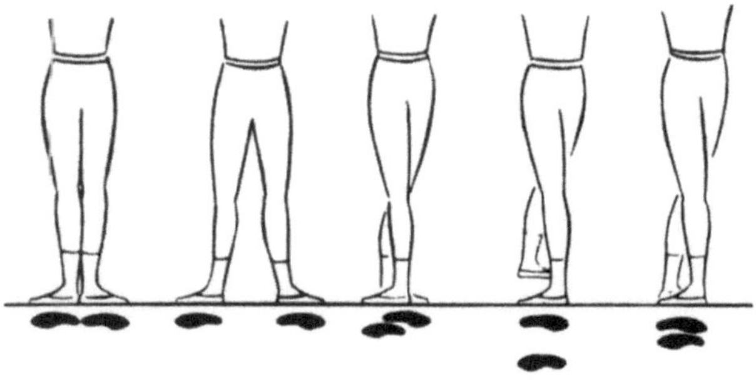

gleichmäßig auf dem Boden, ohne die große oder kleine Zehe besonders zu belasten. Das Körpergewicht verteilt sich genau auf beide Beine. Die Knie sind fest durchgestreckt und bilden sowohl in der II. als auch in der IV. Position eine gerade Linie.

Zuerst sollten die I. und II. Beinposition mit dem Gesicht zur Stange auf acht Takte gelehrt werden. Die Hände liegen in Schulterbreite auf der Stange, die Ellenbogen sind leicht herabgesenkt und werden etwas vor dem Körper gehalten. Der Oberkörper ist gerade und aufrecht, der Mittelkörper und die Beckenpartie sind angespannt. Die Schultern sind frei geöffnet und herabgesenkt. Der Kopf wird en face gehalten, der Blick geradeaus gerichtet, der Hals und die Gesichtsmuskeln sind nicht angespannt. Man darf weder an der Stange »hängen« noch sich mit dem ganzen Körpergewicht auflegen, nicht nach unten oder zur Seite schauen.

Später kann man dazu übergehen, die I. und II. Position mit Hilfe des demi-plié zu festigen. Danach werden die Schüler auf dieselbe Weise* mit der III. und V. Position bekanntgemacht. Die Beinpositionen werden weiter als Ausgangs- und Endhaltung des battement tendu und anderer sehr einfacher Bewegungen des Exercice an der Stange erarbeitet. Zuletzt erlernt der Schüler die besonders schwere IV. Position.

Alle Regeln zur Ausführung der Positionen müssen nicht nur in der Zeit des Erlernens, sondern auch während der gesamten Schulzeit genau beachtet werden. Bei der geringsten Ungenauigkeit leiden nicht nur die Auswärtsdrehung und Exaktheit der Beinarbeit, sondern die gesamte Haltung des Schülers. Durch die Positionen des klassischen Tanzes lernt man, richtig auf beiden Beinen zu stehen. Viele Übungen werden auf einem Bein ausgeführt. Das andere Bein, das Spielbein, bewegt sich oder fixiert nach genau vorgegebenen Regeln irgendeine Haltung. Wenn zum Beispiel ein Bein aus der V. Position in eine der drei möglichen Richtungen geführt wird, auf die Fußspitze, auf 25°, 45° oder 90°, so sprechen wir ebenfalls davon, daß sich das Bein in der II. oder IV. Position befindet.

Ein zum Standbein angewinkeltes Bein kann nur folgende Haltungen einnehmen: sur le cou-de-pied, »an der Wade« und »am Knie«. Das Standbein kann dabei gestreckt bleiben, ein plié oder relevé auf halber Spitze ausführen.

All das bildet die Grundlage für die Bewegungen der Beine, wie sie zur

* Später wird die III. Position nur als Übergangsform benutzt, zum Erlernen des demi-plié und grand plié in der V. Position und als Art des Herangehens an das Erlernen der battus mit Hilfe des battement tendu pour batterie. Somit ist die III. Position ein Hilfsmittel zur Aneignung obengenannter Bewegungen in sinnvoller Reihenfolge. Ein solches methodisches Herangehen ist nur in diesem Falle notwendig, da hier die V. Position grundlegend und in all ihrer Kompliziertheit erlernt wird.

Schule des klassischen Tanzes gehören. Diese Bewegungen werden durch spezielle Übungen gelehrt.

Das plié

Das *plié* (Kniebeuge) ist als Element fast in allen Bewegungen des klassischen Tanzes vorhanden. Es erarbeitet die Biegsamkeit, Elastizität und Auswärtshaltung der Beine. Es gibt die Möglichkeit, Bewegungen weich und fließend zu verbinden, fördert die Standfestigkeit, die Elevation und verleiht der Übung im Unterricht oder dem Tanz auf der Bühne den entsprechenden plastischen Charakter.

Das *plié* ist eins der technisch schwierigsten und ausdrucksvollsten Mittel des klassischen Tanzes. Es wird aufgeteilt in das demi-plié (die halbe Kniebeuge) und das grand plié (die vollständige Kniebeuge).

Beim *demi-pilé* werden in einer beliebigen Position (von der I. bis zur V.) die Knie und Sprunggelenke fließend und bei gleichmäßiger Belastung beider Füße gebeugt. Dadurch ist es möglich, Knie und Sprunggelenke bis zum äußersten abzuwinkeln, ohne die Fersen vom Boden abzuheben. Das Strekken der Beine wird ebenso fließend ausgeführt. Am Ende dieser Bewegung müssen die Knie völlig durchgestreckt sein (Abb. 3).

Jedes demi-plié wird auswärts, ohne die große oder kleine Zehe zu überlasten, und mit fest an den Boden gedrückten Fersen ausgeführt. Beim Beugen öffnen sich die Knie zu den Fußspitzen. Das Becken wird fest angespannt, aber nicht verkrampft. Die gesamte Bewegung der Beine verläuft frei und elastisch. Für das Strecken aus dem demi-plié gelten die gleichen Regeln.

Beim demi-plié mit beiden Händen zur Stange werden die Hände leicht auf die Stange gelegt und die Ellenbogen etwas nach unten gesenkt. Beim demi-plié mit einer Hand an der Stange ist der freie Arm in der 2. Position. Der Oberkörper ist aufrecht und angespannt, die Schultern sind frei geöff-

3 *Demi-plié in allen Positionen*

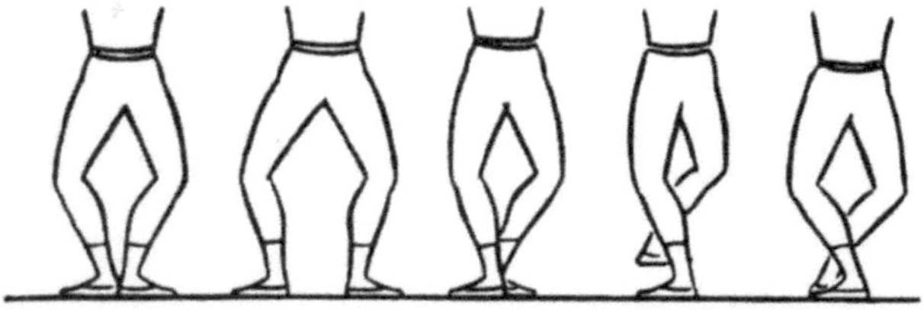

I. Position, II.Position, III. Position, IV. Position, V. Position

net und herabgesenkt. Das Körpergewicht verteilt sich gleichmäßig auf beide Beine.

Beim demi-plié mit beiden Händen zur Stange wird der Kopf en face gehalten. Liegt nur eine Hand auf der Stange, dann ist der Kopf zum freien Arm gewendet.

Das demi-plié mit beiden Händen zur Stange muß jeweils viermal in der I., II., III., V. und später in der IV. Position durchgeführt werden.

2/4-Takt (lento).

1 Takt – die Beine werden gebeugt;

1 Takt – die Beine werden gestreckt.

Danach werden jeweils zwei demi-pliés in jeder Position (außer der III. Position) ausgeführt. Der Übergang von einer Position in die andere geschieht mit Hilfe des battement tendu am Schluß jedes zweiten demi-plié, das heißt auf jeden vierten Takt.

Zum Beispiel:

1. Viertel des 4. Taktes – die Beine werden gestreckt, und gleichzeitig wird das battement tendu ausgeführt;

2. Viertel des 4. Taktes – das Spielbein wird mit dem ganzen Fuß auf den Boden gesenkt.

Auf diese Weise werden acht demi-pliés und vier battements tendus mit dem rechten Bein ausgeführt. Nach einer kurzen Pause wird diese Übung mit dem linken Bein als Spielbein wiederholt.

Als nächstes übt der Schüler das demi-plié mit einer Hand zur Stange; erst alle Übergänge mit dem rechten und dann mit dem linken Bein. Diese Übung beginnt mit der üblichen préparation des freien Armes und des Kopfes.

Es ist nützlich, etwas später bei jedem zweiten demi-plié den freien Arm aus der 2. Position über die vorbereitende Haltung in die 1. und wieder in die 2. Position zu führen. Die Hand ist im tiefsten Punkt des demi-plié über dem Knie, und zwar etwas davor. Mit Beginn der Beinstreckung geht der Arm weiter in die vorbereitende Haltung und ohne Verzögerung über die 1. Position wieder zurück in die Ausgangsposition. Das port de bras beginnt und endet genau zusammen mit dem demi-plié.

Während sich der Arm in die vorbereitende Haltung senkt, begleitet der Kopf die Bewegung der Hand und neigt sich etwas nach vorn. Wenn der Arm über die vorbereitende Haltung in die 1. Position geht, wird der Kopf zur Stange gewendet und etwas zur Schulter geneigt. Beim Öffnen des Armes in die 2. Position kehrt er in die Ausgangshaltung zurück. Der Blick ist während des gesamten port de bras auf die Hand gerichtet.

Unter Beachtung aller Regeln wird das demi-plié erst dann im Freien gelehrt, wenn es die Schüler an der Stange beherrschen. Hier beginnt die

Übung ebenfalls mit der préparation. Einige Zeit wird die gesamte Übung en face und dann in der V. und IV. Position épaulement croisé und effacé ausgeführt. Arm- und Kopfbewegungen bleiben im Prinzip die gleichen. Nur bei der IV. Position wird, wenn das rechte Bein vorn ist, der linke Arm während des demi-plié aus der 2. in die 1. Position geführt. Wenn sich die Beine strecken, wird er wieder in die 2. Position geöffnet. Der Blick ist auf die Hand dieses Armes gerichtet.

Später wird das demi-plié als eigenständige Übung nicht mehr ausgeführt, da es zum festen Bestandteil verschiedener Bewegungen wird bzw. nur noch als ergänzendes Element erscheint.

Das *grand plié* ist eine Weiterentwicklung des demi-plié und wird auch auf beiden Beinen in jeder beliebigen Position ausgeführt. Dabei werden die Knie und die Sprunggelenke so weit wie möglich gebeugt.

Das grand plié ist fließend und gleichmäßig. In allen Positionen, außer der II., müssen die Beine bis zum tiefsten Punkt gebeugt werden, wobei man erst im letzten Moment auf niedrig halbe Spitze geht (Abb. 4). Man darf sich nicht auf die Fersen setzen, die sich so wenig wie möglich vom Boden abheben dürfen. In der II. Position bleiben die Fersen während der Kniebeuge am Boden, und die Oberschenkel bilden eine horizontale Linie (Abb. 5).

Ohne Verzögerung beginnt gleichmäßig fließend das Strecken der Beine, sofort nachdem der tiefste Punkt erreicht ist. Gleichzeitig werden die Fersen fest auf den Boden abgesetzt. Bei der II. Position entfällt dieses Moment.

Wie beim demi-plié verteilt sich das Körpergewicht gleichmäßig auf beide Füße, ohne die große oder kleine Zehe zu überlasten. Die Auswärtshaltung muß streng bewahrt bleiben, die Knie öffnen sich auf einer Linie mit den Schultern. Das Becken ist angespannt. Die Arme, der Oberkörper und der Kopf arbeiten ebenso wie beim demi-plié.

Sowohl an der Stange als auch in der Mitte des Saales läßt man diese Bewegung zweimal in jeder Position nach dem gleichen Schema wie beim demi-plié ausführen. Jedes grand plié wird von einem port de bras begleitet.

In der Mittel- und Oberstufe gibt es beim grand plié verschiedene Formen des port de bras. Zum Beispiel: Man öffnet während der Kniebeuge in der V. Position die Arme leicht und fließend aus der vorbereitenden Haltung bis

4 *Grand plié in der I. Position*

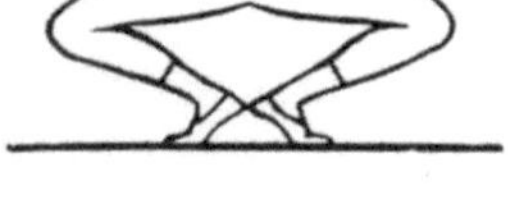

Grand plié in der II. Position

zum Knie und läßt sie danach beim Strecken der Beine wieder in die Ausgangshaltung zurückgleiten. Der Kopf bleibt im épaulement.

Ein anderes Beispiel: Während des grand plié in der V. Position führen die Arme das 2. port de bras aus. Andere Varianten dürfen nur ausgehend von der Zweckmäßigkeit im Unterricht verwendet werden.

Es empfiehlt sich, in der 1. Klasse das grand plié auf einen $^4/_4$-Takt (lento) auszuführen.

1 Takt – die Beine werden gebeugt;

1 Takt – die Beine werden gestreckt.

Später kann ein $^3/_4$- oder $^6/_8$-Takt verwendet werden.

Das relevé auf halbe Spitze

Bei dieser Bewegung erhebt man sich in einer beliebigen Position mit beiden Beinen auf hohe halbe Spitze und läßt sich anschließend wieder auf den ganzen Fuß herab (Abb. 6).

Das relevé auf halbe Spitze entwickelt ausgezeichnet die Standfestigkeit und Elastizität des ganzen Beines, die Biegsamkeit der Zehen und die Geschmeidigkeit des Fußgelenkes. Letzterem verleiht es die Fähigkeit, schnelle Tempi sowohl bei elementaren Bewegungen als auch bei komplizierten Drehungen auszuführen. Das relevé auf halbe Spitze und das demi-plié sind integrierende Bestandteile vieler Bewegungen des klassischen Tanzes. Bei richtiger Ausführung des relevé auf halbe Spitze erhält die gesamte Gestalt des Schülers etwas Plastisches, Emporstrebendes und Leichtes.

In einigen Übungen kann das relevé mit dem demi-plié verbunden werden. Das relevé wird in der I., II. und V. Position folgendermaßen ausgeführt: Ausgangsposition der Beine – I., Körperhaltung – en face. $^4/_4$-Takt.

Relevé auf halber Spitze in der I. Position **6**

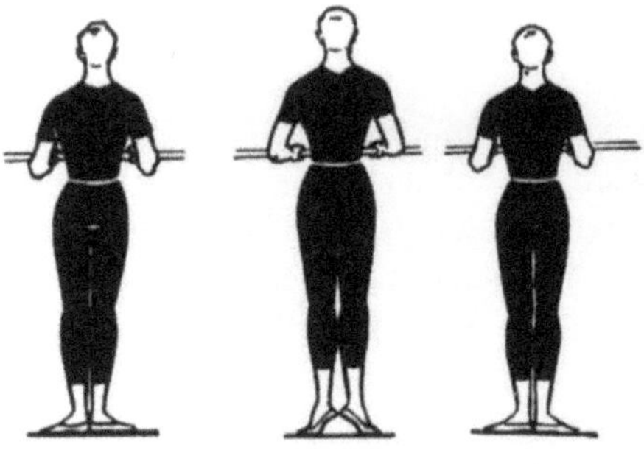

Nach drei relevés in der 1. Position wird das rechte Bein mit einem battement tendu zur Seite in die II. Position geöffnet und auf den ganzen Fuß abgesetzt. Danach werden die relevés in der II. Position und battement tendu mit dem rechten Bein in die V. Position vor und in der V. Position ebenfalls drei relevés und ein battement tendu mit dem rechten Bein über die II. Position in die V. Position rück ausgeführt. Abschließend folgen noch drei relevés in der V. Position rück und battement tendu mit dem rechten Bein in die II. Position mit Schließen in die I. Position. Danach wird die Übung mit dem linken Bein als Spielbein wiederholt.

Die Arme bleiben während der gesamten Übung in der vorbereitenden Haltung. Oberkörper und Kopf sind en face.

Beim relevé müssen sich beide Fersen gleichmäßig und gleichzeitig bis zur hohen halben Spitze vom Boden abheben. Das Fußgelenk ist angespannt und elastisch, die große Zehe darf nicht zu sehr belastet werden. Die Auswärtshaltung und die Spannung der Beine müssen bewahrt bleiben. Beide Fersen senken sich gleichmäßig und elastisch herab und berühren zu gleicher Zeit den Boden. Darauf muß besonders beim relevé in der V. Position geachtet werden.

Die Arme sind in der vorbereitenden Haltung. Der Oberkörper ist die ganze Zeit über angespannt und hochgezogen, besonders wenn man sich auf halbe Spitze erhebt. Die Schultern sind leicht herabgesenkt und geöffnet. Das Körpergewicht verteilt sich gleichmäßig auf beide Beine. Der Hals darf nicht verspannt werden; der Blick ist geradeaus gerichtet.

Das relevé auf halbe Spitze muß insgesamt sehr leicht und frei, d. h. ohne überflüssigen Krafteinsatz, ausgeführt werden. Man lehrt diese Übung mit dem Gesicht zur Stange, auf der beide Hände leicht aufliegen.

Für jedes relevé werden zwei 4/4-Takte gespielt. Zum Beispiel:

2/4 – man erhebt sich auf halbe Spitze;

4/4 – die hohe halbe Spitze wird fixiert;

2/4 – die Fersen werden auf den Boden abgesetzt.

Beim Übergang von einer Position in die andere wird das battement tendu auch auf zwei Takte ausgeführt.

Wenn diese Übung an der Stange und in der Mitte des Saales beherrscht wird, nimmt man für das relevé und das tendu nur je einen 4/4-Takt. Es ist angebracht, dann verschiedene Armpositionen einzuführen. Die Arme können sich zum Beispiel beim relevé in der I. und II. Position über die 1. in die 2. Position öffnen. Beim relevé in der V. Position épaulement croisé können sie über die 1. in die 3. Position geführt werden.

Später erscheint das relevé auf halbe Spitze nicht mehr als eigenständige Übung, sondern wird ähnlich wie das demi-plié zum Bestandteil verschiedener Bewegungen.

Die battements

Battement tendu

Bei dieser Bewegung wird das Spielbein auswärts und mit der Fußspitze am Boden aus der I. oder V. Position in eine der drei möglichen Richtungen geführt, d. h. nach vor, zur Seite oder nach rück, und kehrt auf die gleiche Weise, wieder in die Ausgangsposition zurück. Diese Bewegung verläuft genau auf einer Geraden, von der Standbeinferse bis zur Spitze des Spielbeines und zurück. Selbst die geringste Abweichung von dieser Linie ist unzulässig (Abb. 7).

Man kann sagen, daß das battement tendu ein primäres Bewegungselement darstellt, mit dessen Hilfe ein richtiges Strecken des ganzen Beines, von der Hüfte bis zur äußersten Fußspitze erreicht wird. Diese Tatsache ist von sehr großer Bedeutung, da ein vollständiges Strecken des Beines in buchstäblich allen Bewegungen des klassischen Tanzes und besonders bei Bewegungen vom Platz verlangt wird.

Es ist sehr wichtig, daß beim Hinausführen des fest im Knie gestreckten Spielbeines der Spann und die Zehen besonders deutlich, intensiv und in wechselseitiger Verbindung zusammenarbeiten. Zuerst gleitet der ganze Fuß leicht auf dem Boden entlang, dann wird allmählich die Ferse abgehoben. Im Endpunkt dieser Bewegung darf die Fußspitze nicht belastet werden. Danach kehrt das Spielbein, leicht über den Boden gleitend, mit gestrecktem Knie und nach und nach die Ferse senkend, in die Ausgangsposition zurück.

Man darf weder den Fuß abkippen, noch den Spann und die Zehen nach oben wölben. Das Spielbein kann am besten die Auswärtsdrehung bewahren, wenn es nach vor »mit der Ferse« geöffnet wird und »mit der Fußspitze« in die Ausgangsposition zurückgeführt wird. Beim battement tendu

Battement tendu **7**

nach rück ist dieser Vorgang umgekehrt: Das Spielbein wird »mit der Fußspitze« geöffnet und »mit der Ferse« zurückgeführt.

Es ist notwendig, beim battement tendu aus der V. Position nach vor oder nach rück den Spielbeinfuß bei seiner Rückkehr in die Ausgangsposition sofort mit der ganzen Längsseite leicht an den Standbeinfuß heranzusetzen. Beim battement tendu zur Seite muß der Spielbeinfuß gleichmäßig am Standbeinfuß entlang gleiten. Das Standbeinknie ist immer fest durchgestreckt und auswärts. Das Standbein ist gleichmäßig mit dem ganzen Fuß auf dem Boden aufgesetzt, ohne die große Zehe zu überlasten.

In der Regel werden die Arme bei diesem battement, ungeachtet in welche Richtung es ausgeführt wird, vor Beginn der Übung in die 2. Position geöffnet und dort während der Übung gehalten. Der Oberkörper ist angespannt und hochgezogen, die Schultern sind leicht herabgesenkt und geöffnet. Das Zentrum des Körpergewichtes befindet sich während der gesamten Bewegung auf dem Standbein. Beim battement tendu nach vor oder nach rück wird der Kopf zur rechten Schulter gewendet und etwas vom geöffneten Bein weg geneigt. Beim battement tendu zur Seite ist der Kopf en face. Der Blick geht bei jeder Wendung und Neigung des Kopfes genau in die gleiche Richtung. Jedes Umherschweifen des Blickes ist unzulässig. Jede Kopfbewegung und jeder Blick müssen sehr genau und einfach sein, entsprechend dem Alter des Schülers.

Die Bewegungen des Kopfes, bedingt durch den Richtungswechsel des Spielbeines, müssen gleichmäßig und ruhig ausgeführt werden. Die Wendungen und insbesondere die Neigungen des Kopfes sollten nicht eher vom Schüler verlangt werden, bevor er nicht ausreichend die grundlegenden Details der Bewegungen der Beine beherrscht.

Das battement tendu wird mit beiden Händen zur Stange aus der I. Position zur Seite gelehrt. Diese Richtung erleichtert es dem Schüler, die Auswärtsdrehung der Beine bei einer Bewegung zu verstehen und sich anzueignen.

$^2/_4$-Takt. Ausgangsposition der Beine – I. Die Hände liegen auf der Stange, die Ellenbogen sind leicht nach unten gesenkt. Der Oberkörper und der Kopf werden gerade gehalten.

1. Takt – das Spielbein wird gleichmäßig und ohne sich abzustoßen zur Seite in die II. Position geöffnet;
2. Takt – das Spielbein wird mit der Fußspitze am Boden in dieser Position gehalten;
3. Takt – das Spielbein gleitet ebenso gleichmäßig zurück in die I. Position;
4. Takt – diese Position wird fixiert.

Die Übung wird viermal auf dem rechten Bein und dann ebenso oft mit dem linken Bein ausgeführt.

Nach diesem Schema wird das battement tendu zuerst nach vor und dann nach rück gelehrt.

Bei der Ausführung dieser Bewegung, besonders nach rück, ist folgendes zu beachten: Die Hüften müssen auswärts und auf gleicher Höhe sein, das Standbein ist fest angespannt, der Oberkörper hochgezogen, die Richtung beider Schultern und des Standbeinfußes ergeben eine Linie.

Wenn der Schüler das battement tendu mit dem Gesicht zur Stange beherrscht, kann es mit einer Hand zur Stange nach dem gleichen Schema und ebenso ruhig und gleichmäßig gelehrt werden. Im folgenden ein Beispiel für die vorbereitenden Bewegungen: Der Schüler steht mit der linken Seite zur Stange. Zuerst wird das Standbein in die geforderte Position gestellt und dann das Spielbein in die I. Position an das Standbein herangesetzt. Zur gleichen Zeit nehmen die Arme die vorbereitende Haltung ein. Der Oberkörper ist gerade und angespannt. Der Kopf wendet sich nach rechts. Es ist notwendig, alle vorbereitenden Bewegungen ruhig auszuführen und nicht mit den Augen die Arm- und Beinbewegungen zu verfolgen.

Dann werden zwei einleitende Takte gespielt.

1. Takt – beide Arme werden fließend in die 1. Position geführt;

2. Takt – sie werden in die 2. Position geöffnet, dabei wird die linke Hand leicht und etwas vor dem Oberkörper auf die Stange gelegt, der linke Ellenbogen ist frei nach unten gesenkt.

Auf die erste Armbewegung wird der Kopf mit einer leichten Neigung zur linken Schulter en face gewendet. Der Blick ist auf die Hände gerichtet. Bei der zweiten Armbewegung wird der Kopf wieder nach rechts gedreht, wobei der Blick die rechte Hand verfolgt. Sobald das battement tendu beginnt, wendet sich der Kopf ebenso ruhig en face.

Am Ende der Übung senkt sich der freie Arm (der rechte) in die vorbereitende Haltung. Gleichzeitig wird der Kopf nach rechts gewendet. Das geschieht auf zwei abschließende Akkorde. Bevor diese Übung mit dem anderen Bein wiederholt wird, löst man den Körper ruhig aus der Arbeitshaltung und wendet sich zur Stange auf die andere Seite.

Auch später wird das battement tendu noch einzeln in jede Richtung ausgeführt, jedoch nicht auf vier, sondern auf zwei Takte.

1. Takt – das Spielbein wird herausgeführt;

2. Takt – das Spielbein wird in die I. Position eingeschlossen.

Auf diese Weise erhöht sich die Anzahl der battements in jede Richtung auf acht.

Danach wird dieses battement auf einen Takt ausgeführt.

$^1/_4$ – das Spielbein wird herausgeführt;

$^1/_4$ – das Spielbein wird in die I. Position eingeschlossen.

Zum Schluß führt man das battement tendu auftaktig und auf jedes Viertel aus. In den höheren Klassen erscheint es dann in unterschiedlichen Kombinationen, bisweilen sogar auf $^1/_8$ des Taktes.

Es ist angebracht, das battement tendu aus der V. Position auch mit beiden Händen zur Stange zu lehren. Die Reihenfolge, Anzahl und rhythmische Aufteilung bleiben die gleiche. Das battement tendu aus der V. Position wird aber erst gelehrt, wenn der Schüler das battement tendu in der I. Position mit einer Hand zur Stange beherrscht.

Noch später kann man das battement tendu in der I. Position »im Kreuz« ausführen lassen: nach vor, zur Seite, nach rück und nochmals zur Seite (Kreuz vorwärts). Danach kann es *vorwärts* oder *rückwärts* (in umgekehrter Reihenfolge) wiederholt werden.*

Die Anzahl der battements tendus sollte bei jedem »Kreuz« variiert werden. Man kann zum Beispiel zuerst ein »Kreuz« mit je vier battements in jede Richtung ausführen, dann zwei »Kreuze« mit je zwei battements und zum Schluß vier »Kreuze« mit je einem battement in jede Richtung. Später sind beim »Kreuz« in der I. Position noch andere Varianten möglich.

1. zur Seite, nach vor, noch einmal zur Seite und nach rück;
2. zur Seite, nach vor, nach rück und noch einmal zur Seite;
3. nach vor, nach rück, zur Seite und noch einmal nach vor und umgekehrt.

Dieses »Kreuz« wird in allen möglichen Varianten ausgeführt, indem sowohl die Richtungen als auch die Anzahl der battements variiert werden. Bei obigem Beispiel jedoch wird die Übung dadurch komplizierter, daß das Spielbein aus er II. Position in die V. Position entweder vorn oder hinten eingesetzt wird.

Das battement tendu kann durch die I. Position ohne Haltepunkt ausgeführt werden. In diesem Fall wird das Spielbein aus der I. oder V. Position nach vor in die IV. Position geöffnet, danach auf einer geraden Linie mit einer durchgehenden und leicht schleifenden Bewegung des ganzen Fußes durch die I. Position nach rück in die IV. Position geführt und wieder in die Ausgangsposition bzw. in die V. Position eingesetzt. Dasselbe kann auch umgekehrt (nach rück beginnend) ausgeführt werden, oder man setzt das Spielbein, nachdem die Beinübertragung zwei- bis dreimal wiederholt wurde, in die Ausgangsposition ein.

Es ist nützlich, das battement tendu abwechselnd mit beiden Beinen auszuführen. Gewöhnlich wird der Beinwechsel in der V. Position vollzogen. Zum Beispiel: Mit dem rechten Bein drei battements tendus nach vor, mit

* Das »Kreuz« ist mit allen Varianten sowohl an der Stange als auch im Freien bei folgenden Bewegungen möglich: battement relevé lent, grand battement jeté, battement frappé, battement fondu, battement soutenu, battement développé.

Battement tendu pour le pied in der II. Position 8

1 2 3

dem linken Bein drei nach rück, mit dem rechten Bein drei zur Seite und mit dem linken Bein drei nach vor.

Die Arme werden in der 2. Position gehalten. Bevor das Spielbein geöffnet wird, überträgt man das Zentrum des Körpergewichtes auf das Standbein. Die Bewegungen des Oberkörpers und des Kopfes entsprechen den Regeln, wie sie oben für jede Richtung extra erläutert wurden.

Der Schüler kann diese Art erlernen, wenn er das battement tendu bereits in seiner Endform ausführt. Beim Erlernen können die Richtungen, die Anzahl der battements jedes einzelnen Beines und das Tempo variiert werden.*

Man muß diese Form in Maßen anwenden, ohne andere Formen des battement tendu zu benachteiligen, und mit entsprechender Vorbereitung des Schülers.

Es gibt noch eine besondere Art des battement tendu, die nur in der II. Position ausgeführt wird: das *battement tendu pour le pied*. Dabei wird in der II. Position der ganze Fuß auf den Boden abgesetzt und danach wieder gestreckt. Abschließend kehrt das Spielbein in die Ausgangsposition, die I. oder V., zurück (Abb. 8). Die Bewegung des Fußes muß elastisch, weich und exakt sein. Die Fußspitze darf nicht vom Boden abgehoben werden. Die Arme werden in der 2. Position gehalten, der Oberkörper ist gerade. Das Zentrum des Körpergewichtes bleibt auf dem Standbein. Der Kopf wendet sich nach der Vorbereitung en face.

Zuerst wird das battement tendu pour le pied mit beiden Händen zur Stange und aus der I. Position gelehrt, jeweils viermal mit dem rechten und linken Bein. Jedes battement wird auf zwei $^2/_4$-Takte ausgeführt.

$^1/_4$ – das Spielbein wird in die II. Position geöffnet;

* Diese Art kann sowohl an der Stange als auch im Freien beim grand battement lent, grand battement jeté und beim battement développé angewendet werden.

$^1/_4$ – der Fuß wird mit der Ferse auf den Boden abgesetzt;

$^1/_4$ – die Ferse wird wieder angehoben und der Spann durchgestreckt;

$^1/_4$ – das Spielbein wird in die Ausgangsposition zurückgeführt.

Danach wird diese Übung nach dem gleichen Schema mit einer Hand zur Stange wiederholt. Später kann man dieses battement aus der V. Position und auf einen Takt ausführen lassen.

Auftakt – das Spielbein wird geöffnet;

$^1/_8$ – die Spielbeinferse wird auf den Boden abgesetzt;

$^1/_8$ – der Spann wird wieder gestreckt;

$^1/_8$ – das Spielbein wird in die Ausgangsposition zurückgeführt.

In diesem Fall wird mit jedem Bein achtmal das battement tendu pour le pied ausgeführt. Dabei sind alle Regeln zur Ausführung des battement tendu in vollem Maße gültig.

Zum Schluß muß der Schüler das battement tendu in kleinen Posen erlernen, zuerst in der Mitte des Saales und danach, um es zu vervollkommnen, an der Stange. In welchen Posen und in welcher Klassenstufe dies geschieht, geht aus dem Lehrprogramm hervor. Hier sei nur soviel gesagt, daß die kleinen Posen je nach dem Grad ihrer Beherrschung zusammen mit dem battement tendu ausgeführt werden können. Anfangs in einer sehr einfachen Zusammenstellung und bis zu vier battements tendus in dieselbe Richtung. Es ist notwendig, hier daran zu erinnern, daß man bereits mit einfachsten Übungen, wie z. B. beim battement tendu in kleinen Posen, den Schüler dazu erzieht, mit Begeisterung nicht nur danach zu streben, die Form zu vervollkommnen, sondern den Tanz als eine Kunst zu erfassen.

Das battement tendu erscheint auch in Verbindung mit dem demi-plié. Bei einer solchen Übung werden beide Elemente zu einem einheitlichen Ganzen verbunden, und zwar durch einen stufenlosen Übergang aus dem battement tendu in das demi-plié, wenn das Spielbein in die Ausgangsposition, die I. oder V., zurückgeführt wird. Dabei beginnt das demi-plié etwas später und erreicht den tiefsten Punkt, wenn beide Füße in der Ausgangsposition sind. Anschließend wird das Spielbein nach dem gleichen Prinzip wieder geöffnet: Das Strecken aus dem demi-plié beginnt etwas früher und wird zusammen mit dem Hinausführen des Spielbeins in die vorgegebene Richtung beendet. Das ist die Grundform dieser Übung, die in vielen, oft unterschiedlichsten Bewegungen des klassischen Tanzes als technisches Mittel verwendet wird.

Um das notwendige Ineinander-Übergehen beider Elemente zu erreichen, werden sie als erstes einzeln und sehr langsam in der I. Position und mit dem Gesicht zur Stange ausgeführt, je viermal mit dem rechten und linken Bein zur Seite.

$^2/_4$-Takt (lento).

$^1/_4$ – das Spielbein wird zur Seite geöffnet;

$^1/_4$ – es wird wieder in die I. Position zurückgeführt;

$^1/_4$ – demi-plié in der I. Position;

$^1/_4$ – beide Beine werden gestreckt.

Hierbei wird das Spielbein mit gestrecktem Knie geöffnet und in die Ausgangsposition eingeschlossen. Der Übergang ins demi-plié ist jedoch verbunden und darf weder verzögert noch zu früh ausgeführt werden. Später kann man diese Übung in der I. Position und mit dem Gesicht zur Stange je viermal nach vor und nach rück lehren. Die rhythmische Aufteilung bleibt unverändert. Danach eignet man sich diese Übung mit einer Hand zur Stange und in der I. Position an, zuerst einzeln in jede Richtung und dann je zweimal »im Kreuz«. Der freie Arm wird in der 2. Position gehalten, der Oberkörper ist gerade, der Kopf en face.

Die nächste Etappe ist der Übergang zum *battement tendu demi-plié* in der V. Position »im Kreuz« mit einer Hand zur Stange. Ebenfalls $^2/_4$-Takt. Diese Übung wird folgendermaßen ausgeführt:

Auftakt – das Spielbein wird geöffnet;

$^1/_4$ – es wird in die V. Position ins demi-plié zurückgeführt;

$^1/_4$ – Strecken aus dem demi-plié und Spielbein öffnen.

Die Bewegungen des Kopfes sind die gleichen wie beim gewöhnlichen battement tendu. Später werden sie komplizierter. Wenn das Spielbein nach vor und nach rück geöffnet wird, behält der Kopf die Wendung zur Seite und die Neigung (vom Spielbein weg) bei. Beim demi-plié jedoch neigt sich der Kopf zum bereits in die V. Position eingeschlossenen Spielbein (Abb. 9). Wenn das Spielbein zur Seite geöffnet wird, bleibt der Kopf in der Regel en face. Beim demi-plié jedoch kann er wie oben zum Spielbein gewendet und geneigt werden (Abb. 10).

Alle Neigungen und Wendungen des Kopfes werden ruhig ausgeführt, ohne sie überzubetonen: exakt, einfach und klar.

Es ist sehr nützlich, beim battement tendu demi-plié in die V. Position den Arm in die vorbereitende Haltung zu senken oder ihn durch die 1. in die 2. Position zu öffnen. In diesem Fall wendet und neigt sich der Kopf unmittelbar, nachdem die Hand ihre Bewegung begonnen hat. Diese Kopfbewegung wird mit einem leichten Akzent im tiefsten Punkt des demi-pli beendet (Abb. 11). Zum Schluß muß das battement tendu demi-plié gründlich in schnellerem Tempo geübt werden, wobei das battement tendu zwei- bis dreimal in dieselbe Richtung wiederholt wird. Der Arm bleibt in der 2. Position, der Kopf neigt sich während des demi-plié nicht.

Bei dieser Übung muß man versuchen, daß die Bewegungen, so wie beschrieben, vollständig ineinander übergehen. Das heißt, daß die Knie beginnen, sich zu beugen und zu strecken, kurz bevor das Spielbein in die V. Position eingeschlossen bzw. aus dieser Position geöffnet wird. Auf diese

9 *Battement tendu vor dem demi plié*

1 2 3

10 *Battement tendu seit dem demi plié*

1 2 3

11 *Battement tendu demi plié mit port de bras*

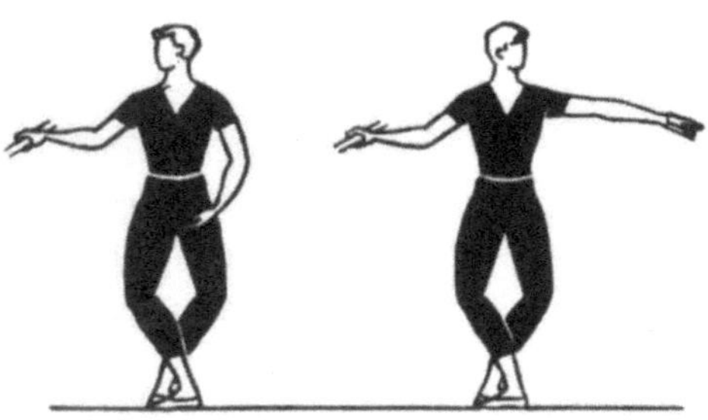

1 2

Weise erreicht man eine noch größere Verbundenheit beider Elemente und bereitet gut eine elastische und exakte Landung solcher Sprünge wie sissonne fermée, jeté fermé, cabriole fermée usw. vor.

Battement tendu demi plié in der II. Position 12 a

1 2 3

Diese Übung kann »im Kreuz« und mit einem Wechsel des Standbeines wie beim gewöhnlichen battement tendu ausgeführt werden.

Eine andere Variante dieser Übung ist das battement tendu mit dem demi-plié auf beiden Beinen in der II. oder IV. Position. Bei diesem Beispiel führt das mit der Fußspitze aufgestellte Spielbein zusammen mit dem Standbein das demi-plié aus. Gleichzeitig mit dem anschließenden Strecken wird das Körpergewicht auf das Standbein übertragen, das freiwerdende Spielbein durchgestreckt und leicht mit der Fußspitze auf den Boden gesetzt. Zum Schluß kehrt das Spielbein aus der II. oder IV. Position in die V., die Ausgangsposition, zurück.

Der Arm ist in dem Moment, wenn das Spielbein geöffnet wird, bereits in der 2. Position. Während des demi-plié in der II. oder IV. Position gleitet der Arm auf einer horizontalen Linie nach vor in die 1. Position. Beim Strecken kehrt er auf dem gleichen Weg in die 2. Position zurück (Abb. 12a und 12b).

Battement tendu demi plié in der IV. Position 12 b

1 2 3

Der Oberkörper ist während der gesamten Bewegung aufrecht und angespannt. Das Körpergewicht verteilt sich beim demi-plié gleichmäßig auf beide Beine. Gleichzeitig mit der Übertragung des Armes von der 2. in die 1. Position wendet und neigt sich der Kopf leicht zur Stange. Beim Öffnen des Armes in die 2. Position wird der Kopf, unmittelbar nachdem die Hand ihre Seitbewegung begonnen hat, wieder in die Ausgangshaltung gewendet. Gegen Ende dieser Wendung neigt er sich etwas nach rück. Diese Übung muß elastisch mit dem Bemühen um eine größtmögliche Verbundenheit beider Elemente ausgeführt werden.

Man lehrt diese Bewegung zuerst in der II. Position und mit einer Hand zur Stange. $^2/_4$-Takt. Ausgangsposition der Beine – V. Auf zwei einleitende Takte wird der Arm aus der vorbereitenden Haltung durch die 1. in die 2. Position geöffnet.

$^1/_4$ – battement tendu zur Seite;
$^1/_4$ – demi-plié;
$^1/_4$ – Strecken aus dem demi-plié;
$^1/_4$ – Schließen des Spielbeins in die V. Position rück.

Nachdem man diese Bewegung noch dreimal wiederholt hat, wird der Arm auf zwei Abschlußakkorde in die vorbereitende Haltung gesenkt. Dann läßt man dieses battement »im Kreuz« je zweimal in jede Richtung ausführen. Takt und rhythmische Aufteilung bleiben unverändert.

Zum Schluß lehrt man diese Übung mit dem battement tendu auf einen Auftakt, mit dem demi-plié und dem Strecken auf $^1/_4$ und dem Schließen und Öffnen des Spielbeins ebenfalls auf $^1/_4$. Das heißt, daß alles in doppeltem Tempo ausgeführt wird.

Bei dieser Übung kann man auch während des Streckens aus dem demi-plié in der II. oder IV. Position auf das Spielbein übertreten, oder man beendet die Bewegung mit einem zusätzlichen demi-plié in der V. Position.

Es ist nützlich, beide Varianten miteinander zu verbinden, allerdings erst dann, wenn alle vorangegangenen Formen – und dabei besonders die Auswärtsdrehung der Beine und die Verbundenheit der Bewegungen – ausreichend beherrscht werden.

Der Schwierigkeitsgrad dieses battement tendu kann noch erhöht werden, indem das demi-plié nur auf dem Standbein ausgeführt wird. Das Spielbein wird gleichzeitig in die II. oder IV. Position geöffnet und kehrt zusammen mit dem Strecken des Standbeins in die I. oder V. Position zurück. Diese Übung nennt man *battement tendu soutenu*. Sie ist als Element in vielen Bewegungen des klassischen Tanzes enthalten.

Der Arm wird gewöhnlich bei diesem battement in der 2. Position fixiert. Der Oberkörper bleibt beim Öffnen des Spielbeins zur Seite völlig gerade. Wird das Spielbein nach vor oder nach rück geöffnet, dann neigt sich der

1 2 3

Oberkörper ganz wenig in die entgegengesetzte Richtung. Beim battement tendu soutenu zur Seite wird der Kopf en face gehalten, beim battement nach vor und nach rück wendet er sich zum geöffneten Arm und neigt sich in die gleiche Richtung wie der Oberkörper (Abb. 13).

In dieser Übung muß man das demi-plié in der I. oder V. Position beginnen und es zusammen mit dem Öffnen und Strecken des Spielbeins (Knie, Spann und Zehen) zum tiefsten Punkt führen. Beide Bewegungen müssen elastisch ausgeführt werden. Anfangs gleitet der Fuß leicht mit der ganzen Sohle über den Boden; sobald er durchgestreckt ist, mit der Fußspitze. Während dieser Bewegung wird das demi-plié bei völliger Auswärtsdrehung der Beine und richtiger Belastung des ganzen Standbeinfußes elastisch bis zum tiefsten Punkt geführt. Dann kehrt das Spielbein mit einer leichten und gleichmäßig gleitenden Bewegung des Fußes über den Boden in die Ausgangsposition zurück. Gleichzeitig wird das Standbeinknie gestreckt.

Es empfiehlt sich, das battement tendu soutenu mit beiden Händen zur Stange zu lehren und in dieser Anfangsetappe die einzelnen Elemente nacheinander auszuführen.

$^2/_4$-Takt. Ausgangsposition der Beine – I.

$^1/_4$ – das Spielbein wird zur Seite geöffnet;

$^1/_4$ – demi-plié auf dem Standbein, die Fußspitze des Spielbeins gleitet weiter über den Boden;

$^1/_4$ – das Standbein wird aus dem demi-plié gestreckt;

$^1/_4$ – das Spielbein wird in die Ausgangsposition zurückgeführt.

Diese Übung wird viermal mit dem rechten und ebenso oft mit dem linken Bein ausgeführt. Danach genauso nach vor und nach rück.

Anschließend erlernt der Schüler die gleiche Übung mit einer Hand zur Stange. $^2/_4$-Takt. Ausgangsposition der Beine – I. Sie wird »im Kreuz« je zweimal in jede Richtung ausgeführt. Auf zwei einleitende Takte wird der freie Arm aus der vorbereitenden Haltung über die 1. in die 2. Position geöffnet und dort während der ganzen Folge gehalten. Danach wird er auf zwei Abschlußakkorde in die vorbereitende Haltung gesenkt. Der Oberkörper wird aufrecht und angespannt gehalten, der Kopf ist gerade. Das Zentrum des Körpergewichts liegt genau über dem Standbein.

Als nächste Etappe empfiehlt es sich, dieses battement mit einem demi-plié in der I. Position, der Ausgangsposition, und ebenfalls »im Kreuz« einzustudieren.

$^1/_4$ – demi-plié;

$^1/_4$ – das Spielbein wird geöffnet;

$^1/_4$ – das Standbein wird aus dem demi-plié gestreckt und das Spielbein in die Ausgangsposition eingeschlossen.

$^1/_4$ – Pause.

Als letzte Etappe nun die Endform dieser Übung »im Kreuz« und aus der V. Position. In diesem Fall werden das demi-plié und das Öffnen des Spielbeins gleichzeitig auf $^1/_4$ und das Schließen des Spielbeins ebenfalls auf $^1/_4$ ausgeführt. Der freie Arm wird in der 2. Position gehalten. Der Oberkörper ist aufrecht. Wenn das Spielbein zur Seite geöffnet wird, ist der Kopf en face; wird es nach vor oder nach rück geöffnet, wendet sich der Kopf zum freien Arm und neigt sich etwas in die dem Spielbein entgegengesetzte Richtung.

Im weiteren Verlauf, wenn der Schüler diese Übung gut beherrscht, kann man einige Veränderungen der Bewegungen des Kopfes vornehmen und geringfügige Neigungen des Oberkörpers hinzufügen. Außerdem ist es nützlich, beim Hinausführen des Spielbeins den Arm zu öffnen und ihn beim Schließen des Spielbeins wieder zu senken. Zur Erinnerung betone ich nochmals, daß diese Übung insgesamt verbunden, elastisch und ohne überflüssigen Kraftaufwand ausgeführt werden muß.

Es existiert noch eine weitere Form des battement tendu, bei der das Spielbein aus der IV. Position vor durch die I. Position mit gleichzeitigem demi-plié in die IV. Position nach rück geführt wird. Diese Form wurde im Prinzip bereits beschrieben. Das demi-plié, das hier noch hinzugefügt wird, muß gleichzeitig mit dem Übertragen des Spielbeins aus der IV. in die IV. Position ausgeführt werden, wobei der tiefste Punkt genau in dem Moment erreicht wird, wenn beide Beine in der I. Position sind. Die Bewegung des Standbeins muß also im Tempo mit der des Spielbeins übereinstimmen. Insgesamt wird die Übung verbunden und weich, mit einem leichten Gleiten des ganzen Fußes durch die I. Position, ausgeführt.

Diese Form wird zusammen mit dem einfachen battement tendu und mit einer Hand zur Stange ausgeführt. Die Bewegungen der Arme, des Oberkörpers und des Kopfes entsprechen dem beim einfachen battement tendu gültigen Prinzip

Ein Beispiel: zwei battements tendus in der V. Position zur Seite, dann ein battement tendu nach vor und nach rück durch die I. Position mit dem demi-plié. Danach wird das Spielbein in die V. Position rück eingeschlossen und die gesamte Übung von rück wiederholt. $^2/_4$-Takt. Zu Anfang wird jedes Öffnen und Schließen des Spielbeins auf $^1/_4$ ausgeführt, später – je nach dem Grad der Beherrschung – auf $^1/_8$.

Dieses battement tendu in Verbindung mit einem demi-plié ist ebenfalls als Element in verschiedenen Bewegungen des klassischen Tanzes wiederzufinden. Zum Beispiel im rond de jambe par terre, im petit pas de basque, pas failli usw.

Außerdem kann man das battement tendu demi-plié mit einem relevé auf halbe Spitze in der Ausgangsposition, der I. oder V., verbinden. Mit diesem relevé kann man die Kombinationen abwechslungsreich gestalten. Es sollte aber nicht häufiger als nach jedem zweiten oder dritten battement tendu ausgeführt werden, um nicht der Kombination ihre Zielstellung zu nehmen.

Die Bewegung der Arme, des Oberkörpers und des Kopfes sind die gleichen wie beim gewöhnlichen battement tendu.

Ein Beispiel: $^2/_4$-Takt. Ausgangsposition der Beine – V. Drei battements tendus demi-plié nach vor. (Das Spielbein wird auftaktig geöffnet, so daß es jedesmal auf das erste Viertel des Taktes wieder mit einem Akzent eingeschlossen wird.) Danach wird das relevé auf halbe Spitze und das Absetzen ins demi-plié ausgeführt. Anschließend wird die Folge »im Kreuz« wiederholt. Alle Bewegungen müssen sehr gleichmäßig, verbunden und elastisch vollzogen werden, unter Beachtung all jener Regeln, die für die einzelnen Bestandteile dieser Übung von Bedeutung sind.

Man kann das battement tendu demi-plié in der II. und IV. Position ebenfalls sehr nutzbringend mit dem relevé auf halbe Spitze verbinden. Das bedeutet in diesem Falle, daß man sich nach dem demi-plié in der II. Position auf halbe Spitze erhebt, sich danach wieder ins demi-plié herabläßt, dann Stand- und Spielbein (mit Fußspitze aufgesetzt) durchstreckt und abschließend das Spielbein in die V. Position ins demi-plié einschließt. Das kann in der IV. Position nach vor, nach rück oder »im Kreuz« ausgeführt werden. Im folgenden ein Beispiel für die rhythmische Gliederung dieser Bewegung:

$^2/_4$-Takt (sehr langsam).

Auftakt – das Spielbein wird in eine der drei Richtungen geöffnet;

1. Takt

$^2/_8$ – erstes demi-plié und relevé auf halbe Spitze;

$^2/_8$ – zweites demi-plié und strecken aus dem demi-plié;

2. Takt

$^3/_8$ – Spielbein in die V. Position einschließen und demi-plié;

$^1/_8$ – das Spielbein wird wieder in die geforderte Richtung geöffnet, wobei beide Beine durchgestreckt werden.

14 *Battement tendu soutenu auf halbe Spitze*

15 *Battement tendu demi plié über die I. Position*

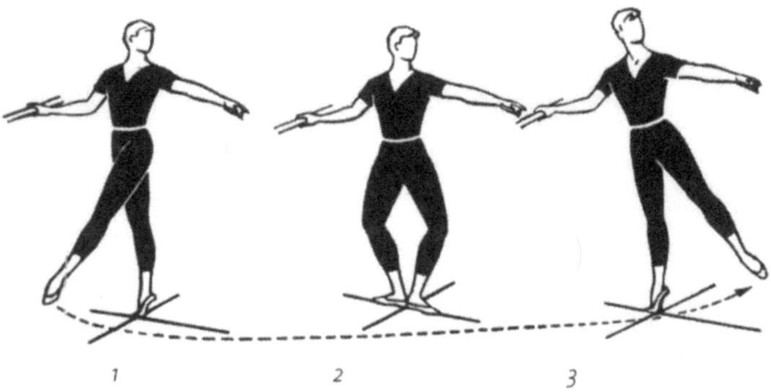

16 *Battement tendu jeté*

Beim relevé wird der freie Arm in die 2. Position geöffnet. Der Oberkörper ist gerade, der Kopf ist zum freien Arm gewendet, der Blick zur Hand gerichtet. Alles übrige wird so ausgeführt, wie bereits beschrieben. Der Übergang vom demi-plié zum relevé und umgekehrt muß sehr weich ausgeführt werden. Man darf nicht auf die halbe Spitze »springen« und sich auch nicht kraftlos ins demi-plié herablassen.

Das battement tendu soutenu kann genauso wie die beiden eben beschriebenen Bewegungen in dem Moment mit einem relevé auf halbe Spitze verbunden werden, wenn das Spielbein in die Ausgangsposition zurückkehrt (Abb. 14). Diese Ergänzung sollte aber erst vorgenommen werden, wenn das battement tendu soutenu in seiner Endform beherrscht wird. Die Bewegungen der Arme, des Oberkörpers und des Kopfes sind die gleichen wie beim gewöhnlichen battement tendu soutenu.

Zum Schluß noch eine Variante des battement tendu aus der IV. in die IV. Position mit demi-plié in der I. Position. Das Standbein kann sich in dem Augenblick auf halbe Spitze erheben, in dem das Spielbein nach vor oder nach rück geführt wird. Dabei wird die Fußspitze des Spielbeins soweit vom Boden abgehoben, wie sich die Standbeinferse beim relevé nach oben bewegt (Abb. 15).

Es sei noch einmal daran erinnert, daß das relevé auswärts, ohne die große Zehe zu überlasten und auf hoher halber Spitze ausgeführt werden muß.

Battement tendu jeté

Dieses battement unterscheidet sich dadurch vom einfachen battement tendu, daß das Spielbein straff auf die Höhe von 25° geworfen wird und im gleichen Tempo in die Ausgangsposition, die I. oder V. Position, zurückkehrt (Abb. 16).

Das Spielbein wird mit einer leicht schleifenden Bewegung hinausgeworfen. Dabei hält es genau die Richtung und die Wurfhöhe von 25° ein. Danach kehrt das Spielbein ohne Aufenthalt in die Ausgangsposition zurück, indem die kräftig durchgestreckten Zehen fest auf den Boden aufgesetzt werden – auf keinen Fall darf in diesem Moment der Fuß erschlaffen – und der Fuß ohne Verzögerung in die Ausgangsposition zurückgleitet. Das Hinauswerfen und Schließen des Spielbeins muß zusammenhängend und kraftvoll ausgeführt werden. Das Standbein ist im Knie und Oberschenkel fest angespannt. Beide Beine bewahren die Auswärtsdrehung und Genauigkeit der Position.

Der freie Arm wird gewöhnlich in der 2. Position gehalten. Der Oberkörper ist gerade und angespannt. Das Zentrum des Körpergewichts liegt auf dem Standbein.

Beim battement tendu jeté nach vor und nach rück ist der Kopf zum geöffneten Arm gewendet, beim battement tendu jeté zur Seite wird er en face gehalten.

Dieses battement kann sowohl an der Stange als auch im Freien in kleinen Posen ausgeführt werden.

Zuerst wird diese Bewegung mit beiden Händen zur Stange gelehrt. 2/4-Takt. Ausgangsposition der Beine – I.

1/4 – das Spielbein wird zur Seite auf 25° geworfen;

1/4 – Pause (damit sich der Schüler das Gefühl für den 25°-Winkel besser einprägen kann);

1/4 – das Spielbein wird in die Ausgangsposition zurückgeführt;

1/4 – Pause.

Diese Übung wird viermal mit dem rechten und linken Bein ausgeführt.

Nach diesem Schema erlernt der Schüler dann das battement tendu jeté mit einer Hand zur Stange, zuerst zur Seite und anschließend nach vor und nach rück. Nachdem das Spielbein auf 25° geworfen wurde, fixiert man es in dieser Höhe auf 1/4 des Taktes. Dieser Haltepunkt fällt mit der Zeit weg, und das ganze battement wird auf 1/4 ausgeführt. Man kann diese Übung auch in der V. Position und »im Kreuz« ausführen lassen. Dabei wird das Spielbein auftaktig geöffnet und ohne Haltepunkt bei 25° wieder in die Ausgangsposition zurückgeführt.

In der Mittel- und besonders in der Oberstufe wird dieses battement in schnellerem Tempo ausgeführt, da auf diese Weise ausgezeichnet die Beweglichkeit der Hüft- und Sprunggelenke, aber ebenso die Kraft und Leichtigkeit des gesamten Beines entwickelt wird.

Es ist für den Schüler sehr nützlich, wenn man später das battement tendu jeté in der Ausgangsposition mit einem demi-plié oder relevé auf halbe Spitze nach jedem dritten jeté verbindet. Dafür zwei Beispiele:

1. Diese Übung wird auf zwei 2/4-Takte durchgeführt.

1/4 – erstes jeté (beginnt auftaktig);

1/4 – zweites jeté;

1/4 – drittes jeté, ins demi-plié einschließen;

1/4 – demi-plié vertiefen und Beginn des Streckens;

1/8 – Spielbein wieder auf 25° öffnen und Standbein strecken.

2. Diese Übung wird auf vier 2/4-Takte ausgeführt. Die battements tendus jetés werden wie beim ersten Beispiel ausgeführt. Das anschließende demi-plié wird bis zum Ende des zweiten Taktes ausgehalten. Dann folgt:

3. Takt – relevé auf halbe Spitze;

4. Takt – absetzen ins demi-plié, das letzte Achtel ist bereits wieder der Auftakt für das erste jeté.

Beide Übungen können »im Kreuz« und mit Austauschen des Standbeines usw. ausgeführt werden.

Eine andere Möglichkeit der Verbindung von battement tendu jeté und relevé auf halbe Spitze soll mit der folgenden Variante gegeben werden. In dem Augenblick, wenn das Spielbein in die II. oder IV. Position geworfen wird, erhebt sich das Standbein gleichzeitig auf halbe Spitze. Ein Beispiel: Die Ausgangsposition ist die I. Drei jetés zur Seite. Gleichzeitig mit dem letzten jeté wird das relevé ausgeführt. Beide Beine verharren in dieser Haltung bis zum Ende des Taktes. Diese Übung wird dreimal wiederholt, danach das Spielbein in die I. Position ins demi-plié eingesetzt, und abschließend werden beide Beine aus dem demi-plié gestreckt. Dann wird alles nach vor und nach rück durch die I. Position ausgeführt.

Die rhythmische Gliederung dieser Übung ist folgende:

2/4-Takt.

1/4 – jeté (beginnt auftaktig);

1/4 – jeté;

1/4 – Spielbein öffnen und relevé;

1/4– Pause;

2/4 – demi-plié;

2/4 – Strecken aus dem demi-plié.

Eine andere sehr nützliche Variante des battement tendu jeté ist seine Ausführung in der V. Position auf hoher halber Spitze. Beim Hinauswerfen des Spielbeins müssen die Zehenspitzen bis zum äußersten gestreckt werden. Beim Einsetzen in die Ausgangsposition wird der Fuß mit der hohen halben Spitze fest auf den Boden aufgesetzt.

Diese Übung kann auch mit vier jetés in jeder Richtung »im Kreuz« und in Verbindung und einem demi-plié in der Ausgangsposition ausgeführt werden. Der freie Arm wird dabei in der 2. Position gehalten. Oberkörper und Kopf bewegen sich wie gewöhnlich.

Zum Schluß muß der Schwierigkeitsgrad dieses battement mit kleinen »spitzen« Würfen (piqué) erhöht werden. Diese Würfe werden mit der Fußspitze auf den Boden vor dem Schließen des Spielbeins in die Ausgangsposition ausgeführt. Die Übung heißt *battement tendu jeté piqué*. Sie kann

Battement tendu jeté piqué **17**

zwei- bis dreimal hintereinander wiederholt werden, bevor das Spielbein in die Ausgangsposition zurückkehrt (Abb. 17).

Dieses battement tendu jeté piqué kann selbst noch erschwert werden, indem das Spielbein auf einer nicht sehr hohen bogenförmigen Linie von der IV. in die II. Position (auch umgekehrt oder »im Kreuz«) übertragen wird. Diese Übertragung kann auf das zweite oder dritte piqué stattfinden. Anschließend kann man das Spielbein in die Ausgangsposition einschließen oder mit der Übertragung in eine andere Richtung fortfahren.

Anfangs lehrt man das piqué auf $^{1}/_{4}$ eines geraden Taktes, danach auf $^{1}/_{8}$. Jedes piqué wird exakt, leicht und mit fest durchgestrecktem Spielbein ausgeführt. Das Spielbein federt mit gestreckten Zehen vom Boden ab, so daß kein Haltepunkt am Boden entsteht. Das Standbein ist gestreckt. Arme, Oberkörper und Kopf bewegen sich wie beim gewöhnlichen battement tendu.

Battement tendu pour batterie

Mit Hilfe dieser Übung werden die battus vorbereitet. Sie werden im schnellen Tempo, energisch und exakt ausgeführt. Ausgangsposition der Beine – V. Das vordere Bein wird zur Seite auf eine Höhe von 25° geworfen. Dabei sind Knie, Spann und Zehen gestreckt. Dann wird das Spielbein kräftig zum Standbein in die III. Position vor geführt, gleich darauf ein wenig zur Seite geöffnet und wieder schnell in die III. Position rück eingeschlossen. Abschließend wird das Spielbein von neuem kräftig zur Seite auf die Höhe von 25° geworfen (Abb. 18).

Das einschließende Bein wird mit abgewinkeltem Spann an das Standbein herangesetzt, ohne dabei mit dem Fuß den Boden zu berühren. Das heißt, daß sich der Fuß in der III. Position in einem minimalen Abstand

18 ***Battement tendu pour batterie***

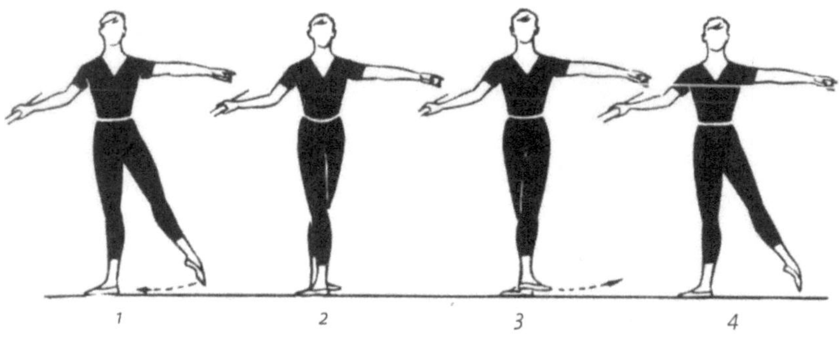

parallel zum Boden befindet. Während der gesamten Übung muß das Spielbein auswärts und gestreckt sein. Beide Übertragungen des Spielbeins in die III. Position werden wie beim richtigen battu von zwei kurzen und federnden Schlägen der beiden Waden aneinander begleitet. Dabei muß unbedingt vermieden werden, daß der Körper in irgendeiner Weise die Beinbewegung reflektiert.

Dieses battement wird zuerst mit beiden Händen zur Stange gelehrt. $^2/_4$-Takt. Das Spielbein wird auftaktig auf die Höhe von 25° geworfen. Jeder Schlag wird auf $^1/_8$ ausgeführt. Geöffnet wird das Bein auf $^1/_4$.

Es ist nicht mehr notwendig, den Schüler diese vorbereitende Übung ausführen zu lassen, wenn er die Grundformen der gesprungenen battus beherrscht.

Battement relevé lent

Diese Form ist vom battement tendu abgeleitet. Das Spielbein setzt die Bewegung des tendu bis auf 90° fort. Auf diese Weise wird die Weite und genaue Haltung des Schrittes entwickelt. Die technische Ausführung ist folgende: Das gestreckte Spielbein wird gleichmäßig nach vor, zur Seite und nach rück auf 90° angehoben. Dann wird es in dieser Position fixiert und anschließend ebenso gleichmäßig wieder in die Ausgangsposition, die I. oder V., eingesetzt (Abb. 19).

Während das Spielbein angehoben wird, müssen die Zehen, der Spann und das Knie fest durchgestreckt sein. In dem Augenblick, wenn der Fuß völlig durchgestreckt ist, also mit der Fußspitze den Boden berührt, darf kein Haltepunkt entstehen. Die gesamte Bewegung verläuft ohne Unterbrechung. Das Spielbein wird auswärts auf 90° fixiert, ohne es dabei zu entspannen. Dann wird es wieder fließend, ohne mit der Fußspitze auf dem

Battement relevé lent zur Seite, vor und zurück **19**

Boden zu verharren, in die Ausgangsposition eingesetzt. Das Standbein ist ebenfalls auswärts, das Knie fest gestreckt.

Besondere Aufmerksamkeit muß man der richtigen Haltung der Hüften widmen. Beim Hinausführen des Spielbeins nach vor, zur Seite oder nach rück muß die entsprechende Hüfte zurückgehalten werden und darf sich nicht verziehen. Der Schwerpunkt des Körpergewichts muß immer genau über dem Standbein liegen.

Der Oberkörper bleibt gerade und wird nicht verändert, wenn das Spielbein nach vor und zur Seite geöffnet wird. Beim relevé lent nach rück gibt der Oberkörper etwas nach vorn nach. Wenn das Spielbein in die Ausgangsposition zurückkehrt, richtet er sich wieder auf. Beide Schultern werden während der gesamten Übung frei und auf einer Höhe gehalten. Sie dürfen weder angehoben noch zum Spielbein gedreht werden.

Der Arm wird entweder als Einleitung aus der vorbereitenden Haltung über die 1. in die 2. Position geöffnet oder zusammen mit dem Öffnen des Spielbeins in diese Position geführt. Zur gleichen Zeit, wenn sich der Arm in die 1. Position erhebt, wird der Kopf etwas zur Stange geneigt. Der Blick ist auf die Hand gerichtet. Wenn das rechte Bein nach vorn geführt wird, wendet sich der Kopf gleichzeitig mit dem port de bras in die 2. Position nach rechts und neigt sich leicht nach rück. Beim battement relevé lent nach rück wendet sich der Kopf ebenfalls nach rechts und neigt sich leicht nach vor. Wird dieses battement zur Seite ausgeführt, dann bleibt der Kopf en face.

Diese Übung kann auch mit einem demi-plié und relevé auf halbe Spitze verbunden werden. So kann man z. B. in dem Moment, wenn die Fußspitze vom Boden abgehoben wird, mit dem Standbein ein demi-plié oder relevé auf halbe Spitze ausführen. Eine andere Möglichkeit: Man läßt sich vom relevé ins demi-plié herab oder erhebt sich aus dem demi-plié auf das relevé, wenn das Spielbein bereits auf 90° angehoben ist.

Beim Einschließen des Spielbeins in die Ausgangsposition kann man ebenfalls ein demi-plié hinzufügen: 1. während das Spielbein mit der Fußspitze auf den Boden abgesetzt wird; 2. in dem Moment, wenn das Spielbein mit einem tendu in die Ausgangsposition eingeschlossen wird. Dieser Übergang kann durch ein relevé auf halbe Spitze ersetzt werden.

Diese angeführten Beispiele können in der unterschiedlichsten Reihenfolge angewendet werden. Man sollte sie aber nicht zu häufig benutzen oder zu kompliziert gestalten, da dies eine gleichmäßige Bewegung und exakte Fixierung des Spielbeins auf 90° stört und auch eine richtige Haltung der Arme, des Oberkörpers und des Kopfes verhindert.

Das battement relevé lent kann sowohl an der Stange als auch im Freien in großen Posen ausgeführt werden.

Es wird zuerst zur Seite mit beiden Händen zur Stange auf zwei $^4/_4$-Takte gelehrt.

$^1/_4$ – tendu zur Seite;
$^1/_4$ – das Spielbein auf 45° anheben;
$^1/_4$ – auf 90° erhöhen;
$^1/_4$ – in dieser Haltung fixieren;
$^1/_4$ – auf 45° senken;
$^1/_4$ – mit der Fußspitze auf den Boden absetzen;
$^1/_4$ – in die Ausgangsposition einschließen;
$^1/_4$ – Pause.

Es ist angebracht, diese einzelnen Etappen der Bewegung zu fixieren. Erst danach wird alles verbunden ausgeführt, wobei sorgfältig darauf geachtet werden muß, daß das Spielbein ohne Unterbrechung angehoben und gesenkt wird.

Dann kann man dazu übergehen, das battement relevé lent nach vor mit einer Hand zur Stange und ohne Fixieren der einzelnen Phasen zu lehren. Vor Beginn der Übung wird der Arm aus der vorbereitenden Haltung über die 1. in die 2. Position geöffnet. Der Kopf ist zum geöffneten Arm gewendet.

Danach lehrt man das battement relevé lent nach rück mit dem Gesicht zur Stange und ebenfalls ohne Fixieren der einzelnen Bewegungsphasen. Wenn der Schüler diese Formen beherrscht, kann man dieses battement nach vor, zur Seite und nach rück mit einer Hand zur Stange ausführen lassen, anschließend in der Mitte des Saales.

Das battement relevé lent kann auch auf einen $^4/_4$-Takt ausgeführt werden.

$^2/_4$ – das Spielbein wird auf 90° angehoben;
$^1/_4$ – auf dieser Höhe fixiert;
$^1/_4$ – wieder in die Ausgangsposition zurückgeführt.

Es ist nützlich, eine battement-développé-Kombination mit einem battement relevé lent zu ergänzen. Der fließende und verbundene Charakter beider Bewegungen ermöglicht es, die verschiedenen Arten der großen Posen gründlich zu üben, z. B. beim Adagio an der Stange und im Freien.

Grand battement jeté

Diese Bewegung gleicht in ihrer Struktur dem battement relevé lent. Das Spielbein wird jedoch schnell und verbunden auf 90° geworfen (s. Abb. 19). Dadurch wird die Beinkraft und ein weiter und freier Schritt entwickelt, der beim grand fouetté und bei großen komplizierten Sprüngen ausgenutzt wird.

Beim grand battement jeté wird das Spielbein mit einer leicht über den Boden schleifenden Bewegung des Fußes hochgeworfen. Dieser Wurf wird mit zunehmendem Krafteinsatz fortgeführt, bis das Spielbein leicht und frei die Höhe von 90° erreicht. Dann senkt sich das Spielbein, indem die Abwärtsbewegung etwas verzögert wird, leicht mit der Fußspitze auf den Boden und wird mit einem gewöhnlichen battement tendu in die Ausgangsposition eingeschlossen. Das Spielbein muß energisch, gebunden, auswärts und mit gestrecktem Knie in die Höhe geworfen werden. Der Spann und die Zehenspitzen sind ebenfalls fest gestreckt. Der Wurf muß auf einer geraden Linie nach vor, zur Seite oder nach rück ausgeführt werden. Das Standbein ist auswärts und im Knie ebenfalls völlig gestreckt. Die große Zehe darf nicht übermäßig belastet werden. Der Standbeinfuß muß unbedingt am Platz bleiben, besonders wenn das battement nach rück ausgeführt wird.

Für die Haltung der Hüften und die Gewichtsverteilung gelten die gleichen Regeln wie beim battement relevé lent. Die Arme fixieren gewöhnlich die 2. Position. Wenn das Spielbein nach vor oder zur Seite geöffnet wird, bleibt der Oberkörper gerade. Beim grand battement jeté nach rück gibt der Oberkörper im gleichen Augenblick etwas nach vorn nach. Er richtet sich wieder auf, wenn das Spielbein in die Ausgangsposition zurückkehrt. Die Schultern werden frei auf einer Höhe gehalten. Der Kopf ist beim battement vor und rück zum Arm gewendet, der in die 2. Position geöffnet ist. Wird dieses battement zur Seite ausgeführt, bleibt er en face.

Das grand battement muß insgesamt sehr deutlich und energisch ausgeführt werden. Kopf, Oberkörper und Arme dürfen in keiner Weise die Spielbeinbewegungen bzw. die Kraftanstrengungen widerspiegeln. Man muß zwar darauf achten, daß die Weite des Schrittes ausreichend entwickelt wird, darf aber nicht zulassen, daß darunter die richtige und freie Ausführung der Bewegung selbst leidet.

Zuerst wird das grand battement jeté aus der I. Position zur Seite gelehrt. Dabei liegen beide Hände auf der Stange. Dann läßt man es nach vor ausführen, mit einer Hand zur Stange, zum Schluß nach rück, wieder mit beiden Händen zur Stange.

$^2/_4$-Takt (energisch).

$^1/_4$ – das Spielbein wird in die Höhe geworfen;

$^1/_4$ – es wird mit der Fußspitze auf den Boden gesenkt;

$^1/_4$ – es wird in die Ausgangsposition eingeschlossen;

$^1/_4$ – Pause.

Danach wird diese Übung verbunden und ohne Verzögerung der Fußspitze auf dem Boden ausgeführt. Die Pause in der Ausgangsposition (hier bereits die V.) bleibt noch erhalten. Die gesamte Bewegung geschieht auf einen Takt. Zum Schluß wird alles ohne Pause ausgeführt, wobei das battement schon auf den Auftakt beginnt.

Im Anschluß an diese Etappe läßt man das grand battement jeté »im Kreuz« ausführen, wobei auch das Standbein nach dem gleichen Schema wie beim battement tendu vertauscht werden kann. Diese Art erfordert ebenso eine genaue und rechtzeitige Übertragung des Körpergewichts auf das Standbein wie beim battement tendu jeté.

Beim grand battement jeté »im Kreuz« (auch wenn das Standbein vertauscht wird) wird der freie Arm in der 2. Position gehalten. Wenn der Schüler das battement exakt ausführt und das Spielbein leicht und frei in die Höhe wirft, kann man zum grand battement jeté in großen Posen übergehen, zuerst im Freien und dann an der Stange.

Ebenso wie alle vorangegangenen Bewegungen wird auch das grand battement jeté mit einem demi-plié und einem relevé auf halbe Spitze verbunden. Ein demi-plié in der Ausgangsposition kann sowohl vor bzw. nach dem Beinwurf ausgeführt werden. Eine andere Möglichkeit, das relevé mit dem grand battement zu verbinden, besteht darin, daß in der Ausgangsposition, der V., bereits beide Beine auf halber Spitze stehen, der Beinwurf ebenfalls auf halber Spitze ausgeführt wird und das Spielbein wieder in die Ausgangsposition auf halbe Spitze zurückkehrt. Das relevé auf halbe Spitze kann auch mit einem demi-plié in der V. Position vor oder nach dem battement verbunden werden.

Diese technischen Varianten der Ausführung sollten in unterschiedlicher Reihenfolge angewendet werden, jedoch ohne ihre Anzahl zu übertreiben. In einem solchen Falle würde das jeté und auch eine exakte, leichte und flüssige Bewegung des Spielbeins sehr darunter leiden. Folgende Formen, dieses battement zu erschweren, werden praktiziert:

1. Das erste battement in die II. oder IV. Position wird mit der Fußspitze auf dem Boden beendet und das darauffolgende in der Ausgangsposition. Bei dieser Übung werden beide Beinwürfe leicht und verbunden ausgeführt, so daß eine einzige Bewegung entsteht. Nach dem ersten battement tippt die Fußspitze nur ganz kurz auf den Boden. Das Tempo, die Kraft des Beinwurfes und alle übrigen Regeln zur Ausführung des grand battement jeté bleiben unverändert. Man muß besonders darauf achten, daß dieses battement mit einer gespannten und leichten Bewegung des ganzen Beines ausgeführt wird.

Man nennt diese Übung *battement jeté pointé* (Abb. 20). Anfangs wird sie nur mit einem pointé ausgeführt, dann mit zwei oder drei pointés. Jedes pointé erfolgt auf $1/4$ eines Zweiertaktes, später auf $1/8$.

Es ist nicht unbedingt notwendig, diese Übung durch ein demi-plié und relevé auf halbe Spitze zu ergänzen, besonders dann, wenn dadurch ein

20 *Grand battement jeté pointé vor*

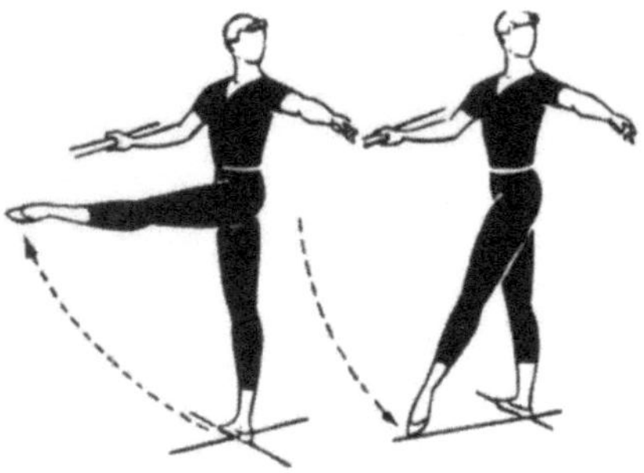

1 2

schneller, leichter und kräftiger Beinwurf und ein trampolinartiges Abstoßen des gestreckten Fußes vom Boden, vor allem bei der Ausführung auf $^1/_8$, erschwert werden würde. Das battement jeté pointé kann mit dem gewöhnlichen grand battement jeté kombiniert werden. Ein Beispiel: zwei grands battements aus der V. Position nach vor und zwei pointés in die gleiche Richtung. Diese Folge wird »im Kreuz« ausgeführt.

Außerdem kann diese Form des battement auf einer bogenförmigen Linie mit einer Übertragung des Spielbeins im Moment des Wurfes aus der IV. in die II. Position oder umgekehrt ausgeführt werden. Der Beinwurf erfolgt unter Beachtung aller grundsätzlichen Regeln, wie sie für das grand battement jeté pointé zutreffen. Dieses battement kann auch aus der IV. in die IV. Position ausgeführt werden, indem man das Spielbein über die II. Position auf einer ebensolchen bogenförmigen Linie nach rück oder nach vor überträgt. Da diese Bewegung nicht sehr einfach ist, läßt man sie nur in der Oberstufe ausführen. Es muß streng darauf geachtet werden, daß das Spielbein genau auf der bogenförmigen Linie übertragen wird und der leichte, kräftige und flüssige Charakter der Bewegung erhalten bleibt.

Der freie Arm ist während dieser Übung in der 2. Position, der Oberkörper gerade und der Kopf vom Standbein abgewendet.

2. Die Ausgangs- und Schlußhaltung des grand battement jeté kann die IV. Position rück sein. Das Spielbein ist in der IV. Position rück mit der Fußspitze auf den Boden aufgesetzt. Es wird mit einer schleifenden Bewegung durch die I. Position nach vor auf 90° geworfen und sofort wieder auf dem gleichen Weg in die Ausgangsposition zurückgeführt. Diese Bewegung kann ebenso auch in der umgekehrten Richtung ausgeführt werden. In diesem Falle ist die Ausgangsposition die IV. Position vor. Man nennt diese Übung *grand battement jeté aus der IV. in die IV. Position.*

Das Spielbein muß völlig auswärts und mit dem ganzen Fuß durch die I. Position über den Boden schleifen. Die Rückbewegung in die Ausgangsposition wird etwas verhaltener ausgeführt. Arme, Oberkörper und Kopf bewegen sich wie beim gewöhnlichen grand battement jeté. Wenn der Schüler diese Bewegung erlernt, ist es angebracht, nach dem auftaktigen battement eine Pause in der Ausgangsposition zu halten. Danach wird dieses battement ohne Pause und auftaktig ausgeführt. Man kann es auch mit einem demi-plié verbinden, wenn das Spielbein von der I. in die IV. Position zurückgeführt wird. Das nachfolgende battement geschieht dann aus dem demi-plié, wobei beide Knie schon gestreckt sind, wenn das Spielbein durch die I. Position gleitet. Die Bewegung des Spielbeins von der I. in die IV. Position wird bei dieser Art des battement vergrößert, und der gesamte Körper neigt sich heftig nach unten. Aus diesem Grunde wird die gewöhnliche Bezeichnung dieser Bewegung durch die Beifügung »mit Oberkörperneigung« ergänzt. Es ist nützlich, in der Oberstufe diesem battement »mit Oberkörperneigung« ein port de bras in die 3. Position hinzuzufügen. In dem Augenblick, wenn das Spielbein nach vor auf 90° geworfen wird, gleitet der freie Arm durch die vorbereitende Haltung und 1. Position in die 3. Position. Bei der Rückbewegung des Spielbeins wird der Arm aus der 3. in die 2. Position geöffnet. Wenn der Beinwurf nach rück auf 90° ausgeführt wird, geht der freie Arm gleichzeitig aus der 2. in die 3. Position und öffnet sich wieder bei der Rückkehr des Spielbeins in die Ausgangsposition in die 2. Position.

Bei all diesen ports de bras ist das Gesicht zur Hand des freien Armes gerichtet. Während der Oberkörperneigung ist der Oberkörper angespannt und neigt sich ein wenig vom geöffneten Bein weg.

Dieses battement wird insgesamt energisch, exakt und leicht ausgeführt. Das Tempo darf beim demi-plié nicht verzögert werden. Der Beinwurf wird auftaktig ausgeführt, das ganze battement auf $1/4$ eines Zweiertaktes.

3. Im folgenden wird noch eine Form des grand battement jeté erläutert – das *balançoir*. Ausgangsposition der Beine: Das Spielbein ist mit der Fußspitze in der IV. Position rück aufgestellt. Aus dieser Position wird das Spielbein durch die I. Position nach vor auf 90° geworfen, dann ohne Verzögerung nach rück auf 90°, noch einmal nach vor auf 90° und zum Schluß durch die I. Position nach rück in die Ausgangsposition geführt. Auf diese Weise erfolgen drei kräftige ununterbrochene Beinwürfe auf 90°: zwei nach vor und einer nach rück. Die Anzahl dieser Würfe kann bis auf acht erhöht werden, wobei man mit dem in der IV. Position vor auf die Fußspitze aufgesetzten Bein beginnt.

Der freie Arm wird wie üblich in der 2. Position gehalten. Der Kopf ist zu diesem Arm gewendet.

In dem Augenblick, wenn das Spielbein auf 90° geworfen wird, neigt sich der Oberkörper gleichmäßig und ebenso energisch um 45° in die entgegen-

21 *Grand battement jeté balançoir in der IV. Position*

22 *Grand battement jeté balançoir in der II. Position*

gesetzte Richtung. Die Gleichzeitigkeit des Beinwurfes auf 90° und die Neigung des oberen Teils des Körpers in die entgegengesetzte Richtung ist für die Bezeichnung dieser Übung entscheidend – *grand battement jeté balançoir* (Abb. 21). Bei dieser Übung können die Spielbeine nicht nur nach vor oder nach rück geworfen werden, sondern auch nacheinander zur Seite. In diesem Falle wechselt das Standbein sofort und leicht zum Spielbein. Dieser Austausch findet ohne Verzögerung in der I. und V. Position statt.

Der Oberkörper neigt sich während des Wurfes um 45° vom Spielbein weg in die entgegengesetzte Seite. Die Arme werden horizontal gehalten. Bei jedem Wurf wendet sich der Kopf vom Spielbein weg (Abb. 22). In der II. Position wird diese Form des battement nur in der Mittel- und Oberstufe ausgeführt.

4. Alle bis jetzt behandelten Formen des grand battement jeté (außer dem pointé mit Übertragung in eine andere Position) können mit einem Haltepunkt auf 90° ausgeführt werden. Dieser entsteht, indem das Spielbein kräftig, exakt, leicht, ohne den Ansatz zu verzögern auf die Höhe von 90° geworfen wird. Dabei muß das Spielbein auswärts und völlig durchge-

streckt sein und darf nicht höher als bis zu jenem Punkt geworfen werden, auf dem es der Schüler noch frei und mit Aplomb zu halten vermag. Die Pause wird gewöhnlich auf 1/4 eines Zweiertaktes gehalten. Sie kann aber auch je nach der Aufgabenstellung verlängert werden.

Außerdem kann diese Übung durch ein leichtes und schnelles »Wippen« des Spielbeines in der Luft ergänzt werden – durch das *balancé*. Es wird auf folgende Arten ausgeführt: Das auf 90° geworfene Spielbein wird auf dieser Höhe etwas verzögert, dann leicht auf 70° gesenkt und sofort wieder auf die alte Höhe zurückgeführt. Bei diesem »Wippen« liegt der Akzent auf der Höhe von 90°. Das Spielbein muß in dieser Position sofort wieder fixiert werden.

Diese Variante wird sparsam und nur als kleine Ergänzung angewendet, ungeachtet dessen, daß sie gut die Kraft und eine exakte Fixierung des Spielbeins auf 90° entwickelt. Ab und zu sollte man diese Form des balancé mit dem battement relevé lent oder dem battement développé an der Stange verbinden.

Battement frappé

Mit Hilfe des battement frappé kann man beim Schüler die Fähigkeit entwickeln, das Spielbein schnell, exakt und energisch zur Haltung sur le cou-de-pied anzuwinkeln. In gleicher Weise erreicht man mit dieser Übung auch ein ebenso schnelles und kräftiges Strecken des Spielbeins nach vor, zur Seite und nach rück, sowohl mit der Fußspitze auf dem Boden als auch auf 45° (Abb. 23). Da diese Übung immer aus einer geöffneten Beinhaltung beginnt, muß zuerst eine entsprechende Vorbereitung ausgeführt werden.

Ausgangsposition der Beine – V. Position. Der freie Arm wird aus der vorbereitenden Haltung durch die 1. in die 2. Position geöffnet. Beim port

24 *Haltung sur le cou-de-pied vor* *Haltung sur le cou-de-pied rück*

de bras aus der 1. in die 2. Position wird das Bein mit einem battement tendu zur Seite geöffnet. Wenn der Arm aus der vorbereitenden Haltung in die 1. Position angehoben wird, ist der Blick auf die Hand dieses Armes gerichtet und der Kopf ein wenig zur Stange geneigt; beim port de bras aus der 1. in die 2. Position richtet sich der Kopf wieder auf und wendet sich in die gleiche Richtung. Der Oberkörper ist gerade.

Das Abwinkeln des Spielbeins in die Haltung sur le cou-de-pied vor erfolgt mit einem leichten Schlag gegen das Standbein; rück wird das Spielbein etwas verhaltener, aber genauso exakt angewinkelt. Das Strecken geschieht mit Hilfe einer kräftigen, stoßartigen Bewegung und einem leichten Schleifen der Fußspitze über den Boden im Endpunkt. Beim frappé auf 45° fällt dieses Schleifen weg. Das Knie, der Spann und die Zehen müssen im letzten Moment fest gespannt sein.

Beim battement frappé zur Seite (mit der Fußspitze auf den Boden und auf 45°) müssen Oberschenkel und Knie unbedingt auswärts und völlig unbeweglich bleiben; beim battement frappé nach vor oder nach rück werden Oberschenkel und Knie in die entsprechende Richtung geführt. Dabei muß unbedingt darauf geachtet werden, daß sie jedesmal, wenn das Spielbein wieder angewinkelt wird, zum Ausgangspunkt zurückkehren.

Das Stand- und das Spielbein bleiben auswärts, und die Knie bewahren ihre korrekte, angespannte Haltung. Der freie Arm fixiert, ohne sich zu verkrampfen, die 2. Position. Der Oberkörper bleibt aufrecht und unverändert. Der Kopf bewegt sich wie bei den schon erläuterten battements.

Bevor man mit dem Einstudieren des battement frappé beginnt, muß man erst die Haltung sur le cou-de-pied (mit dem Gesicht zur Stange) lehren. Beim sur le cou-de-pied vor wird die Fessel über dem inneren Knöchel des Standbeines von der Ferse, dem gewölbten Mittelfuß und den Zehen des Spielbeins umfaßt (Abb. 24). Das sur le cou-de-pied rück wird auf der gleichen Höhe ausgeführt wie das sur le cou-de-pied vor. Bei dieser Haltung wird der Spielbeinfuß mit der Ferse über dem äußeren Knöchel des Standbeins angelegt (Abb. 25).

Da das battement frappé am leichtesten zur Seite ausgeführt werden kann, lehrt man es zuerst in diese Richtung. Die Übung wird mit beiden Händen zur Stange und im langsamen Tempo ausgeführt, ohne irgendwelche Akzente und auf zwei 2/4-Takte. Ausgangsposition – V. Zwei einleitende Takte – Vorbereitung: das vordere Bein führt ein battement tendu zur Seite aus.

1/4 – das Spielbein wird sur le cou-de-pied vor angewinkelt;

1/4 – Pause;

1/4 – das Spielbein wird in die II. Position gestreckt (mit der Fußspitze am Boden);

1/4 – Pause.

Dann wird die gleiche Übung mit der Haltung sur le cou-de-pied rück ausgeführt und anschließend alles noch einmal von Anfang an wiederholt. Auf zwei Abschlußakkorde wird das Spielbein am Ende der gesamten Übung in die V. Position rück eingesetzt und alles mit dem anderen Bein ausgeführt.

Bei dieser Übung muß das Spielbein gleichmäßig und genau in der Seite angewinkelt und gestreckt werden. Die Haltung sur le cou-de-pied muß fest (besonders sur le cou-de-pied vor), jedoch ohne Druck auf das Standbein fixiert werden. Das Hüftgelenk ist angespannt. Die Hände liegen leicht auf der Stange. Der Oberkörper ist aufrecht und angespannt. Die Schultern sind geöffnet und herabgesenkt. Der Mittelpunkt des Körpergewichts liegt genau auf dem Standbein. Der Kopf wird gerade gehalten, den Blick nach vorn gerichtet.

Als nächstes wird dieses battement genauso langsam und mit Pausen zuerst nach vor und zum Schluß nach rück gelehrt. Später kann man das battement frappé mit einer Hand zur Stange in jede Richtung zweimal »im Kreuz« ausführen. Die vorbereitende und abschließende Bewegung ist jedesmal unbedingt notwendig.

In der nächsten Etappe erfolgt das battement frappé auf einen 2/4-Takt. Danach wird das Spielbein auftaktig angewinkelt und weich an das Standbein geschlagen. Das folgende Strecken wird etwas kräftiger und auf 1/8 ausgeführt. Anschließend auf 2/8 eine Pause (Fußspitze am Boden).

Zum Schluß fällt auch diese Pause weg. Der Akzent liegt auf dem Strecken des Spielbeins, und die gesamte Bewegung wird mit voller Kraft ausgeführt.

Beim endgültigen Tempo erfolgt das frappé auf 1/8 und wird mit dem frappé auf 1/4 abgewechselt. Zum Beispiel: zwei battements frappés auf je 1/4 und anschließend drei battements frappés auf je 1/8. Das letzte Achtel ist eine Pause (Spielbein ist geöffnet).

Wenn der Schüler das battement frappé auf 1/4 mit der Fußspitze am Boden beherrscht, kann man es auf 45° lehren. Alle Regeln zur Ausführung bleiben unverändert, nur der Akzent beim Anwinkeln des Spielbeins wird verstärkt. Das heißt, daß der Schlag des Spielbeinfußes gegen die vordere Seite des Standbeins in einem mehr federnden Charakter ausgeführt wird.

Danach lehrt man das battement frappé auf 45° mit gleichzeitiger hoher halber Spitze des Standbeins. Bei der Vorbereitung erhebt sich das Standbein bereits auf die halbe Spitze. Eine weitere Möglichkeit der Verbindung von frappé und hoher halber Spitze des Standbeins ist die Ausführung des relevé auf halbe Spitze in dem Augenblick, wenn das Spielbein angewinkelt wird. Beim Strecken des Spielbeins senkt sich das Standbein wieder auf den ganzen Fuß herab. Diese Art kann sowohl mit dem Strecken des Spielbeins auf den Boden als auch auf 45° ausgeführt werden.

Bevor der Schüler das battement frappé auf halber Spitze erlernt, ist es notwendig, mit Hilfe der folgenden Übung das relevé besonders auf einem Bein gründlich zu erarbeiten. 2/4-Takt. Ausgangsposition – V. Position, Gesicht zur Stange.

1. Takt – relevé auf halbe Spitze mit gleichzeitigem Übertragen des vorderen Beins in die Haltung sur le cou-de-pied;

2. Takt – das Standbein senkt sich gleichmäßig von der halben Spitze auf den ganzen Fuß (Spielbein bleibt sur le cou-de-pied vor).

Auf jeden weiteren Takt werden noch jeweils zwei relevés auf halbe Spitze ausgeführt, wobei das letzte gleichzeitig mit dem Absetzen des Spielbeins in die V. Position vor beendet wird.

Zum Schluß wird auf zwei Takte das vordere Bein mit einem battement tendu zur Seite geöffnet und in die V. Position rück eingesetzt. Danach wird die gesamte Übung sur le cou-de-pied rück wiederholt und anschließend mit dem anderen Bein vor und rück.

Diese Übung muß sehr gleichmäßig, mit auswärtsgedrehtem Spielbein und ohne große Kraftanstrengung ausgeführt werden. Das Standbeinknie ist fest durchgestreckt. Der Standbeinfuß muß das relevé und das Absetzen sehr elastisch und ohne Verkrampfung ausführen. Das Zentrum des Körpergewichts liegt genau auf dem Standbein. Die Arme liegen frei auf der Stange. Der Oberkörper und der Kopf werden gerade gehalten. Der gesamte Körper ist angespannt, besonders beim relevé auf halbe Spitze.

Es gibt noch eine erschwerte Form des battement frappé, das *battement double frappé*. Diese Form unterscheidet sich dadurch von der vorhergehenden, daß das Spielbein, nachdem es das erste Mal zum cou-de-pied angewinkelt wurde, sofort mit einem petit battement ins andere cou-de-pied übertragen wird. Erst danach wird das Spielbein wieder geöffnet. Mit folgender Übung lehrt man das battement double frappé auf einen $^4/_4$-Takt (eine Hand zur Stange):

$^1/_4$ – das Spielbein wird sur le cou-de-pied angewinkelt;

$^1/_4$ – Übertragung des Spielbeinfußes in die andere Haltung sur le cou-de-pied;

$^1/_4$ – das Spielbein wird gestreckt;

$^1/_4$ – Pause.

Danach wird die vollständige Bewegung im doppelten Tempo ausgeführt, d. h. jedes einzelne Element dieser Bewegung auf $^1/_8$. Dann die nächste Etappe:

$^1/_8$ – (Auftakt) das Spielbein wird angewinkelt und der Spielbeinfuß anschließend sofort in die andere Haltung sur le cou-de-pied übertragen;

$^1/_8$ – das Spielbein wird gestreckt;

$^2/_8$ – Pause.

Diese Pause fällt später weg.

Diese Übung erlernt der Schüler in folgender Reihenfolge: zuerst zur Seite, danach nach vor und nach rück und zum Schluß »im Kreuz« mit verschiedenen Varianten; anfangs mit der Fußspitze auf den Boden, dann auf 45° und als letztes auf halber Spitze stehend und in Verbindung mit einem relevé auf halbe Spitze. Alle Regeln, die für das einfache battement frappé und das petit battement sur le cou-de-pied gelten, müssen auch hier uneingeschränkt befolgt werden.

Zum Schluß wird dieses battement (mit der Fußspitze am Boden) in dem Augenblick, wenn das Spielbein geöffnet wird, durch ein demi-plié auf dem Standbein ergänzt.

Diese Art wird zuerst »im Kreuz« gelehrt, anfangs mit gewöhnlicher Arm-, Oberkörper- und Kopfhaltung, später in kleinen Posen. Ein Beispiel: zwei doubles frappés zur Seite und eins nach vor in die Pose effacée. Jedes double frappé erfolgt auf $^1/_4$. Die Pose wird auf $^1/_4$ ausgehalten. Zweites Beispiel: zwei doubles frappés zur Seite, eins nach vor in die Pose effacée und eins nach rück in die Pose effacée. Jedes double frappé erfolgt auf $^1/_4$. Drittes Beispiel: ein double frappé zur Seite, eins nach vor in die Pose effacée, eins in die Pose écartée vor und eins zur Seite. Jedes double frappé erfolgt auf $^1/_4$. Alle drei Beispiele werden auch in umgekehrter Reihenfolge ausgeführt. Bei jeder Pose effacée wird der freie Arm in der 1. Position gehalten. Der Oberkörper neigt sich schnell nach vor auf 45°, der Kopf ist dabei auf die Hand des freien Arms gerichtet. Der Übergang in diese Pose erfolgt, indem sich der Kopf in dem Augenblick zur Stange wendet, wenn der Spielbeinfuß die beiden Schläge gegen das Standbein ausführt.

Jedes frappé nach rück wird in die zweite arabesque ausgeführt, wobei sich der Oberkörper ebenfalls schnell und nicht sehr weit nach rück neigt.

Beim Übergang in diese Pose wendet sich der Kopf wieder zur Stange, wenn beide Schläge gegen das Standbein ausgeführt werden.

Diese Variante entwickelt beim Schüler die Fähigkeit, alle Elemente, aus denen die Übung besteht, während ihrer Ausführung schnell und sicher zu koordinieren. Das battement double frappé selbst muß leicht und exakt, ohne überflüssige Akzentuierung und sehr sauber ausgeführt werden.

Petit battement sur le cou-de-pied

Diese Bewegung besteht aus einem schnellen und straffen Wechsel des Spielbeins aus der Haltung sur le cou-de-pied vor in die Haltung sur le cou-de-pied rück und umgekehrt (Abb. 26). Dieser Wechsel der Haltung sur le cou-de-pied muß vorn und hinten auf ein und derselben Höhe stattfinden. Der Spielbeinfuß wird beim Wegführen vom Standbein mit äußerster Exaktheit nur minimal zur Seite geöffnet. Dabei darf auf keinen Fall der Fuß entspannt werden. Er muß während der gesamten Bewegung völlig gestreckt sein. Der Oberschenkel und das Knie des Spielbeins werden maximal auswärts und unbeweglich gehalten. Die Bewegung des Unterschenkels ist frei und leicht. Die Übertragung nach rück wird sehr exakt ausgeführt, und das Anlegen des Spielbeinfußes sur le cou-de-pied vor erhält einen federnden Charakter. Der rhythmische Akzent kann auch auf das cou-de-pied rück verlegt werden. Der kräftigere Schlag des Spielbeinfußes gegen das Standbein wird jedoch vorn ausgeführt, sobald die Fessel umfaßt wird. Das Standbein ist auswärts, fest angespannt und gibt bei den Schlägen des Spielbeinfußes nicht nach.

Der freie Arm fixiert die 2. Position und darf bei den schnellen Beinbewegungen nicht verkrampft werden. Der Oberkörper ist aufrecht und hochgezogen und wird ohne überflüssige Kraftanstrengung gehalten. Der Mittelpunkt des Körpergewichts liegt genau auf dem Standbein. Der Kopf ist genau zum Arm gewendet, der in die 2. Position geöffnet ist. Hals und Gesicht dürfen ebensowenig wie der Oberkörper und die Arme die Spielbeinbewegung reflektieren. Der Blick geht über den geöffneten Arm frei in den Raum (Abb. 27).

Die Vorbereitung zu dieser Form des battement besteht aus zwei Teilen. Der erste Teil ist völlig identisch mit der gewöhnlichen Vorbereitung. Im zweiten Teil wird das Spielbein aus der II. Position nach vor sur le cou-de-pied angewinkelt. Diese Vorbereitung wird auf zwei einleitende $^2/_4$-Takte durchgeführt.

Auftakt – der freie Arm wird aus der vorbereitenden Haltung in die 1. Position geführt;

Petit battement sur le cou-de-pied 26

1. Etappe beim Erlernen des petit battement sur le cou-de-pied 27

1. Takt – Arm und Spielbein werden zur Seite geöffnet;

2. Takt – das Spielbein wird in die Haltung sur le cou-de-pied vor oder rück angelegt.

Ganz am Anfang, wenn der Schüler dieses battement erlernt, muß der Unterschenkel in die II. Position bis zur senkrechten Haltung geöffnet werden (Abb. 27). Danach wird der Fuß ebenso gleichmäßig sur le cou-de-pied vor übertragen. Diese gesamte Bewegungsfolge geschieht im ruhigen Tempo und ohne irgendeine Akzentuierung auf einen $2/4$-Takt. Jede Bewegung des Spielbeins und jede nachfolgende Pause werden auf $1/4$ ausgeführt.

Zu Beginn des Erlernens führt der Schüler diese Übung aus der V. Position mit beiden Händen zur Stange aus. Auf zwei einleitende Takte erfolgt mit dem vorderen Bein die Vorbereitung. Dann wird das Spielbein achtmal übertragen. Zum Schluß wird das Spielbein auf zwei Akkorde mit der Fußspitze auf den Boden geöffnet und in die V. Position eingesetzt. Danach wird alles mit dem anderen Bein wiederholt.

Als nächstes kann man diese Übung mit einer Hand zur Stange und im gleichen Tempo ausführen lassen. Später fallen die Pausen weg, und das Spielbein wird auf jedes Viertel übertragen. Das Tempo bleibt noch unverändert, jedoch wird die Haltung sur le cou-de-pied vor etwas stärker betont. Danach beginnt die Übertragung des Spielbeins nach rück auftaktig, und bei sur le cou-de-pied vor wird eine Pause gehalten. Dadurch entsteht folgende rhythmische Gliederung:

$^1/_8$ – (Auftakt) das Spielbein wird nach rück übertragen;
$^1/_8$ – das Spielbein wird nach vor übertragen;
$^2/_8$ – Pause in der Haltung sur le cou-de-pied vor.

Das Tempo ist nach wir vor unverändert. Schließlich fällt auch diese Pause weg, und das Tempo der Ausführung des petit battement sur le cou-de-pied wird nach und nach immer schneller. Die rhythmische Aufteilung der Bewegung ist die gleiche wie oben. Auf diese Weise erhält die gesamte Bewegung einen virtuosen Charakter. Die schnelle Wiederholung ein und derselben Beinbewegung erinnert etwas an ein »Tremolo«. Sie entwickelt in besonderem Maße die Beweglichkeit des Unterschenkels bei völliger Unbeweglichkeit des Oberschenkels und der Hüfte.

Das Lehrprogramm gibt an, in welcher Klassenstufe diese Übung auf halber Spitze und danach mit relevé auf halbe Spitze ausgeführt werden muß. Im letzten Fall werden Spielbeinübertragung nach rück und relevé auf halbe Spitze gleichzeitig ausgeführt. Bei der Rückkehr des Spielbeins in die Haltung sur le cou-de-pied vor senkt sich die Standbeinferse wieder auf den Boden. Diese Reihenfolge ist auch umgekehrt möglich. Für dieses petit battement mit relevé gibt es unterschiedliche Kombinationsmöglichkeiten. Ein Beispiel: Vier petits battements werden auf halber Spitze stehend ausgeführt und vier mit relevé auf halbe Spitze.

Abschließend muß das relevé in dem Augenblick, wenn sich die Standbeinferse auf den Boden senkt, durch ein kurzes und elastisches demi-plié ergänzt werden. Eine solche Verbindung wird auf $^1/_4$ ausgeführt. Zum Beispiel: zwei petits battements auf halber Spitze, jedes auf $^1/_8$ und eins auf $^1/_4$ mit Absetzen ins demi-plié. In dieser Art wird die gesamte Übung viermal nach vor und ebenso oft nach rück ausgeführt.

Der Spann des Spielbeins ist bei jedem demi-plié ebenso wie beim battement fondu völlig gestreckt. Beim Strecken aus dem demi-plié nimmt der Spielbeinfuß wieder die gewöhnliche Haltung sur le cou-de-pied ein.

Das petit battement sur le cou-de-pied in Verbindung mit relevé-plié muß sehr gründlich erarbeitet werden, da es ein Bestandteil von vielen schnellen Bewegungen des klassischen Tanzes ist, zum Beispiel von Sprüngen. Der Kopf, zum freien Arm gewendet, neigt sich leicht zum Spielbein, wenn das sur le cou-de-pied vor oder rück angelegt wird.

Wenn der Schüler diese Art des petit battement gut beherrscht, kann man sie innerhalb einer Kombination zusammen mit den beiden Formen des battement frappé ausführen lassen.

Battement battu

In der Regel wird diese Übung nur in der Oberstufe von den Mädchen ausgeführt. Sie ist jedoch auch insofern für den männlichen Schüler von Nutzen, da sie die Schnelligkeit und Exaktheit der Bewegungen des Spielbeins entwickelt.

Das battement battu besteht aus einer ununterbrochenen Folge von äußerst kurzen Schlägen der Fußspitze des Spielbeins gegen die vordere Seite der Standbeinferse. Das Standbein steht währenddessen ruhig und fest auf hoher halber Spitze (Abb. 28). Je nach Aufgabenstellung kann der freie Arm in der vorbereitenden Haltung, der 1., 2. oder 3. Position fixiert werden. Der Oberkörper ist aufrecht, angespannt und völlig unabhängig von der schnellen Spielbeinbewegung. Der Mittelpunkt des Körpergewichts liegt auf dem Standbein. Der Kopf ist über die Schulter zum freien Arm gewendet.

Das Kniegelenk darf bei den schnellen, sich ständig wiederholenden Schlägen des Unterschenkels nicht verkrampft werden. Das Knie und der völlig unbewegliche Oberschenkel müssen maximal auswärts gehalten werden. Eine Bewegung des Beins von der Hüfte aus nach vor und rück ist unzulässig. Das Spielbein darf nur ganz wenig im Knie abgebeugt und gestreckt werden (ohne jedoch die absolute Streckung zu erreichen). Das Standbein ist auswärts, das Knie fest gestreckt und das Fußgelenk völlig unbeweglich.

Es ist angebracht, dieses battement am Anfang in etwas ruhigerem Tempo zu lehren, d. h. auf jedes Achtel einen Schlag. Später wird das Tempo immer schneller, bis man auf jedes Sechzehntel einen Schlag ausführt.

Das battement battu kann auch gegen die Rückseite des Standbeins ausgeführt werden. In diesem Falle schlägt die Ferse des Spielbeins etwas weniger kräftig gegen die Standbeinfessel, jedoch genauso exakt und leicht. In der Regel führt man das battement battu effacé vor oder rück aus.

Battement battu **28**

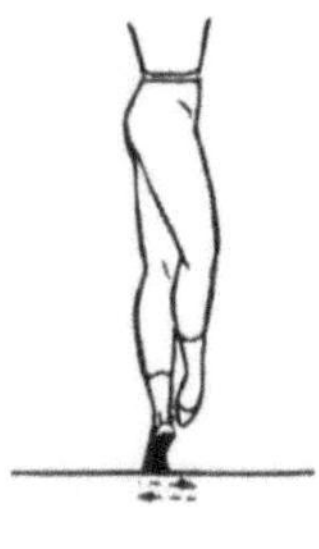

Battement fondu

Das battement fondu gehört zur Gruppe der fließenden und komplizierten (da zusammengesetzten) Bewegungen, die die Kraft, Auswärtsdrehung und Elastizität der Beine entwickeln. Es beginnt nach der gewöhnlichen Vorbereitung, bei der das Spielbein mit der Fußspitze auf dem Boden in die II. Position geöffnet wird. Dann wird mit dem Standbein ein demi-plié ausgeführt und das Spielbein gleichzeitig in die Haltung sur le cou-de-pied vor oder rück angewinkelt. Danach streckt sich das Standbein wieder, und das Spielbein wird gleichzeitig in die vorgegebene Richtung geöffnet, entweder mit der Fußspitze auf den Boden, auf 45° oder 90°. Im Gegensatz zum fließenden und weichen Charakter des battement fondu muß das Spielbein in der geöffneten Haltung fixiert werden (Abb. 29). Beim battement fondu auf den Boden oder auf 45° beginnen und beenden beide Beine ihre Bewegungen gleichzeitig. Das heißt, daß der tiefste Punkt des demi-plié mit dem Anlegen des Spielbeins in die Haltung sur le cou-de-pied zeitlich zusammenfällt. Das gleiche gilt auch für das anschließende Strecken beider Beine.

Beim battement fondu auf 90° senkt sich das geöffnete Bein etwas vor Beginn des demi-plié des Standbeins bis auf 45°. Die nachfolgenden Bewegungen verlaufen wie gewöhnlich. Das Öffnen des Spielbeins auf 90° wird ebenfalls etwas verändert. Das Strecken des Standbeins und das Anheben des Spielbeins bis zum Knie beginnen gleichzeitig. Danach wird das Standbein durchgestreckt und das Spielbein gleichzeitig mit einem développé auf 90° geöffnet. All das muß fließend, elastisch, auswärts, mit geraden Hüften und unter Beachtung aller Regeln des demi-plié ausgeführt werden.

Der freie Arm kann in der 2. Position gehalten oder beim plié in die vorbereitende Haltung gesenkt werden. Im letzten Fall wird er dann, wenn das Spielbein geöffnet wird, über die 1. wieder in die 2. Position geführt.

Der Oberkörper ist aufrecht und angespannt. Die Schultern sind exakt

29 *Battement fondu*

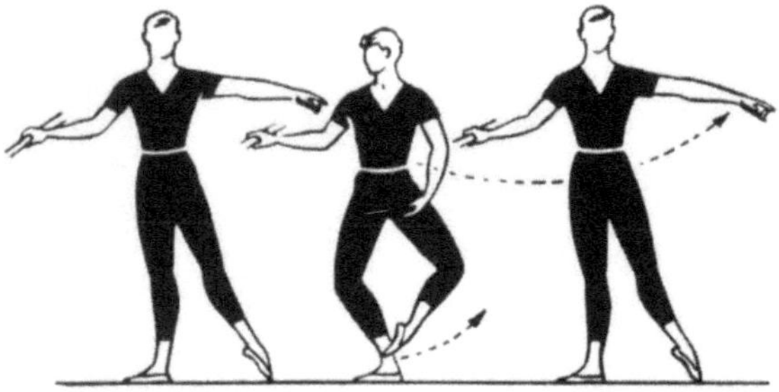

auf einer Linie. Der Körper befindet sich genau auf dem Standbein. Beim battement fondu nach vor und rück ist der Kopf zum geöffneten Arm gewendet, beim fondu zur Seite bleibt er en face. Außerdem kann er bei jedem plié ein wenig zur Stange gedreht werden, unabhängig davon, ob sich der freie Arm bewegt oder die 2. Position fixiert. Beim fondu zur Seite wendet sich der Kopf beim Strecken des Standbeins und dem Öffnen des Spielbeins wieder in die Ausgangshaltung bzw. en face.

Es existiert noch folgende Variante der Kopfführung: Bei jedem plié neigt sich der Kopf – vorausgesetzt, daß der freie Arm die 2. Position fixiert – wie beim battement tendu demi-plié leicht nach vor (wenn das Spielbein sur le cou-de-pied vor angelegt wird) oder nach rück (wenn das Spielbein sur le cou-de-pied rück angelegt wird). Das battement fondu wird in kleinen Posen mit der Fußspitze am Boden bzw. auf 45° und in großen Posen auf 90° ausgeführt. Außerdem kann das battement fondu auf 45° und 90° durch ein relevé auf halbe Spitze ergänzt werden. Dabei werden alle beschriebenen Regeln zur Ausführung eingehalten. Das Standbein muß sich in dem Augenblick auf halbe Spitze erheben, wenn das Strecken aus dem demi-plié vollendet wird. Anfangs wird diese Form nur auf mittlere halbe Spitze, später auf hohe halbe Spitze ausgeführt. Das folgende demi-plié darf erst beginnen, nachdem die Standbeinferse bereits den Boden berührt hat. Diese beiden Phasen müssen so miteinander verschmelzen, daß eine einheitliche Bewegung entsteht.

Man lehrt das battement fondu zuerst in die II. Position und mit beiden Händen zur Stange. Da die Haltung sur le cou-de-pied beim battement fondu etwas verändert wird, muß sie zusammen mit dem demi-plié extra gelehrt werden. Diese veränderte Haltung des Spielbeins am Standbein wird *bedingtes sur le cou-de-pied* genannt. Zur Ausführung: Während des demi-plié berührt das Spielbein – Spann und Zehen sind fest gestreckt – mit der kleinen Zehe den inneren Knöchel des Standbeins (Abb. 30). Bei der Haltung sur le cou-de-pied rück wird das Spielbein mit der großen Zehe an den äußeren Knöchel des Standbeins angelegt (Abb. 31).* Diese veränderten Haltungen müssen mit Hilfe folgender Übung sorgfältig erarbeitet werden. $^2/_4$-Takt (lento). Ausgangsposition der Beine – V. Auf zwei einleitende Takte wird das vordere Bein mit einem battement tendu in die II. Position geöffnet.

---

* Es ist notwendig, an dieser Stelle darauf hinzuweisen, daß die Grundform der Haltung sur le cou-de-pied nur beim battement frappé und petit battement sur le cou-de-pied angewendet wird. Aus diesem Grunde erübrigt es sich, bei allen nachfolgenden Bewegungen, in denen sur le cou-de-pied erscheint, besonders zu erläutern, um welche Haltung es sich handelt. Es wird in jedem Falle – unabhängig davon, ob das Standbein ein demi-plié ausführt oder gestreckt ist – ein bedingtes sur le cou-de-pied sein.

30 *Bedingtes sur le cou-de-pied vor* *Bedingtes sur le cou-de-pied rück*

1. Takt – das Spielbein wird sur le cou-de-pied vor angelegt;
2. Takt – das Standbein führt ein demi-plié aus;
3. Takt – das Standbein wird gestreckt;
4. Takt – das Spielbein wird zur Seite mit der Fußspitze auf den Boden geöffnet.

Jede dieser Bewegungen geschieht auf das erste Viertel des Taktes. Auf das zweite Viertel wird eine Pause gehalten. Diese Übung wird dann sur le cou-de-pied rück und anschließend noch einmal vor und rück wiederholt. Auf zwei Abschlußakkorde wird das Spielbein in die V. Position rück eingesetzt. Danach wird alles mit dem anderen Bein ausgeführt.

Dann lehrt man diese Übung – mit beiden Händen zur Stange – in die IV. Position vor und rück. Als nächstes wird das battement fondu fließend ausgeführt, d. h., beide Knie werden gleichzeitig gebeugt und gestreckt. Auch bei dieser Übung, die auf zwei $^2/_4$-Takte ausgeführt wird, liegen beide Hände auf der Stange.

1. Takt – beide Beine werden gleichmäßig gebeugt;
2. Takt – sie werden wieder gestreckt.

In der nächsten Etappe wird das battement fondu mit einer Hand zur Stange und in jede Richtung extra ausgeführt, später »im Kreuz« und je zwei battements in jede Richtung. Im Anschluß daran wird die Ausführung durch verschiedene Änderungen erschwert. Zuerst wird die Spielbeinhöhe

beim Öffnen auf 45° erhöht. Dann wird das battement fondu auf 45° gleichzeitig mit einem relevé des Standbeins auf halbe Spitze ausgeführt. In der gleichen Reihenfolge erlernt der Schüler das battement fondu auf 90°. Wenn mehrere battements fondus auf halbe Spitze hintereinander ausgeführt werden, kann man auch das Standbein wechseln (mit ein und derselben Hand zur Stange). Diese Form ist sehr nützlich.

Wie an der Stange, so sind auch in der Mitte des Saales verschiedene Verbindungen des battement fondu mit anderen Bewegungen möglich. Dadurch wird die Kombination sowohl rhythmisch als auch technisch mannigfaltig. Man kann zum Beispiel kleine und große ronds de jambe en l'air, pas tombés, battements frappés, halbe Pirouetten oder Pirouetten, die auf einem Bein beginnen, in den Aufbau der Kombination einbeziehen. Ebenso sind ab und zu kleine Sprünge wie temps levé oder pas coupé (mit der Haltung sur le cou-de-pied) möglich.

Es existiert noch eine Variante des battement fondu – das *battement double fondu*. Es beginnt mit dem üblichen Beugen beider Beine. Beim anschließenden relevé des Standbeins auf halbe Spitze bleibt das Spielbein in der Haltung sur le cou-de-pied. Danach führt das Standbein ein zweites demi-plié aus. Gleichzeitig beginnt das Spielbein sich auf 45° zu öffnen. Diesem demi-plié des Standbeins folgt ein abschließendes relevé auf halbe Spitze. Dabei muß das Strecken des Standbeins und des Spielbeins zur gleichen Zeit vollendet werden (Abb. 32).

Das erste demi-plié wird mit einem Akzent auf das Anwinkeln des Spielbeins, das zweite mit einem Akzent auf das Strecken des Spielbeins ausgeführt. Erst bei einer solchen Ausführung wird die Besonderheit des double fondu sichtbar. Es kann in alle Richtungen, nach vor, zur Seite, nach rück und »im Kreuz« ausgeführt werden.

Die Bewegungen der Arme, des Oberkörpers und des Kopfes sind die gleichen wie beim einfachen battement fondu. Das double fondu wird erst gelehrt, wenn der Schüler die einfache Form auf halber Spitze beherrscht.

Battement double fondu 32

Der fließende, weiche Charakter und alle für die Ausführung der einfachen Form geltenden Regeln bleiben unverändert. Es ist notwendig, das zweite demi-plié sehr genau zu erarbeiten und darauf zu achten, daß beide Beine gleichzeitig ihre Bewegungen (das Standbein führt das demi-plié mit anschließendem relevé aus, und das Spielbein öffnet sich) beginnen und beenden. Im folgenden die rhythmische Gliederung des double fondu. Ausgangsposition der Beine – Standbein auf halber Spitze, Spielbein in der II. Position auf 45°.

2/4-Takt (Adagio).

1/4 – erstes demi-plié;

1/4 – relevé auf halbe Spitze;

1/4 – zweites demi-plié;

1/4 – zweites relevé.

Es ist nützlich, das battement double fondu mit dem einfachen battement fondu zu verbinden. Außerdem können beide Formen des battement fondu nicht nur aus einer geöffneten Position des Spielbeins, sondern auch aus der V. Position begonnen werden. In diesem Falle wird das Spielbein in dem Augenblick, wenn das demi-plié beginnt, ins cou-de-pied angelegt. Diese Form kann sowohl zu Beginn als auch innerhalb einer Kombination angewendet werden.

Das battement double fondu kann auch auf 90° ausgeführt werden. Abgesehen davon, daß das Spielbein in diesem Falle mit einem battement développé geöffnet wird, bleibt der Bewegungsablauf im Prinzip der gleiche wie beim double fondu auf 45°. Dieses battement développé hat einige Ergänzungen zur Folge:

1. Während des ersten demi-plié wird der Spielbeinfuß aus der Haltung sur le cou-de-pied bis zur Haltung passé geführt.

2. Während des zweiten demi-plié beginnt das Spielbein, sich auf 90° zu öffnen.

3. Beim zweiten relevé auf halbe Spitze wird das geöffnete Bein auf 90° fixiert.

4. Das geöffnete Bein wird vor dem zweiten double fondu ebenso gesenkt wie beim einfachen battement fondu auf 90°. Das heißt: Während das Standbein noch auf halber Spitze bleibt, senkt sich das geöffnete Bein auf 45°. Das Anlegen ins cou-de-pied geschieht dann wieder gleichzeitig mit dem demi-plié des Standbeins. Diese Übung auf 90° wird langsamer als auf 45° ausgeführt.

4/4-Takt.

1/4 – erstes demi-plié;

1/4 – erstes relevé auf halbe Spitze;

$1/4$ – zweites demi-plié;

$1/4$ – Strecken aus dem demi-plié, relevé und abschließendes Öffnen des Spielbeins.

Das battement double fondu darf erst gelehrt werden, wenn der Schüler das battement développé in Verbindung mit demi-plié und relevé auf halbe Spitze beherrscht.

Battement soutenu

Das battement soutenu gehört ebenfalls wie das battement fondu zu den fließenden Bewegungen, die die Kraft, Auswärtsdrehung und Elastizität der Beine entwickeln (Abb. 33). Es wird auf 45° und 90° ausgeführt.

Ausgangsposition der Beine – V. Position. Die Ausführung ist fließend und ohne Unterbrechung. Das battement soutenu beginnt mit einem relevé auf halbe Spitze in der Ausgangsposition; das Spielbein wird ins cou-de-pied vor oder rück übertragen; das Standbein führt ein demi-plié aus, während sich das Spielbein gleichzeitig nach vor, zur Seite oder nach rück auf 45° öffnet; das Spielbein wird mit der Fußspitze auf den Boden gesenkt (Standbein bleibt im demi-plié); das Spielbein wird in die V. Position eingeschlossen, während sich gleichzeitig das Standbein auf halbe Spitze erhebt.

Wenn das Spielbein sur le cou-de-pied angelegt wird, erhebt sich der freie Arm aus der vorbereitenden Haltung in die 1. Position. Beim Öffnen des Spielbeins wird er aus der 1. in die 2. Position übertragen. In dieser Position wird der Arm fixiert, wenn sich das Spielbein anschließend mit der Fußspitze auf den Boden senkt. Erst beim Einschließen des Spielbeins in die Ausgangsposition senkt sich der Arm wieder in die vorbereitende Haltung. Der Oberkörper ist aufrecht und angespannt.

Der Mittelpunkt des Körpergewichts liegt auf dem Standbein. Die Schul-

Battement soutenu 45° **33**

tern sind wie immer leicht herabgesenkt und geöffnet. Bei der ersten Bewegung des Spielbeins (Anlegen sur le cou-de-pied) ist der Blick auf die Hand des freien Armes, der sich in der 1. Position befindet, gerichtet. Dabei wird der Kopf etwas zur Stange geneigt. Wenn das Spielbein nach vor oder nach rück geöffnet wird, begleitet der Kopf mit einer entsprechenden Wendung die Bewegung des Armes in die 2. Position. Diese Wendung wird durch eine leichte Neigung nach rück ergänzt, wenn das Spielbein nach vor geöffnet wird. Beim battement soutenu nach rück neigt er sich nach vor. Die en-face-Haltung nimmt der Kopf nur dann ein, wenn das battement soutenu zur Seite ausgeführt wird.

Ich weise nochmals darauf hin, daß alle Bewegungen sehr gleichmäßig, ineinander übergehend, elastisch, auswärts und unter Beachtung aller Regeln, die für das demi-plié und relevé auf halbe Spitze gelten, ausgeführt werden müssen. Beim Herablassen des Standbeins von der halben Spitze auf die Ferse darf – genauso wie beim battement fondu auf 45° – das Fußgelenk nicht entspannt, und das Knie darf nicht vorzeitig gebeugt werden. Es ist auch angebracht, in der ersten Etappe dieses battement auf einen langsamen 4/4-Takt ausführen zu lassen.

1/4 – das Spielbein wird sur le cou-de-pied angelegt;
1/4 – Öffnen auf 45°
1/4 – Senken der Fußspitze auf den Boden;
1/4 – Einschließen in die Ausgangsposition.

Zuerst lehrt man dieses battement in die II. Position mit einer Hand zur Stange. Danach »im Kreuz« mit Austauschen des Standbeins und je zwei battements in jede Richtung und zum Schluß, besonders wenn es im Freien ausgeführt wird, in kleine Posen.

Beim battement soutenu auf 90° wird das Spielbein durch die Haltung sur le cou-de-pied bis zur Haltung passé geführt und dann mit einem développé in die vorgegebene Richtung auf 90° geöffnet. Alles übrige geschieht wie beim battement soutenu auf 45°. Auch die Bewegungen der Arme, des Oberkörpers und des Kopfes bleiben die gleichen. Ebenfalls 4/4-Takt.

Das battement soutenu auf 90° kann dann gelehrt werden, wenn der Schüler durch das battement développé in Verbindung mit einem demi-plié und durch das battement fondu mit relevé auf halbe Spitze genügend vorbereitet ist. Man kann es von Anfang an »im Kreuz« ausführen lassen, danach mit Austauschen des Standbeins und später, besonders im Freien, in große Posen.

Battement développé

Das battement développé ist eine schwierige Bewegung, die in hervorragender Weise die Weite des Schrittes auf 90° entwickelt. Es muß daher besonders leicht und frei und doch exakt und energisch ausgeführt werden.

Das battement développé besteht aus vier Teilen:

1. Das Spielbein wird aus der V. Position über die Haltung sur le cou-de-pied bis zur Haltung passé geführt.
2. Es wird nach vor, zur Seite oder nach rück auf 90° geöffnet.
3. Das Spielbein wird in dieser Haltung fixiert.
4. Es wird abschließend wieder in die Ausgangsposition, die V., eingeschlossen (Abb. 34).

Wenn das Spielbein zur Haltung sur le cou-de-pied geführt wird, sind Spann und Zehen bis zum äußersten gestreckt. Der Fuß des Spielbeins gleitet dann leicht vorn oder hinten am Unterschenkel entlang weiter bis zur Haltung passé. Diese Haltung muß mit Kraft und maximaler Auswärtsdrehung beider Beine ausgeführt werden. Ebenso auswärts wird dann das Spielbein geöffnet. Dabei nimmt der Oberschenkel sofort jene Höhe ein, auf welcher dann das Spielbein nach dem Strecken fixiert wird. Es muß unbedingt vermieden werden, in diesem Augenblick den Oberschenkel zu senken. Zum Schluß wird das Spielbein fließend und leicht über die Fußspitze in die Ausgangsposition zurückgeführt.

Beim battement développé nach vor und zur Seite bleibt der Oberkörper aufrecht, beim développé nach rück weicht der Oberkörper etwas nach vorn aus.

Der freie Arm wird gleichzeitig mit dem Übertragen des Spielbeins in die Haltung passé aus der vorbereitenden Haltung in die 1. Position geführt. Wenn das Spielbein auf 90° gestreckt wird, öffnet er sich dann in die 2. Position. Während des port de bras in die 1. Position ist der Blick auf die Hand

Battement développé **34**

35 *Haltung »passé«*

5

gerichtet. Sowohl beim développé vor als auch nach rück wendet sich der Kopf gleichzeitig mit dem Öffnen des Armes in die 2. Position zur Spielbeinseite und neigt sich etwas vom Spielbein weg. Beim développé zur Seite bleibt der Kopf en face.

Das battement développé kann durch verschiedene zusätzliche Bewegungselemente erschwert werden. Das Übertragen des Spielbeins in die Haltung passé oder sein Strecken auf 90° kann von einem relevé auf halbe Spitze begleitet werden. Oder das Standbein führt, während das Spielbein geöffnet wird, ein demi-plié mit anschließendem relevé aus. Wenn das relevé und demi-plié zusätzlich nach dem développé ausgeführt werden, muß das Spielbein etwas angehoben werden. Dadurch erscheint die gesamte Bewegung leichter und exakter. Das battement développé kann in der V. Position auf halber Spitze oder im demi-plié beendet werden.

Das battement développé kann auch mit Hilfe des passé ausgeführt werden. In diesem Falle wird das Spielbein aus einer geöffneten 90°-Haltung mit der Fußspitze an das Standbein herangeführt. Bei diesem passé berührt die Fußspitze nicht das Standbein, sondern wird in einem minimalen Abstand seitlich neben der inneren Kniewölbung des Standbeins gehalten (Abb. 35). Aus dieser Haltung wird das Spielbein unter Beachtung aller Regeln in die vorgegebene Richtung geöffnet. Bei diesem passé kann auch ein relevé auf halbe Spitze ausgeführt werden.

In der nächsten Etappe wird das battement développé sowohl an der Stange als auch im Freien in große Posen ausgeführt.

Der Schüler erlernt das battement développé zuerst mit beiden Händen zur Stange. In einer vorbereitenden Übung eignet er sich gesondert die Haltung passé vor, rück und dann zur Seite an. Dabei wird das Spielbein aus der Ausgangsposition bis zur Haltung passé angewinkelt und auf dem gleichen Wege wieder in die Ausgangsposition zurückgeführt. Der Winkel von unge-

fähr 70° zwischen Spielbein und Körperachse darf nicht überschritten werden.

Nach dem développé zur Seite erlernt der Schüler diese Bewegung mit einer Hand zur Stange nach vor. Als Vorbereitung wird der freie Arm aus der vorbereitenden Haltung über die 1. in die 2. Position geöffnet. Der Kopf ist zum geöffneten Arm gewendet.

Danach beginnt man mit dem Erlernen des développé nach rück, zuerst mit beiden Händen und später mit einer Hand zur Stange.

Wenn der Schüler diese Anfangsform des battement développé gut beherrscht, kann man zum battement développé auf 90° mit leichtem Anheben des Oberschenkels übergehen.

Wenn der Schüler dieses battement erlernt, muß man unbedingt darauf achten, daß beim Öffnen des Spielbeins nicht die Richtung verändert wird. Das gilt besonders für das battement développé nach rück in die IV. Position. Vor dem Öffnen in diese Position muß der Spielbeinoberschenkel in der Haltung passé sehr auswärts sein und muß so weit angehoben werden, bis er sich in einem rechten Winkel zum Oberkörper befindet. Erst danach darf das Spielbein gestreckt werden. Nicht weniger wichtig bei dieser Übung ist, daß der Schüler nicht auf der Stange »hängt«, sondern auf einem auswärtsgedrehten, fest gestreckten Standbein steht, daß der Oberkörper und besonders der Rücken die ganze Zeit über angespannt, daß die Schultern frei geöffnet und herabgesenkt sind, daß die Arme und der Hals nicht verspannt werden und der Kopf exakt und plastisch die Bewegung des Armes begleitet.

Die Haltung passé muß in einem langsamen Tempo gelehrt werden.

$^4/_4$-Takt.

$^1/_4$ – sur le cou-de-pied;

$^1/_4$ – Pause;

1/4 – der Spielbeinfuß wird zur Haltung passé geführt;
1/4 – Pause.

Die Rückbewegung des Spielbeins in die Ausgangsposition geschieht nach dem gleichen rhythmischen Schema.

Das ganze battement développé läßt man auch in diesem Tempo ausführen.

4/4-Takt.
1/4 – sur le cou-de-pied;
1/4 – das Spielbein wird zur Haltung passé erhöht;
2/4 – das Spielbein wird auf 90° gestreckt;
2/4 – Pause;
1/4 – das Spielbein wird mit der Fußspitze auf den Boden gesenkt;
1/4 – es wird in die Ausgangsposition eingeschlossen.

Im weiteren Verlauf des Erlernens des battement développé wird das Tempo der Ausführung geändert. Zum Beispiel:
1/4 – das Spielbein wird zur Haltung passé angewinkelt;
1/4 – es wird geöffnet;
1/4 – Pause;
1/4 – es wird in die Ausgangsposition zurückgeführt.

Eine andere Möglichkeit:
Auftakt – das Spielbein wird über die Haltung passé in die IV. oder II. Position geöffnet;
3/4 – Pause;
1/4 – das Spielbein wird in die Ausgangsposition zurückgeführt.

Im allgemeinen kann die rhythmische Gliederung der einzelnen Bestandteile des battement développé äußerst unterschiedlich sein. Sie hängt jedoch in jedem Falle von der Aufgabenstellung ab und muß immer sehr exakt sein, ungeachtet dessen, daß die gesamte Bewegung fließend und verbunden ausgeführt wird. Das Spielbein darf lediglich in der geöffneten Haltung fixiert werden.

Es ist sehr nützlich, beim battement développé mit dem geöffneten Spielbein ein kurzes »Wippen« – das *balancé* – auszuführen. Diese Übung führt dazu, daß das Spielbein exakter und leichter auf 90° gehalten werden kann. Nach dem balancé muß das Spielbein jedesmal wieder fixiert werden. Erst danach darf es in die Ausgangsposition zurückgeführt werden.

Nicht weniger nützlich ist die Verbindung des battement développé mit einem *tombé* (Abb. 36).* In diesem Falle wird zum Beispiel zuerst ein développé auf ganzem Fuß zur Seite ausgeführt, danach ein relevé auf halbe Spitze und anschließend ein weitgreifendes tombé auf das Spielbein in ein

* Siehe Kapitel »Die tänzerischen Schritte«, S. 223 ff.

weiches und tiefes demi-plié. In diesem Augenblick berührt das ehemalige Standbein, dessen Knie, Spann und Zehen fest gestreckt sind, leicht mit der Fußspitze den Boden. Zum Schluß tritt man mit einem kräftigen und energischen Schritt auf das alte Standbein (auf ganzen Fuß) zurück, zieht zur gleichen Zeit ebenso energisch das Spielbein in die V. Position zurück und führt ohne Verzögerung ein battement développé zur Seite aus. Dabei erhebt sich das Standbein auf halbe Spitze. Zum Schluß wird das Spielbein in die V. Position eingeschlossen und die gesamte Bewegung in die gleiche oder eine andere Richtung wiederholt.

Während des tombé wird der Oberkörper genau auf das neue Standbein übertragen. Der Rücken ist fest angespannt. Die Arme bleiben in der 2. Position. Beim ersten und zweiten développé bewegen sich die Arme und der Kopf wie gewöhnlich.

Das battement développé tombé wird sowohl an der Stange als auch im Freien in der Haltung en face, croisé, effacé, écarté auf zwei $^{4}/_{4}$-Takte ausgeführt.

$^{1}/_{4}$ – développé;
$^{1}/_{4}$ – relevé auf halbe Spitze;
$^{1}/_{4}$ – tombé;
$^{1}/_{4}$ – Pause;
$^{1}/_{4}$ – Schritt zurück und zweites développé;
$^{2}/_{4}$ – die geöffnete Haltung wird fixiert;
$^{1}/_{4}$ – das Spielbein wird in die Ausgangsposition zurückgeführt.

Rond de jambe

Rond de jambe par terre

Die Bezeichnung rond weist hier auf eine kreisförmige Bewegung des Beines hin. Beim rond de jambe par terre beschreibt das Spielbein in Wirklichkeit jedoch nur einen Halbkreis. Aus der I. Position wird das Spielbein mit einem battement tendu nach vorn in die IV. Position geöffnet. Dann wird es ohne Pause mit der Fußspitze auf dem Fußboden durch die II. Position nach rück in die IV. Position und nach diesem Halbkreis wieder in die I. Position geführt. Diese Richtung der Beinbewegung wird *en dehors* (nach außen), in der entgegengesetzten Richtung *en dedans* (nach innen) genannt.

Der freie Arm fixiert gewöhnlich die 2. Position. Oberkörper und Kopf werden gerade gehalten (Abb. 37). Wenn das Spielbein vorn oder hinten in der IV. Position fixiert wird, wendet sich der Kopf wie beim battement tendu zum Arm, der in die 2. Position geöffnet ist.

37 *Rond de jambe par terre en dehors*

1 2 3 4

Das Spielbein bewahrt während des gesamten rond die Auswärtsdrehung. Es gleitet leicht und gleichmäßig mit der Fußspitze über den Boden und geht dabei genau durch die IV. und II. Position. Beim passé par terre durch die I. Position gleitet das Spielbein frei, ebenso leicht und auswärts mit dem ganzen Fuß über den Boden. Die Ferse darf in dieser Bewegungsphase nicht vom Boden abgehoben werden, die Zehen dürfen nicht angekrümmt sein und das Spielbein darf nicht hinter das Standbein geführt werden.

Mit dieser Übung eignet sich der Schüler in erster Linie die kreisförmige Bewegung des Hüftgelenks an. Sie fördert besonders eine richtige Entwicklung und Festigkeit dieses Gelenks. Daher muß man ihr allergrößte Aufmerksamkeit widmen. Das Standbein bewahrt die erforderliche Auswärtsdrehung, Knie und Becken sind fest angespannt. Das Zentrum des Körpergewichts befindet sich unveränderlich auf dem Standbein.

Arme, Qberkörper und Kopf werden sorgfältig und frei in den entsprechenden Positionen und Haltungen fixiert.

Zu Beginn lehrt man das rond de jambe par terre nur auf einem Viertelkreis, mit beiden Händen zur Stange und mit Haltepunkten: Das Spielbein gleitet aus der I. Position nach vor, geht dann auf einer bogenförmigen Linie en dehors zur Seite und kehrt in die Ausgangsposition zurück. Dann wird diese Bewegung en dedans auf die gleiche Weise ausgeführt.

4/4-Takt (lento).

2/4 – tendu nach vor;

2/4 – Übertragung des Spielbeins zur Seite;

2/4 – Einschließen in die I. Position;

2/4 – Pause in der I. Position.

Diese Bewegung wird en dedans nach dem gleichen rhythmischen Schema ausgeführt.

Préparation zum rond de jambe par terre 38

Danach wird das vollständige rond gelehrt, jedoch noch mit Haltepunkten in der IV., II., IV. und I. Position. Jede einzelne Bewegung und jede Pause erfolgen auf $^2/_4$.

Dann kann man diese Übung mit einer Hand zur Stange lehren. Später läßt man sie ohne Haltepunkte, also verbunden und auf $^4/_4$, $^2/_4$, $^1/_4$ und $^1/_8$ eines jeden Taktes ausführen. Jedoch darf das Tempo nicht auf Kosten der Sauberkeit der Ausführung erhöht werden. Das Spielbein muß immer genau durch die IV. und II. Position geführt werden.

Vor dem rond de jambe par terre en dehors wird eine Vorbereitung ausgeführt, die aus zwei Teilen besteht. Der erste Teil ist ein demi-plié in der I. oder V. Position. Danach gleitet das Spielbein mit einer schleifenden Bewegung nach vor in die IV. Position, während das Standbein im demi-plié bleibt. Im zweiten Teil wird das Spielbein bei gleichzeitigem Strecken des Standbeins in die II. Position übertragen.

Bei der zweiten Bewegung (battement tendu) wird der Arm aus der vorbereitenden Haltung in die 1. Position geführt. Beim rond zur Seite wird er in die 2. Position geöffnet. Der Oberkörper bleibt aufrecht und genau auf dem Standbein.

Beim tendu nach vor neigt sich der Kopf leicht zum Standbein. Wenn Spielbein und freier Arm zur Seite geführt werden, richtet er sich wieder auf und wendet sich gleichzeitig mit dem sich öffnenden Arm zur Seite (Abb. 38). Beim rond de jambe par terre en dedans wird diese Vorbereitung in der umgekehrten Richtung ausgeführt. Ihre Ausführung im Freien ist die gleiche wie an der Stange. Sie erfolgt auf einen $^4/_4$-Takt.

Das rond de jambe par terre kann auch mit dem demi-plié verbunden werden. In einem solchen Falle beginnt das demi-plié bereits in der I. Position. Bei der Übertragung des Spielbeins in die IV., II. und IV. Position bleibt das Standbein im demi-plié. Wenn das Spielbein aus der IV. Position in die

39 *Rond de jambe soutenu*

I. Position zurückgeführt wird, streckt sich das Standbein gleichmäßig aus dem demi-plié.

Gleichzeitig mit dem Öffnen des Spielbeins in die IV. Position erhebt sich der freie Arm aus der vorbereitenden Haltung in die 1. Position. Der Kopf neigt sich etwas zum Standbein. Zusammen mit dem rond in die II. Position öffnet sich der Arm dann in die 2. Position. Dabei richtet sich der Kopf wieder auf und wendet sich in die gleiche Seite. Wenn der freie Arm in die vorbereitende Haltung gesenkt wird, bleibt der Kopf zur Seite gewendet.

Diese Verbindung von rond de jambe par terre und demi-plié nennt sich *rond de jambe soutenu* (Abb. 39) und wird gewöhnlich auf $1/4$ des Taktes ausgeführt. Das Spielbein muß sehr gleichmäßig und leicht von Position zu Position geführt werden. Das Standbein darf auf keinen Fall zu früh gestreckt werden. Besondere Aufmerksamkeit muß man auf die Auswärtsdrehung der Beine, das demi-plié, die Verbundenheit und Leichtigkeit der gesamten Bewegung richten.

Das rond de jambe soutenu wird in der Reger abwechselnd mit dem einfachen rond de jambe par terre (ohne demi-plié) bzw. nach jedem zweiten oder dritten rond ausgeführt. Alle Elemente dieser Bewegung müssen gleichmäßig auf zwei $4/4$-Takte ausgeführt werden.

$1/4$ (Auftakt) – demi-plié;

$2/4$ – das Spielbein wird in die IV. Position vor geöffnet;

$2/4$ – rond in die II. Position;

$2/4$ – rond in die IV. Position rück;

$1/4$ – Strecken des Standbeins.

$1/4$ (Auftakt) – das Spielbein wird in die I. Position ins demi-plié eingesetzt (wenn die gesamte Übung wiederholt werden soll). Insgesamt kann man vier ronds in dieser Art – zwei en dehors und zwei en dedans – ausführen. Danach wird das rond de jambe soutenu genauso gleichmäßig und

Rond de jambe en l'air en dehors et en dedans 40

1 2

ohne Haltepunkt oder irgendwelche Verzögerungen auf einen $^4/_4$-Takt ausgeführt, später auf einen $^2/_4$-Takt und zum Schluß auf $^1/_4$ eines Taktes.

Wenn der Schüler diese beiden Formen des rond de jambe par terre in ihrer Endform beherrscht, kann man sie auf einen $^3/_4$-Takt (Walzer) – für jedes rond einen Takt – ausführen lassen. Es ist nützlich, zu diesem Zeitpunkt beide Arten innerhalb einer Kombination mit dem rond de jambe jeté zu verbinden.

Rond de jambe en l'air

Für diese Bewegung gilt ebenso wie für die gleichmäßige Bewegung am Boden nur bedingt die Bezeichnung rond – der Unterschenkel des Spielbeins beschreibt in der Luft keinen Kreis, sondern eine Ellipse (Abb. 40). Das rond de jambe en l'air beginnt und endet mit dem Spielbein in der II. Position. Vor Beginn der Übung wird das Spielbein mit einer Vorbereitung zur Seite auf 45° angehoben. Dann wird das Spielbein im Knie angewinkelt und der Unterschenkel auf einer bogenförmigen Linie über rück ans Standbein zur Wade herangeführt. Von dort geht er ohne Verzögerung auf einer bogenförmigen Linie über vor wieder in die Ausgangsposition zurück. Das rond in dieser Bewegungsrichtung wird rond de jambe en l'air en dehors genannt und in umgekehrter Richtung en dedans.

Der freie Arm fixiert die 2. Position. Oberkörper und Kopf sind en face.

Das Spielbein muß die ganze Zeit über auswärts und unbeweglich sein. Es darf weder vor noch hinter die Schulterlinie ausweichen, weder gesenkt noch angehoben werden. Der Spielbeinfuß wird genau auf der Höhe des Wadenansatzes an das Standbein, ohne es jedoch zu berühren, herangeführt. Das Knie muß unabhängig vom Tempo der Übung nach jedem rond bis zum äußersten gestreckt werden. Spann und Zehen sind ebenfalls völlig durchgestreckt. Das Spielbein muß kräftig und elastisch angewinkelt und gestreckt werden. Dadurch wird besonders eine leichte und exakte Drehbewegung des Kniegelenks entwickelt.

Das Standbein ist fest gestreckt und auswärts. Das Becken bleibt auf einer geraden Linie und muß immer angespannt sein. Arm, Oberkörper und Kopf werden genau und leicht in den üblichen Positionen gehalten.

Das rond de jambe en l'air wird zuerst mit beiden Händen zur Stange gelehrt. Dabei führt der Unterschenkel keine ellipsenförmige Bewegung aus, sondern wird nur auf einer geraden Linie zum Standbein angewinkelt und wieder gestreckt. Am Standbein und in der II. Position werden nach jeder Bewegung Pausen gehalten. $^2/_4$- oder $^4/_4$-Takt. Jedes Anwinkeln und Strecken des Spielbeins wird auf zwei Viertel ausgeführt. Für jede Pause ebenfalls zwei Viertel. Danach läßt man das rond en dehors und en dedans mit der ellipsenförmigen Bewegung des Unterschenkels ausführen. Das Tempo bleibt unverändert. Im weiteren Verlauf des Erlernens wird diese Übung ohne Pausen ausgeführt, dann wird das Tempo gesteigert, schließlich wird das rond auf $^1/_4$ und $^1/_8$ ausgeführt.

Das Standbein bleibt auf ganzem Fuß, solange der Schüler das rond de jambe en l'air erlernt. Danach kann das Standbein auf halber Spitze stehen oder bei jedem rond ein relevé auf halbe Spitze oder demi-plié ausführen. Dafür ein Beispiel: zwei ronds en dehors auf halber Spitze (jedes auf $^1/_4$), danach drei ronds auf halber Spitze (jedes auf $^1/_8$). Das dritte erfolgt ins demi-plié und anschließend ein relevé auf halbe Spitze. Das demi-plié des Standbeins beginnt erst, wenn sich das Spielbein beim dritten rond wieder in die II. Position streckt. Beim rond en dehors wendet sich der Kopf während des demi-plié zum geöffneten Arm und neigt sich etwas nach vor. Gleichzeitig mit dem Strecken aus dem demi-plié wendet er sich wieder en face. Beim rond en dedans ins demi-plié führt der Kopf die gleiche Wendung aus und neigt sich etwas nach rück.

Wenn der Schüler diese Bewegung mit beiden Händen zur Stange beherrscht, kann man sie mit einer Hand zur Stange ausführen lassen. Der freie Arm wird dabei aus der vorbereitenden Haltung in die 1. Position geführt, und der Kopf neigt sich leicht zur Stange.

Dann wird das vordere Bein mit einer schleifenden und kräftigen Bewegung aus der V. Position zur Seite auf 45° geöffnet. Der freie Arm wird gleichzeitig aus der 1. in die 2. Position geführt, der Kopf aufgerichtet und zur gleichen Seite gewendet. Das Standbein kann entweder auf ganzem Fuß bleiben oder sich auf halbe Spitze erheben, unabhängig davon, wie das folgende rond ausgeführt wird. Mit Beginn des ersten rond wendet sich der Kopf en face.

In der Oberstufe wird das rond de jambe en l'air auf 90° ausgeführt. In diesem Falle müssen die Zehenspitzen des Spielbeins auf Kniehöhe an das Standbein herangeführt werden. Alle Regeln, die für das rond auf 45° gelten, treffen auch für das rond auf 90° zu. Diese Übung wird im langsamen Tempo ausgeführt. Sie erscheint im Unterricht selten als eigenständige Übung, sondern wird gewöhnlich mit dem battement développé zur Seite verbunden und nicht öfter als zwei- bis viermal in jeder Richtung ausgeführt. Das rond auf 90° kann in der gleichen Weise wie das rond auf 45° auf halber Spitze und mit einem demi-plié ausgeführt werden.

Grand rond de jambe en l'air

Bei dieser Bewegung wird das Spielbein in der Luft horizontal und auf einer großen, bogenförmigen Linie aus einer Position in die andere geführt. Daher die Bezeichnung »grand rond de jambe en l'air« (Abb. 41).

Zur Ausführung: Nach einem battement développé vor auf 90° wird das Spielbein über die II. Position nach rück in die IV. Position geführt, anschließend in die V. Position rück eingeschlossen oder mit einem passé (»am Knie«) wieder nach vor geöffnet, so daß das rond wiederholt werden kann. Diese Richtung der Beinbewegung nennt sich en dehors, die umgekehrte Richtung en dedans.

Das battement développé erscheint in dieser Übung nur als eine Übergangsbewegung, an dessen Stelle auch andere Bewegungen treten können. Zum Beispiel: battement relevé lent oder grand battement jeté mit Haltepunkt auf 90°. Das Spielbein kann bei dieser Übung neben dem »ganzen« Kreis auch nur einen Halbkreis ausführen, das *demi rond*. Das heißt: aus der IV. in die II. Position und umgekehrt, sowohl en dehors als auch en dedans.

Grand rond de jambe en l'air en dehors 41

Der freie Arm wird bei dieser Übung gewöhnlich in der 2. oder in der einer großen Pose entsprechenden Position, z. B. arabesque, écartée usw., gehalten.

Der Oberkörper bleibt im Prinzip aufrecht. Nur bei der Übertragung des Spielbeins aus der II. in die IV. Position rück weicht er etwas nach vorn aus bzw. richtet sich wieder auf, wenn das Spielbein aus der IV. rück in die II. Position übertragen wird. Der Kopf wird aus der Haltung en face zum geöffneten Arm gewendet, wenn das Spielbein nach vor oder nach rück in die IV. Position geführt wird.

Die Beinübertragung muß völlig auswärts (besonders beim rond aus der II. Position nach rück und umgekehrt), sehr gleichmäßig und mit einem allmählichen und geringfügigen Erhöhen des Spielbeins ausgeführt werden.

Standbein- und Spielbeinknie, Spann und Zehenspitzen des Spielbeins sind fest gestreckt. Die Hüften sind auf einer Linie. Der Standbeinfuß ist gleichmäßig und ohne übermäßige Belastung der großen Zehe auf den Boden aufgesetzt.

Zuerst lehrt man diese Bewegung sowohl auf ganzem Fuß als auch auf halber Spitze mit dem Spielbein auf einer Höhe von 45° (erst ein halber Kreis und dann ein ganzer). Man überträgt zum Beispiel nach einem battement fondu vor auf 45° das Spielbein in die II. Position. Diese Übung läßt man »im Kreuz« ausführen. Anschließend wird alles en dedans geübt. Das battement fondu und die Beinübertragung müssen sehr ruhig und gleichmäßig ausgeführt werden.

Das grand rond de jambe an l'air auf 90° wird zuerst zusammen mit dem battement relevé lent und in der gleichen Reihenfolge wie oben gelehrt.

4/4-Takt.

4/4 – battement relevé lent vor auf 90°;

2/4 – Übertragung des Spielbeins en dehors in die II. Position;

1/4 – Pause;

1/4 – Senken des Spielbeins in die Ausgangsposition.

Auf diese Weise »im Kreuz« und dann en dedans.

Wenn der Schüler das grand rond sowohl auf 45° als auch auf 90° vollständig beherrscht, kann diese Übung zuerst mit einem relevé auf halbe Spitze und danach mit einem demi-plié verbunden werden. Zum Beispiel: Das Öffnen des Spielbeins nach vor wird auf ganzem Fuß ausgeführt, und erst bei der Übertragung des Spielbeins in die II. Position erhebt sich das Standbein auf halbe Spitze. Das demi-plié bzw. das Strecken aus dem demi-plié kann in dem Augenblick ausgeführt werden, wenn das Spielbein in die II. Position geführt wird. In beiden Fällen kann sowohl vor als auch nach dem rond ein relevé auf halbe Spitze erfolgen.

Es existiert noch eine Variante des grand rond de jambe en l'air, das *ba-*

lancé (d'ici-de-là). Hierbei wird das geöffnete Spielbein auf den Auftakt schnell aus der IV. in die II. Position und ebenso schnell und auf dem gleichen Wege wieder mit einem Akzent auf den ersten Schlag des folgenden Taktes in die Ausgangsposition (IV.) geführt. Auf diese Bewegung folgt eine Pause. Dieses balancé wird auf die gleiche Weise ausgeführt, wenn die II. Position die Ausgangsposition ist. In der Oberstufe kann man unter Beachtung der entsprechenden Regeln dieses balancé mit jenen Elementen erschweren, die bereits beim gewöhnlichen grand rond de jambe en l'air als Ergänzung Anwendung fanden. Die Ausführung muß jedoch immer leicht und genau im Tempo erfolgen.

Der freie Arm bleibt in der 2. Position und der Kopf in der Ausgangshaltung. Bei der Ausführung dieser Arten des grand rond de jambe en l'air muß unbedingt darauf geachtet werden, daß beide Beine auswärts und elastisch gehalten und geführt werden.

Grand rond de jambe jeté

Diese Bewegung könnte man als Endform aller vorangegangenen Arten des rond de jambe bezeichnen. Sie wird im Charakter des grand battement jeté ausgeführt und entwickelt hervorragend eine freie und leichte Drehbewegung des Oberschenkels.

Das grand rond de jambe jeté en dehors beginnt in der I. Position, aus der das Spielbein nach vor auf 45° geworfen wird. Dabei wird das Spielbein ein wenig im Knie abgebeugt. Dann wird das Spielbein gestreckt und auf einer bogenförmigen Linie in die II. Position auf 90° angehoben. Danach beendet das Spielbein die kreisförmige Bewegung, indem es noch etwas erhöht, in die IV. Position rück abgesetzt und zum Schluß mit einem battement tendu wieder in die I. Position eingesetzt wird.

Grand rond de jambe jeté **42**

Beim grand rond de jambe jeté en dedans wird das Spielbein nach rück auf 45° geworfen, dann gestreckt und auf einer bogenförmigen Linie zur Seite auf 90° angehoben, anschließend etwas erhöht, in die IV. Position nach vor auf den Boden abgesetzt und mit einem battement tendu in die Ausgangsposition eingeschlossen (Abb. 42). Der freie Arm bleibt in der 2. Position, Oberkörper und Kopf werden en face gehalten. Die ganze Bewegung muß zusammenhängend, mit einem kräftigen und weiten Schwung ausgeführt werden. Das Spielbein gleitet leicht mit dem ganzen Fuß durch die I. Position. Wenn es vom Boden abgehoben wird, strecken sich Spann und Zehen kräftig durch. Beim Wurf des Spielbeins von 45° auf 90° muß das Spielbeinknie bis zum äußersten gestreckt sein.

Das Spielbein ist während der gesamten Bewegung völlig auswärts, besonders beim grand rond de jambe jeté en dehors, wenn das Spielbein durch die II. Position nach rück in die IV. Position abgesetzt wird. Das Standbein ist angespannt und auswärts, die Hüften sind auf einer Höhe. Der freie Arm wird in der 2. Position gehalten. Der Oberkörper ist angespannt und hochgezogen und darf auf den kräftigen und weiten Wurf des Spielbeins in keinerlei Form reagieren. Das Körpergewicht liegt auf dem Standbein. Kopf und Oberkörper bilden eine Senkrechte, von der sie während des grand rond de jambe jeté nicht abweichen dürfen. Der Blick ist geradeaus gerichtet.

Das grand rond de jambe jeté muß langsam, mit Haltepunkten und auf vier $^{2}/_{4}$-Takte gelehrt werden.

$^{1}/_{4}$ – Wurf auf 45°;
$^{1}/_{4}$ – Pause;
$^{1}/_{4}$ – Erhöhen auf 90° in die II. Position;
$^{1}/_{4}$ – Pause;
$^{1}/_{4}$ – Senken in die IV. Position auf die Fußspitze;
$^{1}/_{4}$ – Pause;
$^{1}/_{4}$ – Einschließen in die I. Position;
$^{1}/_{4}$ – Pause.

Diese rhythmische Gliederung ist notwendig, damit sich der Schüler den Weg des Spielbeins und alle Details der Bewegung gut einprägt. Außerdem erfordert der hohe Schwierigkeitsgrad dieser Bewegung, daß der Schüler sie erst nach und nach erlernt. Später wird diese Übung zusammenhängend und gleichmäßig auf zwei Takte ausgeführt, d. h. noch ohne Akzent. Nach dieser Etappe erfolgt das grand rond de jambe jeté auf einen Takt und erst zum Schluß im normalen Tempo – auf $^{1}/_{4}$ des Taktes.

Temps relevé

Für diese Bewegung gibt es eine kleine und große Form. Beide Arten dienen als spezieller Ansatz zu kleinen und großen Pirouetten. Zuerst erlernt der Schüler das temps relevé als eigenständige Bewegung, ohne nachfolgende Drehungen und in Verbindung mit anderen Übungen. Die kleine Form des temps relevé kann zusammen mit dem battement fondu, battement frappé, rond de jambe en l'air und petit battement sur le cou-de-pied ausgeführt werden. Die große Form verbindet man mit dem battement développé. Später wird das temps relevé en dehors und en dedans mit Pirouetten ausgeführt.

Petit temps relevé. Ausgangsposition – V. Das vordere Bein wird sur le cou-de-pied angelegt. Gleichzeitig führt das Standbein ein demi-plié aus. Dann wird das Spielbein ohne Haltepunkt aus der Haltung sur le cou-de-pied mit einer bogenförmigen Bewegung in die II. Position auf 45° geöffnet. Im gleichen Augenblick streckt sich das Standbein und erhebt sich auf halbe Spitze. Wenn das Spielbein sur le cou-de-pied angelegt wird, gleitet der freie Arm aus der vorbereitenden Haltung in die 1. Position, beim Übertragen des Spielbeins in die II. Position wird er in die 2. Position geöffnet. Oberkörper und Kopf bleiben aufrecht und en face.

Das petit temps relev en dedans wird genauso ausgeführt. Das rückwärtige Bein wird aus der V. Position über die Haltung sur le cou-de-pied mit einer bogenförmigen Bewegung in die II. Position geöffnet. Für Arm, Oberkörper und Kopf gelten die gleichen Regeln wie beim petit temps relevé en dehors (Abb. 43).

Das petit temps relevé wird zusammenhängend, in einem straffen rhythmischen Charakter ausgeführt. Knie und Oberschenkel des Spielbeins sind auswärts und bleiben nach Möglichkeit unbeweglich. Der Unterschenkel darf beim Öffnen nach vor oder nach rück nicht das Standbein überkreuzen. Erst die Einhaltung dieser Regel ermöglicht die Ausführung von kleinen Pirouetten, die von einem Bein beginnen. Bei einer richtigen Ausführung wird die Standfestigkeit und Exaktheit der Drehung erhöht. Beim petit temps relevé mit kleinen Pirouetten wird eine kleine Ergänzung vorgenommen. Das Spielbein wird im demi-plié in die II. Position übertragen. Während dieses rond muß das demi-plié noch ein wenig vertieft werden. Dadurch wird der Übergang in die Drehung exakter und energischer.

Das petit temps relevé wird zuerst im langsamen Tempo an der Stange und ohne Pirouette gelehrt, danach in Verbindung mit dem battement fondu. In diesem Falle beginnt das temps relevé nicht aus der V. Position, sondern aus der Haltung sur le cou-de-pied. Man kann zum Beispiel nacheinander drei battements fondus und ein temps relevé ausführen.

43 *Petit temps relevé* *Grand temps relevé*

²/₄-Takt. Jedes battement fondu erfolgt auf einen Takt und weiter.
¹/₄ – demi-plié und Übertragen des Spielbeins in das cou-de-pied;
¹/₄ – Öffnen des Spielbeins in die II. Position.

Wenn der Schüler das petit temps relevé in dieser Form beherrscht, kann man es auch mit anderen Übungen und kleinen Pirouetten kombinieren.

Grand temps relevé. Das grand temps relevé wird im Prinzip genauso wie das petit temps relevé ausgeführt. Das Spielbein wird jedoch nicht im sur le cou-de-pied, sondern am Standbeinknie angelegt und von hier in die II. Position auf 90° geöffnet. Freier Arm, Oberkörper und Kopf werden wie beim petit temps relevé geführt bzw. gehalten. Der Oberschenkel muß unbeweglich sein, und der Unterschenkel wird energisch und exakt auf einer bogenförmigen Linie zur Seite geworfen (Abb. 44).

Das grand temps relevé lehrt man in Verbindung mit dem battement développé. Nach einem développé zur Seite auf halber Spitze wird das Spielbein zur Haltung »passé« angewinkelt. Gleichzeitig führt das Standbein ein demi-plié aus. Anschließend wird das Spielbein aus dieser Haltung mit einer bogenförmigen Bewegung in die II. Position geworfen. Im gleichen Augenblick führt das Standbein ein relevé auf halbe Spitze aus. Diese Übung muß mehrmals wiederholt und auch en dedans ausgeführt werden.

⁴/₄-Takt.
²/₄ – battement développé;
¹/₄ – Pause;
¹/₄ – Anwinkeln des Spielbeins in die Haltung »passé«;
¹/₄ – Öffnen des Spielbeins in die II. Position;
²/₄ – Pause;
¹/₄ – Senken des Spielbeins in die Ausgangsposition.

Das grand temps relevé mit großer Pirouette wird nicht wie das petit temps relevé mit kleiner Pirouette durch ein Vertiefen des demi-plié in der II. Position ergänzt.

Flic-flac

In der Regel erscheint das flic-flac nur als Übergangsbewegung in Verbindung mit anderen Elementen, wie zum Beispiel beim battement tendu, battement frappé, battement fondu, rond de jambe en l'air usw.

Flic-flac en dehors: Es beginnt aus einer geöffneten Spielbeinhaltung, zum Beispiel aus der II. Position 45°. Das Spielbein senkt sich schnell auf den Boden und schleift mit der halben Spitze durch die V. Position rück. Dabei wird das Spielbeinknie leicht angewinkelt und etwas tiefer als gewöhnlich gehalten. Anschließend wird der Spielbeinfuß ebenso schnell durch die Haltung sur le cou-de-pied rück geführt, dann ein wenig zur Seite geöffnet und wieder mit Hilfe der gleichen schleifenden Bewegung wie zu Beginn des flic-flac sur le cou-de-pied vor angelegt. Bei dieser letzten Übertragung führt das Standbein gleichzeitig ein relevé auf halbe Spitze aus. Zum Schluß wird das Spielbein wieder in die II. Position geöffnet.

Flic-flac en dedans: Die Ausführung ist im Prinzip die gleiche wie beim flic-flac en dehors. Der Bewegungsablauf wird nur dadurch verändert, daß das Spielbein zuerst sur le cou-de-pied vor und dann sur le cou de-pied rück angelegt wird (Abb. 45).

Diese Grundform des flic-flac kann je nach der Aufgabenstellung verändert werden. Zum Beispiel kann das Spielbein die gesamte Bewegung von 90° beginnen oder mit einem développé in eine beliebige Pose beenden. Die Arme können dabei entweder in der 2. Position gehalten, in die vorbereitende Haltung gesenkt oder in eine beliebige Pose geöffnet werden. Oberkörper und Kopf sind gerade oder nehmen jene Haltung ein, die der Endpose entspricht.

Das flic-flac wird im ganzen verbunden und mit exakter und leichter

Flic-flac **45**

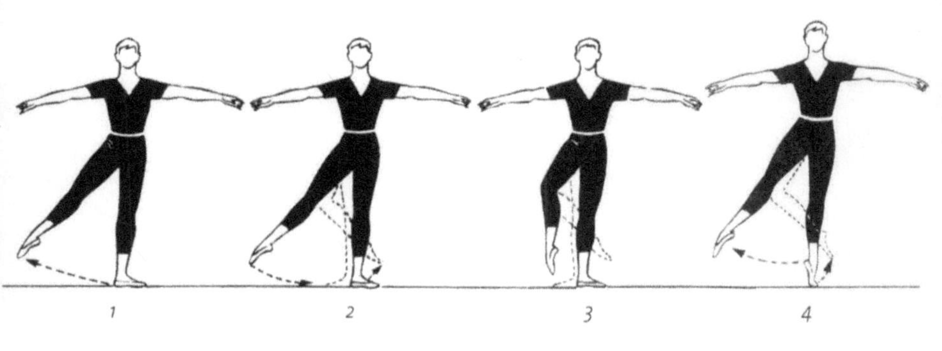

Spielbeinbewegung ausgeführt. Wenn der Spielbeinfuß durch die V. Position schleift, darf er weder entspannt noch verkrampft sein. Er muß ganz normal angespannt werden. Es ist unzulässig, mit dem Spielbein beim flic oder flac das Standbein zu überkreuzen, in der Auswärtsdrehung des Spielbeins nachzulassen oder mit dem Standbein ein kraftloses relevé auf halbe Spitze auszuführen.

Es ist angebracht, zuerst die Elemente des flic-flac einzeln zu lehren. Dafür empfiehlt sich folgende Übung: Das Spielbein wird aus der V. Position in die II. Position auf 45° geworfen. Dann wird das flic nach rück ausgeführt und das Spielbein wieder in die II. Position geöffnet. Anschließend wird diese Bewegung nach vor (flac) ausgeführt. Diese Übung wird viermal wiederholt. $^2/_4$-Takt. Das Spielbein wird auftaktig aus der V. in die II. Position geöffnet. Jede einzelne Bewegung geschieht auf $^1/_4$.

Wenn die Schüler die schleifende Bewegung des Spielbeins über den Boden beherrschen und den Spielbeinfuß richtig durch die Haltung sur le cou-de-pied in die II. Position führen, kann man das flic-flac en dehors und en dedans verbunden und im langsamen Tempo ausführen lassen. Das Standbein bleibt noch auf ganzem Fuß. In der nächsten Etappe wird das relevé auf halbe Spitze hinzugefügt und das Tempo der Ausführung so weit erhöht, bis das flic-flac im normalen Tempo ausgeführt wird. Dabei wird es mit verschiedenen Arten des battement verbunden.

Die Armpositionen

Im klassischen Tanz gibt es drei Armpositionen (Abb. 46), die später im Lernprozeß auf unterschiedlichste Weise miteinander verbunden werden. Im szenischen Tanz kennen wir eine noch größere plastische Vielfalt der ports de bras, die durch das Schöpfertum des Ballettmeisters bedingt ist. Aber auch hier lassen sich alle Bewegungen der Arme im Raum auf die drei Grundpositionen zurückführen.

Für die Ausführung dieser drei Positionen gelten folgende Regeln:

1. Position – beide Arme werden in der Höhe des Diaphragmas vor dem Körper gehalten. Ellbogen und Handgelenke sind abgerundet, so daß sich die Hände fast berühren. Die Handflächen sind zum Körper gerichtet.

2. Position – beide Arme sind zur Seite geöffnet und werden etwas vor dem Körper und ein wenig unter der Schulterlinie auf gleicher Höhe gehalten. Ellbogen und Handgelenke sind leicht abgerundet. Die Handflächen sind nach vorn gerichtet.

3. Position – beide Arme befinden sich in einer ovalen Haltung über dem Kopf, ungefähr 8° vor der Körperachse. Die Hände berühren sich fast. Die Handflächen sind nach unten gerichtet.

Der Abstand zwischen beiden Händen in der 1. und 3. Position ist minimal. In allen Positionen müssen die Arme mit den Ellbogen und Fingern gehalten werden. Eckige Ellbogen, verspannte oder schlaffe Hände sind absolut unzulässig. Die Finger müssen frei und nicht angespannt sein. Sie werden weich und natürlich gruppiert, so daß die leicht gekrümmte Armlinie in ihnen organisch auslaufen kann.

Wenn der Schüler die Armpositionen erlernt, muß der Daumen leicht das zweite Glied des Mittelfingers berühren. Die übrigen Finger sind weniger abgerundet und dadurch etwas nach außen abgestellt (Abb. 47). Später wird diese Fingerhaltung nach und nach verändert, indem der Mittel- und

Die Armpositionen und die vorbereitende Haltung 46

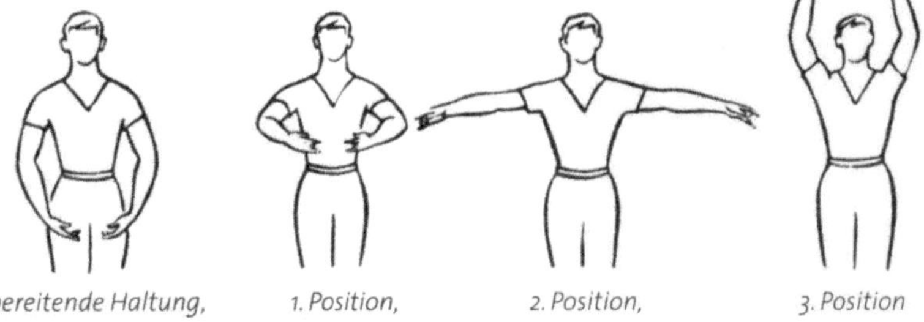

Vorbereitende Haltung, 1. Position, 2. Position, 3. Position

47, 48 *Anfangshaltung der Finger* *Endhaltung der Finger*

der Ringfinger etwas mehr gestreckt werden, bis die Hand ihre Endform erhält (Abb. 48).

Neben diesen drei Armpositionen gibt es noch die *vorbereitende Haltung* (Abb. 46). In dieser Haltung sind die Arme frei vor dem Körper herabgesenkt. Ellbogen und Handgelenke sind abgerundet. Zwischen den Händen ist ein kleiner Abstand. Die Handflächen sind nach oben gerichtet. Die Finger werden in der beschriebenen Art gruppiert. Es ist darauf zu achten, daß die Arme in dieser Haltung weder den Körper berühren noch zu weit von ihm weg gehalten werden.

In der 1. und 2. Position werden die Arme etwas unter der Waagerechten gehalten. In der 3. Position dürfen die Arme nicht zu weit vor der Körpersenkrechten gehalten werden. Der Oberkörper ist immer angespannt, die Schultern sind frei geöffnet und nach unten gesenkt. Kopf und Blick sind geradeaus gerichtet, der Hals ist nicht angespannt.

Der Schüler erlernt die Armpositionen in der Mitte des Saales. Er steht dabei mit den Füßen in einer I. Position und halb auswärts. Es ist angebracht, zuerst die Fingerhaltung und dann die vorbereitende Haltung zu lehren. Dann folgen die 1. und 3. Position. Diese Positionen erlernt der Schüler, indem er die Arme aus der vorbereitenden Haltung in die 1. Position anhebt, danach aus der 1. in die 3. Position und anschließend auf umgekehrtem Wege wieder in die vorbereitende Haltung senkt. Bei diesem port de bras ist darauf zu achten, daß die Abrundungen der Arme aus der vorbereitenden Haltung in der 1. und 3. Position erhalten bleiben. Die Armübertragungen werden im langsamen Tempo auf acht $^3/_4$-Takte durchgeführt.* Auf den ersten Takt werden die Arme aus der vorbereitenden Haltung in die 1. Position geführt, auf den zweiten Takt wird in dieser Position eine Pause gehalten. Auf diese Weise wird das gesamte port de bras viermal hintereinander ausgeführt.

Danach wird die 2. Position gelehrt. Die Arme werden aus der vorbereitenden Haltung in die 1. Position und dann in die 2. Position geführt.

* Diese Übung sollte man auf einen Walzer ausführen lassen, da sich der Charakter der Musik und die fließende Ausführung des port de bras sehr gut ergänzen.

Abschließend werden sie wieder in die Ausgangsposition gesenkt. Beim port de bras aus der vorbereitenden Haltung in die 1. Position müssen beide Arme etwas mehr abgerundet und die Ellbogen und Hände richtig gehalten werden. Das port de bras aus der 1. in die 2. Position beginnt mit den Händen, die sich nach und nach ein wenig öffnen. Dabei werden die Ellbogen etwas gestreckt. Bevor die Arme aus der 2. Position in die vorbereitende Haltung zurückkehren, werden die Finger etwas gestreckt und die Handflächen nach unten gedreht. Beim Senken der Arme bleiben die Hände etwas zurück und nehmen erst am Ende dieser Bewegung allmählich die der vorbereitenden Haltung entsprechende Lage ein. In dem Augenblick, wenn die Handflächen eingedreht werden, strecken sich die Ellbogen ein wenig. Entsprechend dem Bewegungsablauf werden die Arme dann wieder abgerundet.

Auch diese Übung erfolgt auf acht $^3/_4$-Takte und mit Haltepunkten. Auf den fünften und sechsten Takt werden die Arme noch zusätzlich in der 2. Position gehalten. Während des fünften Taktes drehen sich die Handflächen nach unten, auf den sechsten Takt erfolgt eine Pause. Auf den siebenten Takt senken sich die Arme in die vorbereitende Haltung. Diese Übung wird noch dreimal wiederholt.

Wenn die Schüler diese Übung im Freien beherrschen, kann sie entweder als préparation oder als Bestandteil einer beliebigen Kombination an der Stange ausgeführt werden. In jedem Falle muß jetzt der Kopf in das port de bras mit einbezogen werden. Bei der Ausgangsposition ist er immer zur Spielbeinschulter gewendet. Wenn der freie Arm aus der vorbereitenden Haltung in die 1. Position geführt wird, wendet und neigt er sich etwas zur Stange. Der Blick ist auf die Hand gerichtet. Das Öffnen des Armes in die 2. Position wird von einer Kopfwendung in die gleiche Richtung begleitet. Der Blick verfolgt die Bewegung der Hand. Wenn der Arm aus der 2. Position in die vorbereitende Haltung zurückkehrt, neigt und wendet sich der Kopf gleichzeitig etwas nach vorn. Der Blick ist auf die Hand gerichtet. In dem Augenblick, wenn der Arm die vorbereitende Haltung einnimmt, richtet sich der Kopf wieder auf und wendet sich zur Seite. Alle Arm- und Kopfbewegungen müssen genau koordiniert werden. Die Blickrichtung ist immer klar und bestimmt.

Wenn diese Übung an der Stange beherrscht wird, kann sie im Exercice im Freien ausgeführt werden. Später müssen die Schüler mit Hilfe der verschiedenen Formen des port de bras die Ausdruckskraft der Kopf- und Armbewegungen entwickeln, indem sie lernen, sie plastischer, sicherer und überzeugender auszuführen.

Port de bras

Das port de bras ist Bestandteil aller Bewegungen des klassischen Tanzes. Seine szenische Vielfalt ist praktisch unbegrenzt. In der Lehrpraxis jedoch kennt man sechs fest vorgeschriebene Formen. Ihre Grundelemente, die Armübertragungen, Wendungen und Neigungen des Kopfes und die gerade Haltung des Oberkörpers, eignen sich die Schüler bereits beim Erlernen der Armpositionen an. Bei den sechs Formen des port de bras werden noch folgende Elemente hinzugefügt: das épaulement, die Verbindung der verschiedenen Armpositionen und das Wenden und Beugen des Oberkörpers.

Bei allen sechs Formen des port de bras müssen die Arm-, Kopf- und Oberkörperbewegungen fließend, ineinander übergehend und dennoch deutlich und klar sein. Irgendwelche Übertreibungen oder »Effekthaschereien« sind unbedingt zu vermeiden. Trotz einer großen Exaktheit beim Übertragen der Arm von einer Position in die andere muß die Ausführung äußerst einfach und natürlich sein. Erst dadurch erwirbt sich der Schüler die Fähigkeit, später auf der Bühne irgendeine Gestalt aus einem Ballett frei und schöpferisch zu interpretieren und nicht einfach die einstudierten Gesten mechanisch wiederzugeben. Alle Regeln für die Ausführung der Arm- und Beinpositionen sowie die Kopf- und Oberkörperhaltungen und ihre Einstudierung besitzen im vollen Umfang Gültigkeit bei den sechs Formen des port de bras.

Zuerst erlernen die Schüler die Haltung *épaulement*. Sie stehen in der V. Position croisée. Die Arme sind in der vorbereitenden Haltung. Der Kopf ist zur vorderen Schulter gewendet (Abb. 49). Das épaulement fordert vom zukünftigen Tänzer sicheres Gefühl für die Plastik und den Ausdruck dieser Haltung. Selbst die kleinste Unsicherheit oder Nachlässigkeit in der Haltung der Schultern, bei den Wendungen des Kopfes oder der Blickrichtung muß vermieden werden. Wenn die Schüler das épaulement beherrschen, kann man beginnen, die einzelnen Formen des port de bras zu lehren.

49 *Haltung épaulement*

1. port de bras

Beinposition – V., épaulement croisé, rechtes Bein vorn.
1. Phase – die Arme werden aus der vorbereitenden Haltung in die 1. Position geführt;
2. Phase – sie werden in die 3. Position übertragen;
3. Phase – aus dieser Position in die 2. Position geöffnet;
4. Phase – in die vorbereitende Haltung gesenkt.

Der Oberkörper ist gerade.

Die Bewegungen des Kopfes während des port de bras:
1. Phase – er neigt sich ein wenig nach links, der Blick wird auf die Hände gerichtet;
2. Phase – er richtet sich wieder auf und wird etwas nach hinten geneigt, so daß der Blick diagonal nach oben geht;
3. Phase – er wendet sich nach rechts in die Ausgangshaltung;
4. Phase – Kopfhaltung unverändert (Abb. 50).

Während des gesamten port de bras müssen die Beine fest in der V. Position stehen. Knie und Oberschenkel sind kräftig angespannt. Die Arme werden frei, plastisch und rhythmisch exakt geführt. Die natürliche und bewußte Haltung des Oberkörpers darf während der Armbewegungen nicht vernachlässigt werden, besonders die Schultern müssen immer nach unten gesenkt und frei geöffnet sein. Der zeitliche Ablauf der Wendungen und Neigungen des Kopfes entspricht dem der Armbewegungen. Der Blick darf nicht von den vorgeschriebenen Richtungen abweichen oder umherirren. Er muß offen sein, in ihm muß sich die Bewußtheit der Ausführung widerspiegeln.

Das 1. port de bras wird zu Beginn auf acht 3/4-Takte gelehrt (langsamer Walzer); für jede Armführung und jeden Haltepunkt in der neuen Position jeweils einen Takt. Später fallen die Pausen weg, und das port de bras wird auf vier 3/4-Takte ausgeführt. Es ist angebracht, nicht nur dieses, sondern auch alle anderen Formen des port de bras zwei- oder viermal ausführen zu lassen.

2. port de bras

Beinposition – V., épaulement croisé, rechtes Bein vorn. Mit folgender préparation nimmt man die Ausgangshaltung ein: Die Arme werden aus der vorbereitenden Haltung in die 1. Position geführt. Dabei wird der Kopf nach links geneigt und das Gesicht zu den Händen gewendet. Dann wird der rechte Arm in die 2. und gleichzeitig der linke in die 3. Position geöffnet. Bei dieser Armführung wendet sich der Kopf nach rechts in die Ausgangsposition. Der Oberkörper ist gerade.

Nach dieser Vorbereitung beginnt das 2. port de bras.

1. Phase – der linke Arm wird aus der 3. in die 2. Position und der rechte Arm aus der 2. in die 3. Position geführt;
2. Phase – der linke Arm senkt sich in die vorbereitende Haltung;
3. Phase – beide Arme vereinigen sich in der 1. Position;
4. Phase – beide Arme kehren in ihre Ausgangsposition zurück, der linke in die 3., der rechte in die 2. Position.

Aus dieser Haltung wird das 2. port de bras ohne préparation wiederholt. Der Oberkörper ist die ganze Zeit gerade.

Die Bewegungen des Kopfes während des port de bras:

1. Phase – der Kopf wendet sich nach links und verfolgt mit dem Blick die linke Hand, d. h., daß er zu Beginn der Wendung etwas nach hinten geneigt und erst allmählich wieder gerade gerichtet wird;
2. Phase – er wendet sich nach rechts, mit einer kleinen Neigung nach vorn;
3. Phase – er wendet sich mit dem Gesicht zu den Händen und neigt sich etwas nach links;
4. Phase – er wendet sich in die Ausgangsposition (Abb. 51).

Das 2. port de bras wird wie folgt beendet: Der linke Arm geht aus der 3. in die 2. Position, der Kopf wendet sich nach links. Dann werden beide Arme in die vorbereitende Haltung gesenkt, und der Kopf wird etwas nach vorn geneigt. Zum Schluß wendet sich der Kopf nach rechts.

Die Beine müssen während des 2. port de bras fest in der V. Position stehen. Knie und Oberschenkel sind angespannt. Die Arme werden frei, aber unter Beachtung aller zutreffenden Regeln geführt. Der Oberkörper ist gerade. In einigen Bewegungsphasen antwortet er etwas auf die Armbewegungen. In der 2. Phase wird er etwas nach vorn geneigt und danach in der

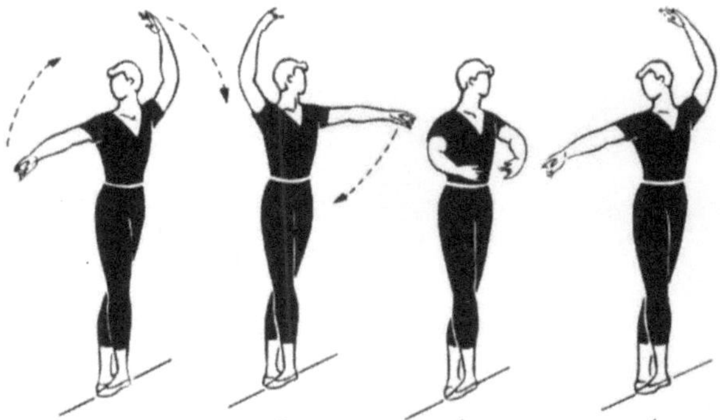

3. Phase wieder aufgerichtet. In dieser Haltung bleibt er bis zum Ende des port de bras. Im Prinzip ist der Oberkörper auch bei den anderen Bewegungsphasen des port de bras nie völlig unbeteiligt. Er soll immer die Arm- und Kopfbewegungen ergänzen bzw. ihre Plastik »empfinden«. Die Art der Wechselbeziehung zwischen Oberkörper und Arm- und Kopfbewegung muß dem Schüler auch bei einer geraden Haltung klar sein. Selbst kaum zu bemerkende Abweichungen des Oberkörpers von der Senkrechten sind für die Erziehung zur plastischen Bewegung sehr wesentlich. An gleicher Stelle muß aber betont werden, daß solche Abweichungen bzw. künstlerische Nuancierungen erst dann zugelassen werden dürfen, wenn die Schüler das Bewegungsschema des port de bras in seiner endgültigen Form und dem entsprechenden Tempo beherrschen. Im anderen Falle besteht die Gefahr, daß sich die Schüler eine dilettantische Art aneignen, den Oberkörper zu bewegen. Der Tanz wird äußerlich und formal, da die Absicht vordergründig ist. Das Gefühl der Schüler für das Maß der Abweichungen oder Akzentuierungen entwickelt sich negativ.

Der Kopf führt seine Wendungen und Neigungen sicher und bestimmt aus. Die Endpunkte werden fixiert. Der Blick darf nicht von der vorgeschriebenen Richtung abweichen. Er ist weit in den Raum gerichtet.

Das 2. port de bras wird auf vier $3/4$-Takte gelehrt.

2 Takte – préparation;

1. Takt – 1. Bewegungsphase;

2. Takt – Pause;

3. Takt – 2. und 3. Phase;

4. Takt – 4. Phase.

Danach wird alles wiederholt. Zum Schluß wird der linke Arm auf einen zusätzlichen Akkord in die 2. Position geöffnet, und auf einen weiteren Akkord werden beide Arme in die vorbereitende Haltung gesenkt.

Als nächstes wird das 2. port de bras verbunden, d. h. ohne Haltepunkte und Pausen, auf zwei 3/4-Takte ausgeführt. Wenn die Schüler das 1. und 2. port de bras beherrschen, kann man die anderen Formen des port de bras lehren, die mit einem Beugen des Oberkörpers ausgeführt werden.

3. port de bras

Beinposition – V., épaulement croisé, rechtes Bein vorn. Zuerst wird folgende préparation ausgeführt: Beide Arme werden aus der vorbereitenden Haltung über die 1. in die 2. Position geöffnet. In der 1. Position wird das Gesicht zu den Händen gewendet und der Kopf etwas nach links geneigt. Beim Öffnen in die 2. Position wendet er sich zur rechten Schulter.

Dann beginnt das 3. port de bras:

1. Phase – beide Arme senken sich in die vorbereitende Haltung, und der Oberkörper beugt sich gleichzeitig nach vorn;
2. Phase – die Arme werden über die 1. in die 3. Position geführt, und der Oberkörper richtet sich gleichzeitig wieder auf;
3. Phase – die Arme bleiben in der 3. Position, und der Oberkörper beugt sich nach hinten;
4. Phase – der Oberkörper richtet sich wieder auf, und beide Arme werden gleichzeitig in die 2. Position geöffnet.

Die Bewegungen des Kopfes während des port de bras:

1. Phase – der Kopf neigt sich im gleichen Maße wie der Oberkörper und verfolgt mit dem Blick die Hand des rechten Armes;
2. Phase – der Kopf wendet sich wieder zur rechten Schulter;
3. Phase – die Kopfhaltung ist unverändert;
4. Phase – desgl. (Abb. 52).

Zum Schluß werden beide Arme aus der 2. Position in die vorbereitende Haltung gesenkt. Der Oberkörper bleibt aufrecht und der Kopf auf der rechten Seite.

Ein neues Element im 3. port de bras ist das Beugen des Oberkörpers. Es muß fließend, mit herabgesenkten und geöffneten Schultern, exakten Arm- und Kopfhaltungen ausgeführt werden. Das Beugen nach vorn beginnt von den Kreuzwirbeln aus und nicht im Hüftgelenk. Folgendes ist dabei zu beachten: Der Rücken darf nicht gekrümmt, die Schultern dürfen nicht hochgezogen, die Bewegungen des Kopfes nicht verzögert und das Kinn darf nicht eingezogen werden. Das Anheben des Oberkörpers wie des Kopfes erfolgt ebenso fließend und harmonisch.

Die Rückbeuge wird mit der ganzen Wirbelsäule, nicht nur von den Kreuzwirbeln aus, durchgeführt. Dabei darf der Oberkörper nicht verzerrt

1 2 3 4 5

oder verbogen werden. Der Kopf neigt sich nur so weit nach hinten, wie der Hals noch frei und ohne Verkrampfung gehalten werden kann.

Während sich der Oberkörper nach vorn beugt, werden die Arme unter Beachtung aller entsprechenden Regeln in die vorbereitende Haltung geführt. Beim Aufrichten werden sie gleichmäßig in die 1. Position angehoben und ohne Verzögerung in die 3. Position übertragen. Bei der Rückbeuge werden die Arme im gleichen Verhältnis wie der Oberkörper nach rück geführt. Sie dürfen auf keinen Fall hinter die Schulterlinie fallen oder die 3. Position verlassen. Beim Aufrichten werden sie gleichzeitig und fließend in die 2. Position geöffnet. Die préparation und der Abschluß müssen den Regeln entsprechend ausgeführt werden.

Es ist angebracht, das 3. port de bras am Anfang langsam und auf acht $^3/_4$-Takte zu lehren.

Préparation:

1. Takt – Arme in die 1. Position führen;

2. Takt – in die 2. Position öffnen.

Jede Bewegungsphase des port de bras läuft auf zwei Takte ab. Später wird das gesamte port de bras auf vier Takte ausgeführt, in der Oberstufe dann sowohl auf einen $^3/_4$- als auch $^2/_4$-Takt.

Das 3. port de bras lehrt man zuerst mit einer Hand zur Stange und in der I. Position. In der ersten Etappe wird der Oberkörper nur nach vorn gebeugt und wieder in die Ausgangsposition zurückgeführt. Dabei geht der freie Arm aus der 2. Position in die vorbereitende Haltung und beim Aufrichten über die 1. wieder in die 2. Position. Der Kopf neigt sich zusammen mit dem Oberkörper nach vorn, während der Blick auf die Hand gerichtet ist. Wenn die Schüler diese Bewegung beherrschen, kann man die Rückbeuge lehren. Sie ist bedeutend schwieriger, und man läßt sie deshalb zuerst mit beiden Händen zur Stange auf acht $^3/_4$-Takte ausführen.

2 Takte – Rückbeuge;
2 Takte – Pause;
2 Takte – der Oberkörper wird aufgerichtet;
2 Takte – Pause.

Dann wird diese Rückbeuge mit einer Hand zur Stange ausgeführt. In diesem Fall wird der freie Arm nach dem Vorbeugen nicht in die 2. Position geöffnet, sondern durch die 1. weiter in die 3. Position geführt. Während der Rückbeuge bleibt er in dieser Position. Zusammen mit dem Aufrichten wird er in die 2. Position geöffnet. Bei der Armführung in die 3. Position wendet sich der Kopf zum freien Arm und bleibt in dieser Haltung bis zum Aufrichten des Oberkörpers aus der Rückbeuge. Wenn die Schüler diese Übung in der I. Position beherrschen, wird sie in der V. Position ausgeführt.

Danach wird diese Form des port de bras in der umgekehrten Richtung gelehrt. Bevor der Oberkörper nach vorn gebeugt wird, geht der freie Arm aus der 2. in die 3. Position; während der Bewegung senkt er sich in die vorbereitende Haltung. Beim Aufrichten wird er in die 2. Position geöffnet und zusammen mit der Rückbeuge in die 3. Position geführt. Das abschließende Aufrichten wird von einer Armführung durch die 1. in die 2. Position begleitet. Der Kopf ist während der gesamten Übung zum freien Arm gewendet und verfolgt mit dem Blick die Bewegung der Hand. Nur bei der Rückbeuge ist er genau zur Seite gerichtet.

4. port de bras

Beinposition – V., épaulement croisé, rechtes Bein vorn. Zuerst wird folgende préparation ausgeführt: Die Arme werden aus der vorbereitenden Haltung in die 1. Position geführt. Danach wird der linke Arm in die 3., der rechte Arm in die 2. Position geöffnet. Der Oberkörper ist gerade, der Kopf zur rechten Schulter gewendet.

Aus dieser Haltung beginnt das 4. port de bras.

1. Phase – der linke Arm wird aus der 3. in die 2. Position geöffnet, der rechte bleibt in der 2. Position, während der Armübertragung werden beide Handflächen nach unten gedreht, gleichzeitig wird der Oberkörper nach links gedreht und etwas nach rück geneigt;
2. Phase – beide Arme werden zur 1. Position geführt, der linke durch die vorbereitende Haltung, der Oberkörper richtet sich dabei wieder auf und wird in die Ausgangshaltung gedreht;
3. Phase – die Arme kehren aus der 1. Position in die Ausgangshaltung zurück.

4. port de bras 53

1 2 3 4

Die Bewegungen des Kopfes:

1. Phase – der Kopf wendet sich nach links und verfolgt mit dem Blick die linke Hand, dann wird er während der Oberkörperdrehung wieder zur rechten Schulter zurückgewendet und ein wenig zu dieser Seite geneigt;
2. Phase – der Kopf wird mit dem Gesicht zu den Händen gewendet und etwas nach links geneigt;
3. Phase – er kehrt in die Ausgangshaltung zurück (Abb. 53).

Danach wird das 4. port de bras beendet, indem der linke Arm aus der 3. in die 2. Position geöffnet wird – der Kopf verfolgt die Bewegung der linken Hand und abschließend beide Arme aus der 2. Position in die vorbereitende Haltung gesenkt werden. Dabei wendet sich der Kopf wieder nach rechts in die Ausgangshaltung. Während der Wendung wird er ein wenig nach vorn geneigt.

Die Beine müssen beim 4. port de bras fest, mit angespannten Oberschenkeln und gestreckten Knien in der V. Position stehen. Während der Oberkörperdrehung nach links dürfen sie nicht in diese Richtung nachgeben.

Die Arme werden bei der Oberkörperdrehung minimal in den Ellbogen abgebogen und dadurch weicher und leichter gehalten. Die Schultern sind herabgesenkt und frei geöffnet. Die Oberkörperdrehung muß gleichmäßig und gleichzeitig von der rechten und linken Schulter aus erfolgen. Bei der schwierigen Bewegung darf der Rücken nicht verzerrt werden. Dann kehrt der Oberkörper elastisch und allmählich in die Ausgangshaltung zurück. Die Spannung in der Oberkörper- und Beinmuskulatur darf nicht sofort verringert werden. Die Wendungen und Neigungen des Kopfes sind frei und exakt und werden mit den Armbewegungen koordiniert. Bei der Oberkörperwendung darf der Hals nicht verkrampft werden. Der Blick ist geradeaus gerichtet und darf nicht umherirren.

Das 4. port de bras wird auf vier 3/4-Takte ausgeführt.
2 Takte – préparation;
2 Takte – 1. Bewegungsphase;
1 Takt – 2. Phase;
1 Takt – 3. Phase.

Es ist angebracht, zur Vorbereitung des 4. port de bras eine Hilfsübung für die Oberkörperdrehung in der Senkrechten ausführen zu lassen. Diese Übung geschieht auf acht 3/4-Takte. Beinposition – I., en face.

1. Takt – die Arme werden aus der vorbereitenden Haltung in die 1. Position geführt;
2. Takt – sie werden in die 3. Position geführt;
3. Takt – der Oberkörper wird in der Senkrechten sehr weit nach rechts gedreht, die Arme bleiben in der 3. Position;
4. Takt – der Oberkörper kehrt in die Ausgangshaltung zurück;
5. Takt – Oberkörperdrehung nach links;
6. Takt – er kehrt in die Ausgangshaltung zurück;
7. Takt – die Arme werden in die 2. Position geöffnet;
8. Takt – sie werden in die vorbereitende Haltung gesenkt.

Bei jeder Oberkörperdrehung wird der Kopf zur vorderen Schulter gewendet und danach wieder in die en-face-Haltung zurückgeführt. Diese Übung wird insgesamt zweimal ausgeführt, dabei zuerst mit der Drehung nach links.

5. port de bras

Beinposition – V., épaulement croisé, rechtes Bein vorn. Zuerst wird folgende préparation ausgeführt: Die Arme werden aus der vorbereitenden Haltung in die 1. Position geführt. Danach wird der linke Arm in die 3. und der rechte Arm in die 2. Position geöffnet. Der Oberkörper ist gerade, der Kopf zur rechten Schulter gewendet.

Aus dieser Haltung beginnt das 5. port de bras.

1. Phase – der Oberkörper neigt sich nach vorn, dabei wird der linke Arm in die 1. Position und der rechte durch die vorbereitende Haltung ebenfalls in diese Position geführt;
2. Phase – der Oberkörper wird mit einer Abweichung nach links wieder aufgerichtet, die Arme bleiben in der 1. Position;
3. Phase – beim Aufrichten des Oberkörpers in die Senkrechte beginnt bereits die Rückbeuge, gleichzeitig wird der rechte Arm in die 3. und der linke Arm in die 2. Position geführt, dann wird die Rückbeuge vertieft und der rechte Arm in die 2. und der linke Arm in die 3. Position übertragen;

5. port de bras 54

1 2 3 4

4. Phase – der Oberkörper wird aufgerichtet, die Arme bleiben unverändert.

Die Bewegungen des Kopfes während des port de bras: Bevor das port de bras beginnt, wird der Kopf nach links oben gewendet; der Blick ist auf die linke Hand gerichtet.

1. Phase – der Kopf verfolgt mit dem Blick die linke Hand;
2. Phase – er ist etwas nach links geneigt und mit dem Gesicht auf die Hände gerichtet;
3. Phase – er wird zuerst nach links und bei der letzten Armübertragung wieder nach rechts gewendet;
4. Phase – seine Haltung wird nicht verändert (Abb. 54).

Das 5. port de bras wird ebenso wie das 4. mit einem Öffnen des linken Armes in die 2. Position und einem abschließenden Senken beider Arme in die vorbereitende Haltung beendet. Beim Öffnen des linken Armes wird der Kopf nach links gewendet und beim abschließenden Senken beider Arme wieder nach rechts. Während dieser letzten Wendung wird der Kopf etwas nach vorn geneigt.

Die Beine müssen beim 5. port de bras fest und mit gestreckten Knien in der V. Position stehen. Das Becken ist angespannt. Die Arme werden plastisch und im gleichen Tempo wie der Oberkörper und der Kopf geführt. Der Oberkörper wird genauso wie beim 3. port de bras, von den Kreuzwirbeln aus und nicht im Hüftgelenk, nach vorn gebeugt. Dabei darf der Rücken nicht gekrümmt, die Schultern dürfen nicht hochgezogen, die Bewegung des Kopfes darf nicht verzögert und das Kinn nicht eingezogen werden. Die Rückbeuge wird nach Möglichkeit mit der ganzen Wirbelsäule und nicht nur von den Kreuzwirbeln aus durchgeführt.

Das seitliche Abweichen des Oberkörpers erfolgt ohne eine Drehung der

Schultern in diese Richtung und im gleichmäßigen Tempo. Während der Oberkörper nach vorn oder hinten gebeugt wird, neigt sich der Kopf etwas in die gleiche Richtung. Dabei darf der Hals nicht verspannt werden.

Das 5. port de bras wird zuerst langsam, auf acht $^3/_4$-Takte ausgeführt, für jede Bewegungsphase zwei Takte. Danach auf vier $^3/_4$-Takte und für jede Bewegungsphase einen Takt. In der Oberstufe kann das 5. port de bras noch schneller ausgeführt werden – auf zwei $^3/_4$-Takte bzw. auf einen $^4/_4$- oder $^6/_8$-Takt.

Es ist nützlich, bevor man das 5. port de bras lehrt, eine zusätzliche Übung ausführen zu lassen. Diese bereitet das seitliche Abweichen des Oberkörpers vor. Beinposition – I., en face. Préparation: Die Arme werden aus der vorbereitenden Haltung über die 1. in die 2. Position geöffnet. Der Oberkörper ist gerade und aufrecht. Bei der Armübertragung in die 1. Position wird der Kopf mit dem Gesicht auf die Hände gerichtet und etwas nach links geneigt. Beim Öffnen der Arme in die 2. Position wird der Kopf zur rechten Schulter geneigt. Nach dieser Vorbereitung neigt sich der Oberkörper nach rechts. Gleichzeitig wird der linke Arm in die 3. Position geführt. Der rechte Arm bleibt in der 2. Position. Dann richtet sich der Oberkörper wieder auf, und der linke Arm wird gleichzeitig wieder aus der 3. in die 2. Position geöffnet. Anschließend wird die gesamte Übung nach links wiederholt. Der Kopf wird immer in die Richtung gewendet, in die sich der Oberkörper neigt. Beim Aufrichten wird er zum Arm gewendet, der sich öffnet. Der Blick verfolgt die Bewegung der Hand. Diese Übung wird mit einem Senken der Arme aus der 2. Position in die vorbereitende Haltung beendet.

Dabei bleibt der Oberkörper gerade, und der Kopf wird in die en-face-Haltung gewendet.

Dieses port de bras muß mit fest angespannten Knien und Oberschenkeln ausgeführt werden. Die Füße müssen richtig in der I. Position stehen. Der Oberkörper wird genau zur Seite geneigt und darf weder nach vor noch nach rück abweichen. Der Rücken darf nicht gekrümmt und die Schultern dürfen nicht hochgezogen werden. Der Arm, der in der 2. Position gehalten wird, muß genau im gleichen Maße wie der Oberkörper zur Seite geneigt werden. Der Winkel zwischen Arm und Oberkörper bleibt unverändert. Ebensowenig darf die Haltung des Kopfes während der Seitbeuge verändert werden.

Es ist angebracht, anfangs dieses port de bras langsam und auf acht $^3/_4$-Takte zu lehren, jeweils zwei Takte für die Seitbeuge, für das anschließende Aufrichten, für die Wiederholung beider Bewegungen zur anderen Seite. Danach wird diese Übung auf vier Takte, mit jeder Bewegung auf einen Takt, ausgeführt. Wenn die Schüler diese Übung beherrschen, kann man mit dem 5. port de bras beginnen.

6. port de bras

Dieses port de bras wird mit folgender Vorbereitung eingeleitet. Ausgangsposition der Beine – V., épaulement croisé, rechtes Bein vorn. Während eines demi-plié auf beiden Beinen führt das rechte Bein ein battement tendu ins croisé vor aus. Dann tritt man auf das rechte Bein in die Pose croisée rück über. Beim battement tendu werden die Arme aus der vorbereitenden Haltung in die 1. Position geführt, und der Kopf wird mit dem Gesicht zu den Händen gewendet. Beim Übertreten auf das rechte Bein wird der rechte Arm in die 2. Position und der linke Arm in die 3. Position geöffnet. Der Kopf wird nach rechts gewendet. Der Oberkörper bleibt aufrecht.

Aus dieser Pose beginnt das 6. port de bras.

1. Phase – auf dem rechten Bein wird ein tiefes demi-plié ausgeführt, während das völlig gestreckte linke Bein mit der Fußspitze über den Boden so weit wie möglich vom Standbein weg nach rück gleitet;
2. Phase – man tritt auf das gestreckte linke Bein über, das zu Beginn dieser Bewegung nicht an das Standbein herangezogen werden darf. Am Ende des Überganges wird das rechte Bein, indem es mit der Fußspitze über den Boden gleitet, in die Pose croisée vor herangezogen;
3. Phase – Rückbeugen und Aufrichten des Oberkörpers;
4. Phase – man tritt durch ein demi-plié auf beiden Beinen in der IV. Position auf das rechte Bein über und nimmt wieder die Ausgangspose ein.

Die Bewegungen des Oberkörpers und der Arme während des port de bras:

1. Phase – während des sehr tiefen demi-plié wird der Oberkörper nach vorn gebeugt, die Arme bleiben in der Ausgangshaltung;
2. Phase – der Oberkörper richtet sich auf, und die Arme werden in die 1. Position geführt;
3. Phase – unmittelbar danach wird der Oberkörper wie beim 5. port de bras mit einer nach links beginnenden kreisförmigen Bewegung nach rück gebeugt, gleichzeitig wird der rechte Arm in die 3. und der linke Arm in die 2. Position geführt, dann wird der Oberkörper wieder aufgerichtet und der rechte Arm in die 2. und der linke Arm in die 3. Position geführt;
4. Phase – Oberkörper und Arme bleiben in dieser Haltung.

Die Bewegungen des Kopfes:

1. Phase – bevor sich der Oberkörper nach vorn beugt, wird der Kopf mit dem Gesicht zur linken Hand gewendet, dann wird er zusammen mit dem Oberkörper und im gleichen Maße nach vorn geneigt;
2. Phase – der Kopf neigt sich etwas nach links, der Blick ist auf beide Hände gerichtet;
3. Phase – der Kopf wird nach links gewendet und kehrt gleichzeitig mit den Armen in die Ausgangshaltung zurück;

4. Phase – der Kopf bleibt unverändert (Abb. 55).

Das 6. port de bras wird auf die gleiche Weise wie das 5. port de bras beendet. Nachdem der linke Arm in die 2. Position geöffnet wurde, kehren beide Arme aus der 2. Position in die vorbereitende Haltung zurück. Der Kopf wird bei der ersten Armführung zum linken Arm und beim abschließenden Senken der Arme in die vorbereitende Haltung etwas über vorn zur rechten Schulter gewendet.

Beim 6. port de bras müssen beide Beine so weit wie möglich ihre Auswärtsdrehung bewahren. Im tiefsten Punkt des demi-plié muß das Standbeinknie genau zur Seite zeigen. Der Standbeinfuß ist elastisch und gleichmäßig auf den Boden gesetzt, ohne die große Zehe zu überlasten. Das linke Bein ist bis zu den Zehenspitzen kräftig gestreckt und mit der Fußspitze leicht auf den Boden aufgesetzt.

Der Übergang auf das linke Bein erfolgt mit einem kräftigen, aber nicht ruckartigen Abstoß vom rechten Bein. Das rechte Bein streckt sich anschließend sofort und gleitet leicht mit der Fußspitze über den Boden ins croisé vor, wo es fixiert wird. Der letzte Übergang nach vor auf das rechte Bein wird über ein weiches, nicht fixiertes demi-plié auf beiden, gleichmäßig belasteten Beinen vollzogen. In der Endphase wird das linke Bein bis in die Zehenspitzen gestreckt und croisé rück fixiert.

Während des gesamten port de bras sind die Hüften auf einer Höhe und fest angespannt. Wenn der Oberkörper nach vorn gebeugt wird, darf die Wirbelsäule nicht gekrümmt werden, so daß Spielbein, Körper und Kopf eine nach vorn ansteigende gerade Linie ergeben. In dem Augenblick, wenn man aus dem tiefen demi-plié auf das linke Bein übertritt, muß sich der Oberkörper aktiv aufrichten. Sofort danach beginnt der Oberkörper mit der Rückbeuge, indem er sich etwas nach links neigt. Dabei wird er aber nicht in diese Seite gedreht. Die Rückbeuge muß elastisch und tief sein und nach Möglichkeit mit allen Wirbeln ausgeführt werden. Das abschließende Aufrichten des Oberkörpers erfolgt verbunden und leicht, im gleichen Tempo wie das gesamte port de bras. Die Schultern müssen immer gesenkt und frei geöffnet sein. Das Schwergewicht des Oberkörpers bleibt während des demi-plié fast vollständig auf dem Standbein. Das Spielbein darf nur sehr wenig belastet werden. Beim Übergang von einem Bein auf das andere muß das Zentrum des Körpergewichts genau auf das Standbein verlagert werden. Der Oberkörper ist während des gesamten port de bras leicht angespannt und frei von jeglicher Verkrampfung. Der Kopf wird wie bei allen anderen Formen des port de bras geführt: exakt, sicher, ohne daß seine Bewegungen aufgesetzt wirken. Das 6. port de bras wird verbunden ausgeführt, entsprechend dem Charakter der Musik und der Kombination, in die es aufgenommen wurde.

1 2 3 4 5

Das 6. port de bras wird langsam, zuerst auf acht 3/4-Takte und dann auf vier 3/4-Takte gelehrt.

2 Takte – préparation;

2 Takte – 1. Bewegungsphase;

2 Takte – 2. Phase und Beginn der 3. Phase (Rückbeuge);

2 Takte – die Rückbeuge wird vollendet, und der Oberkörper richtet sich wieder auf;

2 Takte – Übergang in die Ausgangspose.

Der Abschluß des 6. port de bras wird auf zwei zusätzliche Akkorde ausgeführt.

Das 6. port de bras wird oft als Vorbereitung für große Pirouetten benutzt. Bei en-dedans-Pirouetten wird an Stelle des letzten Übergangs ein tombé in die IV. Position nach vor auf das rechte Bein ausgeführt. Nach dem tombé ist das linke Knie gestreckt und der linke Fuß vollständig auf den Boden aufgesetzt. Während des tombé gleitet der rechte Arm mit einer kreisförmigen Bewegung aus der 3. Position durch die 2. Position und die vorbereitende Haltung in die 1. Position. Der linke Arm bleibt in der 2. Position.

Die Vorbereitung für die en-dehors-Pirouette wird mit Ausnahme der Armbewegungen ebenso ausgeführt. Der linke Arm wird während des tombé durch die 3. Position in die 1. Position geführt und der rechte Arm in die 2. Position geöffnet. Diese Armführung wird mit einem Strecken der Arme ins allongé beendet. Die Handflächen zeigen nach unten.

Alle sechs Formen des port de bras sind verschiedenartig in der technischen Ausführung und werden auf unterschiedlichste Weise in allen Unterrichtsphasen des klassischen Tanzes – vom Stangenexercice bis zu den Sprüngen angewendet.

Eine große, freie und ausdrucksstarke tänzerische Geste hängt in vielem von der richtigen technischen und künstlerischen Erarbeitung aller Formen des port de bras ab, besonders der sechsten Form.

Zweites Kapitel

Die Posen und tänzerischen Schritte

Die Posen des klassischen Tanzes werden in einer bestimmten, räumlich streng festgelegten Zeichnung ausgeführt und setzen sich aus unterschiedlichen Haltungen des Kopfes, der Arme, des Oberkörpers und der Beine zusammen. Von besonderer Bedeutung ist, daß bei den Posen im Grunde alle Wendungen und Neigungen des Kopfes im Verhältnis zum ganzen Körper eine führende Rolle spielen. Im Leben wird eine Bewegung des Kopfes gewöhnlich durch das Bestreben hervorgerufen, etwas zu sehen oder nicht zu sehen bzw. ein Objekt, das die menschliche Aufmerksamkeit erregt, akustisch wahrzunehmen oder nicht wahrzunehmen. Im klassischen Tanz unterliegt selbstverständlich jede Kopfhaltung bestimmten Gesetzmäßigkeiten, die das Verhältnis von Körper und Raum betreffen. Trotzdem stellen diese Regeln keine Schablone dar. Im Gegenteil, die Beherrschung des Systems der Kopfhaltungen ermöglicht es dem Tänzer, sich frei und schöpferisch im Rahmen der künstlerischen Aufgaben zu bewegen. Innerhalb dieses Systems sind besonders die Funktion des Blickes und seine Richtung zu beachten. Der Tänzer kann in erster Linie mit dem Blick den inneren Reichtum der darzustellenden künstlerischen Gestalt wiedergeben und verständlich machen. Ungeachtet dessen, ob der Blick auf den Partner gerichtet oder nach innen gekehrt ist und der Tänzer auf diese Weise den Reichtum seiner Gefühle und Ideen ausdrücken will, er wird den Zuschauer immer durch seine Kraft und das Vermögen, innere Vorgänge eines Menschen darzustellen, in seinen Bann ziehen. Es wäre unmöglich, Kopf-, Arm- und Oberkörperbewegungen ohne Einbeziehung der Blickrichtung zu koordinieren. Erst dann wird eine Pose des klassischen Tanzes wirklich ausdrucksvoll und formvollendet.

Ebenso wie die Wendungen und Neigungen des Kopfes sind auch die Bewegungen der Arme nicht mit einem starren Schema zu erfassen. Das System der ports de bras dient lediglich als Grundlage für die in Inhalt und Charakter äußerst mannigfaltigen darstellerisch-tänzerischen Gesten. Die Hand ist bei einer Armbewegung im gleichen Maße von Bedeutung wie die Blickrichtung bei einer ausdrucksvollen Kopfbewegung.

In den Posen des klassischen Tanzes ist der gesamte Aim aktiv, von der Schulter bis zu den Fingerspitzen. Schulter, Ellbogen, Handgelenk, Hand und Finger ergeben durch ihr Zusammenwirken eine zielgerichtete, tänzerische Geste. Das trifft besonders dann zu, wenn ein allongé ausgeführt wird. Wie schon gesagt, übt die Hand eine ähnliche Funktion wie der Blick aus, da sie der tänzerischen Geste einen bestimmten Sinn gibt und ihren plastischen Ausdruck vollendet.

Der Oberkörper muß an der Gestaltung einer Pose ebenso aktiv Anteil nehmen. In seiner Plastik gibt es einige Besonderheiten. Die sehr ausdrucksfähigen Schultern sind in ihrer Funktion und Bedeutung mit dem Blick und der Hand vergleichbar. Die Arm- und Kopfhaltungen werden erst dann ausdrucksvoll, wenn sie durch entsprechende Wendungen des Oberkörpers (épaulement), wahrnehmbar als Bewegung der Schultern, verstärkt und ergänzt werden. Solange der Tänzer die Posen als Darstellungsmittel seiner Gefühle und Gedanken einsetzt – im Gegensatz zu einer formalen und mechanischen Ausführung –, scheint es, als würden die Bewegungen des Oberkörpers »ohne Ende« sein.

Im realen Leben geht der Mensch, um sich fortzubewegen. Folglich muß man die Bewegungen der Beine in den Posen wie ein Anhalten oder Weiterführen des Schrittes verstehen. Nur ist in diesem Fall der Schritt keine natürliche Form der menschlichen Bewegung, sondern ein künstlerisch-technischer Effekt. In den Posen des klassischen Tanzes sind die Bewegungen der Beine deshalb ganz besonders wichtig, weil Oberschenkel, Knie, Knöchel, Spann und Zehen des Spielbeins die Richtung der Fortbewegung des Tänzers hervorheben. Das Standbein kann diesen Effekt noch durch ein demiplié oder relevé verstärken. Die entscheidende Rolle spielt jedoch der Fuß, der dem Spielbein eine plastisch vollendete Form gibt. Ein technisch ungenügend entwickelter Fuß, wie zum Beispiel ein ungestreckter Spann, ungestreckte Zehen und ein schwaches Fußgelenk, beeinträchtigen die Plastik und Technik des Spielbeins und damit die Harmonie und Vollkommenheit der gesamten Pose. Es ist selbstverständlich, daß Spiel- und Standbein maximal nach außen gedreht sind und Knie und Hüfte richtig gehalten werden. Der Fuß muß seine Bewegungen äußerst »diszipliniert« ausführen, da sonst der Schritt oder irgendeine andere Bewegung vom Platz unharmonisch und nicht plastisch wird.

So eng und vielfältig die Wechselbeziehungen zwischen den einzelnen Körperteilen bei den Posen im klassischen Tanz auch sein mögen – die Bewegungen des unteren und oberen Teils des Körpers sind sehr verschieden, aber einheitlich in ihrer plastischen Grundtendenz. Deshalb ist es im Unterricht sehr wichtig, daß die Schüler eine bestimmte Pose nicht nur in ihrer Struktur begreifen, sondern in sich das Gefühl für ein Vorwärtsstreben der ganzen Gestalt, das *Gefühl für den Tanz* entwickeln und festigen. Die Posen des klassischen Tanzes werden in kleine, mittlere und große unterteilt.

Die kleinen Posen

Die kleinen Posen dürfen erst dann gelehrt werden, wenn die Schüler die Grundhaltungen des Kopfes, der Arme, des Oberkörpers, der Beine und alle jene Bewegungen des Exercice beherrschen, mit deren Hilfe diese Posen ausgeführt werden. Sie werden in Verbindung mit dem battement tendu nach vor, nach rück und zur Seite, ins croisé, effacé und écarté gelehrt.

Pose croisée vor: Ausgangsposition der Beine – V., épaulement croisé, rechtes Bein vorn. Zuerst werden die Arme aus der vorbereitenden Haltung in die 1. Position geführt. Der Kopf neigt sich etwas nach links und nach vorn, der Blick ist auf die Hände gerichtet. Dann wird der rechte Arm in die 2., der linke Arm in die 3. Position übertragen, gleichzeitig wird das rechte Bein mit einem battement tendu ins croisé vor geöffnet. Der Oberkörper ist aufrecht, angespannt und bleibt auf dem Standbein. Der Kopf geht dabei in die Ausgangshaltung zurück. Auf diese Weise entsteht die kleine Pose croisée vor und kann so lange wie notwendig fixiert werden (Abb. 56). Danach wird der linke Arm in die 2. Position geöffnet und anschließend zusammen mit dem rechten in die vorbereitende Haltung gesenkt. Gleichzeitig mit der letzten Armübertragung wird das Spielbein in die V. Position eingeschlossen.

Pose croisée rück: Sie wird im Prinzip nach den gleichen Regeln wie die Pose croisée vor ausgeführt, jedoch mit einem battement tendu des linken Beines ins croisé rück (Abb. 57).

Pose effacée vor: Ausgangsposition der Beine – V., épaulement effacé, rechtes Bein vorn. Zuerst werden die Arme aus der vorbereitenden Haltung in

Kleine Pose crosée vor ***Kleine Pose crosée rück*** **56, 57**

58 *Kleine Pose effacée vor*

59 *Kleine Pose effacée rück*

Kleine Pose écartée vor

die 1. Position geführt. Der Kopf neigt sich etwas nach rechts und nach vorn, der Blick ist auf die Hände gerichtet. Dann wird der linke Arm in die 3., der rechte Arm in die 2. Position geführt, das rechte Bein wird gleichzeitig mit einem battement tendu ins effacé vor geöffnet. Der Oberkörper neigt sich dabei etwas nach rück vom Spielbein weg. Die Oberkörperspannung darf nicht vermindert werden. Der Kopf ist zur linken Schulter gewendet und ebenso wie der Oberkörper etwas nach rück geneigt. Auf diese weise entsteht die kleine Pose effacée vor und kann so lange wie notwendig fixiert werden (Abb. 58). Dann wird der linke Arm aus der 3. in die 2. Position geöffnet und anschließend zusammen mit dem rechten in die vorbereitende Haltung gesenkt. Gleichzeitig wird das rechte Bein in die Ausgangsposition eingeschlossen. Oberkörper und Kopf richten sich dabei wieder auf.

Pose effacée rück: Sie wird im Prinzip nach den gleichen Regeln wie die Pose effacée vor ausgeführt, jedoch mit einem battement tendu des linken Beines ins effacé rück. Oberkörper und Kopf werden etwas nach vorn über das Standbein geneigt (Abb. 59).

Pose écartée vor: Ausgangsposition der Beine – V., épaulement croisé, rechtes Bein vor. Zuerst werden die Arme aus der vorbereitenden Haltung in die 1. Position geführt. Der Kopf wird etwas nach links und nach vorn geneigt, der Blick ist auf die Hände gerichtet. Dann wird der rechte Arm in die 3., der linke in die 2. Position geführt, gleichzeitig wird das rechte Bein diagonal nach vor geöffnet. Der Oberkörper ist angespannt und etwas über das Standbein nach rück geneigt. Der Kopf ist nach rechts gewendet. Auf diese Weise entsteht die Post écartée vor, sie kann so lange wie notwendig fixiert werden (Abb. 60). Zum Schluß wird der rechte Arm in die 2. Position geöff-

Kleine Pose écartée rück 62

1. arabesque

2. arabesque 63

net und dann zusammen mit dem linken in die vorbereitende Haltung gesenkt. Dabei wird das Spielbein in die Ausgangsposition eingeschlossen, und Oberkörper und Kopf werden wieder aufgerichtet.

Pose écartée rück: Sie wird im Prinzip nach den gleichen Regeln wie die Pose écartée vor ausgeführt, jedoch mit einem battement tendu des linken Beines ins écarté rück. Der Kopf wird nach rechts gewendet (Abb. 61).

Alle Posen werden langsam und fließend auf zwei $^4/_4$-Takte ausgeführt.

$^1/_4$ – port de bras in die 1. Position;

$^1/_4$ – battement tendu und port de bras in die Pose;

$^4/_4$ – Fixieren der Pose;

$^1/_4$ – port de bras aus der 3. in die 2. Position;

$^1/_4$ – Spielbein und Arme nehmen die Ausgangsposition ein.

Folgendes muß bei den kleinen Posen beachtet werden: Beide Beine müssen maximal nach außen gedreht werden; das Körpergewicht liegt immer auf dem Standbein; die Fußspitze des Spielbeins darf nicht belastet werden; Oberkörper und Rücken sind angespannt; die Schultern werden geöffnet und nach unten gesenkt; Arme, Kopf und Blick sind exakt und mit Aplomb in der vorgeschriebenen Position bzw. Richtung zu fixieren.

Nachdem die Schüler die Posen einzeln erlernt haben, ist es angebracht, sie zusammen mit dem pas dégagé ausführen zu lassen. Man kann zum Beispiel mit Hilfe des pas dégagé aus der Pose croisée vor in die Pose croisée rück übertreten – oder auch umgekehrt – und dann das Spielbein in die V. Position schließen. Nach dem gleichen Prinzip kann man die Posen effacées und écartées vor und rück miteinander verbinden.

Dann kann man damit beginnen, die kleinen Posen mit einem Fixieren der Arme in der 1. und 2. Position zu lehren. Das heißt, daß der Arm, der sich in der 3. Position befindet, in die 1. Position geführt wird. Der andere

Arm bleibt in der 2. Position. Alle übrigen Regeln für die Ausführung einer kleinen Pose bleiben unverändert.

Zu den kleinen Posen gehören ebenfalls vier arabesques.

1. arabesque: Ausgangsposition der Beine – V., épaulement effacé, rechtes Bein vorn. Zuerst werden die Arme aus der vorbereitenden Haltung in die 1. Position geführt. Der Blick ist auf die Hände gerichtet. Der Kopf neigt sich leicht nach rechts und nach vorn. Dann wird der linke Arm in die 2. Position geführt und gleichzeitig das linke Bein mit einem battement tendu nach rück geöffnet. Der rechte Arm bleibt in der 1. Position und wird im Ellbogen etwas gestreckt. Am Ende dieser Bewegung werden beide Handflächen nach unten gedreht und die Finger leicht gestreckt (allongé). Dabei richtet sich der Kopf wieder auf, und der Blick wird über die rechte Hand ins Freie gerichtet. So entsteht die 1. arabesque (Abb. 62). Anschließend werden die Arme gleichzeitig und fließend in die vorbereitende Haltung gesenkt. Der Kopf wendet sich in die Ausgangshaltung, und das Spielbein kehrt in die V. Position zurück.

2. arabesque: Sie wird im Prinzip genauso wie die 1. arabesque ausgeführt, jedoch der linke Arm in der 1. Position fixiert (allongé) und der rechte in die 2. Position geöffnet. Die rechte Schulter wird etwas nach hinten gezogen, der Kopf zur linken Schulter gewendet und der Blick zur gleichen Seite gerichtet (Abb. 63). Die 2. arabesque wird wie die 1. arabesque beendet.

3. arabesque: Sie wird im Prinzip genauso wie die.2. arabesque im épaulement croisé ausgeführt. Beide Schultern werden auf einer Diagonalen im épaulement gehalten. Der Kopf ist zur linken Hand gerichtet. Der Blick geht über diese Hand ins Freie (Abb. 64). Die 3. arabesque wird wie die beiden vorhergehenden arabesques beendet.

4. arabesque: Sie wird nach dem gleichen Schema wie die 1. arabesque im épaulement croisé ausgeführt. Die linke Schulter wird etwas nach hinten gezogen und der Oberkörper etwas nach rück geneigt. Der Kopf ist zur rechten Schulter gewendet und der Blick in dieselbe Seite gerichtet (Abb. 65). Die 4. arabesque wird wie alle anderen arabesques beendet.

Wenn die kleinen Posen beherrscht werden, kann man dazu übergehen, sie im demi-plié und auf halber Spitze – zuerst an der Stange, dann im Freien – ausführen zu lassen. Bei kleinen Posen in Verbindung mit einem demi-plié muß das Spielbein etwas weiter nach hinten geführt werden, so daß sich der Winkel zwischen Spielbein und Standbein auf 45° vergrößert; bei kleinen Posen auf halber Spitze muß das Spielbein auf 25° angehoben werden.

Mit diesen Formen der kleinen Posen eignen sich die Schüler die Grund-

4 *3. arabesque*

4. arabesque 6

lage für die mittleren und großen Posen an. Nicht die Höhe des Spielbeins (45° oder 90°) wird für den Ausdruck und die Prägnanz einer tänzerischen Pose entscheidend sein, sondern die Fähigkeit, ihre choreographische Struktur und den Charakter ihrer Ausführung zu verstehen und umzusetzen. Deshalb ist es wichtig, daß die Schüler in dieser Etappe, noch bevor man die mittleren und großen Posen lehrt, ihr Gefühl für die Plastik einer Pose schulen und den Aplomb und die Zielgerichtetheit der Bewegungen festigen.

Die mittleren Posen

Die mittleren Posen unterscheiden sich von den kleinen Posen dadurch, daß das Spielbein auf einer Höhe von 45° fixiert wird und die Figur des Tänzers an Ausstrahlungskraft und Aktivität gewinnt.

Die Regeln zur Ausführung der kleinen Posen und die entsprechenden Zeichnungen treffen im allgemeinen auch auf die Ausführung der mittleren Posen zu. Aus diesem Grunde fällt eine ausführliche Beschreibung der mittleren Posen weg.

Die mittleren Posen werden erst gelehrt, wenn die Schüler die kleinen Posen beherrschen und die einzelnen Elemente dieser Posen ausreichend vorbereitet sind. Das Öffnen des Spielbeins auf 45° sollte anfangs mit einem battement relevé lent und danach mit einem battement fondu gelehrt werden.

Alle mittleren Posen werden anfangs ebenso wie die kleinen Posen auf zwei 4/4-Takte ausgeführt.

Später werden die mittleren Posen im demi-plié und auf halber Spitze, zuerst an der Stange und dann im Freien gelehrt. Die Arme können wie bei den kleinen Posen auch in der 1. und 2. Position gehalten werden.

Die großen Posen

Die großen Posen unterscheiden sich dadurch von den kleinen und mittleren Posen, daß das Spielbein mit einem battement relevé lent, einem battement développé oder einem battement jeté auf 90° angehoben wird, so daß sich die plastische Wirkung, die Dynamik und der technische Schwierigkeitsgrad erhöhen.

Es ist nicht notwendig, auf die Struktur der großen Posen bzw. der arabesques gesondert einzugehen, da sie aus den Zeichnungen ersichtlich ist (Abb. 66 bis 75). Es muß jedoch darauf aufmerksam gemacht werden, daß die großen Posen erst nach einer wirklich gründlichen und elementaren Vorbereitung gelehrt werden dürfen. Da die großen Posen später mit Wendungen, Drehungen und zum Schluß mit Sprüngen ausgeführt werden, ist es völlig sinnlos, auf einer ungenügenden Technik und nicht ausreichend gekräftigten Beinen aufbauen zu wollen. Die Plastik wird im klassischen Tanz im wesentlichen dadurch bestimmt, inwieweit der Tänzer die Posen beherrscht. Aus diesem Grunde ist der Pädagoge verpflichtet, seine Schüler fundamental und umfassend für die großen Posen vorzubereiten.

Man lehrt die großen Posen zuerst in Verbindung mit dem battement relevé lent. Das rhythmische Grundschema wird in dieser ersten Etappe bei allen Posen nicht verändert. Die Arme werden aus der vorbereitenden Haltung in die 1. Position geführt, gleichzeitig wird das Spielbein mit einem battement tendu geöffnet. Dann nehmen Arme, Kopf und Oberkörper, während das Spielbein auf 90° erhöht wird, die der Pose entsprechende Haltung ein. Anschließend wird diese Pose fixiert. Nach einer Pause werden die Arme wie bei den kleinen Posen in die vorbereitende Haltung gesenkt, und das Spielbein wird wieder über ein battement tendu in die V. Position eingeschlossen. Diese Übung erfolgt auf zwei langsame $^4/_4$-Takte:

$^1/_4$ – die Arme werden in die 1. Position geführt, das Spielbein wird mit einem battement tendu geöffnet;

$^1/_4$ – port de bras in die geforderte Pose und Anheben des Spielbeins auf 90°;

$^4/_4$ – die Pose wird fixiert;

$^1/_4$ – das Spielbein wird auf den Boden gesenkt;

$^1/_4$ – Arme und Spielbein gehen in die Ausgangsposition zurück.

Nach dieser Übung kann man die großen Posen in Verbindung mit dem battement développé lehren. Die Ausführung ist verbunden und erfolgt auf zwei $^4/_4$-Takte.

$^1/_4$ – Übertragung des Spielbeins in die Haltung sur le-cou-de-pied;

66, 67 *Große Pose croisée vor*

Große Pose croisée rück

Große Pose effacée vor

69 *Große Pose effacée rück*

Große Pose écartée vor

71 *Große Pose écartée rück*

1. arabesque

2. arabesque 72,

1/4 – Erhöhen des Spielbeins zur Haltung passé und gleichzeitig port de bras in die 1. Position;

1/4 – Spielbeine und Arme werden in die geforderte Pose geöffnet;

2/4 – die Pose wird fixiert;

2/4 – Spielbeine und Arme kehren in die Ausgangsposition zurück.

3. arabesque *4. arabesque* 75

6,77 *Attitude croisée rück* *Attitude effacée rück* *Attitude croisée vor* *Attitude effacée vor* 78, 79

Im folgenden wird der Aufbau einer attitude (große Pose mit halb angewinkeltem Spielbein) auf 90°, nach vor oder nach rück und im croisé oder effacé erläutert.

Attitude croisée rück: Ausgangsposition der Beine – V., épaulement croisé, rechtes Bein vorn. Zuerst werden die Arme aus der vorbereitenden Haltung in die 1. Position geführt. Dabei neigt sich der Kopf etwas nach links und nach vorn. Der Blick ist auf die Hände gerichtet. Gleichzeitig wird das linke Bein aus der V. Position über die Haltung sur le cou-de-pied hinten am Standbein entlang bis zur Haltung passé geführt. Dann wird der rechte Arm in die 2. und der linke Arm in die 3. Position geöffnet. Kopf und Blick sind nach rechts gewendet, und das Spielbein wird in dieser angewinkelten Haltung auf 90° geöffnet. Anschließend wird die attitude croisée rück fixiert (Abb. 76). Nach dieser Pause wird der linke Arm in die 2. Position geführt und das Spielbein auf der Höhe von 90° ausgestreckt. Abschließend kehren Arme und Spielbein in die Ausgangsposition zurück. Diese Übung erfolgt auf zwei langsame $^4/_4$-Takte.

1/4 – port de bras in die 1. Position und Anwinkeln des Spielbeins zur Haltung passé;

2/4 – Übertragen des linken Armes in die 3. Position und des rechten in die 2. Position, Erhöhen des Spielbeins auf 90°;

3/4 – Fixieren der Pose;

1/4 – Öffnen des linken Armes in die 2. Position und Strecken des Spielbeins auf 90°;

1/4 – Senken der Arme und des Spielbeins in die Ausgangsposition.

Attitude effacée rück: Sie wird im Prinzip nach dem gleichen Schema wie die attitude croisée rück gelehrt, jedoch ist die Ausgangshaltung hier épaulement effacé, das Spielbein wird auf 90° etwas weniger angewinkelt (stumpfer Winkel), der Kopf ist zur linken Schulter gewendet. Der Blick ist in die gleiche Seite gerichtet (Abb. 77).

Attitude croisée und effacée vor: Diese attitude wird im Prinzip wie die attitude rück ausgeführt, jedoch wird hier das halb angewinkelte Spielbein nach vorn geöffnet (Abb. 78, 79).

Es ist angebracht, diese Posen wegen ihres hohen Schwierigkeitsgrades zuerst nach rück, d. h. mit beiden Händen zur Stange, zu lehren. Das Spielbein wird mit einem relevé lent auf 90° angehoben und in dem Augenblick, wenn es diese Höhe erreicht, angewinkelt (stumpfer Winkel). Dabei ist darauf zu achten, daß das Spielbeinknie nicht nach unten fällt und genau hinter dem Körper gehalten wird. Spann und Zehen sind fest gestreckt. Wenn die Schüler diese Bewegung beherrschen, kann das Spielbein angehoben und gleichzeitig angewinkelt werden, anfangs zum stumpfen Winkel und später zum rechten Winkel. Der Oberkörper neigt sich minimal nach vorn. Er darf weder nach links noch nach rechts ausgedreht werden. Nach dieser Übung läßt man die attitude rück mit einer Hand zur Stange ausführen. Dabei wird der freie Arm in der 3. Position gehalten. Der Kopf ist zum freien Arm gewendet. Danach wird diese Pose im Freien ausgeführt, und zwar die attitude croisée sofort im épaulement und die attitude effacée zuerst im Profil und anschließend diagonal.

Die attitude vor wird zuerst mit einer Hand zur Stange gelehrt. Dabei wird der freie Arm gleichzeitig mit der Spielbeinbewegung in die 3. Position geführt. Der Kopf ist zum freien Arm gewendet und etwas nach vorn geneigt. Der Blick ist unter dem Arm hervor ins Freie gerichtet.

Wenn die Schüler alle großen Posen beherrschen, kann man sie mit Hilfe des passé durch die I. Position, des passé 90°, des pas dégagé und des pas tombé im demi-plié und auf halber Spitze ausführen lassen.

Bei den großen Posen ist folgendes zu beachten: Beide Beine müssen stän-

80 *Variante der Pose croisée vor*

Variante der großen Pose croisée rück 81

82 *Variante der arabesque*

Variante der attitude croisée rück 83

dig auswärts gehalten werden, die Schultern sind frei geöffnet und nach unten gesenkt, die Arme müssen sehr exakt geführt und fixiert werden. Die Blickrichtung ist mit den Wendungen und Neigungen des Kopfes zu koordinieren. Alle Bewegungen sind genau im Rhythmus auszuführen, wobei der Schüler die Wechselbeziehung aller Elemente der großen Pose fühlen muß.

Je nach dem Grad der Aneignung der großen, mittleren und kleinen Posen ist es erlaubt, vom Kanon abzuweichen. Man kann z. B. bei den Hauptposen croisées vor und rück die Armpositionen, die 3. und die 2. Position miteinander austauschen. Bei einer solchen Variante neigen sich Oberkörper und Kopf etwas nach vorn, und der Blick wird unter dem die 3. Position fixierenden Arm hervor ins Freie gerichtet (Abb. 80). Diese Variante kann noch weiter verändert werden, indem der Arm, der in der 2. Position fixiert wurde, in der 1. Position oder auch in der 3. Position gehalten wird. In beiden Fällen bleibt die beschriebene Oberkörper- und Kopfhaltung unverändert (Abb. 81). Nach dem gleichen Prinzip können auch die Posen effacées vor und rück verändert werden.

84, 85 *Pose in der IV. Position allongée* *Pose écartée allongée allongée* *Attitude allongée*

Bei den Posen écartées können beide Arme in der 3. Position gehalten werden. Oberkörper, Kopfhaltung sowie Blickrichtung bleiben unverändert.

In der arabesque können beide Arme vor dem Körper (allongé), einer etwas höher als der andere, gehalten werden (Abb. 82). Bei dieser Variante ist der Kopf zur vorderen Schulter gewendet.

Bei der attitude croisée und effacée vor und rück können Oberkörper und Kopf wie bei den beschriebenen Posen der IV. Position variiert werden (Abb. 83). Alle großen, mittleren und kleinen Posen, ausgenommen die arabesque, können mit einem allongé beider Arme beendet werden. Bei den Posen in der IV. Position werden die Arme während des allongé etwas vertieft (Abb. 84). In den Posen écartées wird entweder ein Arm oder werden beide Arme aus der 3. Position über die 1. in die 2. Position geöffnet (Abb. 85). Das allongé wird bei der attitude von einem Strecken des Spielbeins begleitet (Abb. 86).

Alle Posen mit den angeführten Varianten der Arm-, Oberkörper- und Kopfbewegungen müssen auch mit dem Rücken nach vorn ausgeführt werden. Es ist notwendig, im Unterricht die Varianten der Posen sehr maßvoll zu verwenden, da die Lehrformen *das Elementare* sind, das sehr sorgfältig erarbeitet und in seiner klassischen Reinheit und Strenge bewahrt werden muß. Alle Veränderungen in den Posen des klassischen Tanzes sollten nur als eine Art plastischer Ergänzung oder Erhöhung des Schwierigkeitsgrades verwendet werden.

Die tänzerischen Schritte

Die Schritte dieser Bewegungsgruppe werden gewöhnlich als Verbindungs- oder Ansatzelemente in den Kombinationen im Unterricht benutzt. Damit ist aber nicht gesagt, daß sie etwas Zweitrangiges neben allen anderen Bewegungen darstellen. Im Gegenteil, je besser man diese tänzerischen Schritte beherrscht, desto besser wird man alle jene Bewegungen ausführen, mit denen sie verbunden sind.

Pas dégagé

Beim pas dégagé tritt man auf das in die II. oder IV. Position geöffnete Spielbein über. Er kann aus einer kleinen oder großen Pose begonnen bzw. in eine kleine oder große Pose beendet werden. Im allgemeinen ist der pas dégagé als Element in allen Bewegungen vorhanden, bei denen der Mittelpunkt des Körpergewichtes auf das Spielbein oder von beiden Beinen auf ein Bein übertragen wird. Im folgenden werden die möglichen Varianten der Ausführung des pas dégagé beschrieben.

Pas dégagé am Boden: Ein Bein wird aus der V. Position mit einem battement tendu in die II. oder IV. Position geöffnet. Dann tritt man mit Hilfe eines demi-plié auf beiden Beinen auf das Spielbein über. Das battement tendu muß unter Beachtung aller entsprechenden Regeln ausgeführt werden, der Übergang auf das Spielbein erfolgt zusammenhängend und von den Zehenspitzen auf den ganzen Fuß. Nach dem gleichmäßigen elastischen und nicht fixierten demi-plié auf beiden Beinen wird weich und leicht die Streckung vollzogen.

Die Arme fixieren deutlich die Anfangs- und Endhaltungen und werden weich und in Übereinstimmung mit dem Bewegungsablauf des demi-plié von einer Position in die andere übertragen. Der Oberkörper belastet im tiefsten Punkt des demi-plié gleichmäßig beide Beine. Beim Übertreten wird er rechtzeitig und in angespannter Haltung auf das Spielbein verlagert. Der Kopf wir deutlich und in einem Rhythmus mit dem port de bras von einer Haltung in die andere gewendet. Der pas dégagé muß im ganzen leicht in einem Tempo und ohne heftige und harte Bewegung beim Übertreten ausgeführt werden.

Es ist angebracht, diese Form des pas dégagé zuerst mit einem Fixieren des demi-plié zu lehren. Auf diese Weise kann sich der Schüler besser die Gleichmäßigkeit, Auswärtsdrehung und Elastizität der Beine bei dieser Bewegung aneignen.

Pas dégagé auf 45°: Dieser pas dégagé wird aus einer auf 45° geöffneten Spielbeinhaltung begonnen. In diesem Fall wird das demi-plié nur auf dem Standbein ausgeführt. Die Streckung des Standbeins wird mit einem weiten Schritt vom Platz auf das Spielbein verbunden. Dabei kann man entweder über die gestreckten Zehenspitzen auf ganzem Fuß oder auf halbe Spitze übertreten.

Für die Bewegungen der Arme, des Oberkörpers und des Kopfes gibt es kein festes Schema. Sie werden in Übereinstimmung mit der Anfangs- und Endpose ausgeführt. Es muß ständig darauf geachtet werden, daß der Übergang elastisch erfolgt, die Beine nach außen gedreht sind und die Endpose richtig ausgeführt wird.

Diese Form des pas dégagé sollte im Freien in Verbindung mit dem battement fondu auf 45° gelehrt werden.

Zum Beispiel: Nach einem fondu auf halbe Spitze in die II. Position führt das Standbein ein demi-pilé aus. Anschließend erfolgt der pas dégagé zur Seite auf halbe Spitze. Das neue Spielbein wird sofort auf einer Höhe von 45° fixiert. Diese Übung wird ins croisé vor, danach ins croisé rück, zur Seite und mit dem anderen Bein ausgeführt.

2/4-Takt.
2/4 – battement fondu;
1/4 – demi-plié;
1/4 – pas dégagé.

Pas dégagé auf 90°: Nach dem pas dégagé auf 45° wird die gleiche Bewegung auf 90° gelehrt (im Adagio) mit einem Übertreten auf ganzem Fuß. Man tritt zum Beispiel aus einer großen Pose effacée vor mit einem großen Schritt, also pas dégagé, in die 1. arabesque auf 90° über (Abb. 87). Danach kann man zum pas dégagé aus einem battement fondu auf 90° übergehen. Diese Übung wird in der gleichen Art ausgeführt, wie oben beim pas déga-

87 ***Pas dégagé vor***

gé aus einem battement fondu auf 45° beschrieben. Der pas dégagé auf 45° oder 90° kann variiert werden, indem die beiden Höhen des Spielbeins (45° oder 90°) der Ausgangs- und Endpose ohne Einschränkung miteinander austauschbar sind.

Pas tombé

Bei diesem Schritt »fällt« man auf das Bein ins demi-plié, das in die II. oder IV. Position geöffnet ist. Vorher kann das Spielbein auf unterschiedliche Weise geöffnet werden. Zum Beispiel mit einem battement tendu, battement fondu, battement développé usw. Der pas tombé wird unabhängig davon immer auf die gleiche Weise beendet – durch das Fallen auf das geöffnete Bein ins demi-plié, durch das gleichzeitige Aufsetzen des ehemaligen Standbeins mit der Fußspitze auf den Boden bzw. Erhöhen auf 45° oder 90° oder ein schnelles Übertragen des Beines in die Haltung sur le cou-de-pied. Der Übergang von einem Bein auf das andere mit Hilfe des pas tombé wird der Regel entsprechend immer durch ein relevé des Standbeins auf halbe Spitze vorbereitet. Arm-, Oberkörper- und Kopfhaltungen können zu Beginn oder am Ende dieser Bewegung äußerst verschieden sein. In jedem Falle sind sie aber abhängig von der Struktur der ausgeführten Pose (Abb. 88).

Beim pas tombé darf das geöffnete Bein nicht vorzeitig gesenkt werden, da sonst die Fortbewegung vom Platz verringert wird und die Zielgerichtetheit der gesamten Bewegung darunter leidet. Durch ein »Unter-sich-treten« erscheint der pas tombé kraftlos und unvollendet. Ebenso falsch ist es, den pas tombé zu weit vom Platz auszuführen. Auch das würde die Leichtigkeit und Proportionalität des Bewegungsablaufs stören. Das abschließende demi-plié muß weich, leicht, elastisch und von den Zehenspitzen aus

Pas tombé vor 88

auf den ganzen Fuß ausgeführt werden. Das frei werdende Bein wird gleichzeitig mit dem demi-plié auf die erforderliche Höhe angehoben.

Der Oberkörper muß rechtzeitig, mit Beginn des demi-plié, auf das neue Standbein übertragen werden. Er darf sich dabei nicht entspannen oder seine Haltung verlieren. Arme und Kopf werden genau in den entsprechenden Positionen gehalten bzw. exakt auf dem vorgeschriebenen Weg und mit der Bewegung der Beine koordiniert von einer Position in die andere geführt.

Das »Fallen« ins demi-plié muß sehr gut erarbeitet werden, damit der Schüler es nicht mechanisch ausführt, sondern »empfindet«. Der Bewegungsablauf muß unabhängig von einer schnellen oder langsamen Ausführung mit dem Tempo der Musik übereinstimmen.

Der pas tombé wird an der Stange gelehrt, zuerst mit dem battement fondu, danach mit dem battement relevé lent und zum Schluß mit Hilfe der sehr nützlichen Übung battement développé tombé.

Es muß darauf aufmerksam gemacht werden, daß der pas tombé als Element in der Schlußphase vieler Sprünge erscheint, zum Beispiel bei sissonne tombée, temps leve tombé, cabriole tombée usw. Eine gründliche Erarbeitung dieser Bewegung im Freien ist deshalb besonders wichtig. Erst danach darf man zu den genannten Sprüngen übergehen.

Es existiert noch eine andere Form des pas tombé, die am Platz in der V. Position und mit einem Austauschen des Standbeins ausgeführt wird. Die Übertragung auf das andere Bein, das entweder in der Haltung sur le cou-depied oder gestreckt auf 45° gehalten wird, beginnt ebenfalls von der halben Spitze des Standbeins. Im Augenblick des tombé wird das frei werdende Bein sofort zum cou-de-pied geführt oder kräftig in eine bestimmte Richtung auf 45° gestreckt. Der Übergang ins demi-plié muß sehr leicht und elastisch sein. Die Anfangs-und Endhaltung der Beine muß genau fixiert werden. Arme, Oberkörper und Kopf bewegen sich in Übereinstimmung mit der Anfangs- und Endpose.

Diese Form des pas tombé lehrt man mit Hilfe des pas de bourrée simple. Danach kann der pas coupé als kleine Ergänzung beim battement fondu, battement frappé, rond de jambe en l'air und petit battement sur le cou-depied verwendet werden.

Pas coupé

Der pas coupé wird am Platz durch ein schnelles Austauschen des Standbeins in der V. Position ausgeführt. Ausgangshaltung: rechtes Bein – demiplié; linkes Bein – in der Haltung sur le cou-de-pied rück angelegt.

Der Übergang: das linke Bein wird auf hohe halbe Spitze rück abgesetzt, und gleichzeitig wird das rechte Bein aus dem demi-plié in die Haltung sur le cou-de-pied vor übertragen oder in die II. bzw. IV. Position auf 45° geöffnet (Abb. 89). Diese Bewegung muß so ausgeführt werden, daß das Spielbein mit dem pas coupé das Standbein vom Boden wegstößt und sich durch die V. Position an seine Stelle setzt.

Der pas coupé kann auch aus einer auf 45° geöffneten Beinhaltung beginnen. In einem solchen Falle wird der pas coupé mit einem Übertragen des anderen Beines ins cou-de-pied vor oder rück beendet. Außerdem kann der pas coupé ein zweites Mal sofort von halber Spitze und ohne vorhergehendes demi-plié ausgeführt werden. Dabei wird das Spielbein aus der Haltung sur le cou-de-pied auf hohe halbe Spitze in die V. Position eingesetzt und das andere Bein sur le cou-de-pied vor oder rück übertragen. Arm-, Oberkörper- und Kopfbewegungen müssen genau mit der Anfangs- und Endpose übereinstimmen.

Der pas coupé wird wie der pas tombé zuerst mit Hilfe des pas de bourrée gelehrt. Danach kann er als kleine Ergänzung zusammen mit dem battement frappé, rond de jambe en l'air und petit battement sur le cou-de-pied ausgeführt werden. Bei allen unterschiedlichen Formen und Verbindungen des pas coupé muß folgendes gleichermaßen beachtet werden: die Auswärtsdrehung der Beine, die Elastizität des demi-plié, die Geschmeidigkeit der hohen halben Spitze, die genaue Haltung sur le cou-de-pied und der exakte Übergang von einem Bein auf das andere.

Pas glissé

Der pas glissé geht aus dem pas tombé hervor und besteht in einem Gleiten erst des einen und dann des anderen Beines durch die IV. oder II. Position. Als Beispiel sei der pas glissé croisé vor angeführt: Nach einem demi-plié in der V. Position mit anschließendem relevé auf halbe Spitze wird das vordere Bein mit einer leichten und gleitenden Bewegung der Fußspitze über den Boden nach vorn ins croisé geöffnet und ohne Unterbrechung ins demi-plié auf ganzen Fuß abgesetzt. Dann wird das rückwärtige Bein mit einer ebenso leichten und gleitenden Bewegung auf hohe halbe Spitze an das Standbein in die Ausgangsposition herangeführt. Danach kann der pas glissé wiederholt oder im demi-plié in der V. Position beendet werden.

Das erste relevé wird von einem port de bras aus der vorbereitenden Haltung in die 1. Position begleitet. Beim Übergang ins demi-plié bleibt der dem Spielbein entsprechende Arm in der 1. Position, der andere Arm wird in eine etwas niedrigere 2. Position geöffnet. Beim abschießenden relevé bleiben

89 *Variante des pas coupè*

1 2

Pas glissé über die IV. Position

1 2 3

die Arme in diesen Positionen. Sie werden erst dann in die vorbereitende Haltung gesenkt, wenn die Bewegung beendet wird. Der Oberkörper wird beim 1. und 2. relevé aufrecht gehalten. Während der glissé-Bewegung ins demi-plié neigt er sich etwas nach vorn auf das neue Standbein. Der Kopf ist während des gesamten pas glissé zur vorderen Schulter gewendet (Abb. 90). Auf diese Weise kann man den pas glissé in alle Richtungen ausführen und in den üblichen kleinen Posen beenden lassen.

Es ist auch möglich, vom pas glissé nur den ersten Teil, das Gleiten ins dem i-plié, auszuführen. Dafür gibt es zwei Möglichkeiten: Entweder erfolgt der Übergang ins demi-plié in eine große Pose, oder man führt die große Pose gleichzeitig mit einem anschließenden relevé auf halbe Spitze aus. Außerdem kann das Spielbein am Boden bleiben. Diese Art des pas glissé wird als Vorbereitung für kleine Pirouetten benutzt.

Der pas glissé kann ebenso auch als Vorbereitung für kleine Sprünge dienen, die von einem Bein beginnen. Arm, Oberkörper und Kopf nehmen in solchen Fällen die dem nachfolgenden Sprung entsprechende Haltung ein.

Unabhängig von der ausgeführten Variante des pas glissé ist folgendes immer zu beachten: Die gleitende Bewegung muß äußerst leicht sein, und das demi-plié ist sehr weich auszuführen. Die Bewegungen der Arme, des Oberkörpers und des Kopfes müssen ineinander übergehen und trotzdem sehr klar sein. Man darf auf gar keinen Fall zulassen, daß die Beine weniger nach außen gedreht sind, daß der Übergang ins demi-plié zu weit vom Platz ausgeführt und die Endphase nicht sicher und ohne Kraft fixiert wird.

Der pas glissé sollte im Freien in Verbindung mit dem battement tendu in folgender Reihenfolge gelehrt werden: zuerst en face, danach ins croisé und effacé.

 92

Pas failli

Der pas failli geht ebenso wie der pas glissé aus dem pas tombé hervor. Er wird nur in der IV. Position ausgeführt. Die Ausgangsposition für den pas failli kann eine beliebige kleine oder große Pose sein, in der ein Bein nach vor oder rück, ins croisé oder effacé geöffnet ist. Das Standbein führt ein relevé auf halbe-Spitze aus und anschließend ein demi-plié. Beim demi-plié wird das Spielbein durch die I. Position in die IV. Position vor oder rück geführt. Das andere Bein, das zum Spielbein wird, kann entweder mit der Fußspitze auf den Boden aufgesetzt oder in eine beliebige Pose in der IV. Position auf 45° oder 90° angehoben werden (Abb. 91).

Zur Ausführung: Das Spielbein muß beim pas failli gleichzeitig mit dem demi-plié des Standbeins durch die I. Position geführt werden. Diese Bewegung muß leicht, gleitend und mit dem ganzen Fuß erfolgen. Der pas failli wird elastisch und mit einem gleichmäßigen Vertiefen des demi-pli in einer nicht zu großen IV. Position beendet. Die Arm-, Oberkörper- und Kopfbewegungen müssen plastisch sein und genau mit der angegebenen Pose übereinstimmen.

Der pas failli muß zuerst nach vor und dann nach rück gelehrt werden. Er wird im Freien als eine bestimmte Art der Verbindung zweier Posen und als Ansatz zu kleinen und großen Pirouetten benutzt.

Pas de bourrée

Der pas de bourrée existiert in einigen Varianten. Alle diese Formen haben jedoch eine gemeinsame Grundlage: das Übertreten von einem Bein auf das andere mit Hilfe des pas coupé und pas tombé. Jeder pas de bourrée muß auswärts, exakt, auf hoher halber Spitze und fest gestrecktem Standbein ausgeführt werden. Das Spielbein wird ebenso exakt und auswärts, mit fest gestrecktem Spann und gestreckten Zehen in die Haltung sur le cou-de-pied übertragen. Das demi-plié zu Beginn und am Schluß (tombé) des pas de bourrée muß weich und elastisch sein.

Beim pas de bourrée in gemäßigtem Tempo wird jedes Übertreten und jede einzelne Haltung sur le cou-de-pied deutlich fixiert. Der Körper muß absolut senkrecht bleiben. Bei schnellem Tempo müssen alle Bewegungen ohne Unterbrechung ausgeführt werden und ineinander übergehen.

Die Arm-, Oberkörper- und Kopfbewegungen werden bei jedem Beispiel extra besprochen. Sie müssen in jedem Falle sehr genau, leicht und in rhythmischer Übereinstimmung mit der Beinbewegung erfolgen. Alle Arten des pas de bourrée werden gewöhnlich im $^2/_4$- oder $^4/_4$-Takt gelehrt. Anfangs wird jedes Übertreten auf $^1/_4$ und danach auf $^1/_8$ des Taktes ausgeführt.

Pas de bourrée en dehors mit Beinwechsel: Ausgangsposition der Beine – V., épaulement croisé. Das rückwärtige Bein wird bei gleichzeitigem demi-plié des Standbeins sur le cou-de-pied rück angelegt.

Danach erfolgt zusammen mit einem pas coupé eine Wendung en face. Das heißt, daß das Spielbein auf hohe halbe Spitze in die V. Position rück eingesetzt und gleichzeitig das ehemalige Standbein sur le cou-de-pied vor angelegt wird.*

Dann wird das Spielbein, während es sich öffnet, in einer kleinen II. Position (der Abstand beider Beine ist um die Hälfte des üblichen Abstandes verringert) auf hohe halbe Spitze auf den Boden abgesetzt. Das andere Bein wird sofort sur le cou-de-pied am Standbein rück fixiert und jedes Spielbein mit gleichzeitiger Wendung ins épaulement croisé einen pas tombé in die V. Position ins demi-plié aus. Dabei wird das ehemalige Standbein sur le cou-de-pied rück angelegt. Aus dieser Haltung kann der pas de bourrée mit Beinwechsel zur anderen Seite wiederholt werden.

Beim pas de bourrée en dedans werden die Beine nach dem gleichen Schema gewechselt. Im Unterschied zur beschriebenen Form werden hier alle Haltungen sur le cou-de-pied am Standbein rück fixiert und jedes tombé ins demi-plié auf das rückwärtige Bein ausgeführt.

Die Armbewegungen: Beim ersten demi-plié bleiben beide Arme in der vorbereitenden Haltung. Das erste Übertreten wird von einem port de bras in die 1. Position begleitet. Beim zweiten Übertreten bleiben beide Arme unverändert in dieser Position. Beim abschließenden demi-plié bleibt der dem Standbein entsprechende Arm in der 1. Position, der andere wird in die 2. Position geöffnet.

---

* Im Prinzip ist dieser Übergang ein pas dégagé.

4 3 2 1

Der Oberkörper neigt sich bei jedem demi-plié über die vordere Schulter etwas zur Seite. Bei allen übrigen Bewegungen bleibt er aufrecht. Der Kopf bleibt beim ersten demi-plié in der Ausgangshaltung épaulement. Dann wendet er sich gleichzeitig mit der Körperwendung ins en face. In dieser Haltung bleibt er bis zum zweiten demi-plié. Das tombé wird von einer Wendung des Kopfes zur vorderen Schulter ins épaulement begleitet (Abb. 92).

Es ist angebracht, diesen pas de bourrée zuerst mit beiden Händen zur Stange, mit Hilfe einer vereinfachten Übung zu lehren. Wie gewöhnlich beginnt er mit dem demi-plié auf einem Bein. Das andere Bein wird sur le cou-de-pied rück angelegt. Danach tritt man zweimal in der V. Position auf hoher halber Spitze von einem Bein auf das andere über. Das entsprechende Spielbein wird sur le cou-de-pied vor und rück angelegt. Die gesamte Übung wird mit einem tombé ins demi-plié auf das rückwärtige Bein beendet. Das vordere Bein wird gleichzeitig sur le cou-de-pied vor angelegt. Dann kann diese Übung in umgekehrter Reihenfolge oder auch mit dem anderen Bein beginnend wiederholt werden.

Später geht man dazu über, den pas de bourrée mit Beinwechsel zuerst mit beiden Händen zur Stange und danach im Freien zu lehren.

Pas de bourrée ohne Beinwechsel: Ausgangsposition der Beine – V., en face. Das vordere Bein führt ein demi-plié aus, gleichzeitig wird das rückwärtige Bein über die Haltung sur le cou-de-pied in die II. Position auf 45° geöffnet. Danach wird das geöffnete Bein mit einem coupé auf hohe halbe Spitze in die V. Position rück eingesetzt, das andere gleichzeitig sur le cou-de-pied vor angelegt. Das vordere Bein (Spielbein) tritt dann auf hohe halbe Spitze in die verkürzte II. Position über, während das andere Bein im gleichen Augenblick sur le cou-de-pied rück angelegt wird. Danach führt das rückwärtige Bein ein tombé ins demi-plié aus. Anschließend wird das andere Bein aus

93 *Pas de bourrée ohne Beinwechsel*

94 *Pas de bourrée dessus*

der Haltung sur le cou-de-pied in die II. Position auf 45° geöffnet. Aus dieser Haltung kann man den pas de bourrée ohne Beinwechsel entweder zur anderen Seite wiederholen oder auch mit einem Einschließen des geöffneten Beines in die V. Position rück beenden.

Die Armbewegungen: Wenn das rückwärtige Bein zum ersten Mal in die II. Position geöffnet wird, werden beide Arme etwas aus der vorbereitenden Haltung in eine niedrige 2. Position geöffnet. Das erste Übertreten wird von einem port de bras durch die vorbereitende Haltung in eine niedrige 1. Position begleitet. Beim zweiten Übertreten bleiben beide Arme in dieser Position. Während des abschließenden demi-plié öffnen sich beide Arme wieder in eine niedrige 2. Position.

Der Oberkörper bewahrt im Augenblick des Übertretens auf halber Spitze die aufrechte Haltung im en face. Während des demi-plié neigt er sich ein wenig vom öffnenden Bein weg.

Der Kopf wird beim Übertreten en face gehalten. Beim demi-plié geht er mit dem Oberkörper mit und wendet sich in die gleiche Richtung (Abb. 93).

Dieser pas de bourrée wird ohne vorhergehende Übung sofort in dieser

Form im Freien gelehrt; danach im écarté und in kleinen Posen der IV. Position, wobei das Übertreten nach vorn oder nach rück jedesmal mit einem weichen Öffnen des Beines in die gleiche Richtung endet. Bei einer solchen Ausführung nehmen Arme, Oberkörper und Kopf aktiv am Bewegungsablauf teil und fixieren leicht, aber exakt die geforderten Haltungen.

Pas de bourrée dessus: Ausgangsposition der Beine – V., épaulement croisé. Folgendes wird zuerst gleichzeitig ausgeführt: eine Wendung en face, ein demi-plié auf dem vorderen Bein und ein Öffnen des rückwärtigen Beines über die Haltung sur le cou-de-pied in die II. Position auf 45°. Dann wird das geöffnete Bein in die V. Position vor auf hohe halbe Spitze eingesetzt. Gleichzeitig wird das ehemalige Standbein sur le cou-de-pied rück angelegt. Als nächstes tritt das Spielbein (rückwärtige Bein) auf hohe halbe Spitze in die verkürzte II. Position über. Das andere Bein wird im gleichen Augenblick sur le cou-de-pied rück angelegt. Zum Schluß führt das rückwärtige Bein ein tombé ins demi-plié in die V. Position rück aus. Anschließend wird das Spielbein aus der Haltung sur le cou-de-pied in die II. Position auf 45° geöffnet (Abb. 94).

Die Armbewegungen: Beim ersten Öffnen des Spielbeins werden beide Arme aus der vorbereitenden Haltung durch eine etwas tiefere 1. Position in eine niedrige 2. Position geführt. Beim Übertreten werden sie allmählich wieder in die vorbereitende Haltung gesenkt.

Der Oberkörper ist beim Übertreten aufrecht, und beim demi-plié neigt er sich etwas in die dem geöffneten Bein entgegengesetzte Seite. Der Kopf wendet und neigt sich zur gleichen Seite wie der Oberkörper.

Pas de bourrée dessous: Dieser pas de bourrée wird im Prinzip wie der pas de bourrée dessus ausgeführt, jedoch in umgekehrter Reihenfolge. Das heißt, daß das erste demi-plié auf dem rückwärtigen Bein in der V. Position erfolgt und das vordere Bein über die Haltung sur le cou-de-pied vor zur Seite auf 45° geöffnet wird. Dann wird das Spielbein in die V. Position rück auf hohe halbe Spitze eingesetzt und das ehemalige Standbein sur le cou-de-pied vor angelegt. Danach tritt man mit dem Spielbein auf hohe halbe Spitze in die II. Position über. Das frei werdende Bein wird gleichzeitig sur le cou-de-pied vor angelegt. Zum Schluß führt man mit dem vorn angelegten Spielbein ein tombé in die V. Position vor ins demi-plié aus und öffnet das andere Bein über die Haltung sur le cou-de-pied in die II. Position auf 45°. Für die Arm-, Oberkörper. und Kopfbewegungen gelten die gleichen Regeln wie beim pas de bourrée dessus (Abb. 95).

95 *Pas de bourrée dessous*

4 3 2 1

Pas de bourrée dessus-dessous: Bei dieser Form werden der pas de bourrée dessus und pas de bourrée dessous nacheinander und ineinander übergehend ausgeführt. Nach dem pas de bourrée dessus wird das zur Seite auf 45° geöffnete Bein in die V. Position rück auf hohe halbe Spitze eingesetzt. Anschließend führt man den pas de bourrée dessous aus. Auf diese Weise erfolgt die gesamte Bewegung ohne Unterbrechung mit einem kleinen Übergang von einer Seite zur anderen. Bei schnellerem Tempo wird das Spielbein nur wenig über dem Boden in die II. Position geöffnet. Dadurch erscheint der pas de bourrée dessus-dessous verbundener und in sich geschlossener.

Arme, Oberkörper und Kopf nehmen die Haltungen ein, die der jeweiligen Art des pas de bourrée entsprechen und beim pas de bourrée dessus und dessous bereits erläutert wurden.

Wenn man diese Form des pas de bourrée vermittelt, muß darauf geachtet werden, daß die Schüler das Spielbein nicht auf einer bogenförmigen, sondern geraden Linie in die II. Position öffnen und in die V. Position mit gestrecktem Knie und leicht über den Boden gleitender Fußspitze einsetzen.

Pas balancé

Der pas balancé besteht aus einem gleichmäßigen Übertreten von einem Bein auf das andere und einem leichten »Schaukeln« des Oberkörpers, der Arme und des Kopfes. Er beginnt aus dem demi-plié in der V. Position. Das rückwärtige Bein wird mit einer schleifenden Bewegung zur Seite geöffnet und das Standbein gleichzeitig gestreckt. Danach tritt man auf das zur Seite geöffnete Spielbein ins demi-plié über und legt das ehemalige Standbein sur le cou-de-pied rück an. Anschließend wird das Spielbein in die V. Position rück auf hohe halbe Spitze eingesetzt und das andere Bein sur le cou-de-pied vor angelegt. Dann führt das Spielbein aus dem sur le cou-de-pied ein tombé in die V. Position vor ins demi-plié aus. Gleichzeitig wird das rück-

wärtige Bein wieder sur le cou-de-pied rück angelegt. Damit ist der pas balancé beendet, und er kann zur anderen Seite wiederholt werden, indem das Spielbein sofort aus der sur-le-cou-de-pied-Haltung, nicht über die V. Position, zur Seite geöffnet wird. Wie aus dieser Beschreibung ersichtlich wird, besteht der pas balancé aus einem pas tombé in die II. Position, einem pas coupé und einem pas tombé in die V. Position.

Die Armbewegungen: Die Arme werden in allen Positionen etwas tiefer als üblich gehalten. Beim Öffnen des rückwärtigen Beines zur Seite werden beide Arme aus der vorbereitenden Haltung ein wenig in eine niedrige 2. Position angehoben. Während des pas tombé bleibt der dem Standbein entsprechende Arm in der 2. Position, und der andere wird in die 1. Position geführt. Die Wiederholung des pas balancé zur anderen Seite wird von einem fließenden Wechsel dieser Armhaltung auf die andere Seite begleitet. Das heißt, daß ein Arm aus der 1. in die 2. Position und der andere aus der 2. in die 1. Position geführt wird. Außerdem kann der Arm, der in der 2. Position gehalten wurde, in die 3. Position angehoben und beim nächsten pas balancé wieder in die 2. Position geöffnet werden.

Der Oberkörper neigt sich beim pas tombé zur gleichen Seite, zu der dieser Übergang ausgeführt wird. Beim pas coupé richtet er sich wieder auf und bleibt bis zum Ende des pas balancé in dieser senkrechten Haltung. Der Kopf neigt sich mit dem Oberkörper in diese Richtung und bleibt bis zum Ende des pas balancé auf dieser Seite (Abb. 96). Das rückwärtige Bein muß zu Beginn des pas balancé sehr leicht und exakt in die II. Position geöffnet und dabei fließend und elastisch im Knie, Spann und in den Zehen durchgestreckt werden. Der Übergang ins demi-plié geschieht ohne Unterbrechung und so weit vom Platz, daß der normale Beinabstand in der II. Position eingehalten wird. Der pas tombé muß weich und gleichmäßig von den Zehenspitzen auf den ganzen Fuß abrollend ausgeführt werden. Ebenso exakt gleichmäßig und mit gestrecktem Fuß erfolgt das anschließende Anlegen des anderen Beines sur le cou-de-pied. Der pas coupé wird elastisch, mit

97 *Pas couru*

5 4

gestrecktem Knie und einem gleichmäßigen Übertragen des anderen Beines ins cou-de-pied ausgeführt. Der abschließende pas tombé ins demi-plié ist ebenfalls weich, leicht und fließend.

Das port de bras muß in einem Tempo mit den Oberkörper- und Kopfneigungen erfolgen. Die Bewegungen des Oberkörpers und des Kopfes müssen sehr genau sein und mit den Beinbewegungen übereinstimmen. Der pas balancé ist im ganzen ein verhaltener Schritt ohne übertriebene Kopfwendungen und Oberkörperneigungen, ohne zu große ports de bras und ohne harte Akzente in den Beinbewegungen. Es muß darauf geachtet werden, daß beide Beine immer nach außen gedreht sind.

Der pas balancé wird zuerst ohne Arme und im langsamen Tempo gelehrt. $^3/_4$-Takt (Walzer).

Jedes Übertreten erfolgt auf $^1/_4$ des Taktes. Wenn die Schüler diese Grundform beherrschen, kann sie auf folgende Art und Weise erschwert werden: Beim ersten Öffnen des Beines zur Seite erhebt man sich nur auf niedrige halbe Spitze und neigt den Oberkörper etwas mehr als gewöhnlich zum Spielbein. Der dem Spielbein gegenüberliegende Arm wird dabei nicht in die 1., sondern in die 3. Position geführt, der andere in die 2. Position. Bei der Wiederholung des pas balancé zur anderen Seite werden beide Arme auf dem kürzesten Wege, also nicht über die 1. Position, in die gleiche, seitenverkehrte Haltung übertragen.

Pas couru

Der pas couru dient als Anlauf zu großen Sprüngen, zum Beispiel zum grand jeté, und wird nur mit einer Fortbewegung nach vorn ausgeführt.

Er besteht aus vier schnellen, ineinander übergehenden Schritten durch die IV. Position. Die Ausgangshaltung ist eine kleine Pose, bei der das vordere Bein mit der Fußspitze croisé vor aufgesetzt ist. Zuerst führt man einen

3 2 1

pas tombé auf das Spielbein aus. Danach wird diese Bewegung mit zwei Schritten auf halber Spitze (pas dégagé) nach vorn fortgesetzt. Den Abschluß des pas couru bildet ein weiterer Schritt im Charakter des pas tombé nach vor mit anschließendem kräftigem, kurzem und sprungartigem Abstoß.

Alle vier Schritte werden sehr schnell, in einheitlichem Tempo und mit einem energischen Übertragen des ganzen Körpers nach vorn zum nachfolgenden Absprung ausgeführt. Während des pas couru sind die Arme in der 2. Position. Die Handflächen zeigen nach unten. Im Augenblick des Absprunges werden beide Arme energisch durch die vorbereitende Haltung und die 1. Position in die auszuführende Pose übertragen. Diese mit dem Absprung koordinierte Bewegung der Arme ist für das Erreichen der maximalen Sprunghöhe von großer Bedeutung.

Der Oberkörper wird zu Beginn des pas couru energisch nach vorn übertragen. Er unterstützt den Absprung, indem er aktiv daran teilnimmt und seine Spannung und richtige Haltung bewahrt. Der Oberkörper wird, wenn der pas couru z. B. nach Punkt 8 erfolgt, ein wenig über die linke Schulter zur Seite geneigt. Um dabei einen stabilen und hohen Sprung zu erreichen, muß das Zentrum des Körpergewichtes während des Absprunges genau auf dem Standbein liegen. Der Kopf ist während des pas couru zur hinteren Schulter gewendet. Beim Absprung wendet er sich energisch zur vorderen Schulter (Abb. 97). Insgesamt muß der pas couru wie ein leichter und freier Anlauf zu einem großen Sprung ausgeführt werden.

Es existiert noch eine Form des pas couru mit nur drei Schritten. In diesem Falle ist in der Ausgangshaltung ein Bein croisé rück mit der Fußspitze aufgestellt. Dieses Bein führt einen pas tombé nach vorn aus. Danach folgt ein weiterer Schritt nach vorn (pas dégagé auf hoher halber Spitze) und zum Schluß wieder ein pas tombé. Arme, Oberkörper und Kopf bewegen sich wie beschrieben.

Beide Arten des pas couru sollten erst dann gelehrt werden, wenn die

Schüler alle Arten des pas de bourrée und die großen Sprünge mit Fortbewegung beherrschen.

Temps lié

Das temps lié ist eine Übung, welche die Verbundenheit des Überganges von einer Pose in die andere mit Hilfe des pas dégagé entwickelt. Es wird in zwei Arten gelehrt. In der ersten werden die Posen par terre fixiert und in der zweiten auf 90°.

Das temps lié besteht aus zwei Phasen.

Temps lié par terre.

Erste Phase: Ausgangsposition – V., épaulement croisé, rechtes Bein vorn. Als erstes wird ein demi-plié ausgeführt und das rechte Bein mit einer über den Boden gleitenden Bewegung croisé vor geöffnet. Das linke Bein bleibt im demi-plié. Dann tritt man mit einem pas dégagé über ein demi-plié in der IV. Position auf das vordere Bein über. Das demi-plié darf nicht fixiert werden. Das linke Bein wird croisé rück gestreckt und danach in die V. Position rück en face ins demi-plié eingeschlossen.

Die Arme werden zusammen mit dem Öffnen des Beines ins croisé vor aus der vorbereitenden Haltung in die 1. Position geführt. Beim pas dégagé wird der linke Arm in die 3. Position und der rechte in die 2. Position geöffnet. Das abschließende Einsetzen des rückwärtigen Beines in die V. Position wird von einem Senken des linken Armes in die 1. Position begleitet.

Der Oberkörper bleibt beim Öffnen des rechten Beines ins croisé vor auf dem linken Bein. Beim pas dégagé wird er auf das rechte Bein übertragen.

Gleichzeitig mit dem port de bras in die 1. Position wendet sich der Kopf zu den Händen. Der Blick geht in die gleiche Richtung. Zusammen mit dem Öffnen des rechten Armes in die 2. Position wendet sich der Kopf zur rech-

5

4

Temps lié par terre. Erste Phase 98

ten Schulter. Wenn der linke Arm aus der 3. in die 1. Position gesenkt wird, wendet sich der Kopf ins en face. Der Blick ist auf die linke Hand gerichtet (Abb. 98).

Zweite Phase: Das rechte Bein wird im demi-plié mit der Fußspitze, die über den Boden gleitet, aus der V. in die II. Position geöffnet. Dann folgt wieder über ein demi-plié auf beiden Beinen ein pas dégagé auf das rechte Bein. Anschließend wird das linke, gestreckte Bein in die V. Position vor ins demi-plié, mit gleichzeitiger Wendung ins épaulement croisé eingeschlossen.

Wenn das rechte Bein zur Seite geführt wird, öffnet sich der linke Arm aus der 1. in die 2. Position. Beim pas dégagé bleiben beide Arme in der 2. Position. Sie werden gleichzeitig mit dem Schließen des linken Beines in die V. Position vor in die vorbereitende Haltung gesenkt.

Der Oberkörper wird beim pas dégagé vom linken auf das rechte Bein übertragen.

Der Kopf wird beim Öffnen des linken Armes in die 2. Position zur linken Schulter gewendet. In dieser Haltung bleibt er bis zur Wendung ins épaulement croisé (Abb. 99).

Temps lié par terre. Zweite Phase 99

Danach kann die Übung mit dem anderen Bein wiederholt werden. Das temps lié par terre nach rück wird im Prinzip nach dem gleichen Schema ausgeführt. Nur in der ersten Phase erfolgt der pas dégagé nach rück und nicht nach vor, und in der zweiten Phase wird das rückwärtige Bein aus der V. in die II. Position geöffnet. Diese Übung sollte langsam, beide Phasen auf zwei 4/4-Takte verteilt, gelehrt werden.

1/4 – demi-plié;
1/4 – Öffnen des vorderen Beines ins croisé vor;
1/4 – pas dégagé;
1/4 – Fixieren der Pose usw.

Wenn die Schüler diese Übung beherrschen, kann man sie dadurch etwas erschweren, indem sich der Oberkörper auf das letzte Viertel der ersten Phase nach rück zum Spielbein neigt, Arme und Kopf bleiben in der Ausgangshaltung. In der zweiten Phase neigt sich der Oberkörper nach dem pas dégagé ebenfalls zum Spielbein. Dabei wird gleichzeitig der rechte Arm aus der 2. in die 3. Position geführt. Wenn sich der Oberkörper wieder aufrichtet, kehrt dieser Arm in die 2. Position zurück. Beim temps lié nach rück neigt sich der Oberkörper sowohl in der ersten als auch in der zweiten Phase vom Spielbein weg. In der ersten Phase werden Arm- und Kopfhaltung nicht verändert. In der zweiten Phase wird zusammen mit dem Beugen des Oberkörpers der rechte Arm in die 3. Position geführt. Danach wird er wieder in die 2. Position gesenkt. Alle Regeln, die für das port de bras mit Beugen des Oberkörpers gelten, müssen auch hier ohne Ausnahme beachtet werden.

Das temps lié mit Beugen des Oberkörpers wird in jeder Phase auf zwei 4/4-Takte ausgeführt.

4/4 – temps lié;
2/4 – Beugen des Oberkörpers;
2/4 – Aufrichten des Oberkörpers.

Beim temps lié par terre mit und ohne Beugen des Oberkörpers gelten für die Bewegungen des Kopfes, der Arme, des Oberkörpers und der Beine alle durch den Kanon des klassischen Tanzes vorgeschriebenen Regeln. Die Grundaufgabe des temps lié besteht darin, daß man mit seiner Hilfe den Schüler befähigt, alle Elemente dieser Übung fließend und weich miteinander verbunden auszuführen.

Später kann das temps lié ohne Beugen des Oberkörpers auf zwei 3/4-Takte ausgeführt werden. Jede Pose wird auf das erste Viertel des Taktes fixiert. Dabei muß besonders sorgfältig die Verbundenheit des demi-plié, pas dégagé, port de bras bis zum Fixieren der Pose erarbeitet werden.

Temps lié 90°. Erste Phase 100

Temps lié 90°. Zweite Phase 101

Temps lié auf 90°. Diese Übung unterscheidet sich vom temps lié par terre dadurch, daß das Spielbein nicht auf dem Boden, sondern mit einem battement développé und demi-plié des Standbeins in die IV. und II. Position geöffnet wird.

Erste Phase: Ausgangshaltung – V. Position, épaulement croisé, rechtes Bein vorn. Das rechte Bein wird mit einem battement développé und gleichzeitigem demi-plié des Standbeins croisé vor geöffnet. Dann folgt der pas dégagé, der weit nach vorn und über die gestreckten Zehen auf den ganzen Fuß abrollend in die Pose attitude croisée rück ausgeführt wird. Zum Schluß wird das linke Bein auf 90° gestreckt und mit einer Wendung ins en face in die V. Position rück eingeschlossen.

Beim battement développé werden die Arme aus der vorbereitenden Haltung in die 1. Position geführt. Beim pas dégagé wird der rechte Arm in die 2. und der linke in die 3. Position geöffnet. Wenn das linke Bein in die V. Position rück eingesetzt wird, bleibt der rechte Arm in der 2. Position, und der linke Arm wird in die 1. Position geführt. Die Bewegungen des Oberkörpers und des Kopfes sind die gleichen wie beim temps lié par terre (Abb. 100).

Zweite Phase: Das rechte Bein wird mit einem battement développé und gleichzeitigem demi-plié auf dem linken Bein zur Seite geöffnet. Dann folgt der pas dégagé zur Seite – großer Schritt vom Platz und gleichmäßiges Abrollen des Standbeinfußes über die gestreckten Zehen auf den ganzen Fuß. Anschließend wird die Pose à la seconde 90° fixiert. Zum Schluß wird das linke Bein mit gleichzeitiger Wendung ins épaulement zur Haltung passé angewinkelt.

Die Bewegungen der Arme, des Oberkörpers und des Kopfes sind die gleichen wie in der zweiten Phase des temps lié par terre (Abb. 101).

Dieses Schema des Bewegungsablaufes gilt im Prinzip auch für das temps lié auf 90° nach rück; nur werden in diesem Falle battement développé und pas dégagé ins croisé rück ausgeführt.

Das temps lié auf 90° wird langsam und auf zwei $^4/_4$-Takte gelehrt.

Erste Phase:

$^1/_4$ – Spielbein zur Haltung passé anwinkeln;

$^1/_4$ – battement développé;

$^1/_4$ – pas dégagé;

$^1/_4$ – Fixieren der Pose.

Zweite Phase:

$^1/_4$ – linkes Bein in die V. Position einschließen und rechtes Bein zur Haltung passé anwinkeln;

$^1/_4$ – battement développé;

$^1/_4$ – pas dégagé;

$^1/_4$ – Fixieren der Pose à la seconde usw.

Wenn die Schüler das temps lié auf 90° in diesem Tempo beherrschen, kann man es in etwas schnellerem Tempo ausführen lassen. Es muß besonders in der ersten Zeit darauf geachtet werden, daß alle Bewegungen äußerst genau, verbunden und sicher ausgeführt werden. Auf diese Weise erzieht man beim Schüler das Gefühl für die »tänzerische Kantilene«, die später bei der Ausführung komplizierterer und schwierigerer Bewegungsformen von großem Nutzen sein wird. Das temps lié auf 90° kann im weiteren Unterrichtsverlauf noch dadurch erschwert werden, daß alle Bewegungen – außer demi-plié und battement développé – auf hohe halbe Spitze erfolgen.

Drittes Kapitel

Die Sprünge und Battus

Die kompliziertesten und technisch schwierigsten Bewegungen des klassischen Tanzes sind die Sprünge. Sie dienen dem Ausdruck einer ungestümen, heftigen Bewegung. Die technische Ausführung einer solchen Bewegung darf jedoch niemals zum Selbstzweck werden. Ein Sprung um des Sprunges willen das wäre Akrobatik. Die Aufgabe für den Tänzer besteht nicht allein darin, bei einem komplizierten battu oder einer Drehung in der Luft möglichst hoch zu springen, sondern mit äußerster Leichtigkeit, Elastizität und Musikalität die Emotionen des »Helden« zu gestalten. Erst dann wird der Sprung zu einem darstellerisch-ausdrucksvollen Mittel der Ballettkunst.

Es ist bekannt, daß sich die Spünge aus bereits erlernten Elementen des Exercice und des Adagios zusammensetzen. Folglich müssen sich die Schüler die einzelnen Elemente gründlich und allseitig angeeignet haben, bevor man im Unterricht zu den entsprechenden Sprüngen übergeht.

Daneben gibt es für die technische Ausführung des Sprunges besondere Regeln. Einige dieser Regeln werden unter dem Begriff *Elevation* zusammengefaßt. Mit dem Wort Elevation bezeichnet man das Vermögen des Tänzers, elastisch, weich, hoch, leicht und exakt zu springen, die plastische und musikalisch-rhythmische Form der Bewegung während des Sprunges unverändert zu halten und den Absprung so abzustimmen, daß die Flughöhe der Fortbewegung des Körpers in eine bestimmte Richtung und einem bestimmten Rhythmus und Tempo entspricht. Neben der Elevation stellt der *Ballon* ein weiteres sehr wichtiges Element der vollendeten Sprungtechnik dar. Man spricht von einem Ballon, wenn der Tänzer es versteht, bei einigen großen Sprüngen die Pose oder Bewegung in der Kulmination der Flugkurve zu fixieren. Dieser Effekt wird dadurch erzielt, daß der Absprung und das »Hochreißen« des ganzen Körpers kürzer und kräftiger erfolgen. Das erhöht die Leichtigkeit des Sprunges, und es entsteht der Eindruck, als würde der Tänzer den Sprung verzögern, in der Luft »stehen« und dabei plastisch und exakt die ausgeführte Bewegung oder Pose fixieren. Ohne eine solche Ausführung verliert der Sprung sofort an Virtuosität und Exaktheit. In einem solchen Fall besitzt der Tänzer keinen Ballon.

Eines der schwierigsten und kompliziertesten Elemente des Sprunges ist das demi-plié mit dessen Hilfe der Absprung, die Flugphase und das Aufsetzen auf den Boden ausgeführt werden. Beim demi-plié vor einem Sprung muß der ganze Fuß und besonders die Ferse fest und sicher auf dem Boden stehen. Dann stößt sich der ganze Fuß – von der Ferse beginnend und mit dem Strecken der Zehen endend – mit Kraft vom Boden ab. Unter- und Oberschenkel unterstützen aktiv den Absprung, und das ganze Bein muß sich in dem Augenblick, da es sich vom Boden löst, im Knie, Spann und in den Zehenspitzen wie eine Feder durchstrecken. Beachtet man diese Regeln nicht, so wird der Sprung schwach, labil, nicht sehr hoch und ungenügend elastisch.

Der Sprung muß mit einem weichen, leichten und elastischen demi-plié beendet werden. Das Körpergewicht wird mit angespannten Beinmuskeln aufgefangen. Der Fuß wird von den Zehenspitzen bis zur Ferse abgerollt und fest, aber lautlos auf den Boden aufgesetzt. Unter- und Oberschenkel müssen aktiv und unter Beachtung aller Regeln an der Ausführung des weichen und elastischen demi-plié teilnehmen. Wenn der Fuß nicht richtig abgerollt wird und der Übergang ins demi-plié nicht verbunden und fließend stattfindet, so ist es nicht möglich, den Sprung leicht und weich zu Ende zu führen. Man muß deshalb im Unterricht der Entwicklung und Kräftigung des demi-plié vor und nach dem Sprung ganz besondere Aufmerksamkeit widmen.

Um die einzelnen Sprünge richtig miteinander zu verbinden, ist es notwendig, daß das demi-plié nach dem Sprung und der folgende Absprung ineinander übergehen. Dabei wird das eigene Körpergewicht zur Erhöhung des Trampolins ausgenutzt, das wiederum die Sprunghöhe, das Tempo, den Rhythmus des Sprunges und selbstverständlich den Charakter des demi-plié positiv beeinflußt.

Außerdem müssen während des Absprunges, der Flugphase und des abschließenden demi-plié die Bewegungen der Arme, des Oberkörpers und der Beine koordiniert werden. Wenn es der Schüler nicht versteht, die genaue Flugbahn und die Raumzeichnung des Sprunges oder der gesamten tänzerischen Phase einzuhalten, bedeutet das, daß er nicht über eine vollwertige Elevation oder einen ausreichenden Ballon verfügt. Im Theater trifft man oft auf solche Tänzer, die man nicht zu den Meistern einer virtuosen Technik zählen kann.

Die Entwicklung einer Sprungtechnik mit guter Elevation und ausreichendem Ballon muß im Unterricht mit der Erziehung des Schülers zu Kraft, Ausdauer und einem starken Willen gepaart sein. Es ist deshalb notwendig, bei der Erarbeitung aller für den Sprung wichtigen Elemente vom Schüler ständig einen maximalen Krafteinsatz durch eine hohe praktische Belastung zu fordern. Bei einer zu geringen Anzahl von Sprüngen in der Unterrichtsaufgabe wird der Schüler unterfordert, und Elevation und Ballon können nicht in dem erforderlichen Maße entwickelt und gefestigt werden. Selbstverständlich darf die Belastung nicht ein vernünftiges Maß überschreiten. Sie sollte allmählich gesteigert werden, unter Beachtung der natürlichen Veranlagungen des Schülers.

Es ist unzulässig, besonders große und komplizierte Sprünge mit »kalter« Beinmuskulatur und unvorbereiteter Atmung auszuführen. Es ist ferner unmöglich, sich mit einem schlecht vorbereiteten Körper eine hohe Sprungtechnik, Elevation und einen ausreichenden Ballon anzueignen. Die Gefahr, sich verschiedene Verletzungen zuzuziehen, würde sich erheblich erhöhen.

Alle Sprünge müssen am Anfang einzeln gelehrt werden. Die zwischen den einzelnen Sprüngen eingefügten Pausen dienen einer gründlicheren Entwicklung der Absprungtechnik, der Flugphase und des abschließenden demi-plié. Später kann man – entsprechend der Aufgabenstellung im Unterricht – dazu übergehen, zwei bis drei Sprünge hintereinander auszuführen.

In der Unterstufe sollten zuerst alle elementaren Sprünge ohne Fortbewegung mit beiden Händen zur Stange gelehrt werden. Die Schüler halten sich leicht mit beiden Händen an der Stange fest. Die Hände werden von oben auf die Stange gelegt. Ihr Abstand zueinander entspricht der Schulterbreite. Die Ellbogen sind leicht angewinkelt und nach unten gesenkt. Man muß darauf achten, daß die Schüler nicht an der Stange »hängen« oder sich mit ihrem Gewicht auf sie legen.

Die Sprünge des klassischen Tanzes werden in fünf Gruppen unterteilt:
a) Sprünge von zwei Beinen auf zwei Beine;
b) Sprünge von zwei Beinen auf ein Bein;
c) Sprünge von einem Bein auf zwei Beine;
d) Sprünge von einem Bein auf das andere Bein;
e) Sprünge von einem Bein auf dasselbe Bein.

Im folgenden werden alle fünf Gruppen beschrieben, denen aber bestimmte Grundelemente der Sprungtechnik gemein sind.

Sprünge von zwei Beinen auf zwei Beine

Temps sauté

Durch das temps sauté wird der Schüler das erste Mal mit dem Grundelement des Sprunges bekannt gemacht. Er beginnt mit dieser Übung sich die Sprungtechnik anzueignen: ein elastisches demi-plié, einen federnden Absprung, einen leichten Flug und ein weiches Landen.

Das temps sauté wird in der I., II. oder V. Position ausgeführt und ebenso wie alle folgenden Sprünge je nach der Höhe in kleine (petits) und große (grands) Sprünge unterteilt.

Petit temps sauté: In diesem Sprung wird die Ausgangsposition der Beine (I., II. oder V.) bei geringer Flughöhe bis zum abschließenden demi-plié beibehalten (Abb. 102). Während dieser Übung muß man auf ein elastisches demi-plié am Anfang und Ende des Sprunges achten. Der Absprung ist leicht, ebenso der Flug selbst. Die Beine sind nach außen gedreht. Zehen, Knie und Spann sind durchgestreckt, die Oberschenkel fest angespannt. Die Ausgangsposition der Beine darf während des Sprunges auf keinen Fall verändert werden.

Der Oberkörper ist aufrecht, die Rückenmuskulatur angespannt, die Schultern sind frei geöffnet und herabgesenkt. Der Oberkörper muß besonders fest in den Kreuzwirbeln gehalten werden. Der Kopf ist geradeaus gerichtet. Der Hals darf nicht verspannt werden.

Dieser Sprung wird zuerst in der I., dann in der II. und zum Schluß in der V. Position mit beiden Händen zur Stange gelehrt.

$^4/_4$-Takt.

$^1/_4$ -demi-plié;

$^1/_4$ – Pause;

$^1/_4$ – Absprung und Landung;

$^1/_4$ – Strecken aus dem demi-plié.

Danach wird das temps sauté zweimal hintereinander auf folgende rhythmische Aufteilung gelehrt:

$^1/_4$ – demi-plié;

$^1/_4$ – erster Sprung;

$^1/_4$– zweiter Sprung;

$^1/_4$ – Strecken aus dem demi-plié.

Später läßt man diese Übung einige Male hintereinander ausführen. Das erste demi-plié erfolgt auftaktig.

Wenn die Schüler das petit temps sauté an der Stange beherrschen, kann

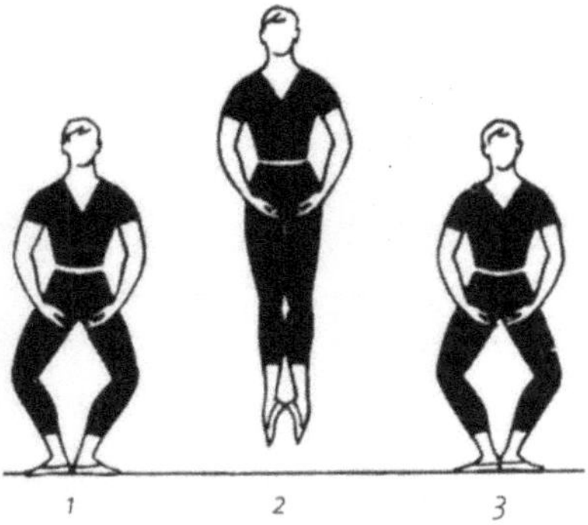

102 *Petit temps sauté in der I. Position*

Grand temps sauté in der V. Position 103

man es im Freien lehren. Hier werden beide Arme in der vorbereitenden Haltung fixiert.

Grand temps sauté: Das grand temps sauté wird mit einem tieferen demi-plié, einer maximalen Sprunghöhe und unter Beachtung aller für diesen Sprung prinzipiell gültigen Regeln ausgeführt. Es wird sofort im Freien gelehrt.

4/4-Takt.
1/4 – demi-plié;
1/4 – Sprung und nachfolgendes demi-plié;
1/4 – Strecken aus dem demi-plié;
1/4 – Pause.

Danach wird das grand temps sauté auftaktig ausgeführt.

2/4-Takt.
Auftakt – Absprung;
1/4 – demi-plié;
1/4 – Strecken aus dem demi-plié.

Zum Schluß entfallen alle Pausen, und der Sprung wird en suite – jeder auf 1/4 – ausgeführt (Abb. 103).

Später kann man das grand temps sauté in der V. Position épaulement croisé und mit Fortbewegung (de volée) lehren.

Beim *grand temps sauté de volée* muß bereits im Absprung die Fortbewegung enthalten sein und auf den ganzen Körper übertragen werden. Die Arme unterstützen die gesamte Bewegung, indem sie während des Absprunges aus der vorbereitenden Haltung in die 3. Position geführt werden.

104 *Petit changement de pied*

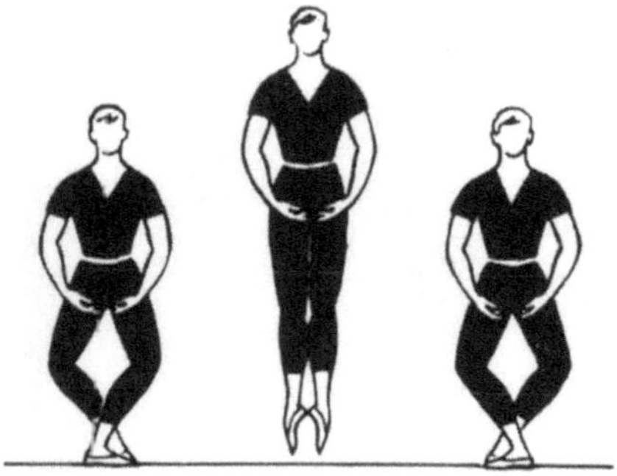

1 2 3

Changement de pied

Das changement de pied wird aus der V. in die V. Position gesprungen. Während des Sprunges wechseln die Beine ihren Platz. Die Sprungtechnik ist hier bis auf den Wechsel der Beine die gleiche wie beim temps sauté.

Petit changement de pied: Dieser Sprung beginnt mit einem vorbereitenden demi-plié in der V. Position. Nach dem Absprung, während der kurzen Flugphase, werden beide Beine ein wenig geöffnet, um ihren Platz zu wechseln. In dem Augenblick, da das abschließende demi-plié beginnt, müssen sie bereits wieder in der V. Position sein (Abb. 104).

Das demi-plié am Anfang und Ende des Sprunges muß auswärts, elastisch und auf beiden Beinen gleichmäßig ausgeführt werden. Während des Sprunges werden die Beine nur so weit geöffnet, daß sie sich beim Beinwechsel nicht mit den Fersen berühren. Knie, Spann und Zehen sind fest gestreckt und auswärts. Der Oberkörper ist gerade, die Schultern sind geöffnet und nach unten gesenkt. Der Kopf ist geradeaus gerichtet.

Dieser Sprung wird zuerst mit beiden Händen zur Stange und dann im Freien nach dem gleichen rhythmischen Schema wie das petit temps sauté gelehrt. Beim petit changement de pied im Freien werden beide Arme in der vorbereitenden Haltung fixiert.

In der Mittel- und Oberstufe kann das petit changement de pied in schnellerem Tempo, fast ohne demi-plié ausgeführt werden. Der Absprung entsteht hier lediglich durch ein elastisches und federndes Strecken der Zehen und des Spanns. Bei diesem Sprung hebt der Körper nur ganz wenig vom Boden ab. Beim Aufkommen werden die Füße gleichmäßig und unter stetig anwachsender Spannung von den Zehenspitzen bis zur Ferse abgerollt. Dann stoßen sie sich sofort wieder ebenso kräftig und federnd vom

05 *Grand changement de pied*

Soubresaut 106

Boden ab. Diese Übung wird auf einen $^{2}/_{4}$-Takt, jeder Sprung auf $^{1}/_{8}$, ausgeführt. Das petit changement de pied kann auch im langsamen Tempo gesprungen werden, z. B. jeder Sprung auf $^{1}/_{4}$ eines $^{2}/_{4}$-Taktes. In diesem Falle werden beide Beine ebenfalls fast ohne demi-plié und mit den Füßen ebenso verbunden und federnd auf den Boden aufgesetzt. Der Schwierigkeitsgrad dieser Übung ist hoch. Mit ihrer Hilfe kann man sehr gut die Kraft, Festigkeit und Elastizität des Sprunggelenkes und besonders der Zehen entwickeln.

Grand changement de pied: Bei diesem Sprung gelten die gleichen Regeln wie beim petit changement de pied. Jedoch wird die Kraft des Absprunges und damit auch die Sprunghöhe um ein Vielfaches erhöht. Außerdem werden die Beine bis zum Kulminationspunkt fest in der V. Position zusammengehalten. Erst in der Endphase werden sie gewechselt. Man kann diesen Sprung im épaulement croisé und mit Fortbewegung (de volée) ausführen. Beim grand changement de pied de volée müssen alle Regeln, die für die Grundform gelten, genauestens befolgt werden (Abb. 105). Dieser Sprung wird nach dem gleichen rhythmischen Schema wie das grand temps sauté gelehrt.

Soubresaut

Das soubresaut wird aus der V. Position diagonal nach vorn gesprungen. Während des Sprunges werden beide Beine an den Sprunggelenken fest zusammengehalten und nach rück geworfen. Am Ende des Sprunges nehmen beide Beine wieder die Senkrechte ein.

Beim demi-plié vor dem Sprung neigt sich der Oberkörper etwas nach vorn. In dem Augenblick, da der Absprung erfolgt, wird er gleichzeitig mit den Beinen nach rück geworfen. Dabei stößt sich der gesamte Körper leicht nach vorn ab, so daß der Sprung etwas vom Ausgangspunkt entfernt beendet werden kann. Beim abschließenden demi-plié wird der Körper wieder gerade gerichtet.

Die Arme sind beim ersten demi-plié in der vorbereitenden Haltung. Beim Sprung werden sie energisch in die 3. oder eine andere, der Aufgabenstellung entsprechende Position geführt. Der Kopf neigt sich beim ersten demi-plié in gleichem Maße wie der Oberkörper nach vorn. Während des Sprunges wird er zur vorderen Schulter gewendet (Abb. 106).

In der ersten Zeit, wenn die Schüler das soubresaut erlernen, wird der Sprung nicht sehr hoch ausgeführt. Beine und Oberkörper werden nicht allzu kräftig nach rück geworfen. Nach dieser Anfangsetappe kann man die Sprunghöhe bis auf das Maximum steigern und alle Bewegungsdetails mit voller Kraft ausführen.

Das soubresaut wird auftaktig auf einen $^2/_4$-Takt gelehrt.

$^1/_4$ -Sprung;

$^1/_4$ – Pause.

Danach wird das soubresaut en suite und ohne Pause ausgeführt.

Pas échappé

Der pas chappé besteht aus zwei Sprüngen, bei denen die Beine von einer Position in eine andere übertragen werden. Sonst ist die Sprungtechnik die gleiche wie bei den vorangegangenen Sprüngen. Die Beinpositionen, die Auswärtsdrehung der Beine, die Elastizität und Weichheit des demi-plié, eine harmonische und straffe Körperhaltung, exakte Bewegungen der Arme und des Kopfes – alle diese Details müssen wie bei den anderen Sprüngen sorgfältig beachtet werden.

Petit pas échappé: Ausgangsposition der Beine – V., épaulement croisé. Beim ersten kleinen Sprung werden die Beine in die II. Position en face geöffnet und beim zweiten wieder in die V. Position épaulement croisé geschlossen. Bei jedem Sprung müssen Knie, Spann und Zehen fest gestreckt werden. Beim ersten Sprung werden die Arme durch die 1. in eine niedrige 2. Position geöffnet und beim zweiten Sprung wieder in die vorbereitende Haltung gesenkt. Der Oberkörper ist aufrecht. Der Kopf wendet sich beim épaulement zur vorderen Schulter (Abb. 107).

1 2 3 4 5

Der petit pas échappé wird mit beiden Händen zur Stange auf vier $^{2}/_{4}$-Takte gelehrt.

$^{1}/_{4}$ – demi-plié;

$^{1}/_{4}$ – erster Sprung;

$^{1}/_{4}$ – Strecken aus dem demi-plié;

$^{1}/_{4}$ – Pause.

Danach wird der zweite Sprung auf die gleiche rhythmische Gliederung ausgeführt. Im Anschluß an diese Übung lehrt man den petit pas échappé im Freien auf zwei $^{2}/_{4}$-Takte. In diesem Fall wird eine Pause nur nach dem zweiten Sprung ausgehalten. Zum Schluß wird der petit pas échappé verbunden und ohne Pausen ausgeführt. In der ersten Zeit bleiben beide Arme in der vorbereitenden Haltung. Von dem Zeitpunkt an, wo zwei Sprünge hintereinander erfolgen, können die Arme in der beschriebenen Art geöffnet werden.

Der petit pas échappé kann auch aus der V. in die IV. Position gesprungen werden. Beim ersten Sprung werden die Arme in die 2. Position geöffnet und beim zweiten Sprung wieder in die vorbereitende Haltung gesenkt. Dieses port de bras kann auch verändert werden, indem ein Arm in die 2. Position und der andere in die 1. Position geführt wird und anschließend beide Arme aus diesen Positionen wieder in die vorbereitende Haltung gesenkt werden.

Bei dieser Übung muß man besonders auf den vorgeschriebenen Fußabstand in der IV. Position achten und alle anderen für diesen Sprung gültigen Regeln genauestens einhalten.

Später, wenn die Schüler das sissonne simple beherrschen, kann man den petit pas échappé in die II. und IV. Position auf ein Bein lehren. (Es wäre richtiger, diese Variante des pas échappé der Abteilung »sissonne« unterzuordnen. Aber infolge einer festgelegten Terminologie muß dieser Sprung

108 *Grand pas échappé*

hier behandelt werden.) Der zweite Sprung aus der II. oder IV. Position wird auf einem Bein beendet. Das andere wird entsprechend der Aufgabenstellung sur le cou-de-pied vor oder rück angelegt.

Der dem Standbein entsprechende Arm wird aus der 2. in die 1. Position geführt. Der andere Arm bleibt in der 2. Position. Der Oberkörper wird auf das Standbein übertragen, der Kopf ist zur vorderen Schulter gewendet.

Der erste Sprung kann auch statt aus der V. Position aus der Haltung sur le cou-de-pied erfolgen. Der zweite Sprung endet dann auf dem Bein, das vor dem échappé sur le cou-de-pied gehalten wurde. Arme, Oberkörper und Kopf bewegen sich entsprechend.

Der petit pas échappé in die II. und IV. Position kann auch als Ansatz für kleine Pirouetten dienen. In einem solchen Falle erfolgt die Pirouette aus dem demi-plié nach dem ersten Sprung.

Grand pas échappé: Diese Form wird aus einem tieferen demi-plié und mit maximaler Sprunghöhe ausgeführt. Beim ersten Sprung wird die V. Position bis zur Kulmination fixiert; danach öffnen sich beide Beine in die II. oder IV. Position. Beim zweiten Sprung wird die II. Position fixiert. Zum abschließenden demi-plié müssen beide Beine so zeitig in die V. Position geschlossen werden, daß die Landung genau in der V. Position und auf beiden Beinen gleichmäßig erfolgen kann (Abb. 108). Während des ersten Sprunges darf die V. Position nicht zu lange fixiert werden, da sonst das nachfolgende demi-plié hart und nicht elastisch ausgeführt wird. Oberkörper-, Arm- und Kopfhaltungen sind die gleichen wie beim petit pas échappé. Ihre Bewegungen sind jedoch energischer und aktiver.

Der grand pas échappé wird auf zwei $^{2}/_{4}$-Takte gelehrt.

1/4 – erster Sprung;
1/4 – zweiter Sprung;
1/4 – Strecken aus dem demi-plié;
1/4 – Pause.

Dann kann der grand pas échappé auf einen 2/4-Takt und ohne Pause gesprungen werden. Es ist auch möglich, ihn wie beim petit pas échappé auf einem Bein (das andere Bein wird sur le cou-de-pied angelegt) oder in einer 90°-Pose zu beenden. Im zweiten Falle nimmt der Schüler während des Sprunges aus der II. oder IV. Position die geforderte Pose ein. Dieser Sprung wird immer mit einer Fortbewegung in die dem sich öffnenden Spielbein entgegengesetzte Richtung ausgeführt.* Arme, Oberkörper und Kopf nehmen die der Pose entsprechende Haltung ein. Die einzelnen Formen des grand pas échappé werden in folgender Reihenfolge gelehrt: zuerst die Grundform; dann in die II. Position auf ein Bein, das andere sur le cou-de-pied; danach diese Form in die IV. Position; abschließend in Posen auf 90°, zuerst mit und dann ohne Pause.

* Der grand pas échappé in große Posen muß deswegen mit Fortbewegung ausgeführt werden, weil der zweite Sprung im Prinzip ein sissonne ouverte aus der II. oder IV. Position darstellt.

Sprünge von zwei Beinen auf ein Bein

Sissonne simple

Ausgangsposition der Beine – V., épaulement croisé. Man springt aus der V. Position hoch und fixiert beide Beine in dieser Position. Die Landung erfolgt auf einem Bein, während das andere sur le cou-de-pied vor oder rück angelegt wird. Beide Arme bleiben in der vorbereitenden Haltung. Oberkörper und Kopf werden im épaulement gehalten (Abb. 109). Der Absprung muß kräftig und von beiden Beinen gleichmäßig ausgeführt werden. Während des Sprunges müssen sie fest zusammengehalten werden. Knie, Spann und Zehen sind kräftig gestreckt. Der Sprung wird weich und sicher, mit einem exakten Übertragen des Spielbeins in die Haltung sur le cou-de-pied, beendet. Dabei dürfen die Arme nicht verkrampft werden. Der Oberkörper ist angespannt, die Schultern sind nach unten gesenkt und frei geöffnet. Der Kopf ist zur vorderen Schulter gewendet.

Das sissonne simple wird am Anfang mit beiden Händen zur Stange gelehrt. Die Aufmerksamkeit der Schüler ist besonders auf die Aufwärtsdrehung der Beine und die Elastizität des demi-plié zu lenken. Nach dem sissonne simple mit dem sur le cou-de-pied vor wird das Spielbein aus dem demi-plié mit der Fußspitze am Boden in die II. Position geöffnet und in die V. Position rück eingesetzt. Danach kann das sissonne simple mit dem anderen Bein wiederholt werden. Insgesamt wird dieser Sprung viermal mit dem sur le cou-de-pied vor und ebenso oft mit dem sur le cou-de-pied rück ausgeführt.

Beim Erlernen des sissonne simple im Freien verfährt man nach dem gleichen Prinzip. Wenn diese Lehrform vom Schüler beherrscht wird, kann man das sissonne simple mit dem pas assemblé oder mit anderen Sprüngen

109 *Sissonne simple*

verbinden, die aus der Haltung sur le cou-de-pied beginnen. 2/4- oder 4/4-Takt. Der Absprung erfolgt auftaktig. Nach dem Sprung wird eine Pause gehalten. Später fällt diese Pause weg, und alles wird verbunden ausgeführt

Sissonne tombée

Das sissonne tombée wird im Unterschied zum vorhergegangenen Sprung mit einem tombé in die II. oder IV. Position beendet. Ausgangsposition der Beine – V., épaulement croisé. Man springt mit beiden Beinen aus der V. Position hoch und fixiert diese Haltung. Dieser Sprung wird ähnlich wie das sissonne simple beendet. Das heißt: Das rückwärtige Bein führt ein demi-plié aus und das vordere Bein, das sur le cou-de-pied angelegt wird, öffnet sich ohne Verzögerung kurz nach der Landung ins croisé vor. Dabei gleitet das Spielbein mit der Fußspitze über den Boden. Wenn es völlig durchgestreckt ist, wird es ins demi-plié auf den Boden abgesetzt und übernimmt die Funktion des Standbeins. Im gleichen Augenblick wird das rückwärtige Bein gestreckt und mit der Fußspitze im croisé rück auf den Boden aufgesetzt. Diese Bewegung wird wie beim kleinen pas de basque mit einem pas assemblé vom Platz beendet.

Während des ersten Sprunges werden die Arme aus der vorbereitenden Haltung in die 1. Position geführt. Beim tombé nehmen sie die Haltung der 3. arabesque ein, und beim abschließenden pas assemblé werden sie wieder in die vorbereitende Haltung gesenkt.

Der Oberkörper bleibt beim ersten Sprung aufrecht. Dann wird er gleichzeitig mit dem tombé nach vor auf das Spielbein übertragen und zum Schluß, während des pas assemblé, wieder aufgerichtet. Der Kopf wird beim ersten Sprung aus der Ausgangshaltung in die Richtung gewendet, in die das tombé erfolgt. Beim pas assemblé kehrt er in die Ausgangshaltung zurück (Abb. 110).

Auf die gleiche Weise kann das sissonne tombée nach rück und in alle jene kleinen Posen ausgeführt werden, die die Schüler zu gleicher Zeit wie das petite sissonne ouverte und die anderen kleinen Sprünge erlernen. Unabhängig davon, mit welchen Posen das sissonne tombée verbunden wird, muß die Ausführung des sissonne simple, pas tombé und petit pas assemblé immer den Regeln entsprechen. Das gleiche gilt auch für die ports de bras und die Oberkörper- und Kopfhaltungen. Das sissonne tombée muß insgesamt so gebunden ausgeführt werden, daß der pas tombé praktisch das demi-plié nach dem ersten Sprung fortsetzt und der Sprung leicht und ohne schwerfälligen Übergang auf das Spielbein beendet werden kann.

110 *Sissonne tombée in die IV. Position*

Die Bewegungen der Arme, des Kopfes und des Oberkörpers müssen exakt und sehr sicher ausgeführt werden.

Das sissonne tombée wird zuerst en face mit Hilfe folgender Übung gelehrt: Man führt ein sissonne tombée nach vor in die IV. Position aus, anschließend ein assemblé rück. Dann wird alles mit dem gleichen Bein zur Seite wiederholt. Danach erfolgt die gesamte Übung nach rück. Beim pas tombé öffnen sich die Arme in die 2. Position. $^{2}/_{4}$-Takt. Jeder Sprung erfolgt auf ein Viertel.

Später wird das sissonne tombée in die Posen croisées, effacées und écartées gelehrt. In Anbetracht dessen, daß das sissonne tombée oft als Ansatz für große Sprünge benutzt wird, können die Arm-, Oberkörper- und Kopfbewegungen auf unterschiedlichste Weise miteinander variiert werden. Dabei muß man jedoch immer dem vorhergegangenen Sprung, seiner Höhe und Form und seinem Charakter Rechnung tragen. Diese Wechselbeziehungen dürfen im Unterricht niemals außer acht gelassen werden. Sie sind bewußt und sehr gründlich herauszuarbeiten.

Sissonne ouverte

Petite sissonne ouverte: Dieser Sprung kann in alle kleinen Posen auf 45° ausgeführt werden. Ausgangsposition der Beine – V. Beim Absprung werden die Beine fest in der V. Position zusammengehalten. Bei der Landung führt ein Bein ein demi-plié aus, während das andere gleichzeitig mit einem développé über die Haltung sur le cou-de-pied in die geforderte Pose geöffnet wird.

Die Arme werden beim demi-plié vor dem Sprung aus der vorbereitenden Haltung in die 1. Position geführt. Während des Absprunges bleiben sie in

Petite sissonne ouverte in die II. Position 111

dieser Position. Bei der Landung nehmen Arme, Kopf und Oberkörper die Haltungen ein, die der auszuführenden Pose entsprechen.

Das demi-plié vor dem Absprung muß sehr elastisch ausgeführt werden. Knie, Spann und Zehenspitzen sind während des Sprunges fest gestreckt. Der Übergang ins demi-plié nach dem Sprung muß sehrgleichmäßig und fließend, mit einem weichen und exakten Öffnen des Spielbeines über die Haltung sur le cou-de-pied erfolgen. Die Oberkörper-, Arm- und Kopfbewegungen sind zu koordinieren und entsprechen den für die ausgeführte Pose gültigen Regeln.

Das petite sissonne ouverte wird am Anfang en face gelehrt, zuerst zur Seite, dann nach vor und rück. Das Spielbein wird in dieser ersten Etappe mit der Fußspitze auf den Boden geöffnet. Dabei bleiben die Arme in der vorbereitenden Haltung. Kopf und Oberkörper sind gerade. Nach jedem petite sissonne ouverte wird ein pas assemblé ausgeführt und der Bewegungsablauf mit einem demi-plié in der V. Position beendet. Beide Sprünge erfolgen auf einen $^{4}/_{4}$-Takt.

Auftakt – Absprung;
$^{1}/_{4}$ – ein Bein wird mit der Fußspitze auf den Boden geöffnet;
$^{1}/_{4}$ – Pause;
$^{1}/_{4}$ – pas assemblé;
$^{1}/_{4}$ – Pause im demi-plié.

Danach kann das Spielbein auf 45° geöffnet werden. Das angeführte rhythmische Schema wird auch in dieser Etappe nicht verändert. Arme und Kopf bewegen sich nach folgendem Prinzip: Wenn das vordere Bein aus der V. Position zur Seite geöffnet wird, öffnet man die Arme aus der vorbereitenden Haltung über die 1. in die 2. Position. Der Kopf wendet sich zum Standbein (Abb. 111). Beim sissonne ouverte mit dem rückwärtigen Bein zur Seite werden die Arme ebenfalls in die 2. Position geöffnet. Der Kopf

112 *Grande Sissonne ouverte in die Pose effacée vor*

wendet sich zum Spielbein. Beim sissonne ouverte in die IV. Position vor und rück werden beide Arme in die 2. Position geführt, und der Kopf wird in jedem Falle zum Spielbein gewendet. Nach dem sissonne ouverte erfolgt immer ein pas assemblé. Dabei senken sich die Arme in die vorbereitende Haltung, und der Kopf wird während des demi-plié ins en face gewendet.

Wenn die Schüler das petite sissonne ouverte en face beherrschen, kann man es in die Posen croisées, effacées und écartées lehren. Dabei werden die Arme aus der vorbereitenden Haltung in die 1. Position geführt. Gleichzeitig mit dem Öffnen des Spielbeins wird ein Arm in die 2. Position übertragen. Der andere bleibt in der 1. Position. Die Oberkörper- und Kopfbewegungen müssen der ausgeführten Pose (darunter auch der arabesque) entsprechen.

Zuerst wird zwischen dem petite sissonne ouverte und dem anschließenden pas assemblé eine Pause eingefügt. Später erfolgen beide Sprünge ineinander übergehend.

Grande sissonne ouverte: Das grande sissonne ouverte erfordert einen sehr hohen Sprung und wird mit einer Pose auf 90° beendet. Während des Absprunges werden beide Beine fest in der V. Position zusammengehalten. Nach der Kulmination passiert das Spielbein die Haltung sur le cou-de-pied, gleitet weiter bis zur Haltung passé und öffnet sich beim abschließenden demi-plié mit einem développé in die geforderte Richtung. Oberkörper-, Arm- und Kopfbewegungen entsprechen der 90°-Pose und dem Charakter des großen Sprunges (Abb. 112).

Das demi-plié vor und nach dem Sprung ist tief, kräftig und zugleich elastisch und leicht. Das Spielbein wird nach dem sissonne ouverte fest auf einer Höhe und in der geforderten Richtung fixiert. Die Auswärtsdrehung der Beine muß unbedingt gewahrt bleiben. Die Bewegungen der Arme, des Kopfes und des Spielbeins werden in einem Rhythmus ausgeführt.

Grande sissonne ouverte par jeté in die 1. arabesque 113

1 2 3

Das grande sissonne ouverte wird etwas vom Platz gesprungen, in die dem sich öffnenden Spielbein entgegengesetzte Richtung. Der gesamte Sprung muß weich und verbunden und gleichzeitig energisch und exakt ausgeführt werden. Anfangs lehrt man das grande sissonne ouverte en face in die IV. und die II. Position und danach in die Posen croisées, effacées und écartées. Nach jedem Sprung erfolgt eine Pause, die jedoch später wegfällt. 2/4- oder 3/4-Takt. Das grande sissonne ouverte wird ebenfalls mit einem pas assemblé beendet.

Sissonne ouverte par jeté: Dieses sissonne ist eine Variante des sissonne ouverte und wird in der Art des jeté ausgeführt. Das Spielbein wird nicht mit einem développé geöffnet, sondern gleichzeitig mit dem Absprung aus der V. Position gestreckt in eine beliebige Richtung auf 45° oder 90° geworfen. Das andere Bein greift in die Sprungrichtung aus. Man muß energisch und weit, aber wiederum nicht zu weit, vom Platz springen. Während des Sprunges und beim abschließenden demi-plié wird die Pose fixiert (Abb. 113).

Das sissonne ouverte par jeté wird im Unterricht in allen kleinen und großen Posen gelehrt. Man muß darauf achten, daß sich die Schüler mit beiden Beinen gleichmäßig vom Boden abstoßen. Während des Sprunges sind Knie, Spann und Zehen maximal gestreckt. Beim abschließenden demi-plié muß das Spielbein genau auf der erforderlichen Höhe und in der vorgegebenen Richtung gehalten werden. Beide Beine sind während des Sprunges nach außen gedreht. Für Arme, Oberkörper und Kopf gelten die gleichen Regeln wie beim gewöhnlichen sissonne ouverte. Das bedeutet, daß sich auch hier der Oberkörper beim ersten demi-plié etwas in die Richtung neigt, in die man springt. Die Arme werden dabei aus der vorbereitenden Haltung in die 1. Position geführt. Kopf und Blick sind auf die Hände

114 *Sissonne ouverte Soubresaut in die 1. arabesque*

3 2 1

gerichtet. Der ganze Körper »fliegt« gleichmäßig, ruhig, in einer bestimmten Pose und auf einer leicht gekrümmten Flugbahn durch die Luft.

Das sissonne ouverte par jeté wird zuerst in kleine und dann in große Posen gelehrt. Nach jedem Sprung wird ein pas assemblé in die V. Position ausgeführt. Anfangs wird nach jedem Sprung eine Pause gehalten. Später führt man beide Sprünge hintereinander aus. $^2/_4$- oder $^3/_4$-Takt.

Das sissonne ouverte par jeté kann auch mit einem soubresaut erschwert werden. In diesem Falle werden beide Beine fest in der V. Position zusammengehalten und erst nach der Kulmination des Sprunges geöffnet. Beim abschließenden demi-plié wird das Spielbein auf 90° gehalten. Arm-, Oberkörper- und Kopfhaltungen entsprechen der ausgeführten großen Pose (Abb. 114). Der gesamte Sprung muß exakt, elastisch, mit ausreichend langer Flugphase und Fortbewegung ausgeführt werden. Es ist besonders darauf zu achten, daß dieser Sprung in einem sehr weichen demi-plié beendet wird. Das soubresaut darf erst gelehrt werden, wenn der Schüler über eine gute Technik und einen kräftigen Sprung verfügt. Diese Form des soubresaut, das *sissonne ouverte soubresaut*, wird zuerst in der 1. arabesque und danach in die anderen Posen der II. und IV. Position gelehrt. Der Sprung wird auftaktig ausgeführt. Anfangs hält man nach jedem Sprung eine Pause, später fällt diese Pause weg. $^2/_4$- oder $^3/_4$-Takt (Walzer).

Sissonne fermée

Das sissonne fermée wird im ersten Teil wie das sissonne ouverte par jeté gesprungen. Der zweite Teil wird verändert, indem das Spielbein beim abschließenden demi-plié nicht auf 45° oder 90° gehalten, sondern in die V. Position eingesetzt wird. Alle übrigen, bereits bekannten Regeln zur Aus-

Sissonne fermée in die 1. arabesque 115

3 2 1

führung dieses Sprunges bleiben unverändert (Abb. 115). Das Spielbein muß auswärts und sofort, wenn das Landungs-demi-plié beginnt, mit leicht und weich über den Boden gleitender Fußspitze in die V. Position geführt werden.

Arm-, Oberkörper- und Kopfhaltungen entsprechen wie beim sissonne ouverte der ausgeführten großen Pose. Der ganze Sprung muß sehr verbunden, exakt und weit vom Platz ausgeführt werden.

Das sissonne fermée wird ebenso wie das sissonne ouverte zuerst en face, danach in kleine Posen auf 45° und zum Schluß in große Posen auf 90° gelehrt. $^2/_4$- oder $^3/_4$-Takt. Es kann sowohl mit beiden Beinen in der V. Position als auch mit einem Bein sur le cou-de-pied beendet werden. Alle Regeln zur Ausführung des Sprunges bleiben unverändert. Es ist angebracht, diese Form des sissonne erst zum Schluß zu lehren.

Das sissonne simple kann manchmal auch mit einem fermé beendet werden.

In diesem Falle wird während des Sprunges (sissonne simple) nicht die V. Position fixiert, sondern man legt ein Bein sur le cou-de-pied an. Das Schließen des Spielbeins in die Ausgangsposition beginnt sofort nach der Kulmination, so daß der Sprung gleichzeitig und elastisch auf beiden Beinen beendet werden kann.

Diese Art des sissonne fermée wird nicht sehr oft im Unterricht gelehrt. Sie wird manchmal als besonders augenfälliges und interessantes Element in grotesken und halbklassischen Partien verwendet. Je höher man bei diesem sissonne fermée springt, desto höher wird das Spielbein angelegt (bis zu 90°). Beim Landen kann auch die V. Position gewechselt werden.

Die Arme können in verschiedenen Haltungen fixiert werden. Zum Beispiel: beide Arme in der 3. Position, ein Arm in der 2. und der andere in der 3. Position oder ein Arm in der 1. und der andere in der 3. Position. Der

116 *Pas failli*

Oberkörper wird entweder en face oder im épaulement gehalten. Auf der Bühne kann er sich jedoch in die verschiedenen Richtungen neigen und wenden. Die Haltung des Kopfes entspricht bei allen Aufgaben im Unterricht jenen allgemeinen Regeln, nach denen Arme, Oberkörper und Kopf miteinander koordiniert werden.

In der Bühnenchoreographie – im Gegensatz zur Schule – entscheidet der Choreograph über die Kopfhaltung.

Dieser Sprung wird in der Gruppe der sissonnes fermées als letzter Sprung gelehrt. Es muß besonders auf die Auswärtsdrehung der Beine, die Sauberkeit der V. Position, die Elastizität des demi-plié und die Harmonie und Plastik der Arm-, Oberkörper- und Kopfbewegungen geachtet werden.

Pas failli

Der pas failli gehört ebenfalls zur Gruppe der sissonnes fermées. Er wird jedoch nicht in der V., sondern in der IV. Position beendet. Gewöhnlich wird er mit einem kleinen Sprung nach vor, seltener nach rück ausgeführt (Abb. 116). Ausgangsposition der Beine – V., épaulement croisé. Man springt von beiden Beinen ab, wendet sich dabei ins effacé und öffnet gleichzeitig das rückwärtige Bein auf 45°. In dem Augenblick, wenn das Landungs-demi-plié beginnt, wird das Spielbein mit einer leicht über den Boden schleifenden Bewegung durch die I. Position nach vor ins croisé geführt und gleichzeitig das Körpergewicht auf dieses Bein übertragen. Auf diese Weise beendet man den pas failli im demi-plié auf einem Bein. Das andere Bein bleibt hinten ausgestreckt und ist mit der Fußspitze auf dem Boden aufgesetzt. Zum Schluß wird das hintere Bein mit einem pas assemblé in die V. Position rück eingesetzt.

Während des pas failli werden die Arme ein wenig aus der vorbereiten-

3 2 1

den Haltung in eine niedrige 2. Position geöffnet. Dann wird der dem Spielbein entsprechende Arm gleichzeitig mit dem Einsetzen des Spielbeins in die I. Position in eine niedrige 1. Position übertragen. Der pas failli kann dann sowohl in der 3. als auch in der 4. arabesque beendet werden.

Der Oberkörper neigt sich etwas nach vorn, wenn das Spielbein durch die I. Position geführt wird.

Beim ersten demi-plié und beim anschließenden Sprung ist der Kopf zur vorderen Schulter gewendet. In dieser Haltung bleibt er bis zum Abschluß der ganzen Bewegung. Bei der 3. und 4. arabesque nimmt er die Haltung ein, die diesen Posen entspricht.

Beim abschließenden pas assemblé in die V. Position nimmt der gesamte Körper wieder die Ausgangshaltung ein.

Der ganze pas failli muß, besonders wenn er als Ansatz für große Sprünge oder Pirouetten dient, sehr verbunden und leicht ausgeführt werden. Anfangs sollten auf den pas failli nur kleine Sprünge folgen. Später kann er mit großen Sprüngen verbunden werden. Alle Varianten der Ausführung und plastischen Gestaltung, die durch den Aufbau der Unterrichtskombinationen bedingt sind, müssen sorgfältig erarbeitet werden.

Der pas failli beginnt auftaktig. Zuerst wird nach jedem Sprung eine Pause ausgehalten. Später wird die gesamte Bewegung ineinander übergehend ausgeführt. 2/4- oder 3/4-Takt.

Rond de jambe en l'air sauté

Diese Bewegung wird wie ein sissonne ouverte par jeté in die II. Position ausgeführt und durch ein oder zwei ronds de jambe en l'air auf 45° ergänzt (Abb. 117). Ausgangsposition der Beine – V., rechtes Bein vorn, épaulement croisé. Beim Sprung, der mit einer Wendung ins en face und am Platz erfolgt, wird das rechte Bein in die II. Position auf eine Höhe von 45° geworfen. Im Kulminationspunkt beginnt das Spielbein ein rond de jambe en l'air en dehors auszuführen. Dieses rond muß gleichzeitig mit dem demi-plié des Standbeins beendet werden. Anschließend wird das Spielbein mit einem pas assemblé in die V. Position rück épaulement croisé eingesetzt.

Die Arme werden beim ersten demi-plié aus der vorbereitenden Haltung in die 1. Position geführt und während des Sprunges in die 2. Position geöffnet. Gleichzeitig mit dem pas assemblé senken sie sich wieder in die vorbereitende Haltung.

Der Oberkörper ist während des Sprunges aufrecht. Beim demi-plié nach dem rond sauté neigt er sich etwas vom Spielbein weg.

Beim pas assemblé richtet er sich wieder auf. Der Kopf bleibt en face, solange der Körper in der Luft ist. Beim Landungs-plié wendet er sich in die dem Spielbein gegenüberliegende Seite. Während des pas assemblé ist er zur linken Schulter gewendet.

Das rond de jambe en l'air sauté en dedans wird mit dem rückwärtigen Bein und nach den gleichen Regeln wie das rond sauté en dehors ausgeführt.

Alle Details, die für das rond de jambe en l'air ohne Sprung von Bedeutung sind, müssen bei der vorliegenden Form ebenso sorgfältig beachtet werden. Während des Sprunges muß das Spielbein jedesmal ganz deutlich gestreckt werden. Das andere Bein darf während des rond nicht angewinkelt werden. Die Bewegungen beider Beine müssen völlig unabhängig voneinander erfolgen. Das zukünftige Standbein ist beim Absprung sofort im Knie, Spann und in den Zehen fest durchzustrecken. Der gesamte Sprung muß hoch und energisch, mit einem weichen und leichten Absprung ausgeführt werden.

Das rond de jambe en l'air sauté wird zuerst en dehors und dann en dedans gelehrt. Nach jedem Sprung wird eine Pause gehalten. $^2/_4$-Takt.

Das double rond de jambe en l'air sauté sollte erst dann gelehrt werden, wenn die Schüler die Technik der großen kraftvollen Sprünge beherrschen, denn diese Form verlangt bereits eine maximale Sprunghöhe und einen voll entwickelten Ballon.

Sprünge von einem Bein auf zwei Beine

Pas assemblé

Der pas assemblé kann mit einem kleinen oder großen Sprung und durch die II. oder IV. Position ausgeführt werden.

Petit pas assemblé durch die II. Position: Ausgangsposition der Beine – V., épaulement croisé, rechtes Bein vorn. Während des demi-plié vor dem Absprung wird das Körpergewicht auf das rechte Bein, das Absprungbein, übertragen. Gleichzeitig mit dem Absprung wird das linke Bein mit einer schleifenden Bewegung zur Seite auf eine Höhe von 45° geworfen. Das Absprungbein wird sofort kräftig gestreckt und in der Senkrechten fixiert. Nach der Kulmination des Sprunges wird das Spielbein zum Absprungbein zurückgeführt. Beide Beine vereinigen sich am Ende des Sprunges in der V. Position im demi-plié. Das linke Bein ist vorn. Das Landungs-plié muß auf beiden Beinen gleichmäßig ausgeführt werden. Danach wird der petit pas assemblé mit dem rechten Bein wiederholt.

Die Arme bleiben während des Sprunges in der vorbereitenden Haltung oder werden ein wenig in eine niedrige 2. Position geöffnet. Dabei zeigen die Handflächen nach unten. Bei der zweiten Variante wird am Ende des Sprunges der dem Spielbein entsprechende Arm in eine niedrige 1. Position geführt. Der andere Arm bleibt in der 2. Position. Wenn der pas assemblé en suite gesprungen wird, muß beim Absprung zum nächsten pas assemblé der Arm, der sich in der 1. Position befindet, in die 2. Position geöffnet werden. Der andere Arm wird am Ende des pas assemblé aus der 2. in die 1. Position geführt. Nach diesem Schema werden die Arme bei allen weiteren

Petit pas assemblé durch die II. Position **118**

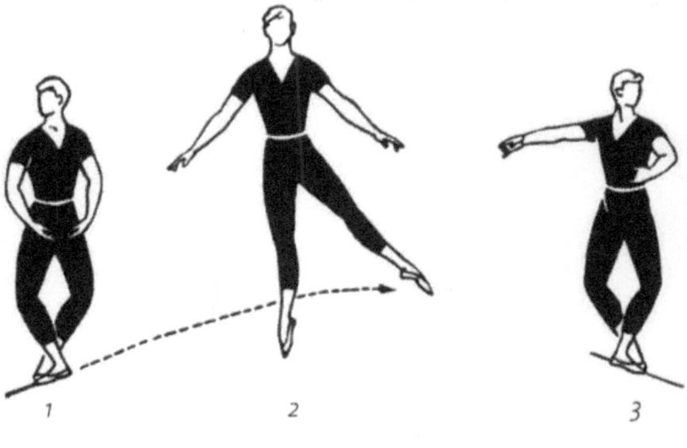

pas assemblés gewechselt. Der Oberkörper ist gerade und wechselt während des Sprunges das épaulement. Der Kopf ist vor und nach dem Sprung immer zur vorderen Schulter gewendet. Während des Sprunges wird er ruhig durch die en-face-Haltung geführt (Abb. 118).

Beim petit pas assemblé nach rück wird das vordere Bein zur Seite geöffnet und nach rück in die V. Position eingesetzt. Die Arme können auch hier in der vorbereitenden Haltung bleiben oder in kleine Posen geführt werden. Bei der zweiten Variante muß der dem Spielbein gegenüberliegende Arm gleichzeitig mit dem Schließen des Spielbeins in die V. Position aus der 2. in die 1. Position übertragen werden. Für die Oberkörper- und Kopfbewegungen gelten die gleichen Regeln wie beim petit pas assemblé nach vor. Das heißt, daß mit jedem pas assemblé das épaulement gewechselt wird und der Kopf immer zur vorderen Schulter gewendet ist.

Petit pas assemblé durch die IV. Position: Bei dieser Variante ist die technische Ausführung die gleiche wie beim petit pas assemblé durch die II. Position. Nur wird das Spielbein entweder nach vor oder nach rück, ins croisé oder effacé auf eine Höhe von 45° geworfen. Alle anderen Bewegungsdetails bleiben unverändert.

Die Arme können in der vorbereitenden Haltung, in kleinen Posen (1. und 2. Position) oder in Positionen gehalten werden, die den verschiedenen Formen der arabesque entsprechen. Oberkörper- und Kopfbewegungen müssen mit der jeweils ausgeführten Pose übereinstimmen.

Eine weitere Variante des petit pas assemblé ist das *double assemblé.* In diesem Falle wird der pas assemblé zweimal mit demselben Bein in die gleiche Richtung, durch die II. oder IV. Position, ausgeführt. Beim double assemblé durch die II. Position wird die V. Position erst mit dem zweiten Sprung gewechselt. Gleichzeitig mit dem ersten pas assemblé erfolgt eine Wendung en face. Der zweite pas assemblé wird im anderen épaulement beendet. Beim double assemblé durch die IV. Position werden beide Sprünge in der Ausgangsposition beendet. Arme, Oberkörper und Kopf können jene Haltungen einnehmen, wie sie bereits beschrieben wurden.

Jeder petit pas assemblé muß mit einem elastischen und auswärts geführten demi-plié begonnen und beendet werden. Das Standbein muß fest mit der Ferse auf den Boden aufgesetzt werden. Es darf während des Absprunges nicht am Boden hin und her rutschen. Ebenso unzulässig ist es, die Standbeinferse zu früh vom Boden abzuheben. Das Spielbein wird auswärts, mit einer leicht über den Boden schleifenden Bewegung des ganzen Fußes und auf einer geraden Linie in die II. oder IV. Position geöffnet. Beim Sprung müssen beide Beine von den Zehenspitzen bis zu den Knien fest durchgestreckt werden. Der Sprung wird am Platz ausgeführt. Er muß auf beiden Beinen gleichzeitig und genau in der V. Position beendet werden. Der petit pas assemblé wird insgesamt verbunden und exakt ausgeführt. Das Spielbein darf nicht höher als 45° geöffnet werden. Der Oberkörper ist absolut senkrecht. Arme und Kopf werden leicht und mit Aplomb gehalten.

Es empfiehlt sich, den petit pas assemblé zu Beginn mit beiden Händen zur Stange, durch die II. Position und in einer erleichterten Form zu lehren. Nach dem ersten demi-plié wird das rückwärtige Bein mit einer gleichmäßigen und schleifenden Bewegung über den Boden aus der V. in die II. Position (Fußspitze am Boden) geöffnet. Darauf folgt ein kleiner Sprung, und das Spielbein wird gleichzeitig in die V. Position vor eingesetzt.

4/4-Takt.
1/4 – demi-plié;
1/4 – das rückwärtige Bein wird in die II. Position geöffnet;
1/4 – Sprung und Schließen des Spielbeins in die V. Position;
1/4 – Strecken aus dem demi-plié.

Diese Übung wird viermal nach vor und viermal nach rück ausgeführt.

Wenn die Schüler diese Form beherrschen, kann man den pas assemblé verbunden und etwas schneller ausführen lassen.

4/4-Takt.
1/4 – demi-plié;
1/4 – petit pas assemblé;
1/4 – Strecken aus dem demi-plie;
1/4 – Pause.

Danach kann man diese Form des petit pas assemblé im Freien lehren. Die Arme sind in der vorbereitenden Haltung. Der Kopf ist en face. Nach dieser Etappe wird der petit pas assemblé auftaktig gesprungen, mit anschließender Pause im demi-plié auf 1/4 des Taktes. In diesem Stadium müssen bereits die Wendungen des Kopfes zum Spielbein – beim pas assemblé nach vor – bzw. vom Spielbein – beim pas assemblé nach rück – eingeführt werden.

Zum Schluß wird der petit pas assemblé über die II. Position zwei- bis dreimal hintereinander gesprungen und durch das épaulement und kleine Posen mit den entsprechenden Wendungen des Kopfes ergänzt.

Als letzte Form des petit pas assemblé wird der double assemblé durch die II. Position gelehrt. Beide Sprünge werden ineinander übergehend und auf einen 2/4-Takt mit anschließender Pause auf einen ganzen Takt ausgeführt. Später fällt diese Pause weg.

Anfangs sollten die Arme beim double assemblé nur in der vorbereitenden Haltung fixiert werden. Später können die üblichen ports de bras in kleine Posen ausgeführt werden, d. h., daß die Arme ihre Positionen während des zweiten Sprunges wechseln. Oberkörper und Kopf wechseln dabei ihre Haltungen entsprechend den für das épaulement gültigen Regeln. Danach lehrt man den petit pas assemblé durch die IV. Position, zuerst croisé vor und rück, anschließend effacé vor und rück. In diesem Falle wird der petit pas assemblé sofort auftaktig ausgeführt, anfangs mit anschließender Pause, später en suite.

Die Arme müssen zuerst in der vorbereitenden Haltung fixiert werden. Später können sie die verschiedenen kleinen Posen mit unterschiedlichen Oberkörper- und Kopfhaltungen einnehmen.

In der nächsten Etappe lehrt man den double assemblé durch die IV. Position vor und rück, croisé und effacé. Die Arme können in der vorbereitenden Haltung oder in kleinen Posen mit entsprechenden Oberkörper- und Kopfwendungen gehalten werden.

Grand pas assemblé: Der grand pas assemblé unterscheidet sich dadurch vom petit pas assemblé, daß das Spielbein auf eine Höhe von 70° geworfen wird, daß man diagonal vom Platz springt, während des maximal hohen Sprunges die Beine in der V. Position fest zusammenhält und in dieser Haltung im demi-plié landet. Arme, Oberkörper und Kopf nehmen gleichzeitig eine große Pose ein. Um die erforderliche maximale Sprunghöhe und einen ausreichenden Ballon zu erzielen, wird gewöhnlich vor dem grand pas assemblé eine Ansatzbewegung in der Art des pas tombé, pas glissade, pas de bourrée, pas failli, sissonne tombée usw. ausgeführt. Das ermöglicht einen trampolinartigen, weitaus kräftigeren Absprung. Das Spielbein wird nicht aus der V., sondern aus der IV. Position auf eine Höhe von 70° geworfen. Auf diese Weise wird der Weg des Spielbeins verlängert, und der Absprung erhält einen zusätzlichen Auftrieb. Arme, Oberkörper und Kopf unterstützen aktiv diesen Ansatz und tragen dadurch ebenfalls zu einem hohen und weiten Sprung bei.

Alle Ansatzbewegungen vor dem grand pas assemblé müssen energisch und zielgerichtet sein. Sie sind im Verhältnis zum grand pas assemblé sekundär und dürfen nicht zu groß ausgeführt werden. In seiner Funktion und Form unterscheidet sich dieser Anlauf ganz erheblich von einem Anlauf zu einem Weit- oder Hochsprung im Sport. Im klassischen Tanz muß sich jeder Anlauf durch einen leichten, freien und doch exakten und regelgebundenen Bewegungsablauf auszeichnen. Die Ansatzbewegungen dürfen nicht durch eine zu gewichtige Ausführung auf die Schwierigkeit des nachfolgenden Sprunges hinweisen, sondern dieser muß im Gegenteil fast unerwartet und virtuos-beherrscht aus ihnen hervorgehen. Wenn die Vorwärtsbewegung beim Anlauf übertrieben wird, kann das Absprung-plié nicht mit voller Kraft ausgeführt werden. Der Sprung würde zwar sehr weitgreifend sein, aber nicht ausreichend hoch und stabil in seiner Endphase.

Beim Absprung muß das Spielbein genau durch die I. Position auf die Höhe von 70° geworfen werden. Das Absprungbein wird während des Sprunges unverzüglich zur V. Position an das Spielbein herangeführt, so daß der Sprung gleichmäßig auf beiden Beinen in einem weichen demi-plié und in einer sauberen V. Position beendet werden kann. Die Bewegungen der Arme, des Oberkörpers und des Kopfes unterstützen durch ihre Zielstrebigkeit die Sprungrichtung. Sie dürfen weder langsamer noch schneller als die Beinbewegungen ausgeführt werden. Während des Sprunges fixieren Arme, Oberkörper und Kopf exakt und sicher die geforderte Pose.

Es ist sehr wichtig, daß der Oberkörper beim Ansatz auf das Standbein übertragen wird und zusammen mit dem Absprung energisch in die Sprungrichtung geworfen wird. Während des ganzen Sprunges, bis zur Landung im demi-plié, müssen der Oberkörper angespannt und die Schultern geöffnet und leicht nach unten gesenkt sein. Die Arme werden während des Absprunges, gleichzeitig mit dem Wurf des Spielbeins, aus der 2. Position kräftig, exakt und plastisch durch die vorbereitende Haltung in die geforderten Positionen geführt. Bei dieser Armübertragung wird der Kopf etwas nach vorn zu den Händen geneigt und dann energisch, den Aufschwung unterstützend, in jene Haltung gewendet, die der auszuführenden Pose entspricht. Insgesamt müssen Ansatzbewegung und grand pas assemblé, ineinander übergehend, in einem Tempo und sehr zielgerichtet ausgeführt werden. Diese allgemeinen Regeln gelten für alle Formen des grand pas assemblé.

Beim grand pas assemblé durch die II. Position wird die Pose écartée fixiert (Abb. 119). Die Arme können entweder die gewöhnliche Haltung écarté einnehmen bzw. im allongé ausgerichtet werden. Beim grand pas assemblé durch die IV. Position wird die Pose croisée fixiert. Beide Arme werden gewöhnlich während des Sprunges in der 3. Position gehalten (Abb. 120). Die Positionen der Arme können jedoch auch variiert werden.

Grand pas assemblé durch die II. Position 119

120 *Grand pas assemblé durch die IV. Position*

Der grand pas assemblé wird im allgemeinen nicht nach rück durch die IV. Position gesprungen, da die Fortbewegung zu gering ist und das Trampolin für den Absprung nicht ausreicht. Unter diesen Voraussetzungen kann der grand pas assemblé nicht hoch genug und nicht mit Ballon ausgeführt werden.

Der grand pas assemblé sollte zuerst vom Platz (ohne Ansatzbewegung) in die Pose écartée vor gelehrt werden. 4/4-Takt. Ausgangshaltung – V. Position, épaulement croisé, rechtes Bein vorn.

Auftakt – das rechte Bein wird sur le cou-de-pied vor angelegt, gleichzeitig führt das linke Bein ein demi-plié aus;

1/4 – pas coupé über die V. Position;

1/4 – pas assemblé;

1/4 – Strecken aus dem demi-plié;

1/4 – das linke Bein wird sur le cou-de-pied vor angelegt.

Beim pas coupé werden die Arme aus der vorbereitenden Haltung in die 1. Position geführt, gleichzeitig mit dem Absprung in die Pose écartée geöffnet und in dieser Haltung bis zum demi-plié fixiert. Das Strecken aus dem demi-plié wird von einem Öffnen des einen Armes aus der 3. in die 2. Position begleitet. Beim Anlegen des vorderen Beines in die Haltung sur le cou-de-pied werden beide Arme in die vorbereitende Haltung gesenkt.

Der pas coupé wird mit einer schnellen Körperwendung ins andere épaulement verbunden. Gleichzeitig muß der Oberkörper aktiv auf das neue Standbein übertragen werden. Während des Sprunges wird die Oberkörperspannung beibehalten. Die Landung muß gleichmäßig auf beiden Beinen erfolgen.

Der Kopf neigt sich beim pas coupé ein wenig zu den Händen. Während des Absprunges wird er aufgerichtet, energisch in die Sprungrichtung gewendet und in dieser Haltung bis zum Schluß des Sprunges fixiert.

Bei dieser Lehrform des grand pas assemblé muß man gründlich und detailliert den pas coupé erarbeiten. Das Absprungbein wird elastisch, mit den Fußspitzen beginnend, in ein tiefes demi-plié abgesetzt. Dabei müssen die Ferse und der Oberschenkel vorübergehend stark belastet werden. Der anschließende Absprung zum pas assemblé ist ohne Verzögerung und energisch auszuführen. Er beginnt mit einem kräftigen Abstoß von der Ferse bis zu den Fußspitzen. Das Knie unterstützt durch seine Streckung den Absprung.

Danach kann der grand pas assemblé mit einem pas glissade als Ansatz gelehrt werden. Der pas glissade wird folgendermaßen zur Seite aus der V. in die V. Position und ohne Beinwechsel ausgeführt: Am Ende des pas glissade wird ein Bein in die V. Position rück eingesetzt. Das andere, das in die V. Position vor gleitet, erhält die Funktion des Absprungbeins. Gleichzeitig mit dem pas glissade nimmt der Körper die en-face-Haltung ein. Die Arme werden mit dem Absprung unverzüglich und energisch in die entsprechende allongé-Pose übertragen. Die Bewegungen des Kopfes sind die gleichen wie bei der beschriebenen Lehrform des grand pas assemblé. Der Wechsel des épaulement findet bereits beim Absprung statt.

Die gesamte Übung erfolgt auf zwei $^2/_4$-Takte.

Auftakt – pas glissade;

$^1/_4$ – Absprung;

$^1/_4$ – Landen im demi-plié;

$^1/_4$ – Strecken aus dem demi-plié;

$^1/_4$ – demi-plié usw.

Danach werden beide Übungen auf das gleiche rhythmische Schema nach rück ausgeführt. In der nächsten Etappe fallen die Pausen weg, und die Ansatzbewegung – z. B. pas tombé, pas chassé, sissonne tombée, pas failli – erfolgt über die IV. Position. In einem solchen Fall wird das Spielbein genau durch die I. Position ins écarté vor geworfen. Auch bei dieser Form des grand pas assemblé muß auf die Elastizität des Absprunges, die Leichtigkeit des Sprunges, auf den Ballon und einen weichen und sicheren Abschluß im demi-plié geachtet werden.

Für die Arm-, Oberkörper- und Kopfbewegungen gelten die gleichen Regeln wie beim grand pas assemblé durch die II. Position. Der grand pas assemblé in das croisé vor sollte zuerst mit einem pas tombé und danach mit einem sissonne tombée und pas de bourrée als Ansatz gelehrt werden. Zum Beispiel: Ausgangsposition der Beine – IV., épaulement croisé, rechtes Bein vorn. Nach einem pas tombé mit dem linken Bein ins effacé führt das rechte Bein den pas assemblé ins croisé vor aus. Beide Bewegungen verlaufen genau durch die I. Position. Nach dem Absprung wird das linke Bein energisch an das rechte herangeführt, daß beide Beine während des Sprunges fest in der V. Position vereinigt sind.

Beim pas tombé werden die Arme aus der vorbereitenden Haltung ein wenig in eine niedrige 2. Position angehoben. Die Handflächen zeigen nach unten. Gleichzeitig mit dem Absprung werden sie energisch durch die vorbereitende Haltung und die 1. Position in die 3. Position übertragen. In dieser Position bleiben sie bis zum Ende der Bewegung.

Der Oberkörper wird vor dem Sprung auf das Absprungbein übertragen. Während des Sprunges muß er nach oben streben. Beim abschließenden demi-plié belastet der Körper beide Beine gleichmäßig. Der Kopf wird während des pas tombé etwas nach vorn geneigt, beim Absprung energisch aufgerichtet und dann zur vorderen Schulter gewendet. In dieser Haltung wird er bis zum Ende des Sprunges fixiert.

Es muß noch einmal daran erinnert werden, daß in dieser Etappe die Entwicklung eines elastischen und weichen Absprunges äußerst wichtig ist. Ohne ihn ist es nicht möglich, später schwierigere Allegro-Bewegungen, wie z. B. grand pas jeté oder grande cabriole, richtig auszuführen.

Die vorliegende Form des grand pas assemblé sollte zuerst mit Pausen gelehrt werden. Nach und nach fallen diese weg, und man verbindet den grand pas assemblé mit schwierigeren Ansatzbewegungen, verschiedenen Varianten der Armpositionen und anderen Bewegungen innerhalb einer Kombination.

Wenn die Schüler den grand pas assemblé ins croisé vor beherrschen, ist es von Nutzen, die Plastik dieses Sprunges zu verändern. Arme, Oberkörper und Kopf können zum Beispiel die der 3. arabesque entsprechenden Positionen einnehmen, während beide in der V. Position vereinigten Beine etwas mehr nach vorn geworfen werden. Auf diese Weise können Dynamik und Ballon des grand pas assemblé noch gesteigert werden.

Sprünge von einem Bein auf das andere Bein

Pas jeté

Der pas jeté existiert in einer kleinen und einer großen Form.

Petit pas jeté: Diese Form wird wie der petit pas assemblé mit einem kleinen Sprung, einem Werfen des Spielbeins in die II. Position und in kleinen Posen ausgeführt. Die Landung erfolgt auf einem Bein. Das andere wird sur le cou-de-pied angelegt. Während des demi-plié in der V. Position wird das rückwärtige Bein mit einer über den Boden schleifenden Bewegung des Fußes in die II. Position auf die Höhe von 45° geworfen. Gleichzeitig stößt sich das Standbein kräftig vom Boden ab. Während des Sprunges werden die gestreckten Beine fest in den Endpunkten ihrer Bewegungen fixiert, also in der Senkrechten und in der II. Position auf 45°. Am Ende des Sprunges wird das Bein, das in die II. Position geworfen wurde, weich und leicht auf den Boden, an den Ausgangspunkt des Sprunges zurückgeführt, während das andere sur le cou-depied rück angelegt wird.

Der petit pas jeté nach rück beginnt mit dem vorderen Bein aus der V. Position und wird mit einem Anlegen des anderen Beines sur le cou-de-pied vor beendet. Arm-, Kopf- und Oberkörperbewegungen sind in jedem Falle die gleichen wie beim petit pas assemblé durch die II. Position (Abb. 121). Beim petit pas jeté en suite wird das Spielbein gleich aus der Haltung sur le cou-de-pied in die II. Position geöffnet. Dabei schleift es leicht mit der Fußspitze über den Boden.

Der gesamte Sprung, einschließlich des elastischen demi-plié am Anfang, wird mit auswärtsgehaltenen Beinen ausgeführt. Die Standbeinferse ist bis

Petit pas jeté **121**

zum Absprung fest und unbeweglich auf den Boden aufgesetzt. Das Spielbein muß leicht und sehr exakt in die II. Position geöffnet werden. Beide Beine werden während des Sprunges gleichzeitig und energisch gestreckt. Dann beendet man den Sprung in einem weichen und elastischen demi-plié auf dem Spielbein. Das Absprungbein wird gleichzeitig mit dem demi-plié sur le cou-de-pied angelegt.

Wie schon gesagt, sind die Bewegungen der Arme, des Kopfes und des Oberkörpers die gleichen wie beim petit pas assemblé. Alle kleinen Posen werden ebenso frei und harmonisch fixiert.

Der petit pas jeté muß zuerst an der Stange und mit einer Pause nach jedem Sprung gelehrt werden.

4/4-Takt.

Auftakt – Absprung;

1/4 – Landen im demi-plié;

1/4 – Pause;

1/4 – Strecken aus dem demi-plié;

1/4 – Einsetzen des Spielbeins aus der Haltung sur le cou-de-pied in die V. Position ins dem i-plié.

Diese Übung wird viermal ausgeführt, mit dem rückwärtigen Bein beginnend; anschließend viermal mit dem vorderen Bein.

Wenn die Schüler diese Übung an der Stange beherrschen und den Sprung elastisch und mit auswärtsgehaltenen Beinen ausführen, kann man diese Lehrform des petit pas jeté ins Freie übertragen.

Zu Beginn werden die Arme in der vorbereitenden Haltung fixiert. Der Oberkörper ist en face, und der Kopf wird wie beim petit pas assemblé in die entsprechende Seite gewendet. Später werden das épaulement und verschiedene miteinander kombinierte Armpositionen hinzugefügt. In dieser Etappe läßt man bereits zwei bis drei jetés en suite springen.

Der petit pas jeté wird in vielem bereits durch die petits pas assemblés vorbereitet. Deshalb sollte das Erlernen dieses Sprunges nicht über einen allzu großen Zeitraum erfolgen. Die elastische, exakte und sichere Landung auf einem Bein mit gleichzeitigem Anlegen des anderen Beines sur le cou-de-pied muß trotzdem sehr gründlich und detailliert ausgearbeitet werden.

Petit pas jeté mit Fortbewegung: Diese Form wird durch die II. oder IV. Position mit einem kleinen Sprung und mit kleinen Posen ausgeführt.

Im Unterschied zum gewöhnlichen petit pas jeté, bei dem das Absprungbein in der Senkrechten und das Spielbein auf 45° gehalten werden, öffnet man hier beide Beine gleichmäßig in die II. oder IV. Position, so daß sie einen Winkel von 60° oder 70° bilden. Im übrigen wird dieser Sprung nach den gleichen Regeln wie der petit pas jeté am Platz ausgeführt.

Beim Absprung wird der Körper in jene Richtung geworfen, in die sich das Spielbein öffnet und in die die Fortbewegung erfolgt, also entweder zur Seite, nach vor oder nach rück. Die Entfernung des Landepunktes vom Absprungpunkt entspricht einem weiten Schritt, bei dem beide Beine auf ca. 60° bis 70° geöffnet werden.

Es ist nicht notwendig, den petit pas jeté mit Fortbewegung zur Seite ausführlich zu erläutern. Folgende allgemeine Regeln sind bei seiner Ausführung zu beachten: Beide Beine müssen während des Sprunges deutlich in der geöffneten Haltung fixiert werden. Knie, Spann und Zehen sind kräftig zu strecken. Der Oberkörper unterstützt zusammen mit der Arm- und Kopfbewegung die Zielgerichtetheit des gesamten Sprunges. Der Sprung muß weich und sicher beendet werden.

Diese Form des pas jeté wird im Freien, mit einer Pause nach jedem Sprung und in Verbindung mit einem petit pas assemblé croisé vor oder rück, je nach der Aufgabenstellung, gelehrt. Arme, Oberkörper und Kopf werden dabei wie beim gewöhnlichen pas jeté und pas assemblé geführt, d. h., die kleine Pose wird erst am Ende des Sprunges fixiert.

4/4-Takt.

Auftakt – Absprung;

1/4 – Landen im demi-plié;

1/4 – Pause im demi-plié;

1/4 – pas assemblé;

1/4 – Pause im demi-plié usw.

Danach kann man diese Übung ohne Pausen ausführen und mit dem gewöhnlichen pas jeté und anderen kleinen Sprüngen verbinden.

Der petit pas jeté durch die IV. Position mit Fortbewegung nach vor oder rück wird auf folgende Art und Weise gelehrt: Ausgangsposition der Beine – V., épaulement croisé. Das vordere Bein wird mit einer leichten und schleifenden Bewegung ins croisé vor auf die Höhe von 45° geworfen. Gleichzeitig stößt sich das Standbein kräftig und elastisch vom Boden ab. Der gesamte Körper strebt während des Sprunges nach vorn. Beide Beine werden in der geöffneten Haltung fixiert (60° – 70°). Dann wird der Sprung weich und stabil beendet und das rückwärtige Bein in der Haltung sur le cou-de-pied rück angelegt. Beim Absprung werden die Arme etwas aus der vorbereitenden Haltung in eine niedrige 2. Position angehoben. Bei der Landung wird der dem Wurfbein entsprechende Arm in eine niedrige 1. Position geführt. Der andere bleibt in der 2. Position. Der Oberkörper ist im épaulement. Beim Landungs-plié wird er auf das Standbein übertragen und etwas von den Schultern aus nach rück geneigt. Der Kop bleibt bis zum Abschluß des Sprunges in der Ausgangshaltung und setzt etwas die Neigung des Oberkörpers fort.

Unmittelbar danach wird aus der Haltung sur le cou-de-pied ein petit pas assemblé über die Seite in die V. Position vor ausgeführt. Beim Absprung öffnet sich der Arm, der in der 1. Position gehalten wurde, in die 2. Position, und Oberkörper und Kopf wenden sich ins en face. Mit dem Abschluß des Sprunges senken sich beide Arme in die vorbereitende Haltung; der Oberkörper wird ins épaulement gewendet und der Kopf zur vorderen Schulter gedreht.

$^4/_4$-Takt.

Auftakt – Absprung zum pas jeté;

$^1/_4$ – demi-plié;

$^1/_4$ – Pause im demi-pli;

$^1/_4$ – pas assemblé;

$^1/_4$ – Pause im demi-plié usw.

Diese Übung läßt man ebenso nach rück und ohne Pausen ausführen. Arm-, Oberkörper- und Kopfbewegungen werden dabei nicht verändert. Sie können später variiert werden, wenn diese Form des pas jeté in verschiedene Kombinationen aufgenommen wird.

Der petit pas jeté mit Fortbewegung wird nicht mehrere Male hintereinander nur durch die II. oder IV. Position ausgeführt. Das ununterbrochene Hinundherspringen zwischen zwei Punkten auf derselben Linie im Raum würde nicht der Entwicklung der Fortbewegung und Stabilität des Sprunges dienen.

Bei mehreren pas jetés mit Fortbewegung innerhalb einer Kombination sollte man die Sprünge so aneinanderfügen, daß sie abwechselnd durch die II. und IV. Position ausgeführt werden können. Zum Beispiel: pas jeté mit Fortbewegung zur Seite, dann croisé vor und petit pas assemblé croisé rück. Anschließend wird alles mit dem anderen Bein und nach rück wiederholt.

Beim petit pas jeté mit Fortbewegung durch die II. Position werden gewöhnlich die Beine gewechselt, das Bein, das vor dem Sprung in der V. Position rück stand, ist nach dem Sprung vorn, das andere wird sur le cou-de-pied rück angelegt. Diese Regel trifft jedoch nicht zu, wenn die Beine nicht gewechselt werden und folglich auch das épaulement unverändert bleibt oder wenn der petit pas jeté mit Fortbewegung durch die IV. Position außer ins croisé auch ins effacé ausgeführt wird. Im letzten Fall wird das épaulement mit entsprechenden Veränderungen der Kopf-, Oberkörper- und Armbewegungen gewechselt.

Es ist notwendig, ähnliche Veränderungen in den Aufbau der Unterrichtskombinationen mit einzubeziehen.

Grand pas jeté: Diese Form des pas jeté wird mit Fortbewegung und einem hohen Sprung ausgeführt. Während des Sprunges fixiert man eine große

Grand pas jeté 122

Pose in der IV. oder II. Position. Beim Absprung muß das Schwungbein in der Regel auf eine Höhe von 90° geworfen werden und das Absprungbein auf 60°. In der Kulmination werden beide Beine in einer geöffneten Haltung von nicht mehr als 150° fixiert.

Bei der Landung wird das Bein, das ins demi-plié übergeht, auf 45° gesenkt. Das andere Bein bleibt auf 90° (Abb. 122). Das Bestreben des Schülers, beide Beine in der Kulmination auf 180° und mehr zu öffnen, sollte vom Lehrer nicht gefördert werden, da es dem Sprung einen akrobatischen und exzentrischen Charakter verleiht. Außerdem unterstützt ein zu weiter Schritt in der Art des Spagats in zu geringem Maße die Kraft des Absprunges und Genauigkeit der Fortbewegung des Körpers in die Sprungrichtung. Ebenso unzureichend ist ein zu kleiner Schritt, der die Dynamik und den Ballon des Sprunges nicht verstärkt und dazu führt, daß der Sprung nicht die notwendige Höhe und Weite der Fortbewegung erreicht.

Kopf, Arme und Oberkörper müssen während der Flugphase und beim Landen in strenger Übereinstimmung mit allen für die Ausführung der Posen des klassischen Tanzes gültigen Regeln fixiert werden.

Der grand pas jeté wird gewöhnlich mit verschiedenen Ansätzen ausgeführt, die dem Schüler die Möglichkeit geben, mit größter Kraft abzuspringen, exakt die Pose in der Luft zu fixieren und in einem weichen und stabilen demi-plié zu landen. Solche Ansätze können sein: pas tombé, pas glissade, pas failli, pas de bourrée, sissonne tombée und einige andere. Diese Ansatzbewegungen sind immer energisch, nicht zu groß und mit einem trampolinartigen Abstoß des gesamten Körpers in die Flugbahn auszuführen. Dieser Abstoß in die Sprungrichtung darf aber nicht zu kräftig sein, da der Sprung dadurch zwar verlängert wird, aber an Höhe und Stabilität verliert.

Vor dem Absprung zum grand pas jeté muß das Absprungbein folgerichtig auf den Boden aufgesetzt werden. Das heißt, daß der Fuß von den

Zehenspitzen über die ganze Fußsohle bis zur Ferse abrollt; das demi-plié wird elastisch und federnd, ohne Haltepunkte und mit anschließendem schnellem und heftigem Absprung ausgeführt; das andere Bein wird energisch und zusammen mit dem Abspring, dessen Kraft es dadurch verstärkt, auf die notwendige Höhe geworfen; während der Flugphase sind die Knie (außer bei der attitude), Spann und Fußspitzen fest gestreckt.

Beide Beine müssen genau in der IV. oder II. Position gehalten werden. Der Sprung wird mit einem weichen und sicheren demi-plié, mit einem leichten und plastischen Anheben des Spielbeins beendet. Bei allen diesen Details ist selbstverständlich immer auch auf die notwendige Auswärtsdrehung der Beine zu achten.

Die Arme nehmen während des Absprunges aktiv Schwung und werden dabei durch die vorbereitende Haltung in die 1. Position geführt. Auf diese Weise tragen sie zur Erhöhung der Absprungkraft und der Genauigkeit des Aufschwunges des gesamten Körpers bei. Während des Sprunges und nach dem Sprung werden sie exakt und leicht in den entsprechenden Haltungen fixiert. Der Oberkörper ist während der ganzen Sprungphase angespannt, die Schultern sind herabgesenkt und geöffnet. Der Rücken wird mit Aplomb gehalten, ohne ihn zu verspannen. Im Augenblick des Überganges der Ansatzbewegung in den Absprung wird das Gewicht des Oberkörpers rechtzeitig und ganz exakt auf den Oberschenkel des Standbeins übertragen. Das führt zu einem sicheren und elastischen Aufschwung und Abschluß des Sprunges. Beim »Schwungnehmen« der Arme neigt sich der Kopf ein wenig zu den Händen nach vorn. Anschließend, kurz nach dem Absprung, richtet er sich auf und wendet sich dabei in die Haltung, die der auszuführenden Pose entspricht. Der Blick geht fest und sicher in die gleiche Richtung.

Der grand pas jeté ist insgesamt frei, leicht, mit einem exakten, ballonartigen, aber nicht zu heftigen Absprung, in Übereinstimmung mit dem Charakter des Unterrichtsbeispieles und der musikalischen Begleitung auszuführen.

Es empfiehlt sich, den grand pas jeté zuerst ohne Ansatzbewegung, in der Art der folgenden Übung zu lehren: Ausgangsposition der Beine – V., épaulement croisé. Als erstes erfolgt demi-plié. Danach wird das vordere Bein mit einer schleifenden Bewegung des ganzen Fußes über den Boden ins croisé vorgeworfen. Gleichzeitig stößt sich das andere Bein vom Boden ab. In der anschließenden Sprung- und Fortbewegungsphase werden beide Beine in der geöffneten Haltung fixiert. Dabei ist das Absprungbein wie bei der attitude croisée halb angewinkelt. Das andere Bein ist gestreckt. Der Sprung endet in einem elastischen demi-plié. Das Spielbein muß fest in seiner Haltung – attitude croisée – fixiert werden.

Die Arme werden beim demi-plié vor dem Sprung aus der vorbereitenden Haltung in die 1. Position geführt und dann zusammen mit dem Absprung energisch in die 2. Position geöffnet, wo sie bis zum Abschluß des Sprunges, einschließlich des demi-plié, fixiert werden. Der Oberkörper neigt sich beim ersten demi-plié, gleichzeitig mit dem Wurf des Spielbeins, ein wenig in die Richtung des Sprunges. In dieser Haltung bleibt er bis zum Abschluß des Sprunges. Der Kopf ist am Anfang zur vorderen Schulter gewendet. Beim ersten demi-plié neigt er sich etwas zu den Händen, die sich zu diesem Zeitpunkt noch in der vorbereitenden Haltung befinden. Während des Absprunges wird er in die Ausgangshaltung gewendet und dort bis zum Abschluß des Sprunges fixiert.

Danach erfolgt ein pas assemblé ins croisé rück. Gleichzeitig werden beide Arme in die vorbereitende Haltung gesenkt. Der Oberkörper richtet sich wieder auf. Die Kopfhaltung bleibt unverändert.

Diese Übung wird insgesamt viermal in ein und dieselbe Richtung ausgeführt und danach mit dem anderen Bein wiederholt.

4/4-Takt.

Auftakt – pas jeté;

1/4 – Landen im demi-plié;

1/4 – Pause im dem i-plié;

1/4 – pas assemblé;

1/4 – Pause usw.

Dann muß diese Übung nach rück, unter Beachtung aller beschriebenen Details, ausgeführt werden. Zum Schluß – en suite, jeder Sprung auf 1/4.

Nach dieser Etappe ist es angebracht, den grand pas jeté mit einem pas tombé als Ansatz zu lehren. In diesem Falle beginnt die ganze Übung aus der IV. Position épaulement croisé; das rückwärtige Bein ist mit gestreckter Fußspitze leicht auf den Boden aufgesetzt. Die Arme sind etwas in die 2. Position geöffnet. Der Kopf ist zur vorderen Schulter gewendet.

Aus dieser Ausgangshaltung führt das Spielbein nach einem battement tendu durch die I. Position einen pas tombé ins effacé vor aus. Daraus erfolgt sofort anschließend der Absprung, bei dem zu gleicher Zeit das andere Bein durch die I. in die IV. Position ins croisé vor geworfen wird. In der nachfolgenden Flugphase und beim Abschluß laufen alle Bewegungen so ab, wie bereits dargelegt.

Während des pas tombé wird der Oberkörper genau und energisch auf das Absprungbein übertragen.

Die Arme sind beim pas tombé weich mit den Handflächen nach unten gedreht. Gleichzeitig mit dem Absprung holen sie energisch Schwung, indem sie durch die vorbereitende Haltung und die 1. Position in die Pose attitude geführt werden. Der Kopf neigt sich mit dem pas tombé etwas nach vorn und wendet sich zur hinteren Schulter. Beim Absprung nimmt er wieder die Ausgangshaltung ein.

Wenn dieser Sprung beendet ist, wird das Spielbein gestreckt und mit der Fußspitze auf den Boden abgesetzt. Gleichzeitig streckt sich das Standbein aus dem demi-plié. Der Arm, der während des Sprunges in der 3. Position gehalten wurde, öffnet sich in die 2. Position.

Der Kopf bleibt in seiner Haltung unverändert. Auf diese Weise entsteht wieder die Ausgangshaltung, aus der der Sprung wiederholt werden kann. Man läßt diese Übung insgesamt viermal mit ein und demselben Bein und ebenso oft mit dem anderen Bein ausführen; anschließend alles nach rück.

4/4-Takt.

Auftakt – pas tombé;

1/4 – pas jeté;

1/4 – Pause;

1/4 – das Spielbein wird mit der Fußspitze auf den Boden abgesetzt;

1/4 – pas tombé (Auftakt).

Später kann dieser Ansatz zum grand pas jeté gleich aus der geöffneten Spielbeinhaltung erfolgen, d. h., das Spielbein wird zwischendurch nicht auf den Boden gesenkt. Die Pose attitude am Ende des Sprunges wird nur auf 1/4 fixiert. Zum Schluß führt man diese Form des Ansatzes und den grand pas jeté en suite aus – auf jedes Viertel ein grand pas jeté.

Um den Absprung zum grand pas jeté zu verstärken, können außerdem vor dem pas tombé noch folgende Ansatzbewegungen ausgeführt werden: pas chassé nach vorn durch die IV. Position, pas failli, sissonne tombée oder einfach ein pas de bourrée nach vorn, der aus drei schnellen Schritten durch die IV. Position besteht. Die Arm-, Oberkörper- und Kopfbewegungen sind beim Absprung die gleichen wie beim pas tombé mit anschließendem grand pas jeté.

Die zuletzt angeführten Ansätze werden beim grand pas jeté nach rück nicht angewendet. Jeder Tänzer weiß, daß ein solcher Ansatz nach rück äußerst unbequem und nicht zweckdienlich ist.

Danach beginnt man den grand pas jeté in die attitude effacée, in die 1. und 2. arabesque zu lehren. Als Ansätze können der pas tombé ins croisé vor, das sissonne tombée ins croisé vor, der pas failli und der pas glissade aus der IV. Position croisé verwendet werden. Der Ansatz zum grand pas jeté in die 3. arabesque wird ebenso wie zum grand pas jeté in attitude croisée ausgeführt, d. h., er beginnt mit einem pas tombé ins effacé vor.

Alle bis jetzt behandelten Formen des grand pas jeté stellen in einem bestimmten Maße den Unterrichtskanon dar und müssen in Verbindung mit anderen Sprüngen gründlich erarbeitet werden. Später kann der grand pas jeté in die Posen der IV. Position croisée und effacée rück, attitude allongée und in die 4. arabesque gelehrt werden.

Bei den Posen der IV. Position rück können die Armpositionen auf folgende Weise miteinander variiert werden: 2. und 3. Position, 1. und 3. Position, 1. und 2. Position oder beide Arme in der 3. Position. Kopf und Oberkörper werden in allen Fällen so gehalten, daß es dem Unterrichtskanon entspricht.

Bei der attitude allongée und der 4. arabesque gelten für die Arm-, Oberkörper- und Kopfhaltungen ebenfalls die allgemeingültigen Regeln. Der grand pas jeté in die II. Position wird sowohl auf der Bühne als auch in der Unterrichtspraxis seltener ausgeführt, da als Ansatzbewegung nur der pas coupé oder der pas glissade in die V. Position möglich ist. Dadurch sind selbstverständlich eine große Sprungkraft und ein trampolinartiger Absprung kaum möglich und folglich auch keine Sprunghöhe und kein Ballon. Die Schüler der Oberstufe sollten dennoch alle Arten des grand pas jeté beherrschen, ungeachtet ihrer Kompliziertheit und Schwierigkeit in Form, Tempo, Rhythmus und musikalisch-plastischem Charakter.

Es ist ratsam, den grand pas jeté in die II. Position erst dann zu lehren, wenn die Schüler den grand pas jeté in die IV. Position mit und ohne Ansatzbewegungen bereits gut beherrschen.

Ausgangsposition der Beine – V., épaulement croisé. Das vordere Bein wird mit einer über den Boden schleifenden Bewegung des ganzen Fußes in die II. Position geworfen. Gleichzeitig erfolgt mit dem anderen Bein der kräftige Absprung aus dem demi-plié. Kurz nach dem Absprung, der mit Fortbewegung ausgeführt wird, fixiert man beide Beine in der geöffneten Haltung nach den gleichen Regeln wie beim grand pas jeté in die IV. Position. Dabei sind Knie, Spann und Zehen beider Beine fest gestreckt. Der Sprung wird mit einem weichen und sicheren demi-plié auf dem vorderen Bein zu Ende geführt. Das geöffnete Bein muß fest auf einer Höhe und in einer Richtung gehalten werden. Beim demi-plié vor dem Sprung werden die Arme aus der vorbereitenden Haltung in die 1. Position angehoben. Während des Absprunges und der nachfolgenden Aufschwungsphase werden sie energisch in die 2. Position geführt und dort bis zum Ende des Sprunges, einschließlich des demi-plié, gehalten.

Der Oberkörper neigt sich beim ersten demi-plié und beim Werfen des vorderen Beines in die II. Position ein wenig in die Sprungrichtung. Während des Absprunges wird eine Wendung ins en face ausgeführt. In der gleichen Raumrichtung erfolgt auch der Abschluß des Sprunges. Der Kopf wendet und neigt sich leicht beim ersten demi-plié zu den Händen, die sich in diesem Moment noch in der vorbereitenden Haltung befinden. Gleichzeitig mit dem Absprung wird der Kopf aufgerichtet und ins en face gewendet. Am Ende des Sprunges wendet und neigt er sich ein wenig vom geöffneten Bein weg. Auf den Sprung folgt eine Pause, und danach ein pas assemblé in die V. Position croisée vor. Gleichzeitig mit dem pas assemblé senken sich die Arme aus der 2. Position in die vorbereitende Haltung. Der Oberkörper wird wieder aufgerichtet und ins épaulement gewendet. Der Kopf wird zur vorderen Schulter gerichtet. Danach wird die Übung zur anderen Seite wiederholt. Insgesamt führt man sie viermal hintereinander mit dem vorderen Bein aus und anschließend viermal mit dem rückwärtigen Bein.

4/4-Takt.

Auftakt – Sprung;

1/4 – Landen im demi-plié;

1/4 – Pause;

1/4 – pas assemblé;

1/4 – Pause usw.

Später kann die ganze Übung ohne Pausen ausgeführt werden. Nach dieser Etappe lehrt man den grand pas jeté in die II. Position mit den Ansätzen pas coupé und pas glissade. Im ersten Fall wird das rückwärtige Bein aus der V. Position sur le cou-de-pied angelegt, während das andere Bein gleichzeitig ein demi-plié ausführt. Dann erfolgt ohne Unterbrechung und energisch der pas coupé, der Sprung in die II. Position und der Abschluß im demi-plié mit einer Pause. Anschließend wird ein pas assemblé in die V. Position vor ausgeführt. Danach kann die ganze Übung mit dem anderen Bein wiederholt werden. Sie sollte insgesamt viermal mit dem vorderen Bein und viermal mit dem rückwärtigen Bein ausgeführt werden. Arm-, Oberkörper- und Kopfbewegungen entsprechen dem obenerwähnten Beispiel.

Auftakt – pas coupé und pas jeté;

1/4 – Pause;

1/4 – pas assemblé;

1/4 – Anlegen des Beines sur le cou-de-pied usw.

Im zweiten Fall erfolgt der pas glissade aus der V. in die V. Position in die Sprungrichtung des grand pas jeté und ohne Beinwechsel. Danach wird sofort und energisch der Sprung in die II. Position ausgeführt mit anschließendem pas assemblé in die V. Position vor oder rück – je nach der Aufgabenstellung. Für die Arm-, Oberkörper- und Kopfbewegungen gelten die üblichen Regeln.

Auftakt – pas glissade;

2/4 – pas jeté;

1/4 – Pause;

1/4 – pas assemblé usw.

Beim pas coupé und pas glissade muß das Bein, das sich beim grand pas jeté vom Boden abstößt, mit Kraft und sehr genau in die V. Position eingesetzt werden. (Ein häufiger Fehler besteht darin, daß das Spielbein über die V. Position hinaus zu weit in die Richtung des nachfolgenden Sprunges eingesetzt wird.) Gleichzeitig mit dem Absprung wird der Körper energisch in die Richtung geworfen, in die der Absprung erfolgt. Wird diesem Moment zu wenig Beachtung geschenkt, dann verliert der Sprung an Weite und Kraft.

Es existiert eine Variante des grand pas jeté in die II. Position, bei der im Moment der Landung das geöffnete Bein nicht auf 90° fixiert, sondern in die V. Position eingesetzt oder sur le cou-de-pied angelegt wird. Dieser Abschluß wird in der gleichen Weise wie beim sissonne fermée oder petit pas jeté mit Fortbewegung ausgeführt. Deshalb erfolgen die Abschlußbewegungen der Beine, Arme, des Oberkörpers und Kopfes nach den gleichen Regeln wie bei den obengenannten Bewegungen; die Anfangsbewegungen wie beim grand pas jeté.

Aus dem Aufbau dieses Sprunges ist ersichtlich, daß eine besondere Art der Vermittlung nicht notwendig ist, da alle seine Elemente bereits durch vorangegangene Bewegungen und Übungen vorbereitet sind. Es muß nur darauf aufmerksam gemacht werden, daß dieser Sprung fließend, mit Ansatzbewegung, mit ausreichender Fortbewegung, hoch und weich, besonders bei der Landung, ausgeführt wird.

In der Unterrichtspraxis nennt man diesen Sprung *grand pas jeté fermé*, wenn er mit beiden Beinen in der V. Position beendet wird, oder *grand pas jeté fondu*, wenn beim Landen das geöffnete Bein sur le cou-de-pied angelegt wird.

Das gegebene Lehrschema des grand pas jeté kann durch eine Verbindung mit anderen Bewegungen erweitert und verändert werden, allerdings nur durch ein allmähliches Erschweren der Ansatzbewegungen. Kraft und Elastizität des Absprungbeins können sich ausschließlich unter solchen Bedingungen normal entwickeln. Das Wurfbein muß ebenfalls so entwickelt werden, daß es leicht und weich das Körpergewicht übernimmt und trägt.

Wenn die Schüler diese Form beherrschen, kann man noch verschiedenartige Armbewegungen hinzufügen. Diese Ergänzungen müssen sehr sparsam vorgenommen werden. Sie sind als Ausnahme von der Regel zu betrachten und erfolgen aus den gleichen Gründen wie beim grand pas assemblé.

Außerdem kann der grand pas jeté in die II. und IV. Position auch ohne die genannten Ansätze ausgeführt werden, d. h. aus der Haltung sur le cou-de-pied oder aus einer geöffneten Beinhaltung, wie z. B. nach einem sissonne ouverte, temps levé usw. Auf diese Weise erfolgt der Sprung von einer

Pose in eine andere Pose der II. oder IV. Position. Arm-, Oberkörper- und Kopfbewegungen entsprechen der Aufgabenstellung bzw. der auszuführenden Pose.

Diese Art des grand pas jeté kann zweimal hintereinander ausgeführt werden, z. B. aus der Pose effacée vor in die 1. arabesque und ohne Pause sofort wieder zurück. Oder zwei- bis dreimal hintereinander nur nach vorn. Dabei wird das Wurfbein jedesmal durch die I. Position in die Sprungrichtung geworfen und nach dem Absprung eine arabesque fixiert.

Dieser grand pas jeté erfordert eine äußerst exakte und leichte Ausführung. Der Absprung muß schnell und trampolinartig erfolgen; der ganze Sprung ist sehr raumgreifend; er muß in der Luft fixiert werden. Arme, Oberkörper und Kopf werden während der gesamten Sprungfolge nicht verändert. Sie fixieren eine bestimmte Haltung.

Alle Sprünge werden wie auf einer einzigen Fluglinie ausgeführt. Dabei ist es erlaubt, nach und nach die Höhe der Sprünge zu steigern und analog dazu die Arme und den Kopf etwas anzuheben oder alle Sprünge auf einer horizontalen Linie flach über dem Boden auszuführen. Welche Variante im einzelnen Fall gewählt wird, das hängt vom Grad der Vorbereitung der Schüler und der Aufgabenstellung durch den Pädagogen ab.

Es sei nochmals daran erinnert, daß beide Beine beim Absprung energisch und maximal durchgestreckt werden müssen und jeder nachfolgende Wurf des Beines genau durch die I. Position und gleichzeitig mit dem Absprung erfolgen muß.

Die plastische Vielfalt aller Formen des grand pas jeté und die Verkleinerung des Sprunges sind im Unterricht möglich und notwendig. Man sollte sie aber erst in den Unterricht einbeziehen, wenn die Schüler alle grundlegenden technischen Details des grand pas jeté beherrschen.

Pas jeté passé: Diese Form erfordert einen hohen Sprung. Sie wird mit großen Posen der IV. Position im croisé, effacé, in der arabesque und attitude ausgeführt. Während des Sprunges führen die Beine nacheinander zwei Beinwürfe in der Art des grand battement jeté nach vor oder rück aus. Das erste battement erfolgt aus der V. Position im Moment des Absprunges, das zweite kurz nach dem Absprung in die gleiche Richtung. Nach der Kulmination wird das Bein, das das erste battement ausgeführt hat, auf den Boden ins demi-plié abgesetzt und das andere Bein weiter auf 90° angehoben. Auf diese Weise gleiten beide Beine ungefähr auf einer Höhe von 60° aneinander vorüber. Dieser Moment stellt eine Besonderheit der vorliegenden Bewegung dar und erscheint als Bestandteil in mehreren anderen großen Sprüngen, z. B. beim pas de ciseaux, jeté entrelacé usw. Beim Absprung werden die Arme zusammen mit dem ersten battement aus der vorbereitenden

Pas jeté passé 123

Haltung in die 1. Position geführt. Beim zweiten battement werden sie in die Positionen geöffnet, die der auszuführenden Pose entsprechen. Kopf und Oberkörper nehmen gleichzeitig die entsprechende Haltung ein (Abb. 123). Bei diesem Sprung wird die Pose erst am Ende des Sprunges fixiert und nicht bereits nach dem Absprung wie beim grand pas jeté.

Dieser Sprung kann in Verbindung mit anderen Bewegungen nicht nur aus der V. Position, sondern auch aus jeder beliebigen Pose der IV. Position ausgeführt werden oder auf einen pas tombé, pas chassé, pas failli, pas de bourrée und pas couru folgen.

Und schließlich kann das zweite battement mit einem battement développé (über die Haltung passé) ausgeführt werden.

Bei jedem pas jeté passé müssen beide Beine sehr auswärts sein. Knie, Spann und Zehen werden beim Absprung sofort gestreckt. Das erste battement wird energisch und mit einer schleifenden Bewegung ausgeführt. Dadurch verstärkt es den Absprung.

Das zweite battement ist etwas weniger heftig, besonders wenn es wie ein battement développé ausgeführt wird. Das demi-plié vor dem Sprung ist ebenfalls energisch. Es hat den Charakter eines trampolinartigen Sprungansatzes. Das demi-plié nach dem Sprung ist weicher und tiefer, jedoch ebenso elastisch wie das erste.

Während des Sprunges müssen die Beine so nah wie möglich aneinander vorbeigeführt werden. Das geöffnete Bein wird am Ende des Sprunges leicht, auf einer Höhe und in einer Richtung fixiert. Beim Absprung werden die Arme aktiv in jene Positionen geführt, die der auszuführenden Pose entsprechen. Am Ende des Sprunges werden sie in diesen Positionen fixiert.

Die Bewegungen des Kopfes verlaufen klar, koordiniert und in einem Rhythmus mit den Armbewegungen. Der Oberkörper ist beim Absprung angespannt und hochgezogen. Er muß genau in die Sprungrichtung geworfen werden. Er unterstützt den Absprung ebenso durch seine aktive Teilnahme wie die Arme und der Kopf. Am Ende des Sprunges wird er genau auf das andere Standbein übertragen. Dabei muß die Harmonie der gesamten Körperhaltung gewahrt bleiben.

Die Schultern sind während des gesamten Bewegungsablaufes frei geöffnet und nach unten gesenkt. Der Rücken und die Gürtelpartie sind angespannt. Die Fortbewegung während des Sprunges erfolgt in die den battements entgegengesetzte Richtung. Der Sprung muß weit genug vom Platz ausgeführt werden. Auf diese Weise kann die Leichtigkeit und Zielstrebigkeit des Sprunges noch betont werden. Der pas jeté passé muß insgesamt sehr gebunden, weich und sehr klar in seiner Raumzeichnung – besonders in der Schlußphase – ausgeführt werden.

Es empfiehlt sich, diesen Sprung aus der V. Position mit Hilfe folgender Übung zu lehren:

Ausgangshaltung – épaulement croisé; Beinposition – V. Das erste battement wird mit dem rückwärtigen Bein croisé rück ausgeführt, das zweite battement mit dem anderen Bein ins effacé rück.

Beim ersten battement werden die Arme aus der vorbereitenden Haltung in die 1. Position geführt und beim zweiten battement in die 1. arabesque geöffnet. Oberkörper und Kopf nehmen die entsprechende Haltung ein.

Danach erfolgt der zweite Sprung. Dabei wird das Absprungbein nach rück geworfen und das geöffnete Bein auf den Boden ins demi-plié gesenkt. Arme, Oberkörper, Kopf und Spielbein nehmen die Pose attitude croisée ein. Die Übung wird mit einem pas de bourrée mit Beinwechsel in die V. Position beendet und dann mit dem anderen Bein wiederholt. Insgesamt wird sie viermal hintereinander und ebenso oft in umgekehrter Reihenfolge ausgeführt.

$^{2}/_{4}$ – Takt.

Auftakt – erster Sprung;

$^{1}/_{4}$ – Landen im demi-plié;

$^{1}/_{4}$ – zweiter Sprung;

$^{2}/_{4}$ – pas de bourrée.

Danach kann diese Übung mit anderen Posen und verschiedenen Ansätzen variiert werden.

Der pas jeté passé kann ebenfalls in komplizierte Kombinationen eingebaut werden. Dabei muß die Sprungrichtung des pas jeté passé der Richtung jener Sprünge entsprechen, mit denen er verbunden wird, manchmal auch, wie sie durch den Aufbau einer Kombination bedingt ist.

In großen Sprungkombinationen wird der pas jeté passé gewöhnlich als Verbindungs- und Übergangselement verwendet, da er keinen besonderen Ballon erfordert und sich nicht durch eine komplizierte Struktur auszeichnet. Nichtsdestoweniger fordert er vom Tänzer ein richtiges Gefühl für die ganze tänzerische Phrase und ihre musikalischen Nuancierungen. Dieses Gefühl muß den Schülern unbedingt anerzogen werden.

Pas glissade

Der pas glissade wird mit einem minimalen, dicht über den Boden gleitenden Sprung, mit einem Aus- und Einschleifen der Beine und mit Fortbewegung zur Seite, nach vor und nach rück ausgeführt.

Ausgangsposition der Beine – V., épaulement croisé. Zuerst ein demi-plié; danach wird das vordere Bein mit einer über den Boden schleifenden Bewegung in die II. Position geöffnet. Gleichzeitig stößt sich das andere Bein vom Boden ab. Wahrend des Sprunges werden beide Beine gestreckt, und die Zehenspitzen befinden sich in einem minimalen Abstand über dem Boden. Am Ende des pas glissade geht das Bein, das zuerst geöffnet wurde, ohne weitere Fortbewegung ins demi-plié über. Das andere Bein wird mit einer über den Boden schleifenden Bewegung in die V. Position rück eingesetzt.

Die Arme werden beim Absprung aus der vorbereitenden Haltung ein wenig in die 2. Position geöffnet und am Ende des Sprunges wieder in die Ausgangshaltung gesenkt. Oberkörper und Kopf bleiben im épaulement.

Diese Form des pas glissade kann auch mit einem Wechsel des épaulement ausgeführt werden (in einem solchen Falle werden die Beine in der V. Position gewechselt, der Kopf wird zur vorderen Schulter gewendet, Arme und Oberkörper bewahren ihre Haltungen). Oder man beginnt den pas glissade mit dem rückwärtigen Bein.

Dabei werden alle für die Arm-, Oberkörper- und Kopfbewegungen genannten Regeln eingehalten (Abb. 124).

Eine andere Form ist der pas glissade mit Fortbewegung nach vor oder nach rück in kleinen Posen croisées und effacées. Hierbei werden die Beine auf die gleiche Weise wie beim pas glissade zur Seite durch die IV. Position geführt. Der Oberkörper bleibt im épaulement. Die Arme werden beim ersten demi-plié aus der vorbereitenden Haltung in die 1. Position angehoben; während des Absprunges wird ein Arm in die 2. Position geöffnet; am Ende des Sprunges senken sich beide Arme wieder in die Ausgangshaltung. Beim port de bras nimmt der Kopf die Haltung ein, die der ausgeführten Pose entspricht.

Jeder pas glissade muß mit einem elastischen demi-plié beginnen und enden. Die Beine müssen leicht und weich vor bzw. nach dem Sprung über den Boden schleifen. In der Kulmination des Sprunges werden Knie, Spann und Zehen fest gestreckt. Insgesamt müssen die Bewegungen der Beine

124 *Pas glissade*

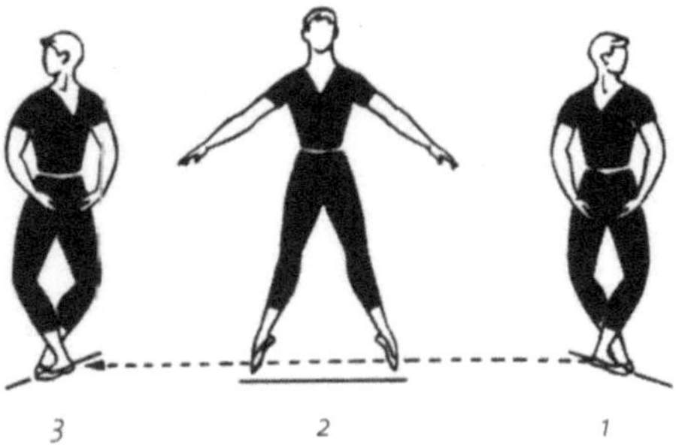

gebunden und fließend verlaufen, in einem gleichmäßigen Tempo, ohne daß man auf dem Boden »entlangläuft« und ohne wie beim pas jeté fermé sehr hoch und weit zu springen. Die Arm- und Kopfbewegungen müssen leicht und exakt sein. Sie dürfen nicht angehalten oder fixiert werden.

Der pas glissade sollte zuerst zur Seite aus der V. in die V. Position gelehrt werden.

$^2/_4$ – Takt.

$^1/_4$ – Öffnen des Beines in die II. Position;

$^1/_4$ – Absprung und abschließendes demi-plié in der V. Position.

In dieser Art wird der pas glissade viermal mit ein und demselben Bein und ohne Wechsel der V. Position ausgeführt; dann ebenso oft mit dem anderen Bein. Die Arme bleiben in der vorbereitenden Haltung. Oberkörper und Kopf sind en face.

Nach dieser Etappe kann man den pas glissade ineinander übergehend und mit Beinwechsel in der V. Position lehren, durch die II. Position, die IV., nach vor und rück und in kleinen Posen.

Wenn der pas glissade durch die IV. Position als Ansatz für große Sprünge dient (z. B. für den grand pas jeté nach vor, das grande cabriole vor usw.), dann muß er in einer modifizierten Form (durch die I. Position) verwendet werden. Dies geschieht mit Hilfe eines ebenso leichten und minimalen Absprunges.

Ein Beispiel: Ausgangshaltung – kleine Pose croisée rück. Das mit der Fußspitze hinten aufgestellte Bein wird mit einem minimalen Sprung durch die I. in die IV. Position geführt. Danach führt man das andere Bein ebenfalls durch die I. in die IV. Position (ohne Sprung) in ein tiefes demi-plié, aus dem der energische Absprung erfolgt.

Bei diesem pas glissade werden die Arme in der 2. Position mit nach unten gedrehten Handflächen gehalten. Im Moment des Absprunges zum nachfolgenden großen Sprung werden die Arme energisch durch die vorbereitende Haltung und die 1. Position in eine bestimmte Pose geführt. Der Oberkörper ist angespannt und hochgezogen. Er muß vor dem großen Sprung auf das Absprungbein übertragen werden. Der Kopf nimmt gleichzeitig mit dem port de bras eine Haltung ein, die der auszuführenden Pose entspricht.

Diese Form des pas glissade muß im Charakter einer leichten, schnellen und heftigen Vorwärtsbewegung ausgeführt werden. Auf keinen Fall darf man diesen pas glissade wie einen langgedehnten flachen Anlauf mit ungestreckten Beinen ausführen.

Die Bewegungen der Beine müssen sehr exakt sein. Knie, Spann und Zehen sind fest gestreckt. Die IV. Position darf nicht zu groß sein. Die Arm-, Oberkörper- und Kopfbewegungen tragen ebenfalls den Charakter eines entschlossenen und straffen Ansatzes zum nachfolgenden Sprung.

Dieser pas glissade wird in der Oberstufe gelehrt, da hier die Schüler bereits die komplizierte Technik der großen, virtuosen Sprünge beherrschen.

Pas chassé

Der pas chassé wird durch die V. Position mit einem Öffnen der Beine in die II. oder IV. Position ausgeführt (Abb. 125). Er kann aus verschiedenen Sprüngen beginnen, die auf einem Bein enden. In der Unterrichtspraxis wird er jedoch gewöhnlich mit dem sissonne tombée ins effacé vor verbunden. Danach Absprung mit Fortbewegung, wobei das rückwärtige Bein an das Absprungbein herangeführt wird. Auf diese Weise werden beide Beine in der V. Position in einer senkrechten Haltung vereinigt. Danach erfolgt die Weiterführung dieses Sprunges wie beim sissonne tombée in die IV. Position, und der pas chassé wird wiederholt. Am Ende wird der ganze Bewegungsablauf mit einem petit pas assemblé rück beendet. Anschließend wird diese Übung mit dem anderen Bein und nach rück ausgeführt.

Die Arme werden beim sissonne aus der vorbereitenden Haltung in die 1. Position geführt. Beim tombé bleibt der Arm, der dem vorderen Bein entspricht, in der 1. Position, während der andere in die 2. Position geöffnet wird. Bei den zwei anschließenden pas chassés bleiben die Arme in diesen Positionen. Zusammen mit dem pas assemblé senken sie sich in die vorbereitende Haltung. Mit dem sissonne tombée wechselt der Oberkörper das épaulement und wird in einer aufrechten Haltung auf das Absprungbein übertragen. Während der zwei pas chassés wird dieses Übertragen in die gleiche Richtung fortgesetzt. Mit dem pas assemblé endet seine Fortbewegung.

125 *Pas chassé durch die IV. Position*

3 2 1

Der Kopf wendet sich beim Wechsel des épaulement zur vorderen Schulter. In dieser Haltung bleibt er bis zum Ende der gesamten Übung.

Später wird der pas chassé ins croisé vor und durch die II. Position mit Hilfe folgender Übung gelehrt: Ausgangshaltung wie beim vorangegangenen Beispiel. Zuerst ein sissonne tombée croisé vor, danach zwei pas chassés in die gleiche Richtung und pas assemblé in die V. Position rück. Die Arme werden wie bei dem angeführten Beispiel des pas chassé effacé vor geführt. Der Oberkörper wechselt nicht das épaulement. Der Kopf bleibt in der Ausgangshaltung. Dann folgt ein sissonne tombée in die II. Position en face, anschließend folgen zwei pas chassés in die gleiche Richtung (das Spielbein wird jedesmal in die V. Position rück eingeschlossen), und zum Schluß folgt ein pas assemblé in die V. Position vor. Beim sissonne tombée in die II. Position werden die Arme aus der vorbereitenden Haltung über die 1. in die 2. Position geöffnet. In dieser Position bleiben sie während der zwei pas chassés. Gleichzeitig mit dem pas assemblé werden sie in die vorbereitende Haltung gesenkt. Der Oberkörper führt bei dem sissonne tombée in die II. Position eine Wendung en face aus. Während der zwei pas chassés bleibt er in dieser Haltung. Mit dem pas assemblé wendet er sich ins épaulement. Der Kopf wird beim ersten Sprung ins en face gewendet. Während der beiden pas chassés bleibt er in dieser Haltung. Beim abschließenden pas assemblé wird er wieder zur vorderen Schulter gerichtet. Danach wird die gesamte Übung mit dem anderen Bein ausgeführt und noch einmal alles von vorn wiederholt. Nach rück wird diese Übung ebenso oft, in der gleichen Reihenfolge und mit den gleichen Posen ausgeführt.

Der pas chassé nach vor und nach rück kann mit den verschiedenartigsten Arm-, Oberkörper- und Kopfhaltungen, die für große Posen charakteristisch sind, ausgeführt werden. So kann der pas chassé durch die II. Position ins écarté vor oder rück mit entsprechender Wendung des Kopfes zur vorderen Schulter erfolgen.

In Kombinationen hat der pas chassé durch die II. Position oft die Funktion einer besonders kräftigen und trampolinartigen Ansatzbewegung zu großen Sprüngen wie saut de basque, jeté entrelacé, grand fouetté sauté usw. Daneben ist es auch möglich, den pas chassé mit einem mittleren oder minimalen Sprung, in Abhängigkeit vom Aufbau und Charakter der Unterrichtskombination, auszuführen. Aber in welchem Tempo dieser Sprung auch immer erfolgt, er muß sich durch eine große Weichheit und Elastizität auszeichnen. Das demi-plié vor dem pas chassé darf nicht mit einem zu großen Trampolin erfolgen – es soll aber auch nicht verzögert werden. Der Absprung und das Zusammenführen der sich streckenden Beine in der V. Position gehen ineinander über. Diese Bewegungsphase erfordert eine sehr exakte Ausführung. Der Übergang zum nächsten Sprung erfolgt weich und mit zunehmender Fortbewegung. Die Auswärtsdrehung der Beine, das feste Strecken der Knie, des Spanns und der Zehen ist hier unbedingt notwendig.

Die Arme müssen leicht, genau und plastisch geführt werden. Sie dürfen weder verspannt noch zu schlaff gehalten werden. Der Oberkörper ist beim pas chassé en suite ununterbrochen in die Sprungrichtung zu »tragen«. Das Körpergewicht muß bei jedem Absprung mit hochgerissen und bei jeder Landung genau auf das Standbein übertragen werden. Der Oberkörper ist angespannt, die Schultern sind geöffnet und leicht nach unten gesenkt. Die Wendungen und Neigungen des Kopfes müssen frei, exakt und in einem Rhythmus mit der Bewegung des gesamten Körpers erfolgen.

Es ist ratsam, den pas chassé mit mittlerer Sprunghöhe und in kleinen Posen zu lehren. Das Tempo ist etwas langsamer als üblich. Der Bewegungsablauf erfolgt jedoch verbunden und ohne irgendwelche Verzögerungen und Haltepunkte. 2/4-Takt. Nach und nach können Sprungkraft und Fortbewegung gesteigert werden. Dabei ist unbedingt auf eine feste und absolut geschlossene V. Position während des Sprunges zu achten. Dann erlernen die Schüler den pas chassé in schnellerem Tempo, mit einem minimalen Sprung und etwas tieferen Armen.

Der pas chassé ist eine sehr komplizierte Bewegung, deren dynamische Besonderheit, das Vorwärtsstreben mit Hilfe einer Vielzahl einzelner Bewegungen, eine strenge Folgerichtigkeit im Lehrprozeß fordert und Voreiligkeit oder Hast ausschließt.

Es ist oft zu beobachten, daß bei einigen Tänzern der pas chassé als Ansatz für große virtuose Sprünge zu einem ungebundenen und sehr vereinfachten Anlauf ausartet. Eine solche Ausführung darf nicht in das Unterrichtsprogramm aufgenommen werden. Man sollte sich im Unterricht des klassischen Tanzes nicht zu einer derartig »freien« Umwandlung des pas chassé verleiten lassen, da dies die zielgerichtete Herausbildung eines disziplinierten, harmonischen und exakten Darstellungsstils des zukünftigen Tänzers hindert.

Pas de chat

Der pas de chat wird gewöhnlich in Frauenpartien angewendet. Die männlichen Schüler sollten diesen Sprung jedoch ebenfalls erlernen, da viele von ihm abgeleitete Formen in verschiedenen Genres des szenischen Tanzes existieren.

Es ist aber selbstverständlich, daß die männlichen Schüler den pas de chat und seine Varianten sehr streng und einfach ausführen müssen. Die Grazie, die für die Ausführung des pas de chat durch Mädchen typisch ist, kann bei den männlichen Schülern auf keinen Fall akzeptiert werden.

Vom pas de chat gibt es einige Varianten, die mit Hilfe zweier Würfe der leicht angewinkelten Beine in der IV. Position nach vor oder rück ausgeführt werden. Wie weit man sich vom Platz bewegt und die Beine zwischen 30° und 90° öffnet, hängt von der Sprunghöhe ab. Für eine genauere und ausführlichere Vermittlung des pas de chat empfehle ich die Lehrbücher von A. Waganowa und W. Kostrawitzkaja, die die Kunst der Tänzerin beinhalten.

Pas de chat mit einer Bewegung der Beine nach vor: Ausgangsposition der Beine – V., épaulement croisé. Das rückwärtige Bein wird aus dem demi-plié über die Haltung sur le cou-de-pied ein wenig in die IV. Position vor in Sprungrichtung geöffnet. Gleichzeitig stößt sich das andere Bein vom Boden ab. Dann wird es ebenfalls während des kleinen Sprunges bis zur Höhe der sur le cou-de-pied-Haltung angewinkelt und zum Schluß etwas später als das andere Bein in die V. Position vor ins demi-plié abgesetzt.

Beim Absprung werden die Arme in die 1. Position geführt. Am Schluß des Sprunges wird der vordere Arm in die 2. Position geöffnet. Der andere bleibt in der 1. Position. Der Kopf wendet sich beim Absprung in die Sprungrichtung. In dieser Haltung bleibt er bis zum Ende der ganzen Bewegung. Der Oberkörper ist angespannt, hochgezogen und etwas nach vorn geneigt.

Bei den Arm-, Oberkörper- und Kopfbewegungen ist noch folgende Variante möglich: Am Ende des Sprunges wird der hintere Arm in die 2. Position geöffnet. Der Kopf bleibt in der Ausgangshaltung, und der Oberkörper neigt sich etwas nach rück.

Beide Varianten sollte man abwechselnd nacheinander mit entsprechenden Wechseln der Arm-, Oberkörper- und Kopfbewegungen ausführen lassen. Der gesamte Bewegungsablauf muß sehr leicht und weich erfolgen.

Wenn die Schüler den pas de chat aus der V. in die V. Position beherrschen, kann man ihn aus der IV. in die IV. Position ausführen lassen. Die IV. Positionen werden dabei etwas verkürzt.

Danach lehrt man den pas de chat mit einem großen Sprung. In diesem Falle werden die Beine bis zur Kniehöhe angewinkelt. Der Charakter des Sprunges ist energischer und vehementer. Außer den obengenannten Varianten können die Arme auch in die 3. Position übertragen werden.

Diese Form des pas de chat wird aus der V. in die V. Position gelehrt, zuerst mit Pausen, danach en suite und zum Schluß aus der IV. in die IV. Position. Später läßt man diese Form des pas de chat in Verbindung mit einem pas chassé, pas failli usw. als Ansatzbewegung ausführen.

In der Oberstufe kann dieser pas de chat in sehr schnellem Tempo und mit geringer Höhe gesprungen werden. Die gleiche Form des pas de chat kann auch aus der Diagonale ausgeführt werden. Dabei wird die Sprunghöhe allmählich vergrößert. Arm-, Oberkörper- und Kopfbewegungen entsprechen den obengenannten Varianten.

Die kleinen und mittleren Sprünge können im $^{2}/_{4}$-Takt, die großen im $^{3}/_{4}$-Takt (Walzer) ausgeführt werden. Es muß bei jedem Tempo auf die Auswärtsdrehung der Beine, Elastizität ihrer Bewegungen, auf gestreckten Spann und gestreckte Zehenspitzen, auf einen leichten Absprung und weichen Abschluß geachtet werden. Die Arm-, Oberkörper- und Kopfbewegungen müssen klar, bestimmt und gleichzeitig sehr fließend erfolgen.

Ich betone nochmals, daß die Weichheit der Ausführung des pas de chat bei den Schülern nicht zu einer zu graziösen Plastik in der Bewegung führen darf.

Pas de chat mit einem Werfen der Beine nach rück: Bei diesem pas de chat werden beide halbangewinkelten Beine nach rück auf eine Höhe von 45° geworfen. Dies geschieht auf folgende Weise: Das rückwärtige Bein wird aus der V. Position demi-plié ins croisé rück geworfen. Gleichzeitig stößt sich das andere Bein vom Boden ab. Kurz nach dem Absprung wird es ins effacé rück geführt. Am Ende des Sprunges wird das nach rück geöffnete Bein in die V. Position vor eingesetzt oder durch die I. in die IV. Position ins croisé geführt.

Der vordere Arm wird beim Absprung aus der vorbereitenden Haltung in die 1. und der andere in die 2. Position übertragen. Die Positionen sind etwas niedriger als gewöhnlich. Der Oberkörper neigt sich zu Anfang des ersten Beinwurfes etwas nach vorn. Nach dem Absprung wird er – nicht zu heftig – ein wenig nach rück geworfen. Aus dieser Haltung wird er am Ende der gesamten Bewegung wieder aufgerichtet. Der Kopf neigt sich mit dem ersten Beinwurf ein wenig zu den Händen nach vorn. Beim Absprung wendet er sich zur vorderen Schulter.

Man lehrt diesen Sprung zuerst aus der V. in die V. Position, danach in die IV. Position mit einem kleinen und mittleren Sprung.

126 *Pas de chat mit einem Öffnen des Beines beim Sprung*

Diese Form des pas de chat kann ebenso wie die vorangegangene mit einem großen Sprung und mit Beinwürfen bis auf 60° ausgeführt werden. Arme, Oberkörper und Kopf nehmen Haltungen wie bei der 1. arabesque ein.

Als Ansatz zu diesem pas de chat können folgende Bewegungen verwendet werden: pas chassé, pas failli, pas couru usw. Die Ausführung dieses pas de chat muß ebenfalls gebunden und weich sein, ohne die Arm-, Oberkörper- und Kopfbewegungen überzubetonen und vordergründig auszuführen.

Pas de chat mit einem angewinkelten Bein: Diese Variante des pas de chat besteht aus der Verbindung besonders charakteristischer Elemente der beiden vorhergehenden Sprünge. Der erste Beinwurf erfolgt ins effacé vor. Er beginnt mit einem Anwinkeln dieses Beines bis zum Knie wie bei der ersten Variante. Das zweite Bein wird wie bei der obengenannten Form mit einem großen Sprung nach rück geworfen. Dann wird der Sprung mit einem Durchführen des geöffneten Beines durch die I. Position und Einsetzen in die V. Position vor beendet. Diese Abschlußbewegung geschieht gleichzeitig mit der Landung im demi-plié. Arme, Oberkörper und Kopf nehmen die Haltung einer arabesque ein.

Man führt diese Form des pas de chat nur mit einem großen Sprung und den Ansatzbewegungen pas glissade durch die IV. Position, pas failli und pas chassé aus. Der Sprung muß mit ausreichender Fortbewegung erfolgen. Er wird mit einem weichen demi-plié beendet.

Pas de chat mit Anwinkeln eines Beines, das sich beim Sprung öffnet: Dieser Sprung wird wie die vorhergehende Variante ausgeführt. Das Bein, das den ersten Wurf ausführt, wird mit Kraft in der Kulmination des Sprunges gestreckt. Auf diese Weise kann die in der IV. Position geöffnete Beinhaltung wie beim grand pas jeté effacé vor fixiert werden.

Die Arme werden mit allongé in die 1. arabesque geführt. Der Oberkörper ist angespannt und hochgezogen. Er strebt nach vorn. Der Kopf wendet sich in die Sprungrichtung (Abb. 126).

Das Strecken des angewinkelten Beines muß während des Sprunges elastisch und ohne scharfe Akzente erfolgen. Der Schritt wird nicht bis zum Spagat vergrößert. Der Sprung wird weich, standfest und ohne harten Übergang ins demi-plié beendet. Der Charakter der gesamten Bewegung ist energisch, vorwärtsstrebend. Die Flughöhe ist hoch und die Fortbewegung groß.

Pas de basque

Der pas de basque gehört zu den komplizierten Bewegungen des klassischen Tanzes. Er wird in eine kleine und eine große Form unterteilt.

Petit pas de basque: Diese Form wird mit zwei kleinen Sprüngen ausgeführt. Ausgangsposition der Beine – V., épaulement croisé. Gleichzeitig mit einem demi-plié wird das vordere Bein mit einer schleifenden Bewegung ins croisé vor geöffnet. Dabei führt die Fußspitze einen Halbkreis en dehors in die II. Position aus. Das andere Bein bleibt im demi-plié; danach führt man das ehemalige Standbein mit einer schleifenden Bewegung durch die I. Position ins croisé vor. Das Standbein bleibt bei dieser Bewegung im demi-plié. Anschließend erfolgt der Übergang auf das nach vorn geöffnete Bein, das mit der Fußspitze am Boden nach vorn ausgreift. Diese Fortbewegung endet mit einem pas assemblé in die V. Position rück.

Bei der halbkreisförmigen Übertragung des Beines in die II. Position werden die Arme aus der vorbereitenden Haltung durch die 1. in die 2. Position geöffnet. Wenn das Absprungbein nach dem Sprung durch die I. Position gleitet, werden die Arme in die vorbereitende Haltung gesenkt. Mit dem pas assemblé öffnen sie sich wieder in die 2. Position oder nehmen eine Haltung ein, die durch die nachfolgenden Bewegungen bedingt ist. Zu Beginn des pas de basque neigt sich der Oberkörper gleichzeitig mit dem Öffnen des vorderen Beines ins croisé vor etwas zum Spielbein. Bei der Übertragung dieses Beines in die II. Position führt er eine Wendung en face aus. Das Schleifen des Absprungbeins durch die I. Position wird von einer Wendung ins andere épaulement begleitet. Beim ersten und zweiten Sprung wird das Körpergewicht auf das Bein übertragen, das in Sprungrichtung ausgreift.

Der Kopf ist in der Ausgangshaltung zur vorderen Schulter gewendet. Beim demi-plié wird er auf die Hände gerichtet. Die halbkreisförmige Übertragung des Spielbeins in die II. Position und der Sprung auf dieses Bein

127 *Petit pas de basque*

1 2 3 4 5

werden von einer Wendung des Kopfes in die Sprungrichtung begleitet. Beim anschließenden demi-plié in der I. Position wird er etwas zum sich öffnenden Bein geneigt. Mit dem pas assemblé nimmt er wieder die Ausgangshaltung ein (Abb. 127).

Der petit pas de basque wird von Anfang bis Ende verbunden und sehr exakt im Bewegungsablauf ausgeführt. Alle Beinbewegungen müssen auswärts und leicht erfolgen. Alle drei demi-pliés (Anfangs-, Übergangs- – I. Position – und End-demi-plié) müssen weich und elastisch ausgeführt werden. Bei jedem Öffnen der Beine und bei jedem Sprung müssen Knie, Spann und Zehen fest gestreckt werden. Die Halbkreisbewegung in die II. Position muß in einem Tempo und genau bis zur Seite ausgeführt werden. Das Übertragen des ehemaligen Standbeins durch die I. in die IV. Position und der abschließende pas assemblé erfolgen mit einer leicht über den Boden schleifenden Bewegung, zuerst mit dem ganzen Fuß und dann mit der Fußspitze.

Der Oberkörper ist angespannt und hochgezogen. Bei allen ausgreifenden Bewegungen vom Platz muß er leicht und exakt auf das geöffnete Bein übertragen werden, so daß er rechtzeitig und stabil beim abschließenden demi-plié über dem Standbein liegt. Die Arme werden ohne Haltepunkte durch die Positionen geführt, in einem Tempo mit den Beinbewegungen und unter strenger Beachtung aller elementaren Regeln des port de bras. Der Kopf bewegt sich ohne aufgesetzte Akzente in einem Rhythmus mit den Armen. Die Blickrichtung entspricht immer den Richtungen der Wendungen und Neigungen des Kopfes. Dadurch erhält die Bewegung des Kopfes einen vollendeten und überzeugenden Charakter.

Der petit pas de basque nach rück wird nach dem gleichen Bewegungsschema und den gleichen Regeln mit einer Fortbewegung nach rück ausgeführt. Aus diesem Grunde ist es nicht notwendig, gesondert auf ihn einzugehen.

Der petit pas de basque sollte zuerst mit Pausen und nach vor gelehrt werden, dann nach rück.

2/4-Takt.

1/4 – erster Sprung;

1/4 – Pause;

1/4 – demi-plié in der I. Position;

1/4 – Pause;

1/4 – Öffnen des Beines ins croisé vor;

1/4 – pas assemblé und Strecken aus dem demi-plié;

1/4 – demi-plié für die Wiederholung des pas de basque mit dem anderen Bein.

Dann kann der pas de basque ohne Pausen, aber noch im langsamen Tempo gelehrt werden.

3/4-Takt (Mazurka).

1/4 – erster Sprung;

1/4 – Übertragen des Spielbeins durch die I. in die IV. Position vor;

1/4 – pas assemblé rück.

Zum Schluß wird der pas de basque im normalen Tempo ausgeführt.

Solange die Schüler den pas de basque noch erlernen, sollte man ihn viermal nach vor und ebenso oft nach rück ausführen lassen. In Kombinationen kann er als Ansatz zu Pirouetten in der IV. Position enden.

Grand pas de basque: Der grand pas de basque ist in seiner Struktur der kleinen Form sehr ähnlich. Er wird jedoch mit einem großen und kleinen Sprung und zwei Beinwürfen auf 90° ausgeführt. Das vordere Bein wird aus der V. Position demi-plié auf einem Halbkreis (en dehors) in die II. Position auf 90° geführt. Gleichzeitig springt das andere Bein mit einer Fortbewegung zum geöffneten Bein vom Boden ab. Beim Landen wird das Absprungbein über die Haltung passé ins croisé vor auf 90° geöffnet. Danach erfolgt

128 *Grand pas de basque*

7 6 5

der Übergang auf das geöffnete Bein ins croisé vor. Die gesamte Bewegung wird wie der petit pas de basque mit einem pas assemblé beendet.

Die Arme werden gleichzeitig mit dem ersten Beinwurf und Sprung aus der vorbereitenden Haltung durch die 1. in die 3. Position übertragen. Beim développé croisé vor öffnen sie sich in die 2. Position. Mit dem pas assemblé senken sie sich wieder in die vorbereitende Haltung. Der Oberkörper neigt sich beim ersten demi-plié etwas nach vorn. Während des Absprunges richtet er sich wieder auf und wechselt das épaulement. Beim pas assemblé nimmt er die Ausgangshaltung ein. Vor Beginn des pas de basque ist der Kopf zur vorderen Schulter gewendet. Während des demi-plié wird er geradeaus gerichtet und etwas nach vorn geneigt. Beim Absprung richtet er sich wieder auf und nimmt die Haltung en face ein. Am Ende des ersten Sprunges wird der Kopf zur vorderen Schulter gewendet und etwas nach vorn geneigt. Beim pas assemblé wird er aufgerichtet und in dieser Haltung fixiert (Abb. 128).

Die gesamte Bewegung muß sehr gebunden, exakt und mit einem großen, aber leichten Sprung ausgeführt werden. Aus dem ersten demi-plié muß ein kräftiger, federnder Absprung hevorgehen. Das zweite demi-plié ist weicher, ebenso das dritte, jedoch genauso elastisch und leicht wie das erste. Das erste battement verläuft auf einem sich gleichmäßig erhöhenden Halbkreis genau in die II. Position. Das Anwinkeln zur Haltung passé erfolgt hoch und elastisch. Das développé ins croisé vor, das Senken dieses Beines auf den Boden wird mit einem weichen und über den Boden schleifenden Übertreten auf das Spielbein und einem pas assemblé verbunden. Alle Beinbewegungen müssen auswärts ausgeführt werden. Bei beiden battements werden die Knie, Spann und Zehen elastisch gestreckt.

Der Oberkörper muß ausreichend angespannt und hochgezogen sein. Er

wird in allen Bewegungsphasen plastisch und mit Aplomb geführt und gehalten. Die Übertragung auf das Standbein muß rechtzeitig erfolgen. Die Arme werden beim Absprung energisch und in einem Tempo mit dem Abstoß vom Boden aus der vorbereitenden Haltung nach oben geworfen. Während des Sprunges fixieren sie leicht und genau die 3. Position. Das Öffnen der Arme in die 2. Position muß wie das Senken in die vorbereitende Haltung ebenfalls weich und leicht ausgeführt werden. Die Bewegungen des Kopfes sind wie beim petit pas de basque sehr bestimmt und streng, mit eindeutiger Blickrichtung auszuführen.

Beim grand pas de basque nach rück wird das erste battement auf einem Halbkreis en dedans ausgeführt und das zweite battement ins croisé rück. Die Arm-, Oberkörper- und Kopfbewegungen sind die gleichen wie beim grand pas de basque nach vor.

Diese Bewegung muß fließend, verbunden und in etwas langsamerem Tempo gelehrt werden.

3/4-Takt.

Auftakt – erstes battement;

1/4 – das erste battement wird beendet und das zweite battement ins croisé vor ausgeführt;

1/4 – Übergang auf das geöffnete Bein;

1/4 – pas assemblé.

Wenn die Schüler diese Form in allen ihren Details beherrschen, kann man das Tempo etwas anziehen und die gesamte Bewegung in Kombinationen aufnehmen.

Der grand pas de basque wird zuerst nach vor gelehrt. Nach rück läßt man ihn bedeutend später ausführen, da es in diesem Fall viel schwieriger ist, alle Bewegungen richtig zu koordinieren. Anfangs muß er mindestens viermal en dehors ausgeführt werden. Erst danach darf die Richtung gewechselt werden.

Pas de ciseaux

Der pas de ciseaux wird sehr hoch und in die 1. arabesque gesprungen.

Die Beine führen drei aufeinanderfolgende grand battements jetés aus:
a) das Bein, das die Bewegung beginnt, wird ins effacé vor geworfen;
b) dann das Absprungbein ins croisé vor;
c) und anschließend das gleiche Bein durch die I. Position ins effacé rück.

Die ersten beiden battements nach vor werden wie beim pas jeté passé ausgeführt. Das dritte battement nach rück stellt eine Besonderheit dieser Bewegung dar. Mit dem Absprung werden die Arme aus der vorbereitenden Haltung in die 1. Position geführt. Beim dritten battement öffnen sie sich in die 1. arabesque. Der Oberkörper neigt sich beim ersten battement (er übernimmt die Funktion eines Gegengewichtes) um ungefähr 45° nach rück. Gegen Ende des zweiten battement beginnt er sich wieder aufzurichten, so daß er während der Beinführung durch die I. Position wieder die senkrechte Haltung einnehmen kann. Im Augenblick des battement nach rück weicht er energisch nach vorn aus.

Der Kopf ist während des port de bras in die 1. Position zur vorderen Schulter gewendet. Bei der Übertragung der Arme in die 1. arabesque nimmt er die entsprechende Haltung ein (Abb. 129), die im abschließenden demi-plié fixiert werden muß.

Der pas de ciseaux wird vom Platz, mit einer Fortbewegung nach vorn, gesprungen. Als Ansatzbewegungen können zum Beispiel der pas tombé, pas chassé, pas failli, pas glissade usw. gewählt werden.

Das erste demi-plié muß so energisch erfolgen, daß der anschließende Absprung mit einem Trampolin ausgeführt werden kann. Die drei battements sind mit wachsendem Krafteinsatz, in einem Tempo und auf einer Höhe, besonders das letzte, auszuführen.

Das erste und das zweite battement müssen so schnell erfolgen, daß das dritte noch rechtzeitig begonnen werden kann. Mit dem dritten battement wird das nach vorn geöffnete Bein unverzüglich durch die I. Position nach rück geworfen. Die Bewegung durch die I. Position muß leicht und mit einem schnell über den Boden gleitenden Fuß erfolgen. Das abschließende demi-plié beginnt bereits, wenn das Spielbein durch die I. Position gleitet. Es muß elastisch und weich vertieft werden. Das nach rück geöffnete Bein wird fest auf einer Höhe, mit gestrecktem Knie, Spann und gestreckten Zehen fixiert.

4 3 2 1

Die Arme müssen beim Absprung aktiv und nicht zu heftig übertragen werden. Am Schluß des Sprunges müssen sie genau die 1. arabesque fixieren und die Zielgerichtetheit dieser Pose durch eine klare und plastische Haltung unterstützen. Der Oberkörper ist angespannt. Er wechselt energisch – weder zu schnell noch zu langsam – die Haltungen und fungiert in erster Linie als Gegengewicht zu den drei battements. Seine Bewegungen müssen völlig unabhängig von den Beinbewegungen erfolgen, exakt und frei, ohne Übertreibungen und überschüssigen Krafteinsatz. Beim Absprung wird der Oberkörper zusammen mit dem ganzen Körper nach vorn geworfen, ungeachtet dessen, daß er sich während des Sprunges wieder nach rück neigt. Um die notwendige Fortbewegung zu erzielen, muß das Bein, welches das erste battement ausführt, bereits in die Weite geworfen werden. Wenn das dritte battement beginnt, wird der Oberkörper aktiv auf das zukünftige Standbein übertragen. Dabei nimmt er genau in dem Moment die senkrechte Haltung ein, wenn sich beide Beine in der I. Position befinden. Der Oberkörper darf bei der 1. arabesque nicht zu spät die senkrechte Haltung einnehmen.

Am Ende des gesamten Bewegungsablaufes muß der Oberkörper gerade und stabil auf dem Standbein gehalten werden. Die Schultern sind geöffnet und nach unten gesenkt.

Die Bewegungen des Kopfes sind zusammen mit dem port de bras sehr bestimmt und klar auszuführen. Sie werden im letzten Teil des Sprunges in ihrer Dynamik verstärkt.

Der pas de ciseaux wird zuerst mit geringer Fortbewegung gelehrt. Nach dem Sprung hält man eine Pause aus. Als Ansätze werden anfangs etwas einfachere Bewegungen (pas tombé) und später schwierigere, z. B. sissonne tombée, pas failli usw., verwendet.

$^2/_4$- oder $^4/_4$-Takt.

Auftakt – Ansatzbewegung;

1/4 – Absprung;

1/4 – Beenden des Sprunges;

2/4 – pas de bourrée mit Beinwechsel.

Die Übung wird viermal mit jedem Bein wiederholt. (Eine Ausführung nach rück ist nicht üblich.)

Der pas de ciseaux kann neben der traditionellen 1. arabesque auch mit der 2. arabesque beendet werden.

Gargouilliade

Die gargouillade ist eine komplizierte Bewegung. Sie wird gewöhnlich nur in Mädchenklassen gelehrt. Da sie aber sehr gut die Leichtigkeit, Schnelligkeit und Verbundenheit der Bewegungen des gesamten Körpers entwickelt, sollte man sie auch von den Schülern ausführen lassen. Grundlegende Elemente sind der pas jeté fermé durch die II. Position und das rond de jambe en l'air.

Ausgangsposition der Beine – V., épaulement croisé. Mit Beginn des demi-plié führt das vordere Bein ein rond de jambe en l'air en dehors aus. Darauf folgt ohne Unterbrechung ein pas jeté in die II. Position, in dessen Endphase (mit Beginn der Landung im demi-plié) das andere Bein ebenfalls ein rond de jambe en l'air en dehors ausführt und dann sofort in die V. Position vor gleitet (Abb. 130).

Die Arme werden während des ersten rond de jambe en l'air aus der vorbereitenden Haltung über die 1. in die 2. Position geöffnet. Beim Absprung und der nachfolgenden Flugphase bleiben sie in dieser Haltung. Zusammen mit dem Schließen des Spielbeins in die V. Position senken sie sich in die vorbereitende Haltung.

Der Oberkörper wechselt nach dem Absprung das épaulement. Der Kopf ist beim Sprung en face. Am Schluß wird er zur vorderen Schulter gewendet

Die gargouillade kann auch en dedans ausgeführt werden. In diesem Falle beginnt das rückwärtige Bein mit dem rond de jambe en l'air. Beide ronds de jambe erfolgen en dedans.

Es ist ratsam, die gargouillade anfangs nicht verbunden, sondern mit deutlich voneinander abgesetzten Elementen zu lehren.

2/4-Takt.

1/4 – erstes rond de jambe;

1/4 – pas jeté;

1/4 – zweites rond de jambe und Schließen des Spielbeins in die V. Position;

1/4 – Pause im demi-plié.

5 4 3 2 1

Dann wird diese Übung zur anderen Seite wiederholt, insgesamt viermal en dehors und viermal en dedans. Nach dieser Etappe kann man die gargouillade verbunden, aber noch im langsamen Tempo ausführen lassen.

Beim Erlernen dieser Bewegung ist unbedingt auf eine leichte und elastische Verbindung der Beinbewegungen zu achten. Am Ende jedes rond de jambe müssen bei maximaler Auswärtsdrehung des ganzen Beines, Knie, Spann und Zehen fest gestreckt sein. Beide demi-pliés sind tief und weich. Die Beine dürfen sich nicht verkrampfen.

Die Fortbewegung muß in einem solchen Maße erfolgen, daß das Ausgreifende der gesamten Bewegung deutlich sichtbar wird.

Der Oberkörper liegt sowohl vor als auch nach dem Sprung genau über dem Standbein. Der Wechsel des épaulement und das Aufrichten des Oberkörpers nach dem Absprung müssen exakt, deutlich und ohne jede Verzögerung erfolgen.

Das Öffnen der Arme in die 2. Position endet gleichzeitig und in einem Rhythmus mit dem ersten rond de jambe. Am Schluß des Sprunges werden die Arme mit dem zweiten rond de jambe und dem abschließenden demiplié ebenso verbunden in die vorbereitende Haltung gesenkt. Während des Sprunges werden die Arme kaum fixiert. Ihre Bewegungen verlaufen korrekt und ohne Unterbrechung.

Die Kopfbewegungen werden mit der Oberkörperneigung und dem Wechsel des épaulement koordiniert. Der Sprung wird mit einer klaren und sicheren Kopfbewegung abgeschlossen.

Abschließend betone ich nochmals, daß die gargouillade insgesamt wie eine einheitliche Bewegung, ohne Absetzen der einzelnen Bewegungselemente voneinander und mit einer schnellen und exakten Fortbewegung während des Sprunges ausgeführt werden muß.

Pas emboîté

Der pas emboîté wird mit minimaler Höhe, am Platz und einem Bein in der Haltung sur le cou-de-pied vor oder rück gesprungen. Ausgangsposition der Beine – V., épaulement croisé. Das rückwärtige Bein wird während des demi-plié auf dem Standbein in die Haltung sur le cou-de-pied rück angelegt. Danach springt man vom Boden ab, streckt beide Beine in der Luft und wechselt die V. Position (über die I.). Die Landung erfolgt auf dem anderen Bein. Das Absprungbein wird sur le cou-de-pied rück angelegt. Danach kann der ganze Sprung wiederholt werden. Er beginnt jedesmal aus der Haltung sur le cou-de-pied (Abb. 131).

In der Regel fixieren die Arme die vorbereitende Haltung, oder ein Arm wird beim Absprung in die 1. Position und der andere in die 2. Position geführt. Im zweiten Falle bleiben sie bis zum Schluß des Sprunges in diesen Positionen. Der Oberkörper ist gerade. Kurz nach dem Absprung wechselt er das épaulement. Der Kopf ist immer zur vorderen Schulter gewendet.

Auf die gleiche Weise wird der pas emboîté in die umgekehrte Richtung en dedans ausgeführt. Das Spielbein wird in diesem Falle am Ende des Sprunges sur le cou-de-pied vor angelegt.

Der pas emboîté muß mit auswärts gehaltenen Beinen und einem weichen, elastischen und etwas verkürzten demi-plié ausgeführt werden. Während des Sprunges sind beide Beine fest gestreckt. Das Absprungbein wird so nah wie möglich an das andere Bein herangeführt, ohne es jedoch zu berühren.

Die Armpositionen sind etwas vertieft. Der Kopf wendet sich beim Wechsel des épaulement leicht zur vorderen Schulter und neigt sich ein wenig in die gleiche Richtung.

In der Regel springt man den pas emboîté en suite und im schnellen Tempo, jeden pas auf $^{1}/_{8}$. Deshalb findet der Wechsel des épaulement nicht

131 *Pas emboîté*

bei jedem Sprung statt, auch nicht der Wechsel des port de bras oder die Wendung des Kopfes, sondern je nach der Aufgabenstellung entweder beim ersten oder dritten Sprung.

Es empfiehlt sich, den pas emboîté nach diesem Schema zu lehren; anfangs jedoch in etwas langsamerem Tempo.

$^2/_4$-Takt.

Auftakt – erster Sprung;

$^1/_8$ – zweiter Sprung:

$^1/_8$ – dritter Sprung;

$^2/_8$ – Landung im demi-plié und Pause (hier muß das demi-plié etwas vertieft werden).

Diese Übung wird insgesamt viermal nach vor und ebenso oft nach rück ausgeführt.

Anfangs werden die Arme in der vorbereitenden Haltung fixiert und später während des Wechsels des épaulement mit den entsprechenden Kopf- und Oberkörperbewegungen in die geforderten Positionen übertragen.

Das Sprungtempo kann nach und nach bis zum endgültigen Tempo gesteigert und die Bewegung in Kombinationen aufgenommen werden. Es existiert eine Variante des pas emboîté, bei der ein halb abgebeugtes Bein entweder nach vor oder rück auf 45° bzw. 90° geöffnet wird. Auf diese Form wird hier nicht näher eingegangen, da man sie in der Regel nur in Mädchenklassen lehrt.

Pas ballotté

Die Besonderheit dieses Sprunges besteht in einem Neigen des Oberkörpers in die dem Spielbein entgegengesetzte Richtung. Der Oberkörper übernimmt wie beim pas de ciseaux die Funktion eines Gegengewichtes.

Es existieren zwei Varianten des pas ballotté: die erste – mit zwei Sprüngen, und die zweite – mit einem Sprung.

Pas ballotté mit zwei Sprüngen: Ausgangspose – 1. arabesque. Das Spielbein wird gesenkt, gleichzeitig führt das andere Bein aus dem demi-plié den Absprung aus. Nach dem Absprung sind beide Beine gestreckt in der V. Position. Dabei springt man diagonal im effacé vor vom Platz. Danach landet man auf dem rückwärtigen Bein im demi-plié und öffnet gleichzeitig das andere Bein gestreckt nach vor auf 45°. Sofort anschließend erfolgt der zweite Sprung nach rück mit einer Bewegung der Beine in die umgekehrte Richtung.

Beim ersten Absprung werden die Arme in die 1. Position geführt. Am

132 *Pas ballotté mit gestreckten Beinen*

Schluß des Sprunges wird der dem Spielbein gegenüberliegende Arm in der 1. Position gehalten und der andere in die 2. Position geöffnet. Mit dem zweiten Sprung wechseln die Arme diese Positionen. Der Oberkörper wechselt beim ersten Sprung das épaulement und neigt sich in dem Augenblick um 45° nach rück, wenn das Spielbein ins effacé vor geöffnet wird. Beim zweiten Sprung richtet sich der Oberkörper wieder auf und neigt sich mit dem Öffnen des rückwärtigen Beines um 45° nach vor.

Der Kopf wird beim ersten Sprung zur vorderen Schulter gewendet und mit dem Oberkörper nach rück geneigt. Beim zweiten Sprung wendet und neigt er sich zusammen mit dem Oberkörper zu dem Arm, der sich in der 1. Position befindet.

Auf diese Weise entsteht nach jedem Sprung eine Gegenbewegung des Oberkörpers zur Bewegung des Spielbeins, die den Eindruck eines Ununterbrochenen »Hin- und Herpendelns« des ganzen Körpers hervorruft (Abb. 132). Das Absprung-demi-plié muß energisch und bereits im Hinblick auf die bevorstehende Fortbewegung ausgeführt werden. Beim anschließenden Sprung werden die Beine fest in der V. Position zusammengehalten und etwas nach vorn geworfen. Das abschließende demi-plié muß elastisch und mit Standfestigkeit erfolgen, ebenso wie das Öffnen des vorderen Beines. Dabei wird das demi-plié sehr weich begonnen, nach und nach vertieft und der Krafteinsatz erhöht, so daß man daraus wieder ebenso energisch den zweiten Sprung ausführen kann.

Die Arme werden beim Absprung energisch und mit Aplomb in die entsprechenden Positionen übertragen. Die Endpose wird weich fixiert. Der Oberkörper ist angespannt und hochgezogen; die Schultern sind leicht geöffnet und herabgesenkt.

Mit dem Absprung muß der ganze Körper nach vorn geworfen werden. Der Oberkörper beginnt sich im gleichen Moment in die entgegengesetzte Richtung zu neigen. Gleichzeitig mit dem abschließenden demi-plié und dem Öffnen des Beines beendet der Oberkörper die Rückbeuge. Zusammen mit dem nachfolgenden Absprung wird er durch die senkrechte Haltung geführt. Für die Bewegung nach rück gelten im Prinzip die gleichen Regeln. Die Bewegung des gesamten Körpers muß sehr gebunden und weich, in der Art eines leichten Hin- und Herpendelns erfolgen.

Es empfiehlt sich, den pas ballotté mit deutlich voneinander abgesetzten Bewegungselementen zu lehren. Das geschieht auf folgende Weise: Der erste Sprung erfolgt aus der V. Position. Das geöffnete Spielbein wird jedesmal wieder mit einem pas assemblé in die V. Position eingeschlossen, so daß der zweite Sprung ebenfalls aus der V. Position beginnt. Dadurch kann innerhalb eines Übungsablaufes der pas ballotté gleich in beide Richtungen erarbeitet werden.

2/4-Takt.

1/4 – erster Teil des pas ballotté;

1/4 – pas assemblé usw.

Diese Übung läßt man viermal ausführen. Beim ersten assemblé bleiben Arme und Kopf in ihren Haltungen. Nur der Oberkörper richtet sich wieder auf. Mit dem zweiten assemblé wechseln die Arme ihre Positionen, und der Kopf wendet sich zur vorderen Schulter. Der Oberkörper nimmt wieder die senkrechte Haltung ein. Danach wird die Übung nach rück wiederholt.

In der nächsten Etappe wird der pas ballotté ineinander übergehend ausgeführt. Als Ansatzbewegung verwendet man z. B. das sissonne ouverte nach vor. Die gesamte Bewegung wird mit einem pas assemblé nach vor und den entsprechenden Arm-, Oberkörper- und Kopfbewegungen abgeschlossen. Anschließend wird diese ganze Übung mit dem anderen Bein begonnen und in die umgekehrte Richtung ausgeführt.

Bei dieser Art des pas ballotté kann das Spielbein auch mit einem battement développé auf 45° geöffnet werden. Das heißt, daß das Standbein bzw. Absprungbein gleich nach dem Absprung mit einer weichen Bewegung über sur le cou-de-pied ins effacé vor geöffnet wird. Dadurch können beide Beine während des Sprunges nicht in der V. Position fixiert werden.

Arme, Oberkörper und Kopf werden genauso wie bei der anfangs beschriebenen Grundform geführt (Abb. 133). Die Fortbewegung ist bei dieser Art des pas ballotté etwas verkürzt, und beide Sprünge werden sofort verbunden und nicht durch den pas assemblé voneinander getrennt ausgeführt.

Beide Arten des pas ballotté können mit der Fußspitze am Boden ausgeführt werden. Dabei ist es notwendig, den Sprung etwas zu verkleinern. Die Bewegungen des Oberkörpers und des Kopfes müssen etwas weicher und verhaltener sein.

133 *Pas ballotté mit Anwinkeln der Beine*

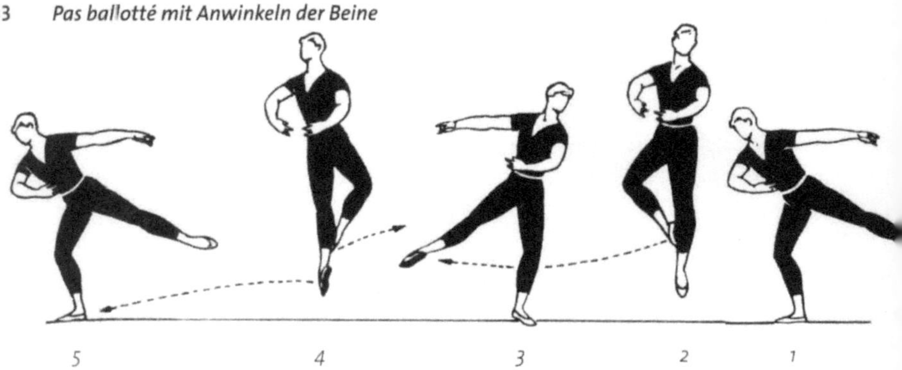

Pas ballotté mit einem Sprung: Diese Variante wird nur mit einem großen Sprung und in Verbindung mit dem pas tombé ins croisé vor ausgeführt. Als Ansätze können der pas failli und alle jene Ansatzbewegungen dienen, nach denen das erste grand battement jeté durch die I. in die IV. Position effacée vor erfolgen kann. Nach dem grand battement jeté wird das Spielbein zur Haltung passé angewinkelt und dann senkrecht nach unten gestreckt. Die Landung erfolgt auf diesem Bein. Beim Strecken und Übergang ins demi-plié wird das andere Bein über die Haltung sur le cou-de-pied bis zum Knie angewinkelt und ins effacé rück geöffnet.

Beide battements müssen auf 90° durchgeführt werden. Der Oberkörper wird nach dem gleichen Prinzip wie beim pas ballotté mit zwei Sprüngen geführt. Die Neigungen nach vor und rück sind etwas geringer.

Die Arme werden mit dem ersten battement in die 1. oder 3. Position geführt und am Schluß des Sprunges in die 1. arabesque geöffnet. Der Kopf ist beim Absprung zur vorderen Schulter gewendet. Zusammen mit den Armen nimmt er die der 1. arabesque entsprechende Haltung ein.

Diese Art des pas ballotté ist nicht einfach auszuführen. Aus diesem Grunde sollte sie zuletzt – oder erst in der Oberstufe – gelehrt werden. Bei der Ausführung ist besonders auf große Genauigkeit, Weichheit und Verbundenheit des Bewegungsablaufes zu achten.

Pas coupé

Dieser pas ist eine echte Verbindungsbewegung und dient als kurzer, schneller Abstoß zu einem nachfolgenden Sprung. Ausgangsposition der Beine – V., épaulement croisé. Das rückwärtige Bein wird sur le cou-de-pied angelegt. Gleichzeitig führt das Standbein ein demi-plié aus. Dann wird das Spielbein mit einem tombé in die V. Position rück abgesetzt. Aus dieser Posi-

2 1

tion stößt es sich sofort wieder nach oben ab. Das andere Bein öffnet sich im gleichen Moment und gleichen Tempo wie beim pas assemblé, pas jeté oder pas ballonné. Der pas coupé selbst ist im Augenblick des abstoßartigen Überganges vom Standbein auf das Spielbein beendet. Darin besteht die Besonderheit dieser Bewegung. Die Arm-, Oberkörper- und Kopfbewegungen werden durch die vorangegangene und darauffolgende Bewegung bestimmt (Abb. 134). In Kombinationen kann der pas coupé nicht nur aus der Haltung sur le cou-de-pied beginnen, sondern auch aus einer in die II. oder IV. Position geöffneten Spielbeinhaltung, wie z. B. beim sissonne ouverte, grand pas jeté, cabriole usw. In diesem Falle wird das geöffnete Spielbein auf geradem Wege in die V. Position eingesetzt (nicht über die Haltung sur le cou-de-pied). Diese Bewegung muß sehr schnell, leicht und elastisch erfolgen, als würde das Spielbein das Standbein wegstoßen und seinen Platz einnehmen. Das andere Bein stößt sich im gleichen Moment ebenso schnell und leicht vom Boden ab und öffnet sich in die geforderte Richtung. Diese Beinbewegungen müssen unbedingt auswärts und elastisch ausgeführt werden.

Die Tiefe des demi-plié hängt wie die Stärke des Absprunges ebenfalls vom vorangegangenen und darauffolgenden Sprung ab. Ungeachtet dessen muß der Übergang von einem Bein auf das andere immer sehr verbunden und weich, ohne harte Akzente erfolgen.

Die Arme werden frei und ohne die geringste Verkrampfung beim Absprung geführt. Der Oberkörper wird bei nachfolgenden Sprüngen mit Fortbewegung rechtzeitig in die Sprungrichtung geworfen. Außerdem kann er in Abhängigkeit vom folgenden Sprung das épaulement beibehalten oder wechseln. Der Rücken muß immer angespannt sein. Die Schultern sind leicht geöffnet und herabgesenkt. Der Kopf vollendet während des pas coupé korrekt und ohne irgendwelche Akzente seine Neigungen und Wendungen.

In der Regel erfolgt der pas coupé auftaktig, in einem Bewegungsfluß mit dem nachfolgenden Sprung. Es ist ratsam, den pas coupé in einer erleichterten Form zu lehren; mit einem gewöhnlichen gleichmäßigen Sprung von einem Bein auf das andere, in dessen Endphase das Absprungbein sur le cou-de-pied vor oder rück angelegt wird.

Nach dieser Anfangsetappe empfiehlt es sich, den pas coupé mit einem pas ballonné zu verbinden. Jeder Sprung erfolgt auf $^1/_4$ eines $^2/_4$-Taktes. Nach dieser ebenfalls noch etwas erleichterten Form läßt man den pas coupé auf $^1/_8$ ausführen. In jedem Fall müssen beide völlig gestreckten Beine kurz nach dem Absprung in der V. Position fixiert werden. Anfangs- und Abschluß-demi-plié sind weich und verbunden. Zum Schluß kann man den pas coupé im endgültigen Tempo ausführen lassen und ihn mit verschiedenen Sprüngen verbinden, In jedem Fall muß eine äußerste Leichtigkeit, Exaktheit und Elastizität der Ausführung angestrebt werden. Die vereinfachte Form des pas coupé kann später, je nach der Aufgabenstellung, in verschiedenen Sprungkombinationen als Verbindungselement verwendet werden.

Sprünge auf einem Bein

Temps levé

Diese Gruppe von Sprüngen ist besonders schwierig. Sie entwickelt jedoch ausgezeichnet die Kraft und Elastizität der Beine.

Temps levé simple: Man springt von einem Bein senkrecht nach oben. Das Absprungbein wird sofort gestreckt. Das andere Bein ist sur le cou-de-pied vor oder rück angelegt. Die Arme können in der vorbereitenden Haltung oder in einer kleinen Pose gehalten werden. Der Oberkörper ist aufrecht. Der Sprung erfolgt im épaulement. Der Kopf ist zur vorderen Schulter gewendet (Abb. 135).

Es empfiehlt sich, diesen Sprung einige Male zu wiederholen, um in genügendem Maße die Absprungkraft und Leichtigkeit des Sprunges zu entwikkeln. Der Absprung wird energisch, mit fest gestreckten Knien, Spann und Zehen ausgeführt. Das andere Bein ist fest sur le cou-de-pied angelegt. Einer der häufigsten Fehler besteht darin, daß das Spielbein während des Sprunges am Absprungbein nach oben gezogen oder etwas geöffnet wird. Der Sprung muß elastisch, mit kurzem Übergang zum nächsten Absprung beendet werden. Auch im demi-plié ist auf eine richtige Haltung sur le cou-de-pied zu achten. Die Arme bleiben ruhig, ohne die Sprungbewegung zu reflektieren, in ihren Positionen. Der Oberkörper ist angespannt. Das Körpergewicht liegt genau auf dem Absprungbein. Es ist unzulässig, den Rücken zu entspannen, die Schultern anzuheben, das épaulement zu verändern oder die Halsmuskulatur zu verkrampfen.

Das temps levé simple muß sehr hoch gesprungen werden, gebunden,

Temps levé simple 135

136 *Temps levé tombé*

leicht, mit auswärts gehaltenen Beinen, nicht zu trampolinartig oder zu weich. Es ist angebracht, diesen Sprung zuerst mit beiden Händen zur Stange mit Hilfe folgender Übung zu lehren: ein sissonne simple (rückwärtiges Bein sur le cou-de-pied), zwei temps levés, ein petit pas assemblé vor. $2/4$-Takt. Jeder Sprung erfolgt auf $1/4$. Diese Übung wird mit dem Spielbein im sur le cou-de-pied vor nach den gleichen Regeln ausgeführt.

In der nächsten Etappe läßt man das temps levé simple im Freien springen, wobei die Anzahl dieser Sprünge in einer Kombination allmählich erhöht wird.

Wenn die Schüler diese Bewegung auf $1/4$ beherrschen, kann man sie auf $1/8$ des Taktes mit minimalem Sprung und äußerst exakter Knie- und Fußarbeit ausführen lassen. Das demi-plié wird hier auf ein Minimum verkürzt, wobei Energie und Krafteinsatz bei der Spann- und Fußarbeit im gleichen Maße erhalten bleiben müssen. Es ist besonders nützlich, diesen Sprung am Schluß der Unterrichtsstunde, nach den großen Sprüngen, ausführen zu lassen, um noch einmal besonders intensiv die Elastizität des Fußes und das Gefühl für den Absprung zu entwickeln.

Temps levé tombé: Diese Form unterscheidet sich von der vorherigen durch folgende Ergänzung: Nach dem Absprung tritt man wie beim sissonne tombé entweder in die II. oder IV. Position auf das Spielbein über. Arm-, Oberkörper- und Kopfbewegungen werden nicht verändert.

Im Moment des Absprunges wird ein Bein sur le cou-de-pied gehalten, das andere bleibt in der Senkrechten. Danach erfolgt die Landung auf dem Absprungbein im demi-plié, das Strecken des Spielbeins aus der Haltung sur le cou-de-pied in die II. oder IV. Position und der Übergang auf dieses Bein mit einem pas tombé. Alle Bewegungen gehen ineinander über. Sie werden leicht ausgeführt, ohne dabei das Tempo zu verlangsamen (Abb. 136).

Temps levé in der 1. arabesque 137

1 2 3

Alle für das temps levé simple und den pas tombé gültigen allgemeinen Regeln bleiben vollständig erhalten, wie zum Beispiel jene, die die Auswärtsdrehung der Beine, die Weichheit und Elastizität des demi-plié und die Koordinierung der Arm-, Oberkörper- und Kopfbewegungen betreffen.

Es ist auch möglich, das temps levé tombé mit einer mittleren Sprunghöhe und mit Hilfe folgender Übung zu lehren: sissonne simple croisée vor, temps levé tombé croisé vor und petit pas assemblé rück. Das gleiche wird in die II. Position mit dem anderen Bein wiederholt. Danach alles noch einmal von vorn und zum Schluß alles nach rück.

2/4-Takt. Die ersten drei Sprünge erfolgen auf je 1/4, anschließend auf 1/4 eine Pause. Die folgenden Sprünge werden in der gleichen rhythmischen Gliederung ausgeführt. Später kann das temps levé tombé mit anderen Sprüngen verbunden werden, die auch mit einem Bein sur le cou-de-pied enden.

Dabei wird allmählich die Sprunghöhe entsprechend der Aufgabenstellung vergrößert oder verringert. Das temps levé tombé kann auch noch als Ansatz für große Sprünge dienen, die von einem Bein beginnen.

Temps levé in Posen: Dieser Sprung wird in allen Posen auf 45° oder 90° mit einem kleinen oder großen Sprung ausgeführt. Besondere Aufmerksamkeit muß auf das demi-plié und den Absprung gerichtet werden. Die Pose wird während des Sprunges fixiert (Abb. 137). Das erste demi-plié wird energisch und mit Kraft ausgeführt. Der Absprung ist exakt und leicht, die Landung nach dem Sprung weich und stabil. Das Spielbein muß unbedingt auf 45° oder 90° fixiert werden. Die Arme werden leicht und, ohne sie zu überspannen, genau in den vorgeschriebenen Positionen gehalten. Der Oberkörper ist angespannt, die Schultern sind geöffnet und herabgesenkt. Der Rücken muß mit Kraft gehalten werden. Beim Landen darf er in der Gürtellinie nicht entspannt werden.

138 *Temps levé mit Posenwechsel*

1 2 3

Der Kopf ist aufrecht. Die Halsmuskulatur darf nicht verkrampft werden. Der Blick ist geradeaus gerichtet.

Das temps levé muß insgesamt leicht, aber nicht allzusehr im Trampolincharakter gesprungen werden. Das Erreichen einer bestimmten Höhe und Weite des Sprunges darf nicht dem Zufall überlassen bleiben, sondern der Schüler muß auch hier nach einer exakten und bewußten Ausführung streben. Das temps levé in Posen wird mit Hilfe folgender Übung gelehrt: grande sissonne ouverte in die 3. arabesque, temps levé in der gleichen Pose und assemblé croisé rück. Danach grande sissonne ouverte in die Pose écartée rück, temps levé in dieser Pose und pas de bourrée mit Beinwechsel in die V. Position. Dabei muß der Lehrer streng auf die genaue Einhaltung der Pose und aller für ihre Ausführung wichtigen Regeln achten. Anschließend wird alles mit dem anderen Bein wiederholt. Zum Schluß wird die Übung nach rück ausgeführt.

$^2/_4$-Takt.

$^1/_4$ – grande sissonne ouverte;

$^1/_4$ – temps levé;

$^1/_4$ – assemblé;

$^1/_4$ – Pause;

$^1/_4$ – grande sissonne ouverte;

$^1/_4$ – temps levé;

$^2/_4$ – pas de bourrée.

Es empfiehlt sich, später die Anzahl der temps levés, kombiniert mit verschiedenen Posen, innerhalb einer Unterrichtskombination zu erhöhen. Beim Erlernen können als Ansätze folgende Bewegungen verwendet werden: pas tombé, pas failli, pas coupé, pas chassé usw. Außerdem kann das temps levé in Zusammenhang mit anderen Bewegungen auch mit einem Übergang in den pas tombé enden. Die Regeln zur Ausführung des temps levé bleiben auch bei dieser Variante unverändert.

Ein gut erarbeitetes temps levé in Posen unterstützt ganz erheblich das Erlernen anderer komplizierterer Sprünge, die von einem Bein beginnen bzw. auf einem Bein enden.

Temps levé mit Posenwechsel: Der Absprung erfolgt in der 3. arabesque. Während des Sprunges wird das geöffnete Bein über die Haltung passé ins effacé vor geöffnet. Die Streckung aus dem passé muß gleichzeitig mit der Landung auf dem Standbein erfolgen. Gleichzeitig mit dem Absprung wird ein Arm aus der 2. in die 3. Position und der andere aus der 1. in die 2. Position übertragen. Während des Sprunges nimmt der Oberkörper die senkrechte Haltung ein. Zusammen mit dem Öffnen des Spielbeins nach vor neigt sich der Oberkörper ein wenig nach rück. Der Kopf wendet sich gleichzeitig mit dem port de bras zur vorderen Schulter (Abb. 138).

Auf diese Weise kann das temps levé mit einem sehr vielgestaltigen Wechsel der Posen und mit unterschiedlichen Arm-, Kopf- und Oberkörperbewegungen verbunden werden. Der Wechsel muß mit auswärts gehaltenen Beinen, fest gestrecktem Absprungbein, elastischem demi-plié und einer exakten Übertragung des Spielbeins durch die Haltung passé ausgeführt werden. Beim passé darf die Fußspitze des Spielbeins nicht das andere Bein berühren oder bis zur Wade gesenkt werden. Knie, Spann und Zehen müssen beim anschließenden développé bis zum äußersten gestreckt werden (mit Ausnahme der attitude, wo das Spielbein selbstverständlich etwas angewinkelt bleibt). Die Arme führen leicht, plastisch und korrekt ihr port de bras aus und fixieren auf die gleiche Weise die Anfangs- und Endpose. Der Oberkörper ist angespannt. Er wird immer über dem Standbein gehalten. Beim Posenwechsel verändert er ohne Gewichtsverlagerung seine Haltung. Die Schultern sind leicht geöffnet und herabgesenkt. Der Rücken ist angespannt. Bei der Oberkörperneigung darf er nicht verkrampft werden. Der Kopf führt ebenso leicht und korrekt wie die Arme und der Oberkörper seine Wendungen und Neigungen aus. Blick- und Kopfrichtung müssen übereinstimmen.

Die Arm-, Bein-, Oberkörper- und Kopfbewegungen sind im Verlauf des Sprunges einheitlich, klar und plastisch auszuführen. Der Absprung ist leicht und kräftig, die Landung weich und stabil.

Das temps levé mit Posenwechsel wird mit Hilfe folgender Übung gelehrt: ein grande sissonne ouverte in die Pose écartée vor, temps levé mit Wechsel der Pose ins croisé vor und pas de bourrée mit Beinwechsel. Danach wird die gesamte Übung mit dem anderen Bein ausgeführt, anschließend noch einmal alles von vorn und zum Schluß alles nach rück.

$^2/_4$-Takt.

$^1/_4$ – grande sissonne ouverte;

$^{1}/_{4}$ – temps levé;
$^{2}/_{4}$ – pas de bourrée.

Als nächstes kann man diese Art des temps levé mit anderen Posen lehren und zu komplizierteren und andersartigen Verbindungen mit anderen Sprüngen übergehen.

Im allgemeinen kann dieses temps levé in Kombinationen auch mit kleinen Posen und einem Übergang in den pas tombé ausgeführt werden. Das Erlernen und Festigen der Technik dieses Sprunges muß jedoch immer mit Hilfe eines großen Sprunges erfolgen.

Es existiert noch eine Variante des temps levé mit Posenwechsel, bei der das Spielbein mit einem grand rond de jambe von einer Pose in die andere geführt wird. Dieses Übertragen kann en dehors oder en dedans, auf einem Viertel- oder Halbkreis erfolgen.

Alle Regeln, die für die Ausführung der beiden verschiedenen Beinübertragungen (développé und grand rond) von Bedeutung sind, müssen ebenso wie die obengenannten allgemeinen Regeln zur Ausführung des temps levé mit Posenwechsel in vollem Umfang beachtet werden.

Man lehrt diese Variante des temps levé zuerst mit einem Posenwechsel aus der II. in die IV. Position und danach aus der IV. in die IV. über die II. Position.

Als erste Übung kann man eine Kombination in der folgenden Art zusammenstellen: sissonne ouverte mit Öffnen des Spielbeins croisé vor, temps levé écarté vor, pas assemblé rück, Pause. Sissonne ouverte mit Öffnen des Spielbeins effacé vor, temps levé écarté rück, pas de bourrée mit Beinwechsel en dehors in die V. Position. Dann wird die gesamte Übung mit dem anderen Bein und nach rück wiederholt. $^{2}/_{4}$-Takt. Alle Sprünge und Pausen erfolgen auf je $^{1}/_{4}$. Der pas de bourrée wird auf $^{2}/_{4}$ ausgeführt.

Später kann man zu einem komplizierteren Wechsel der Posen übergehen: z. B. aus der IV. in die IV. Position bzw. aus der Pose croisée vor in die 1. oder 2. arabesque.

Diese Art des temps levé kann ebenso wie alle anderen Varianten mit einem pas tombé als Ansatz zum folgenden Sprung beendet werden.

Temps levé passé

Dieser Sprung wird wie das temps levé mit Posenwechsel ausgeführt, jedoch erfolgt das passé mit dem Wurfbein durch die I. Position und nicht über die Haltung passé.

Das temps levé passé erfolgt mit maximaler Sprunghöhe und Ballon. Aus diesem Grund wird es durch eine kräftige, nach vorn ausgreifende Ansatz-

bewegung eingeleitet, z. B. durch den pas glissade aus der IV. in die IV. Position.

Im Anschluß an den pas glissade wird das rückwärtige Bein gleichzeitig mit dem Absprung vom anderen Bein heftig und schnell über die 1. Position in die IV. Position vor auf ungefähr 70° geworfen. Danach – noch während der Flugphase – wird das Wurfbein kräftig mit einem passé durch die I. Position in die IV. Position rück auf 90° übertragen. Gleichzeitig wird das andere Bein ebenso heftig mit einem passé durch die I. Position in die IV. Position vor auf 70° angehoben, so daß in der Kulmination des Sprunges beide Beine in einem Winkel von 160° geöffnet sind und in dieser Haltung fixiert werden können. Der Sprung endet mit einem elastischen demi-plié auf dem gleichen Bein, von dem der Absprung erfolgte.

Während des pas glissade öffnen sich die Arme in die 2. Position. Gleichzeitig mit dem Absprung und während der nachfolgenden ersten Flugphase werden sie über die 1. Position in die 3. arabesque geführt. Kopf und Oberkörper nehmen die entsprechende Haltung ein (Abb. 139).

An Stelle dieser Armbewegung kann auch folgende Variante ausgeführt werden: Mit dem Absprung werden die Arme energisch mit allongé in die 2. Position geöffnet und in dieser Haltung wie die »weit ausgebreiteten Flügel eines ruhig gleitenden Vogels« fixiert. Der Oberkörper ist aufrecht. Der Kopf ist leicht nach oben gerichtet. Das temps levé passé muß sich insgesamt durch einen sehr dynamischen und leichten Flug, verbunden mit einem maximal hohen Ballon, auszeichnen. Die Landung muß stabil und leicht erfolgen.

Jeder akrobatische Trick oder vordergründige Effekt wäre bei dieser Bewegung völlig fehl am Platze. Die Ausführung muß in einem strengen akademischen Stil erfolgen.

Man lehrt diesen Sprung erst in der Abgangsklasse, anfangs einzeln auf der Diagonale und später in Verbindung mit anderen Bewegungen im Kreis.

Alle Regeln, die für die allgemeine Technik der großen Sprünge dieser Gruppe zutreffen, müssen auch hier genauestens befolgt werden.

Pas ballonné

Der pas ballonné wird mit einem Öffnen und anschließendem Anlegen des Spielbeins ins cou-de-pied ausgeführt. Man lehrt ihn in einer großen und einer kleinen Form.

Petit pas ballonné: Ausgangsposition der Beine – V., épaulement croisé. Das vordere Bein wird zusammen mit dem Absprung des rückwärtigen Beines mit einer schleifenden Bewegung ins croisé vor auf 45° geworfen. Gleichzeitig mit der Landung auf dem Absprungbein wird es im sur le cou-de-pied vor angelegt. Die Arme werden beim demi-plié vor dem Sprung aus der vorbereitenden Haltung in die 1. Position geführt. Während des Sprunges öffnet sich der dem Spielbein entsprechende Arm in die 2. Position. Der Oberkörper ist aufgerichtet. Er bleibt in der Haltung épaulement. Der Kopf ist zur vorderen Schulter gewendet (Abb. 140).

Auf diese Weise kann der petit pas ballonné in allen kleinen Posen unter genauer Beachtung der folgenden Regeln ausgeführt werden.

Das demi-plié vor dem Sprung muß sehr energisch sein. Beim Abstoß aus dem demi-plié werden Knie, Spann und Zehen mit Kraft gestreckt. Das andere Bein wird mit einer leicht über den Boden schleifenden Bewegung, in der Art des petit battement jeté, auf die geforderte Höhe geworfen. Knie, Spann und Zehen des Spielbeins sind ebenfalls fest gestreckt. Während des Absprunges strecken sich beide Beine gleichzeitig, so daß der Eindruck entsteht, als würde man diese geöffnete Beinhaltung fixieren. In der Endphase des Sprunges wird das Absprungbein an die Fußspitze des Spielbeins herangezogen, so daß eine Bewegung vom Platz entsteht. Das anschließende demi-plié wird leicht und elastisch ausgeführt, mit gleichzeitigem Anlegen des Spielbeins sur le cou-de-pied. Es ist falsch, das Spielbein hinter das Standbein zu führen oder nicht ganz anzulegen.

Während der gesamten Bewegung muß man unbedingt auf völlig nach außen gedrehte Beine, einen gleichmäßigen und gebundenen Bewegungsablauf und eine genaue Wurfrichtung des Spielbeins achten.

Die Arme werden beim Absprung leicht in die entsprechenden Positionen übertragen und dort bis zur Landung im demi-plié gehalten. Der Oberkörper ist angespannt und hochgezogen. Die Kopfhaltung muß genau der aus-

zuführenden Pose entsprechen. Insgesamt wird der pas ballonné mit einer energischen Fortbewegung zum geöffneten Bein ausgeführt, mit einer exakten Flugphase und einer stabilen Landung.

Der petit pas ballonné sollte zuerst an der Stange, durch die II. Position und ohne Fortbewegung gelehrt werden. Dafür empfiehlt es sich, folgende Übung zu verwenden: pas ballonné mit dem vorderen Bein durch die II. Position mit Abschluß sur le cou-de-pied vor; pas assemblé in die V. Position rück. Insgesamt wird diese Übung viermal nach vor und ebenso oft nach rück ausgeführt.

2/4-Takt.
1/4 – pas ballonné;
1/4 – Pause im demi-plié;
1/4 – pas assemblé;
1/4 – Pause.

Danach läßt man diese Übung im Freien ausführen. Die Anzahl der pas ballonnés wird in dieser Etappe verdoppelt. Die Pause nach dem pas ballonné fällt weg. Das heißt, daß alle drei Sprünge ineinander übergehend mit Hilfe eines trampolinartigen demi-plié ausgeführt werden. Der zweite pas ballonné beginnt aus der Haltung sur le cou-de-pied. Die Arme werden leicht in der vorbereitenden Haltung fixiert. Oberkörper und Kopf bleiben en face.

Anschließend kann man den pas ballonné mit Fortbewegung und in allen kleinen Posen lehren, die sich die Schüler bereits durch den petit pas jeté und andere Sprünge angeeignet haben.

In Kombinationen sollte der pas ballonné in Verbindung mit dem pas coupé ausgeführt werden, da dies einen leichten, trampolinartigen Absprung und einen schnellen Sprung mit Fortbewegung ermöglicht.

Grand pas ballonné: Diese Form wird mit einem großen Sprung und in großen Posen ausgeführt. Alle Regeln zur Ausführung des petit pas ballonné bleiben bestehen.

Nur das Spielbein wird auf 90° geöffnet und an der Wade angelegt. Arme, Oberkörper und Kopf nehmen beim Absprung aktiv und exakt die für große Posen charakteristischen Haltungen ein.

Man sollte den grand pas ballonné anfangs aus der V. Position lehren und erst später mit Ansatzbewegungen durch die IV. Position, z. B. mit einem pas tombé, pas failli, pas glissade oder pas chassé.

Die am meisten verwendeten Posen beim grand pas ballonné sind die Posen effacées, croisées und écartées vor. Posen mit einem nach rück geöffneten Spielbein sind auf der Bühne sehr selten anzutreffen. Nichtsdestoweniger müssen sie den Schülern auch bekannt sein und von ihnen technisch einwandfrei, d. h. mit einem großen Sprung und einer Fortbewegung nach rück, beherrscht werden.

Mit dem Erlernen des grand pas ballonné kann man beginnen, wenn sich die Schüler die kleine Form gut angeeignet haben und sie in Kombinationen ausführen können.

Rond de jambe en l'air sauté

Beim rond de jambe en l'air sauté führt das zur Seite auf 45° geöffnete Spielbein während des Sprunges ein oder zwei ronds de jambe en l'air aus. Die Arme fixieren die 2. Position. Oberkörper und Kopf sind aufrecht, wenn der Sprung en face ausgeführt wird. Beim rond de jambe en l'air sauté im écarté nehmen Oberkörper und Kopf die Haltung épaulement ein (Abb. 141).

Man kann den Sprung auch aus der V. Position beginnen. Dabei wird das Spielbein mit schleifender Bewegung und gleichzeitigem demi-plié auf dem Standbein in die II. Position geöffnet. Danach laufen alle Bewegungen so wie beschrieben ab. Zweitens: Man springt wie beim sissonne ouverte von beiden Beinen ab, öffnet das Spielbein in die II. Position und führt ein rond en l'air oder zwei aus.

Wenn in Kombinationen der dem rond sauté vorangegangene Sprung wie ein petit pas jeté mit einem Bein sur le cou-de-pied endet, dann kann das Spielbein direkt aus dieser Haltung in die II. Position geöffnet werden. Außerdem ist es möglich, das rond sauté mit einem Übergang zum pas tombé in die II. Position zu beenden. Alle Regeln zur Ausführung der Hauptbewegung bleiben unverändert.

Unabhängig davon, wie das rond sauté beginnt, muß der Absprung immer sehr kräftig und energisch ausgeführt werden. Knie, Spann und

1 2 3

Zehen sind maximal zu strecken. Ebenso energisch und rechtzeitig muß das geöffnete oder sich öffnende Spielbein den Absprung aufnehmen und unterstützen. Nach der Kombination wird das Spielbein exakt zur Wade angewinkelt und dann gleichzeitig mit dem abschließenden demi-plié weich und elastisch auf 45° geöffnet. Knie, Spann und Zehen sind fest gestreckt. Das Absprungbein muß sich senkrecht nach oben stoßen und darf auf keinen Fall die Spielbeinbewegung reflektieren oder von der Senkrechten abweichen. Die Spielbeinbewegung muß leicht und gleichmäßig erfolgen und ohne die Hüfte anzuheben oder fallen zu lassen. Das double rond de jambe wird ebenso exakt und verbunden, jedoch energischer und mit maximaler Sprunghöhe ausgeführt. Arme, Oberkörper und Kopf bewegen sich genauso leicht und korrekt. Sie dürfen infolge des großen Krafteinsatzes nicht verspannt werden, so daß der Bewegungsfluß unterbrochen wird und rhythmische Ungenauigkeiten auftreten.

Es ist ratsam, diesen Sprung zuerst aus einer geöffneten Beinhaltung zu lehren (nach einem sissonne ouverte in die II. Position), dann aus der V. Position und der Haltung sur le cou-de-pied.

Die erste Übung kann z. B. aus folgenden Bewegungen bestehen: sissonne ouverte in die II. Position (45°) mit dem vorderen Bein, ein rond de jambe en l'air sauté en dehors, petit pas assemblé in die V. Position rück, Pause. Diese Kombination wird insgesamt viermal en dehors und viermal en dedans ausgeführt.

Danach kann diese Bewegung in kompliziertere Kombinationen eingebaut werden. Das double rond de jambe en l'air sauté wird sofort aus der V. Position gesprungen. Auf jeden Sprung folgt ein pas assemblé.

Wenn die Schüler auch diese Übung beherrschen, kann das rond sauté mit der Ansatzbewegung pas failli und einem Übergang in den pas tombé (in die II. Position) verbunden werden. Arme, Oberkörper und Kopf nehmen bei dieser Variante die Pose écartée vor ein. Dieses rond de jambe wird auch auf der Diagonalen und mit einem sofortigen Übergang aus dem pas tombé in den pas failli gesprungen. Man führt diese Form insgesamt viermal mit dem einen Bein und dann viermal mit dem anderen aus.

Selbstverständlich muß auch hier der leichte, exakte und weiche Charakter des Sprunges beibehalten werden, und das rond sauté muß mit dem pas tombé und pas failli zu einem einheitlichen, untrennbaren Ganzen, zu einem ununterbrochenen Bewegungsablauf verschmelzen.

Zu diesem Zeitpunkt kann das double rond de jambe en l'air sauté bereits in Kombinationen, bestehend aus komplizierten großen Sprüngen, eingebaut werden.

Cabriole

Wenn das temps levé in einer Pose auf 45° oder 90° durch ein Aneinanderschlagen der beiden gestreckten Beine ergänzt wird, entsteht das cabriole (Abb. 142). Bei diesem Sprung unterscheidet man das petite, grande und double cabriole. Das petite cabriole wird mit Hilfe eines kleinen Sprunges auf 45° (Abb. 142) ausgeführt. Das grand cabriole erfolgt bei maximaler Sprunghöhe auf 90°, das double cabriole auf 70°.

Das cabriole kann aus einer geöffneten Beinhaltung, aus der V. Position und sur le cou-de-pied beginnen oder mit Ansatzbewegungen in der Art des pas coupé, pas chassé, pas failli oder pas glissade verbunden werden. Als Abschlüsse sind eine geöffnete Beinhaltung, ein fermé in die V. Position und ein pas tombé in die IV. Position möglich. Unabhängig davon, wie das cabriole begonnen und beendet wird, müssen die Beine immer völlig auswärts und gestreckt sein und elastisch und exakt mit den Waden aneinandergeschlagen werden. Besonders beim double cabriole werden beide Beine gleichermaßen aktiv aneinandergeschlagen, wobei sie sich während des Sprunges leicht und für einen kurzen Moment in der V. Position berühren. Das Absprungbein wird der Regel entsprechend immer zum geöffneten Bein geworfen, das – um den Schlag auszuführen – ein wenig gesenkt und dann wieder angehoben wird. Es muß unbedingt die Ausgangshöhe wieder erreichen und sie beim abschließenden demi-pliè fixieren.

Der Absprung muß im Trampolincharakter ausgeführt werden. Das Landungs-demi-plié erfolgt weich und elastisch, mit Energie und mit wachsendem Krafteinsatz für den Absprung zu einem eventuell nachfolgenden Sprung.

Beim double cabriole müssen beide Schläge gleichmäßig stark und nicht höher als auf 70° ausgeführt werden. Bei einer Höhe über 70° wird das cabriole zu unbedeutend und klein, was mit der Technik dieser virtuosen

Cabriole in der 1. arabesque 45° 142

1 2 3

Bewegung unvereinbar ist. Im Gegensatz dazu sind zu große und grobe Schläge ebenfalls nicht angebracht, da dies zu einem ungeschliffenen Stil und zur bloßen Beherrschung des artistisch-sportlichen Moments führen würde. Die Arme müssen bei allen Formen des cabriole den Absprung unterstützen und korrekt und frei die der auszuführenden Pose entsprechende Haltung fixieren. Der Oberkörper ist angespannt, der Rücken muß gut gehalten werden, und die Schultern sind geöffnet. Die komplizierten Bewegungen der Beine dürfen weder die Bewegungsfreiheit, Leichtigkeit und Genauigkeit der Kopfbewegungen noch der Oberkörperhaltungen beeinflussen.

Jedes cabriole muß insgesamt sehr exakt und federnd, mit größtmöglicher Koordinierung der Arm-, Oberkörper- und Kopfbewegungen ausgeführt werden. Ungenaue Posen, schlaffe Beinschläge, eine sehr harte und nicht ausreichend stabile Landung würden zu schwerwiegenden Fehlern bei der Ausführung des cabriole führen und dürfen deshalb auf keinen Fall der Aufmerksamkeit des Pädagogen entgehen

Das cabriole wird zuerst an der Stange mit Hilfe folgender Übung gelehrt: ein sissonne ouverte nach rück auf 45°, petite cabriole, pas de bourrée mit Beinwechsel in die V. Position, danach alles mit dem anderen Bein wiederholen und noch einmal die ganze Übung von vorn. 2/4-Takt. Beide Sprünge erfolgen auf je 1/4 und der pas de bourrée auf einen Takt.

Danach kann diese Übung im Freien in der 3. arabesque und umgekehrt erarbeitet werden. Anschließend an diese Übung empfiehlt es sich, kleine cabrioles in anderen Posen und zweimal hintereinander mit ein und demselben Bein durchführen zu lassen. Dabei können unterschiedliche Ansatzbewegungen und Abschlüsse (fermé, tombé) benutzt werden. Das kleine cabriole in der II. Position sollte erst zum Schluß gelehrt werden.

Es muß nochmals darauf aufmerksam gemacht werden, daß man das cabriole erst lehren darf, wenn die Schüler die schwierigen Sprünge auf einem Bein (temps levé) beherrschen. Mit dem Erlernen des großen cabriole kann man dann beginnen, wenn sich die Schüler solche technisch komplizierten Sprünge wie grande sissonne ouverte oder grand pas jeté angeeignet haben. In dieser Etappe kann man bereits verschiedene Ansatzbewegungen, erst einfache und dann kompliziertere, verwenden.

Das große cabriole wird zuerst effacé vor und rück gelehrt, danach croisé und zum Schluß écarté. Anfangs beendet man das cabriole mit einer geöffneten Beinhaltung und danach mit einem fermé in die V. Position oder anschließendem pas tombé.

Das double cabriole wird erst in der Abgangsklasse eingeführt, wenn die Schüler alle technischen Details des Sprunges beherrschen. Es wird in der gleichen Reihenfolge wie das einfache gelehrt, mit allmählicher Steigerung der Exaktheit, Leichtigkeit und Weichheit der Ausführung.

Es existiert noch eine Variante des großen cabriole, dessen Ausführung durch ein soubresaut, d. h. durch ein Fixieren der Beine in der V. Position im Moment des Aneinanderschlagens, erschwert wird. Auf diese Weise werden in der Kulmination des Sprunges beide Beine in der Horizontalen gehalten. Danach senkt sich das Absprungbein auf den Boden und führt das abschließende demi-plié aus. Die Pose, in der der Sprung begann, wird bis zur Landung beibehalten.

Dieses cabriole wird nur in der IV. Position mit Hilfe sehr energischer und kräftiger Ansatzbewegungen, mit maximaler Sprunghöhe und einem schnellen Zusammenführen der Beine ausgeführt. Wenn diese Regeln nicht beachtet werden, ist es unmöglich, beide Beine ausreichend lange in der V. Position zu fixieren. Ebenso unzulässig ist ein zu langes Fixieren der V. Position in der Luft, da das Absprungbein nicht rechtzeitig und elastisch den Körper im demi-plié abfangen kann und auf diese Weise die Landung sehr abrupt und hart erfolgen würde.

Das Erlernen der großen cabrioles kann mit folgender Übung beginnen: Ausgangsposition der Beine – V., épaulement croisé. Nach einem sissonne tombée effacée vor erfolgt ein temps levé mit battement des freien Beines durch die I. Position ins croisé vor, d. h. in eine Pose der IV. Position. Während der Flugphase wird das cabriole mit einem Fixieren der Beine in der V. Position ausgeführt. Auf das cabriole folgt ein temps levé tombé vor und ein kleines assemblé in die V. Position rück. Jeder Sprung wird auf $1/4$ eines Zweiertaktes ausgeführt. Diese Übung wird viermal hintereinander in verschiedene Seiten und danach nach rück ausgeführt.

Es empfiehlt sich, diese Übung auch mit einem cabriole in einer Pose effacée und entsprechend verändertem Ansatz und Abschluß auszuführen.

Danach können der pas failli und der pas glissade als Ansatzbewegungen (nur beim cabriole vor) verwendet werden. Das cabriole rück mit einem

Fixieren der Beine muß mit einer Wendung, dem fouetté, gelehrt werden.* Die Arm-, Oberkörper- und Kopfbewegungen bleiben die gleichen wie beim cabriole ohne Fixieren der Beine.

Es ist ratsam, dieses cabriole ganz am Schluß zu lehren, wenn die Schüler das double cabriole beherrschen und die beiden Beinschläge zeitlich richtig während der Flugphase aufteilen. Erst dann ist es möglich, das einfache cabriole mit Fixieren der Beine als eine technisch schwierigere Bewegung richtig auszuführen. Wird diese Gesetzmäßigkeit nicht beachtet, so gewöhnt sich der Schüler ein Aneinanderpressen der Beine an, das die Entwicklung einer leichten und freien Bewegung der Beine beim double cabriole hindert.

---

* Siehe »Cabriole mit Wendung« S. 494 ff.

Battus (Batteries)

Als battus bezeichnet man schnelle und heftige Schläge des einen Beines an das andere. Mit ihrer Hilfe können Sprünge erschwert werden. Sie verleihen diesen Sprüngen einen besonders filigranen und virtuosen Charakter.

Die battus werden mit auswärtsgehaltenen, gestreckten Beinen und energischen Bewegungen der Oberschenkel ausgeführt. Sie entstehen durch ein federndes Aneinanderschlagen der Waden und einen elastischen und leichten Abprallen voneinander in die verkürzte, etwa einer Fußbreite entsprechende II. Position. Das battu wird mit beiden Beinen ausgeführt. Es ist unzulässig, ein Bein weniger aktiv einzusetzen, da dadurch der Sprung unbeherrscht und ungleichmäßig wird (Abb. 143).

Je mehr battus man während eines Sprunges ausführt, desto länger muß die Flugphase sein. Wenn bei einem hohen Sprung nur ein einziges battu ausgeführt wird und die Ausführung desselben sich über die ganze Flugphase erstreckt, verliert das battu an Kraft, Elastizität und Virtuosität. Nichtsdestoweniger unterscheiden sich auch die battus voneinander durch unterschiedliche Kompaktheit, Schlagkraft und Virtuosität.

Zu große battus sind ebenfalls nicht angebracht. Sie führen zu einer durch nichts begründeten Hervorkehrung des Artistischen und zu einem ungeschliffenen, groben Stil

Es versteht sich von selbst, daß jeder durch battus erschwerte Sprung unter Beachtung aller für die Grundform zutreffenden Regeln ausgeführt werden muß – weich, elastisch, leicht, stabil und ohne dabei Arme, Oberkörper und Gesichtsmuskulatur zu verkrampfen.

Da das battu nur mit gestreckten Beinen ausgeführt werden kann, ist es auch nur möglich, jene Sprünge mit Hilfe der battus zu erschweren, bei denen die Beine nicht angewinkelt werden.

143 *Bewegungsablauf beim battu*

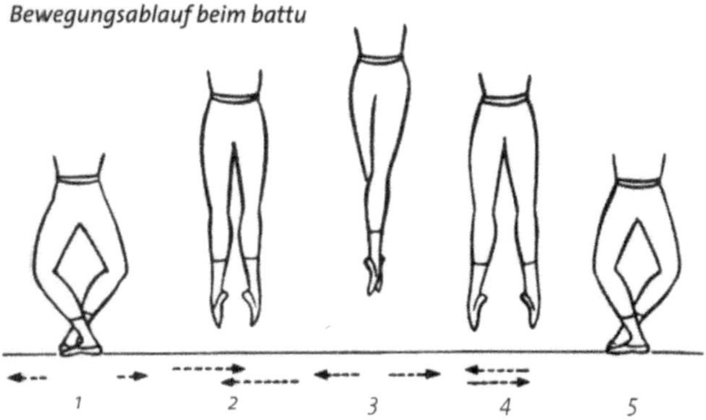

Ein temps sauté, changement de pied und sissonne simple mit battu bezeichnet man als *entrechat*. Der Grundbezeichnung der Sprünge mit battus, bei denen die Beine vor oder nach dem Absprung geöffnet werden, wird das Wort battu hinzugefügt. Zum Beispiel: échappé battu, assemblé battu, jeté battu, sissonne ouverte battu usw. Battus, bei denen die Beine vor dem Schlag nicht in die II., sondern in die IV. Position (als Ausnahme) geöffnet werden, nennt man *brisé*.

Auf diese Weise können alle Sprünge mit battus in drei Gruppen unterteilt werden: entrechat, pas battu und brisé.

Entrechats

Das Wort »entrechat« wird immer mit einer Mengenbezeichnung verbunden, zum Beispiel entrechat quatre, entrechat cinq usw. Auf diese Weise werden die entrechats in gerade und ungerade aufgeteilt. Dabei ist zu beachten, daß die Zahlwörter nicht die Anzahl der Schläge angeben, sondern sie bezeichnen, wie oft sich die Beine öffnen und schließen.

Bei einer geraden Zahl endet das entrechat immer auf beiden Beinen, bei einer ungeraden auf einem Bein und mit dem anderen in der Haltung sur le cou-de-pied vor oder rück. Für die Ausführung der entrechats läßt sich folgende einfache Regel aufstellen: Wird ein bestimmtes entrechat nicht auf beiden Beinen, sondern auf einem beendet, z. B. das entrechat quatre, so erhöht sich das Zahlwort immer um eine Zähleinheit. Der Sprung wird in diesem Fall also entrechat cinq genannt. Oder ein entrechat six mit Anlegen eines Beines beim letzten Schließen in das cou-de-pied nennt sich entrechat sept.

Zur Gruppe der entrechats gehört noch ein battu mit einer besonderen Bezeichnung, das royal. Bei diesem Sprung wird die Anzahl der Beinbewegungen während des battu nicht angegeben.

Royal

Das royal ist ein durch ein battu erschwertes petit changement de pied, bei dem sich die Beine nach dem Absprung etwas öffnen, wieder in die Ausgangsposition zurückkehren, sich aufs neue öffnen und sich dann mit einem Wechsel der Plätze in die V. Position schließen. Auf diese Weise werden die Beine einmal gewechselt. Der Wechsel erfolgt am Ende des Sprunges. Beim royal werden die Beine ebenso oft wie beim entrechat quatre geöffnet und geschlossen. Der Unterschied zwischen beiden Sprüngen besteht jedoch in der unterschiedlichen Gruppierung der Beinbewegungen.

Das royal wird zuerst mit beiden Händen zur Stange gelehrt, anfangs mit einer Pause nach jedem Sprung, später en suite. Wenn das royal im Freien ausgeführt wird, bleiben die Arme in der vorbereitenden Haltung. Die Arme müssen völlig ruhig gehalten werden und dürfen auf keinen Fall durch ruckartige Bewegungen oder durch ein Verkrampfen die Schwierigkeit des Sprunges widerspiegeln.

Das royal kann in der Endform sowohl auf 1/4 als auch auf 1/8 gesprungen werden. Alle Besonderheiten der Ausführung des petit changement de pied treffen auch auf das royal zu.

Entrechat trois

Diesem entrechat liegt, wie schon erläutert, das sissonne simple zugrunde. Die Ausführung erfolgt jedoch nach dem gleichen Schema wie das royal und mit einer Landung auf einem Bein bei gleichzeitigem Anlegen des anderen in die Haltung sur le cou-de-pied.

Die Bezeichnung entrechat trois ist im Prinzip nicht exakt, da die Beine zweimal geöffnet und geschlossen werden und dieser Sprung eigentlich eine Variante des entrechat cinq darstellt. Durch die festen Traditionen der Unterrichtsterminologie hat sich diese Bezeichnung jedoch bis heute erhalten.

Beim entrechat trois müssen alle Regeln zur Ausführung des battu und der Haltung sur le cou-de-pied genauestens beachtet werden. Arm-, Oberkörper- und Kopfbewegungen sind die gleichen wie beim sissonne simple, d. h., daß ebenfalls kleine Posen fixiert werden.

Das entrechat trois wird zuerst mit beiden Händen zur Stange mit Hilfe folgender Übung gelehrt: entrechat trois mit sur le cou-de-pied rück, dann gleichmäßiges Öffnen des Spielbeins mit der Fußspitze auf dem Boden in die IV. Position rück und Schließen in die V. Position rück. Diese Übung wird viermal en dehors und viermal en dedans ausgeführt.

2/4-Takt.

1/4 – entrechat trois;

1/4 – Öffnen des Spielbeins in die IV. Position rück;

1/4 – Schließen des Spielbeins in die V. Position rück;

1/4 – demi-plié.

Nach einiger Zeit kann diese Übung im Freien ausgeführt werden. Etwas später wird ein Wechsel des épaulement hinzugefügt. Die Arme bleiben in dieser Etappe noch in der vorbereitenden Haltung. Als letzte Übungsetappe wird das entrechat trois in kleinen Posen und in Verbindung mit anderen Sprüngen ausgeführt.

Entrechat quatre

Dieses entrechat besteht aus einem gewöhnlichen petit temps sauté in der V. Position und einem zusätzlichen battu. Während des Sprunges nehmen die Beine die der Ausgangsposition entgegengesetzte Position ein und kehren bei der Landung wieder in die Ausgangsposition zurück. Auf diese Weise werden die Beine zweimal während des Sprunges gewechselt; das erste Mal kurz nach dem Absprung und das zweite Mal am Ende des Sprunges. Alle übrigen technischen Bewegungsdetails sind genauso wie beim royal auszuführen. Das Erlernen des entrechat quatre erfolgt in der gleichen Weise und Reihenfolge wie beim royal: anfangs mit beiden Händen zur Stange und danach im Freien, unter genauer Beachtung der Regeln zur Ausführung des petit temps sauté und des battu.

Entrechat cinq

Dem entrechat cinq liegt im Prinzip das sissonne simple zugrunde. Es wird nach dem Schema des entrechat quatre gesprungen. Am Ende des Sprunges wird ein Bein sur le cou-de-pied angelegt. Das bedeutet, daß das Zahlwort »quatre« um eine Zähleinheit erhöht werden muß, und es entsteht die Bezeichnung entrechat cinq.*

Beim entrechat cinq müssen, ebenso wie beim entrechat trois, alle Regeln zur Ausführung des battu, des entrechat quatre und des sissonne simple beachtet werden.

Die Arm-, Oberkörper- und Kopfbewegungen sind die gleichen wie beim sissonne simple. Das entrechat cinq wird wie das entrechat trois zuerst mit beiden Händen zur Stange gelehrt. Nach dem Sprung wird das Spielbein in die II. Position geöffnet und in die V. Position rück eingesetzt. Takt und rhythmische Aufteilung sind die gleichen wie beim entrechat trois.

Entrechat six

Das entrechat six ist im Prinzip ein grand changement de pied, das durch zwei battus und einen dreifachen Positionswechsel der Beine erschwert wird. Zwei Positionswechsel erfolgen während des Sprunges, der dritte bei der Landung. Es ist selbstverständlich, daß sich die Beine bei diesem Sprung

---

* Siehe die Erläuterungen zur Terminologie zu Beginn des Abschnittes »Battus«. (Anm. d. Übers.)

noch schneller und fester öffnen und schließen müssen. Abgesehen von dieser Erweiterung bleibt die Technik der battus unverändert.

Das entrechat six kann sofort im Freien gelehrt werden. Voraussetzung dafür ist, daß die Schüler über eine ausreichende Sprungkraft und über die Technik der kleinen battus verfügen

Man läßt zu Beginn ungefähr vier bis acht entrechats six mit einer Pause nach jedem Sprung ausführen. Danach können die entrechats six bereits en suite, von drei bis zu sechzehn entrechats, gesprungen werden. Die Arme müssen zuerst in der vorbereitenden Haltung und später in der 3. Position gehalten werden. Zum Schluß können während der Sprünge verschiedene ports de bras von einer Position in eine andere ausgeführt werden.

Wenn die Schüler das entrechat six am Platz beherrschen, kann man es mit Fortbewegung lehren – *entrechat six de volée*. Die grundsätzlichen technischen Regeln zur Ausführung bleiben unverändert.

Der junge Pädagoge muß wissen, daß es nicht zweckmäßig ist, das entrechat six mit Hilfe heftiger, den Absprung unterstützender Aufwärts- und Abwärtsbewegungen der Arme in der 2. Position zu erarbeiten. Solche technischen Hilfsmittel würden zwar das Hochspringen erleichtern, aber im Endeffekt den Schüler nicht für komplizierte große battus vorbereiten, bei denen die Arme in sehr verschiedenartigen Haltungen fixiert bzw. von einer Position in eine andere übertragen werden müssen. Auf der Bühne sind solche Hilfsmittel üblich und auch richtig, aber im Unterricht ist es notwendiger, an den battus selbst, an unabhängigen und plastischen Armbewegungen zu arbeiten, als nach einem möglichst effektvollen, trampolinartigen Absprung zu streben. Deshalb muß das Ziel beim Erlernen des entrechat six unter anderem darin bestehen, dem Schüler leichte und exakte Armbewegungen und exakte Armpositionen anzuerziehen. Später kann man gewissermaßen als Ausnahme von der Regel die Arme in der beschriebenen Weise zur Unterstützung des Sprunges einsetzten.

Entrechat sept

Das entrechat sept wird nach dem Schema des entrechat six mit Anlegen eines Beines sur le cou-de-pied ausgeführt. Dieses Anlegen wird der Regel entsprechend als siebente Bewegung gerechnet. Der Sprung wird mit maximaler Sprunghöhe und unter Beachtung aller für die Qualität eines Sprunges, der battus und der kleinen Posen (siehe entrechat trois und entrechat cinq) entscheidenden Regeln ausgeführt.

Das entrechat sept darf erst dann mit Hilfe folgender Übung gelehrt werden, wenn die Schüler das entrechat six beherrschen.

$^{2}/_{4}$-Takt.
$^{1}/_{4}$ – entrechat sept, ein Bein in der Haltung sur le cou-de-pied rück;
$^{1}/_{4}$ – petit pas assemblé croisé rück;
$^{1}/_{4}$ – Strecken der Beine aus dem demi-plié;
$^{1}/_{4}$ – demi-plié.

Diese Übung wird viermal mit der Haltung sur le cou-de-pied rück und viermal sur le cou-de-pied vor ausgeführt. Danach können entrechat sept und assemblé en suite gesprungen werden und in große Sprungkombinationen aufgenommen werden.

Den Schülern fällt es erfahrungsgemäß sehr schwer, das sur le cou-de-pied ganz sauber auszuführen. Deshalb ist auf die Erarbeitung dieser Beinhaltung besondere Aufmerksamkeit zu richten.

Entrechat huit

Das entrechat huit besteht aus zwei nacheinander ausgeführten entrechats quatre. Es verlangt ebenfalls eine maximale Sprunghöhe und ein äußerst schnelles Wechseln der Beine. Drei Beinwechsel erfolgen während des Sprunges, der vierte bei der Landung. In Anbetracht der Tatsache, daß dieses entrechat eine bereits hochentwickelte Sprungtechnik fordert, lehrt man diesen Sprung nur in der Abgangsklasse und versucht, eine möglichst virtuose und perfekte Ausführung durch den Schüler zu erreichen.

Für die erste Lernetappe ist folgende Übung angebracht: drei petits changements de pied und ein entrechat huit, anschließend eine Pause. Diese Übung wird insgesamt viermal ausgeführt. Danach kann an Stelle der Pause ein weiteres entrechat huit hinzugefügt werden. Zum Schluß wird das entrechat huit in große Sprungkombinationen aufgenommen.

Pas battus

Es wurde bereits davon gesprochen, daß alle Sprünge, die aus einer geöffneten Beinhaltung bzw. mit einem Öffnen der Beine enden, durch battus ergänzt werden können. Der pas battu wird in einer einfachen Form, mit einem battu, und in einer komplizierten Form, mit zwei battus während des Sprunges, ausgeführt. Der Regel entsprechend, wird der ursprünglichen Bezeichnung das Wort battu hinzugefügt, z. B. pas assemblé battu oder sissonne ouverte battue. Die battus müssen hier ebenso kräftig, schnell und exakt ausgeführt werden wie beim entrechat.

Im folgenden werden jene Sprünge beschrieben, deren Grundform durch das battu erweitert wurde. Dabei ist es nicht nötig, auf die Bewegungen der Arme, des Oberkörpers und des Kopfes einzugehen, da diese bereits bei der Grundform ohne battu ausführlich erläutert wurden.

Petit pas échappé battu: Beide Sprünge werden mit nur einem battu erschwert. Das erste battu erfolgt mit einem Positionswechsel der Beine und anschließendem Öffnen in die II. Position, das zweite, das aus der II. Position beginnt, wiederholt während des Sprunges die Ausgangsposition (V.) und endet mit einem Wechsel der Beine. Auf diese Weise kann der petit pas échappé battu sofort zur anderen Seite wiederholt werden.

Zuerst läßt man das battu nur beim zweiten Sprung aus der II. in die V. Position ausführen, danach beim Sprung aus der V. in die II. (dieses battu ist wesentlich schwieriger auszuführen als das erste), zum Schluß bei beiden Sprüngen. In Anbetracht dessen, daß die erste Form des pas battu mit Hilfe des pas échappé gelehrt wird, ist es notwendig, alle bereits angeführten Etappen des pas échappé wieder zu verwenden. Das heißt, zuerst mit beiden Händen zur Stange und danach im Freien ohne épaulement und port de bras. Wenn die Schüler diese Form beherrschen, können die Arme etwas geöffnet und die entsprechenden Kopf- und Oberkörperwendungen ausgeführt werden. In dieser Etappe muß besonders auf die Gebundenheit und Leichtigkeit dieser Bewegungen geachtet werden.

Später kann das battu des zweiten Sprunges auf einem Bein in der Haltung sur le cou-de-pied vor oder rück beendet werden. Folgt danach ein weiterer petit pas échappé battu, dann wird der erste Sprung in die II. Position ohne battu ausgeführt.

Grand pas échappé battu: Diese Form wird mit einem double battu und einer maximalen Sprunghöhe ausgeführt. Ausgangsposition der Beine – V., rechtes Bein vorn. Das erste double battu erfolgt nach dem Schema des entrechat quatre und mit einem anschließenden Öffnen der Beine in die II. Position. Das zweite double battu aus der II. Position wird nach dem Schema des entrechat six ausgeführt. Beim ersten battu des zweiten Sprunges schlägt das rechte Bein in der V. Position rück an. Danach kann der grand pas échappé battu zur anderen Seite wiederholt werden.

Der grand pas échappé battu wird sofort im Freien in der gleichen Reihenfolge der einzelnen Etappen wie der petit pas échappé battu gelehrt. Voraussetzung dafür ist, daß die Schüler das entrechat six bereits beherrschen. Arme, Oberkörper und Kopf werden sofort in die Ausführung dieses pas battu mit einbezogen. Die Aufmerksamkeit ist ebenso wie beim petit pas échappé battu besonders auf die Leichtigkeit und Weichheit des Sprunges, auf die Dynamik und Kraft der battus zu richten.

Bei dieser Form kann das battu des zweiten Sprunges ebenfalls in der Haltung sur le cou-de-pied beendet werden. Eine weitere Variante stellt der *grand pas échappé battu de volée* dar, bei dem der grand pas échappé battu einige Male hintereinander mit Fortbewegung auf der Diagonalen ausgeführt wird (siehe zweite Coda des Colas im 2. Akt des Balletts »Vergebliche Vorsicht«). Beide Sprünge dieses pas échappé erfolgen mit gleichmäßiger Fortbewegung. Sie sind energisch, mit Ballon und sehr heftigen battus auszuführen

Petite sissonne ouverte battue: Diese Form wird mit einem battu gesprungen, bei dem die Beine ihre Positionen wechseln. Am Ende des Sprunges kann eine beliebige Pose eingenommen werden. Als Ausnahme kann beim petite sissonne ouverte battue in die IV. Position das battu nach dem Schema des royal ausgeführt werden, d. h. mit einem Aneinanderschlagen der Beine in der Ausgangsposition und einem Wechsel des épaulement.

Beim battu bilden beide Beine einen stumpfen Winkel zum Oberkörper. Das battu selbst wird nach allen bereits bekannten Regeln ausgeführt. Ein häufiger Fehler besteht darin, daß das battu in einer senkrechten Beinhaltung erfolgt. Eine solche Ausführung erschwert das Fixieren der Pose sehr und führt zu einem harten demi-plié am Schluß des Sprunges.

Das petite sissonne ouverte battue wird zuerst mit beiden Händen zur Stange, einem Öffnen des Beines in die II. Position und einem abschließenden pas assemblé gelehrt. Danach kann diese Übung im Freien ausgeführt werden, in verschiedenen Posen der IV. Position, mit und ohne Wechsel des épaulement.

Als letzte Etappe lehrt man diese Form des pas battu mit einem Schließen des geöffneten Beines nach dem battu in die V. Position. Diese Variante wird *petite sissonne fermée battue* genannt. Dabei ist es notwendig, das battu und anschließende Öffnen des Spielbeins etwas schneller auszuführen, damit man Zeit für das exakte und rhythmisch richtige Schließen des Spielbeins in die V. Position gewinnt. Wird das geöffnete Bein kraftlos und zu spät in die V. Position eingesetzt, dann erhält der gesamte Sprung einen schwerfälligen Charakter.

Arm-, Oberkörper- und Kopfbewegungen müssen in Übereinstimmung mit den Grundregeln zur Ausführung des sissonne und der Pose erfolgen. Sie dürfen in keiner Weise die Schwierigkeit dieses pas battu widerspiegeln, sich verspannen oder die Form verlieren.

Grande sissonne ouverte battue: Dieser Sprung wird mit einem double battu nach dem Schema des entrechat quatre und einem Abschluß in einer beliebigen großen Pose ausgeführt. Die battus erfolgen nach den gleichen

Regeln wie beim petite sissonne ouverte battue. Während der battus bilden beide Beine einen stumpfen Winkel zum Oberkörper.

Für diesen Sprung ist eine maximale Sprunghöhe notwendig. Die battus werden exakt und schnell, mit einem zweimaligen energischen und gleichmäßigen Aneinanderschlagen beider Beine ausgeführt. Es ist unzulässig, die Beinschläge zu verkleinern oder ungenau auszuführen, nach dem battu hart zu landen, das geöffnete Bein fallen zu lassen und die Arme, den Oberkörper und den Hals zu verkrampfen oder völlig zu entspannen. Dem Leser mögen diese Hinweise vielleicht etwas übertrieben erscheinen, aber die Praxis zeigt, daß derartige Mängel in der Ausführung sehr häufig auftreten.

Das grande sissonne ouverte battue wird in der gleichen Reihenfolge wie das petite sissonne ouverte battue gelehrt. Die letzte Variante, mit einem fermé, fällt jedoch beim grande sissonne ouverte battue weg, da sie einen schnellen und leichten Übergang aus der großen Pose in ein weiches demi-plié in der V. Position nicht erlaubt und der Tänzer dadurch nicht genügend Kraft für einen nachfolgenden hohen Sprung sammeln kann.

Petit pas assemblé battu: Dieser Sprung wird mit einem battu nach dem Schema des royal ausgeführt, d. h., daß die Beine beim battu in der Ausgangsposition zusammengeschlagen werden. Danach wechseln sie ihre Positionen und nehmen beim Landen die V. Position ein.

Der petit pas assemblé battu wird nur durch die II. Position und unbedingt am Platz ausgeführt. Beim Erlernen dieses pas battu läßt oft im Moment des Aneinanderschlagens die Spannung und Streckung der Beine nach. Als Folge ist die Landung im demi-plié kraftlos und nicht stabil genug. Von großer Bedeutung für eine richtige Ausführung dieses Sprunges sind die Auswärtsdrehung der Beine, die Elastizität und Gleichmäßigkeit der Beinschläge, eine weiche Landung und freie und leichte Arm-, Oberkörper- und Kopfbewegungen. Selbstverständlich muß der eigentliche pas assemblé in jeder Hinsicht völlig einwandfrei ausgeführt werden.

Dieser pas battu wird zuerst mit beiden Händen zur Stange, mit einer Pause nach jedem Sprung und viermal nach vor und rück gelehrt. Als nächste Etappe läßt man zweimal drei pas assemblés battus nach vor und ebenso oft nach rück ausführen. Zum Schluß wird diese Übung auf acht pas assemblés battus en suite nach vor und acht nach rück erweitert.

In Abhängigkeit vom Grad der Beherrschung dieser Übung wählt man den Zeitpunkt für das Erlernen des pas assemblé battu im Freien. Die Arme werden in dieser Etappe anfangs in der vorbereitenden Haltung fixiert und später wie beim gewöhnlichen petit pas assemblé durch die II. Position in kleine Posen übertragen.

Grand pas assemblé battu: Dieser pas assemblé wird mit einem double battu nach dem Schema des entrechat six gesprungen. Das battement des Spielbeins wird nur in die II. Position und etwas niedriger als beim gewöhnlichen grand pas assemblé ausgeführt. Dadurch ist die Möglichkeit gegeben, die Beine energischer und kräftiger und ohne Verkleinerung des battu aneinanderzuschlagen. Auf keinen Fall dürfen aber aus diesem Grunde die Kraft, Höhe und Weite des Sprunges verringert werden, Im Gegenteil, die notwendige Verkürzung des battement muß eine maximale Erhöhung des Absprunges und des Ballons zur Folge haben. Die Landung im demi-plié ist äußerst weich und leicht zu vollziehen. Alle übrigen Regeln zur Ausführung der battus und des grand pas assemblé müssen genauestens beachtet werden. Das gleiche gilt auch für die Arm-, Oberkörper- und Kopfbewegungen.

Es empfiehlt sich, diesen pas assemblé anfangs mit einer Pause nach jedem Sprung und nur nach vor zu lehren (nach rück wird dieser pas battu gewöhnlich nicht ausgeführt); viermal mit einem Bein und dann ebenso oft mit dem anderen. Danach kann der grand pas assemblé battu en suite mit abwechselnden Beinen ausgeführt und in Sprungkombinationen aufgenommen werden.

Petit pas jeté battu: Dieser Sprung wird im Prinzip genauso wie der petit pas assemblé battu ausgeführt. Bei der Landung wird ein Bein sur le cou-de-pied vor oder rück angelegt. Dabei muß beachtet werden, daß beide Beine schnell und exakt das battu ausführen und daß das Absprungbein nach dem battu wieder genau in die vorgeschriebene Haltung zurückkehrt. Arme, Oberkörper und Kopf werden ohne überflüssigen Krafteinsatz leicht und plastisch geführt bzw. gehalten.

Diese Form des pas battu wird zuerst mit beiden Händen zur Stange und danach im Freien, mit einem allmählichen Erhöhen des Schwierigkeitsgrades wie beim petit pas assemblé battu gelehrt.

Jeté passé battu: Dieser Sprung wird mit einem battu ausgeführt. Er erinnert in seiner Technik mehr an das cabriole als an den pas battu, da das battu hier nicht aus der II., sondern aus der IV. Position beginnt. Diese Besonderheit fügt dem Sprung ein neues Element der Ausführung hinzu, sie verändert etwas seinen Charakter und seine Plastik. Um diese Veränderung deutlich werden zu lassen, müssen die Beine sehr kräftig und exakt in der V. Position aneinandergeschlagen werden. Ein battu in der III. Position würde die Plastik abschwächen.

Dieser pas battu wird sofort im Freien und in Verbindung mit einem grande sissonne ouverte in große Posen nach vor oder rück gelehrt. Die Bewegungen der Arme, des Oberkörpers und des Kopfes müssen sehr genau erfolgen. Der Sprung selbst ist sehr leicht und mit einem weichen und stabilen Abschluß im demi-plié auszuführen.*

Petit ballonné battu: Der petit ballonné battu wird nur durch die II. Position, mit einem battu nach dem Schema des entrechat quatre oder royal und mit einem Anlegen des Spielbeins sur le cou-de-pied vor oder rück ausgeführt. Für die Ausführung des battu gelten die gleichen Regeln wie bei den bereits beschriebenen Formen des pas battu. Der petit ballonné battu wird zuerst an der Stange und ohne Fortbewegung gelehrt, danach im Freien in der Haltung en face. Im Freien werden die Arme in dieser Etappe in der vorbereitenden Haltung fixiert. Danach kann der petit ballonné battu mit Fortbewegung und mit den üblichen Bewegungen der Arme, des Oberkörpers und Kopfes ausgeführt werden.

Es ist notwendig, an dieser Stelle nochmals daran zu erinnern, daß der Erarbeitung der Haltung sur le cou-de-pied, besonders am Ende des Sprunges, größte Aufmerksamkeit gewidmet werden muß, da seine richtige Ausführung ebenso wie die eines weichen und stabilen demi-plié am Ende des Sprunges oft mit großen Schwierigkeiten verbunden ist.

Der grand pas ballonné wird in den Jungenklassen nicht durch das battu erschwert, da es hier wichtiger ist und dem Charakter des Sprunges mehr entspricht, die geöffnete Beinhaltung auf 90° zu fixieren, als am Ende des Sprunges noch ein battu hinzuzufügen. Große männliche Sprünge harmonieren eher mit einem double battu als mit einem einfachen. Der grand pas ballonné wird aber aus den obengenannten Gründen nicht mit einem double battu ausgeführt. Folglich ist es besser, beim grand pas ballonné die Pose so lange wie möglich zu fixieren und beim petit pas ballonné battu schnelle und exakte Beinschläge zu erarbeiten.

Temps levé battu: Dieser Sprung wird mit einem double battu in großen Posen und einem in die IV. Position vor oder rück, effacé oder croisé geöffneten Spielbein ausgeführt.

Das temps levé battu erinnert sehr an das double cabriole. Aber im Unterschied zu diesem Sprung werden beim temps levé battu nach dem Schema des entrechat quatre die Beine gewechselt. Ein Beispiel: Nach einem pas failli als Ansatzbewegung wird das Spielbein energisch durch die I. Position nach vor ins effacé geworfen. Dann schlägt das Absprungbein sofort auf einer Höhe von 70° an das Spielbein. Anschließend wechseln beide Beine die Positionen und führen den zweiten Schlag aus. Zum Schluß öffnen sich

* Das jeté entrelacé kann ebenfalls mit dem battu erschwert werden. Diese Form ist in der Gruppe der Drehsprünge näher erläutert.

beide Beine ein wenig, das ehemalige Absprungbein senkt sich in die senkrechte Haltung und führt den Sprung in einem weichen demi-plié zu Ende, während das andere Bein etwas angehoben und in dieser geöffneten Haltung fixiert wird. Arme, Oberkörper und Kopf fixieren während des ganzen Sprunges die große Pose effacée vor.

Dieses temps levé battu kann auch in der Pose croisée vor oder rück, in der arabesque und mit einem beliebigen anderen energischen Ansatz, z. B. sissonne tombée, pas glissade durch die IV. Position, ausgeführt werden.

Beim double battu müssen beide Beinschläge genau in der V. Position erfolgen. Die Beine dürfen auf keinen Fall einfach durch die I. Position aneinander vorbeigeführt werden. Man lehrt diesen Sprung zuerst allein nach vor und dann nach rück. Die Variante mit einem fouetté (Wendung von einer Pose in eine andere) wird in der Gruppe Drehsprünge erläutert.

Brisé

Dieser Sprung kann mit zwei verschiedenen Abschlüssen ausgeführt werden: 1. in die V. Position und 2. auf ein Bein – dessus-dessous.

Brisé in die V. Position: Obwohl dieser Sprung sehr dem pas assemblé battu ähnelt, ist seine Struktur doch eine völlig andere. Ausgangsposition der Beine V., épaulement croisé. Das rückwärtige Bein wird ins effacé vor auf eine Höhevon 45° geworfen oder umgekehrt – das vordere Bein ins effacé rück. Der Sprung erfolgt immer mit einer Fortbewegung in die Richtung des Beinwurfes. Das battu beginnt in diesem Falle nicht aus der II., sondern aus der IV. Position nach dem Schema des entrechat quatre. Zum Schluß wird das Spielbein wieder in die Ausgangsposition eingesetzt.

Mit dem Absprung öffnen sich die Arme in eine niedrige 2. Position. Während des battu wird der dem Spielbein entsprechende Arm in eine etwas tiefere 1. Position geführt. Der Oberkörper neigt sich etwas zum Spielbein. Der Kopf ist zur Spielbeinseite gewendet.

Oberkörper und Beine werden leicht in die Richtung der Fortbewegung geworfen. Dadurch werden die Bewegungen des gesamten Körpers und der Charakter des battus besonders betont.

Es ist unzulässig, das Spielbein zu hoch in die IV. Position zu werfen oder die Fortbewegung zu verkürzen (besonders nach rück). Eine Verlängerung der Linie des auf 45° geöffneten Spielbeins ergibt genau jenen Punkt, bis zu dem die Fortbewegung erfolgen muß. Das Spielbein wird genau in die IV. Position geworfen. Die Arme müssen leicht und ohne Verkrampfung die Positionen wechseln. Der Oberkörper darf nicht entspannt werden. Der

Kopf muß deutlich und genau seine Wendungen vollziehen. Alle Bewegungen werden ineinander übergehend, leicht und korrekt, ohne die geringste Überanstrengung besonders während des Sprunges ausgeführt.

Das brisé wird im Freien gelehrt, da an der Stange eine Fortbewegung diagonal nach vor oder rück nicht möglich ist. Zuerst lehrt man es nach vor und dann nach rück. Nach jedem Sprung wird eine Pause gehalten. Das brise muß anfangs mit ein und demselben Bein viermal ausgeführt werden. Danach wird das Bein gewechselt. Anschließend können brisé vor und rück zusammen, jedoch noch mit Pausen, ausgeführt werden. Zum Schluß werden sie en suite gesprungen und mit anderen Sprüngen verbunden.

Brisé dessus-dessous: Diese Form des brisé ist dem petit pas jeté battu sehr ähnlich. Obwohl der Sprung auch auf einem Bein beendet wird – das andere ist sur le cou-de-pied angelegt -, besitzt er die gleichen Besonderheiten wie das brisé in die V. Position. Er unterscheidet sich vom petit pas jeté battu durch die Bewegungen der Beine, der Arme, des Oberkörpers, des Kopfes und seinen Charakter. Da im Prinzip die Ausführung die gleiche ist wie beim brisé in die V. Position (bis auf den Abschluß des battu), ist es nicht notwendig, an dieser Stelle ausführlicher auf das brisé dessus-dessous einzugehen.

Das Anlegen eines Beines sur le cou-de-pied muß hier in dergleichen Weise wie bei anderen battus mit Abschluß in der Haltung sur le cou-de-pied ausgeführt werden (z. B. petit pas jeté battu).

Man lehrt das brisé dessus-dessous zuerst mit einer Pause nach jedem Sprung, dann en suite und in Verbindung mit anderen pas battus oder entrechats. Es ist nicht notwendig, das brisé dessus oder brisé dessous einzeln zu erarbeiten, da die Schüler in dieser Etappe bereits die Technik des Sprunges und der battus im allgemeinen beherrschen müssen.

Das brisé dessus-dessous kann auch einige Male hintereinander, ungefähr acht- bis sechzehnmal, auf der Diagonalen mit Fortbewegung nach Punkt 2 ausgeführt werden. In diesem Falle erfolgt die Fortbewegung nur mit dem brisé dessus. Der Charakter der Bewegung des gesamten Körpers darf dabei jedoch nicht verlorengehen.

Viertes Kapitel

Wendungen und Drehungen

Im klassischen Tanz gibt es eine Reihe von Bewegungen, die durch ein neues Element, die Wendung, ergänzt werden können, ohne daß dadurch das Wesen der Bewegung selbst verändert wird. Diese Bewegungen mit Wendungen werden im Prinzip genauso ausgeführt wie die ursprüngliche Form.

Daneben existiert noch eine andere Gruppe von Bewegungen, die ohne Wendungen nicht ausführbar sind. Sie unterscheiden sich von den Bewegungen der ersten Gruppe durch ein schnelles Tempo der Ausführung, durch eine ständige Wiederholung und Unaufhörlichkeit der Wendung. Zu diesen Bewegungen, die in dem besonderen Abschnitt »*Drehungen*« erläutert werden, zählt man zum Beispiel die Pirouetten, tours chaînés, tours en l'air usw.

Die Drehungen und Wendungen können am Boden (à terre), in der Luft (en l'air) und in zwei Richtungen, nach außen (en dehors) und nach innen (en dedans) ausgeführt werden. Es muß hinzugefügt werden, daß alle Wendungen und Drehungen im klassischen Tanz nicht ausschließlich als Elemente der Virtuosität zu verstehen sind, sondern ebenfalls als Mittel zur Erhöhung des bildlich-plastischen Ausdrucks. Deshalb ist im Unterricht die Aufmerksamkeit im gleichen Maße auf das Beherrschen der technischen Ausführung dieser Bewegungen wie auf die Erhöhung der tänzerischen Ausdrucksfähigkeit vermittels der Wendungen und Drehungen zu lenken.

Wendungen am Boden

Elementare Bewegungen mit Wendungen

Diese Gruppe von Bewegungen entwickelt ausgezeichnet die Fähigkeit, sich genau und standfest im Raum zu orientieren und zu bewegen. Es muß jedoch hinzugefügt werden, daß sich ein wirklicher Erfolg im Unterricht in dieser Hinsicht erst dann einstellt, wenn der Pädagoge diese Fähigkeit beim Schüler systematisch entwickelt und nicht nur von Fall zu Fall.

Die Beschreibungen der Grundformen dieser Bewegungen wurden bereits in den entsprechenden Kapiteln gegeben. In diesem Kapitel werden nur die Besonderheiten erläutert, die durch die Wendungen und ihre Technik bedingt sind, und methodisch-pädagogische Hinweise gegeben.

Battement tendu

Das battement tendu sollte mit einer Viertelwendung und nur zur Seite aus der I. oder V. Position gelehrt werden. Die Wendung erfolgt mit Hilfe einer geringfügigen Standortverschiebung der Standbeinferse in dem Augenblick, wenn das Spielbein über den Boden in die II. Position gleitet. Danach wird das Spielbein wieder in die Ausgangsposition eingeschlossen (ohne Wendung), und das battement tendu mit Wendung kann wiederholt werden.

Eine Wendung auf dem linken Bein in die rechte Seite bedeutet, daß die Wendung en dehors ausgeführt wird, umgekehrt, auf dem linken Bein in die linke Seite – en dedans. Arm-, Oberkörper- und Kopfbewegungen sind die gleichen wie beim battement tendu ohne Wendung.

Das Standbein wird völlig auswärts und genau um eine Viertelwendung gedreht. Dabei hebt sich die Ferse kaum vom Boden ab. Das Spielbein muß sofort mit der Fußspitze in die neue Richtung geöffnet werden.

Der Oberkörper ist angespannt. Er befindet sich genau über dem Standbein. Arme und Kopf werden leicht und frei, ohne besonderen Krafteinsatz, gehalten. Die Wendung muß unter aktiver Teilnahme des gesamten Körpers vollzogen werden. Dabei dürfen Arme, Oberkörper und Kopf keine zusätzlichen, die Wendung erleichternden Bewegungen ausführen. Der Körper muß sich dabei insgesamt, exakt und standfest wenden.

Dieses battement mit Wendungen wird zuerst aus der I. Position und mit Achtelwendungen gelehrt – achtmal mit jedem Bein, en dehors und en dedans. Danach läßt man acht battements ausführen, mit einer Viertelwendung bei jedem zweiten battement. Anschließend lehrt man mit Hilfe der gleichen Übung das battement tendu mit Viertelwendung aus der V. Position.

Ich erinnere nochmals daran, daß alle Regeln zur Ausführung des einfachen battement tendu vollständig erhalten bleiben. Außerdem kann das battement tendu mit Wendung durch ein demi-plié vor oder nach der Wendung, d. h. in der Ausgangsposition oder in der II. Position, auf dem Standbein ergänzt werden. Diese Form kann man im Unterricht einführen, wenn die Schüler die Wendung selbst gut beherrschen.

Zum Schluß lehrt man das battement tendu jeté mit Achtel- und Viertelwendungen. Die Ausführung und die Lehrmethode sind die gleichen wie beim battement tendu mit Wendungen. Es wird lediglich durch ein Öffnen des Spielbeins auf 30° und ein schnelleres Tempo der Bewegung ergänzt. Alle battements tendus in die IV. Position und mit Wendungen werden gewöhnlich nicht in der Art einer eigenständigen Übung ausgeführt. Es gibt jedoch einzelne Viertelwendungen dieses battement, wenn z. B. der Schüler das Spielbein aus der V. Position croisée mit einer Wendung des épaulement ins effacé vor öffnen soll. In diesem Fall führt das Standbein eine Viertelwendung en dehors aus, während sich das Spielbein gleichzeitig ins effacé vor öffnet. Die gleiche Wendung kann auch en dedans mit einem Öffnen des Spielbeins in die IV. Position effacée rück ausgeführt werden.

Außerdem kann das in die IV. Position effacée und croisée vor oder rück geöffnete Spielbein in die V. Position, mit gleichzeitiger Viertelwendung, eingeschlossen werden. Diese Varianten geben dem Pädagogen die Möglichkeit, die Kombinationen für das battement tendu abwechslungsreicher zu gestalten. Die Arm-, Oberkörper- und Kopfbewegungen müssen bei diesen Wendungen mit den Regeln für das battement tendu in kleine Posen vor und rück übereinstimmen.

Alle in diesem Abschnitt behandelten Formen des battement tendu mit Wendungen sind unter strenger Einhaltung der für die Technik der Wendungen gültigen Regeln auszuführen. Sie werden mit einem Öffnen des Spielbeins in die II. Position, en dehors und en dedans gelehrt und erarbeitet.

Grand battement jeté

Die Technik der Wendung bei diesem battement ist die gleiche wie bei den beschriebenen Formen. Das Spielbein wird in die II. Position auf eine Höhe von 90° geworfen, Die Viertelwendung wird gleichzeitig mit dem battement ausgeführt. Für das grand battement jeté und die Arm-, Oberkörper- und Kopfhaltungen gelten alle bereits bekannten Regeln.

Dieses battement wird zuerst aus der I. Position und mit einer Achtelwendung gelehrt. Nach jeder Wendung wird eine Pause gehalten. In der nächsten Etappe fällt diese Pause weg. Zum Schluß läßt man das grand battement mit einer Viertelwendung und anschließender Pause ausführen. Das grand battement jeté aus der V. in die V. Position wird nach dem gleichen Schema gelehrt.

Da dieses battement sehr viel Kraft fordert, muß man mit besonderer Ausdauer selbst die kleinsten Fehler, Ungenauigkeiten und Nachlässigkeiten ausmerzen. Jedes battement, jede Wendung muß leicht, exakt, plastisch und standfest ausgeführt werden.

Vereinzelt kann das grand battement jeté in die IV. Position mit Wendung, d. h. mit einem Wechsel des épaulement wie beim battement tendu erfolgen.

Battement développé

Bei dieser Bewegung wird die Wendung ebenfalls mit einer Standortveränderung der Standbeinferse ausgeführt. Das Erlernen erfolgt nicht mit Hilfe einer speziellen Übung, wie z. B. beim battement tendu, sondern sofort innerhalb eines Adagios, verbunden mit anderen Bewegungen.

Rond de jambe par terre

Bei dieser Bewegung erfolgt die Viertelwendung in dem Augenblick, wenn das Spielbein das rond aus der IV. in die IV. Position ausführt. Das bedeutet, daß das passé par terre durch die I. Position ohne Wendung stattfindet. Die Wendung kann sowohl en dehors als auch en dedans mehrere Male auf einem Bein ausgeführt werden. Das Standbein vollzieht die Wendung nach den bereits bekannten Regeln. Das Spielbein schleift leicht mit der Fußspitze über den Boden. Der Halbbogen darf nicht verkürzt werden.

Die Arm-, Oberkörper- und Kopfhaltungen sind die gleichen wie beim gewöhnlichen rond de jambe par terre. Der Oberkörper ist immer angespannt. Das Körpergewicht liegt genau auf dem Standbein. Arme und Kopf werden in ihren Haltungen fixiert, so daß sie nicht die Wendung des Körpers aufhalten oder stören können.

Zuerst lehrt man das rond de jambe par terre mit Wendung en dehors und dann en dedans. In der ersten Zeit wird nur jedes zweite rond mit einer

Wendung ausgeführt. Außerdem ist es nützlich, jedem rond ohne Wendung ein demi-plié hinzuzufügen und dabei nach noch größerer Leichtigkeit, Genauigkeit und Stabilität der Wendung des gesamten Körpers zu streben. Arme, Oberkörper und Kopf werden in Übereinstimmung mit den Regeln des rond de jambe par terre mit demi-plié geführt oder gehalten.

Rond de jambe en l'air

Die Wendung erfolgt bei dieser Bewegung auf die gleiche Weise wie bei den vorangegangenen Bewegungen – mit Hilfe einer leichten Standortverschiebung der Standbeinferse um einen Viertelkreis. Die Viertelwendung wird gleichzeitig mit dem Anwinkeln des Spielbeins aus der II. Position zur Wade ausgeführt, d. h. im ersten Teil des rond de jambe. Das Strecken des Spielbeins erfolgt dann ohne Wendung. Diese Wendung kann en dehors und en dedans ausgeführt werden, wobei das rond einige Male auf demselben Bein wiederholt wird.

Arm-, Oberkörper- und Kopfhaltungen sind die gleichen wie beim gewöhnlichen rond de jambe en l'air. Das Standbein muß die Wendung genau in die neue Richtung und elastisch ausführen. Der Oberschenkel des Spielbeins ist auswärts und unbeweglich.

Dieses rond de jambe en l'air wird nach dem gleichen Schema wie das rond de jambe par terre mit Wendung gelehrt. Es kann ebenfalls mit einem demi-plié verbunden werden, d. h., daß jedes rond ohne Wendung im demi-plié endet und das nachfolgende rond mit Wendung aus dem demi-plié beginnt. Arme, Oberkörper und Kopf werden wie gewöhnlich gehalten.

Grand rond de jambe

Die Wendung auf dem Standbein erfolgt bei dieser Bewegung gleichzeitig mit dem rond auf 90° aus der IV. in die II. Position oder aus der IV. in die IV. Position (en dehors und en dedans). Das rond und die Wendung müssen immer in die gleiche Richtung ausgeführt werden, also entweder beide en dehors oder en dedans. Beim rond aus der II. in die IV. Position oder umgekehrt führt das Standbein nur eine Viertelwendung aus, beim rond aus der IV. in die IV. Position zwei Viertelwendungen.

Die technische Ausführung dieser Wendungen ist die gleiche wie bei den vorangegangenen Bewegungen. Sie muß sich hier durch besondere Leichtigkeit, Elastizität und durch ein Verschmelzen mit der Bewegung des ganzen Körpers auszeichnen; sie muß organisch mit den großen Posen verbunden werden, mit denen das grand rond de jambe beginnen oder enden kann.

Außerdem kann das grand rond de jambe mit Wendung aus einem demi-plié beginnen oder mit einem demi-plié des Standbeins enden. Alle bereits erwähnten Regeln zur Ausführung des rond und der Wendung bleiben unverändert. Besondere Aufmerksamkeit ist in jedem Falle darauf zu richten, daß beide Beine ihre Bewegungen – das rond des Spielbeins und das demi-plié bzw. Strecken aus dem demi-plié des Standbeins – gleichzeitig beenden.

Die Arm-, Oberkörper- und Kopfbewegungen müssen genauestens mit der Struktur der Pose übereinstimmen.

Man wendet diese Form von Wendungen gewöhnlich in komplizierten Adagio-Kombinationen an. Sie werden nicht zu oft, z. B. in der Art einer eigenständigen Übung wie beim battement tendu mit Wendung, ausgeführt.

Die einzelnen Lehretappen werden wie folgt eingerichtet: zuerst mit einer Viertelwendung, danach mit einer halben Wendung und einem allmählichen Erschweren der Adagio-Elemente, mit denen diese Wendungen verbunden werden. Besondere Aufmerksamkeit ist auf die absolute Synchronität der Wendung des Standbeins und der Spielbeinübertragung zu richten.

Battement soutenu

Am Ende dieser Bewegung wird das Spielbein in die V. Position auf hohe halbe Spitze herangezogen. In diesem Moment beginnt eine ganze Wendung, entweder en dehors oder en dedans. Wenn das Spielbein in die V. Position rück eingeschlossen wird, dann erfolgt die Wendung en dehors bzw. umgekehrt. Während der Wendung wechseln die Beine die V. Position. Da unter gleichmäßiger Belastung beider Beine nur eine halbe Wendung durchführbar ist, muß das Spielbein vor der Wendung etwas tiefer, so daß sich beide Beine ein wenig überkreuzen, in die V. Position eingeschlossen werden. Diese kleine Veränderung ermöglicht es, mehr als eine halbe Wendung auf beiden Beinen auszuführen. Bei der Wendung wird das Bein belastet, das aus einer geöffneten Haltung in die V. Position eingeschlossen wurde. Gleichzeitig wird das andere Bein leicht an das Standbein herangesetzt.

Beim Öffnen des Spielbeins in die II. Position, als vorbereitende Bewegung zum battement soutenu en tournant, werden die Arme aus der vorbereitenden Haltung in die 2. Position geführt. Dann werden sie, die Wendung unterstützend, in eine etwas tiefere 1. Position gesenkt oder über die 1. in die 3. Position geführt. Beim Einschließen des Spielbeins in die V. Position neigt sich der Oberkörper ein wenig in die entgegengesetzte Richtung, also gegen die gleich darauf beginnende Wendung. Dadurch entsteht der Eindruck, als würde der Beginn der Wendung durch diese mit ihr kontrastierende Oberkörperneigung besonders betont werden. Während der Wendung nimmt der Oberkörper wieder die senkrechte Haltung ein. Oberkörper und Beine müssen sich gleichzeitig wenden. Der Kopf neigt sich bei der Oberkörperneigung vor der Wendung in die gleiche Richtung. Am Anfang der Wendung verzögert sich der Kopf etwas, dann wird er etwas schneller als der Oberkörper gewendet und in der Endhaltung fixiert. Das gesamte soutenu en tournant muß sehr gebunden und gleichmäßig, ohne schroffe Kopfwendung ausgeführt werden.

Beim battement soutenu en tournant aus der IV. Position werden die Beine während der Wendung so wie beschrieben geführt. Die Arme müssen unabhängig von ihrer Ausgangshaltung bei der Wendung die 1. Position einnehmen. Danach werden sie in die geforderten Positionen geöffnet.

Das battement soutenu en tournant wird zuerst an der Stange, mit nur einer halben Wendung und mit einem Öffnen des Spielbeins in die II. Position auf 45° gelehrt. Hier eignen sich die Schüler das battement soutenu an, ohne beim Einschließen in die V. Position die Beine zu überkreuzen. Von Anfang an ist darauf zu achten, daß während der Wendung beide Beine immer maximal nach außen gedreht sind, daß die Streckung in den Knien nicht nachläßt, daß die halbe Spitze immer so hoch wie möglich ausgeführt wird und daß man beim abschließenden demi-plié beide Fersen gleichzeitig auf den Boden senkt. Der Oberkörper bewahrt seine Spannung und harmonische Haltung. Das Körpergewicht ist auf beide Beine gleichmäßig verteilt. Während der Wendung wird ein Arm in eine etwas tiefere I. Position geführt und der andere auf die Stange gelegt. Der Kopf wendet sich mit dem Oberkörper.

Als nächste Etappe wird das battement soutenu mit einer ganzen Wendung gelehrt, jedoch noch ohne Kopf- und Oberkörperneigungen. Erst danach lernen die Schüler die beschriebene Endform, an der Stange und anschließend im Freien, als ein Element unterschiedlicher Kombinationen.

Diese Wendung auf beiden Beinen (mit und ohne demi-plié) kann sowohl an der Stange als auch im Freien mit anderen elementaren Bewegungen und einer halben und ganzen Wendung verbunden werden. Selbstverständlich darf man zu solchen Verbindungen erst dann übergehen, wenn die Schüler das battement soutenu en tournant beherrschen.

Zwischen der Wendung beim battement soutenu en tournant und allen anderen bisher angeführten Arten von Wendungen gibt es einen grundlegenden Unterschied. Das battement soutenu en tournant wird mit einem relevé auf halbe Spitze und nicht mit einer einfachen Standortverschiebung der Standbeinferse ausgeführt. Diese völlig andersgeartete technische Ausführung muß im Unterricht hervorgehoben und unter Beachtung der Regeln des relevé sorgfältig erarbeitet werden.

Battement frappé

Das battement frappé wird mit einer Viertelwendung beim Absetzen des Standbeins von der halben Spitze auf den ganzen Fuß und gleichzeitigem Öffnen des Spielbeins auf den Boden ausgeführt. Für die Richtung dieser Wendung ist immer die Bewegung der Standbeinferse maßgebend. Wird die Ferse nach vorn geführt, erfolgt die Wendung en dedans, wird sie nach rück geführt, en dehors. Diese Wendung wird in der Regel mit dem dritten frappé ausgeführt und kann in einer kleinen Pose und im demi-plié enden.

Das Standbein ist auswärts, elastisch und gestreckt. Das Spielbein wird kräftig und energisch geöffnet. Bei einem Abschluß im demi-plié darf das Standbein nicht eher abgebeugt werden, bis sich das Spielbein zu strecken beginnt.

Arm-, Oberkörper- und Kopfbewegungen sind die gleichen wie beim battement frappé ohne Wendung. Die Wendung muß sehr leicht und mit einem klaren und bestimmten Abschluß in der Pose erfolgen, besonders wenn das Standbein ein demi-plié ausführt. Dabei muß beachtet werden, daß sich der Oberkörper bei kleinen Posen im demi-plié, effacé oder croisé, vor oder rück, immer etwas zum Soielbein neigt. Arme und Kopf werden in Übereinstimmung mit der Oberkörperneigung geführt. Bei der Pose écarté fällt die Neigung weg.

Das battement frappé mit Wendung wird zuerst an der Stange, mit einer Achtelwendung in der Art der folgenden Übung gelehrt: zwei battements frappés zur Seite auf halber Spitze, ein battement frappé effacé vor mit Absetzen der Standbeinferse. Dann wird diese Folge ins effacé vor mit dem dritten frappé zur Seite und anschließend nach rück in der gleichen Reihenfolge ausgeführt. 2/4-Takt. Auf das erste, zweite und dritte Viertel je ein frappé, auf das vierte Viertel eine Pause.

Danach kann man mit Viertelwendungen beginnen. Zum Beispiel: zwei frappés effacés vor, ein frappé écarté vor mit Absetzen der Standbeinferse; zwei frappés écartés vor, ein frappé effacé vor; zwei frappés effacés vor, ein frappé écarté vor; drei frappés zur Seite auf halber Spitze.

Abschließend können diese Übungen mit einem demi-plié und im Freien ausgeführt werden.

Es muß hervorgehoben werden, daß es für die Art der Verbindung des battement frappé mit einer Wendung sehr vielfältige Möglichkeiten gibt.

Jedoch die Ausführung muß, unabhängig von der gefundenen Variante, immer sehr leicht, exakt und von einer solchen Schnelligkeit sein, die ausreichend das Gefühl für den Aplomb entwickelt. Zu vermeiden sind auf jeden Fall überhastete und unexakte frappés und Wendungen. Die Schnelligkeit der Wendung muß äußerst folgerichtig und organisch erarbeitet werden, mit einer allmählichen Steigerung des Tempos.

Diese Achtel-, Viertelwendungen oder halbe Wendungen können noch durch das battement double frappé erschwert werden. Die Wendung erfolgt bei dieser Form gleichzeitig mit dem relevé auf halber Spitze und dem Wechsel der Haltung sur le cou-de-pied. Danach wird das Standbein gleichzeitig mit dem Öffnen des Spielbeins auf ganzem Fuß abgesetzt. Diese Wendungen können bei jedem double frappé mit einem Abschluß in einer kleinen Pose ausgeführt werden. Der Oberkörper neigt sich bei kleinen Posen der IV. Position im demi-plié wie beschrieben.

Das double frappé wird zuerst an der Stange mit einer Achtelwendung – im Prinzip wie das einfache frappé mit Achtelwendung – gelehrt. Danach beginnt man mit dem double frappé mit Viertelwendungen und läßt folgende Übung ausführen: ein double frappé effacé vor (Wendung von der Stange), eins effacé rück (Wendung zur Stange), eins effacé vor und eins zur Seite en face (jedesmal mit relevé auf halbe Spitze und Absetzen der Standbeinferse); danach alles wiederholen mit dem ersten frappé effacé rück und Wendung zur Stange.

2/4 Takt.

1/4 – double frappé mit Wendung;

1/4 – Pause usw.

Anschließend läßt man folgende Übung ausführen: je ein double frappé effacé vor, écarté vor, effacé vor und zur Seite en face (jedesmal mit relevé auf halbe Spitze und Absetzen der Standbeinferse); danach alles nach rück. 2/4 Takt. Auf jedes Viertel erfolgt ein double frappé.

Als nächste Etappe wird das battement double frappé mit Wendung mit einem demi-plié verbunden. Anschließend überträgt man alle bis jetzt angeführten Formen des frappé mit Wendung ins Freie.

Dann lehrt man an der Stange das battement double frappé mit halber Wendung, zuerst auf gestrecktem Standbein, anschließend mit demi-plié. Dafür verwendet man folgende Übung: ein double frappé vor en face, ein double frappé nach rück mit halber Wendung en dedans, ein double frappé vor mit halber Wendung en dehors und ein double frappé zur Seite. Anschließend wird die Übung, nach rück beginnend, wiederholt.

2/4-Takt.

1. Viertel – double frappé;

2. Viertel – Pause.

Während der Wendung muß der freie Arm korrekt und unter Beachtung aller Regeln des port de bras auf die Stange gelegt werden.

Auch im Freien werden die halben Wendungen als letzte gelehrt, anfangs en face und danach in kleinen Posen.

Battement fondu

Das battement fondu kann durch Achtel- und Viertelwendungen erschwert werden. Die Wendung erfolgt im Moment des Überganges von der halben Spitze ins demi-plié mit gleichzeitigem Anlegen des Spielbeins in die Haltung sur le cou-de-pied. Sie kann en dehors und en dedans ausgeführt werden.

Die Elastizität und Auswärtsdrehung der Beine muß unbedingt erhalten bleiben. Arm-, Oberkörper- und Kopfbewegungen sind die gleichen wie beim battement fondu ohne Wendung. Insgesamt werden das fondu und die Wendung weich, leicht und sehr gebunden, mit einem klaren und bestimmten Abschluß in einer kleinen oder großen Pose ausgeführt.

Man lehrt dieses battement zuerst an der Stange mit Achtelwendungen. Zum Beispiel: zwei battements fondus effacés vor, zwei zur Seite en face; danach alles nach rück.

3/4-Takt (Walzer). Jedes fondu wird auf zwei Takte ausgeführt.

Danach läßt man das battement fondu mit Viertelwendungen ausführen. Zum Beispiel: zwei battements fondus effacés vor, zwei écartés vor, zwei effacés vor, zwei zur Seite en face. Anschließend alles nach rück. Takt und rhythmische Gliederung der Bewegung siehe erstes Beispiel.

Wenn die Schüler diese Übung an der Stange beherrschen, kann man sie im Freien ausführen lassen.

Neben dieser Art der Wendung gibt es noch eine andere Variante, bei der die Wendung gleichzeitig mit dem Öffnen des Spielbeins und dem Strecken und relevé des Standbeins auf halbe Spitze erfolgt. Alle übrigen Regeln zur Ausführung des battement fondu und der Wendung bleiben unverändert. Man kann diese Art nach dem gleichen Schema wie oben lehren.

Beide Wendungen können innerhalb einer Unterrichtskombination miteinander verbunden werden. Der Lehrer sollte solche Übungen jedoch nicht jeden Tag ausführen lassen. Beim Aufbau der Kombination ist darauf zu achten, daß nicht jedes fondu mit einer Wendung erfolgt.

Das battement double fondu kann ebenfalls mit einer halben Wendung erschwert werden. Die Wendung wird hier im ersten Teil des fondu ausgeführt d. h. in dem Augenblick, wenn das Standbein aus dem ersten demiplié gestreckt wird. Gleichzeitig wechselt das Spielbein die Haltung sur le cou-de-pied. Nach dem zweiten demi-plié wird das Spielbein wie gewöhnlich ohne Wendung geöffnet.

Diese Wendung muß mit einem elastischen und gebundenen Strecken des Standbeins aus dem demi-plié und einem gleichmäßigen Wechsel des sur le cou-de-pied ausgeführt werden. Arm-, Oberkörper- und Kopfbewegungen sind die gleichen wie beim double fondu ohne Wendung.

Dieses double fondu wird zuerst an der Stange und sofort mit einer halben Wendung en dedans und Öffnen des Spielbeins nach rück (beim zweiten demi-plié) ausgeführt, dann die gleiche Bewegung wieder zurück, mit einem Öffnen des Spielbeins in die II. Position; anschließend ist die gesamte Übung in die umgekehrte Richtung zu wiederholen.

Diese Übung wird anfangs en face ausgeführt und dann mit épaulement in kleinen Posen. Diese Reihenfolge sollte auch im Freien beibehalten werden.

$^4/_4$-Takt.

1. Viertel – demi-plié;
2. Viertel – halbe Wendung;
3. Viertel – demi-plié und Öffnen des Spielbeins;
4. Viertel – Strecken aus dem demi-plié.

Später kann jedes double fondu mit Wendung auf einen $^2/_4$-Takt erfolgen.

Abschließend sei nochmals betont, daß alle Arten von battements fondus mit Wendungen innerhalb einer Kombination gleichmäßig mit einfachen fondus abwechseln müssen. Eine solche Kombination darf auf keinen Fall mit Wendungen »überladen« werden. Unabdingbare Voraussetzung für das Erlernen des battement fondu mit Wendung ist, daß die Schüler alle für das fondu erforderlichen elementaren Bewegungen beherrschen. Ist diese Voraussetzung nicht gegeben, so darf das battement fondu mit Wendung nicht gelehrt werden.

Flic-flac

Das flic-flac wird mit einer ganzen Wendung en dehors und en dedans ausgeführt. Die Wendung beginnt mit dem flic, wenn das Spielbein zum ersten sur le cou-de-pied angelegt wird. Dabei erhebt sich das Standbein auf halbe Spitze und ermöglicht so den Beginn der Wendung. (Durch dieses vorzeitige relevé wird die Grundform des flic-flac verändert.) Der größte Teil der Wendung wird dann beim flac vollzogen, wenn der Spielbeinfuß das sur le cou-de-pied wechselt. Beim flic-flac en dehors wird das flic nach rück und beim flic-flac en dedans nach vor ausgeführt.

Die Arme werden im Moment der Wendung energisch aus der 2. in eine etwas tiefere 1. Position geführt. Auf diese Weise unterstützen sie die Wendung und geben dem Oberkörper, der aufrecht und angespannt gehalten wird, ausreichend Schwung. Der Kopf wird zu Beginn der Wendung etwas länger en face gehalten und dann schneller als der Oberkörper mit einer ganzen Wendung in die Ausgangshaltung gedreht. Auf diese Weise wendet er sich später als der Oberkörper aus der Ausgangshaltung und nimmt sie wieder vor dem Oberkörper ein. Das flic-flac mit Wendung muß im ganzen schnell und exakt ausgeführt werden. Alle Regeln zur Ausführung der Grundform bleiben unverändert.

Das flic-flac mit Wendung kann in großen Posen auf ganzem Fuß, auf halber Spitze oder im demi-plié enden. In jedem Falle muß das Spielbein energisch mit einem développé geöffnet werden.

Anfangs lehrt man das flic-flac mit Wendung in Verbindung mit einer ruhigen, gleichmäßigen Bewegung, z. B. mit einem battement fondu. Später kann es mit schnelleren Bewegungen, wie z. B. rond de jambe en l'air oder battement frappé, kombiniert werden. Im Adagio wird es als Verbindungselement oder als eine Form des Überganges von einer Pose in eine andere verwendet.

Battements divisés en quarts

Im klassischen Tanz gibt es eine Reihe von Wendungen, die mit einem fouetté ausgeführt werden. Mit Hilfe dieser Wendungen ist es möglich, von einer Pose in eine andere überzuwechseln, ohne daß das Spielbein ein grand rond de jambe en l'air ausführt. Das Spielbein wird dabei in der Raumrichtung bzw. Haltung fixiert, aus der das fouetté beginnt. Der Körper führt eine Viertelwendung oder halbe Wendung, en dehors oder en dedans, um die Körperachse aus. Das Spielbein muß währenddessen mit Kraft in der vorgegebenen Richtung gehalten werden, ohne daß die Fußspitze am Boden oder in der Luft von dem fixierten Punkt abweicht. Bei dieser Wendung dreht sich der Oberschenkel wie beim grand rond de jambe en l'air im Hüftgelenk.

Dieses fouetté von einer Pose in eine andere kann mit dem Spielbein am Boden und auf einer Höhe von 22°, 45° oder 90° ausgeführt werden. Die Höhe des Spielbeins darf mit der Endpose nicht verändert werden.

Mit Hilfe der folgenden, äußerst nützlichen Übung, den *battements divisés en quarts*, eignet sich der Schüler die Technik dieser Wendung an. Die Grundbewegungen sind battement développé und relevé auf halbe Spitze. Ausgangsposition der Beine – V., en face. Man führt ein battement développé nach vor ins demi-plié aus. Danach erfolgt gleichzeitig mit dem relevé auf halbe Spitze die Viertelwendung fouetté en dedans. Anschließend wird das Spielbein der Pose à la seconde fixiert. Um die gesamte Bewegung zu wiederholen, wird das Spielbein zur Haltung passé angewinkelt. Das Standbein bleibt auf halber Spitze. Dann kann die Bewegung wie beschrieben fortgesetzt werden.

Beim développé werden die Arme aus der vorbereitenden Haltung in die 1. Position geführt und während der Wendung in die 2. Position geöffnet. Mit dem Anlegen des Spielbeins an das Standbein werden sie wieder in die vorbereitende Haltung gesenkt. Der Oberkörper bewahrt während der gesamten Bewegung die angespannte, aufrechte Haltung und wendet sich zusammen mit dem Standbein. Der Kopf neigt sich beim port de bras aus der vorbereitenden Haltung in die 1. Position ein wenig nach vorn. Der Blick ist auf die Hände gerichtet. Bei der Wendung richtet sich der Kopf wieder auf.

Nach diesem Schema wird die Übung viermal mit insgesamt einer ganzen Drehung ausgeführt. Das erste développé beginnt aus der V. Position, die drei nächsten aus der Haltung passé. Die Übung wird mit einem Schließen des Spielbeins in die V. Position rück beendet und dann mit dem anderen Bein wiederholt. Die battements divisés en quarts en dehors werden mit einem battement développé nach rück und anschließender Wendung des Standbeins en dehors ausgeführt. Der Oberkörper neigt sich beim développé etwas nach vorn und richtet sich mit der Wendung wieder auf. Alle übrigen Regeln zur Ausführung der battements divisés en quarts bleiben unverändert.

Bei dieser Übung muß folgendes beachtet werden: Die Auswärtsdrehung der Beine, von der Hüfte bis zum Fuß, darf auf keinen Fall verringert werden; das Körpergewicht liegt immer auf dem Standbein; der Oberkörper ist angespannt und hochgezogen; die Arme werden plastisch und in einem Tempo mit der Bewegung des Kopfes geführt. Insgesamt wird diese Übung mit einer exakten, nicht zu schnellen und nicht zu langsamen Wendung ausgeführt.

Selbst die kleinsten Mängel oder Ungenauigkeiten in den Bewegungen des Standbeins, des Oberkörpers und der Arme sind unzulässig. Sollte es notwendig sein, Abweichungen des Körpers von der Senkrechten auszugleichen, dann darf dies nur mit Hilfe eines kurzen »Springens« auf halber Spitze bei völlig gestrecktem Standbein geschehen. In jedem Falle muß vermieden werden, das verlorene Gleichgewicht durch ein Balancieren mit dem ganzen Körper oder ein Herablassen von der halben Spitze wiederherzustellen.

4/4 – Takt.

1/4 – développé;

$1/4$ – Wendung;
$1/4$ – Fixieren der Pose à la seconde;
$1/4$ – Anwinkeln des Spielbeins zur Haltung passé.

Bei einem $3/4$-Takt (Walzer) erfolgt jede Bewegung auf einen Takt.

Man sollte diese Wendungen nicht eher lehren, bis die Schüler im Freien sicher das battement développé mit relevé auf halbe Spitze und demi-plié beherrschen. Die Übung battements divisés en quarts kann zu Beginn des Exercice im Freien ausgeführt werden. In einem solchen Fall muß das ganze Exercice im Freien kompakter und technisch schwieriger aufgebaut sein.

Die Voraussetzung für eine saubere und korrekte Ausführung dieser Übung wird durch eine sehr vereinfachte Form des fouetté geschaffen, bei der das Spielbein mit der Fußspitze auf den Boden aufgestellt ist. Man läßt diese Form zusammen mit battements tendus ausführen. Die Wendung erfolgt mit einer Standortverschiebung der Standbeinferse en dehors oder en dedans. Danach lehrt man das fouetté auf 45° zusammen mit dem double fondu. Die Wendung wird nach dem zweiten demi-plié während des Streckens des Standbeins und dem relevé auf halbe Spitze ausgeführt.

Später, als letzte Übung dieser Vorbereitungsetappe, wird das fouetté zusammen mit battements tendus in schnellerem Tempo und mit einem Wechsel der kleinen Posen ausgeführt. Die Wendung erfolgt in dem Moment, wenn sich das Spielbein öffnet. Sie wird durch exakte und zügige Bewegungen der Arme, des Kopfes und des Oberkörpers unterstützt.

Posen mit Wendung

Tour lent

Aus der Bezeichnung dieser Bewegung geht bereits hervor, daß diese Wendung im langsamen Tempo erfolgt. Sie wird mit Hilfe einer mehrmaligen Standortverschiebung der Standbeinferse (wie beim battement tendu) ausgeführt. Gleichzeitig fixiert man eine beliebig große Pose.

Die Wendungen werden gewöhnlich auf einem ganzen Kreis en dehors und en dedans ausgeführt. Die Standbeinferse wird gleichmäßig und elastisch verschoben. Dieses Umsetzen sollte nicht zu weit und auch nicht zu wenig vom Platz erfolgen. Es ist ratsam, die Standbeinferse bei diesen Wendungen nicht öfter als viermal umzusetzen. Die Wendung der gesamten Pose muß fließend und leicht, rhythmisch korrekt und in Übereinstimmung mit der dafür vorgesehenen musikalischen Phrase ausgeführt werden. Selbstverständlich muß die Pose während der Wendung richtig und mit Aplomb gehalten werden.

Die Bewegung des Kopfes hängt bei dieser Wendung von der auszuführenden Pose ab. Bei allen arabesques zum Beispiel bleibt der Kopf unbeweglich. Dagegen wird der Kopf bei allen anderen Posen mit einem in die IV. Position croisée vor oder rück geöffneten Spielbein so lange in der Ausgangshaltung fixiert, bis die Pose die Haltung effacée erreicht hat. In diesem Augenblick wechselt der Kopf die Seite und bleibt in dieser Haltung bis zum Ende der Wendung. Nach dem gleichen Prinzip wird der Kopf bei der tour lent en dehors in der Pose écartée vor und en dedans in der Pose écartée rück gewendet. Bei der tour lent in der Pose à la seconde wird er wie bei den Wendungen in den Posen écartées, jedoch etwas weniger zur Seite gedreht, geführt und gehalten. Arme, Oberkörper und Spielbein müssen während der Wendung in der Regel völlig unbeweglich fixiert werden. Es ist jedoch möglich, diese Wendung durch andere Elemente zu ergänzen, zum Beispiel durch ein demi-plié. Das demi-plié kann während der ganzen tour lent beibehalten oder nur am Ende oder Anfang der Wendung ausgeführt werden. Eine andere Möglichkeit, die tour lent zu ergänzen, besteht in der Ausführung verschiedener ports de bras. Zum Beispiel kann in der 1. arabesque der vordere Arm während der Wendung zur 1. Position abgerundet und etwas gesenkt werden. Am Ende der tour lent geht er wieder ins allongé.

Ein weiteres Beispiel: Die tour lent kann in der 1. arabesque beginnen und z. B. in der 2. arabesque enden. Der Wechsel der Armpositionen muß rechtzeitig begonnen und beendet werden. Ein Arm wird direkt aus der 1. in die 2. Position und der andere aus der 2. über die vorbereitende Haltung in die 1. Position geführt. Der Kopf neigt sich bei diesem port de bras leicht nach vorn wendet sich allmählich zur vorderen Schulter und nimmt am Ende der tour lent die der 2. arabesque entsprechende Haltung ein. Die Oberkörperbiegung wird etwas verstärkt. Die Schulter des in die 2. Position geöffneten Armes wird etwas mehr nach unten und nach rück gezogen. Nach diesem Schema können mit Hilfe des entsprechenden port de bras alle arabesques während der tour lent miteinander verbunden werden.

Auf die gleiche Weise können auch attitudes und arabesques eingesetzt werden. So kann z. B. die tour lent in einer attitude beginnen und mit einer arabesque enden oder umgekehrt. Oder man beginnt die Wendung in der Pose écartée mit gewöhnlicher Armhaltung und endet mit einem Wechsel eines Armes aus der 2. in die 3. Position und des anderen aus der 3. über die 1. in die 2. Position.

Alle Wendungen können en dedans und en dehors ausgeführt werden. Die ports de bras und Veränderungen der Oberkörper- und Kopfhaltungen müssen sehr gebunden und ruhig erfolgen.

Es ist sehr nützlich, der tour lent eine große Pirouette folgen zu lassen. Bei dieser Variante wird das Tempo des letzten Viertels der tour lent etwas angezogen und das Ende der tour lent im demi-plié ausgeführt. Dieses demi-plié darf nicht fixiert werden, da es sonst nicht möglich ist, für die große Pirouette Schwung zu nehmen.

Die tour lent wird zuerst aus Gründen der Zweckmäßigkeit in der Pose à la seconde en dehors auf einem Halbkreis gelehrt. Dieser Halbkreis wird in vier gleiche Teile aufgeteilt. Bei der Wendung muß jede dieser vier Richtungen fixiert werden, damit der Schüler genügend Zeit hat, die Arbeit des Standbeins zu kontrollieren und sich richtig anzueignen. Während dieser Pausen sind ebenso aufmerksam eventuelle Mängel in der gesamten Haltung zu korrigieren. 3/4-Takt (langsamer Walzer).

1. und 2. Takt – relevé lent in eine bestimmte Pose;
3. Takt, 1. Viertel – Wendung,
2. Viertel – Pause,
3. Viertel – Pause,
4. bis 6. Takt – Wiederholung des 3. Taktes;
7. Takt – relevé auf halbe Spitze;
8. Takt – Spielbein und Arme kehren in die Ausgangsposition zurück.

Dann wird die gesamte Übung auf dem zweiten Halbkreis ebenfalls en dehors wiederholt. Anschließend wird alles mit dem anderen Bein ausgeführt.

Zum Schluß muß diese Übung mit den Wendungen en dedans erarbeitet werden.

Als nächstes lehrt man die tour lent in der Pose à la seconde auf einem ganzen Kreis. Wenn die Schüler diese Form korrekt und standfest ausführen, kann man zu den anderen Posen übergehen und sie in folgender Reihenfolge lehren: 1. arabesque, Posen mit dem Spielbein in der IV. Position vor, attitudes, 2. und 3. arabesque. Charakter der musikalischen Begleitung: Adagio; 3/4-, 4/4- oder 6/8-Takt. Jede tour lent wird gewöhnlich auf zwei Takte ausgeführt. Der Zeitpunkt für die Übernahme dieser Wendungen in das Adagio hängt davon ab, inwieweit die Schüler die tour lent einzeln beherrschen. Gestattet das Können der Schüler diese Maßnahme, dann muß die tour lent im Adagio unter erschwerten Bedingungen weiter vervollkommnet werden. Zu diesem Zweck läßt man während der tour lent ein demi-plié, verschiedene ports de bras, Veränderungen im Aufbau der Posen oder einen Wechsel der Posen ausführen.

Die Wendung fouetté

In der Grundübung battements divisés en quarts wurde bereits die Wendung fouetté beschrieben. Das Ziel dieses Abschnittes ist es, auf verschiedene technische Aspekte bei einem fouetté von einer Pose in eine andere näher einzugehen.

Das fouetté kann en dedans und en dehors, im langsamen oder schnellen Tempo ausgeführt werden. Bei einem langsamen fouetté erfolgt die Wendung mit Hilfe einer Standortverschiebung der Standbeinferse (wie bei der tour lent), bei einem schnellen fouetté mit einem relevé auf hohe halbe Spitze.

Das Spielbein kann auf unterschiedliche Art in die Ausgangsposition für das fouetté geöffnet werden, z. B. durch ein battement développé, battement relevé lent, grand battement jeté, pas glissé, pas tombé usw. Das fouetté selbst wird entweder mit gestrecktem Spielbein oder mit einem Anwinkeln des Spielbeins zur Haltung passé und anschließendem Strecken ausgeführt. Das Standbein kann während der gesamten Wendung gestreckt bleiben oder das fouetté im demi-plié beginnen bzw. beenden.

Die Arm-, Oberkörper- und Kopfbewegungen können während des fouetté sehr unterschiedlich sein. In jedem Falle müssen sie aber den Regeln des port de bras entsprechen.

Eine weitere Besonderheit des fouetté besteht darin, daß mit einem nach vor geöffneten Spielbein nur eine Wendung en dedans möglich ist oder umgekehrt, mit einem nach rück geöffneten Spielbein nur en dehors. Aus der II. Position kann das fouetté en dedans und en dehors ausgeführt werden. Es kann mit einer Viertelwendung bis zu einer ganzen Wendung erfolgen.

Mit den folgenden Beispielen werden einige Grundformen und Varianten des fouetté gegeben, wie sie sich in der Unterrichtspraxis eingebürgert haben.

Aus der *Pose à la seconde* (Abb. 144) kann eine langsame Viertelwendung en dedans in die 2. arabesque ausgeführt werden. Die Standbeinferse wird gleichzeitig mit dem Strecken aus dem demi-plié einmal umgesetzt. Das Spielbein bleibt gestreckt und wird genau in der Ausgangsposition (in bezug auf das Raumdiagramm) fixiert. Der Oberkörper wendet sich ins Profil. Der rechte Arm wird durch die vorbereitende Haltung in die 1. Position und der linke etwas nach rück geführt. Der Kopf nimmt die übliche Haltung ein.

Das fouetté muß sehr gebunden und ruhig, ohne jegliche Verzögerungen oder ruckartige Bewegungen erfolgen. Der Übergang von der Ausgangs- in die Endpose ist exakt und überzeugend auszuführen.

144 *Variante des fouetté mit Hilfe der tour lent und mit Viertelwendung*

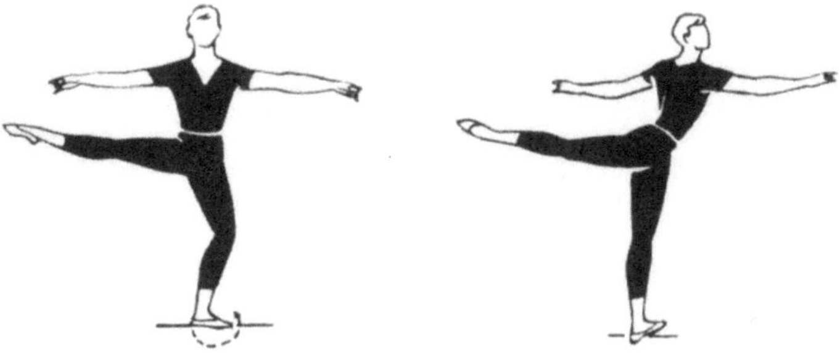

1 2

145 *Variante des fouetté mit Hilfe der tour lent und mit Dreiviertelwendung*

1 2 3

146 *Variante des fouetté über relevé auf halber Spitze mit Viertelwendung*

3 2 1

Variante des fouetté über relevé auf halber Spitze mit ganzer Wendung 147

3 2 1

Aus der 3. *arabesque* (Abb. 145) wird eine langsame Dreiviertelwendung en dehors in die Pose croisée vor ausgeführt. Die Standbeinferse wird dreimal gleichmäßig umgesetzt. Beim letztenmal geht das Standbein ins demi-plié. Das Spielbein wird ruhig durch die II. Position geführt. Der Oberkörper ist angespannt und hochgezogen, und die Arme werden gleichmäßig und gebunden in die Endhaltung übertragen: Der rechte Arm wird in die 2. Position und der linke in die 3. Position geführt. Der Kopf wendet sich gleichzeitig mit dem port de bras zur vorderen Schulter.

Der Charakter dieses fouetté ist ebenfalls sehr ruhig und gebunden. Aber im Unterschied zum ersten Beispiel wird das Spielbein hier nicht in der Ausgangsposition fixiert, sondern mit einem kleinen rond zusammen mit der Wendung des ganzen Körpers in die IV. Position übertragen.

Aus der *Pose effacée vor* (Abb. 146) kann eine Viertelwendung en dedans in die attitude effacée rück über ein relevé auf hohe halbe Spitze ausgeführt werden. Das relevé erfolgt mit einem leichten Abstoß in die Wendung. Die Wendung wird insgesamt sehr gebunden und etwas energischer ausgeführt. In der Kulmination des relevé ist der Körper hochgezogen und angespannt.

Aus der 3. *arabesque* (Abb. 147) erfolgt eine ganze Wendung en dehors über das relevé in die Pose écartée vor. Das relevé wird mit einem Abstoß aus dem demi-plié in die Wendung ausgeführt. Während der Wendung wird das Spielbein zur Haltung passé angewinkelt und in die II. Position gestreckt. Der Oberkörper ist aufrecht. Am Ende der Wendung neigt er sich etwas vom Spielbein. Die Arme werden während des fouetté in eine niedrigere 1. Position geführt. Mit dem letzten Viertel der Wendung öffnet sich der dem Spielbein entsprechende Arm in die 3. und der andere in die 2. Position. Der Kopf neigt sich ein wenig zu den Händen, die in der 1. Position gehalten werden. Mit dem port de bras in die große Pose wird er zur vorderen Schulter gewendet.

Bei allen fouettés müssen die elementaren Regeln der Bewegungen der Beine, der Arme, des Kopfes und des Oberkörpers genauestens befolgt werden. Das Körpergewicht liegt immer auf dem Standbein. Die Schultern und Hüften bilden eine Linie. Während des rond über die II. Position darf das Spielbein nicht gesenkt werden, unabhängig davon, ob es gestreckt bleibt oder zum Stand bein angewinkelt wird (bei der Haltung passé zeigt der Oberschenkel immer in die II. Position). Die unterschiedliche Plastik der Anfangs- und Endpose, der Kontrast zwischen beiden Posen, muß deutlich wiedergegeben werden.

Alle angeführten Beispiele sind unbedingt auch in die umgekehrte Richtung auszuführen. Dabei wechseln fouettés mit gestrecktem Spielbein mit fouettés über die Haltung passé miteinander ab. Im allgemeinen sollte man versuchen, innerhalb der entsprechenden Unterrichtskombinationen die Posen und verschiedenen Arten von Wendungen auf sehr mannigfaltige Art und Weise miteinander zu verbinden.

Grand fouetté

Das grand fouetté ist eine besondere Form des fouetté und wird nur in einer einzigen unveränderbaren Art ausgeführt. Der Charakter stimmt mit dem eigentlichen Sinn der französischen Bezeichnung fouetté überein (fouet, franz. – Peitsche; fouetter – peitschen).

Das grand fouetté wird mit einem grand battement jeté und einer ganzen Wendung en dehors oder en dedans ausgeführt. Das Spielbein wird in beiden Fällen durch die I. Position in die Drehrichtung geworfen, bei en dehors hinter den Körper, bei en dedans vor den Körper. Durch den Charakter und die Form dieser Bewegung erhält der Terminus »grand fouetté« seine Rechtfertigung.

Grand fouetté en dedans: Dieses fouetté beginnt aus der Pose à la seconde (rechtes Bein Standbein) und endet in der 3. arabesque. Als Ausgangshaltung können ebenfalls verschiedene andere Posen gewählt werden. Die jedoch in jedem Falle dem Tempo nach günstigste Grundbewegung für dieses fouetté ist das grand battement jeté. Es beginnt aus dem demi-plié, V. Position oder sur le cou-de-pied. Gleichzeitig mit dem Beinwurf in die II. Position erhebt sich das Standbein auf hohe halbe Spitze. In der II. Position wird das Spielbein einen Augenblick fixiert. Dadurch erhält diese Bewegung den Charakter eines besonderen trampolinartigen Ansatzes zur bevorstehenden Wendung. Danach muß das Standbein gleichzeitig mit dem Wurf des Spielbeins (in die IV. Position vor) durch die I. Position mit einer Viertelwendung en dedans ins demi-plié abgesetzt werden. Diese Bewegung des Standbeins erfolgt mit einem energischen, elastischen und ununterbrochenen Schwung in die Wendung. Das battement jeté in die IV. Position vor wird mit einem zweiten relevé auf halbe Spitze zu Ende geführt. Anschließend erfolgt ohne Pause eine halbe Wendung des Oberkörpers mit Absetzen des Standbeins ins weiche demi-plié. Mit dem Wurf des Spielbeins durch die I. Position muß die Körperwendung bereits so weit vollzogen sein, daß das anschließende Erhöhen des Spielbeins in der IV. Position zu Punkt 4 des Raumdiagramms erfolgen kann. Das Spielbein gleitet mit dem ganzen Fuß durch die I. Position. In der IV. Position muß das Spielbein bis zum Abschluß des fouetté genau in einer Raumrichtung fixiert werden. Bei der Drehung um seine Längsachse wird es ein wenig erhöht. Das Erhöhen geschieht wie eine leichte Gegenbewegung zum Absetzen des Standbeins ins demi-plié.

Während des battement in die II. Position werden beide Arme ebenfalls mit nach unten gerichteten Handflächen in die 2. Position geworfen. Gleichzeitig mit dem Spielbeinwurf durch die I. in die IV. Position werden die Arme im gleichen Tempo über die vorbereitende Haltung und 1. in die 3. Position geführt. Diese Haltung stellt eine mit dem Rücken nach Punkt 8 gerichtete Übergangspose, Spielbein in der IV. Position vor, dar. Mit der abschließenden Wendung des Oberkörpers werden die Arme in die 3. arabesque geöffnet. Der Oberkörper ist bei der Wendung aufrecht und angespannt. Am Ende der Wendung neigt er sich ein wenig in der für die 3. arabesque typischen Art nach vorn. Der Kopf vervollständigt durch eine entsprechende Wendung nach Punkt 8 die Wendung des Oberkörpers. Das grand fouetté muß insgesamt in einem Tempo, mit einer klaren und exakten Raumzeichnung und einer leichten Wendung ausgeführt werden (Abb. 148). Das grand fouetté en dedans kann in einigen Details verändert wer-

Grand fouetté en dedans **148**

den: 1. Die Ausgangspose à la seconde kann durch die Pose écartée vor ersetzt werden; 2. anstatt in der 3. arabesque kann das grand fouetté in der großen Pose attitude croisée enden; 3. der Wurf des Spielbeins durch die I. in die IV. Position kann ohne demi-plié erfolgen; 4. die gesamte Wendung kann um eine Viertelwendung vergrößert werden, so daß das grand fouetté in der 1. arabesque oder großen Pose attitude effacée endet. Zu diesen Varianten darf man erst übergehen, wenn die Schüler die akademische Grundform beherrschen und sie ohne nennenswerte Fehler in den Unterrichtskombinationen ausführen können.

Grand fouetté en dehors: Es beginnt ebenfalls aus der Pose à la seconde (rechtes Bein Standbein), endet jedoch in der Pose croisée vor. Die Wendung des Standbeins und des gesamten Körpers erfolgt en dehors mit einem Wurf des Spielbeins durch die I. in die IV. Position nach rück zu Punkt 2.

Beim ersten Öffnen des Spielbeins in die II. Position werden die Arme in die 2. Position geworfen. Anschließend gleiten sie, in einem Tempo mit dem battement des Spielbeins in die IV. Position, durch die vorbereitende Haltung über die 1. in die 3. Position. Danach nehmen sie eine Schlußpose ein, die der Pose croisée vor entspricht.

Der Oberkörper bleibt im Prinzip immer aufrecht. Lediglich beim battement des Spielbeins durch die I. Position nach rück neigt er sich ein wenig nach vorn. Gleichzeitig mit der Körperwendung in die Pose croisée vor richtet er sich wieder auf und nimmt die entsprechende Abschlußhaltung ein. Der Kopf wird zusammen mit dem Oberkörper in die Abschlußpose gewendet.

Alle beim grand fouetté en dedans beschriebenen Detailveränderungen können ebenfalls beim grand fouetté en dehors ausgeführt werden. Abschließend muß nochmals betont werden, daß man mit dem Erlernen aller Arten von Wendungen mit Hilfe des fouetté erst dann beginnen darf, wenn die Schüler in ausreichendem Maße die Übung battement divisé en quarts beherrschen. Durch diese Übung erhält der Schüler die notwendigen Grundlagen und Voraussetzungen für eine richtige Aneignung der Technik und des Charakters aller Wendungen fouetté, besonders der großen Formen.

Die Wendung renversé

Die Wendung des Körpers ist bei dieser Bewegung mit einem Zurückwerfen bzw. Überkippen des Oberkörpers verbunden (renverser, franz. – umwerfen, umstülpen). In der Praxis sind zwei Formen gebräuchlich: *renversé en attitude* und *renversé en écartée*.

Renversé en attitude: Ausgangshaltung – attitude croisée rück (linkes Bein Standbein). Zuerst wird ein demi-plié mit anschließendem energischem relevé auf halbe Spitze in die Wendung en dehors ausgeführt. Darauf folgt bei gleichzeitiger Weiterführung der Wendung ein pas de bourrée in die gleiche Richtung mit Beinwechsel. Der pas de bourrée endet in der V. Position croisée im demi-plié.

Mit dem ersten demi-plié neigt sich der Oberkörper um 45° nach vorn. Während des relevé richtet er sich energisch bis zur Ausgangshaltung auf, wobei der Rücken verstärkt nach hinten durchgebogen wird. Beim Einsetzen des Spielbeins in die V. Position zu Beginn des pas de bourrée wird die Rückenbiegung verstärkt (der Oberkörper »kippt« praktisch nach hinten über). Mit dem zweiten Übertreten richtet sich der Oberkörper wieder auf, so daß er rechtzeitig zum abschließenden demi-plié in die absolut senkrechte Haltung gebracht werden kann.

Wenn sich der Oberkörper zu Beginn des Bewegungsablaufes nach vorn beugt, bleiben die Arme in der Ausgangshaltung, d. h., sie neigen sich ebenfalls nach vorn. Danach wird gleichzeitig mit dem relevé der rechte Arm aus der 3. über die 1. und 2. wieder in die 3. Position geführt. Der linke Arm bleibt in der 2. Position. Mit dem ersten Übertreten wird der linke Arm in die 1. Position geführt. Beim zweiten Übertreten fixieren beide Arme die 1. Position. Während des abschließenden demi-plié werden sie in die vorbereitende Haltung gesenkt.

Der Kopf wird beim ersten demi-plié geradeaus gerichtet (im Verhältnis zum Oberkörper) und zusammen mit dem Oberkörper etwas nach vorn geneigt. Beim relevé nimmt er wieder die Ausgangshaltung ein. Wenn man zum ersten Mal vom Standbein auf das Spielbein übertritt, wird der Kopf etwas in der Profilhaltung fixiert. Erst beim zweiten Übertreten beginnt er sich in die Abschlußhaltung zu wenden, die er gleichzeitig mit dem letzten demi-plié einnimmt (Abb. 149).

Das renversé en attitude muß sehr verbunden ausgeführt werden. Es ist darauf zu achten, daß das relevé zeitlich mit dem Beginn der Wendung zusammenfällt, daß der Oberkörper aktiv die Wendung weiterführt und daß das »Überkippen« nach hinten und Aufrichten des Oberkörpers elastisch und beherrscht verlaufen.

Arme und Kopf müssen zusammen mit dem Oberkörper und den Beinen aktiv die Wendung ausführen. Dabei ist eine optimale Verbundenheit aller Bewegungsabläufe anzustreben. Alle elementaren Regeln zur Ausführung der Arm,- Bein-, Oberkörper- und Kopfbewegungen sind genauestens zu befolgen.

Beim renversé en attitude sind noch folgende variierte Formen der Armbewegungen möglich:

149 *Renversé en attitude*

1 2 3

1. Während sich der Oberkörper nach vorn beugt, werden beide Arme in der 1. Position vereint. Dann, mit Beginn der Wendung, wird der dem Spielbein entsprechende Arm über die 2. in die 3. Position geführt und der andere in die 2. Position geöffnet. Alle weiteren Armbewegungen entsprechen denen der Grundform.

2. Während sich der Oberkörper nach vorn beugt, werden beide Arme in der 1. Position vereint. Danach wird der dem Standbein entsprechende Arm in die 3. Position geführt und der andere in die 2. Position geöffnet. Während der Wendung öffnet sich der dem Standbein entsprechende Arm in die 2. Position und senkt sich am Ende des pas de bourrée zusammen mit dem anderen in die vorbereitende Haltung.

Manchmal beginnt das renversé en attitude auch aus der attitude effacée. In einem solchen Falle wird das erste relevé auf halbe Spitze mit einer Viertelwendung en dehors ausgeführt.

Das renversé en attitude kann auch en dedans aus der attitude croisée oder effacée vor gelehrt werden. Der Oberkörper wird hier ebenfalls beim ersten demi-plié nach vorn geneigt und dann nach hinten »übergekippt«. Arm- und Kopfbewegungen bleiben unverändert. Das relevé erfolgt mit gleichzeitiger Wendung en dedans und der pas de bourrée mit umgekehrten Haltungen sur le cou-de-pied.

Diese Form des renversé (en dedans) kann auch auf folgende Art und Weise mit einem fouetté ausgeführt werden. Ausgangshaltung – Pose croisée vor (linkes Bein Standbein). Gleichzeitig mit dem demi-pilé neigen sich Kopf und Oberkörper nach vorn. Die Arme werden in die 1. Position geführt. Während des anschließenden relevé auf halbe Spitze richtet sich der Oberkörper energisch auf und führt zusammen mit dem Standbein eine Viertelwendung en dedans aus. Das Spielbein darf während der Ausführung des fouetté weder Richtung noch Ort verändern. Arme und Kopf neh-

4 5 6

men ebenso wie die Beine die Pose écartée vor ein. Danach wird das Spielbein aus der II. Position mit einer gleichzeitigen Viertelwendung vor das Standbein eingesetzt und das andere Bein sur le cou-de-pied rück angelegt. Der Oberkörper »kippt« nach hinten über. Der rechte Arm wird aus der 2. in die 1. Position geführt, der andere bleibt in der 3. Position. Der Kopf wird in der Ausgangshaltung fixiert. Beim zweiten Übertreten richtet sich der Oberkörper wieder auf, und beide Arme werden in die 1. Position geführt. Der Kopf beginnt sich, wie schon bei den vorhergegangenen Formen beschrieben, auf die andere Seite zu wenden. Die gesamte Bewegung wird wie üblich beendet.

Diese sehr schwere Bewegung wird anfangs nur mit einer leichten Rückneigung des Oberkörpers gelehrt. Der Grad des »Überkippens« und der Krafteinsatz werden dann allmählich bis zur Endform gesteigert. Es empfiehlt sich, in der ersten Etappe des Erlernens das Spielbein aus der V. Position zur Ausgangspose anzuheben. Später kann man das renversé en attitude auch aus einem pas tombé in die IV. oder II. Position beginnen. Zum Beispiel: développée croisé vor, pas tombé croisé vor in die Pose attitude croisée rück und aus dem demi-plié, mit dem dieser Übergang beendet ist; relevé auf halbe Spitze und in der Folge alle weiteren bekannten Elemente des renversé.

Wenn die Schüler die Grundformen des renversé beherrschen, kann man die Varianten, die mit einem fouetté ausgeführt werden, in den Unterricht einführen.

Renversé en écartée: Diese Bewegung wird mit einer ganzen Wendung ausgeführt. Sie beginnt aus der 4. arabesque (nach Punkt 2) und endet in der Pose écartée rück nach Punkt 4 des Raumdiagrammes. Die Wendung erfolgt en dedans, auf hoher halber Spitze und ohne vorbereitendes demi-

150 *Renversé en écartée*

1 2 3

plié. Dabei wird das Spielbein zur Haltung passé angewinkelt. Der Abschluß der Wendung erfolgt durch ein elastisches Absetzen der Standbeinferse auf den Boden, mit gleichzeitigem Öffnen des Spielbeins in die Pose écartée rück (nach Punkt 4).

Zu Beginn der Wendung neigt sich der Oberkörper energisch zum Knie des Spielbeins. Danach richtet er sich mit Kraft wieder auf und neigt sich schnell und leicht, ohne das Tempo der Bewegung zu verlangsamen, in die entgegengesetzte Seite, vom sich öffnenden Spielbein weg. in dieser Haltung wird er bis zum Ende der Bewegung fixiert. Die Arme werden mit der Wendung energisch in eine etwas tiefere 1. Position geführt und am Ende der Bewegung ebenso aktiv in die 3. Position angehoben. Der Kopf neigt sich zu Beginn des renversé mit dem Oberkörper zum Spielbeinknie. In dem Augenblick, wenn sich der Oberkörper in die entgegengesetzte Seite neigt, wird der Kopf etwas länger in der alten Haltung fixiert. Danach muß er um so schneller die Wendung ausführen, damit er noch vor dem Oberkörper die Abschlußhaltung einnehmen kann (Abb. 150).

Diese Form des renversé wird energisch, mit einer elastischen Oberkörperwendung und einer exakten, schnellen Drehung des Kopfes ausgeführt. Die Armbewegungen müssen sehr bestimmt und eindeutig sein. Der Abschluß in der Pose écartée ist mit einem festen Haltepunkt in der entsprechenden Raumrichtung und einem überzeugenden Aplomb auszuführen. Das renversé en écartée en dedans wird erst in der vorletzten bzw. letzten Klasse gelehrt. Das renversé en écartée en dehors wird nicht praktiziert.

Tänzerische Schritte mit Wendung

Pas dégagé

Die Wendung erfolgt beim pas dégagé durch ein fouetté am Ende des Überganges von einem Bein auf das andere. Sie kann mit einer Viertelwendung aus der II. in die IV. Position und mit einer halben Wendung aus der IV. in die IV. Position ausgeführt werden. Das Standbein beginnt sich im Moment der Streckung aus dem demi-plié durch ein einmaliges Verschieben der Standbeinferse (entweder en dehors oder en dedans) zu drehen. Das Spielbein muß sich mit Beginn der Wendung aus dem demi-plié durchstrecken. Danach wird es mit der Fußspitze am Boden fest an einem Punkt fixiert.

Oberkörper, Arme und Kopf nehmen vor und nach der Wendung eine kleine Pose ein. Während der Wendung wechseln sie fließend die Haltung. Alle übrigen Regeln zur Ausführung des pas dégagé bleiben vollständig erhalten.

Der pas dégagé mit Wendung wird im Freien gelehrt und im Adagio als Übergangselement von einer Pose in eine andere verwendet. Zuerst erlernen die Schüler die Viertelwendung mit Übergang aus der II. in die IV. Position bzw. umgekehrt, dann die halbe Wendung aus der IV. in die IV. Position.

Pas glissé

Bei dieser Bewegung erfolgt eine Viertelwendung in der V. Position in dem Augenblick, wenn sich beide Beine auf halbe Spitze erheben (relevé – pas glissé). Sie beginnt aus dem croisé und endet im effacé mit einem leichten Ausschleifen des Spielbeins in die IV. Position vor, rück oder ins écarté.

Arme, Oberkörper und Kopf verändern ihre Haltungen entsprechend der auszuführenden Pose. Die kleine Pose wird bereits während der Wendung eingenommen und beim Ausschleifen des Spielbeins fixiert. Das relevé mit Wendung, das Ausschleifen ins abschließende demi-plié und die Arm-, Oberkörper- und Kopfbewegungen müssen sehr gebunden, weich und exakt ausgeführt werden.

Diese Art von Wendungen kann mit Hilfe folgender Übung gelehrt werden: pas glissé mit Wendung ins effacé vor; pas glissé ohne Wendung wiederholen, mit Abschluß auf halber Spitze und demi-plié in der V. Position; battement tendu ins écarté rück mit Positionswechsel. Danach wird die Übung mit dem anderen Bein wiederholt. Insgesamt muß die Übung viermal nach vor und viermal nach rück ausgeführt werden. Später kann sie nach dem gleichen Schema écarté gelehrt werden.

In beiden Fällen müssen Arme, Oberkörper und Kopf in Übereinstimmung mit den verwendeten kleinen Posen geführt werden.

Pas tombé

Der pas tombé mit Wendung wird mit Hilfe eines fouetté beim Fall auf das geöffnete Bein ausgeführt. Er kann mit einer Viertelwendung oder einer halben Wendung, en dehors und en dedans erfolgen.

Zum Beispiel: Ausgangspose – kleine Pose vor und tombé fouetté vor mit Viertelwendung en dehors in die 1. arabesque. Eine halbe Wendung kann aus der 3. arabesque in die Pose attitude effacée mit dem Rücken diagonal nach vorn ausgeführt werden.

Das tombé und die Wendung geschehen gleichzeitig und gebunden. Die Anfangs- und Endposen müssen exakt und bewußt fixiert werden. Diese Form des pas tombé muß insgesamt sehr gleichmäßig und unter Beachtung aller für die Grundform gültigen Regeln erfolgen.

Zuerst lehrt man den pas tombé mit einer Viertelwendung und einer halben Wendung in kleinen Posen und danach in der gleichen Reihenfolge in großen Posen. Am besten können sich die Schüler diese Wendungen im Adagio aneignen, in der Art eines Überganges von einer Pose in eine andere.

Der pas tombé am Platz durch die V. Position kann ebenfalls mit einer Viertelwendung en dehors und en dedans ausgeführt werden. In diesem Falle erfolgt die Wendung im Moment des Überganges von einem Bein auf das andere, d. h. auf dem Bein, mit dem die gesamte Bewegung beginnt und das in die V. Position eingesetzt wird. Mit dieser Wendung wird gewöhnlich das épaulement für die darauffolgende Bewegung gewechselt. Sie wird zusammen mit dem battement fondu und anderen elementaren Übungen an der Stange und im Freien gelehrt.

Pas de bourrée

Alle uns bereits bekannten Arten des pas de bourrée können mit Wendungen ausgeführt werden. Die Haltungen der Beine, Arme, des Oberkörpers und Kopfes bleiben die gleichen wie beim pas de bourrée ohne Wendung. Die Auswärtsdrehung der Beine, das geschmeidige und sichere Übertreten auf hohe halbe Spitze, die exakte Haltung sur le cou-de-pied und die Verbundenheit und Genauigkeit der Wendung müssen ebenso aufmerksam beachtet werden.

Pas de bourrée mit Beinwechsel: Die Wendung erfolgt bei dieser Bewegung mit insgesamt einer ganzen Drehung. Sie wird während des zweimaligen Übertretens auf halbe Spitze mit jeweils einer halben Wendung auf folgende Art und Weise ausgeführt: Ausgangsposition der Beine – V., rechtes Bein vorn, épaulement croisé; auf dem rechten Bein erfolgt ein demi-plié, und das linke wird gleichzeitig sur le cou-de-pied rück angelegt. Beim ersten Übertreten auf das linke Bein wird eine halbe Wendung über links (en dedans) ausgeführt. Die zweite halbe Wendung nach links (en dehors) erfolgt mit dem Übertreten auf das rechte Bein. Die Richtung der ersten Wendung ist maßgebend für die Bezeichnung (en dedans oder en dehors) dieses pas de bourrée en tournant.

Bei der Ausführung sind folgende Details besonders zu beachten: Das Spielbein wird während des pas de bourrée jedesmal sur le cou-de-pied vor angelegt; beim zweiten Übertreten ist die II. Position so weit zu verkürzen, daß die Wendung mit ausreichender Standfestigkeit und Exaktheit ausgeführt werden kann; das abschließende demi-plié erfolgt in der Haltung épaulement croisé.

Für die Arm- und Oberkörperbewegungen gelten die bereits von der Grundform her bekannten Regeln. Der Kopf wird bei der ersten Wendung etwas länger en face fixiert und mit der zweiten Wendung sofort zur Ausgangsposition auf die andere Seite gedreht.

Der pas de bourrée en dehors beginnt ebenfalls aus der V. Position, rechtes Bein vorn, épaulement croisé. Das einleitende demi-plié erfolgt auf dem linken Bein. Dann tritt man mit einer halben Wendung über das linke (en dehors) auf das rechte Bein über. Die zweite halbe Wendung nach links (en dedans) erfolgt mit dem Übertreten auf das linke Bein. Das Spielbein wird während des pas de bourrée jedesmal sur le cou-de-pied rück angelegt. Arm-, Oberkörper- und Kopfbewegungen sind die gleichen wie beim pas de bourrée en tournant en dedans.

Der pas de bourrée en tournant kann ebenfalls aus einer beliebigen Pose begonnen werden. In einem solchen Fall wird das geöffnete Bein mit gleichzeitigem Strecken des Standbeins aus dem demi-plié sur le cou-de-pied angelegt. Der darauf folgende Bewegungsablauf bleibt unverändert. Das demi-plié auf dem Standbein kann auch mit geöffneter Spielbeinhaltung erfolgen. Bei dieser Variante wird das erste Übertreten auf halbe Spitze vom Platz in die Richtung des geöffneten Spielbeins ausgeführt. Das Übertreten muß mit einer großen Fortbewegung in der Art eines weiten pas dégagé erfolgen. Beide halbe Wendungen werden wie üblich ausgeführt. Diese Form des pas de bourrée sollte zuerst einzeln gelehrt werden. Später kann sie als Verbindungselement in die Unterrichtskombination aufgenommen werden.

Pas de bourrée ohne Beinwechsel: Die Wendung erscheint hier nur als ein Wechsel des épaulement (eine Viertelwendung) und erfolgt beim ersten Übertreten der Beine. Dieser pas de bourrée kann in der IV. oder II. Position viermal hintereinander in ein und dieselbe Richtung mit insgesamt einer ganzen Wendung ausgeführt werden. Dabei erfolgen die erste und dritte Wendung en dehors und die zweite und vierte en dedans. In der Unterrichtspraxis wird jedoch die Bezeichnung der Drehrichtung des ganzen Kreises durch die Richtung der ersten Wendung bestimmt. Arm-, Oberkörper- und Kopfbewegungen sind die gleichen wie bei den bereits beschriebenen Formen des pas de bourrée. Der pas de bourrée en tournant ohne Beinwechsel wird zuerst nur mit einem Wechsel des épaulement und dann auf einem ganzen Kreis gelehrt.

Pas de bourrée dessus-dessous: Diese Bewegung wird mit zwei ganzen Wendungen ausgeführt – der pas de bourrée dessus in die Richtung en dedans, der pas de bourrée dessous en dehors. Die technische Ausführung der Wendungen ist die gleiche wie beim pas de bourrée en tournant mit Beinwechsel. Das gleiche gilt auch für die Bewegungen und Haltungen der Arme, des Oberkörpers und des Kopfes.

Die gesamte Bewegung wird insgesamt exakt und gleichzeitig ineinander übergehend ausgeführt. Das demi-plié das Öffnen des Spielbeins in die II.Position und das Übertreten mit den entsprechenden halben Wendungen müssen nahtlos miteinander verbunden werden. Der Kopf wird bei der ersten und dritten Wendung ein wenig länger in der Ausgangsposition fixiert. Bei der zweiten und vierten Wendung wendet er sieh etwas schneller als der Oberkörper in die Ausgangsposition auf der anderen Seite.

In Anbetracht dessen, daß die Wendungen ohne Unterbrechung ausgeführt werden, muß die II. Position beim Übertreten auf ein Minimum verkürzt werden. Sie kann auch bei einem sehr schnellen Übertreten gänzlich wegfallen. Beide Wendungen erfordern eine stabile, völlig senkrechte Körperachse. Beim gewöhnlichen pas de bourrée en tournant mit Beinwechsel macht sich eine eventuelle Abweichung von der Körpersenkrechten kaum bemerkbar, da die Wendung mit einer leichten Fortbewegung erfolgt und auf diese Weise ein Ausgleichen möglich ist. Es empfiehlt sich, den pas de bourrée en tournant dessus-dessous erst zu lehren, wenn die Schüler den pas de bourrée en tournant mit Beinwechsel beherrschen.

Alle Arten des pas de bourrée mit und ohne Wendungen müssen in der Unterrichtspraxis in gleichem Maße, ohne die eine oder andere Form zu bevorzugen, angewendet werden.

Pas balancé

Der pas balancé wird mit einer Viertelwendung beim Übergang ins demiplié in die II. Position ausgeführt. Arme, Oberkörper, Kopf und Schultern nehmen dabei die Haltung der 1. arabesque ein, d. h., sie wenden sich in die Richtung en dedans. In den Beinen muß die Auswärtsdrehung und Elastizität der Bewegung unbedingt erhalten bleiben. Der pas balancé wird dann nach den gleichen Regeln zur anderen Seite wiederholt. Der Übergang ist verbunden und weich auszuführen. Die Wendung und Seitbeugung des Oberkörpers muß elastisch und maßvoll ausgeführt werden, ohne übertriebene Neigung und Drehung des Kopfes.

Man lehrt den pas balancé mit Wendung nicht eher, bevor die Schüler alle Grundelemente dieses Schrittes einwandfrei beherrschen.

Diese Form des pas balancé kann auch viermal hintereinander auf einem ganzen Kreis ausgeführt werden. Jeder pas balancé erfolgt mit einer Viertelwendung, jedoch gewöhnlich ohne Wendung des Körpers in die 2. arabesque. Die Wendung wird gleichzeitig mit dem Übertreten auf halbe Spitze ausgeführt. Die Wendungen zu den vier Punkten im Raum (in der Form eines Quadrates) müssen sehr genau eingehalten werden. Der pas balancé selbst wird verbunden und leicht ausgeführt. Diese Form wird gelehrt, wenn die Schüler den pas balancé mit einer Viertelwendung in elementaren Bewegungen beherrschen.

Drehbewegungen am Boden

Die Technik der Drehungen im klassischen Tanz erfordert vom Tänzer die Fähigkeit, sich frei und exakt im Raum zu orientieren, das Zentrum des Körpergewichts richtig auf das Standbein zu verlagern, die Längsachse des Körpers stabil in der Senkrechten zu halten, die Form der auszuführenden Bewegung während der Drehung richtig wiederzugeben und ihren Rhythmus und ihre Dynamik zu empfinden. Die Grundlagen für eine richtige und stabile Drehung bestehen in gut erarbeiteten und professionell geformten Bewegungen der Beine, Arme, des Oberkörpers und des Kopfes. Diese müssen gepaart sein mit einer ausreichend entwickelten Muskelkraft, mit Ausdauer, Willenskraft und Aufmerksamkeit des Schülers. Aus dieser Aufzählung wird sichtbar, daß das Erlernen einer kleinen oder großen Pirouette im Prinzip bereits beginnt, lange bevor sie im Unterrichtsprogramm ausgewiesen ist, d. h. mit der Grundausbildung des Körpers im Exercice an der Stange und im Freien, im Adagio und Allegro.

Eine große Anzahl von Pirouetten, die im schnellen Tempo, aber auf niedriger halber Spitze, mit eckigen Armen und verzogenen und unharmonischen Oberkörper- und Kopfbewegungen ausgeführt werden, können niemals die Schönheit der menschlichen Bewegung wiedergeben. Zusammenfassend kann gesagt werden, daß nur solche Drehungen der Kunst des klassischen Tanzes entsprechen, die mit stabiler Technik, in schnellem Rhythmus und mit energischem, überzeugendem Charakter ausgeführt werden.

Die Pirouetten

Im klassischen Tanz werden die Pirouetten in kleine (petits) und große (grands) unterteilt. Pirouetten, bei denen während der Drehung das Spielbein am Standbein sur le cou-de-pied angelegt ist, werden kleine Pirouetten genannt. Alle übrigen Pirouetten in Posen mit einem auf 90° geöffneten Spielbein werden große Pirouetten genannt. Sowohl von den kleinen als auch den großen Pirouetten gibt es einige Varianten. Sie alle können mit Hilfe verschiedener Ansätze in die Richtung en dehors und en dedans ausgeführt werden.

Die Technik der Ausführung der kleinen und großen Pirouetten besteht aus drei Momenten: a) der Abstoß in die Drehung, b) die eigentliche Drehung, c) der Abschluß. In dieser Reihenfolge werden auch alle Formen und die Regeln zur Ausführung der Pirouetten erläutert.

Kleine Pirouetten

Wie bereits gesagt, gibt es verschiedene Arten des Abstoßes in die Drehung. Jede dieser besonderen Ansatzbewegungen besitzt ihre eigene Form und Besonderheit in der Ausführung. Die Pirouette selbst, d. h. der Moment der Drehung des ganzen Körpers, wird bei allen Arten einheitlich ausgeführt. Sowohl der Beginn als auch der Abschluß einer kleinen Pirouette können äußerst unterschiedlich in der Form und im Schwierigkeitsgrad gestaltet werden. All diese Faktoren fordern beim Erlernen der kleinen Pirouette höchste Aufmerksamkeit von Lehrer und Schüler. Die technischen Elemente müssen gleichmäßig, ohne Bevorzugung des einen oder anderen Momentes erarbeitet werden.

Pirouette aus der II. Position

Pirouette en dehors: Ausgangsposition der Beine – V., épaulement croisé. Nach einem demi-plié auf beiden Beinen wird ein relevé auf hohe halbe Spitze mit gleichzeitiger Wendung ins en face ausgeführt. Danach wird das vordere Bein in die II. Position auf 45° geöffnet. Das Standbein bleibt auf hoher halber Spitze. Dann wird ein demi-plié auf beiden Beinen in der II. Position ausgeführt, mit anschließendem Abstoß in eine Drehung en dehors auf hoher halber Spitze. Beim Abstoß wird das Spielbein sur le cou-de-pied vor angelegt. Die Drehung erfolgt über rück zur Standbeinseite und auf dem Bein, das in der II. Position 45° als Standbein fungierte. Danach geht das Standbein ins demi-plié über, das Spielbein wechselt die Haltung sur le cou-de-pied und wird gleichzeitig in die V. Position rück épaulement croisé abgesetzt.

Während des relevé auf halbe Spitze in der V. Position werden die Arme aus der vorbereitenden Haltung in die 1. Position angehoben. Mit dem Anheben des Spielbeins zur Seite auf 45° öffnen sie sich in die 2. Position. Beim Absetzen ins demi-plié in die II. Position wird der dem ehemaligen Spielbein entsprechende Arm in die 1. Position geführt, der andere bleibt in der 2. Zusammen mit dem Abstoß in die Drehung werden die Arme, energisch und leicht abgerundet, in einer etwas tieferen 1. Position zusammengeführt. Dabei nehmen die Arme etwas Schwung in die Drehrichtung und unterstützen so die Bewegung der Beine. Beim abschließenden demi-plié öffnen sie sich ein wenig in die niedrige 2. Position.

Der Oberkörper wird die ganze Zeit über aufrecht gehalten. Bei allen drei demi-pliés muß das Körpergewicht genau auf beide Beine verteilt werden. Mit dem Abstoß in die Drehung wird das Körpergewicht gleichzeitig auf das Standbein übertragen. Der Oberkörper unterstützt die Arm- und Bein-

151 *Kleine Pirouette (en dehors) aus der II. Position*

bewegungen, indem er sich aktiv und mit einem leichten Akzent in die Drehrichtung wendet. Der Kopf wird vor der Drehung, beim relevé auf halbe Spitze und am Ende der Drehung in der Haltung en face fixiert. Zu Beginn der Drehung wird er etwas länger en face gehalten und dann um so schneller einmal gedreht. Auf diese Weise verläßt der Kopf später als der Oberkörper die Ausgangshaltung und nimmt sie früher als der Oberkörper wieder ein. Die Drehbewegung und das Schwungnehmen des Kopfes erfolgen also fast selbständig und schneller als die Drehung des Körpers (Abb. 151).*

Diese Übung kann in der ersten Etappe des Erlernens der Pirouette folgendermaßen rhythmisch aufgebaut sein:

2/4-Takt.

Auftakt – demi-plié;

1/4 – relevé auf halbe Spitze in der V. Position;

1/4 – Öffnen des Spielbeins in die II. Position;

1/4 – Pause;

1/4 – demi-plié in der II. Position;

1/4 – Pirouette;

2/4 – Pause auf halber Spitze;

1/4 – Absetzen in die V. Position demi-plié.

Aus dem letzten demi-plié kann die ganze Übung sofort anschließend zur anderen Seite wiederholt werden.

Pirouette en dedans: Ausgangsposition der Beine – V., épaulement croisé. Nach einem demi-plié auf beiden Beinen wird ein relevé auf hohe halbe

* Diese aktive, eigenständige Bewegung des Kopfes während der Pirouette bezeichnet man als »Mitnehmen des Kopfes«. Bei allen folgenden Drehungen, die eine solche Technik der Kopfbewegung erfordern, wird dieser Begriff ohne weitere Erläuterungen verwendet. (Anm. d. Übers.)

4 5 6 7

Spitze mit gleichzeitiger Wendung ins en face ausgeführt. Dann wird das rückwärtige Bein in die II. Position auf 45° geöffnet. Das Standbein bleibt auf hoher halber Spitze. Anschließend erfolgt ein demi-plié in der II. Position mit gleichmäßiger Gewichtsverlagerung auf beide Beine und daraus der Übergang in die Pirouette en dedans auf hohe halbe Spitze. Das Übertragen des Körpers geschieht mit Hilfe des Abstoßes in die Drehung und gleichzeitigem Anlegen des Abstoßbeins sur le cou-de-pied vor. Die Drehung erfolgt auf dem Bein, das in der II. Position als Standbein fungierte (en dedans). Danach werden Standbein und Spielbein (ohne Wechsel) in die V. Position abgesetzt, épaulement croisé.

Alle Armbewegungen werden mit einer Ausnahme genauso wie bei der Pirouette en dehors ausgeführt. Beim demi-plié in der II. Position wird der dem ehemaligen Standbein entsprechende Arm in die 1. Position geführt.

Der Oberkörper ist aufrecht. Das Körpergewicht ist bei allen drei demi-pliés gleichmäßig auf beide Beine verteilt. Mit dem Abstoß in die Drehung wird das Körpergewicht vollständig auf das Standbein übertragen. Der Oberkörper unterstützt die Arm- und Beinbewegungen, indem er sich aktiv und mit einem leichten Akzent in die Drehrichtung wendet. Der Kopf muß ebenfalls wie bei der Pirouette en dehors »mitgenommen« werden.

Die rhythmische Struktur dieser Übung ist die gleiche wie die der Pirouette en dehors aus der II. Position.

Pirouette aus der IV. Position

Pirouette en dehors: Ausgangsposition der Beine – V., épaulement croisé. Nach einem demi-plié in der V. Position wird ein relevé auf hohe halbe Spitze auf dem rückwärtigen Bein ausgeführt. Gleichzeitig erfolgt eine Wendung ins effacé mit Anlegen des vorderen Beines in die Haltung sur le cou-de-pied vor. Danach werden gleichzeitig das Standbein ins demi-plié und das Spielbein mit gestrecktem Knie in die IV. Position croisée rück abgesetzt. Der Fuß des rückwärtigen Beines muß mit der ganzen Sohle auf dem Boden aufgesetzt werden. Aus dieser Position wird die Pirouette en dehors auf dem vorderen Bein mit der Drehung über rück ausgeführt, indem das demi-plié auf beiden Beinen etwas vertieft wird. Auf diese Weise kann der Abstoß in die Drehung aktiv von beiden Beinen erfolgen und ebenso das Anlegen des Spielbeins sur le cou-de-pied vor. Am Ende der Drehung wird das Standbein wieder ins demi-plié, das Spielbein mit gestrecktem Knie in die IV. Position croisée rück abgesetzt. Das rückwärtige Bein muß mit dem ganzen Fuß den Boden berühren. Danach wird das Standbein aus dem demi-plié gestreckt und das Spielbein über die gestreckte Fußspitze in die Ausgangsposition, die V., épaulement croisé, eingeschlossen.

Beim ersten relevé auf halbe Spitze werden die Arme aus der vorbereitenden Haltung in die 1. Position geführt. Mit dem Übertragen des Spielbeins in die IV. Position rück öffnen sie sich in die 3. arabesque. Gleichzeitig mit dem Abstoß in die Pirouette vereinigen sich die Arme, energisch und leicht abgerundet, in einer etwas tieferen 1. Position. Diese Bewegung wird bereits in die Drehrichtung und zur Unterstützung des Abstoßes durch die Beine ausgeführt. Mit dem Abschluß der Pirouette öffnen sich die Arme ein wenig in eine niedrige 2. Position. Beim Einsetzen des Spielbeins in die V. Position rück senken sie sich ruhig in die vorbereitende Haltung.

Der Oberkörper ist während der ganzen Übung aufrecht. Bei allen drei demi-pliés wird das Körpergewicht gleichmäßig auf beide Beine verteilt. Bei der IV. Position mit gestrecktem Spielbein und während der Pirouette liegt das Körpergewicht vollständig auf dem Standbein. Der Oberkörper unterstützt das »Schwungnehmen« der Beine und Arme, indem er sich beim Abstoß in die Drehung aktiv und mit einem leichten Akzent in die Drehrichtung wendet.

Der Kopf ist in der Ausgangsposition zur vorderen Schulter gewendet. Bei allen darauffolgenden Bewegungen, auch bei der Pirouette, ist der Kopf zum gleichen Raumpunkt gerichtet. Lediglich am Ende der Pirouette wird er in die Haltung en face gewendet. Während der Pirouette muß der Kopf »mitgenommen« werden. Beim abschließenden Senken der Arme in die vorbereitende Haltung wird der Kopf zur vorderen Schulter gewendet.

In der ersten Phase der Einstudierung der Pirouette aus der IV. Position wählt man für diese Übung folgende rhythmische Gliederung:

2/4-Takt.

Auftakt – demi-plié in der V. Position;

1/4 – relevé auf halbe Spitze, anderes Bein sur le cou-de-pied;

1/4 – Pause in dieser Haltung;

1/4 – Übergang in die 3. arabesque;

1/4 – Vertiefen des demi-plié auf beiden Beinen in der IV. Position;

1/4 – Pirouette;
1/4 – Fixieren der Drehhaltung auf halber Spitze;
1/4 – Absetzen in die IV. Position rück,
1/4 – Schließen des Spielbeins in die V. Position, aus der die Übung zur anderen Seite wiederholt werden kann.

Pirouette en dedans: Ausgangsposition der. Beine – V., épaulement croisé. Die vorbereitenden Bewegungen bis zur Pirouette selbst sind die gleichen wie bei der Pirouette en dehors aus der IV. Position. Die Pirouette en dedans wird auf dem vorderen Bein ausgeführt, mit der Körperdrehung über vor zum Standbein. Der Abstoß in die Drehung erfolgt ebenfalls von beiden Beinen, durch ein relevé des Standbeins auf hohe halbe Spitze und Anlegen des Rückbeins über à la seconde 45° in die Haltung sur le cou-de-pied vor. Am Ende der Pirouette werden das Standbein ins demi-plié und das Spielbein gleichzeitig in die V. Position vor ins demi-plié abgesetzt.

Die Arme werden beim ersten relevé auf halbe Spitze aus der vorbereitenden Haltung in die 1. Position geführt. Mit dem Absetzen des Spielbeins in die IV. Position rück öffnet sich der dem Spielbein entsprechende Arm in die 2. Position, der andere bleibt in der 1. Position. Gleichzeitig mit dem Abstoß in die Drehung schließen sich die Arme in einer etwas tieferen, leicht abgerundeten 1. Position. Diese Bewegung muß mit einem Akzent in die Drehrichtung ausgeführt werden, so daß die Bewegung der Beine aktiv unterstützt wird. Beim abschließenden demi-plié in der V. Position öffnen sich die Arme ein wenig in eine niedrige 2. Position.

Der Oberkörper bleibt während des gesamten Bewegungsablaufes aufrecht. Das Körpergewicht ist beim ersten und letzten demi-plié (in der V. Position) gleichzeitig auf beide Beine verteilt. Während des demi-plié in der IV. Position liegt es vollständig auf dem Standbein. Der Oberkörper unterstützt die Arm und Beinbewegungen während des Abstoßes in die Pirouette, indem er sich aktiv und mit einem leichten Akzent in die Drehrichtung wendet.

Der Kopf ist zu Beginn und am Ende der Übung zur vorderen Schulter gewendet. Beim Absetzen des Spielbeins in die IV. Position rück wird er in die Haltung en face gewendet und etwas zum Arm geneigt, der in die 2. Position geöffnet ist. Während der Spielbeinführung zur Seite richtet sich der Kopf wieder auf. Danach wird er wie üblich »mitgenommen«.

Die Pirouette aus der IV. Position en dedans wird nach folgendem rhythmischen Schema gelehrt:
2/4-Takt.
Auftakt – demi-plié;
1/4 – relevé auf halbe Spitze;

1/4 – Pause auf halber Spitze;
1/4 – Absetzen des Spielbeins in die IV. Position croisé rück;
1/4 – Pause in der IV. Position;
1/4 – Pirouette;
1/4 – Pause nach der Pirouette auf halber Spitze;
1/4 – abschließendes demi-plié in der V. Position;
1/4 – battement tendu über die Seite in die V. Position rück ins demi-plié. Aus dieser Position kann die Übung zur anderen Seite wiederholt werden.

Pirouette aus der V. Position

Pirouette en dehors: Ausgangsposition der Beine – V., épaulement croisé. Demi-plié und relevé auf halbe Spitze mit Wendung ins en face. Darauf folgt wieder ein demi-plié in der V. Position und anschließend auf dem rückwärtigen Bein ein relevé auf hohe halbe Spitze, während das vordere Bein gleichzeitig sur le cou-de-pied vor angelegt wird. Diese beiden Bewegungen werden mit einem Abstoß in die Drehung ausgeführt (en dehors – rückwärts zum Standbein). Nach einer Pirouette werden gleichzeitig das Standbein ins demi-plié und das Spielbein in die V. Position rück demi-plié épaulement croisé abgesetzt.

Beim ersten relevé in der V. Position werden die Arme aus der vorbereitenden Haltung in die 1. Position geführt. Gleichzeitig mit dem Absetzen ins zweite demi-plié wird der Arm, der dem zukünftigen Standbein entspricht, in die 2. Position geöffnet; der andere bleibt in der 1. Position. Zusammen mit dem Abstoß in die Drehung schließen sich die Arme energisch und mit einem leichten Akzent in die Drehrichtung in einer etwas tieferen 1. Position. Auf diese Weise können die Beinbewegungen aktiv unterstützt werden. Während der Pirouette werden die Arme in der 1. Position fixiert. Gleichzeitig mit dem abschließenden demi-plié öffnen sie sich etwas in eine tiefere 2. Position. Wenn die Beine aus dem demi-plié gestreckt werden, senken sich die Arme in die vorbereitende Haltung.

Der Oberkörper ist während der gesamten Übung aufrecht. Das Körpergewicht liegt bei allen Bewegungen, bis auf die Pirouette selbst, immer gleichmäßig auf beiden Beinen. Mit dem Abstoß in die Pirouette muß sich der Oberkörper sofort auf das Standbein verlagern und sich gleichzeitig in die Drehrichtung wenden. Der Kopf ist zu Beginn und am Ende der Übung zur vorderen Schulter gewendet. Beim relevé auf halbe Spitze in der V. Position nimmt er die Haltung en face ein. Während der Pirouette muß der Kopf »mitgenommen« werden.

Die Übung für die Pirouette en dehors aus der V. Position kann rhythmisch wie folgt aufgebaut werden:

$^{2}/_{4}$-Takt.

Auftakt – demi-plié

$^{1}/_{4}$ – relevé auf halbe Spitze in der V. Position;

$^{1}/_{4}$ – demi-plié vor der Pirouette;

$^{1}/_{4}$ – Pirouette;

$^{1}/_{4}$ – abschließendes demi-plié, aus dem die Übung zur anderen Seite wiederholt werden kann.

Pirouette en dedans: Ausgangsposition der Beine – V., épaulement croisé. Demi-plié und relevé auf halbe Spitze mit Wendung ins en face. Danach wieder im demi-plié in der V. Position und anschließend relevé auf hohe halbe Spitze auf dem vorderen Bein, mit gleichzeitigem Anlegen des rückwärtigen Beines zur Haltung sur le cou-de-pied vor. Beide Bewegungen werden mit einem Abstoß von beiden Beinen in die Pirouette verbunden. Die Drehung erfolgt vorwärts zum Standbein hin. Nach der Pirouette werden gleichzeitig das Standbein ins demi-plié und das Spielbein in die V. Position vor épaulement croisée abgesetzt.

Die Arme werden beim ersten relevé in der V. Position aus der vorbereitenden Haltung in die 1. Position geführt. Während des zweiten demi-plié bleibt der Arm, der dem zukünftigen Standbein entspricht, in der 1. Position, der andere öffnet sich in die 2. Position. Gleichzeitig mit dem Abstoß in die Drehung schließen sich die Arme energisch und mit einem leichten Akzent in die Drehrichtung in einer etwas tieferen 1. Position. Während der Pirouette werden die Arme in der 1. Position fixiert. Zusammen mit dem abschließenden demi-plié öffnen sie sich ein wenig in eine etwas tiefere 2. Position. Wenn die Beine aus dem demi-plié gestreckt werden, senken sie sich in die vorbereitende Haltung.

Der Oberkörper ist aufrecht. Für die Gewichtsverlagerung gelten die gleichen Regeln wie bei der Pirouette aus der V. Position en dehors. Während des Abstoßes in die Drehung muß sich der Oberkörper ebenfalls aktiv in die Drehrichtung wenden.

Der Kopf ist zu Beginn der Übung zur vorderen Schulter gerichtet. Mit dem ersten relevé auf halbe Spitze in der V. Position wendet er sich ins en face. Während der Pirouette muß der Kopf »mitgenommen« werden.

Die rhythmische Gliederung dieser Übung entspricht der der kleinen Pirouette en dehors aus der V. Position. In den folgenden Absätzen werden allgemeine Regeln zur Ausführung des Abstoßes in die Drehung, der Pirouette selbst und des Haltepunktes nach der Pirouette angeführt und erläutert.

Alle kleinen Pirouetten werden unabhängig davon, aus welcher Position sie beginnen, aus dem demi-plié ausgeführt. Dadurch werden das Schwungnehmen und Abstoßen in die Drehung bzw. das Übertragen des Körpergewichtes auf das Standbein mit der notwendigen Kraft und deren exakte Berechnung erleichtert. Während des demi-plié müssen beide Beine die Ausgangsposition und Auswärtshaltung bewahren. Beide Füße müssen fest, besonders mit den Fersen, den Boden berühren. Der Abstoß in die Drehung erfolgt gleichzeitig von beiden Beinen. Das Standbein erhebt sich in diesem Augenblick elastisch und auswärts mit einem relevé auf hohe halbe Spitze, so daß der Fuß eine senkrechte Haltung einnimmt und die Körpersenkrechte eine stabile Grundlage erhält. Durch eine mittlere oder gar niedrige halbe Spitze wirkt die Drehung zusammengesunken. Das andere Bein nimmt die Haltung sur le cou-de-pied vor ein, indem es sich ebenso aktiv und elastisch wie das Standbein mit dem ganzen Fuß und besonders der Ferse vom Boden abstößt. Diese Bewegung muß sehr exakt und beherrscht ausgeführt werden; auf keinen Fall zu stark oder zu schwach, da der Körper sehr leicht das Gleichgewicht verlieren kann. Es ist sehr wichtig, daß in diesem Moment das Becken angespannt und aufgerichtet ist und rechtzeitig auf das Standbein übertragen wird.

Während der Pirouette müssen das Knie, die Knöchel und der Spann des Standbeins fest gestreckt und angespannt sein. Die Zehen berühren fest und elastisch den Boden. Das Knie des Spielbeins wird auswärts nach hinten geführt der Fuß ist gestreckt und fixiert genau die Haltung sur le cou-de-pied. Am Ende der Pirouette geht das Standbein geschmeidig ins demi-plié über, aber nicht, bevor die Ferse den Boden berührt. Das Spielbein wird gleichzeitig weich, aber bestimmt aus der Haltung sur le cou-de-pied in die V. oder IV. Position abgesetzt. Dabei muß der Fuß gleichmäßig und fest von den Fußspitzen bis zur Ferse abgerollt werden. Insgesamt ist dieser Übergang nach der Pirouette ins demi-plié weich auszuführen, ohne von der halben Spitze herunterzuspringen oder unbeherrscht und kraftlos überzutreten.

Die Arme nehmen im Augenblick des Abstoßes in die Drehung angemessenen Schwung für eine Pirouette, auf keinen Fall mehr oder weniger. Während der Drehung unterstützen die Arme aktiv die Bewegung des Körpers, indem sie mit Aplomb in einer runden 1. Position gehalten werden. Es ist unzulässig, sie zu dicht an den Mittelkörper heranzuführen oder zu weit wegzustrecken. Jegliche labilen Bewegungen oder ein Verlassen der 1. Position sind zu vermeiden. Im allgemeinen müssen die Arme sowohl beim Schwungnehmen als auch während der Pirouette sehr bestimmt, bewußt und korrekt geführt werden. Nach der Pirouette sind sie exakt und »mutig«, jedoch bereits etwas weicher und verhaltener zu öffnen. Auf diese Weise wird der Eindruck, den eine stabile Pirouette und ein sicherer Abschluß im letzten demi-plié hervorrufen, unterstrichen.

Der Oberkörper ist die ganze Zeit über angespannt und hochgezogen.

Während des Abstoßes in die Pirouette darf er nicht hinter der Drehung zurückbleiben oder sich in die entgegengesetzte Richtung wenden. Eine solche unkontrollierte Bewegung würde sowohl die Harmonie der Ausgangshaltung als auch den Übergang auf das Standbein empfindlich stören. Es ist von besonderer Bedeutung, daß sich in allen Phasen der Pirouette die Hüften und Schultern auf einer Ebene befinden und das Zentrum des Körpergewichtes immer genau über dem Standbein liegt. Oberkörper und Standbein bilden eine feste Achse, um die sich der gesamte Körper ruhig und stabil drehen kann. Deshalb sind nach unten gesenkte und geöffnete Schultern, ein kräftig gehaltener Rücken und eine feste Gürtelpartie unbedingt notwendig.

Wie schon erläutert, wird der Kopf zu Beginn der Pirouette etwas länger in der Ausgangshaltung fixiert und dann, schneller als der Oberkörper, einmal bis zur Ausgangshaltung gedreht. Diese aktive und eigenständige Bewegung des Kopfes während der Drehung ermöglicht dem Schüler, geradeaus zu schauen und fast ununterbrochen einen Punkt im Raum zu fixieren, ohne daß sich der Blick im Saal »verirrt«. Der Kopf muß während seiner Drehbewegung genau in der Senkrechten gehalten werden, die mit der des Oberkörpers und des Standbeins eine Achse bildet. Seine Drehung darf nicht zu langsam oder zu schnell erfolgen.* Die Halsmuskeln sind weder zu verkrampfen noch zu sehr zu entspannen. Insgesamt bewegt sich der Kopf leicht, frei und exakt.

Alle Bewegungen der Arme, Beine, des Oberkörpers und Kopfes müssen streng koordiniert sein, besonders beim Abstoß in die Drehung, weil bereits die kleinste Unaufmerksamkeit und unkontrollierte Bewegung die Pirouette selbst und ihren Abschluß, ihre Stabilität negativ beeinflussen können.

Wenn die Schüler die Bewegungen des Exercice auf halber Spitze und die verschiedenen Wendungen (en tournant) beherrschen, kann man mit vorbereitenden Übungen zur Pirouette beginnen. An dieser Stelle ist es nicht notwendig, näher auf sie einzugehen, da sie im Prinzip weiter vorn bei den Pirouetten aus der II., IV. und V. Position ausführlich beschrieben wurden. Die rhythmische Struktur stimmt mit denen dieser Übungen überein. In diesem Anfangsstadium werden jedoch alle Übungen ohne Drehung ausgeführt. Eine solche Methodik ermöglicht dem Schüler, sich wirklich umfassend die Grundlagen der Drehtechnik anzueignen, wie sie oben ausführlich dargelegt wurden.

Je nachdem wie die Schüler die vorbereitenden Übungen beherrschen, kann man damit beginnen, die Pirouetten selbst in der gleichen Reihenfol-

---

* Entscheidend für das richtige Tempo ist die Schnelligkeit der Drehung des ganzen Körpers. (Anm. d. Übers.).

ge zu lehren, d. h. aus der II., IV. und V. Position, zuerst en dehors und dann en dedans. In diesem Stadium muß die Pirouette ganz ruhig ausgeführt werden, damit der Schüler alle Phasen der Drehung des Körpers um die Senkrechte und besonders des Kopfes bewußt und gefühlsmäßig erfassen kann.

Nach dieser Etappe können die Ansatzbewegungen zur Pirouette etwas schneller ausgeführt werden. Die Pirouette en dehors aus der II. Position kann zum Beispiel auf folgende Art und Weise gelehrt werden.

Bei einem 2/4-Takt wird das demi-plié auftaktig ausgeführt;

1/4 – relevé auf halbe Spitze in der V. Position;

1/4 – Öffnen des Beines zur Seite auf 45°;

1/4 – demi-plié in der II. Position;

1/4 – Pirouette;

1/4 – Pause nach der Pirouette auf halber Spitze;

1/4 – abschließendes demi-plié, um die Übung zur anderen Seite zu wiederholen.

Als nächste Stufe wird das Tempo der Ansatzbewegungen noch mehr beschleunigt.

Auftakt – demi-plié;

1/4 – relevé auf halbe Spitze;

1/8 – Öffnen des Beines zur Seite auf 45°;

1/8 – demi-plié in der II. Position;

1/4 – Pirouette;

1/4 – abschließendes demi-plié in der V. Position.

Bei zwei Pirouetten werden die Ansatzbewegungen noch kürzer ausgeführt.

Auftakt – demi-plié;

1/4 – relevé des Standbeins auf halbe Spitze und gleichzeitiges energisches Öffnen des anderen Beines zur Seite auf 45°;

1/4 – demi-plié in der II. Position;

2/8 – zwei Pirouetten;

1/4 – abschließendes demi-plié in der V. Position.

Bei drei und mehr Pirouetten können alle Ansatzbewegungen zum demi-plié in der II. Position auftaktig und sogar mit Hilfe eines Sprunges, petit pas échappé in die II. Position, ausgeführt werden. Nach diesem Schema werden auch die Pirouetten en dedans gelehrt.

Die Pirouette aus der IV. Position en dehors und en dedans kann ebenfalls mit schnelleren Ansatzbewegungen ausgeführt werden. Zum Beispiel:

Auftakt – demi-plié;

1/4 – relevé auf halbe Spitze;

1/8 – Absetzen des Spielbeins in die IV. Position croisée rück;

1/8 – Vertiefen des demi-plié;

1/4 – Pirouette;
1/4 – abschließendes demi-plié in der V. Position.

Dieser Ansatz gilt für zwei oder drei Pirouetten. Später können die Pirouetten aus der IV. Position mit noch kürzeren Ansatzbewegungen ausgeführt werden. Auftakt – erstes demi-plié, relevé auf halbe Spitze und Absetzen des Spielbeins in die IV. Position croisée rück.

Die Pirouetten und das abschließende demi-plié können auf einen oder zwei 2/4-Takte, je nach der Anzahl der Pirouetten, ausgeführt werden. Außerdem kann ebenso wie bei den Pirouetten aus der II. Position als Ansatz ein petit pas échappé in die IV. Position unter den gleichen Bedingungen, wie beschrieben wurde, verwendet werden.

Bei den Pirouetten aus der V. Position kann der Ansatz ebenfalls verkürzt werden. Das vorbereitende relevé auf halbe Spitze in der V. Position wird nicht ausgeführt, so daß die Pirouette sofort auftaktig auf einen oder zwei 2/4-Takte erfolgt. Die Pirouette muß auf demselben Takt in der V. Position im demi-plié beendet werden.

Die Pirouette aus der V. Position kann ebenso wie die beiden vorangegangenen Pirouetten mit einem beliebigen Sprung in die V. Position begonnen werden (z. B. petit changement de pied, petit pas assemblé usw.). Der Sprung und die Pirouette müssen bei einer solchen Variante in einem Tempo, d. h. mit ununterbrochenem Bewegungsablauf, ausgeführt werden.

Je mehr Pirouetten der Schüler ausführt, desto kräftiger und entschlossener muß er sich in die Drehung abstoßen und um so mehr muß er den Körper anspannen und hochziehen. Der Kraftaufwand muß so berechnet werden, daß er ausreicht, die bevorstehenden Pirouetten sowohl in der Anzahl als auch im Tempo stabil zu Ende zu führen. Auf jeden Fall ist zu vermeiden, daß ein übermäßiger Krafteinsatz eine freie Bewegung des Körpers hemmt. Diese Bedingungen lassen sich in folgender Regel Zusammenfassen: Der für den Abstoß in die Drehung notwendige Kraftaufwand muß immer geschickt mit der Anzahl, dem Charakter und dem Tempo der Pirouetten abgestimmt werden. Ein Beispiel: Bei drei und mehr Pirouetten wird mit dem Abstoß in die Drehung gleichzeitig der Arm aus der 1. Position schnell und energisch in die 2. Position geöffnet, also in die Drehrichtung, und dann sofort der andere Arm herangeführt, so daß beide Arme so die 1. Position einnehmen. Der Oberkörper wendet sich ebenfalls aktiver in die Drehrichtung. Der Kopf wird bei jeder Pirouette rhythmisch und exakt »mitgenommen«.

Auf der Bühne können die kleinen Pirouetten schnell oder langsam, zurückhaltend oder temperamentvoll, mit einem Anwachsen oder Nachlassen der Dynamik ausgeführt werden. Damit wird die Pirouette zu einem wichtigen nuancenreichen Ausdrucksmittel des darstellenden Tänzers. Eine

Grundvoraussetzung für einen bewußten und stabilen Einsatz dieser Bewegung ist das richtige Schwungnehmen zu Beginn der Pirouette. Diese Fähigkeit muß bereits an der Schule mit Hilfe unterschiedlicher Lehraufgaben und während der ganzen Stunde vorbereitet und entwickelt werden. Selbstverständlich nimmt diese Aufgabe mehrere Jahre in Anspruch. Sie kann nur durch ein allmähliches Erschweren der verschiedenen Ansätze zu den Pirouetten erfolgreich gelöst werden. Wird dieses Ziel, dem Schüler das Gefühl für einen effektiven und bewußten Krafteinsatz beim Abstoß in die Drehung anzuerziehen, nicht erreicht, so wird der Schüler nie über eine stabile und vielseitige Technik verfügen.

Den Schülern, die sich unzureichend die Drehtechnik angeeignet haben, darf man nie gestatten, mehr Pirouetten als in einer konkreten Aufgabe vorgesehen sind, »herunterzuleiern«. Ebenso unzulässig ist ein zu schnelles Tempo der Drehungen. Eine solche Voreiligkeit führt gewöhnlich zum Verlust des Gleichgewichtes während der Pirouette, zu Unsicherheiten im Krafteinsatz. Sie fördert das falsche Bestreben der Schüler, die Schwierigkeiten beim Erlernen einer richtigen und schönen Pirouette zu umgehen, und führt zu Laxheit und Nachsichtigkeit beim Ausmerzen der Fehler, die im Laufe der Zeit eingetreten sind.

Die Anzahl der Pirouetten muß in jedem Jahr allmählich und folgerichtig, unter Beachtung des individuellen Entwicklungsstandes jedes einzelnen Schülers gesteigert werden. Es tritt häufig die Gefahr auf, daß vorzeitig die Quantität der Pirouetten auf Kosten der Qualität gesteigert und somit die Technik für den Schüler zum Selbstzweck erhoben wird. Um dem zu entgehen, sollte man weniger Pirouetten ausführen lassen und dafür vorrangig auf eine makellose Form und einen wirklich klassischen Stil achten.

Manchmal versuchen die Schüler, ein gestörtes Gleichgewicht durch ein geschicktes Ausbalancieren mit dem Oberkörper oder mit dem Standbeinfuß wiederherzustellen in dem Bestreben, so viele Pirouetten zu drehen, wie nur möglich. Für diesen Fall gibt es nur eine Möglichkeit der Korrektur: mit Hilfe eines leichten und kaum bemerkbaren Springens auf dem federnd gestreckten Standbein den neuen Dreh- und Stützpunkt auf dem Boden zu suchen. Diese Art des Ausgleichens wird vom Schüler mit der Zeit immer weniger angewendet werden, wenn sein Körper gut für Pirouetten vorbereitet ist.

In der Oberstufe und besonders in den Abgangsklassen, wo die Schüler aus einer Ansatzbewegung eine große Anzahl Pirouetten drehen, ist es notwendig, ihnen die Fähigkeit anzuerziehen, sich allmählich und bis zum äußersten auf höchste halbe Spitze »hochzuschrauben«; nach und nach die Haltung sur le cou-de-pied bis zur Haltung passé 90° zu erhöhen; gleichmäßig einen Arm über den anderen zu schieben (in der 1. Position, die somit während der Drehung verkleinert wird) und die Armrundung beizubehalten; den Oberkörper und das Diaphragma maximal anzuspannen und hochzuziehen (bei gleichzeitig tiefem Einatmen) und die Schultern zu senken und zu öffnen; die Drehbewegung des Kopfes zu verstärken; und zum Schluß die allgemeine Spannung und Aktivität des gesamten Körpers zu festigen und maximal zu entwickeln.

Es ist unzulässig, sich bei einer großen Anzahl von Pirouetten auf das »Standbein zu setzen«. Der Schüler muß das Gefühl haben, als würde sein Körper harmonisch und unentwegt zusammen mit der Körpersenkrechten in die Höhe wachsen. Die Gesichtsmuskulatur darf nicht verzerrt werden. Sie muß frei von irgendwelchen Reflexen sein, damit der Schüler später fähig ist, mit dem Gesicht das Gefühl und Streben des darzustellenden Helden in einer natürlichen Art wiederzugeben. Außerdem müssen bereits zu dieser Zeit das Bewußtsein und das Streben des Schülers, eventuelle Gleichgewichtsstörungen während der Pirouette unbedingt beseitigen zu wollen, voll entwickelt sein, da selbst kleinste Zugeständnisse in dieser Beziehung zu einem technischen und folglich auch künstlerischen »Ausschuß« führen.

Der stabile und emotional überzeugende Abschluß vieler Pirouetten ist ein außerordentlich wichtiges Element der Technik des klassischen Tanzes. Man kann eine große Anzahl von Pirouetten in unterschiedlichem Stil, im schnellen Tempo und in vehementem Charakter ausführen, aber ein unstabiler oder formaler Abschluß mindert sofort ihren künstlerischen Wert. Sie müssen standfest und mit Überzeugungskraft, in einer strengen Manier und ohne äußerliche Gesten, die vordergründig die Aufmerksamkeit des Zuschauers erregen sollen, beendet werden. Ein standfester und auch gefühlsmäßig überzeugender Abschluß der Pirouetten zählt zu den Merkmalen echter Meisterschaft im Ballett.

Um diesen Abschluß richtig zu erarbeiten, müssen Beenden der Drehung und Absetzen in die Position in einem Tempo ausgeführt werden. Dabei wird die Drehkraft energisch, aber nicht zu schroff, mit stabilen Bewegungen der Arme und Beine, des Oberkörpers und Kopfes abgebremst.

Der standfeste Abschluß einer Pirouette wird nicht nur durch die Exaktheit seiner bewegungsmäßigen Ausführung beeinflußt, sondern auch durch das Maß des Abstoßes in die Drehung zu Beginn der Pirouette. Nimmt der Tänzer zu viel Schwung für die Drehung, dann kann dies zu Unsicherheiten in der Technik und zu Zufälligkeiten im Charakter des Abschlusses führen. Der Schüler muß immer bestimmte Proportionen zwischen Abstoß, Anzahl und Tempo der Pirouetten und dem Abschluß wahren, da es zum Beispiel unmöglich ist, den Abschluß von Pirouetten erst während der Drehung vorzubereiten und nicht bereits mit dem Schwungnehmen auch schon an ein sicheres und überzeugendes Absetzen zu denken. Ich betone nochmals: Der Abstoß in die Drehung, die Drehung selbst und der Abschluß stellen lediglich Bestandteile der Pirouette dar, und sie werden nur dann auch zu Elementen einer stabilen Drehtechnik, wenn sie als einheitliches Ganzes erarbeitet werden.

Wenn die Schüler zwei Pirouetten mit den obengenannten Abschlüssen beherrschen, kann man dazu übergehen, das Absetzen zu variieren. Zum Beispiel: Nach einigen Pirouetten en dehors kann das Spielbein aus der Haltung sur le cou-de-p led in die IV. Position croisée rück mit gestrecktem Knie und mit den Fußspitzen abgesetzt werden. Das Standbein bleibt gestreckt. Die Arme öffnen sich etwas in eine niedrigere 2. Position. Der Oberkörper ist aufrecht und neigt sich unmerklich nach links oder rechts. Der Kopf setzt die Neigung des Oberkörpers fort und wendet sich zur vorderen Schulter. Der Blick geht in die gleiche Richtung wie der Kopf.

Dieser Abschluß der Pirouetten en dehors ist eine traditionelle Form und muß im Unterricht unbedingt als ein Beispiel für die männliche Ausführung in der Schule des klassischen Tanzes und in einer strengen Manier gelehrt werden. Daneben können die Pirouetten selbstverständlich auch in anderen kleinen Posen beendet werden; mit einem Öffnen der Fußspitze des Spielbeins auf den Boden, auf 45° oder 90°, mit oder ohne demi-plié. Das Standbein ist in jedem Fall auswärts und elastisch. Es darf nicht »nachhüpfen« und hin und her rutschen. Der ganze Fuß muß fest von der Ferse aus auf den Boden abgesetzt werden. Der eventuelle Verlust des Gleichgewichtes beim Absetzen kann auf die gleiche Weise wie während der Pirouette ausgeglichen werden. Der Standbeinfuß kann sich durch ein leichtes, kaum wahrnehmbares Nachrutschen den richtigen Stützpunkt am Boden suchen. Ein Ausbalancieren mit dem ganzen Körper ist unzulässig.

In den folgenden Abschnitten werden schwierige Ansätze zu kleinen Pirouetten beschrieben.

Pirouette aus dem grand plié

Dieser Ansatz zu kleinen Pirouetten kann aus dem grand plié in der I., IV. und V. Position ausgeführt werden. Er unterscheidet sich von den beschriebenen Ansätzen dadurch, daß vor den Pirouetten während des grand plié beide Fersen vom Boden abgehoben werden. Der Abstoß in die Drehung aus dieser Haltung ist für den Schüler neu und stellt für ihn eine neue technische Variante dar.

Der Übergang in die Pirouette erfolgt hier ohne Absetzen der Fersen auf den Boden, im Gegenteil, die halbe Spitze, die schon im tiefsten Punkt des grand plié fixiert wurde, muß gleichzeitig mit dem Strecken des Standbeinknies noch erhöht werden. Die Pirouette darf nicht aus dem tiefsten Punkt des grand plié beginnen, sondern ungefähr bei halb durchgestrecktem

Standbein. Andernfalls würde die Standbeinstreckung zu spät beendet und das andere Bein zu früh in der Haltung sur le cou-de-pied angelegt werden. Die gesamte Bewegung würde einen grotesken Zug erhalten.

Pirouette aus einem petit temps relevé

Im Kapitel »Die elementaren Bewegungen des klassischen Tanzes« wurde bereits erläutert, wie das petit temps relevé ausgeführt wird und wie man es als Ansatz zu kleinen Pirouetten, die auf einem Bein beginnen, verwendet. Aus diesem Grund wird im folgenden nur noch die Verbindung dieser Bewegung mit kleinen Pirouetten beschrieben, deren technische Details ebenfalls in den vorangegangenen Abschnitten ausführlich behandelt wurden.

Beim petit temps relevé vor kleinen Pirouetten wird das demi-plié auf dem Standbein so lange vertieft, bis das Spielbein vollständig zur Seite 45° geöffnet ist. Aus dieser Haltung wird das Spielbein ohne jede Verzögerung energisch zur Haltung sur le cou-de-pied vor angewinkelt. Gleichzeitig streckt sich das Standbein mit aller Kraft aus dem demi-plié und führt ein relevé auf hohe halbe Spitze aus. Der gesamte Ansatz erfolgt sehr energisch und in einem Tempo. Die Standbeinferse ist während des demi-plié fest auf den Boden aufgesetzt. Der Übergang auf hohe halbe Spitze und der Abstoß in die Drehung werden elastisch ausgeführt. Das Spielbein nimmt Schwung für die Pirouette mit der bogenförmigen Bewegung en dehors oder en dedans.

Mit Beginn des ersten demi-plié werden die Arme aus der vorbereitenden Haltung in die 1. Position geführt. Während der bogenförmigen Spielbeinführung zur Seite öffnen sie sich in die 2. Position, und gleichzeitig mit dem Übergang in die Drehung schließen sie sich energisch in die abgerundete 1. Position. Mit dieser letzten Bewegung nehmen sie ebenfalls Schwung für die Pirouette. Oberkörper und Kopf bewegen sich wie bei den gewöhnlichen kleinen Pirouetten. Die kleinen Pirouetten aus einem petit temps relevé können in der V. Position im demi-plié oder in kleinen und großen Posen beendet werden.

Die werden zuerst im Exercice an der Stange mit einer Pause auf halber Spitze in der Haltung sur le cou-de-pied gelehrt und danach mit sofortigem Öffnen des Spielbeins nach der Pirouette zur Seite auf 45°. Später läßt man sie im Freien mit zwei und mehr Pirouetten und nach und nach auch mit einem Öffnen des Spielbeins in große Posen ausführen.

Pirouette aus kleinen oder großen Posen

Aus jeder beliebigen kleinen Pose können kleine Pirouetten en dehors oder en dedans ausgeführt werden. Der Abstoß in die Drehung erfolgt hier mit

Hilfe eines demi-plié und mit anschließendem relevé auf hohe halbe Spitze. Gleichzeitig wird das Spielbein zur leicht erhöhten Haltung sur le cou-de-pied angewinkelt. Dadurch wird die Form der Pirouette etwas vergrößert, und die Verbindungsbewegung erhält einen plastischeren Charakter. Bei Pirouetten en dehors wird das Spielbein hinten angelegt und bei en dedans vorn. Die Arme schließen sich mit dem Abstoß in die Drehung energisch in eine abgerundete etwas tiefere 1. Position. Oberkörper und Kopf nehmen im gleichen Augenblick die senkrechte Haltung ein. Der Kopf wird bei jeder Drehung »mitgenommen«. Diese Pirouetten können in einer beliebigen kleinen Pose beendet werden. Der Übergang in die Abschlußpose muß organisch mit der letzten Drehung verbunden und sehr exakt in seiner Bewegungsstruktur ausgeführt werden.

Im Exercice an der Stange und im Freien wird noch ein ähnlicher Ansatz zu kleinen Pirouetten gelehrt. Aus einem battement fondu auf 45°, battement frappé und petit rond de jambe en l'air mit anschließendem demi-plié kann man ebenfalls sofort in eine Drehung übergehen. Später kann diese Form mit zwei und mehr Drehungen erschwert werden.

Der Ansatz aus einer kleinen Pose kann durch ein vorbereitendes rond des Spielbeins zum Ausgangspunkt, aus dem die kleine Pirouette beginnt, verstärkt werden. Zum Beispiel: battement fondu vor auf 45°, rond de jambe in die II. Position mit gleichzeitigem demi-plié auf dem Standbein und ohne Pause Übergang in die Pirouette en dehors. Beim battement fondu nach rück wird die gesamte Bewegung en dedans ausgeführt. Das rond kann auch aus der II. in die IV. Position erfolgen, so daß die Pirouette aus der IV. Position beginnt. Die Richtung des vorbereitenden rond entspricht immer der Drehrichtung und verstärkt auf diese Weise den Abstoß in die Drehung.

Der Übergang von der halben Spitze in das nicht fixierte demi-plié muß elastisch und leicht erfolgen. Das Spielbein darf nicht die II. oder IV. Position überschreiten. Arme, Oberkörper und Kopf bewegen sich wie üblich.

Diese Variante des Ansatzes zu kleinen Pirouetten wird mit Bewegungen des Exercice zuerst an der Stange und danach im Freien gelehrt.

Die kleinen Pirouetten können ebenfalls aus einer großen Pose begonnen und, wie es üblich ist, wieder in einer großen Pose beendet werden. In diesem Falle erfolgt der Abstoß in die Drehung nicht durch ein vorbereitendes demi-plié sondern durch ein relevé auf hohe halbe Spitze mit gleichzeitigem Anlegen des Spielbeins zur Haltung passé. Arm-, Oberkörper- und Kopfbewegungen entsprechen den bereits angegebenen Formen. Diese Art des Ansatzes ist bedeutend schwieriger. Man kann mit seiner Hilfe nur wenige Pirouetten ausführen, da durch das fehlende demi-plié weniger Kraft für den Abstoß in die Drehung erzeugt werden kann.

Ein Beispiel: Aus einer großen Pose croisée vor wird das Spielbein energisch angewinkelt. Dadurch, daß diese Bewegung bereits in die Drehrichtung (en dedans) erfolgt, kann das Spielbein Schwung für die Drehung nehmen. Das Standbein erhebt sich gleichzeitig mit dem Abstoß des gesamten Körpers in die Drehung auf hohe halbe Spitze und führt eine kleine Pirouette en dedans aus. Die Arme werden kräftig aus der großen Pose in eine abgerundete, etwas tiefere 1. Position geschlossen. Oberkörper und Kopf sind während der Drehung aufrecht. Am Ende der Pirouette nehmen sie gleichzeitig mit dem Öffnen der Arme und Beine in die Pose cartée die entsprechende Haltung ein.

Nach diesem Beispiel können die unterschiedlichsten Formen von kleinen Pirouetten aus einer Pose in eine Pose zusammengestellt und besonders im Adagio mit großem Nutzen verwendet werden. Diese Art des Ansatzes wird an der Stange und im Freien, zuerst mit einer Drehung und danach mit zwei und mehr Drehungen gelehrt. Bei der Ausführung ist vor allem darauf zu achten, daß der Oberschenkel des schließenden Spielbeins immer auswärts und genügend hoch gehalten wird.

Wenn die Schüler diesen Ansatz zu kleinen Pirouetten beherrschen, kann er durch ein demi-plié, das im Moment des Abstoßes in die Drehung noch besonders vertieft werden muß, verstärkt werden.

Pirouette aus einem pas tombé

Dieser Ansatz wird mit Hilfe eines tombé aus einer Pose auf das geöffnete Spielbein in die II. oder IV. Position ins demi-plié ausgeführt. Beim Fall auf das Spielbein wird das andere Bein auf 45° angehoben und ohne jede Verzögerung, gleichzeitig mit dem Abstoß in die Drehung durch das Standbein, zur etwas erhöhten Haltung sur le cou-de-pied vor oder rück angelegt. Pas tombé und Abstoß in die Drehung werden durch ein trampolinartiges demi-plié so miteinander verbunden, daß der Bewegungsfluß nicht unterbrochen wird. Alle übrigen Bewegungen, einschließlich des Abschlusses, werden genauso ausgeführt, wie bereits bei den kleinen Pirouetten beschrieben wurde.

Beim pas tombé in die II. oder IV. Position darf der Schritt nicht verkürzt werden. Das Zentrum des Körpergewichtes ist sofort auf das Standbein zu verlagern. Ein Nachlassen im Tempo oder eine unnötige Hast während des tombé sind häufig anzutreffende Fehler.

Der Schwung und die Kraft, die durch den Fall des Körpers ins demi-plié entstehen, müssen rechtzeitig und bewußt für den Abstoß in die Drehung ausgenutzt werden. Die Bewegungen der Arme verlaufen im gleichen Tempo wie die der Beine. Oberkörper und Kopf unterstützen die exakte und stabile Drehung. Der Abschluß muß überzeugend und technisch exakt ausgeführt werden.

Die kleinen Pirouetten aus einem solchen Ansatz werden im Exercice im Freien en face, zuerst mit einem Öffnen des Spielbeins während des Abstoßes in die Drehung in die II., dann in die IV. Position gelehrt. Wenn die Schüler aus diesem Ansatz eine Pirouette beherrschen, kann man zwei Pirouetten en dehors und en dedans ausführen lassen, mit Abschluß nicht nur in der V. Position, sondern auch in kleinen und großen Posen.

Nach dieser Etappe kann der pas tombé auch in kleine Posen mit einem Öffnen des Spielbeins auf 45° und entsprechenden Arm-, Oberkörper- und Kopfhaltungen erfolgen. Man sollte den Schüler aus ein und derselben Pose verschiedenartige Drehungen ausführen lassen: en dehors und en dedans, mit Abschluß in einer beliebigen Pose auf 45° oder 90°. Dabei müssen selbstverständlich alle Regeln für kleine Pirouetten genauestens beachtet werden.

Pirouette aus einem pas dégagé

Der Ansatz zur kleinen Pirouette wird hier mit Hilfe eines Schrittes in die II. oder IV. Position auf hohe halbe Spitze und anschließender Drehung en dehors oder en dedans ausgeführt. Der Schritt beginnt aus dem demi-plié auf dem Standbein, das andere Bein in der Haltung sur le cou-de-pied vor oder rück angelegt. Nach dem Öffnen des Spielbeins in die II. Position 45° stößt sich das Standbein gleichzeitig mit dem Übertreten auf das Spielbein in die Drehung ab. Das ehemalige Standbein wird sofort in einer erhöhten Haltung sur le cou-de-pied vor (bei einer Pirouette en dedans) oder rück (bei einer Piourette en dehors) angelegt.

Arme, Oberkörper und Kopf werden wie bei gewöhnlichen kleinen Pirouetten geführt. Die Drehung kann in der V. Position, in einer kleinen oder großen Pose oder mit einem Übergang (tombé) auf das Spielbein ins demi-plié mit gleichzeitigem Anlegen des anderen Beines zur Haltung sur le cou-de-pied vor (bei einer Pirouette en dedans) beendet werden. Aus dieser Haltung können Ansatzbewegung und Pirouette wiederholt werden

Der pas dégagé wird elastisch, nicht zu weit, aber ausreichend aktiv und energisch ausgeführt. Die Fortbewegung muß so berechnet sein, daß das Körpergewicht richtig und in einem Bewegungsfluß auf das Standbein übertragen werden kann. Andernfalls wäre eine stabile Drehung nicht durchführbar.

Diese Form wird zuerst en dedans gelehrt, mit einem pas dégagé in die IV. Position vor, dann zur Seite in die II. Position und zum Schluß in die IV. Position rück. Die Pirouetten werden in der V. Position beendet. Anschließend lehrt man in der gleichen Reihenfolge die kleinen Pirouetten en dehors.

Wenn die Schüler diesen Ansatz mit einer Pirouette beherrschen, kann man zwei und mehr Pirouetten mit einem Abschluß in einer beliebigen Pose ausführen lassen.

In der Theaterpraxis wird dieser Ansatz für kleine Pirouetten en dedans bevorzugt, da die Pirouetten in dieser Art etwas bequemer und leichter auszuführen sind als en dehors. Im Unterricht müssen die Schüler jedoch diese Pirouetten in beide Richtungen erlernen, da sie sehr gut die allgemeine Technik und Stabilität der Drehung entwickeln.

Pirouette aus einem pas coupé

Ausgangshaltung: Standbein – demi-plié; Spielbein zur Seite 45° geöffnet. Aus dieser Haltung wird das Spielbein mit gestrecktem Knie, Spann und gestreckten Zehen energisch an das Standbein herangeführt und elastisch auf hohe halbe Spitze in die V. Position eingesetzt.

Diese Bewegung wird wie ein Austauschen des Standbeins ausgeführt. Gleichzeitig stößt sich das Standbein en dehors in die Drehung ab. Danach wird es sofort in der leicht erhöhten Haltung sur le cou-de-pied rück angelegt. Bei Pirouetten en dehors wird das Spielbein in die V. Position rück eingesetzt und das andere Bein sur le cou-de-pied vor angelegt.

Beim Abstoß in die Drehung schließen sich die Arme energisch aus der 2. in die etwas tiefere 1. Position. Oberkörper und Kopf werden wie bei einer gewöhnlichen kleinen Pirouette geführt.

Diese Pirouette kann in der V. Position, in einer kleinen und großen Pose oder mit einem Übergang (tombé) auf das Spielbein ins demi-plié mit gleichzeitigem Öffnen des Standbeins zur Seite auf 45° beendet werden. Aus dieser Haltung können Ansatzbewegung und Pirouette wiederholt werden. Der pas coupé und der Abstoß in die Drehung müssen ineinander übergehend und elastisch, unter Berücksichtigung der Drehrichtung (en dedans oder en dehors), der Anzahl der Pirouetten und der Form des Abschlusses ausgeführt werden.

Es ist angebracht, die Pirouette aus einem pas coupé in Verbindung mit dem Exercice an der Stange und im Freien mit nur einer Drehung en dehors und en dedans und mit einem Abschluß in der V. Position zu lehren. Später kann man zwei Drehungen, die in kleinen oder großen Posen enden, ausführen lassen.

Pirouette-fouetté auf 45°

Diese Form der kleinen Pirouetten besteht aus einer ununterbrochenen Wiederholung von ein oder zwei Drehungen mit Hilfe eines demi-plié auf dem Standbein und mit gleichzeitigem wurfartigem Öffnen des Spielbeins zur Seite auf 45°. Die Pirouetten werden wie gewöhnlich auf hoher halber Spitze, auf ein und demselben Standbein und in eine Richtung ausgeführt. Das Öffnen und anschließende Anwinkeln des Spielbeins erfolgen mit einem petit rond de jambe en l'air und gleichzeitigem demi-plié auf dem Standbein. Zu Beginn der Drehung wird das Spielbein zur erhöhten Haltung sur le cou-de-pied rück (bei Pirouette en dehors) angelegt und sofort neben der Wade in die Haltung sur le cou-de-pied vor übertragen. Aus dieser Haltung beginnt wieder die nächste Pirouette. Bei Pirouetten en dedans wird das Spielbein zuerst sur le cou-de-pied vor angelegt. Diese Bewegung des Spielbeins unterstützt die Drehung, da ihre Richtung mit der Drehrichtung übereinstimmt. Die Pirouette erhält dadurch eine exakte und runde Form.

Gewöhnlich wird diese Drehung nur von Tänzerinnen – 16 bis 32 Drehungen en suite auf ganzer Spitze – ausgeführt und »fouetté auf 45°« genannt. Die Bezeichnung »fouetté« ist hier insofern gerechtfertigt, als das Spielbein am Ende jeder Drehung leicht und auf einem ovalen Raumweg in die II. Position »auspeitscht«. Die Schüler erlernen dieses fouetté mit sehr viel weniger Drehungen und nur auf halber Spitze.

Die erste Pirouette beginnt aus der V. oder II. Position. Alle weiteren Drehungen werden nach allen Regeln der kleinen Pirouetten ausgeführt. Das demi-plié das das petit rond de jambe en l'air und die folgende Pirouette miteinander verbindet, ist fließend und elastisch auszuführen. Die Standbeinferse wird jedesmal fest und federnd auf den Boden abgesetzt. Sie darf nicht am Boden hin und her rutschen. Der Ausgangspunkt, an dem die Pirouette begann, ist unbedingt beizubehalten. Das petit rond de jambe en l'air wird ebenfalls elastisch und immer genau in eine Richtung ausgeführt. Der Oberschenkel des Spielbeins wird fest auf einer Höhe von 45° fixiert.

Der Abstoß in die Drehung muß so genau berechnet sein, daß jede einfache oder doppelte Drehung genau en face beendet werden kann. Ebenso wichtig ist es, während des demi-plié kleine Abweichungen von der Senkrechten zu korrigieren (beim Übergang auf halbe Spitze), indem der angespannte Körper durch ein elastisches, kurzes Springen zum neuen Standpunkt auf dem Boden übertragen wird.

Mit jedem Öffnen des Spielbeins werden die Arme energisch und synchron zur Beinbewegung aus der 1. in die 2. Position geworfen.

Bei jedem Abstoß in die Drehung schließen sie sich wieder schnell in die Ausgangsposition. Oberkörper und Kopf unterstützen durch aktive und exakte Bewegungen die Drehungen. Mit ihrer Hilfe wird die Körperachse in der Senkrechten gehalten.

Das fouetté auf 45° wird schnell, in einem Rhythmus, aber nicht überhastet und mechanisch ausgeführt. Die einzelnen Pirouetten werden richtig miteinander verbunden, wenn jede Drehung so im demi-plié beendet wird, daß aus dieser Bewegung bereits wieder Schwung für die nächste Drehung genommen werden kann.

Es wurde bereits darauf hingewiesen, daß dieses fouetté en suite als eigenständige Übung in den Männerklassen nicht ausgeführt wird, sondern daß lediglich einzelne Drehungen in Kombinationen im Exercice im Freien verwendet werden, zum Beispiel beim battement fondu, petit rond de jambe en l'air usw.

Die Pirouette-fouetté auf 45° wird zuerst en dehors mit einer Drehung gelehrt, nicht mehr als zwei bis vier Drehungen en suite. Danach läßt man die gleiche Anzahl en dedans ausführen und zum Schluß doppelte Drehungen. In dieser letzten Etappe wird allmählich auch der Schwierigkeitsgrad der Verbindung von Pirouette-fouetté mit anderen Elementen innerhalb der Kombinationen des Exercice erhöht.

In diesem Zusammenhang möchte ich darauf aufmerksam machen, daß kleine Pirouetten aus einem pas dégagé oder pas coupé in den Männerklassen ebenfalls nicht en suite auf der Diagonale oder im Kreis gelehrt werden. Man läßt sie ebenso wie die Pirouetten-fouetté einzeln (zwei bis drei Drehungen) innerhalb der Kombinationen des Exercice im Freien ausführen. Dasselbe gilt auch für die kleinen Pirouetten, die nur in den Mädchenklassen sechzehnmal en suite aus der V. in die V. Position gelehrt werden. Diese Unterschiede in der Methodik werden durch eine Veränderung des Charakters dieser Pirouetten in den Mädchenklassen hervorgerufen. Sie erhalten eine besondere technische und ausdrucksmäßige Bedeutung, da sie von den Tänzerinnen auf ganzer Spitze ausgeführt werden. All diese Pirouetten en suite sind in der Theaterpraxis als eine Besonderheit des Frauentanzes sehr weit verbreitet.

Der Männertanz besitzt eigene, typische, sehr schwierige und virtuose Arten von Drehungen auf der Bühne: zum Beispiel Übergang aus einer kleinen Pirouette zu Drehungen in der Luft, grands pirouettes in der II. Position, die sechzehn- bis zweiunddreißigmal en suite ausgeführt werden, double saut de basque, doubles tours auf der Diagonale in Verbindung mit einem sissonne tombée, revoltade usw. Aus diesem Grunde werden die kleinen Pirouetten aus einem pas dégagé und mit pas coupé aus der V. in die V. Position hier nicht ausführlich beschrieben, sondern nur die allgemeinen Regeln ihrer Verbindungen erläutert.

Folgendes ist dabei zu beachten: die Proportionalität des Abstoßes in die Drehung, ein festes und sicheres Absetzen der Standbeinferse auf den Boden, der federnde Charakter des demi-plié, aus dem die Pirouette beginnt; ein exaktes Führen des Spielbeins, ein richtiges Übertragen des Zentrums des Körpergewichtes über den Drehpunkt, korrekte Bewegungen der Arme, des Oberkörpers und Kopfes, eine stabile Ausführung der Pirouette und besonders des Abschlusses. Es ist weiterhin wichtig, daß der Drehschwung am Ende jeder Pirouette nicht nachläßt, sondern in die nächste Drehung übernommen wird und dadurch jeden neuen Abstoß maßvoll ergänzt. Als letztes ist noch hervorzuheben, daß bei der Wiederholung der Pirouette jeder neue Übergang auf das Standbein sehr kurz und entschlossen, mit einem Akzent auf das erste Viertel eines Zweiertaktes erfolgen muß.

Es empfiehlt sich, diese kleinen Pirouetten anfangs in einem mäßigen Tempo zu erarbeiten, um die notwendige Sauberkeit und Exaktheit zu erreichen. Als nächstes kann das Tempo etwas angezogen, die Pirouetten können in kompliziertere Kombinationen des Exercice im Freien eingefügt werden. Zum Schluß läßt man zweifache Drehungen aus jedem Ansatz ausführen und verbindet die verschiedenen Arten von Pirouetten miteinander.

Im folgenden Absatz werden verschiedene Arten von kleinen halben Pirouetten beschrieben, die ebenfalls aus verschiedenen Ansätzen mit einer besonderen Technik ausgeführt werden. Sie sind in der Bühnen- und Unterrichtspraxis sehr weit verbreitet.

Halbe Pirouetten

Halbe Pirouette aus einem pas coupé

Die halben Pirouetten werden ebenso wie die kleinen Pirouetten aus verschiedenen Ansätzen, einzeln oder mehrmals hintereinander ausgeführt. In einigen Fällen sind die halben Pirouetten technisch schwieriger und auch in einer sehr eigenen Art und Weise auszuführen. Deshalb müssen sie ebenso gründlich wie die kleinen Pirouetten erarbeitet werden.

Zum gleichen Zeitpunkt, wenn sich die Schüler im Freien die kleinen Pirouetten aus der II., IV. und V. Position aneignen, beginnt man an der Stange die halben Pirouetten en dehors und en dedans mit Übergang auf das Standbein mit Hilfe des pas coupé zu lehren.

Die halben Pirouetten können auf niedriger und hoher halber Spitze mit vorbereitendem Öffnen des Spielbeines in die II. Position (Fußspitze am Boden) ausgeführt werden. Aus dieser geöffneten Haltung wird das Spielbein schnell in die V. Position vor eingesetzt und auf diesem Bein sofort ohne jede Verzögerung eine halbe Pirouette en dehors auf niedriger halber Spitze gedreht. Das ehemalige Standbein wird gleichzeitig über die Haltung sur le cou-de-pied vor in die II. Position mit der Fußspitze auf den Boden geöffnet.

Der freie Arm öffnet sich vor Beginn der Bewegung in die 2. Position; der andere liegt auf der Stange. Mit dem Einsetzen des Spielbeins in die V. Position wird der freie Arm auf der Horizontalen zur Stange geführt und auf sie gelegt. Der andere Arm öffnet sich gleichzeitig über die 1. in die 2. Position. Der Oberkörper ist aufrecht. Er wird schnell von einem Bein auf das andere übertragen. Der Kopf ist am Anfang und Ende der Drehung zum geöffneten Arm gewendet.

Bei der halben Pirouette en dedans wird das Spielbein in die V. Position rück eingesetzt und das Standbein über sur le cou-de-pied rück in die II. Position geöffnet. Der freie Arm wird direkt auf die Stange gelegt; der andere bleibt geöffnet in der 2. Position. Oberkörper- und Kopfbewegungen sind die gleichen wie beim en dehors.

Diese halbe Wendung wird auf hoher halber Spitze in der gleichen Weise ausgeführt. Nur das vorbereitende und abschließende Öffnen des Beines erfolgt hier in die II. Position auf 45° (Standbein auf hoher halber Spitze).

Die halben Pirouetten auf niedriger halber Spitze sollten zusammen mit battements tendus gelehrt werden, während die auf hoher halber Spitze mit allen Bewegungen, bei denen das Spielbein in die II. Position auf 45° geöffnet wird, verbunden werden können.

Halbe Pirouette aus einem pas tombé

Diese halbe Pirouette beginnt aus der Haltung sur le cou-de-pied oder aus einer geöffneten Haltung, Spielbein in der II. Position 45°. Aus diesen Haltungen (Standbein auf hoher halber Spitze) senkt sich das Spielbein mit einem tombé in die V. Position vor – demi-plié; das andere Bein wird gleichzeitig sur le cou-de-pied rück angelegt. Danach führt das Standbein ohne Pause ein relevé auf hoher halber Spitze und gleichzeitiger halber Pirouette en dehors aus. Das Spielbein wechselt die Haltung sur le cou-de-pied.

Der geöffnete Arm fixiert am Anfang und Ende der Bewegung die 2. Position; der andere liegt auf der Stange. Mit dem tombé wird der geöffnete Arm in die 1. Position geführt und während der halben Pirouette etwas angehoben und auf die Stange gelegt. Gleichzeitig öffnet sich der andere Arm über die 1. in die 2. Position. Der Oberkörper ist absolut aufrecht und liegt genau über dem Standbein. Der Kopf ist am Anfang und Ende der Bewegung zum geöffneten Arm gewendet.

Bei der halben Pirouette en dedans wird das Spielbein mit dem tombé in die V. Position rück eingesetzt und das andere gleichzeitig sur le cou-de-pied vor angelegt. Während der halben Pirouette wechselt das Spielbein die Haltung sur le cou-de-pied. Alle anderen Bewegungsdetails werden wie bei der halben Pirouette en dehors ausgeführt.

Diese Drehung kann mit petits battements sur le cou-de-pied oder anderen Bewegungen, bei denen das Spielbein in die II. Position auf 45° geöffnet ist, verbunden werden. Die halben Pirouetten aus dem pas coupé und pas tombé müssen fortwährend und immer mit dem gleichen Ziel in das Exercice an der Stange einbezogen und wie alle anderen elementaren Bewegungen ausgearbeitet werden. Sie werden ebenso wie die Elementarbewegungen später zu Bestandteilen komplizierter tänzerischer Bewegungen bzw. einiger komplizierter ununterbrochener Drehungen, zum Beispiel im pas emboîté oder bei den tours chaînés. Es wäre aus diesem Grunde nicht richtig, sie den »Bewegungen en tournant« unterzuordnen, da sie dem Charakter, Tempo und der Wiederholbarkeit nach ganz offensichtlich der Gruppe Drehungen näherstehen. Die Besonderheiten werden in den folgenden Abschnitten näher erläutert.

Pas emboîté

Der pas emboîté wird mit minimaler Fortbewegung und ohne demi-plié ausgeführt. Ausgangsposition der Beine – V., en face. Die erste Bewegung, ein pas dégagé mit Fortbewegung zur Seite, hat die Funktion eines einmaligen Ansatzes und wird wie folgt ausgeführt: demi-plié auf dem rückwärtigen Bein und Anlegen des vorderen Beines zur Haltung sur le cou-de-pied vor mit anschließendem Öffnen zur Seite auf 45°. Danach tritt man weit auf das Spielbein auf hohe halbe Spitze über und überträgt gleichzeitig das andere Bein energisch aus dem demi-plié in die Haltung sur le cou-de-pied vor. Diese Ansatzbewegung erfolgt mit einer halben Pirouette en dedans und wird mit dem Rücken nach vorn beendet. Anschließend führt man ohne jede Verzögerung den pas emboîté aus – Übertreten auf hohe halbe Spitze mit minimaler Fortbewegung zur Seite. Das ehemalige Standbein wird aus hoher halber Spitze sur le cou-de-pied vor angelegt. Dabei erfolgt eine zweite halbe Wendung en dehors, so daß der Ausführende mit dem Gesicht nach vorn endet. Der nächste pas emboîté wird en dedans und ebenfalls mit minimaler Fortbewegung zur Seite ausgeführt usw.

Diese Bewegung darf nicht weniger als viermal hintereinander ausgeführt werden. Beim pas emboîté in umgekehrter Reihenfolge erfolgt die erste halbe Wendung en dehors und die zweite en dedans. Die Haltung sur le cou-de-pied wird jedesmal rück fixiert. Das schnelle Tempo und die geringe Fortbewegung zur Seite harmonieren mehr mit der gewöhnlichen als der erhöhten Haltung sur le cou-de-pied.

Beim ersten demi-plié wird der dem Spielbein entsprechende Arm in die 1. Position geführt, der andere in die 2. Gleichzeitig mit dem Öffnen des Spielbeins zur Seite auf 45° und dem ersten Übertreten auf hohe halbe Spitze wechseln beide Arme ihre Positionen. Dieser Wechsel erfolgt organisch in die Drehrichtung. Beim zweiten Übertreten – also beim eigentlichen emboîté wechseln die Arme abermals ihre Positionen, und zwar der Drehrichtung entgegengesetzt.

Nach jeder ganzen Drehung ist der Körper frontal nach vorn gerichtet. Beim pas emboîté auf der Diagonalen nimmt der Körper die Haltung épaulement ein.

Der Kopf ist vor der ersten halben Wendung in die Seite der Fortbewegung gerichtet. Während der ersten halben Wendung bleibt er in dieser Haltung. Bei der zweiten halben Wendung wendet er sich etwas schneller als der Oberkörper in die gleiche Richtung usw.

Wenn die pas emboîtés in umgekehrter Reihenfolge ausgeführt werden, bleiben Arm- und Oberkörperbewegungen unverändert. Der Kopf ist vor der ersten halben Wendung in die Richtung der bevorstehenden Fortbewegung gewendet. Bei der ersten halben Wendung wendet er sich etwas schneller als der Oberkörper in die gleiche Richtung; bei der zweiten halben Wendung wird er in dieser Haltung fixiert usw.

Diese halbe Wendung wird viermal in jede Seite gelehrt.

$^2/_4$-Takt.

Auftakt – pas dégagé;

$^4/_4$ – vier halbe Pirouetten, jede auf $^1/_4$;

$^2/_4$ – Pause auf halber Spitze nach der vierten halben Pirouette;

$^1/_4$ – Schließen des Spielbeins in die V. Position demi-plié;

$^1/_4$ – Übertragen des vorderen Beines in die Haltung sur le cou-de-pied vor.

Aus dieser Haltung wird die Übung zur anderen Seite wiederholt. Danach läßt man alles in umgekehrter Reihenfolge ausführen.

Als nächstes wird die Anzahl der halben Pirouetten auf sechs erhöht, wobei die letzte Pause auf halber Spitze auf einen $^2/_4$-Takt wegfällt. Zum Schluß kann man die pas emboîtés auf Achtel ausführen lassen und mit anderen Bewegungen des Exercice im Freien und kleinen Sprüngen verbinden. Die Arme werden bei dieser Endform energisch in einer etwas tieferen 1. Position geschlossen und in dieser Haltung bis zur vorletzten halben Pirouette fixiert. Danach nehmen sie die Ausgangsposition oder eine andere Haltung ein.

Bei diesen halben Pirouetten muß besonders sorgfältig ein leichtes und exaktes Übertreten auf hoher halber Spitze erarbeitet werden. Das Spielbein ist korrekt und leicht zur Haltung sur le cou-de-pied anzulegen; der Übergang von einem Bein auf das andere erfolgt in einer verkürzten, aber nicht zu engen II. Position; die Arm-, Oberkörper-, und Kopfbewegungen zeichnen sich durch Harmonie und Koordination aus; der Abstoß in die Drehung muß auf den Charakter und die Technik der halben Pirouette abgestimmt werden; jede halbe Drehung ist durch einen leichten rhythmischen Akzent hervorzuheben.

Pas jeté mit halber Pirouette und Fortbewegung zur Seite

Diese Bewegung basiert auf dem petit pas jeté. Hier wird sie jedoch ohne Sprung und mit Fortbewegung ausgeführt. Der pas jeté mit einer halben Pirouette beginnt aus einem demi-plié auf dem Standbein, Spielbein in der Haltung sur le cou-de-pied vor angelegt. Aus dieser Haltung wird das Spielbein in die II. Position 45° geöffnet. Anschließend erfolgt ohne Pause ein pas dégagé in die gleiche Richtung auf hohe halbe Spitze und halber Pirouette en dedans. Das ehemalige Standbein wird beim Übertreten sur le cou-de-pied rück angelegt. Die halbe Pirouette wird im demi-plié beendet. Danach wird die gesamte Bewegung in die gleiche Richtung en dehors wiederholt, wobei das Spielbein sur le cou-de-pied vor angelegt wird.

In der Regel wird dieser pas jeté nicht weniger als viermal hintereinander ausgeführt. Er beginnt mit dem vorderen Bein aus der V. Position, der Haltung sur le cou-de-pied oder einer geöffneten Haltung, II. Position 45°.

Eine Besonderheit dieser Bewegung besteht darin, daß die halben Pirouetten abwechselnd en dedans (beim ersten pas dégagé) und en dehors (beim zweiten pas dégagé) und immer in die gleiche Richtung ausgeführt werden.

Beim demi-plié vor der ersten halben Pirouette fixiert der dem Spielbein entsprechende Arm die 1., der andere die 2. Position. Mit dem Öffnen des Spielbeins aus der Haltung sur le cou-de-pied in die II. Position öffnet sich der Arm, der die 1. Position fixiert, in die 2. Der andere Arm schließt sich beim pas dégagé aus der 2. in die 1. Position, also in die Drehrichtung. Bei der Wiederholung des pas jeté en dehors wird dieses port de bras genauso ausgeführt, jedoch jetzt gegen die Drehrichtung des Körpers. Der pas jeté wird auf der Geraden mit Frontalwendungen und auf der Diagonale im épaulement ausgeführt.

Zu Beginn des pas dégagé ist der Kopf in die Richtung der Fortbewegung gewendet. Während der ersten halben Pirouette en dedans fixiert er diese Haltung im Verhältnis zur Körperwendung. Bei der nächsten halben Wendung en dehors dreht er sich etwas schneller als der Oberkörper in die Ausgangshaltung.

Diese pas jetés können auch mit dem rückwärtigen Bein aus der V. Position oder der Haltung sur le cou-de-pied begonnen werden, wobei die erste halbe Pirouette en dehors erfolgt.

Arm- und Oberkörperbewegungen sind die gleichen wie bei der ersten Form. Der Kopf ist in die Richtung der Fortbewegung gewendet. Bei der Drehung en dehors wendet er sich etwas schneller als der Oberkörper, bei der Drehung en dedans fixiert er diese Richtung im Verhältnis zur Körperwendung.

Der pas jeté mit halber Pirouette und Fortbewegung zur Seite wird viermal hintereinander in jede Richtung gelehrt.

2/4-Takt.

Auftakt – Öffnen des Spielbeins in die II. Position;

1/4 – halbe Pirouette en dedans;

1/4 – demi-plié in der Haltung sur le cou-de-pied usw.

Jede vierte halbe Pirouette wird mit sur le cou-de-pied rück im demi-plié beendet. Aus dieser Haltung wird die gesamte Übung mit dem rückwärtigen Bein begonnen und in die gleiche Richtung wiederholt.

Alle Elemente der halben Pirouette müssen sorgfältig ausgearbeitet werden, besonders das exakte Öffnen des Spielbeins zur Seite auf 45°, eine ausreichend weite und entschlossene Fortbewegung zur Seite und ein der halben Pirouette angemessener Abstoß in die Drehung. Das Übertreten erfolgt elastisch auf hohe halbe Spitze; das Standbein geht nach der halben Pirouette weich ins demi-plié über, die Standbeinferse dabei fest auf den Boden aufsetzend; die Haltung sur le cou-de-pied ist etwas erhöht, sie darf während der Drehung nicht verrutschen; der Oberkörper ist aufrecht und angespannt; alle Bewegungen der Arme und des Kopfes verlaufen klar, bestimmt und plastisch; die Beine sind nach außen gedreht; das Becken ist angespannt; die Schultern sind geöffnet und herabgesenkt; der Blick ist fest auf einen bestimmten Punkt gerichtet.

In der nächsten Etappe wird der pas jeté mit halber Pirouette (einschließlich des demi-plié) auf 1/4 eines 2/4-Taktes gelehrt und mit anderen Bewegungen des Exercice im Freien verbunden.

Tours chaînés

Als tours chaînés bezeichnet man eine Folge von ununterbrochenen Drehungen in einer halb auswärts gehaltenen I. Position auf hoher halber Spitze, die sowohl auf der Geraden, der Diagonale oder im Kreis ausgeführt werden können und wie die einzelnen »Glieder einer Kette« (chaîné, franz. – kettenförmig) aneinandergereiht sind.

Jede ganze Drehung der tours chaînés wird in zwei gleichmäßige halbe Wendungen geteilt, die optisch kaum zu erfassen sind, da sie sehr schnell und ineinander übergehend ausgeführt werden. Der Übergang von einer halben Pirouette zur anderen erfolgt mit minimaler Fortbewegung in die Drehrichtung. Die Weite der Fortbewegung ist gleich dem Abstand zwischen den halben Spitzen in der I. Position. Die Beine dürfen nicht in die II. oder IV. Position geöffnet werden.

In diesem Zusammenhang muß darauf aufmerksam gemacht werden, daß einige Tänzer die tours chaînés nicht in der I. Position ausführen, sondern so, wie es ihnen »am bequemsten« ist. Um jedoch ein virtuoses Drehtempo, eine genaue Bewegungszeichnung, Kompaktheit, Gebundenheit und Stabilität der Drehungen zu erreichen, ist nicht ein rein zufälliges, sondern ganz bestimmtes technisches Verfahren notwendig. Die tours chaînés dürfen nicht auf niedrigen halben Spitzen, mit ungestreckten Knien, geschlossenen Fußspitzen oder geöffneten Fersen ausgeführt werden. Die Bewegungen der Beine müssen ein Höchstmaß an Exaktheit aufweisen. Nur bei einem eventuellen Mißerfolg im Prozeß der Aneignung dieser Bewegung darf der Pädagoge dem Schüler eine weniger exakte Ausführung der halb auswärts gehaltenen I. Position gestatten. Diese Maßnahme ermöglicht dem Schüler, während der Drehungen besser das Gleichgewicht zu halten, sich den schnellen Rhythmus der tours chaînés anzueignen und bei irgendwelchen Störungen augenblicklich oder während einer oder während der zwei halben Pirouetten entsprechende Korrekturen vornehmen zu können.

Der Schwung für die erste Drehung der tours chaînés wird durch einen pas dégagé oder pas tombé in die IV. Position erzeugt. Beim pas dégagé beginnen die tours chaînés mit einem Übertreten auf hohe halbe Spitze und mit einer halben Drehung en dedans, der nächsten en dehors usw. Nach dem pas tombé wird jedoch die erste halbe Pirouette en dehors ausgeführt, da anschließend an das Strecken des Standbeins aus dem demi-plié (nach pas tombé) das Spielbein in die I. Position eingesetzt wird und im gleichen Augenblick auf diesem Bein die halbe Pirouette en dehors erfolgt. Das Strecken aus dem demi-plié darf nicht zu hastig und abrupt ausgeführt werden. Der Übergang auf hohe halbe Spitze ist elastisch und erst bei der zweiten halben Pirouette beendet.

Die tours chaînés beginnen, der Regel entsprechend, in schnellem Tempo, das am Ende der gesamten Folge noch anwächst. Sie werden unerwartet und abrupt durch eine stabile, kleine Pose beendet. Der Abstoß in die Drehung erfolgt energisch und entschlossen, jedoch so maßvoll, daß man sich nicht aus der Richtung der Fortbewegung treibt und die organische Verbindung der einzelnen halben Pirouetten stört. Außerdem muß der »Vorrat« an Drehenergie ökonomisch auf die gesamte Folge der tours chaînés verteilt werden. Ein häufiger Fehler besteht darin, daß die halbe Wendung nicht um genau 180° erfolgt, sondern verkleinert wird. Durch die Summierung dieser unvollständigen halben Wendungen verliert der Tänzer die Orientierung im Raum, und der genaue Abstand zwischen den Fußspitzen in der I. Position wird nicht mehr eingehalten. Die Drehungen verlieren an Verbundenheit und Stabilität. Erst am Schluß der tours chaînés, wenn das Tempo noch gesteigert wird, darf der Abstand der Fußspitzen etwas verringert werden. Dadurch wird die Fortbewegung etwas vermindert, das Drehtempo bedeutend erhöht und der Übergang in die Endpose stabilisiert. Der Abschluß der tours chaînés muß mit äußerster Exaktheit erfolgen. Ein Herabfallen von der halben Spitze ist unbedingt zu vermeiden. Ungefähr bei den letzten beiden halben Pirouetten beginnt man, den Fuß elastisch von der halben Spitze auf den Boden zu senken.

Folgende Abschlüsse sind bei der letzten halben Pirouette en dehors möglich:

Das Bein wird über die Haltung sur le cou-de-pied vor in die V. Position rück abgesetzt, oder es erfolgt ein pas dégagé vor in eine kleine Pose effacée rück. Bei der zweiten Variante muß das zukünftige Standbein sehr fest und auswärts auf den Boden aufgesetzt werden. Folgende Posen können als Abschluß gewählt werden:

die 1. oder 2. arabesque; eine Pose mit beiden Armen in einer etwas tieferen 2. Position; beide Arme in der 3. Position; ein Arm in der 1. und der andere in der 2. oder 3. Position. Als Ausnahme können die tours chaînés auch in großen Posen im demi-plié oder auf einem Knie beendet werden.

Die Arme werden beim Ansatz zur ersten Drehung, also gleichzeitig mit dem Öffnen des Beines in die IV. Position schnell durch die der 1. arabesque entsprechende Haltung geführt und ohne Verzögerung in einer niedrigen, abgerundeten 1. Position geschlossen. Diese Haltung fixieren sie bis zur vorletzten halben Pirouette, nach der sie sich schnell in die geforderte Endpose öffnen. Bei jeder halben Pirouette en dedans unterstützen die Arme kaum wahrnehmbar die Drehung. Während der letzten, besonders schnellen Drehungen schieben sie sich etwas übereinander. Der Arm, der der Drehrichtung entspricht, liegt dabei gewöhnlich oben.

Der Oberkörper wird beim pas dégagé oder pas tombé auf das Standbein übertragen. Danach wird er aufgerichtet und in dieser angespannten, geraden Haltung bis zum Schluß fixiert. Er darf zu Beginn der tours chaînés nicht hinter der Fortbewegung zurückbleiben oder zu sehr nach vorn streben. In beiden Fällen würde dies das Tempo und die Stabilität der Drehungen stören bzw. die Beine zu unkorrekten, ausgleichenden, den richtigen Standpunkt auf dem Boden suchenden Bewegungen in der halbauswärts gehaltenen I. Position zwingen. In der Endpose muß der Oberkörper entschlossen und mit Aplomb die entsprechende Haltung einnehmen.

Der Kopf wendet sich während des Ansatzes in die Drehrichtung; der Blick fixiert einen bestimmten Punkt in Augenhöhe. Dann muß der Kopf ebenso wie bei den kleinen Pirouetten »mitgenommen« werden. Dies geschieht auf folgende Art und Weise: Während der ersten halben Pirouette bleibt der Kopf in der Haltung, die er bei der Ansatzbewegung eingenommen hat, bei der zweiten dreht er sich schneller als der Körper wieder in diese Ausgangshaltung. Am Ende der tours chaînés nimmt der Kopf eine Haltung ein, die der Endpose entspricht, und unterstreicht durch die Bewußtheit seiner Bewegung den Abschluß der tours chaînés.

Die tours chaînés werden insgesamt leicht, mit energischem Schwung und technischer Brillanz, jedoch ohne äußerliche Effekte und einen zu sehr betonten Abschluß ausgeführt. Sie sind ebenso wie die kleinen Pirouetten ein sehr wirksames Mittel der szenischen Gestaltung. In den Rollen der Parascha (»Der eherne Reiter«) und der Julia stellen sie ein ausdrucksvolles, das Innere der Helden erschließendes Element der tänzerischen Sprache dar. Selbstverständlich ändern sich hier, der szenischen Aufgabe entsprechend, das Tempo, der Rhythmus, der Charakter, die schulischen Haltungen der Arme, des Oberkörpers und Kopfes; mit anderen Worten, die Übung verwandelt sich in eine »tänzerische Geste« unter Wahrung der grundlegenden technischen Form der Drehungen.

Diesen Besonderheiten der tours chaînés muß der Pädagoge Rechnung tragen und sie dementsprechend im Unterricht anwenden. Er kann zum Beispiel die tours chaînés mit anderen Bewegungen verbinden und ihren Charakter und das Tempo der Ausführung ändern, wenn die Schüler die Drehungen selbst ausreichend beherrschen. Dadurch wird nicht nur die Virtuosität der Drehungen entwickelt, sondern auch die Plastik, die auf der Bühne unbedingt notwendig ist.

Man lehrt die tours chaînés nicht, bevor die Schüler die kleinen und halben Pirouetten beherrschen, da zum Beispiel besonders mit Hilfe der pas emboîtés die schnellen Drehungen ohne unterstützendes demi-plié vorbereitet werden können. In der Anfangsetappe lehrt man die tours chaînés so langsam, daß jede Drehung praktisch einzeln ausgeführt wird.

Ausgangsposition der Beine – V., épaulement croisé. Pas dégagé in die IV. Position vor und Viertelwendung en dedans. Danach vier ganze Drehungen, das heißt acht halbe Pirouetten, auf der Diagonale nach Punkt 2. Bei der letzten halben Pirouette wird das unbelastete Bein sur le cou-de-pied vor angelegt, einen Augenblick fixiert und dann in die V. Position rück ins demi-plié abgesetzt. Diese letzte Pause ist unbedingt notwendig, damit sich der Schüler daran gewöhnt, die tours chaînés ohne überflüssigen Schwung und stabil in der V. Position bzw. später in der Endpose zu beenden. Es empfiehlt sich, beim ersten pas dégagé oder pas tombé das Spielbein nur sehr wenig in die IV. Position zu öffnen. Diese Maßnahme gilt nur für die erste Zeit, da sie ermöglicht, im langsamen Tempo das Gefühl für die rhythmische Ganzheit jeder Drehung und auch das Gefühl für alle Details der Beinbewegungen zu erarbeiten.

Im Stadium der Vervollkommnung der tours chaînés fällt diese Art des

Öffnens des Spielbeins nach und nach weg, und alle Drehungen werden in einem Fluß ausgeführt. Beide Beine befinden sich in einer halb auswärts gehaltenen I. Position.*

Mit der folgenden Übung beginnt man die tours chaînés zu lehren.

Beim Anlegen des vorderen Beines in die Haltung sur le cou-de-pied wird der dem Spielbein entsprechende Arm in die 1. Position geführt; der andere öffnet sich gleichzeitig über die 1. in die 2. Position (Standbein demi-plié). Mit dem pas dégagé nehmen die Arme die der 1. arabesque entsprechende Haltung ein. Mit jeder ganzen Drehung schließen sie sich in die 1. Position und öffnen sich am Ende der Drehung sofort wieder in die 1. arabesque. Bei der vierten und letzten Drehung öffnen sie sich nicht mehr in der 1. Position, sondern senken sich gleichzeitig mit dem Abschluß ins demi-plié in die vorbereitende Haltung. Es ist besonders zu beachten, daß der Arm, der sich aus der 1. Position in die 1. arabesque öffnet, gewissermaßen mit dieser Bewegung die Richtung der Fortbewegung angibt und fixiert, während der andere im wesentlichen Schwung für die Drehung nimmt. Aus der 1. arabesque müssen sich die Arme sofort ohne jede Verzögerung wieder in die 1. Position schließen.

Der Oberkörper wird beim pas dégagé in aufrechter und angespannter Haltung auf das ausgreifende Bein übertragen. Dieser Vorgang wiederholt sich vor jeder Drehung – jedoch wesentlich verhaltener als am Anfang.

Der Kopf ist beim pas dégagé geradeaus in die Richtung der Fortbewegung gewandt. Bei allen Drehungen muß er »mitgenommen« werden. Während des abschließenden demi-plié wird er zur vorderen Schulter gewendet und in der Haltung épaulement fixiert.

Die Übung wird nicht zu schnell ausgeführt, damit jede halbe Pirouette exakt ausgearbeitet werden kann.

2/4-Takt.

Auftakt – pas dégagé;

2 Takte – acht halbe Pirouetten, jede auf 1/4;

2 Takte – die Haltung sur le cou-de-pied nach der vierten ganzen Drehung fixieren;

2/4 – demi-plié in der V. Position;

1/4 – Anlegen des vorderen Beines zur Haltung sur le cou-de-pied;

1/4 – pas dégagé, anschließend die gesamte Übung zur anderen Seite wiederholen.

---

* In der Unterrichtspraxis werden nicht selten die tours chaînés in der III. und V. Position ausgeführt Diese Methode führt letztlich ebenfalls zu positiven Resultaten. Ich persönlich ziehe es vor, diese virtuosen Drehungen von Anfang an in der I. Position zu lehren.

Danach können Anzahl und Tempo der Pirouetten vergrößert werden (insgesamt sechs ganze Drehungen). Die letzte halbe Pirouette wird mit Hilfe einer nicht fixierten Haltung sur le cou-de-pied in der V. Position beendet.

Als nächstes wird das Tempo noch mehr angezogen. Die Arme öffnen sich nicht mehr bei jeder Drehung, sondern fixieren während der ganzen Folge der tours chaînés eine etwas tiefere 1. Position. Der Abschluß bleibt unverändert. Das Tempo der musikalischen Begleitung muß bei diesem Beispiel etwas verlangsamt werden, da jede halbe Pirouette auf $1/8$ erfolgt. Wenn die Schüler auch diese Übung beherrschen, kann man bis zu acht ganze Drehungen mit einem abschließenden pas dégagé (über ein demi-plié) in eine kleine Pose der 1. oder 2. arabesque ausführen lassen.

Diese Übung läßt man in jede Richtung extra ausführen. Die Klasse wird in mehrere Gruppen aufgeteilt, so daß sofort eine Gruppe nach der anderen ohne Pause mit der Übung beginnen kann. Die Endpose wird von jeder Gruppe noch zusätzlich über vier Takte fixiert. Zum Schluß werden die tours chaînés in das Adagio oder in Sprungfolgen eingefügt und auf der Diagonale – zwölf oder sechzehn Drehungen – ausgeführt. In diesem Stadium wird mit Hilfe der tours chaînés das Drehtempo allgemein bis zur Virtuosität gesteigert. Jetzt kann man auch zweiunddreißig Drehungen auf der Kreislinie ausführen lassen.

Der Ansatz pas tombé wird wie ein Abstoß in die Drehung und sehr viel kräftiger als beim pas dégagé ausgeführt. Vor dem tombé wird das Spielbein mit einem battement tendu oder battement tendu jeté geöffnet. Gleichzeitig erhebt sich das Standbein auf halbe Spitze. Der pas tombé kann auch aus der Haltung sur le cou-de-pied beginnen. Ein kleines sissonne tombée kann ebenfalls als Ansatzbewegung verwendet werden.

Die Arme werden beim pas tombé in der Ausgangshaltung (ein Arm 1., der andere 2. Position) fixiert und nicht in die 1. arabesque geöffnet. Sofort mit Beginn der Drehung schließen sie sich energisch in eine etwas tiefere 1. Position. Oberkörper- und Kopfbewegungen sind die gleichen wie oben. Das Tempo der Drehungen wird so erhöht, daß besonders am Ende jede Drehung auf $1/8$ erfolgt.

Die tours chaînés auf der Kreislinie werden in einem sehr langsamen Tempo gelehrt, so daß sich die Schüler gut die Raumzeichnung und den Übergang in die abschließende Diagonale aneignen können. Dabei werden die Arme in einer tiefen, aber etwas breiteren 1. Position (fast 2. Position) gehalten. Dadurch wird die Stabilität der Drehungen auf der Kreislinie erhöht, und der Raumweg kann besser eingehalten werden. Beim Übergang in die abschließende Diagonale werden die Arme wie gewöhnlich geführt. Oberkörper- und Kopfhaltungen bleiben unverändert. Mit dem Blick wird der Endpunkt der Diagonale fixiert.

Wenn die Schüler die tours chaînés im langsamen Tempo beherrschen, kann das Drehtempo etwas erhöht werden, und es ist möglich, zwei Kreise mit einem kleineren Durchmesser auszuführen. Die abschließende Diagonale wird beibehalten.

Der Schwierigkeitsgrad wird noch weiter erhöht, wenn die tours chaînés sofort aus kleinen Pirouetten en dehors beginnen (Übergang über einen kleinen schnellen pas tombé) und mit tour en l'air enden bzw. mit jeté en tournant, saut de basque usw. kombiniert werden. Das Ausnutzen solcher Verbindungen in der Endphase des Erlernens der tours chaînés dient der weiteren Vervollkommnung dieser Drehungen.

Unabhängig von der Anzahl, Raumzeichnung, Verbindung und dem Tempo der tours chaînés muß nicht nur die Technik und Stabilität erarbeitet werden, sondern ganz besonders auch die musikalisch-rhythmische Exaktheit, der ununterbrochene Fluß aller Drehungen und die emotionale Ausstrahlungskraft, ohne die die perfekteste Drehung ein unterkühlter und äußerlicher Effekt ist.

Große Pirouetten

Die großen Pirouetten werden in großen Posen (90°), auf hoher halber Spitze, aus verschiedenen Ansätzen und in die Richtungen en dehors und en dedans ausgeführt. Im Unterschied zu den kleinen Pirouetten sind Anzahl (ein bis drei Drehungen) und Tempo der Drehungen geringer. Das bedeutet jedoch nicht, daß sie technisch leichter sind, im Gegenteil, sie erhalten dadurch spezifische Schwierigkeiten, besonders im Hinblick auf die tänzerische Plastik und die musikalisch-rhythmische Ausführung. Die großen Pirouetten enden in der Regel in jener Pose, die bereits während der Drehung fixiert wurde. Diese Pose kann jedoch am Ende der Pirouette durch allongé, grand rond de jambe en l'air oder fouetté auf 90° verändert werden. Außerdem ist es möglich, jede große Pirouette ununterbrochen zu wiederholen oder mit kleinen Pirouetten abzuschließen.

Alle Ansatzbewegungen zu großen Pirouetten sind exakt und sehr bestimmt, ohne ein Abwenden der Schultern in die der Drehung entgegengesetzte Richtung auszuführen. Mit dem Abstoß in die Drehung wird das Körpergewicht auf das Standbein übertragen. Diese energische und im Krafteinsatz der großen Pirouette angemessene Bewegung wird gleichzeitig mit dem Spielbein, dem Oberkörper, den Armen und dem Kopf ausgeführt. Sie darf weder zu abrupt noch zu langsam erfolgen. Der gesamte Körper nimmt leicht und harmonisch die geforderte Pose ein, ohne den Kraftaufwand zu übertreiben oder sich zu verkrampfen.

Die Drehung findet in einer strengen und makellosen Form statt. Nicht durch eine statische und teilnahmslose Ausführung wird sie den Zuschauer ansprechen, sondern nur durch ein Empfinden und Hervorkehren ihrer dynamisch-tänzerischen Schönheit durch den Tänzer. Die Struktur der Pose darf während der Drehung nicht durch ein Herablassen von der halben Spitze, ein leichtes Abbeugen des Standbeinknies und mangelhaftes Fixieren des Spielbeins, der Beckenpartie, der Arme, des Oberkörpers und Kopfes gestört werden. Besondere Beachtung erfordert die Drehachse, um die das Gewicht des angespannten Körpers gleichmäßig verteilt sein muß. Diese richtige Gewichtsverlagerung bildet die Grundvoraussetzung für eine stabile, harmonische und ausdrucksvolle Drehung. Eventuelle Gleichgewichtsstörungen können auf die gleiche Weise wie bei den kleinen Pirouetten korrigiert werden: Mit Hilfe eines leichten und kaum wahrnehmbaren Springens auf der hohen halben Spitze des Standbeines ist der neue Drehpunkt auf dem Boden zu suchen. Auf keinen Fall darf durch ein Balancieren mit dem Oberkörper oder den Armen das Gleichgewicht hergestellt werden.

Die großen Pirouetten werden stabil und exakt durch ein elastisches Absetzen der Standbeinferse auf den Boden und in genauer Übereinstimmung mit der Stellung der Pose im Raum auf der Geraden oder Diagonale beendet. Fuß, Knöchel, Knie und Oberschenkel des Standbeins müssen unnachgiebig und elastisch den gesamten Körper, der unverändert eine Pose fixiert, anhalten. Außerdem kann die Drehung auch durch eine tänzerische Bewegung beendet werden, die einen organischen Übergang aus der Pose in nachfolgende Bewegungen der szenischen Choreographie oder der Unterrichtskombination bildet.

Bevor man die großen Pirouetten in den Unterricht einführt, müssen sich die Schüler folgende Fähigkeiten und Übungen aneignen: eine große Pose korrekt, stabil und leicht auf hoher halber Spitze zu halten; langsame Wendungen in großen Posen zu beenden; battements divisés en quarts und komplizierte Übergänge von einer Pose in eine andere mit Hilfe verschiedener Bewegungen zu beherrschen, wie sie im Lehrplan vorgesehen sind; große Posen im Sprung zu fixieren; ebenso wie bei den kleinen Pirouetten vorbereitende Übungen auszuführen, die Elemente der großen Pose beinhalten und die die Ausdauer, Willenskraft, physische Kraft, Aufmerksamkeit und Musikalität entwickeln. Mit einem Wort, die Elemente der großen Pirouette sind ebenso wie die der kleinen Pirouette grundlegend und frühzeitig vorzubereiten. Eine wirkliche Meisterschaft und Freiheit im Beherrschen der Drehtechnik kann der Tänzer nur auf diese Weise erlangen. Sie wird dem Tänzer später als Mittel des künstlerischen Ausdruckes von unschätzbarem Nutzen sein.

Die großen Pirouetten unterscheiden sich voneinander durch die Posen während der Drehung und die verschiedenen Ansatzbewegungen. Daraus wurde folgendes Prinzip ihrer Beschreibungen abgeleitet: Zuerst werden die Ansatzbewegungen von zwei Beinen auf ein Bein beschrieben, dann von einem Bein auf das andere, zum Schluß Ansätze, die auf einem Bein ausgeführt werden. Alle grundlegenden Regeln zur Ausführung der großen Pirouette werden vollständig bei der Pirouette à la seconde abgehandelt und aus diesem Grunde bei den anderen Pirouetten nicht mehr mit der gleichen Ausführlichkeit erläutert. Es wird entweder nur an sie erinnert, oder sie werden unter Hinweis auf die vorangegangene Beschreibung weggelassen.

Pirouette à la seconde

Pirouette aus der II. Position: Ausgangsposition der Beine – V., en face. Demi-plié in der V. Position und relevé auf hohe halbe Spitze. Danach grand battement jeté mit dem vorderen Bein in die II. Position auf 90°. Aus dieser Haltung demi-plié auf beiden Beinen in der II. Position und Abstoß in die Drehung aus der II. Position mit einer Pirouette en dehors auf hoher halber Spitze in der Pose à la seconde 90°. Dabei wird jenes Bein während der Pirouette auf 90° fixiert, das sich bei der vorbereitenden Bewegung aus der V. Position geöffnet hat. Die große Pirouette endet mit einem Absetzen des Standbeins von der halben Spitze auf den ganzen Fuß und einem Fixieren der ausgeführten Pose.

Beim relevé auf halbe Spitze in der V. Position werden die Arme aus der vorbereitenden Haltung in die 1. Position geführt. Mit dem battement in die II. Position auf 90° öffnen sie sich in die 2. Position. Während des demi-plié in der II. Position schließt sich der Arm in die 1. Position, der dem zukünftigen Spielbein entspricht, der andere bleibt in der 2. Zusammen mit dem Abstoß in die Drehung öffnet sich der Arm aus der 1. in die 2. Position, und bei der Pirouette nehmen beide Arme die 2. oder 3. Position ein. Der Oberkörper ist aufrecht (Abb. 152). Der Kopf wird »mitgenommen«.

Wird diese Pirouette en dedans ausgeführt, dann öffnet sich das rückwärtige Bein in die II. Position auf 90°, und der dem Standbein entsprechende Arm schließt sich bei der Vorbereitung in die 1. Position. Alle übrigen Details werden wie bei der Pirouette en dehors ausgeführt (mit Ausnahme der Drehrichtung).

Beim Ansatz zu dieser Pirouette müssen alle Regeln zur Ausführung des demi-plié und relevé auf halbe Spitze genauestens beachtet werden. Das Spielbein wird leicht und nicht höher als auf 90° in die II. Position geöffnet. Auf dieser Höhe muß das Spielbein sofort fixiert werden. Dadurch ergibt sich die Möglichkeit, die spätere Drehpose noch einmal zu kontrollieren.

152 *Große Pirouette (en dehors) aus der II. Position*

1 2 3 4

Das völlig gestreckte Spielbein muß dann über die elastische Fußspitze auf den Boden aufgesetzt werden. Das Standbein senkt sich im gleichen Augenblick weich von der hohen halben Spitze auf den ganzen Fuß. Danach erfolgt ohne Verzögerung der Übergang in ein etwas tieferes und gleichmäßiges demi-plié auf beiden Beinen in der ein wenig größeren II. Position, die einen sicheren und kräftigen Übergang des ganzen Körpers in die große Drehpose à la seconde ermöglicht.

Beim Abstoß in die Drehung streckt sich das Standbein energisch, ohne mit der Ferse in die Drehrichtung auszuweichen, nach oben auf die hohe und elastische halbe Spitze. Knie und Oberschenkel sind dabei kräftig angespannt. Das Spielbein wird genauso energisch und nicht höher als auf 90° gleichzeitig mit dem Abstoß in die Drehung angehoben. Ein zu hohes und zu kräftiges grand battement jeté kann den Körper aus dem Gleichgewicht werfen. Während der Drehung dürfen Stand- und Spielbein in Kraft, Spannung und Stabilität nicht nachlassen, aber auch die Grenze eines rationellen Krafteinsatzes nicht überschreiten.

Am Schluß der Pirouette muß darauf geachtet werden, daß das Standbein nicht zu hart oder abrupt abgesetzt wird, oder man gar von der halben Spitze auf den ganzen Fuß »herunterfällt«. Der Standbeinfuß und besonders die Ferse schmiegen sich elastisch und fest an den Boden an. Das Knie und der Oberschenkel sind kräftig angespannt. Auf diese Weise kann das Standbein am besten den restlichen Drehschwung abfangen. Völlig ausgeschlossen ist ein Nachlassen in der Streckung des Stand- oder Spielbeins. Das Spielbein wird am Schluß der Pirouette mit maximal gestrecktem Knie, Spann und Zehen fest in der II. Position fixiert. Die Auswärtsdrehung beider Beine muß immer in vollem Umfange erhalten bleiben.

Nach der Pirouette sollte noch einmal die gespannte Körperhaltung, ihre Spannung und Harmonie überprüft werden, indem man sich wieder auf halbe Spitze erhebt. Aus diesem zusätzlichen relevé auf halbe Spitze kann die Pose aufgelöst werden, indem das Spielbein je nach Aufgabenstellung

5 6 7

gleichmäßig in die V. Position eingesetzt oder zur Haltung passé angewinkelt wird. Die Pirouette à a seconde kann auch im demi-plié beendet werden. Dabei wird der Standbeinfuß vollständig belastet und das demi-plié etwas tiefer und elastischer ausgeführt.

Eine weitere nützliche Variante des Abschlusses besteht in dem Aushalten der Drehpose nach der Pirouette auf hoher halber Spitze. In diesem Fall muß der Abstoß in die Drehung besonders umsichtig und vorausberechnend erfolgen. Nur dann ist es möglich, die Pause am Ende der Pirouette richtig und mit Aplomb auszuführen.

Die Arme müssen bei der Ansatzbewegung sehr exakt und überzeugend geführt werden und aktiv den Abstoß in die Drehung unterstützen. Sie fixieren korrekt und frei die 2. oder 3. Position und werden zu Beginn der Pirouette ganz bewußt in die Drehrichtung mitgenommen. Während der Drehung werden sie nicht verkrampft oder entspannt, sondern ruhig und leicht in der entsprechenden Position gehalten. Der Tänzer muß fähig sein, auf Grund der großen Fliehkraft die Drehung mit den Armen zu führen und zu beherrschen. Am Schluß der Pirouette werden sie ebenso wie Stand- und Spielbein genau in den entsprechenden Positionen fixiert. Während des zusätzlichen relevé auf halbe Spitze können die Arme aus der 2. in die 3. Position oder umgekehrt, je nachdem in welcher Position sie während der Pirouette fixiert wurden, übertragen werden.

Der Oberkörper ist während der Ansatzbewegung der Pirouette und des Abschlusses angespannt und hochgezogen. Die Schultern sind frei geöffnet und nach unten gesenkt. In dem Bestreben, die Schwierigkeiten dieser Pirouette zu bewältigen, können leicht folgende Mängel bei der Ausführung auftreten: Der Schüler führt die Drehung mit einem krummen Rücken aus, zieht vor Anstrengung die Schulter hoch oder verliert die Spannung des Mittelkörpers. Solche Fehler stören die Harmonie und Schönheit der Pose und stehen einer technisch ausgewogenen Drehung im Wege.

Es ist besonders wichtig, daß der Schüler lernt, das Körpergewicht richtig auf das Standbein zu verlagern und dort bis zum Ende der Pirouette zu halten. Die hohe halbe Spitze, das Standbein und der Oberkörper bilden eine Drehachse. Wenn das Zentrum des Körpergewichtes nicht genau auf dieser Achse liegt, dann bedeutet das, daß der gesamte Körper aus dem Gleichgewicht gerät und die Drehung an Stabilität verliert. Deshalb müssen der Ansatz zur Pirouette und der Abstoß in die Drehung mit einem genau berechneten und nicht nur »ungefähren« Übertragen des Oberkörpers auf das Standbein erfolgen. Während der Pirouette wird er unveränderlich auf dem Standbein gehalten. Dazu kann man folgende Korrektur geben: »Die Seite in die Drehung mitnehmen.« (Die Korrektur bezieht sich auf die Spielbeinseite.)

Der Kopf wird während der Drehung »mitgenommen« und aufrecht gehalten. Hals- und Gesichtsmuskulatur dürfen sich nicht verkrampfen. Der Blick ist fest und ruhig auf einen Punkt gerichtet. Die Verlängerung der Drehachse verläuft genau durch den Kopf. Am Schluß der Pirouette und während des zusätzlichen relevé auf halbe Spitze wendet sich der Kopf entsprechend der Aufgabenstellung leicht vom oder zum Spielbein. Dadurch erhält die Endpose (in diesem Falle à la seconde) einen bestimmten plastischen Ausdruck.

Insgesamt muß diese Pirouette in einem ausreichend energischen Tempo, besonders bei zwei bis drei Drehungen, ausgeführt werden. Erst dann erhält die Drehung die notwendige überzeugende Dynamik. Der Schüler muß sich die Fähigkeit aneignen und die Gewohnheit ausbilden, den Drehschwung auf die Anzahl der Pirouetten und einen bestimmten Abschluß abzustimmen.

Die Pirouette à la seconde wird neben anderen großen Pirouetten zuerst gelehrt, anfangs in der Art einer vorbereitenden Übung, ohne Drehung und im langsamen Tempo.

$^4/_4$-Takt.

Auftakt – demi-plié in der V. Position;

$^1/_4$ – relevé auf halbe Spitze;

$^1/_4$ – grand battement jeté zur Seite auf 90°;

$^1/_4$ – Fixieren der Haltung à la seconde;

$^1/_4$ – demi-plié in der II. Position;

$^1/_4$ – relevé auf halbe Spitze in der Pose à la seconde (in diesem Augenblick erfolgt später die Drehung);

$^2/_4$ – Fixieren dieser Pose auf hoher halber Spitze;

$^1/_4$ – Einsetzen des Spielbeins in die V. Position.

Danach wird die Übung zur anderen Seite und anschließend noch einmal alles von vorn wiederholt. Arm-, Oberkörper und Kopfbewegungen sind die gleichen wie beim Ansatz zur Pirouette en dehors.

Als nächstes kann man diese Übung (im gleichen rhythmischen Schema) mit einer Drehung en dehors lehren. Dann folgt eine Pirouette en dedans, zuerst ebenfalls nur in der Art der angeführten Übung und danach mit einer Drehung en dedans. Wenn die Schüler diese einzelnen Stadien beherrschen, kann man die Pirouette (en dehors und en dedans) auf halber Spitze oder mit einem Übergang ins demi-plié beenden lassen.

Die nächste Etappe ist durch ein zeitliches Verkürzen der Ansatzbewegungen gekennzeichnet. Sie beginnen ebenfalls aus einem demi-plié in der V. Position. Anschließend folgt gleichzeitig mit dem Strecken eines Beines aus dem demi-plié ein grand battement jeté zur Seite auf 90°. Dabei wird das Spielbein mit einer schleifenden Bewegung über den Boden aus dem demi-plié in die Höhe geworfen.

Auftakt – demi-plié, relevé des Standbeins, battement mit dem anderen Bein und demi-plié in der II. Position; $^1/_4$ – Abstoß in die Drehung und Pirouette. Anschließend führen die Schüler zwei Pirouetten aus, zuerst mit Abschluß auf ganzem Fuß und danach auf halber Spitze und im demi-plié.

Als letztes lehrt man die großen Pirouetten mit einem Wechsel der Pose über ein grand rond de jambe en l'air am Ende der Drehung. Das grand rond erfolgt in dem Augenblick, wenn das Standbein von der halben Spitze auf den ganzen Fuß abgesetzt wird, und geht in die Drehrichtung. Zum Beispiel: Pirouette *en dehors* und rond aus der Pose à la seconde in die 3. oder 4. arabesque oder attitude croisée rück. Pirouette *en dedans* und rond in die Pose croisée vor. Der Wechsel der Pose kann auf gestrecktem Standbein oder im demi-plié beendet werden. Er wird fließend und im gleichen Tempo wie die Drehung ausgeführt. Das rond führt auf diese Weise die Pirouette organisch weiter. Die Bewegung wird durch eine zusätzliche Wendung des gesamten Körpers im épaulement vollendet. Alle Regeln zur Ausführung des grand rond de jambe en l'air und der Abschlußpose müssen sorgfältig beachtet werden.

Dieser Posenwechsel am Ende der Pirouette kann später insofern erschwert werden, als der Wechsel nicht über ein rond, sondern ein fouetté auf 90° ausgeführt wird. Er erfolgt gleichzeitig mit dem Absetzen des Standbeins auf den ganzen Fuß. Die Wendung fouetté wird ebenso wie das rond in die Drehrichtung (im Verhältnis zum Standbein) ausgeführt. Zum Beispiel: Pirouette à la seconde en dedans und fouetté in die 1. oder 2. arabesque oder attitude effacée rück. Der Wechsel kann auf gestrecktem Standbein oder im demi-plié beendet werden. Er muß exakt und gleichmäßig, im gleichen Tempo wie die Drehung vollzogen werden und organisch die Pirouette weiterführen und ergänzen.

Wenn die Schüler diese Abschlußformen der großen Pirouetten beherrschen, kann man den Übergang in kleine Pirouetten lehren. Am Ende der großen Pirouette en dehors oder en dedans wird das Spielbein schnell und exakt von 90° auf 45° (en face) gesenkt. Gleichzeitig führt das Standbein ein kurzes und elastisches demi-plié aus. Auf diese Weise kann der Drehschwung aus der großen Pirouette für die kleinen Pirouetten in die gleiche Richtung ausgenutzt und verstärkt werden. Dann erfolgt aus dem demi-plié ein energisches relevé auf hohe halbe Spitze mit gleichzeitigem Anlegen des Spielbeins zur Haltung sur le cou-de-pied. Dabei werden die Arme aus der 2. in eine etwas tiefere 1. Position geschlossen. Der weitere Bewegungsablauf während der kleinen Pirouetten ist bereits bekannt, einschließlich des Abschlusses in der V. und IV. Position oder in einer kleinen bzw. großen Pose.

Beim Übergang in die kleinen Pirouetten müssen Körperspannung und Drehachse unbedingt beibehalten und der Drehschwung auf die Anzahl, das Tempo und den Charakter der kleinen Pirouetten abgestimmt werden. Es ist unzulässig, während des Übergangs den Dreh- und Standpunkt am Boden zu verlassen oder die Übergangsbewegungen so vorsichtig auszuführen, daß das Tempo verringert wird. Insgesamt muß der Übergang entschlossen und fließend, mit einem bewußten Eindrehen des ganzen Körpers in die kleine Pirouette ausgeführt werden. Anfangs lehrt man ihn etwas langsamer und mit nur einer kleinen Pirouette; danach steigert man die Anzahl der Pirouetten auf zwei bis drei usw.

Pirouette aus der IV. Position: Ausgangsposition der Beine – V., épaulement croisé. Demi-plié in der V. Position und relevé auf hohe halbe Spitze auf dem rückwärtigen Bein mit Wendung effacé und gleichzeitigem Anlegen des vorderen Beines zur erhöhten Haltung sur le cou-de-pied vor. Danach werden das Standbein ins demi-plié und das Spielbein in die IV. Position croisée rück abgesetzt. Das Knie des Spielbeins ist gestreckt, der Fuß ist mit der ganzen Sohle auf den Boden aufgesetzt.

Aus dieser Position stößt man sich en dedans in die Drehung ab, indem das Standbein ein relevé auf hohe halbe Spitze ausführt und das andere Bein mit einem grand battement jeté in die Pose à la seconde 90° geworfen wird.

In der Ausgangshaltung fixieren die Arme die vorbereitende Haltung. Mit dem relevé auf halbe Spitze werden sie in die 1. Position angehoben. Beim Übergang in die IV. Position wird der Arm, der dem Spielbein entspricht, in die 2. Position geöffnet, der andere bleibt in der 1. Mit dem Abstoß in die Drehung öffnet sich der Arm aus der 1. in die 2. Position. Während der Pirouette können beide Arme die 2. oder 3. Position fixieren.

Der Oberkörper ist immer aufrecht. Beim relevé auf halbe Spitze führt er eine Viertelwendung en dehors aus. Der Kopf ist während des demi-plié in der V. Position zur vorderen Schulter gewendet. Beim relevé fixiert er unverändert diese Raumrichtung im Verhältnis zum Körper. Wenn das Spielbein in die IV. Position rück abgesetzt wird, wendet er sich en face und neigt sich etwas zu dem Arm, der in die 2. Position geöffnet ist. Während der Pirouette wird der Kopf aufrecht gehalten, und er wird wie bei den kleinen Pirouetten »mitgenommen«.

Soll mit diesem Ansatz eine Pirouette en dehors ausgeführt werden, dann muß das rückwärtige Bein über ein fouetté in die II. Position auf 90° geworfen werden. Der gesamte Körper dreht sich in diesem Augenblick um einen Viertelkreis en dehors (gleichzeitig relevé auf halbe Spitze). In der Ausgangsposition fixiert der dem Spielbein entsprechende Arm die 1. Position, der andere die 2. (ähnlich wie bei der 3. arabesque). Alle übrigen Bewegungen verlaufen wie oben.

Als Vorbereitung zur Pirouette aus der IV. Position muß folgende Übung gelehrt werden:

4/4-Takt (lento).
Auftakt – demi-plié in der V. Position;
1/4 – relevé auf halbe Spitze;
1/4 – Pause in dieser Haltung;
1/4 – Absetzen des Spielbeins in die IV. Position rück;
1/4 – Pause in dieser Position;
1/4 – battement zur Seite auf 90°;
2/4 – Pause in der Pose à la seconde;
1/4 – Absetzen des Spielbeins in die V. Position rück.

Anschließend wird die Übung zur anderen Seite und noch einmal von Anfang an wiederholt. Mit Hilfe dieser Übung müssen besonders das battement in die II. Position auf 90° und der gleichzeitige Übergang des Standbeins auf hohe halbe Spitze erarbeitet und gefestigt werden.

Als nächstes wird die gleiche Übung mit einer Pirouette en dedans und en dehors ausgeführt, zuerst mit Abschluß auf ganzem Fuß des Standbeins und dann auf halber Spitze oder im demi-plié. Beim Abstoß in die Drehung dürfen Oberkörper, Arme und Kopf nicht zu früh in die Drehrichtung gewendet werden oder nacheinander Schwung für die Drehung nehmen. Das gleiche gilt auch für das Stand- und Spielbein. Wenn die Schüler diese Übung beherrschen, können die Ansatzbewegungen zeitlich verkürzt werden.

Auftakt – demi-plié in der V. Position, Anlegen des Spielbeins zur erhöhten Haltung sur le cou-de-pied und Absetzen in die IV. Position rück; 1/4 – Abstoß in die Drehung aus der IV. Position und Pirouette. Auf die gleiche Weise erlernt der Schüler zwei Pirouetten und später Pirouetten mit Wechsel der Pose als Abschluß.

Wenn die Ansätze für die Pirouetten aus der II. und IV. Position von den Schülern beherrscht werden, kann man diese großen Pirouetten ohne vorhergehendes battement in die II. Position und ohne Anlegen des Spielbeins zur erhöhten Haltung sur le cou-de-pied ausführen lassen. Der Übergang in die II. oder IV. Position, aus der der Abstoß in die Drehung erfolgt, geschieht mit Hilfe des battement tendu, fondu, frappé usw. Diese Art des Ansatzes wird in der Oberstufe in den entsprechenden Unterrichtskombinationen sowohl aus der IV. Position croisée als auch effacée angewendet.

Pirouette aus einem pas tombé: Bei dieser Variante erfolgt der Abstoß in die Drehung von einem Bein. Ausgangsposition der Beine – V., en face. Battement développé oder battement relevé lent in die II. Position 90° auf hohe halbe Spitze. Darauf folgt ohne Pause ein pas tombé in die II. Position. Gleichzeitig wird das ehemalige Standbein energisch in der II. Position auf 90° angehoben. Mit dem anschließenden relevé auf hohe halbe Spitze stößt man sich in die Drehung in der Pose à la seconde 90° en dehors oder en dedans ab. Während des pas tombé befinden sich die Arme in der 2. Position. Beim Abstoß und während der anschließenden Pirouette können die Arme in dieser Position gehalten oder energisch in die 3. Position angehoben werden. Oberkörper und Kopf sind immer aufrecht. Bei diesem Ansatz muß besonders sorgfältig der Fall auf das Spielbein, die Kontinuität und der federnde Charakter des Überganges in die Drehung erarbeitet werden. Der Körper und besonders auch das auf 90° angehobene Spielbein haben die gesamte Ansatzbewegung durch entsprechenden Krafteinsatz, jedoch in jedem Falle auf eine harmonische und leichte Weise, zu unterstützen.

Anfangs lehrt man diesen Ansatz mit nur einer Pirouette und in etwas langsamerem Tempo.

$^4/_4$-Takt.

$^2/_4$ – battement développé in die II. Position 90°;

$^1/_8$ – relevé auf halbe Spitze;

$^1/_8$ – pas tombé;

$^4/_4$ – Pirouette en dehors und Pause auf halber Spitze;

$^1/_4$ – Absetzen des Spielbeins in die V. Position rück.

Anschließend wird die Übung mit dem anderen Bein und alles noch einmal von vorn wiederholt. Danach alles en dedans und zum Schluß mit zwei Pirouetten in beide Richtungen.

An Stelle des battement développé oder battement relevé kann das Spielbein mit einem battement fondu, frappé oder petit rond de jambe en l'air zur Seite auf 45° geöffnet werden.

Pirouette aus einem pas dégagé: Der Abstoß in die Drehung erfolgt hier ebenfalls von einem Bein. Ausgangsposition der Beine – V., en face. Battement développé in die II. Position 90° mit Abschluß im demi-plié. Danach stößt sich das Standbein in die Drehung ab, indem es mit einem weiten

Schritt auf das sich senkende Spielbein auf hohe halbe Spitze übertritt. Das ehemalige Standbein wird dabei so schnell wie möglich in die Pose à la seconde auf 90° geworfen und in dieser Haltung bis zum Schluß der Pirouette fixiert. Die gesamte Bewegung wird so energisch und gebunden ausgeführt, daß der Abstoß in die Drehung beim Übertreten durch eine aktive Wendung des ganzen Körpers in die Drehrichtung, en dehors oder en dedans, unterstützt wird. Das Zentrum des Körpergewichtes muß genau auf das Standbein übertragen werden. Der Oberkörper ist dabei angespannt. Die Arme werden in der 2. Position gehalten oder energisch in die 3. Position angehoben. Der Kopf bewahrt die aufrechte Haltung.

Dieser Ansatz wird zuerst mit einer Pirouette und mit Hilfe folgender Übung gelehrt:

4/4-Takt (lento).
2/4 – battement développé in die II. Position ins demi-plié;
1/4 – Übertreten auf das Spielbein und Abstoß in die Drehung;
1/4 – Pirouette en dedans;
2/4 – Pause auf hoher halber Spitze nach der Pirouette;
1/4 – Schließen des Spielbeins in die V. Position rück;
1/4 – Pause.

Anschließend wird diese Übung zur anderen Seite ausgeführt und noch einmal alles von vorn wiederholt. Danach alles mit einer Pirouette en dehors und zum Schluß mit zwei Pirouetten in beide Richtungen.

Das Spielbein kann wie beim pas tombé vor dem pas dégagé mit einem battement fondu, frappé oder petit rond de jambe en l'air auf 45° geöffnet werden. Vor dem Übertreten muß das Standbein noch ein demi-plié ausführen.

Pirouette aus einem plié-relevé: In der großen Pose à la seconde führt das Standbein zuerst ein relevé auf hohe halbe Spitze aus. Dann wird es ins demi-plié abgesetzt, woraus sofort der Abstoß in die Drehung en dehors oder en dedans mit Hilfe eines zweiten relevé auf hohe halbe Spitze erfolgt. Der gesamte Bewegungsablauf, vom ersten relevé bis zur Pirouette in der Pose à la seconde, darf in keiner Phase unterbrochen werden. Besonders das demi-plié muß ohne jeden Haltepunkt ausgeführt werden. Mit dem ersten relevé auf halbe Spitze bereitet sich der Körper auf die Drehung vor. Wenn das Standbein energisch ins demi-plié abgesetzt wird, beginnt der gesamte Körper sich bereits in die Drehrichtung zu wenden. Auf diese Weise drehen sich Standbein und Körper beim Absetzen ins demi-plié bereits um ungefähr einen Achtelkreis in die Drehrichtung. Mit dem zweiten relevé wird dieser Drehansatz ausgenutzt, maximal verstärkt und in der Drehung auf hoher halber Spitze fortgesetzt.

Dieser Ansatz wird insgesamt so energisch und verbunden ausgeführt, daß sich das Standbein im demi-plié fest mit dem ganzen Fuß vom Boden abstoßen und elastisch auf hohe halbe Spitze übergehen kann. Die Intensität der Bewegungen des Spielbeins, des Oberkörpers, Kopfes und der Arme darf in keinem Moment nachlassen, der Körper ist bis zum Ende der Pirouette völlig angespannt und unterstützt aktiv die Drehung. Die Pirouette kann mit einer der oben genannten Varianten beendet werden.

Die Pirouette aus einem plié-relevé wird zuerst mit einer Pirouette en dehors in der Art folgender Übung gelehrt:

$^4/_4$-Takt.

$^2/_4$ – battement développé in die II. Position 90°;

$^1/_4$ – relevé auf halbe Spitze;

$^1/_4$ – Fixieren dieser Haltung;

$^1/_4$ – Absetzen von der halben Spitze ins demi-plié und Abstoß in die Drehung aus dem demi-plié (relevé);

$^2/_4$ – Pirouette en dehors und Abschlußpose;

$^1/_4$ – Absetzen des Spielbeins in die V. Position vor.

Anschließend die Übung wiederholen, dann zweimal mit dem anderen Bein und zum Schluß alles en dedans.

Wenn die Schüler diesen Ansatz zu großen Pirouetten erlernen, sollte (besonders bei zwei Pirouetten) nicht zu vordergründig der Abstoß in die Drehung, d. h. das Schwungnehmen in diesem Augenblick entwickelt werden. Fur eine stabile und freie Drehung ist nicht sosehr der Drehschwung entscheidend, als vielmehr eine harmonisch ausgeführte Pose und ein richtiges Übertragen des Zentrums des Körpergewichtes auf das Standbein. Zuviel Schwung »schlägt« gewöhnlich den Körper vom Standbein, verhindert eine leichte und freie Drehung und ein stabiles Beenden der Pirouette.

Pirouette aus einem grand rond de jambe en l'air: Die Pirouette à la seconde aus einem plié-relevé kann durch ein grand rond de jambe en l'air aus der IV. in die II. Position vor der Drehung verstärkt und erschwert werden. Mit anderen Worten: Das in die IV. Position vor oder rück geöffnete Spielbein wird energisch in die II. Position übertragen; gleichzeitig senkt sich das Standbein ins demi-plié, aus dem es sich sofort wieder nach oben auf hohe halbe Spitze und in die Drehung abstößt. Grand rond de jambe und Abstoß in die Drehung müssen immer mit der Drehrichtung übereinstimmen. Auf diese Weise kann durch die koordinierten Bewegungen des Spielbeins, der Arme, des Oberkörpers und Kopfes der Abstoß in die Drehung wesentlich kräftiger und in einem mehr trampolinartigen Charakter ausgeführt werden.

Dieser Ansatz sollte mit Hilfe folgender Übung erarbeitet werden: $^4/_4$-Takt. Ausgangsposition der Beine – V., en face.

2/4 – battement développé in die IV. Position 90° vor;
2/4 – relevé auf hohe halbe Spitze;
2/4 – rond de jambe in die II. Position und Abstoß in die Drehung;
1/4 – Pirouette en dehors;
2/4 – Pause auf hoher halber Spitze;
1/4 – Absetzen des Spielbeins in die V. Position.

Beim développé werden die Arme aus der vorbereitenden Haltung in die 1. Position geführt und mit dem rond de jambe energisch in die 2. Position geöffnet. In dieser Haltung werden sie bis zum Ende der Pirouette fixiert. Wenn das Spielbein in die V. Position eingeschlossen wird, senken sich die Arme in die vorbereitende Haltung. Oberkörper und Kopf werden aktiv und den Regeln entsprechend bewegt.

Später kann die Pirouette aus einem grand rond de jambe en l'air in den Adagio-Kombinationen im Freien angewendet werden.

Der beschriebene Ansatz wird insgesamt sehr gebunden und energisch ausgeführt. Wenn er aus irgendeiner anderen Pose beginnt, dann müssen die Arme jene Position einnehmen, die am zweckmäßigsten den Abstoß in die Drehung unterstützt. Diesem Prinzip entsprechen zum Beispiel die 1. oder 4. arabesque vor der Pirouette en dedans und die 2. oder 3. arabesque vor der Pirouette en dehors. Bei einer Pose mit dem Spielbein in der IV. Position vor 90° wird der Arm, der der Drehrichtung entspricht, während des Ansatzes zur Drehung am besten aus der 3. in die 2. Position geführt (oder beide Arme). Das port de bras muß leicht und energisch und in einem Tempo mit den Bewegungen der Beine erfolgen. Der Oberkörper ist angespannt, er befindet sich genau auf dem Standbein. Der Kopf wird ebenso wie die Arme und der Oberkörper rhythmisch in die der Pose à la seconde entsprechende Haltung gewendet. Die Standbeinbewegung wird kräftig und zugleich elastisch ausgeführt. Das maximal gestreckte Spielbein wird während des rond etwas erhöht. Die Auswärtsdrehung der Beine ist unbedingt einzuhalten.

Pirouette aus einem grand temps relevé: Es wurde bereits beschrieben, wie das grand temps relevé und die große Pirouette à la seconde auszuführen sind. In diesem Absatz wird deshalb lediglich der Moment des Abstoßes in die Drehung erläutert, der wie die vorangegangenen Pirouetten auf einem Bein erfolgt.

Das gewöhnliche grand temps relevé verwandelt sich bei dieser großen Pirouette in eine Bewegung, mit der man sich in die Drehung abstößt. Dies geschieht auf folgende Weise: Mit dem Strecken des Standbeins aus dem demi-plié auf hohe halbe Spitze und dem Werfen des Spielbeins auf einer bogenförmigen Linie in die II. Position 90° öffnen sich die Arme aus der 1.

in die 2. Position. Durch diese drei grundlegenden Bewegungen wird der Schwung für die Drehung en dehors oder en dedans erzeugt.

Das grand temps relevé wird gebunden und trampolinartig, leicht und so umsichtig ausgeführt, daß der Körper nicht aus der Senkrechten fällt. Ebenso darf durch zuviel Schwung die Harmonie der Pose in der Drehung nicht gestört werden, wie auch der Rhythmus und die Plastik der Drehung nicht verlorengehen dürfen. Der Standbeinfuß, vor allem die Ferse, ist während des Abstoßes in die Drehung fest auf den Boden aufgesetzt. Beide Beine sind in dem erforderlichen Maß nach außen gedreht. Ganz besondere Beachtung erfordert in dieser Hinsicht der Oberschenkel des Spielbeins. Die Drehachse wird absolut senkrecht gehalten. Der Tänzer muß das Gefühl haben, als würde sie sich von unten nach oben – und nicht umgekehrt – durch den Körper ziehen.

Alle übrigen Details der großen Pirouette und des Abschlusses entsprechen den gegebenen Beschreibungen.

Die große Pirouette aus einem grand temps relevé wird zuerst en dehors und mit nur einer Pirouette und danach en dedans gelehrt. Später, wenn die Schüler den Abstoß in die Drehung von zwei Beinen auf ein Bein beherrschen (gemeint sind große Pirouetten aus der II. und IV. Position), kann man zwei Pirouetten drehen lassen.

Zuerst kann folgende Übung durchgeführt werden: 4/4-Takt.

Auftakt – grand temps relevé vor;

1/4 – Abstoß in die Drehung;

2/4 – Pirouette en dehors und Pause nach der Pirouette auf halber Spitze;

1/4 – Anwinkeln des Spielbeins zur Haltung passé.

Danach wird die Übung en dehors wiederholt. Anschließend mit dem anderen Bein en dehors und dann en dedans in beide Richtungen.

Pirouetten en suite: Die große Pirouette à la seconde kann ohne zusätzliche Bewegung des Spielbeins schnell und ununterbrochen vier- bis sechszehn- oder zweiunddreißigmal wiederholt werden. In diesem Fall beginnt die erste große Pirouette aus der II. Position demi-plié, die nächste wird bereits in der fertigen Pose à la seconde ausgeführt, und die letzte endet mit einem Übergang in kleine Pirouetten mit Abschluß in die IV. Position.

Wegen des schnellen Überganges von einer Pirouette zur anderen fällt das demi-plié fast weg. Um so aktiver und kräftiger arbeitet die Standbeinferse. Der Abstoß in die Drehung erfolgt fast ausschließlich von der Standbeinferse aus, die sich kräftig mit einem Akzent nach oben abstößt. Dadurch wird jede Drehung oben und nicht unten betont. Die Ferse darf den Übergang zur nachfolgenden Pirouette nicht hemmen, im Gegenteil, sie muß die Drehung in die gleiche Richtung fortsetzen. Das Standbeinknie fängt jede

Drehung elastisch und mit Kraft ab. Das Spielbein, die Hüfte und der Oberkörper sind angespannt; sie werden unverändert in den entsprechenden Haltungen fixiert. Der Kopf wird exakt wie bei den kleinen Pirouetten »mitgenommen«. Der gesamte Körper des Ausführenden nimmt aktiv an der Drehung teil. Das gilt ebenso für die Arme, die fest in der 2. Position gehalten werden müssen.

Folgende Fehler sind absolut unzulässig:

1. der Verlust der Körpersenkrechten,

2. der Standbeinfuß darf nicht auf dem Boden »hin und her wandern«,

3. das Spielbein darf nicht unter 90° gesenkt werden oder nach vorn oder hinten aus der II. Position gleiten,

4. Oberschenkel, Sprunggelenk und besonders der Spann und die Zehen dürfen in ihrer Aktivität nicht nachlassen,

5. nach mehreren Pirouetten neigt der Schüler dazu, den Oberkörper zu entspannen und nicht mehr aus dem Mittelkörper »herauszuziehen«, ihn zu krümmen oder die Schultern hochzuziehen,

6. die Arme locker herabhängen zu lassen oder zu verkrampfen,

7. den Kopf unrhythmisch »mitzunehmen« und den Blick umherirren zu lassen, die Gesichtsmuskulatur und den Hals zu verkrampfen,

8. die frontale Haltung des Körpers vor jeder neuen Drehung ungenügend zu beachten,

9. den Rhythmus der Drehungen, ihr schnelles Tempo und ihren klassischen Stil nicht einzuhalten.

Ein energischer Beginn und temperamentvoller Charakter der Drehungen sind unbedingt notwendig, jedoch sollten alle akrobatischen und äußerlichen Effekte vermieden werden.

Es empfiehlt sich, diese Pirouetten in etwas langsamerem Tempo, mit vier bis acht Drehungen zu lehren. Hier muß das demi-plié noch ausgeführt werden. Später, wenn die Drehungen die höchstmögliche Geschwindigkeit erreichen, fällt es allmählich weg.

Folgende Übung läßt man zuerst ausführen:

$^2/_4$-Takt.

2 Takte – zwei battements fondus in die II. Position 90°;

2 Takte – vier große Pirouetten à la seconde en dehors. Anschließend wird alles en dedans wiederholt, danach mit dem anderen Bein und zum Schluß noch einmal von vorn. Als nächstes lehrt man acht Pirouetten, jedoch nur en dehors. Im Verlauf einiger Stunden wird das Tempo immer mehr gesteigert. Dann wird die Anzahl der Pirouetten auf zwölf erhöht und die ganze Folge mit kleinen Pirouetten abgeschlossen. Nach dem gleichen Prinzip werden als nächste Etappe sechzehn Pirouetten gelehrt usw. Zum Schluß kann jede dritte Drehung doppelt (mit zwei Pirouetten und ohne

zwischendurch das Standbein abzusetzen) ausgeführt werden. Das Drehtempo wird aufs äußerste gesteigert, wobei das Vermögen des Schülers die Grenze angibt.

Es gibt noch eine andere Art großer Pirouetten à la seconde en dehors, bei denen die Standbeinferse sehr schnell und jedesmal nur um einen Halbkreis in Drehrichtung versetzt bzw. gedreht wird.* Diese großen Pirouetten werden in einem Fluß und im demi-plié ausgeführt. In ihrer Virtuosität stehen sie nicht im geringsten den beschriebenen großen Pirouetten nach. Die Bewegung bzw. die Haltungen des Spielbeins, Oberkörpers, Kopfes und der Arme entsprechen denen der großen Pirouetten en suite.

Diese Pirouetten beginnen gewöhnlich mit kleinen Pirouetten en dehors. Anschließend erfolgt der Übergang in die Pirouette à a seconde, wobei das Trägheitsmoment beim Öffnen des Spielbeins in die Haltung en face ausgenutzt wird. Die Folge der Pirouetten wird mit kleinen Pirouetten beendet, die ebenfalls aus der Haltung à la seconde en face beginnen. Durch diesen Wechsel der Pirouetten über die Frontalhaltung kann der Kopf »bequem« in die gesamte Bewegung mit einbezogen werden. Die Arme schließen sich beim Übergang in die Abschlußpirouetten energisch in eine etwas tiefere 1. Position.

Man lehrt diese großen Pirouetten ebenfalls in etwas langsamerem Tempo. Jede halbe Drehung der Standbeinferse erfolgt auf $^1/_8$ eines Zweiertaktes.

Zu den folgenden Arten großer Pirouetten darf man im Unterricht erst übergehen, wenn die Schüler die Grundlagen der Drehung und alle früher beschriebenen Ansätze beherrschen.

Pirouetten in der attitude

Pirouette aus der IV. Position: Die Pirouette in der attitude wird am zweckmäßigsten aus der IV. und nicht aus der II. Position ausgeführt. Aus diesem Grunde beginnt die Beschreibung dieser Pirouette auch mit dem Ansatz aus der IV. Position. Ausgangsposition der Beine – V., épaulement croisé. Demi-plié in der V. Position und relevé auf hohe halbe Spitze mit Wendung ins effacé und gleichzeitigem Anlegen des vorderen Beines zur erhöhten Haltung sur le cou-de-pied vor. Anschließend wird das Standbein ins demi-plié und das Spielbein gestreckt in die IV. Position croisée rück abgesetzt. Der Spielbeinfuß berührt mit der ganzen Sohle den Boden. Aus dieser Haltung erfolgt der Abstoß in die Drehung en dedans, indem das Standbein ein

* Diese Pirouetten sind auch unter der Bezeichnung tours en soleil bekannt. (Anm. d. Übers.)

relevé auf hohe halbe Spitze ausführt und gleichzeitig das Spielbein halb angewinkelt energisch auf 90° rück angehoben wird.

Die Arme werden mit dem relevé auf halbe Spitze aus der vorbereitenden Haltung in die 1. Position geführt. Beim Übergang in die IV. Position wird der dem Spielbein entsprechende Arm in die 2. Position geöffnet; der andere bleibt in der 1. Position. Beim Abstoß in die Drehung wird der Arm, der bisher die 1. Position fixiert hat, in die 2. Position geöffnet und der andere Arm gleichzeitig aus der 2. in die 3. Position angehoben.

Der Oberkörper nimmt beim Übergang in die Pirouette die der attitude entsprechende Haltung ein. Der Kopf ist während des demi-plié in der V. Position zur vorderen Schulter gewendet. Beim relevé mit Viertelwendung fixiert er unverändert diese Raumrichtung im Verhältnis zum Körper. Wenn das Spielbein in die IV. Position rück abgesetzt wird, wendet er sich en face und neigt sich etwas zu dem Arm, der in die 2. Position geöffnet ist. Während der Drehung wird der Kopf aufrecht gehalten und wie bei den kleinen Pirouetten »mitgenommen«.

Bei einer Pirouette en dehors nehmen Arme und Kopf beim Absetzen des Spielbeins in die IV. Position rück die der 3. arabesque entsprechende Haltung ein. Mit dem Abstoß in die Drehung wird der Arm, der bisher in der 1. Position (allongé) gehalten wurde, energisch in die 3. Position angehoben, der andere bleibt in der 2. Der Kopf wird während der Pirouette »mitgenommen«.

Die Regeln, die bei diesem Ansatz zu beachten sind, wurden bereits bei der Pirouette à la seconde aus der IV. Position ausführlich erläutert. Hier muß nur noch darauf hingewiesen werden, daß beim Abstoß in die Drehung das Spielbein auswärts mit gestrecktem Spann, gestreckten Zehenspitzen und mit dem Oberschenkel genau hinter dem Körper auf 90° angehoben wird. Ober- und Unterschenkel des Spielbeins bilden einen Winkel von ca. 120°.

Ein Abschluß mit einem grand rond de jambe en l'air und der Wendung fouetté ist nicht üblich. Jedoch kann die Pirouette in der attitude mit einem Übergang in die arabesque beendet werden. Arme, Kopf und Oberkörper werden den Regeln des port de bras entsprechend in diesen Wechsel mit einbezogen. Die attitude effacée kann in der 1. oder 2. arabesque enden und die attitude croisée in der 3. oder 4. arabesque.

Eine weitere Form des Abschlusses besteht im Übergang in kleine Pirouetten. Bei großen Pirouetten en dedans wird das Spielbein am Ende der Drehung gestreckt und auf 45° gesenkt. Gleichzeitig wird das Standbein ins demi-plié abgesetzt. Aus dieser Haltung wird es dann beim Abstoß in die kleinen Pirouetten zur erhöhten Haltung sur le cou-de-pied vor angelegt.

Während des Übergangs-demi-plié strecken sich die Arme (allongé) und schließen sich energisch zu Beginn der kleinen Pirouetten in eine etwas tiefere 1. Position. Der Oberkörper nimmt im gleichen Augenblick die absolut senkrechte Haltung ein. Der Kopf bleibt beim allongé in seiner Haltung. Beim Abstoß in die Drehung wird er geradeaus gerichtet (im Verhältnis zum Körper), und die Drehung muß genau aus der Haltung effacé erfolgen. Eine Verschiebung der Pose bis ins Profil würde das Fixieren des Punktes auf der Diagonale mit dem Kopf erheblich erschweren.

Beim Übergang in kleine Pirouetten aus großen Pirouetten en dehors muß der Abstoß in die Drehung aus den gleichen Gründen genau aus der Haltung croisé und nicht effacé oder en face erfolgen. Alle übrigen Bewegungen werden so ausgeführt, wie es beschrieben wurde.

Die Pirouette attitude aus der IV. Position kann ohne vorbereitende Übung und nach dem gleichen rhythmischen Schema wie die Pirouette à la seconde aus der IV. Position gelehrt werden.

Pirouette aus der II. Position: Ausgangsposition der Beine – V., en face. Demi-plié und relevé auf hohe halbe Spitze in der V. Position. Aus dieser Position wird das vordere Bein mit einem grand battement jeté auf 90° geworfen. Anschließend erfolgt ein demi-plié auf beiden Beinen in der II. Position und daraus der Abstoß in die Pirouette attitude en dedans auf hoher halber Spitze. Das Bein, das vor der Pirouette in die II. Position 90° geöffnet wird, übernimmt, ohne sich zu strecken, während der Drehung die Funktion des Spielbeins.

Die Pirouette wird durch ein Absetzen des Standbeins von der halben Spitze auf ganzen Fuß und durch ein Fixieren der Pose attitude effacée beendet.

Die Arme werden mit dem relevé auf halbe Spitze aus der vorbereitenden Haltung in die 1. Position geführt. Beim battement zur Seite öffnen sie sich in die 2. Position. Während des demi-plié in der II. Position nimmt der Arm, der dem zukünftigen Standbein entspricht, die 1. Position ein; der andere bleibt in der 2. Gleichzeitig mit dem Abstoß in die Drehung wird der Arm, der in der 1. Position gehalten wurde, schnell in die 2. geführt und der andere ebenso energisch aus der 2. in die 3. Position.

Der Oberkörper ist am Anfang aufrecht. Beim demi-plié in der II. Position neigt er sich ganz geringfügig zum Arm, der in die 2. Position geöffnet ist. Mit dem Übergang in die Drehung wird er auf das Standbein übertragen, wobei er gleichzeitig die der Pose attitude entsprechende Haltung einnimmt.

Der Kopf wird während der Ansatzbewegungen bis zum demi-plié in der II. Position gerade gehalten. Dann neigt und wendet er sich mit dem Oberkörper zum Arm, der in die 2. Position geöffnet ist. Während der Drehung wird er wie bei den kleinen Pirouetten »mitgenommen«.

Wenn diese Pirouette en dehors ausgeführt wird, öffnet sich das rückwärtige Bein in die II. Position 90°. Beim demi-plié in der II. Position wird der dem zukünftigen Spielbein entsprechende Arm, der in der 1. fixiert wurde, energisch und direkt in die 3. Position übertragen; der andere Arm bleibt in der 2. Position. Der Oberkörper nimmt die der Pose attitude entsprechende Haltung ein. Alle übrigen Bewegungen erfolgen wie bei der Pirouette attitude en dedans.

Alle prinzipiellen Regeln zur Ausführung dieser Pirouette wurden bereits ausführlich bei der Pirouette à la seconde aus der II. Position behandelt. Besondere Aufmerksamkeit muß wie bei der Pirouette en dedans auf das Spielbein gerichtet werden, das auswärts, mit gestrecktem Spann, gestreckten Zehenspitzen und mit dem Oberschenkel genau hinter dem Körper auf 90° angehoben wird. Ober- und Unterschenkel bilden einen Winkel von 120°.

Ein Abschluß mit einem grand rond de jambe en l'air und der Wendung fouetté ist nicht üblich. Ein Übergang in kleine Pirouetten wird wie bei der Pirouette attitude aus der IV. Position ausgeführt. Man lehrt diese Pirouette ohne vorbereitende Übung und nach dem gleichen Schema wie die Pirouette à la seconde aus der IV. Position.

Pirouette aus einem pas tombé: Ausgangsposition der Beine- V., épaulement croisé. Battement développé oder battement relevé lent in die Pose effacée vor, relevé auf hohe halbe Spitze, pas tombé vor in attitude effacée, Abstoß in die Drehung und Pirouette en dedans. Arme und Kopf bewahren während des pas tombé ihre Haltung und fixieren diese bis zum Schluß der Pirouette en dedans. Während der Drehung wird der Kopf »mitgenommen«.

Dieser Ansatz kann auch mit einer Pirouette en dehors ausgeführt werden, wobei der pas tombé aus einer Pose croisée beginnt. Alle Details, die bei der großen Pirouette à la seconde aus einem pas tombé von Bedeutung sind, müssen hier ebenso sorgfältig erarbeitet werden.

Die Pirouette attitude aus einem pas tombé wird zuerst mit nur einer Pirouette und nach dem gleichen rhythmischen Schema der Pirouette à la seconde aus einem pas tombé gelehrt. Das Tempo ist etwas langsamer als bei der Endform. Als vorbereitende Bewegungen zum pas tombé können zum Beispiel ein battement fondu oder battement frappé ausgeführt werden.

Pirouette aus einem pas dégagé: Ausgangsposition der Beine – V., épaulement croisé. Battement développé oder battement relevé lent in die Pose effacée vor, demi-plié. Dann großer Schritt auf das Spielbein auf hohe halbe Spitze. Das ehemalige Standbein wird sofort energisch zur attitude effacée

90° angehoben und in dieser Haltung bis zum Schluß der Pirouette fixiert. Arme und Kopf bewahren während des pas dégagé ihre Haltung und fixieren diese bis zum Schluß der Drehung. Der Kopf wird während der Drehung »mitgenommen«. Alle Details, die bei der Pirouette à la seconde aus einem pas dégagé von Bedeutung sind, besonders der Fluß des Abstoßes in die Drehung und des Überganges auf das ausgreifende Bein, müssen hier ebenso sorgfältig erarbeitet werden.

Man lehrt die Pirouette attitude aus einem pas dégagé anfangs mit nur einer Drehung und nach dem gleichen Schema wie die Pirouette à la seconde aus einem pas dégagé.

Pirouette aus einem plié-relevé: Diese Pirouette attitude wird nach den gleichen Regeln wie die Pirouette à la seconde aus einem plié-relevé ausgeführt. Der Ansatz ist sehr fließend und gleichzeitig energisch auszuführen. Das Übergangs-demi-plié muß als Trampolin für die harmonische und stabile Drehung des gesamten Körpers ausgenutzt werden.

Die Pirouette aus einem plié-relevé sollte zuerst aus der attitude croisée en dedans und auf folgende Weise gelehrt werden: Standbein und ganzer Körper drehen sich beim Absetzen des Standbeins von der halben Spitze ins demi-plié bereits um einen Viertelkreis in die Drehrichtung.

Arme, Oberkörper und Kopf nehmen die üblichen Haltungen ein. Beim Abschluß der Drehung im demi-plié wird die Pirouette attitude mit einem allongé beendet. Während des Abstoßes in die Drehung können Arme, Oberkörper und Kopf auch ihre Haltungen wechseln. Zum Beispiel ist es möglich, beide Arme in die 3. Position zu führen oder die Positionen mit entsprechenden Kopf- und Oberkörperbewegungen zu wechseln.

Die Pirouette aus einem plié-relevé wird nach dem gleichen Schema wie die Pirouette à la seconde aus einem plié-relevé gelehrt.

Pirouette aus einem grand rond de jambe en l'air: Der Ansatz zu dieser Pirouette erfolgt auf die gleiche Weise wie bei der Pirouette à la seconde mit Hilfe eines rond en dehors oder en dedans aus der II. oder IV. Position. Zum Beispiel kann aus der Pose écartée vor das Spielbein energisch mit einem grand rond de jambe en dehors in die Pose attitude croisée rück übertragen werden. Gleichzeitig wird das Standbein von hoher halber Spitze oder dem ganzen Fuß ins demi-plié abgesetzt und sofort wieder mit einem trampolinartigen relevé nach oben in die Pirouette en dehors hochgeschnellt. Eine andere Variante: aus der Pose croisée vor das Spielbein energisch über die II. Position en face in die Pose attitude croisée rück übertragen. Das Standbein führt währenddessen die gleichen Bewegungen wie bei der ersten Variante aus.

Arme, Oberkörper und Kopf wechseln ihre Haltungen während des rond. Beim Abstoß in die Drehung müssen sie bereits in der Pose attitude fixiert werden. Das Übertragen des Spielbeins und der Übergang in die Drehung müssen in einem Bewegungsfluß und energisch erfolgen.

Man lehrt die Pirouette attitude aus einem grand rond de jambe en l'air nach dem Schema wie die Pirouette à la seconde, aus dem gleichen Ansatz. Später kann sie im Adagio im Freien angewendet werden.

Pirouetten en suite: Diesen Pirouetten liegen die gleichen Bewegungselemente zugrunde wie der großen Pirouette à la seconde en suite. Sie unterscheiden sich von ihr nur durch das in der IV. Position zur attitude angehobene Spielbein. Außerdem wird sie nicht öfter als viermal hintereinander in einer Unterrichtskombination ausgeführt.

Es ist möglich, acht bis sechzehn Pirouetten en suite auszuführen, indem das relevé auf halbe Spitze bei jeder Drehung wegfällt, das Standbein während der ganzen Drehfolge im demi-plié bleibt und die Standbeinferse um einen Halbkreis in Drehrichtung versetzt bzw. gedreht wird (tours en soleil). Dabei nimmt der Körper die Pose attitude allongée ein. Die Drehungen werden hauptsächlich en dehors ausgeführt.

Man lehrt diese Pirouetten auf die gleiche Weise wie die Pirouetten à la seconde en suite. Der Charakter dieser Drehungen, ihre Gebundenheit und Unaufhörlichkeit, Stabilität und Exaktheit müssen besonders zielstrebig erarbeitet werden. Sie beginnen und enden in der Regel mit kleinen Pirouetten (siehe große Pirouetten à la seconde en suite).

Pirouetten in der arabesque

Pirouette aus der IV. Position: Die Ansatzbewegungen werden auf die gleiche Weise wie bei der Pirouette attitude aus der IV. Position croisée rück ausgeführt. Der Abstoß in die Drehung en dedans erfolgt mit einem Übergang des Standbeins auf hohe halbe Spitze und einem Anheben des anderen gestreckten Beines in die IV. Position rück 90°. Die Arme führen im gleichen Augenblick ein allongé (ohne Positionswechsel) mit einem Akzent in die Drehrichtung aus. Der Oberkörper neigt sich etwas nach vorn, die Drehung des ganzen Körpers unterstützend. Der Kopf wendet sich zu dem Arm, der die 1. Position allongée fixiert. In dieser Haltung bleibt er bis zum Ende der Drehung. Arme, Oberkörper und Kopf nehmen in einem Tempo die Pose der 1. arabesque ein, die sie bis zum Ende der Pirouette fixieren.

Bei der Pirouette en dehors nehmen Arme, Oberkörper und Kopf die der 3. arabesque entsprechende Haltung ein, die ebenfalls bis zum Ende der Drehung fixiert wird.

In der Regel wird die Pirouette en dedans in der 1. arabesque beendet und die Pirouette en dehors in der 3. arabesque. Die Pirouette in der 1. arabesque kann auch mit Hilfe eines port de bras und entsprechender Oberkörper- und Kopfwendungen in der 2. arabesque enden. Auf die gleiche Weise kann bei der Pirouette in der 3. arabesque der Wechsel in die 4. arabesque vollzogen werden. Außerdem ist es möglich, die Pirouette en dedans sofort in der 2. arabesque zu beginnen und die Pirouette en dehors in der 4. arabesque. Als Ausgangsposition ist nicht nur die IV. Position croisée, sondern auch effacée möglich. Zum Schluß kann die Pirouette arabesque mit einem Übergang in die Pose attitude abgeschlossen werden. Zum Beispiel: Pirouette in der 1. arabesque und Abschluß in der Pose attitude effacée oder Pirouette in der 3. und 4. arabesque und Abschluß in der Pose attitude croisée.

Zusätzlich zu den bereits bekannten Regeln der Ausführung dieser Pirouette müssen jetzt noch zwei neue, sehr wichtige beachtet werden: Die Funktion des Oberkörpers als Gegengewicht zum Spielbein gewinnt durch die Drehung an Bedeutung und muß besonders aufmerksam beachtet werden. Der Kopf wird während der Drehung nicht »mitgenommen«, sondern unbeweglich in der Ausgangshaltung fixiert. Es ist bekannt, daß dadurch die Drehung besonders erschwert wird und zusätzliche Ausarbeitungen notwendig sind.

Der Übergang in abschließende kleine Pirouetten wird hier ebenso wie bei der Pirouette attitude angewendet. Bei der Pirouette arabesque en dedans wird das Spielbein auf 45° gesenkt und gleichzeitig mit dem Abstoß in die Drehung zur erhöhten Haltung sur le cou-de-pied vor angelegt (en dedans).

Die Arme schließen sich in diesem Augenblick energisch in einer etwas tieferen 1. Position. Gleichzeitig richtet sich der Oberkörper auf, und der Kopf wird wie bei den kleinen Pirouetten »mitgenommen«.

Der Abstoß in die Drehung (zu den kleinen Pirouetten) darf nur aus der Haltung effacé und mit einer Wendung des Kopfes zur Haltung en face folgen. Erst dadurch wird ein richtiges »Mitnehmen« des Kopfes möglich. Beim Übergang in kleine Pirouetten en dehors muß der Abstoß in die Drehung aus den gleichen Gründen aus der Haltung croisé unter Beachtung aller obengenannten Regeln erfolgen.

Die Pirouette arabesque aus der IV. Position kann sofort, ohne vorbereitende Übungen nach dem gleichen Schema wiedie Pirouette à la seconde aus der IV. Position gelehrt werden.

Pirouette aus der II. Position: Der Ansatz zu dieser Pirouette erfolgt auf die leiche Weise wie bei der Pirouette attitude aus der II. Position. Nur das

Spielbein wird gestreckt auf 90° angehoben, und die Arme werden gleichzeitig ohne Positionswechsel mit einem allongé in die Drehrichtung gestreckt. Der Oberkörper ist zu Beginn aufrecht. Beim demi-plié in der II. Position neigt er sich etwas zum Arm, der die 2. Position fixiert. Mit dem Abstoß in die Drehung wird er auf das Standbein übertragen, wo er sofort die der 1. arabesque entsprechende Haltung einnimmt. Der Kopf ist ebenfalls zu Beginn aufrecht. Beim demi-plié in der II. Position neigt er sich mit dem Oberkörper in die gleiche Seite. Gleichzeitig mit dem Abstoß in die Drehung richtet er sich auf und fixiert die Haltung, die der 1. arabesque entspricht.

Vor einer Pirouette arabesque en dehors muß der dem zukünftigen Spielbein entsprechende Arm in die 1. Position geführt werden; der andere bleibt in der 2. Mit dem Abstoß in die Drehung strecken sich die Arme mit einem allongé in die 3. arabesque.

Oberkörper und Kopf nehmen die der 3. arabesque entsprechenden Haltungen ein. Am Schluß der Pirouette wird diese Pose fixiert.

Alle Besonderheiten des Abschlusses dieser Pirouette wurden bereits bei der Pirouette arabesque aus der IV. Position erläutert.

Die Pirouette arabesque aus der II. Position kann ohne vorbereitende Übung nach dem angegebenen gleichen Schema wie auch die Pirouette à la seconde gelehrt werden.

Pirouette aus einem pas tombé: Ausgangsposition der Beine – V., épaulement croisé. Mit Hilfe eines battement développé oder battement relevé lent wird ein Bein in die große Pose effacée vor geöffnet. Dann folgen: relevé auf hohe halbe Spitze, pas tombé vor in die 1. arabesque und aus dem demi-plié Abstoß in die Drehung en dedans.

Die Arme werden gleichzeitig mit dem pas tombé über die 1. Position und einem allongé in die der 1. arabesque entsprechende Haltung geöffnet. Der Kopf wendet sich zum vorderen Arm. Die Pirouette wird in der 1. arabesque beendet.

Bei einer Pirouette en dehors erfolgt der pas tombé ins croisé vor, und die Drehung beginnt und endet in der 3. arabesque. Die Arme werden über die 1. Position sofort in die Haltungen geöffnet, die der 3. arabesque entsprechen.

Bei dieser Pirouette stehen die gleichen Details wie bei der großen Pirouette à la seconde aus einem pas tombé im Mittelpunkt der Aufmerksamkeit und müssen ebenso sorgfältig erarbeitet werden.

Später kann das Spielbein auch mit einem battement fondu oder battement frappé geöffnet werden und der pas tombé von der Spielbeinhöhe 45° beginnen.

Pirouette aus einem pas dégagé: Ausgangsposition der Beine – V., épaulement croisé. Das vordere Bein wird mit einer beliebigen Bewegung in die große Pose effacée vor geöffnet. Danach demi-plié auf dem Standbein und ein weiter Schritt auf das Spielbein auf hohe halbe Spitze. Das frei werdende Bein wird energisch aus dem demi-plié und ohne Verzögerung gestreckt und in der IV. Position rück auf 90° angehoben. Diese Bewegung erfolgt mit einem leichten Schwung in die Drehrichtung (en dedans). Beim demi-plié werden die Arme in die 1. Position geführt. Gleichzeitig mit dem Übergang auf das Spielbein strecken sie sich mit einem allongé in die Haltung, die der 1. arabesque entspricht. Dieses port de bras erfolgt auch in die Drehrichtung. Der Kopf ist zum vorderen Arm gerichtet. Die Pirouette wird in der 1. arabesque beendet.

Besondere Aufmerksamkeit ist beim Erarbeiten dieser Pirouette auf den Abstoß in die Drehung zu richten. Alle anderen wesentlichen Momente sind aus der Beschreibung der großen Pirouette à la seconde aus einem pas dégagé zu ersehen.

Pirouette aus einem plié-relevé: Diese Pirouette arabesque wird wie die Pirouette à la seconde aus einem plié-relevé ausgeführt. Das Übergangs-demi-plié wird als Trampolin für die stabile und harmonische Drehung des ganzen Körpers ausgenutzt.

Man lehrt die Pirouette arabesque aus einem plié-relevé zuerst in der 1. arabesque und en dedans. Beim Absetzen ins demi-plié werden Standbein und ganzer Körper bereits um einen Viertelkreis in Drehrichtung gewendet. Arme, Oberkörper und Kopf werden während der Pirouette en dedans in der 1. arabesque gehalten, bei en dehors in der 3. arabesque.

Die Pirouette endet in der Pose, die während der Drehung fixiert wurde.

Beim Abstoß in die Drehung können Arme, Oberkörper und Kopf ihre Haltungen wechseln, zum Beispiel aus der 1. in die 2. arabesque usw.

Die Pirouette arabesque aus einem plié-relevé wird wie die Pirouette attitude mit gleichem Ansatz gelehrt.

Pirouette aus einem grand rond de jambe en l'air: Der Ansatz erfolgt wie bei der Pirouette attitude und ebenfalls nur en dehors. Zum Beispiel: Aus der Pose effacée vor das Spielbein energisch mit einem grand rond de jambe en dehors in die 3. arabesque übertragen. Gleichzeitig setzt das Standbein vom ganzen Fuß oder von der halben Spitze ins demi-plié ab und schnellt sich sofort wieder trampolinartig auf halbe Spitze hoch. Mit dieser Bewegung erfolgt der Abstoß in die Drehung en dehors. Arme, Oberkörper und Kopf koordinieren ihre Bewegungen so, daß sie beim Abstoß in die Drehung bereits die Haltungen einnehmen, die der 3. arabesque entsprechen.

Wie bei allen vorangegangenen Formen, so müssen auch hier besonders die Elastizität und das Fließende des Überganges erarbeitet werden. Man lehrt diese Pirouette nach dem gleichen Schema wie die Pirouette à la seconde mit gleichem Ansatz.

Pirouetten en suite: Diesen Pirouetten liegen die gleichen Bewegungselemente wie der großen Pirouette à la seconde en suite zugrunde. Sie unterscheiden sich von ihr nur durch das in der IV. Position auf 90° gestreckte Spielbein. Außerdem wird sie nicht öfter als viermal hintereinander in einer Unterrichtskombination ausgeführt. Die Pirouette en dedans erfolgt in der Regel in der 1. arabesque und en dehors in der 3. arabesque.

Es ist möglich, acht bis sechzehn Pirouetten en suite auszuführen, indem das relevé auf halbe Spitze bei jeder Drehung wegfällt, das Standbein während der ganzen Drehfolge im demi-plié bleibt und die Standbeinferse um einen Halbkreis in Drehrichtung versetzt bzw. gedreht wird (tours en soleil). Die Drehungen erfolgen gewöhnlich in der 1. arabesque (en dedans) oder in der 3. arabesque (en dehors).

Die Pirouetten arabesque en suite werden nach dem gleichen Schema wie die Pirouetten à la seconde en suite gelehrt. Besondere Aufmerksamkeit ist auf den Fluß, die Stabilität und die Schnelligkeit der Pirouetten zu richten.

Pirouette in der Pose »Spielbein IV. Position vor 90°«

Alle Ansätze zu dieser Pirouette werden im Prinzip wie bei den vorangegangenen Pirouetten ausgeführt. In diesem Abschnitt wird nur der Abstoß in die Drehung, der Übergang in die Pose, die während und nach der Pirouette fixiert wird, beschrieben.

Pirouette aus der II. Position: Aus dem demi-plié in der II. Position erfolgt der Abstoß in die Drehung en dedans durch ein Übertragen des ganzen Körpers auf das Standbein (relevé auf hohe halbe Spitze) und ein battement des anderen Beines ins croisé vor 90° in die gestreckte Haltung. Die Armbewegungen erfolgen gleichzeitig mit dem battement: Der Arm, der dem Standbein entspricht, wird aus der 1. in die 3. Position geführt und der andere aus der 2. in die 1. Position. Der Oberkörper ist aufrecht. Der Kopf wird wie bei den kleinen Pirouetten »mitgenommen«. Die Pirouette endet in der Pose croisée vor.

Bei der Pirouette en dehors wird das Spielbein aus der II. Position mit einem fouetté in die Pose effacée vor geworfen. Der Arm, der dem Spielbein entspricht, wird aus der 1. in die 2. Position geöffnet und der andere aus der 2. in die 3. Position angehoben. Oberkörper- und Kopfbewegungen siehe

Pirouette en dedans. Die Pirouette endet in der Pose effacée vor. Mit Hilfe eines grand rond de jambe en l'air kann der Abschluß auch in der 3. oder 4. arabesque bzw. in der Pose attitude croisée rück mit gestrecktem Standbein oder im demi-plié erfolgen. Arm-, Oberkörper- und Kopfbewegungen entsprechen den elementaren Regeln für den Übergang aus einer Pose in eine andere. Man lehrt diese Pirouette ohne vorbereitende Übung nach dem gleichen rhythmischen Schema wie die Pirouette à la seconde.

Pirouette aus der IV. Position: Aus dem demi-plié in der IV. Position croisée (rückwärtiges Bein gestreckt) erfolgt der Abstoß in die Drehung durch ein relevé auf hohe halbe Spitze mit dem vorderen Bein und gleichzeitigem battement und grand rond de jambe des rückwärtigen Beines nach vor in die IV. Position 90°. Battement und rond des Spielbeins gehen ineinander über, d. h., daß das rond am Boden beginnt und gleichmäßig bis auf 90° in der Endhaltung erhöht wird.

Der Arm, der dem Standbein entspricht, wird aus der 1. in die 3. Position geführt; der andere Arm bleibt in der 2. oder schließt sich in die 1. Position. Der Oberkörper ist während des gesamten Bewegungsablaufes aufrecht und liegt über dem Standbein. Der Kopf wird wie bei den kleinen Pirouetten mitgenommen. Am Ende der Pirouette fixiert er die Haltung, die der Pose croisée vor entspricht.

Bei der Pirouette en dehors wird das rückwärtige Bein über ein fouetté (mit halber Wendung en dehors) in die Pose effacée vor geworfen. Diese Bewegung endet mit dem Rücken diagonal nach vorn.

Dabei wird der Arm, der dem Spielbein entspricht, aus der 1. in die 2. Position geöffnet und der andere Arm aus der 2. in die 3. Position geführt. Oberkörper- und Kopfbewegungen sind die gleichen wie bei der Pirouette en dedans. Die Pirouette endet in der Pose effacée vor. Außerdem kann der Abschluß mit Hilfe eines grand rond de jambe variiert werden, so daß die Pirouette in der 3. arabesque oder attitude croisée rück auf gestrecktem Standbein oder im demi-plié endet. Bei der 3. arabesque als Abschluß wird der Arm, der während der Drehung die 2. Position fixiert, über die vorbereitende Haltung in die 1. Position und der andere aus der 3. in die 2. Position übertragen. Bei der Pose attitude als Abschluß wird der Arm, der während der Drehung die 2. Position fixiert, in die 3. geführt und der andere aus der 3. in die 2. Position gesenkt.

Man lehrt diese Pirouette aus der IV. Position ohne vorbereitende Übung nach dem gleichen rhythmischen Schema wie die Pirouette à la seconde.

Pirouette aus einem pas tombé: In der großen Pose croisée oder effacée rück, in einer beliebigen arabesque oder attitude erfolgt relevé auf hohe halbe Spitze, dann pas tombé nach rück in die Pose croisée oder effacée vor, Abstoß in die Drehung en dedans oder en dehors und Pirouette in dieser Pose.

Mit dem pas tombé nehmen Arme, Oberkörper und Kopf bereits die Haltungen ein, die der Pose während der Drehung entsprechen. Beim pas tombé nach effacé rück mit anschließender Pirouette en dehors wird der Regel entsprechend die Pose effacée eingenommen, in der die Pirouette auch endet. Bei einer Pirouette en dedans (aus einem pas tombé nach croisé rück) nimmt der Körper während des pas tombé die Pose croisée ein. Die Arme können neben den üblichen Haltungen in dieser Pose auch die 3. Position einnehmen, oder ein Arm fixiert bei einer Pirouette en dedans die 1. und der andere die 3. Position.

Die Pirouette en dehors kann auch mit Hilfe eines grand rond de jambe in der 3. und 4. arabesque oder in der attitude croisée rück beendet werden. Arm-, Oberkörper- und Kopfbewegungen entsprechen den elementaren Regeln für den Übergang aus einer Pose in eine andere.

Die Pirouette aus einem pas tombé wird nach dem gleichen Schema wie die Pirouette à la seconde aus einem pas tombé gelehrt.

Pirouette aus einem pas dégagé: Diese Form der großen Pirouette ist sehr kompliziert und schwer auszuführen. Beim Abstoß in die Drehung kann nicht so bequem und kräftig Schwung genommen werden wie beim pas tombé. Gerade aus diesem Grund darf diese Form der großen Pirouette nicht »umgangen« werden, da mit ihrer Hilfe ganz ausgezeichnet die Standfestigkeit im allgemeinen entwickelt wird.

Ausgangshaltung – 1. arabesque demi-plié. Aus dieser Pose tritt man mit einem weiten Schritt nach rück auf das Spielbein, das sich ein wenig senkt, auf hohe halbe Spitze über. Das ehemalige Standbein wird gleichzeitig energisch aus dem demi-plié gestreckt und ohne jede Verzögerung in die Pose effacée vor 90° angehoben. Mit diesen beiden Bewegungen erfolgt der Abstoß in die Pirouette en dehors. Die Pose wird bis zum Ende der Pirouette fixiert.

Beim pas dégagé wird der vordere Arm aktiv aus der 1. in die 2. Position geführt und der andere gleichzeitig aus der 2. in die 3. Position angehoben. Der Kopf wird während der Drehung mitgenommen. Die Pirouette endet in der Pose effacée vor.

Aus diesem Ansatz (pas dégagé nach effacé rück) kann auch eine Pirouette en dedans erfolgen. Das gleiche gilt auch für den pas dégagé aus der arabesque. Die Arme können während der Pirouette die 3. Position einnehmen, oder bei der Pirouette en dedans fixiert ein Arm die 1. und der andere die 3. Position.

Die Pirouette en dehors kann mit Hilfe eines grand rond de jambe en l'air in der 3. oder 4. arabesque oder in der attitude croisée mit entsprechenden Arm-, Oberkörper- und Kopfbewegungen beendet werden.

Diese Pirouette wird nach dem gleichen Schema gelehrt wie die Pirouette à la seconde aus einem pas tombé. Sie wird als letzte Form einer großen Pirouette aus einem pas dégagé in den Unterricht eingeführt.

Pirouetten aus einem plié-relevé: Spielbein in der IV. Position 90° vor. Für den Abstoß in die Drehung gelten die gleichen Regeln wie beider Pirouette à la seconde aus einem plié-relevé. Das demi-plié wird im Charakter eines federnden trampolinartigen Abstoßes in die Drehung ausgeführt.

Diese Pirouette wird zuerst en dehors und aus der Pose croisée vor gelehrt. Beim Absetzen des Standbeins von der halben Spitze ins demi-plié wendet sich der Körper bereits um einen Viertelkreis in die Drehrichtung bis zur Pose effacée. Später kann diese Pirouette aus der Pose effacée vor und en dedans gelehrt werden.

Bei der Pirouette en dehors werden Arme, Oberkörper und Kopf in der Haltung fixiert, die der Pose effacée entspricht, bei der Pirouette en dedans – der Pose croisée.

Die Pirouette endet in jener Pose, aus der die Drehung begann. Arme und Oberkörper können während des Abstoßes in die Drehung auch ihre Haltungen verändern, zum Beispiel: Sie werden in der 3. Position vereint, oder ein Arm wird aus der 2. in die 1. Position geführt.

Diese Pirouette kann nach dem gleichen Schema gelehrt werden wie die Pirouette attitude aus einem demi-plié.

Pirouette aus einem grand rond de jambe en l'air: Der Ansatz zu dieser Pirouette erfolgt in der gleichen Weise wie zur Pirouette arabesque oder attitude aus einem grand rond de jambe en l'air, jedoch nur in die Richtung en dedans. Aus der Pose écartée rück wird zum Beispiel das Spielbein energisch mit einem grand rond de jambe en dedans in die Pose croisée vor übertragen. Gleichzeitig führt das Standbein mit Hilfe eines kurzen und trampolinartigen plié-relevé (vom ganzen Fuß oder halber Spitze auf hohe halbe Spitze) den Abstoß in die Drehung en dedans aus.

Arm-, Oberkörper- und Kopfbewegungen werden gleichzeitig mit dem grand rond ausgeführt, so daß beim Abstoß in die Drehung bereits die fertige Pose croisée vor fixiert werden kann. Wie bei den vorangegangenen, so muß bei diesem Beispiel mit großer Sorgfalt die Gebundenheit des Überganges in die Pirouette ausgearbeitet werden. In der ersten Etappe wird diese Pirouette nach dem gleichen rhythmischen Schema gelehrt wie die Pirouette à la seconde aus dem grand rond de jambe en l'air.

Abschließend muß darauf aufmerksam gemacht werden, daß der Stoffplan für das Erlernen der großen Pirouetten eine sehr zweckmäßige Übung vorsieht – *quatre pirouettes*. Wenn bei den Schülern in der Ausführung der großen Pirouetten Unsicherheiten und Unsauberkeiten auftreten und es ihnen an Aplomb und Plastik mangelt, dann kann ab und zu an Stelle des Adagios diese Übung ausgeführt werden. Sie befähigt die Schüler, vorhandene Fehler auszumerzen oder sich verlorengegangene Fähigkeiten wieder neu anzueignen.

Die quatre pirouettes werden folgendermaßen ausgeführt: Ausgangsposition der Beine – V., épaulement croisé. Die Übung beginnt mit dem 6. port de bras, das an Stelle des abschließenden pas dégagé vor mit einem pas tombé in die IV. Position vor (als préparation für die Pirouette en dedans) endet. Dabei wird der Arm, der dem Standbein in der IV. Position entspricht, mit einer kreisförmigen Bewegung aus der 3. über die 2. Position und vorbereitende Haltung in die 1. Position geführt. Der andere Arm bleibt in der 2. Position. Das Gewicht des Oberkörpers wird vollständig auf das vordere Bein übertragen. Der Kopf wird in die Haltung en face gewendet und etwas zum hinteren Arm (2. Position) geneigt. Aus dieser Haltung erfolgt die Pirouette attitude en dedans bis zur großen Pose effacée auf ganzem Fuß.

Danach führt das Standbein ein demi-plié und relevé auf hohe halbe Spitze mit Viertelwendung en dehors aus. Das heißt, daß die ganze Pose unverändert aus dem effacé rück in die große Pose attitude croisée rück gewendet wird. Nur der Kopf wird zur vorderen Schulter gerichtet.

Aus dieser Pose wird das 6. port de bras mit pas tombé ins croisé vor und entsprechender Armführung wiederholt. Aus der IV. Position wird dann eine Pirouette en dedans in der 1. arabesque bis zur Haltung effacé ausgeführt. Danach wird der gesamte Bewegungsablauf (plié-relevé mit Viertelwendung en dehors, 6. port de bras und pas tombé vor) mit einer Pirouette à la seconde en dedans wiederholt. Diese Pirouette endet en face; zum Schluß wird das Spielbein aus der Haltung à la seconde mit einem grand rond in die Pose attitude croisée übertragen, so daß einviertes Mal das 6. port de bras ausgeführt werden kann. Die letzte Pirouette en dedans erfolgt mit einem tire-bouchon, wobei das rückwärtige Bein aus der IV. Position zur Haltung passé angewinkelt und während der Drehung allmählich am Unterschenkel entlang in die V. Position gesenkt wird. Dadurch entsteht der Eindruck, als würde das Spielbein wie ein »Korkenzieher« (tire-bouchon, franz. – Korkenzieher) spiralförmig nach unten stechen.

Anschließend erfolgt die gesamte Übung auf der anderen Seite. Insgesamt wird sie viermal, auf jeder Seite zweimal, ausgeführt.

3/4-Takt (Walzer, andante).

2 einleitende Takte – préparation in der Art des Beginns des ersten Teils des temps lié;

4 Takte – 6. port de bras zur Pirouette en dedans;

3 Takte – große Pirouette attitude und Pause im effacé;

1 Takt – demi-plié und relevé auf halbe Spitze mit Wendung zurück in die Pose attitude croisée;

16 Takte – diese Folge zweimal mit Pirouette arabesque und à la seconde wiederholen;

4 Takte – 6. port de bras;

2 Takte – tire-bouchon;

2 Takte – préparation auf der anderen Seite.

Danach die Übung auf der anderen Seite wiederholen.

Anfangs wird diese Übung mit nur je einer großen Pirouette gelehrt, später mit zwei Pirouetten. Die Anzahl der Pirouetten tire-bouchon wird von zwei Drehungen in der ersten Zeit nach und nach auf drei und mehr Drehungen gesteigert.

Halbe Pirouetten mit dem Spielbein auf 90°

Die großen Pirouetten erfordern wie alle komplizierten Bewegungen des klassischen Tanzes ein tägliches Über- und Ausarbeiten, damit sie leicht und in jeder Phase korrekt innerhalb komplizierter Kombinationen ausgeführt werden können. Deshalb ist es sehr nützlich, in das Exercice an der Stange halbe Pirouetten mit dem Spielbein auf 90° einzubeziehen. Sie beginnen aus einer beliebigen großen Pose, Spielbein IV. Position, oder aus einem pas tombé und können en dehors und en dedans ausgeführt werden, jedoch immer in die Richtung von der Stange. Halbe Pirouetten à la seconde 90° sind an der Stange nicht möglich.

Zuerst sollte man diese halben Pirouetten auf hoher halber Spitze und durch ein leichtes Abstoßen mit der Hand von der Stange lehren. Danach kann der Abstoß in die Drehung mit Hilfe des plié-relevé oder eines trampolinartigen pas tombé erfolgen. Bei der zweiten Variante muß die Hand, die auf der Stange liegt, leicht auf der Stange entlang in die Richtung des pas tombé gleiten und sich danach ebenso leicht von ihr in die Drehung abstoßen. Am Ende der halben Pirouette wird der andere Arm leicht von oben auf die Stange gelegt. Es ist unzulässig, sich sowohl zu Beginn als auch am Ende der halben Pirouette an die Stange zu »klammern«. Während der halben Pirouette nimmt der Arm, der auf der Stange gelegen hat, die Position des freien Armes ein oder wird aus der Pose arabesque in die Pose attitude und umgekehrt übertragen.

Bei allen Varianten müssen die Schüler sorgfältig darauf achten, daß sich das Zentrum des Körpergewichtes genau über dem Standbein befindet und daß die Bewegung des gesamten Körpers und besonders der Arme plastisch verläuft. Der Arm, der sich von der Stange abstößt, darf bei dieser Bewegung nicht die Regeln des port de bras verletzen oder den Abstoß mit zuviel Kraft ausführen.

Wendungen und Drehungen in der Luft

Einige Sprünge des klassischen Tanzes können mit Viertel-, halben, Dreiviertel- und ganzen Wendungen (en tournant) oder wie eine Drehung in der Art der tours en l'air ausgeführt werden.

Zur Grundausführung dieser Sprünge wird der Abstoß des ganzen Körpers in die Richtung der Wendung oder Drehung (en dehors oder en dedans) hinzugefügt. Die Kraft dieses Abstoßes muß auf den Typ des Sprunges abgestimmt sein. Absprung und Abstoß in die Drehung beginnen gleichzeitig und werden zusammen mit den Bewegungen der Arme, des Oberkörpers und Kopfes als einheitliches Ganzes ausgeführt. In einigen Fällen beginnt der Abstoß gleichzeitig mit dem battement des Spielbeins. Ein Nichtübereinstimmen dieser Elemente kann zu mangelnder Stabilität am Ende des Sprunges führen, besonders wenn er mit Fortbewegung erfolgt.

Die Sprünge mit Wendung und tours en l'air müssen mit größter Gründlichkeit und auch über eine ausreichend bemessene Zeitspanne hinweg gelehrt und erarbeitet werden. Nur bei einer äußerst leichten und elastischen Ausführung können sie zu den wirklichen Ausdrucksmittein der Ballettkunst gezählt werden.

Schwerfälligkeit, Ungenauigkeit und mangelnde Stabilität in der Ausführung dieser Sprünge, wie sie bei einem unsystematischen und unregelmäßigen Lehren und Erarbeiten auftreten können, sind absolut unzulässig.

Im Unterschied zu den Wendungen und Drehungen am Boden kann hier nicht anhand der Richtung, in die sich das Standbein abstößt, die Drehrichtung en dehors oder en dedans bestimmt werden. Sie wird bei diesen Sprüngen mit Hilfe des Beines festgestellt, auf dem der Sprung beginnt oder endet.

Zum Beispiel: Ein beliebiges sissonne en tournant erfolgt en dehors, wenn der Sprung in die Richtung vom Bein rückwärts ausgeführt wird, auf dem der Sprung endet. Oder: petit pas assemblé en tournant en dedans, wenn die Wendung zum Absprungbein (vorwärts) erfolgt. Ein anderes Beispiel: zwei tours en l'air en dehors in die 1. arabesque 90°, wenn die Drehung vom Bein (rückwärts) erfolgt, auf dem der Sprung endet.

Bei tours en l'air en dehors aus der V. in die V. Position wird die Drehrichtung im Verhältnis zum Bein bestimmt, das am Anfang der Drehung vorn ist. Diese Bestimmung ist nur bedingt, denn bei denselben tours en l'air kann auch die Drehrichtung im Verhältnis zum rückwärtigen Bein (am Anfang der Drehung) als en dedans bezeichnet werden.

Der Grund ist darin zu sehen, daß eine Drehung leichter in die Seite auszuführen ist, die dem vorderen Bein in der V. Position entspricht. Außerdem werden die tours en l'air aus der V. in die V. Position in dieser Beziehung genauso ausgeführt wie die tours in kleine und große Posen in die IV. Position rück. Die einzige Ausnahme stellt temps sauté en tournant in der I. oder II. Position dar. In diesem Fall ist es nicht möglich, die Drehrichtung im Verhältnis zum Absprung- bzw. Landungsbein zu bestimmen, da sich beide Füße vor und nach dem Sprung auf einer Linie am Boden und in ein und derselben Haltung befinden. Deshalb wird hier die Drehrichtung durch die Bezeichnungen »nach rechts« oder »nach links« angegeben. Außerdem wird dieser Sprung nur als Anfangsübung gelehrt. Später nehmen wesentlich kompliziertere Formen seinen Platz ein.

Alle Bewegungen dieses Abschnittes mit Wendungen werden nach dem gleichen Gruppierungssystem wie die Grundbewegungen ohne Wendungen im Kapitel »Sprünge« beschrieben. Die tours en l'air werden extra erläutert.

Sprünge mit Wendungen

Diese Sprünge unterscheiden sich von ihren Grundformen durch die Wendungen als ein neues Element in der Ausführung, das die Vielfalt der tänzerischen Ausdrucksmittel erheblich erweitert und dem Tänzer gestattet, eine beliebige szenische Gestalt wesentlich virtuoser, dynamischer und auch differenzierter darzustellen.

Die Wendungen bei diesen Sprüngen schließen die battus nicht aus. Sie werden jedoch erst in die Übungen mit einbezogen, wenn die Schüler die Sprünge mit Wendungen beherrschen. Im allgemeinen erfordern Sprünge mit battus und Wendung eine gründlich vorbereitete Technik des Schülers, und es ist in keinem Falle angebracht, diese Sprünge vorzeitig in den Unterricht einzubeziehen.

Sprünge mit battus, cabrioles und Wendungen werden am Ende dieses Abschnitts beschrieben.

Temps sauté mit Wendung

Diese Bewegung wird nur in der I. und V. Position ausgeführt. Temps sautés in der II. Position werden in diesem Zusammenhang nicht ausgeführt, da diese Sprünge mit Wendungen zweckmäßiger in Verbindung mit dem pas échappé gelehrt werden.

Petit temps sauté: Da dieser Sprung mit einer Viertelwendung ausgeführt wird, muß der Absprung mit einem leichten Abstoß in die Drehung verbunden werden. Der Abstoß in die Drehung erfolgt im Moment des

Absprunges von beiden Beinen gleichzeitig. Der gesamte Körper ist angespannt und unterstützt in Verbindung mit den Beinen aktiv den Abstoß in die Drehung. Die Wendung des Körpers in der Luft ist nicht zu realisieren, wenn sich der Körper beim Absprung schwerfällig in Drehrichtung wendet und sich im Verhältnis zum Absprung von den Beinen verspätet.

Die Arme sind in der vorbereitenden Haltung. Der Oberkörper ist aufrecht; er bleibt weder hinter der Bewegung der Beine zurück, noch darf er sich selbständig wenden. Der Kopf wendet sich zusammen mit dem Oberkörper.

Zuerst wird dieser Sprung in der I. Position mit vier Viertelwendungen über rechts und dann über links gelehrt. In der ersten Etappe erfolgt nach jedem Sprung eine Pause. Später werden die Sprünge en suite ausgeführt. Es ist jedoch darauf zu achten, daß der Abstoß von beiden Beinen gleichmäßig und nach allen Regeln des petit temps sauté in der I. Position ohne Wendung erfolgt. Danach lehrt man das petit temps sauté mit Wendung in der V. Position, zuerst mit Viertelwendung und dann mit halber Wendung.

Arme, Oberkörper und Kopf nehmen entsprechende Haltungen ein. Die Übung kann rhythmisch folgendermaßen aufgebaut sein:

2/4-Takt.
2/8 – zwei temps sautés en dehors mit Viertelwendung;
2/8 – Wiederholung;
2/4 – Pause mit Strecken aus dem demi-plié;
2/4 – vier temps sautés en dehors mit Viertelwendung;
2/4 – battement tendu über die II. Position in die V. Position rück.

Anschließend die Übung zur anderen Seite ausführen und alles en dedans wiederholen.

Diese Übung kann auf folgende Weise erschwert werden:

2/4-Takt.
2/4 – zwei temps sautés en dehors mit halber Wendung;
4/8 – drei petits changements de pied, jedes auf 1/8.

Danach die Übung zur anderen Seite und alles noch einmal en dehors wiederholen. Als nächstes alles en dedans.

Für den Pädagogen ist wichtig, daß er nicht nur mit Hilfe dieser Sprünge nützliche Unterrichtskombinationen zusammenstellt, sondern daß er dem Schüler die Fähigkeit anerzieht, sich während der Wendung frei und genau zu orientieren.

Grand temps sauté: Diese Bewegung wird mit einem sehr hohen Sprung und einer halben oder ganzen Wendung zuerst in der I. und dann in der V. Position gelehrt. Hier dürfen auf keinen Fall die vorbereitende Bewegung des Oberkörpers und die des Kopfes in die der Wendung gegenüberliegende Seite oder auch in Drehrichtung vergessen werden. Der Absprung muß von beiden Beinen gleichmäßig und zusammen mit dem Schwungnehmen des ganzen Körpers in die Wendung erfolgen.

Arme, Oberkörper und Kopf fixieren wie beim petit temps sauté während der halben Wendung unverändert ihre Ausgangshaltung. Die gesamte Wendung erfordert eine zusätzliche Bewegung der Arme und des Kopfes, die später für die Aneignung der Technik der Drehungen in der Luft wesentlich ist.

Anfangs wird die Wendung mit den Armen in der vorbereitenden Haltung ausgeführt. Der Kopf wird wie bei den kleinen Pirouetten mitgenommen. Dadurch ist die Wendung des Körpers bedeutend leichter und exakter auszuführen.

Wenn die Schüler diese Form beherrschen, werden die Arme wie bei den kleinen Pirouetten (1. und 2. Position) in die Wendung mit einbezogen. Im Moment des Abstoßes in die Wendung vereinen sich beide Arme energisch in einer etwas tieferen 1. Position und werden in dieser Haltung bis zum Ende des Sprunges fixiert.

Dieser Sprung mit Wendung en dehors und en dedans ist äußerst nützlich und zweckmäßig. Er dient der gründlichen Vorbereitung anderer komplizierter Sprünge, bei denen die gleiche Haltung der Beine während der Wendung wie beim temps sauté en tournant wiederkehrt. Zum Beispiel: Im sissonne simple mit Wendung werden die Beine während des Sprunges ebenfalls fast bis zum Schluß in der V. Position fixiert; oder beim pas chassé mit Wendung und grand assemblé mit Wendung, wo sich die Beine während der Wendung in der V. Position befinden usw.

Das grand temps sauté kann nach dem gleichen Schema wie das petit temps sauté en tournant gelehrt werden.

Changement de pied mit Wendung

Diese Bewegung wird wie die vorangegangene mit einem kleinen und großen Sprung und mit einer Viertelwendung, einer halben und einer ganzen Wendung ausgeführt.*

---

* Ich vertrete die Auffassung, daß es nicht richtig wäre, ein changement de pied mit ganzer Wendung tour en l'air zu nennen. So wie beim sissonne tombée oder sissonne ouverte mit ganzer Wendung die Grundbenennung beibehalten wird, darf auch beim changement de pied mit ganzer Wendung die Bezeichnung der Grundbewegung nicht verändert werden. In den Fällen, wo die Wendung verdoppelt und mit Hilfe eines bestimmten sissonne ausgeführt wird, benutzt man in der Regel die Bezeichnung tour en l'air.

Petit changement de pied: Dieses changement erfolgt zuerst mit einer Viertelwendung unter Beachtung aller Regeln, die beim temps sauté mit Wendung erläutert wurden (Abstoß von den Beinen in die Drehung und aktive Unterstützung durch den Körper).

Anfangs lehrt man das petit changement de pied mit einer Pause nach jeder Viertelwendung, danach en suite. Dabei müssen alle Richtlinien, die für die Grundform ohne Wendung gelten, genauestens befolgt werden. $^2/_4$-Takt. Ausgangsposition der Beine – V., épaulement croisé.

4 Takte – vier petits changements en tournant en dehors mit je einer Viertelwendung und einer Pause nach jedem Sprung (das demi-plié ist sehr elastisch und tief);

2 Takte – drei petits changements mit Wechsel des épaulement und Pause;

1 Takt – grand temps sauté mit Fortbewegung croisé vor;

1 Takt – Pause.

Anschließend die Übung in die andere Richtung, dann alles noch einmal von vorn und zum Schluß alles en dedans.*

Ein anderes Beispiel: Ausgangshaltung – épaulement croisé. $^2/_4$-Takt. Auf zwei Takte drei petits changements de pied, jedes mit einer Viertelwendung en dehors. Diese Folge insgesamt dreimal und abschließend ein grand temps sauté mit Fortbewegung croisé vor (ein Takt – Sprung, ein Takt – Pause). Danach alles zur anderen Seite und zum Schluß alles in die umgekehrte Richtung en dedans.

Die Arme werden bei beiden Übungen bis zum temps sauté in der vorbereitenden Haltung fixiert. Während des temps sauté können sie je nach der Aufgabenstellung verschiedene Positionen einnehmen. Der Oberkörper ist aufrecht. Der Kopf wird bei jedem ersten Sprung zur gegenüberliegenden Schulter gewendet.

Grand changement de pied: Dieser Sprung wird mit einer Viertelwendung, einer halben und ganzen Wendung ausgeführt. Arme, Oberkörper und Kopf werden wie bei den vorangegangenen Wendungen geführt. Man lehrt dieses changement zuerst mit einer Viertelwendung und einer Pause nach jedem Sprung, danach en suite. Anschließend läßt man halbe Wendungen ausführen, mit einer Pause nach jedem zweiten Sprung. Dabei müssen Absprung und Abstoß des Körpers in die Wendung entsprechend verstärkt werden. Eine vorzeitige Bewegung des Oberkörpers in die der Drehung entgegenge-

---

* Diese Übung kann auch auf das doppelte Tempo und ohne Pausen ausgeführt werden:
2 Takte – vier petits changements;
1 Takt – drei petits changements, jedes auf $^1/_8$;
1 Takt – grand temps sauté und alles zur anderen Seite.

Grand changement de pied mit ganzer Wendung 153

setzte bzw. entsprechende Seite ist unzulässig. Der Oberkörper wendet sich gleichzeitig mit den Beinen, die sich gleichmäßig vom Boden abstoßen.

Als nächstes beginnt man, das changement mit ganzen Wendungen zu lehren. Alle Regeln bleiben vollständig erhalten. Nur der Abstoß in die Wendung muß sehr viel energischer erfolgen. Aus diesem Grunde werden zusätzliche Bewegungen in den Abstoß mit einbezogen, wie bei den kleinen Pirouetten Arme und Kopf. Bei einer Wendung en dehors muß der Arm, der dem vorderen Bein entspricht, vor dem Absprung in der 1. Position gehalten werden und der andere in der 2. Im Augenblick des Absprunges schließen sich die Arme mit einem leichten Akzent in Drehrichtung in einer etwas tieferen, abgerundeten 1. Position. In dieser Haltung werden sie bis zum Schluß des Sprunges fixiert (Abb. 153).

Bei einer Wendung en dedans muß der Arm, der dem rückwärtigen Bein entspricht, vor dem Absprung in der 1. Position gehalten werden und der andere in der 2. Vom Absprung an werden die Arme so geführt wie beschrieben.

Bei der gesamten Wendung sollte zuerst nur der Kopf mitgenommen werden. In einem späteren Stadium werden die Armbewegungen hinzugefügt. Von Anfang an muß sehr sorgfältig der Positionswechsel der Beine während des Sprunges erarbeitet werden. Eventuelle Fehler sind sofort zu korrigieren. Das demi-plié ist elastisch, die Ferse ist fest auf den Boden abgesetzt, der Oberkörper ist angespannt, die Schultern sind frei geöffnet und herabgesenkt. Die Arme werden normal angespannt und korrekt in der abgerundeten 1. Position gehalten. Die Wendung des Kopfes erfolgt leicht und schnell. Der Blick fixiert fest einen bestimmten Punkt, genau vor dem Körper. Hals- und Gesichtsmuskulatur dürfen sich nicht verkrampfen. Diese Details sind durch die Schwierigkeit der Wendung bedingt und erfordern eine besonders sorgfältige Ausarbeitung.

Danach werden die Arme in den Sprung durch entsprechende Bewegungen mit einbezogen. Sie müsssen in einem Tempo mit den Bewegungen der Beine ausgeführt werden und ergänzen durch einen genau bemessenen Krafteinsatz den Drehschwung, der durch die Beine erzeugt wird. Bei richtiger Ausführung erhält der Sprung durch diese Armbewegungen eine vollendete Plastik.

Das grand changement mit Wendung stellt einschließlich aller anderen schon erläuterten Arten des changement eine Vorbereitung für komplizierte Formen der ganzen Wendung und für double tours en l'air dar. Mit seiner Hilfe können besonders gut die Grundelemente dieser Gruppe von Sprüngen erarbeitet werden. In den folgenden Absätzen werden Beispiele dafür angeführt, wie das changement de pied mit ganzer Wendung gelehrt werden sollte.

1. $^{2}/_{4}$-Takt. Ausgangsposition der Beine – V., en face.

Auftakt – grand changement de pied mit ganzer Wendung en dehors (ohne Arme);

1 Takt – Pause im demi-plié;

1 Takt – drei petits changements de pied en face auf je $^{1}/_{8}$, auf das vierte Achtel erfolgt der Absprung für das nächste grand changement.

Diese Übung wird insgesamt viermal ausgeführt, mit Ausnahme der letzten drei petits changements, an deren Stelle die Beine gestreckt und für die Wiederholung dieser Übung zur anderen Seite wieder gebeugt werden. Anschließend alles en dedans.

2. $^{2}/_{4}$-Takt. Ausgangsposition der Beine – V., en face.

Auftakt – grand changement de pied mit ganzer Wendung en dehors (mit Armbewegungen).

$^{1}/_{8}$ – Landung;

$^{2}/_{8}$ – zwei petits changements de pied en face;

$^{1}/_{8}$ – entrechat quatre;

$^{1}/_{8}$ – Landung;

$^{1}/_{8}$ – Strecken der Beine;

$^{1}/_{8}$ – demi-plié;

$^{1}/_{8}$ – grand changement de pied mit ganzer Wendung zur anderen Seite.

Während des Streckens und des demi-plié nach dem entrechat quatre führen die Arme bereits die préparation für das nächste grand changement aus. Diese Übung wird einmal in jede Seite en dehors ausgeführt und dann en dedans.

3. $^{2}/_{4}$-Takt.

Auftakt – grand changement de pied mit ganzer Wendung en dehors;

$^{1}/_{8}$ – Landung;

$^{2}/_{8}$ – zwei entrechats quatre;

1/8- Absprung zum sissonne tombée croisée vor;
1/8 – Landung;
1/8 – assemblé;
1/8 – Landung;
1/8 – grand changement mit ganzer Wendung zur anderen Seite.

Diese Übung wird insgesamt viermal en dehors und anschließend viermal en dedans ausgeführt.

In der nächsten Etappe kann der Ansatz zum grand changement de pied durch ein petit pas échappé battu, petit pas assemblé battu usw. noch mehr erschwert werden.

Zum Schluß wird das grand changement de pied de volée (mit Fortbewegung) nach vor und rück mit gleichzeitiger halber Wendung en dehors und en dedans gelehrt. In diesem Falle werden die Arme, der Oberkörper und Kopf wie beim grand changement de volée ohne Wendung gelehrt.

Anfangs läßt man dieses changement einzeln und mit einer Pause nach jedem Sprung ausführen. Wenn die Schüler diesen Sprung beherrschen, kann er in Unterrichtskombinationen aufgenommen werden.

Pas échappé mit Wendung

Dieser pas besteht bekanntlich aus zwei Sprüngen. Jeder von ihnen kann mit einer Viertelwendung und einer halben Wendung ausgeführt werden. Der Absprung von den Beinen und der Abstoß in die Drehung erfolgen auf die gleiche Weise wie bei den vorangegangenen Sprüngen und unter Beachtung der gleichen Regeln.

Petit pas échappé: Beide Sprünge erfolgen mit insgesamt einer halben Wendung: der erste Sprung aus der V. in die II. Position mit einer Viertelwendung und der zweite Sprung aus der II. in die V. Position ebenfalls mit einer Viertelwendung. Sie werden entweder beide en dehors oder en dedans ausgeführt. Die Arme fixieren in der Regel die vorbereitende Haltung. Der Oberkörper ist aufrecht und der Kopf geradeaus gerichtet.

Man lehrt diese Bewegung anfangs mit nur einer Viertelwendung beim ersten Sprung. Später wird auch der zweite Sprung mit einer Wendung ausgeführt. Selbstverständlich ist dabei auf alle Regeln zu achten, die auch für die Grundform ohne Wendung gelten.

Zuerst kann folgende Übung gelehrt werden: 2/4-Takt. Ausgangsposition der Beine – V., épaulement croisé. Erster Sprung in die II. Position mit Viertelwendung en dehors. Der zweite Sprung ohne Wendung aus der II. in die V. Position folgt sofort ohne Pause. Diese Bewegungsfolge wird insgesamt viermal ausgeführt. Beim letzten Sprung wird die V. Position nicht gewechselt, so daß die ganze Folge zur anderen Seite wiederholt werden kann. Anschließend läßt man die Übung en dedans ausführen.

Als nächstes wird diese Übung mit einer Viertelwendung beim zweiten Sprung erschwert.

Beide Übungen sollten im Anfangsstadium in etwas langsamerem Tempo gelehrt werden. Jeder Sprung erfolgt auf $^1/_4$. Danach wird das Tempo auf die normale Geschwindigkeit gesteigert, wobei die Sprünge nur noch mit einem minimalen demi-plié ausgeführt werden. Die Elastizität und Leichtigkeit des pas échappé darf dadurch nicht verlorengehen.

Später kann der petit pas échappé mit Wendung in die IV. Position, mit Abschluß auf einem Bein und in Verbindung mit anderen Bewegungen auf die gleiche Weise wie beim petit pas échappé ohne Wendung gelehrt werden.

Grand pas échappé: Beide Sprünge erfolgen mit einer halben Wendung, so daß sich insgesamt am Ende des pas échappé eine ganze Wendung en dehors oder en dedans ergibt. Der Sprung muß sehr hoch sein, und der Körper wird aktiver gewendet.

Die Arme werden beim ersten Sprung aus der vorbereitenden Haltung über die 1. in die 2. Position geöffnet. Beim zweiten Sprung senken sie sich wieder in die vorbereitende Haltung. Der Kopf wendet sich zusammen mit dem aufrecht gehaltenen Oberkörper.

Der grand pas échappé mit Wendung wird in der gleichen Reihenfolge der einzelnen Lehretappen wie der petit pas échappé gelehrt. $^2/_4$-Takt. Ausgangsposition der Beine – V., épaulement croisé. Der erste Sprung erfolgt mit einer halben Wendung en dehors in die II. Position und sofort anschließend der zweite Sprung ohne Wendung in die V. Position. Diese Übung wird insgesamt dreimal ausgeführt. Sie wird dann mit einem grand changement de pied mit halber Wendung en dehors und Fortbewegung croisé vor beendet. Danach kann die Übung en dedans ausgeführt werden. Zum Schluß wird alles zur anderen Seite wiederholt.

Bei dieser Übung ist folgende Variante möglich: Beide Sprünge werden mit einer halben Wendung ausgeführt. Nach dem dritten pas échappé wird die Übung mit einem grand changement de pied mit ganzer Wendung beendet usw.

Es muß noch hinzugefügt werden, daß in Kombinationen der zweite Sprung mit Viertelwendung und fouetté en dehors oder en dedans in einer großen Pose der IV. Position enden kann. Zum Beispiel: mit einer Wendung en dedans in die 1. arabesque, 2. arabesque oder Pose attitude effacée vor.

Hierbei müssen alle Regeln zur Ausführung des fouetté, der großen Pose und der Fortbewegung beachtet werden. Die Fortbewegung erfolgt zu dem Bein hin, auf dem der zweite Sprung endet.

Sissonne simple mit Wendung

Diese nicht sehr große Bewegung wird mit einem mittleren Sprung und einer Viertelwendung, halben und ganzen Wendung en dehors und en dedans ausgeführt.

Da der Abschluß auf einem Bein (anderes Bein in der Haltung sur le cou-de-pied) einige Schwierigkeiten mit sich bringt, sollte dieser Sprung in einzelnen Etappen gelehrt werden, bei denen der Schwierigkeitsgrad nach und nach erhöht wird.

Zuerst lehrt man ihn mit einer Viertelwendung en dehors und einer Pause nach jedem Sprung; danach en suite. Zum Beispiel: 2/4-Takt. Ausgangsposition der Beine – V., épaulement croisé, Körperfront nach Punkt 8.

Auftakt – sissonne simple (sur le cou-de-pied vor) mit Viertelwendung en dehors;

1/4 – Pause;

1/4 – petit pas assemblé effacé vor;

1/4 – Pause.

Mit dem Absprung zum sissonne simple werden die Arme aus der vorbereitenden Haltung in die 1. Position angehoben. Bei der Landung (Körperfront nach Punkt 2) öffnet sich der dem Spielbein entsprechende Arm in die 2. Position, der andere bleibt in der 1. Position. Der Oberkörper ist aufrecht. Der Kopf wird zur vorderen Schulter gewendet.

Beim pas assemblé bewahren Arme, Kopf und Oberkörper diese Haltung. Dann folgt ein sissonne simple (sur le cou-de-pied rück) mit einer Viertelwendung en dedans in die gleiche Richtung (Körperfront nach Punkt 4) und einem petit pas assemblé nach rück. Beim sissonne simple werden die Arme nicht in die vorbereitende Haftung gesenkt, sondern in der 1. und 2. Position gewechselt. Oberkörper und Kopf wenden sich ebenfalls. Die musikalische Gliederung bleibt die gleiche.

Diese Folge wird in die gleiche Richtung wiederholt, so daß sich insgesamt eine ganze Wendung ergibt. Der letzte petit pas assemblé erfolgt nicht nach rück, sondern über die II. Position mit einem Wechsel des épaulement. Danach wird alles zur anderen Seite und mit dem anderen Bein wiederholt. Zum Schluß in umgekehrter Reihenfolge mit den gleichen Bewegungen der Arme, des Oberkörpers und Kopfes (erstes sissonne simple en dedans).

Der richtig bemessene Abstoß in die Wendung ist für die Stabilität des Sprunges, den Abschluß und das richtige Fixieren der Haltung sur le cou-de-pied von großer Bedeutung. Aus diesem Grunde muß er besonders exakt erarbeitet werden. Bei dieser Übung kann später auch die Pause weggelassen werden, so daß alle Sprünge en suite erfolgen.

In der nächsten Etappe wird das sissonne simple mit einer halben Wendung gelehrt, anfangs mit Pausen zwischen den einzelnen Sprüngen und dann en suite in Verbindung mit anderen Sprüngen.

Zum Beispiel: 2/4-Takt. Ausgangsposition der Beine – V., épaulement croisé, Körperfront nach Punkt 8.

Auftakt – sissonne simple mit halber Wendung en dehors;

1/4 – Pause, Körperfront nach Punkt 4,

1/4 – petit pas assemblé croisé vor in die V. Position;

1/4 – Pause.

Arme, Oberkörper und Kopf werden wie bei der vorangegangenen Übung geführt. Danach wird diese Bewegungsfolge en dedans in die gleiche Richtung wiederholt, so daß der Körper am Schluß wieder die Ausgangshaltung nach Punkt 8 einnimmt. Anschließend wird dieser ganze erste Teil ohne Pausen wiederholt und mit folgenden Bewegungen abgeschlossen.

1/4 – sissonne tombée croisée vor;

1/4 – petit pas assemblé croisé rück;

1/4 – changement mit ganzer Wendung en dehors bis zur Haltung épaulement auf der anderen Seite.

Dann kann die Kombination zur anderen Seite ausgeführt werden. Zum Schluß wird alles in die entgegengesetzte Richtung wiederholt (erstes sissonne simple en dedans).

In der dritten Etappe lehrt man das sissonne simple mit ganzer Wendung. Die Arme führen in diesem Fall vor dem Sprung, beim demi-plié in der V. Position, folgende préparation aus: Der Arm, der der Drehrichtung entspricht, wird aus der vorbereitenden Haltung in die 1. Position geführt und der andere Arm in die 2. Position. Gleichzeitig mit dem Absprung schließen sie sich energisch in einer abgerundeten, etwas tieferen 1. oder 3. Position. Der Oberkörper ist aufrecht. Der Kopf wird wie bei den kleinen Pirouetten »mitgenommen«.

Die ganze Wendung erfordert, daß der Sprung etwas erhöht wird. Nach dem Sprung wird eine Pause gehalten. Dadurch ist es möglich, eine richtige technische und stabile Ausführung zu erarbeiten. Mit Hilfe dieses Sprunges eignet sich der Schüler die Voraussetzung für die double tours en l'air mit Abschluß auf einem Bein an.

Zum Erlernen der ganzen Wendung sollte folgende Übung verwendet werden: 2/4-Takt. Ausgangsposition der Beine – V., épaulement croisé.

Auftakt – sissonne simple (sur le cou-de-pied vor) mit ganzer Wendung en dehors;

1/4 – Pause;
1/4 – pas glissade zur Seite mit Beinwechsel;
1/4 – Pause.

Danach wird das sissonne simple mit ganzer Wendung zur anderen Seite ausgeführt. Mit einem pas glissade croisé vor endet dieser Teil. Anschließend wiederholt man diesen ganzen ersten Teil zur anderen Seite; dann die gesamte Kombination noch einmal von vorn und zum Schluß alles en dedans. Später werden die Pausen weggelassen, und das sissonne simple mit ganzer Wendung kann mit anderen, komplizierteren Sprüngen verbunden werden.

Sissonne tombée mit Wendung

Diese Bewegung wird ebenso wie die vorangegangenen mit mittlerer Sprunghöhe und einer Viertelwendung, halben und ganzen Wendung en dehors und en dedans ausgeführt. Arme, Oberkörper und Kopf werden während der Wendung wie beim sissonne simple mit Wendung geführt und beim pas tombé wie bei der Grundform ohne Wendung und in Abhängigkeit von der Pose, in die der Sprung endet, mitgenommen. Beim Absprung ist der Abstoß des Körpers und des Spielbeins in die Wendung zu berücksichtigen. Das Spielbein öffnet sich bei der Landung mit einem tombé über die Haltung sur le cou-de-pied in die IV. oder II. Position. Erfolgt dieser Abstoß mit zu geringer Vorwärtsbewegung, dann kann der pas tombé nicht energisch genug und nicht mit ausreichender Fortbewegung beendet werden. Bei einem zu kräftigen Abstoß wird der pas tombé übermäßig weit und ruckhaft. Der Drehschwung des Körpers darf weder zu stark noch zu schwach sein, da sonst der Übergang auf das öffnende Bein ungenau in der Richtung und nicht stabil erfolgen kann. Aus diesen Gründen lehrt man das sissonne tombée zuerst mit Viertelwendung wie ein einfacher Wechsel des épaulement. Diese Bewegung ist ebenfalls ein Bestandteil komplizierter tours en l'air.

Erste Übung: 2/4-Takt. Ausgangsposition der Beine – V., épaulement croisé, Körperfront nach Punkt 8.

Auftakt – Absprung zum sissonne tombée mit Viertelwendung effacé vor nach Punkt 2;
1/4 – Landung;
1/4 – Absprung zum petit pas assemblé in die V. Position croisée vor;
1/4 – Landung;
1/4 – Absprung zum sissonne tombée mit Viertelwendung nach Punkt 8 mit dem anderen Bein usw.

Diese Folge wird insgesamt einmal nach rechts und einmal nach links (en dehors) ausgeführt. Anschließend einmal écarté nach Punkt 4 und als Abschluß ein entrechat quatre. Danach wird die Kombination von der anderen Seite wiederholt. Zum Schluß alles en dedans.

Sobald die Schüler diese Übungen beherrschen, lehrt man das sissonne tombée mit halber und ganzer Wendung. Erste Übung: Ausgangsposition der Beine – V., épaulement croisé. Sissonne tombée vor mit halber Wendung en dehors und petit pas assemblé rück. Alles wiederholen. Danach sissonne tombée zur Seite mit ganzer Wendung en dehors und anschließendem Beinwechsel in der V. Position und zwei pas glissade (abwechselnd nach rechts und links oder links und rechts) mit Beinwechsel in der V. Position. Dann kann die gesamte Kombination mit dem anderen Bein wiederholt werden. Zum Schluß alles en dedans. Jeder Sprung erfolgt auf $1/4$ eines $2/4$-Taktes.

Es gibt noch eine andere Form des sissonne tombée mit ganzer Wendung en dehors und en dedans, bei der während des Sprunges die Beine die V. Position wechseln. Alle folgenden Bewegungen bleiben unverändert.

Diese Form läßt man am besten viermal en dedans ohne Pausen mit einer Vorwärtsbewegung und viermal en dehors mit einer Fortbewegung nach rück ausführen. Die Richtung des Beinwechsels muß immer mit der Drehrichtung übereinstimmen.

Dieses sissonne tombée muß ebenfalls sehr gründlich erarbeitet werden, da es ein Bestandteil komplizierter tours en l'air ist.

Sissonne ouverte mit Wendung

Dieser Sprung wird mit einer Viertel-, halben, Dreiviertel- und ganzen Wendung en dehors und en dedans, in kleine und große Posen über ein développé oder jeté ausgeführt.

a) Sissonne ouverte par développé

Das Spielbein wird hier weich über die Haltung sur le cou-de-pied (kleine Form) oder über die Haltung passé (große Form) geöffnet. Außerdem wird es am Platz, ohne Fortbewegung ausgeführt.

Petite sissonne ouverte par développé: Diese Bewegung wird mit mittlerer Sprunghöhe, einer Viertelwendung und halben Wendung und mit einem Öffnen des Spielbeins in kleine Posen 45° ausgeführt. Arme, Oberkörper und Kopf werden wie bei der Grundbewegung ohne Wendung geführt.

Der Absprung von beiden Beinen und der Abstoß des Körpers in die Drehung erfolgt auf die gleiche Weise wie bei den vorangegangenen Sprüngen. Das heißt, daß es hier darauf ankommt, daß sich die Schüler einen richtigen und stabilen Abschluß in kleinen Posen aneignen. Der Sprung wird zuerst mit einer Viertelwendung und dann mit einer halben Wendung gelehrt. Zum Beispiel: 2/4-Takt. Ausgangsposition der Beine – V., épaulement croisé. Sissonne ouverte par développé mit Viertelwendung en dehors in die Pose écartée rück und pas assemblé in die V. Position vor. Danach wird diese Folge nochmals in die gleiche Richtung wiederholt. Dann noch einmal mit einer halben Wendung und ein entrechat royal. Anschließend die Kombination mit dem anderen Bein und zum Schluß alles en dedans. Jeder Sprung erfolgt auf 1/4. Das Tempo ist langsam.

Ein anderes Beispiel: Ausgangsposition der Beine – V., épaulement croisé. Zweimal sissonne ouverte mit halber Wendung en dehors in die Pose écartée und assemblé in die V. Position vor. Dann sissonne tombée mit ganzer Wendung en dehors zur Seite, pas assemblé in die V. Position rück und entrechat royal. Anschließend die Kombination mit dem anderen Bein und zum Schluß alles en dedans. Das Tempo ist normal, das sissonne wird mit mittlerer Sprunghöhe ausgeführt.

Als nächstes kann das sissonne ouverte par développé in die IV. Position vor und rück in kleine Posen gelehrt werden, zuerst mit einer Viertelwendung, dann mit einer halben Wendung und nach dem gleichen Schema wie die obengenannten Beispiele.

Grande sissonne ouverte par développé: Diese Bewegung wird mit einem hohen Sprung, einer halben und ganzen Wendung und mit einem Öffnen des Spielbeins in große Posen 90° ausgeführt. Arme, Oberkörper und Kopf werden wie bei der Grundbewegung ohne Wendung geführt. Der Absprung von beiden Beinen und der Abstoß des Körpers in die Drehung erfolgen wesentlich kräftiger als bei der kleinen Form, besonders bei einer ganzen Wendung.

Man beginnt dieses grande sissonne mit Hilfe folgender Übung zu lehren: 2/4-Takt. Ausgangsposition der Beine – V., épaulement croisé. Zweimal grande sissonne ouverte par développé mit halber Wendung en dehors in die Pose écartée und assemblé in die V. Position vor. Dann ein grande sissonne ouverte mit ganzer Wendung en dehors in die Pose à la seconde, pas de bourrée mit Beinwechsel und ganzer Wendung in die gleiche Richtung, zum Schluß ein pas glissade zur Seite in die V. Position mit Beinwechsel. Danach die Kombination mit dem anderen Bein wiederholen und anschließend alles en dedans.

Ein anderes Beispiel: Ausgangsposition der Beine – V., épaulement croisé. Grande sissonne ouverte mit halber Wendung en dehors in die große Pose effacée vor; assemblé in die V. Position vor. Dann grande sissonne ouverte mit halber Wendung en dedans in die gleiche Richtung in die 3. arabesque; assemblé in die V. Position rück. Grande sissonne ouverte mit ganzer Wendung en dehors in attitude croisée rück (über die Haltung passé); assemblé in die V. Position rück und drei kleine entrechats quatre.

In beiden Beispielen wird jeder Sprung auf $^1/_4$ ausgeführt, das entrechat quatre auf $^1/_8$.

Alle Regeln, die für die kleine Form gelten, müssen auch beim grande sissonne ouverte mit Wendung beachtet werden.

Vor der ganzen Wendung führen die Arme wie bei den vorangegangenen Sprüngen mit ganzer Wendung folgende préparation aus: Der Arm, der der Drehrichtung entspricht, wird in die 1. Position geführt, der andere in die 2. Gleichzeitig mit dem Absprung und dem Abstoß des ganzen Körpers in die Wendung schließen sie sich energisch in eine abgerundete, etwas tiefere 1. Position, wo sie während der Wendung fixiert werden. Danach öffnen sie sich gleichzeitig mit dem Spielbein in eine Haltung, die der auszuführenden Pose entspricht.

b) Sissonne ouverte par jeté

Hierbei wird das Spielbein sofort nach dem Absprung gestreckt und nicht über die Haltungen sur le cou-de -pied oder passé in eine kleine (45°) oder große (90°) Pose geöffnet. Im Unterschied zum sissonne ouverte par développé wird dieser Sprung immer mit einer Fortbewegung ausgeführt, und zwar immer in die Richtung, die dem Landungsbein entspricht (siehe sissonne ouverte par jeté ohne Wendung).

Petite sissonne ouverte par jeté: Dieses sissonne wird mit mittlerer Sprunghöhe, Viertel- und halben Wendungen und in alle kleine Posen ausgeführt.

Beim Absprung und Abstoß des Körpers in die Wendung ist die Fortbewegung zum neuen Standpunkt ebenso wie beim sissonne tombée en tournant zu berücksichtigen. Im Unterschied zum sissonne tombée, wo die Fortbewegung mit einem Übergang auf das sich öffnende Spielbein erfolgt, springt man beim sissonne ouverte par jeté vom Spielbein weg, das sich auf 45° öffnet und dort fixiert wird.

Arme, Oberkörper und Kopf werden wie bei der Grundform ohne Wendung geführt.

Das petite sissonne ouverte par jeté kann nach dem gleichen Schema wie das petite sissonne ouverte par développé gelehrt werden.

Die Fortbewegung erfolgt bei diesem Sprung proportional zum Winkel des sich öffnenden Spielbeins, das sich bei der Landung im demi-plié nicht senken darf. Auch hier dürfen die Regeln, die für die Grundform ohne Wendung gelten, nicht außer acht gelassen werden.

Grande sissonne ouverte par jeté: Dieses sissonne wird mit maximaler Höhe und einer halben Wendung und Dreiviertelwendung gesprungen. Es endet mit einem Öffnen des gestreckten Spielbeins in eine große Pose 90°.

Arme, Oberkörper und Kopf werden wie bei der Grundform ohne Wendung geführt. Absprung und Abstoß in die Wendung müssen besonders bei einer Dreiviertelwendung wesentlich energischer als bei der kleinen Form erfolgen.

Man lehrt das grande sissonne ouverte par jeté mit halber Wendung auf folgende Art: 2/4-Takt. Ausgangsposition der Beine – V., rechtes Bein vorn, épaulement croisé. Sissonne ouverte mit halber Wendung en dedans (über links) und Fortbewegung nach Punkt 4 in die Pose attitude effacée rück; assemblé rück in die V. Position. Alles noch einmal nach Punkt 8 mit einer halben Wendung en dedans (über rechts). Dann sissonne tombée mit ganzer Wendung en dehors ins effacé vor, jeté passé in 3. arabesque und pas assemblé in die V. Position rück.

Anschließend wird die Übung zur anderen Seite wiederholt; zum Schluß alles en dedans. Jeder Sprung erfolgt auf 1/4. Das Tempo ist langsam.

Arm-, Oberkörper- und Kopfbewegungen entsprechen den für diese Sprünge und Wendungen gültigen Regeln.

Das sissonne ouverte par jeté mit einer Dreiviertelwendung wird nur in Posen mit dem Spielbein in der IV. Position vor und rück ausgeführt. Die Wendung geschieht auf folgende Art: Ausgangsposition der Beine – V., rechtes Bein vorn, épaulement croisé. Sissonne ouverte mit Dreivierteiwendung en dedans (über links) und Fortbewegung nach Punkt 2 in die 3. arabesque oder attitude croisée. Die Landung erfolgt auf dem linken Bein. Das rechte Bein wird sofort nach dem Absprung energisch (über ein fouetté) nach rück geworfen.

Die gleiche Dreiviertelwendung kann auch en dehors ausgeführt werden. In diesem Falle erfolgt das sissonne bei gleicher Ausgangsposition mit einer Dreiviertelwendung en dehors (über links) und Fortbewegung nach Punkt 2 in die große Pose croisée vor. Das linke Bein wird sofort nach dem Absprung gleichzeitig mit der Körperwendung nach vorn auf 90° geworfen (über ein fouetté).

Im Moment des Absprunges dürfen die Füße nicht in der V. Position in Drehrichtung ausweichen. Der Oberkörper darf ebenfalls nicht zu früh gewendet werden. Der Körper wird aus dem demi-plié sofort in die Richtung zum neuen Standpunkt hin geworfen.

Alle Regeln, die für das sissonne ohne Wendung gültig sind, müssen auch hier sorgfältig beachtet werden.

Das sissonne ouverte par jeté mit Dreiviertelwendung wird mit Hilfe folgender Übung gelehrt: 2/4-Takt. Ausgangsposition der Beine – V., épaulement croisé.

Auftakt – sissonne ouverte mit Dreiviertelwendung en dedans in 3. arabesque;

1/4 – Pause im demi-plié;

1/4 – pas assemblé rück;

1/4 – Strecken der Beine.

Dann die gesamte Folge zur anderen Seite. Insgesamt wird sie viermal ausgeführt.

Anschließend läßt man die gesamte Kombination en dehors ausführen und zum Schluß ohne Pausen in Verbindung mit bereits bekannten Wendungen. Ein Beispiel: Ausgangsposition der Beine – V., épaulement croisé, Körperfront nach Punkt 8. Sissonne ouverte mit halber Wendung en dedans (über links) in attitude effacée rück nach Punkt 4. Die Landung erfolgt auf dem linken Bein. Dann pas assemblé in die V. Position rück. Sissonne ouverte mit halber Wendung en dehors (über rechts) und Fortbewegung nach Punkt 6 in die Pose ecartée vor. Die Landung erfolgt auf dem linken Bein. Dann pas assemblé in die V. Position vor. Sissonne ouverte mit Dreiviertelwendung en dedans (über links) und Fortbewegung nach Punkt 2 in die 3. arabesque. Die Landung erfolgt auf dem linken Bein. Großes cabriole in dieser Pose, pas chassé croisé vor und pas assemblé rück. Dann die gesamte Übung in umgekehrter Richtung (erster Sprung en dehors).

Bei diesem sissonne gibt es zwei eng miteinander verbundene Elemente, die von den Schülern ganz bewußt ausgeführt und beherrscht werden müssen – die Richtung des Sprunges und der Wendung stimmen nicht immer überein, und die Ausführung ist dadurch oft erschwert. Wenn die Schüler alle beschriebenen Arten des sissonne einwandfrei beherrschen, was besonders bei der Ausführung in die umgekehrten Richtungen sehr schwer zu erreichen ist, heißt das, daß sie sich sehr gut im Raum orientieren können und eine stabile Grundlage für die weitere Entwicklung der Sprungtechnik (mit Wendungen und Drehungen) bis zur Virtuosität besitzen.

Pas assemblé mit Wendung

Dieser pas wird mit einer Viertel-, halben, ganzen und zweifachen Wendung ausgeführt.

Petit pas assemblé: Der Sprung erfolgt mit einer Viertelwendung. Die Schwierigkeit besteht darin, daß der Absprung von einem Bein ausgeführt und das andere gleichzeitig in die II. Position auf 45° geworfen wird mit einem abschließenden Einsetzen in die V. Position.

Man lehrt diesen Sprung anfangs im langsamen Tempo. Ein Beispiel: 2/4-Takt. Ausgangsposition der Beine – V., épaulement croisé, linkes Bein vorn. Petit pas assemblé mit dem rückwärtigen Bein zur Seite in die V. Position vor. Beim Absprung wendet sich der Körper en face und bei der Landung ins épaulement croisé. Auf diese Weise entsteht eine Viertelwendung en dedans. Danach wird ein petit pas assemblé mit Viertelwendung en dehors mit dem anderen Bein ausgeführt. Der Körper wendet sich in die gleiche Richtung über links. Diese Wendungen werden bis zum Ende des ganzen Kreises wiederholt. Die Kombination endet mit einem pas glissade mit dem vorderen Bein zur Seite und Wechsel der V. Position. Danach kann die Kombination zur anderen Seite ausgeführt werden. Zum Schluß alles en dedans.

Jeder Sprung erfolgt auf das erste Viertel. Auf das zweite Viertel wird eine Pause im demi-plié gehalten. Nach dem vierten pas assemblé wird an Stelle der Pause im demi-plié der pas glissade ausgeführt. Anschließend läßt man die Pausen weg und verbindet den petit pas assemblé mit Viertelwendung mit anderen schwierigen Sprüngen, zum Beispiel mit verschiedenen Formen des kleinen sissonne en tournant usw.

Wenn die Schüler diesen Sprung erlernen, bleiben die Arme in der vorbereitenden Haltung. Später werden sie in kleine Posen übertragen, mit entsprechenden Wendungen des Kopfes.

Alle Regeln zur Ausführung des petit pas assemblé ohne Wendung bleiben vollständig erhalten. Besondere Aufmerksamkeit erfordern eine korrekte V. Position, ein elastisches demi-plié, ein richtiger Beinwurf in die II. Position und leichte, plastische und stabile Bewegungen des gesamten Körpers.

Grand pas assemblé: Dieser pas assemblé wird mit einer halben, ganzen und zweifachen Wendung und nur en dedans ausgeführt.

Als Ansatzbewegung wird gewöhnlich ein pas chassé über die II. Position in die gleiche Richtung wie der pas assemblé ausgeführt. Während des pas assemblé werden beide Beine fest in der V. Position fixiert. Gleichzeitig erfolgt eine halbe Wendung en dedans des ganzen Körpers. Der Sprung erfolgt mit der gewöhnlichen Fortbewegung und endet in der V. Position mit dem Rücken nach vorn. Die Arme werden mit dem Absprung energisch aus der 2. Position über die vorbereitende Haltung in die 1. Position geführt und von dort in die übliche Haltung übertragen.

Der Oberkörper ist aufrecht. Der Kopf ist zur vorderen Schulter gewendet.

Der grand pas assemblé mit ganzer Wendung erfordert einen sehr hohen Sprung, aber eine minimale Fortbewegung. Dadurch kann der Körper besser gehalten und der Sprung stabiler beendet werden. Die Arme werden energisch in die 3. Position geführt und dort bis zum Abschluß im demi-plié fixiert. Der Oberkörper ist aufrecht und angespannt. Der Kopf wendet sich zu Beginn des pas assemblé zu dem Bein, das in die II. Position geworfen wird, und am Ende des Sprunges zur vorderen Schulter. Bei einer zweifachen Wendung sind die Kopfbewegungen die gleichen.

Beim grand pas assemblé mit zweifacher Wendung erfolgt der Abstoß des Körpers mit einem kräftigen Akzent nach oben und minimaler Fortbewegung in Richtung Wurfbein. Der Oberkörper muß noch mehr angespannt und fest gehalten werden. Arme und Kopf führen die gleichen Bewegungen aus, jedoch noch aktiver und energischer.

Der grand pas assemblé mit halber Wendung wird mit Hilfe folgender Übung gelehrt: Ausgangspunkt – rechte untere Ecke des Saales. Ausgangsposition der Beine – V., épaulement croisé, rechtes Bein vorn. Vorbereitung in die kleine Pose 2. arabesque auf halbe Spitze; pas chassé über die II. Position nach Punkt 4 und grand pas assemblé mit halber Wendung in die Pose écartée, Rücken nach vorn. Dann sissonne tombée mit Viertelwendung en dehors nach Punkt 2 in die 3. arabesque; zum Schluß jeté passé in die 2. arabesque. Danach kann die Folge zur anderen Seite wiederholt werden. Insgesamt wird sie viermal ausgeführt.

3/4-Takt (Walzer). Die Vorbereitung erfolgt auf zwei einleitende Takte, alle übrigen Bewegungen werden en suite und in etwas langsamerem Tempo ausgeführt.

Der grand pas assemblé mit einer ganzen und zweifachen Wendung kann nach dem gleichen Schema gelehrt werden. In diesem Fall endet der pas assemblé im épaulement croisé, so daß das anschließende sissonne tombée ohne Viertelwendung ausgeführt wird.

Es kann auch eine andere Kombination zum Erlernen dieses Sprunges zusammengestellt werden, aber der pas assemblé mit Wendung muß immer aus der Ansatzbewegung pas chassé über die II. Position erfolgen. Auf keinen Fall darf ein willkürlicher »Anlauf«, der den schulischen Regeln des klassischen Tanzes widersprechen würde, zugelassen werden.

Bei der ganzen Wendung (und ganz besonders bei einer zweifachen) muß das Zentrum des Körpergewichtes sehr genau auf das Absprungbein übertragen werden. Im gleichen Augenblick wird das andere Bein auf nicht mehr als 45° geworfen. Sofort nach dem Absprung müssen beide Beine schnell und fest in der V. Position geschlossen und in dieser Haltung bis zur weichen Landung im demi-plié fixiert werden. Außerdem muß der gesamte Körper während der Wendung eine absolut senkrechte Haltung einnehmen. Ein Abweichen der Beine oder des Oberkörpers von der vertikalen Achse ist ebenso wie bei den tours en l'air unzulässig.

Trotz des hohen Schwierigkeitsgrades muß der Oberkörper seine angespannte und harmonische Haltung unbedingt bewahren. Die Schultern sind frei geöffnet und herabgesenkt. Die Arme werden während der Drehung ebenfalls auf einer senkrechten Linie gehalten, ohne daß jedoch dadurch ihr plastischer Bewegungsablauf gestört wird. Kopf, Oberkörper und Arme dürfen ihre Bewegungen nicht zu schnell ausführen. Mit dem Blick muß rechtzeitig und exakt der Anfangs- und Endpunkt im Raum fixiert werden. Dies ist für den Aplomb bei der doppelten Wendung von besonderer Bedeutung. Insgesamt ist die Wendung, besonders die zweifache, leicht und in einem strengen Stil, ohne irgendwelche äußerliche Effekte auszuführen.

Der grand pas assemblé mit zweifacher Wendung kann nicht gelehrt werden, bevor die Schüler ausreichend die tours en l'air aus der V. in die V. Position beherrschen.

Petit pas jeté mit Wendung

Der petit pas jeté wird mit einer Viertelwendung und mit einem Wurf des Spielbeins nur in die II. Position gelehrt. Der Abstoß in die Wendung erfolgt unter aktiver Teilnahme des gesamten Körpers von beiden Beinen. Arme, Oberkörper und Kopf werden wie bei der Grundbewegung ohne Wendung mitgenommen.

Man lehrt diese Bewegung nach folgendem Schema: $^2/_4$-Takt. Ausgangsposition der Beine – V., épaulement croisé. Petit pas jeté in die II. Position mit dem rückwärtigen Bein und einer Viertelwendung en dehors (Wendung über vorn). Diese Wendung erfolgt en dehors, weil sie von dem Bein weg ausgeführt wird, das zur Seite geworfen wird und auf dem der Sprung endet. Das Absprungbein wird bei der Landung sur le cou-de-pied rück angelegt. Aus dieser Haltung wird der petit pas jeté mit Viertelwendung en dedans in die gleiche Drehrichtung wiederholt, d. h. zum Bein, das in die II. Position geworfen wird und auf dem der Sprung endet. Diese Folge wird noch einmal von Anfang an wiederholt. Jeder Sprung erfolgt auf das erste Viertel des Taktes; auf das zweite Viertel wird eine Pause im demi-plié ausgehalten. Sofort anschließend läßt man diese Folge ohne Pausen zwischen den Sprüngen wiederholen. Die Kombination endet mit einem pas de bourrée en tournant mit Beinwechsel und Abschluß in der V. Position auf einen Takt. Auf den letzten Takt entrechat quatre und Pause. Dann wird die Kombination zur anderen Seite wiederholt. Anschließend alles in die umgekehrte Richtung.

Die Arme sollten anfangs in der vorbereitenden Haltung fixiert werden, später in kleinen Posen.

Beim Einstudieren dieser Bewegung muß sorgfältig darauf geachtet werden, daß der pas jeté korrekt ausgeführt und durch eine leichte und exakte Wendung ergänzt wird.

Pas emboîté mit Wendung

Der pas emboîté wird durch eine halbe Wendung ergänzt. Dies geschieht auf folgende Art: Ausgangsposition der Beine – V., en face. Demi-plié auf dem rückwärtigen Bein und vorderes Bein gleichzeitig zur Haltung sur le-cou-de-pied vor anlegen. Aus dieser Haltung springt man nicht sehr hoch nach oben und streckt beide Beine schnell in eine minimale II. Position. Dann wird das Absprungbein in die Haltung sur le cou-de-pied vor übertragen, während auf dem anderen Bein gleichzeitig die Landung im demi-plié erfolgt. Diese Bewegung wird mit einer halben Wendung en dedans und einer geringen Fortbewegung zur Seite des Beines, das sich am Anfang in der Haltung sur le cou-de-pied befand, ausgeführt. Der Sprung endet mit dem Rücken nach vorn. Auf diese Weise kann der pas emboîté mit halber Wendung vier- bis achtmal auf der Geraden oder Diagonale ausgeführt werden.

Bei der Ausführung in die umgekehrte Richtung wird jedesmal die Haltung sur le cou-de-pied rück fixiert, und die erste Wendung erfolgt en dehors.Vor dem ersten Sprung befinden sich die Arme in folgender Haltung: der Arm, der dem Spielbein bzw. der Drehrichtung entspricht, fixiert die 1. Position, der andere die 2. Wahrend des Sprunges und der Wendung wechseln die Arme in diesen beiden Positionen, d. h., der eine wird aus der 1. in die 2. und der andere aus der 2. in die 1. Position geführt usw.

Der Oberkörper wird immer frontal zum Spiegel bzw. zur gegenüberliegenden Seite gehalten, wenn die pas emboîtés parallel zum Spiegel erfolgen. Bei der Ausführung auf der Diagonale fixiert er die épaulement-Haltung.

Vor dem ersten Sprung blickt der Kopf in die Richtung der Fortbewegung. Beim ersten emboîté bewahrt er diese Richtung, und mit dem zweiten emboîté führt er etwas schneller als der Oberkörper eine ganze Drehung aus usw. Beim pas emboîté in die umgekehrte Richtung bleiben Arm- und

Oberkörperbewegungen unverändert. Der Kopf blickt vor dem ersten Sprung in die Richtung der Fortbewegung. Mit dem ersten emboîté führt er etwas schneller als der Körper eine ganze Drehung aus. Beim zweiten emboîté bewahrt er diese Richtung usw.

Es ist angebracht, diesen Sprung im langsamen Tempo und mit nicht zuviel emboîtés in einer Folge zu lehren. Ein Beispiel:

2/4-Takt.

3 Takte – sechs emboîtés, jedes auf 1/4;

1/4 – pas glissade mit Beinwechsel in der V. Position;

1/4 – vorderes Bein zur Haltung sur le cou-de-pied vor anlegen.

Danach alles zur anderen Seite wiederholen. Diese Folge wird insgesamt viermal ausgeführt. Zum Schluß alles in die umgekehrte Richtung.

Später werden diese pas emboîtés im normalen Tempo und jeder Sprung auf 1/8 ausgeführt. Im letzten Fall wird das Tempo der Bewegung vergrößert, und auf jede ganze Wendung fallen drei emboîtés.

Zum Beispiel: zwei emboîtés mit je einer halben Wendung auf einen 2/4-Takt; dann drei emboîtés mit je einer Drittelwendung (jeder Sprung auf 1/8); zum Schluß auf das letzte Achtel eine Pause im demi-plié. Dann wird diese Folge zur anderen Seite wiederholt. Insgesamt läßt man diese Folge viermal ausführen. Zum Schluß alles in die umgekehrte Richtung.

Bei dieser Bewegung müssen die Leichtigkeit und Ungezwungenheit des Abstoßes in die Wendung sehr sorgfältig erarbeitet werden, das exakte Strecken der Beine mit dem Absprung, das genaue Anlegen des Spielbeins in die Haltung sur le cou-de-pied und das Landen in einem etwas kürzeren, aber elastischen demi-plié. Andere wichtige Details sind: die Fortbewegung auf einer geraden Linie mit immer gleichbleibendem Abstand zwischen den einzelnen Sprüngen, die rhythmische Gebundenheit der Wendungen und korrekte Arm-, Oberkörper- und Kopfbewegungen.

Die pas emboîtés mit halben Wendungen müssen sich durch Festigkeit und eine klare und bestimmte plastische Struktur auszeichnen. Es muß unbedingt vermieden werden, daß die Bewegungen des Ober- und Unterkörpers voneinander getrennt werden und gewissermaßen selbständig, ohne inneren Zusammenhalt ablaufen.

Pas jeté mit halber Wendung und Fortbewegung zur Seite

Der pas jeté wird mit einer halben Wendung ausgeführt. Die Fortbewegung erfolgt auf einer Geraden, entweder parallel zum Spiegel oder diagonal. Alle übrigen Regeln zur Ausführung des kleinen jeté bleiben vollständig erhalten.

Man lehrt diesen Sprung auf folgende Art und Weise: 2/4-Takt. Ausgangsposition der Beine – V., en face. Pas jeté mit dem vorderen Bein in die Seite, die diesem Bein entspricht, und einer halben Wendung en dedans. Das Absprungbein wird am Schluß des Sprunges, der mit dem Rücken nach vorn endet, zur Haltung sur le cou-de-pied rück angelegt. Aus dieser Haltung wird der pas jeté mit halber Wendung en dehors in die gleiche Richtung wiederholt. Er endet en face.

Beim ersten demi-plié werden die Arme in folgende Positionen angehoben: der Arm, der dem Wurfbein entspricht, in die 1. Position und der andere in die 2. Während des Absprunges öffnet sich der Arm, der die 1. Position fixiert hat, in die 2. Position. Am Schluß des Sprunges nimmt der andere Arm die 1. Position ein.

Der Oberkörper ist aufrecht und angespannt. Beim Absprung und bei der Landung befindet er sich genau über dem Standbein. Der Kopf blickt zu Beginn des Sprunges in die Richtung der Fortbewegung. Während des Sprunges und am Schluß fixiert er unverändert diese Richtung, nur der Körper führt die Wendung aus. Beim folgenden Sprung wendet sich der Kopf in die Ausgangshaltung.

Jeder Sprung erfolgt auf das erste Viertel. Auf das zweite Viertel wird eine Pause im demi-plié gehalten.

In dieser Art wird der pas jeté viermal ausgeführt. Auf das letzte Viertel des vierten Taktes folgt ein pas glissade zur Seite in die V. Position. Danach wird alles mit dem anderen Bein wiederholt. Zum Schluß alles in die umgekehrte Richtung, d. h., die Wendung en dehors endet mit dem Rücken nach vorn und die Wendung en dedans mit dem Gesicht nach vorn.

Danach läßt man die gesamte Kombination ohne Pausen ausführen. Zum Schluß überträgt man alles auf die Diagonale und verbindet den pas jeté mit Fortbewegung und halben Wendungen mit anderen Bewegungen.

Besondere Aufmerksamkeit ist auf eine energische und weite Fortbewegung mit gestreckten Beinen während des Sprunges zu richten. Die exakte Wendung erfolgt in der Endphase des Sprunges, bei der Landung auf einem Bein. Der ganze Sprung muß sich durch eine äußerst genaue und elastische Ausführung auszeichnen. Eine träge Fortbewegung, ein vorzeitiges Anwinkeln des Beines zur Haltung sur le cou-de-pied und ein hartes Aufkommen sind unzulässig.

Saut de basque

Der saut de basque ist eine Weiterentwicklung des pas jeté und wird in kleiner und großer Form und mit zweifacher Wendung (double) ausgeführt.

Petit saut de basque: Ausgangsposition der Beine – V., en face. Demi-plié auf dem rückwartigen Bein, gleichzeitig wird das vordere Bein zur leicht erhöhten Haltung sur le cou-de-pied vor angelegt. Danach öffnet sich das Spielbein zur Seite in die II. Position 45°. Sofort anschließend tritt man auf dieses Bein ins demi-plié über und stößt den Körper nach oben und in die Wendung (en dedans) ab. Das andere Bein wird in diesem Augenblick leicht über den Boden durch die I. Position geschleift und in die II. Position 45° (in Sprungrichtung) geworfen. Das ehemalige Absprungbein nimmt sofort nach dem Absprung die senkrechte Haltung ein. Auf diese Weise führt der Körper eine halbe Wendung aus. Dann wird ohne die geringste Verzögerung das ehemalige Absprungbein exakt zur leicht erhöhten Haltung sur le cou-de-pied vor angelegt. Gleichzeitig erfolgt mit einer weiteren halben Wendung und durch ein Senken des anderen Beines von der Höhe 45° auf den Boden die Landung im demi-plié. Der Sprung endet wieder in der Ausgangshaltung – en face.

Beim ersten demi-plié nehmen die Arme folgende Position ein: Der dem Spielbein bzw. der Sprungrichtung entsprechende Arm fixiert die 1. Position, der andere die 2. Mit dem Übergang auf das Spielbein öffnet sich der Arm, der sich in der 1. Position befindet, energisch in die 2. Position. Der andere Arm schließt sich etwas später, mit dem Absprung und im gleichen Tempo aus der 2. in die 1. Position. In diesen Positionen werden die Arme bis zur Kulmination des Sprunges (der Rücken ist nach vorn gerichtet) gehalten. Bei der zweiten halben Wendung werden beide Arme in die Ausgangspositionen übertragen und dort bis zum Abschluß des Sprunges im demi-plié fixiert. Der Oberkörper ist während des gesamten Bewegungsablaufes aufrecht. Als Folge des Absprunges vom Platz führt er aktiv eine Fortbewegung zur Seite aus. Er wendet sich gleichzeitig mit den Beinen. In der Ausgangshaltung ist der Kopf geradeaus nach vorn gerichtet. Zusammen mit dem Öffnen des Spielbeins zur Seite wendet er sich in die gleiche Richtung, die er bis zur Kombination des Sprunges fixiert. Im Moment des Abschlusses wendet er sich in die Ausgangshaltung – en face (Abb. 154).

Insgesamt wird der petit saut de basque mit einer geringen Fortbewegung und ohne den Ansatz pas chassé über die II. Position ausgeführt. Beim petit saut de basque auf der Diagonale muß der Schüler vor und nach dem Sprung die Haltung épaulement einnehmen.

Folgende Details müssen beim Erlernen dieses Sprunges besonders

154 *Petit saut de basque*

beachtet werden: Das Spielbein ist genau in die zweite Position auf 45° zu öffnen; der Übergang auf das Spielbein muß ausreichend weit und von der Fußspitze auf die Ferse abrollend erfolgen; der Absprung aus dem elastischen demi-plié ist energisch und kräftig; das ehemalige Standbein gleitet korrekt durch die I. Position und wird leicht auf 45° geworfen; die geöffnete Beinhaltung muß fest und exakt bis zur Kulmination fixiert werden; ebenso exakt und gleichzeitig elastisch erfolgt die Landung im demi-plié. Die gesamte Flugphase ist durch äußerste Leichtigkeit gekennzeichnet.

Weitere Schwierigkeiten bereitet das Fixieren der Auswärtsdrehung der Beine und der korrekten Haltung sur le cou-de-pied. Oft neigt der Schüler dazu, das Spielbein zu hoch in die II. Position zu werfen, das demi-plié vor dem Sprung zu weich auszuführen oder den Sprung in einem zu harten demi-plié aufzufangen. Weitere Fehler sind ein zu heftiger oder zu schwacher Abstoß des Körpers in die Drehung oder eine zu weite oder zu geringe Fortbewegung während des Sprunges.

Die Arme begleiten den Sprung mit exakten, aber nicht abrupten, sondern weichen und plastischen Bewegungen. Alle Armpositionen sind etwas tiefer als gewöhnlich. Der Oberkörper ist aufrecht und angespannt. Die Schultern sind frei geöffnet und leicht herabgesenkt. Das Gewicht des Oberkörpers wird genau und rechtzeitig auf das Standbein übertragen. Der Kopf ist gerade und wendet sich exakt und frei. Der Blick fixiert einen bestimmten Punkt und darf nicht »umherirren«. Man lehrt diese Bewegung zuerst en face und mit einer Pause nach jedem Sprung. Ein Beispiel:

$2/4$-Takt.

Auftakt – vorderes Bein in die II. Position 45° öffnen;

$1/4$ – Absprung;

$1/4$ – Landung im demi-plié;

$1/4$ – Pause im demi-plié;

$1/4$ – Spielbein in die II. Position 45° öffnen usw.

Dieser Teil wird insgesamt viermal ausgeführt. An Stelle der letzten Pause erfolgt ein petit pas assemblé über die II. in die V. Position rück, und auf das letzte Viertel wird dann das vordere Bein über die Haltung sur le cou-de-pied in die II. Position 45° geöffnet. Danach kann die Übung zur anderen Seite wiederholt werden. Zum Schluß alles in die umgekehrte Richtung.

Der petit saut de basque wird auf folgende Art und Weise in die umgekehrte Richtung ausgeführt: Demi-plié auf dem vorderen Bein und Öffnen des rückwärtigen Beines über die Haltung sur le cou-de-pied rück in die II. Position 45°. Danach Übertreten auf das Spielbein und Abstoß des Körpers in die Wendung en dehors. Das andere Bein, das gleichzeitig leicht durch die I. Position schleift, wird in die II. Position auf 45° geworfen; das Absprungbein fixiert während des Absprunges die senkrechte Haltung. Auf diese Weise ist der gesamte Körper nach vollendeter halber Wendung und während der ersten Flugphase mit dem Rücken nach vorn gerichtet. Danach wird das Absprungbein exakt zur Haltung sur le cou-de-pied rück angewinkelt. Gleichzeitig landet das andere Bein im demi-plié. Mit dem Anlegen des Absprungbeines und der Landung wird die ganze Wendung durch eine weitere halbe Wendung zu Ende geführt. Arme, Oberkörper und Kopf werden wie beim petit saut de basque en dedans geführt.

Als nächstes läßt man den petit saut de basque ohne Pausen und in Verbindung mit anderen Bewegungen ausführen.

Grand saut de basque: Der grand saut de basque wird nach dem gleichen Prinzip wie der petit saut de basque ausgeführt, jedoch werden Krafteinsatz und damit auch Sprunghöhe und Sprungweite wesentlich verstärkt. Der Sprung ist sehr hoch, das Bein, das durch die I. Position gleitet, wird auf 70° geworfen, Oberkörper und Kopf nehmen aktiver an der Wendung teil, die Fortbewegung vergrößert sich entsprechend der Höhe des Sprunges und des battement, die Haltung sur le cou-de-pied am Anfang und Ende des Sprunges wird noch mehr erhöht. Ein anderer wesentlicher Unterschied besteht noch darin, daß in der Regel der Ansatz mit Hilfe eines pas chassé über die II. Position ausgeführt wird, um einen energischeren Absprung und eine größere Höhe zu erreichen.

Der pas chassé kann wie beim jeté entrelacé oder anderen großen Sprüngen aus der kleinen 2. arabesque beginnen. Die Arme öffnen sich während des pas chassé in die 2. Position. Im Augenblick des Absprunges werden sie energisch aus der vorbereitenden Haltung über die 1. in die 3. Position geworfen. Während des Sprunges fixieren sie diese Position. Bei der Landung im demi-plié können die Arme diese Position beibehalten oder sich in die 2. Position Öffnen.

Oberkörper- und Kopfbewegungen bleiben unverändert.

Alle Regeln zur Ausführung des petit saut de basque müssen auch beim grand saut de basque sorgfältig beachtet werden. Man lehrt die große Form zuerst mit einer Pause nach jedem Sprung und später en suite. In die umgekehrte Richtung wird der grand saut de basque aus den gleichen Gründen wie das grand assemblé en tournant oder das jeté entrelacé nicht ausgeführt.

Double saut de basque: Dieser Sprung wird mit maximaler Sprunghöhe und einer doppelten Wendung des ganzen Körpers ausgeführt. Das battement erfolgt nur auf 45°; das andere Bein fixiert in der ersten Flugphase die erhöhte Haltung sur le cou-de-pied vor.

Als Ansatz wird ebenfalls der pas chassé über die II. Position ausgeführt. Der Hauptakzent liegt hier jedoch nicht auf der Fortbewegung, sondern auf dem Absprung nach oben.

Die Arme fixieren während des pas chassé die 2. Position. Beim saut de basque werden sie gewöhnlich in die 3. Position geworfen. Es kann aber auch der Arm, der der Drehrichtung entspricht, in die 1. Position geführt werden und der andere in die 3. Position. Als Ausnahme können auch beide Arme in einer abgerundeten, etwas tieferen 1. Position gehalten werden.

Der Oberkörper nimmt am Absprung und am Abstoß in die Drehung teil. Er ist aufrecht und angespannt. Er muß rechtzeitig und genau auf das Standbein (Absprung- und Landungsbein) übertragen werden. Der Kopf ist wie beim gewöhnlichen saut de basque in einer geraden Haltung; er wird zweimal energisch gewendet.

Der gesamte Körper muß während des Sprunges genau die senkrechte Haltung einnehmen. Besonders beim demi-plié am Ende des Sprunges darf er in keine andere Richtung ausweichen.

Der double saut de basque kann in der Haltung sur le cou-de-pied mit einem Übergang in den pas tombé in die II. Position (als Ansatz zum nächsten Sprung) beendet werden. Andere Varianten: Übergang in die 1. arabesque, attitude oder auf ein Knie mit Hilfe des pas tombé organisch, d. h. elastisch, fließend und stabil und ohne übermäßigen oder nicht ausreichenden Krafteinsatz an den saut de basque anschließen. Aus diesem Grunde ist es notwendig, daß der Abstoß in die Drehung mit einem der Art des Abschlusses angemessenen Krafteinsatz ausgeführt und gründlich erarbeitet wird. Manchmal springen die Schüler nicht hoch genug ab, aber nehmen zuviel Schwung für die Wendung. Diese Disproportion führt zu einem unstabilen Abschluß des Sprunges (der Körper wird in die Drehung »geschleudert«) und zu einem zu schnellen und hastigen Tempo der zweifachen Wendung.

Beim double saut de basque müssen erarbeitet werden: ein leichter

Ansatz, der elastische Übergang und das Abrollen des Fußes von der Spitze bis zur Ferse beim pas tombé, die Kraft des Absprunges, ein leichter und hoher Flug, ein exaktes und entschiedenes Fixieren des Körpers bei den Wendungen, der elastische und stabile Übergang in das abschließende demi-plié und die darauffolgende Bewegung. Außerdem müssen die Arme beim Absprung energisch Schwung nehmen und während des Sprunges stabil, aber nicht verkrampft die entsprechenden Positionen fixieren. Am Ende des Sprunges öffnen sich die Arme beherrscht und mit der nötigen Spannung in die Endhaltung. Insgesamt verlaufen die Armbewegungen plastisch und mit Aplomb.

Der Oberkörper muß während des gesamten Bewegungsablaufes seine Haltung und Spannung bewahren. Die Schultern sind frei geöffnet und herabgesenkt. Der Oberkörper muß leicht und korrekt in den entsprechenden Bewegungsphasen auf das Standbein übertragen werden.

Die Bewegungen des Kopfes zeichnen sich durch größere Exaktheit und Bestimmtheit, besonders bei der zweiten Wendung aus. Der Blick darf auf keinen Fall die Orientierung verlieren. Er fixiert fest einen bestimmten Punkt im Raum. Die beiden Drehungen des Kopfes erfolgen zusammen mit den Arm-, Oberkörper und Beinbewegungen in einem exakten und scharfen Rhythmus. Durch diese Details wird die Stabilität des saut de basque wesentlich erhöht.

Abschließend sei noch einmal hervorgehoben, daß der saut de basque nicht nur eine technisch korrekte Ausführung und einen hohen und kräftigen Sprung erfordert, sondern daß der Charakter dieses technisch schwierigen Sprunges vorwiegend von der emotionalen Anteilnahme und Vehemenz des Ausführenden, seiner motorischen Aktivität und einer strengen, männlichen Ausführung geprägt wird. Ein Überbetonen des Akrobatischen oder eine kraftlose Leichtigkeit würden dem nicht entsprechen.

Der double saut de basque darf ohne gründliche Vorbereitung der Schüler nicht gelehrt werden. Folgende Bewegungen müssen sich die Schüler vorher aneignen: tours en l'air aus der V. in die V. Position, aus der V. Position in die Haltung sur le cou-de-pied und in die IV. Position. Weiterhin sind folgende Sprünge mit dem Ansatz pas chassé zur Vorbereitung notwendig: grand assemblé mit einer Wendung, jeté entrelacé, große cabrioles rück mit Wendung fouetté usw. Der Schwierigkeitsgrad des double saut de basque ist so hoch, daß dieser Sprung nur mit den Schülern erarbeitet werden sollte, die auch wirklich imstande sind, die hohen technischen Schwierigkeiten zu bewältigen.

Der double saut de basque kann zuerst mit Hilfe folgender Übung gelehrt werden: Ausgangshaltung – 2. arabesque im Profil, Spielbein mit der Fußspitze auf dem Boden. Pas chassé über die II. Position auf der Geraden von

Punkt 7 nach Punkt 3 und Übergang in den double saut de basque en dedans mit Abschluß in der Haltung sur le cou-de-pied. Danach pas dégagé mit Viertelwendung in die Ausgangspose auf der anderen Seite. Anschließend kann die Übung zur anderen Seite wiederholt werden. Insgesamt wird sie viermal (von einer Seite zur anderen Seite) ausgeführt.

Die Arme öffnen sich beim pas chassé in die 2. Position. Beim saut de basque werden sie energisch in die 3. Position geworfen und dort bis zur Landung im demi-plié fixiert. Mit dem pas dégagé öffnen sie sich über die 2. Position in die 2. arabesque.

Der Oberkörper wendet sich beim pas chassé en face. Beim Ansatz zum Absprung verstärkt er durch ein aktives Mitwenden den Abstoß in die Wendung. Während der Flugphase wird er zweimal energisch gedreht. Am Ende des Sprunges ist er en face. Mit dem pas dégagé in die 2. arabesque wendet er sich ins Profil.

Der Kopf fixiert beim pas chassé die Haltung en face. Während des saut de basque wird er so geführt, wie bereits beschrieben. Beim abschließenden demi-plié ist er zur Spielbeinseite gewendet. Mit dem Übergang in die Ausgangspose nimmt er leicht und ruhig die der 2. arabesque entsprechende Haltung ein.

Diese Übung ist rhythmisch folgendermaßen aufgebaut:

2/4-Takt.

Auftakt – pas chassé;

1/4 – Absprung zum saut de basque;

1/4 – Landung;

1/4 – Übergang in die 2. arabesque;

1/4 – demi-plié und pas chassé.

Die doppelte Wendung bei dieser Übung sollte vom Schüler nur auf »seiner Seite« ausgeführt werden. Auf der anderen Seite, die ihm unbequeme, wird dieser Sprung vorerst auf eine Wendung reduziert. Später kann der double saut de basque auf beiden Seiten ausgeführt werden.

Nach und nach wird der double saut de basque in andere, zuerst einfache und dann komplizierte Unterrichtskombinationen mit einbezogen. Zu diesem Zeitpunkt beginnt man die Abschlüsse in die arabesque und auf ein Knie zu lehren.

Der double saut de basque kann auch mit der Haltung sur le cou-de-pied rück ausgeführt werden. Dadurch wird die gewöhnliche Form etwas verändert, und der Ausführende kann den Sprung in der IV. Position rück (in kleinen Posen) oder auf einem Knie beenden. Alle übrigen Details bleiben unverändert.

Man lehrt diesen saut de basque nach dem gleichen Schema wie die obenstehende Übung, jedoch nicht auf der Geraden zwischen Punkt 3 und 7 in beide Richtungen, sondern auf der Diagonale nach Punkt 4 oder 6 in nur eine Richtung.

Im allgemeinen kann der saut de basque innerhalb der Unterrichtskombination auf der Geraden zwischen Punkt 3 und 7, auf der Diagonale in die untere oder obere Ecke des Saales und auch als eigenständige Übung im Kreis ausgeführt werden. Vorrangig vor allen anderen Varianten des Abschlusses muß der Übergang aus dem saut de basque über den pas tombé in tours chaînés gelehrt werden.

Der double saut de basque wird mit Hilfe einfacher Kombinationen gründlich erarbeitet. Die einzelnen Etappen sind in der richtigen Reihenfolge im Unterricht durchzunehmen. Jede Form des double saut de basque muß unbedingt in ausreichendem Maße wiederholt werden, so daß sich die Schüler alle obenstehenden Details in der notwendigen Qualität aneignen können. Erst danach wird er mit anderen schwierigen Sprüngen verbunden.

Pas chassé mit Wendung

Dieser pas wird mit einer Viertel-, halben und ganzen Wendung im Moment des Absprunges ausgeführt.

Ein Beispiel für einen pas chassé mit Viertelwendung: Ausgangshaltung 3. arabesque. Demi-plié und pas chassé zur anderen unteren Ecke des Saales mit Abschluß in der attitude effacée.

Ein Beispiel für einen pas chassé mit halber Wendung: Ausgangshaltung – 2. arabesque (diagonal in der unteren Ecke des Saales). Pas chassé mit Wendung zur Standbeinseite in die gegenüberliegende obere Ecke des Saales und Abschluß des Sprunges in der 4. arabesque mit dem Rücken nach vorn.

Ein Beispiel für einen pas chassé mit ganzer Wendung: Ausgangshaltung 1. arabesque (diagonal in der unteren Ecke des Saales). Pas chassé in die gleiche untere Ecke des Saales mit Wendung zur Standbeinseite und Abschluß in der 1. arabesque. Oder: Ausgangshaltung – Pose écartée vor, die Arme sind allongé in die 2. Position geöffnet. Pas chassé zur gegenüberliegenden oberen Ecke des Saales mit ganzer Wendung zur Standbeinseite (das ehemalige Standbein wird beim Absprung nach rück in die V. Position zum anderen Bein herangeführt) und Abschluß in der Ausgangspose.

Bei den letzten beiden Beispielen schließen sich die Arme gewöhnlich während der Wendung energisch in eine abgerundete, etwas tiefere 1. Position, und beim abschließenden demi-plié öffnen sie sich wieder in die Abschlußpose. Sie können jedoch auch beide mit einem allongé in die 2.

Position geöffnet oder in die 3. Position geführt werden. Der Oberkörper ist beim Absprung aufrecht. Der Kopf wird wie bei den kleinen Pirouetten »mitgenommen«.

Bei einer Wendung zur Standbeinseite erfolgt der pas chassé en dedans, bei einer Wendung vom Standbein weg – en dehors. Außerdem können obige Beispiele auch in die umgekehrte Richtung, d. h. mit einer Wendung zur anderen Seite, ausgeführt werden. Je weiter sich der Körper wendet und je stärker er sich in die Wendung und vom Platz abstößt, desto höher und energischer muß der Absprung erfolgen.

Mit dieser Bewegung und allen ihren Varianten kann sehr gut das Gefühl für den Raum, die Wendigkeit und Standfestigkeit erarbeitet werden.

Besondere Aufmerksamkeit ist auf die Elastizität des demi-plié am Anfang und Ende des pas chassé, auf eine ausreichende Fortbewegung während des Sprunges, auf harmonische, leichte und plastische Wendungen sowie auf deutliche und koordinierte Bewegungen der Arme, des Oberkörpers und des Kopfes zu richten. Sehr sorgfältig ist der Abschluß des Sprunges zu erarbeiten, das Übertragen des Körpers mit Hilfe einer leicht über den Boden schleifenden Bewegung des Spielbeins (wie beim gewöhnlichen pas chassé ohne Wendung).

Der pas chassé mit einer Viertelwendung und einer halben Wendung kann sofort innerhalb einer Unterrichtskombination gelehrt werden, der pas chassé mit ganzer Wendung dagegen nur einzeln. Ein Beispiel: Ausgangsposition der Beine – V., épaulement croisé. Sissonne tombée nach vorn in die 3. arabesque, zwei pas chassés in die gleiche Richtung und in der gleichen Pose, jeden mit einer ganzen Wendung en dedans und assemblé rück in die V. Position. Dann wird diese Folge en face über die II. Position in die Richtung wiederholt, die dem vorderen Bein entspricht. Danach alles mit dem anderen Bein und zum Schluß in die umgekehrte Richtung.

Bei jedem pas chassé en tournant schließen sich die Arme in die etwas tiefere 1. Position; beim pas assemblé senken sie sich in die vorbereitende Haltung. Sissonne tombée in die II. Position wird von einem Öffnen der Arme über die 1. in die 2. Position begleitet. Mit jedem pas chassé en tournant über die II. Position schließen sie sich in die etwas tiefere 1. Position, und beim pas assemblé senken sie sich wieder in die vorbereitende Haltung.

Oberkörper, Kopf werden wie beschrieben gehalten bzw. mitgenommen.

Wenn diese Übung in die umgekehrte Richtung ausgeführt wird, muß das erste sissonne tombée nach rück gesprungen werden und das zweite sissonne in die Richtung, die dem rückwärtigen Bein entspricht. Beide Wendungen erfolgen en dehors und beide pas assemblés nach vor in die V. Position.

Arm-, Oberkörper- und Kopfbewegungen bleiben unverändert.

Jeder Sprung in dieser Übung erfolgt auf 1/4 eines 2/4-Taktes oder auf einen ganzen 3/4-Takt im schnellen Walzertempo.

Als nächstes kann der pas chassé mit ganzer Wendung in Sprungkombinationen einbezogen oder als Ansatzbewegung zu anderen Bewegungen ausgeführt werden, z. B. zum grand assemblé mit Wendung, jeté entrelacé oder grand und double saut de basque. Außerdem kann der pas chassé auch als eigenständige Übung im schnellen Tempo auf der Geraden von einer Seite zur anderen oder auf der Diagonale, in Verbindung mit tours chaînés usw. ausgeführt werden.

Abschließend möchte ich nochmals darauf hinweisen, daß bei ähnlichen Übungen die Arme sowohl in der Ausgangspose und in der Ansatzbewegung als auch während der Wendung sehr unterschiedlich geführt bzw. fixiert werden können.

Grand pas jeté mit Wendung

Der grand pas jeté mit halber Wendung wird in die Pose attitude oder arabesque gesprungen. Der grand pas jeté in attitude wird gewöhnlich mit Ansätzen wie sissonne tombée, temps levé tombé oder pas failli ausgeführt. Dabei wird die Ansatzbewegung durch einen pas coupé mit halber Wendung en dehors mit dem grand pas jeté verbunden.

Zum Beispiel: sissonne tombée croisée vor; das rückwärtige Bein wird während des pas coupé energisch von hinten an das Standbein ins demi-plié mit gleichzeitiger halber Wendung en dehors des ganzen Körpers herangesetzt. Auf diese Weise wendet sich der Körper mit Hilfe des pas coupé zur oberen Saalecke und führt aus dieser Haltung den grand pas jeté mit halber Wendung zur unteren, gegenüberliegenden Ecke des Saales aus.

Wird als Ansatz ein pas failli verwendet, dann muß ebenfalls das rückwärtige Bein energisch von hinten an das Standbein mit gleichzeitiger halber Wendung en dehors des ganzen Körpers herangesetzt werden (Abb. 155).

Der pas coupé wird bei allen angeführten Ansätzen in der Art eines federnden Abstoßens vom Standbein ausgeführt. Fast gleichzeitig wird das Standbein dann mit einem grand battement jeté nach vorn in die Sprungrichtung geworfen. Das andere Bein, das sich im Verlauf dieser Bewegungsphase vom Boden abstößt, wird im gleichen Tempo nach rück auf 90° geworfen.

Die Arme müssen in beiden Fällen vor dem pas coupé folgende Haltung einnehmen: der Arm, der der Drehrichtung entspricht, wird in der 1. Position fixiert, der andere in der 2. Beim coupé wird der Arm, der die 2. Posi-

155 *Grand jeté mit Wendung in attitude*

tion fixiert, kräftig über die 1. in die 3. Position geführt. Der andere Arm öffnet sich aus der 1. in die 2. Position. Der Oberkörper neigt sich beim Ansatz nach vorn. Mit dem pas coupé wird er energisch wieder aufgerichtet und beim Absprung diagonal nach vorn geworfen. Der Kopf ist während der Ansatzbewegung und während des pas coupé zur vorderen Schulter gerichtet. Beim Absprung wendet er sich in die Haltung, die der Pose während des Sprungs entspricht.

Alle Bewegungen der Arme, des Oberkörpers, des Kopfes müssen bereits in der ersten Flugphase beendet sein. Sie verlaufen in einem einheitlichen Tempo.

Manchmal neigen die Schüler dazu, sich während des pas coupé mehr als notwendig zu wenden oder vorwärtszubewegen und das Absprungbein nicht genau hinter das vordere Bein, sondern daneben einzusetzen. Diese Fehler führen zu einer Abweichung von der Sprungrichtung und zu Nachlässigkeiten und Ungenauigkeiten bei der Ausführung des gesamten grand pas jeté.

Der grand pas jeté mit Wendung in die 1. arabesque wird gewöhnlich en suite und mit einem langgezogenen Sprung auf der Diagonale oder im Kreis ausgeführt. Die einzelnen jetés werden durch den pas coupé miteinander verbunden. In dem Augenblick, wenn der Sprung endet und die Landung auf dem vorderen Bein im demi-plié erfolgt, führt der gesamte Körper eine halbe Wendung en dedans aus. Das rückwärtige Bein wird schnell an das Standbein herangeführt, so daß es gleich darauf den Abstoß zum nächsten grand jeté ausführen kann (pas coupé). Das vordere Bein wird im gleichen Moment schnell nach vorn in den nächsten grand pas jeté geworfen. Gleichzeitig führt der Körper eine zweite halbe Wendung en dehors aus.

Bei der Landung im demi-plié schließen sich die Arme energisch in einer abgerundeten, etwas tieferen 1. Position. Zusammen mit dem coupé öffnen sie sich heftig in die 1. arabesque. In dieser Haltung werden sie bis zum Schluß des Sprunges fixiert. Der Oberkörper ist immer angespannt und hochgezogen. Er muß bei jedem Sprung kräftig in die Sprungrichtung und in die Wendung übertragen werden. Der Kopf fixiert während des Sprunges die Haltung, die der 1. arabesque entspricht. Beim pas coupé wendet er sich exakt, schnell und auf die gleiche Weise wie bei den kleinen Pirouetten. Der Blick ist nach vorn in die Sprungrichtung gerichtet.

Während des jeté ist die geöffnete Beinhaltung in der IV. Position genau zu fixieren. Der Schritt darf nicht durch ein Senken eines der Beine, besonders des rückwärtigen, verkürzt werden, da sonst der ganze Sprung an Leichtigkeit und Weite verliert (Abb. 156).

Beim Übergang ins demi-plié nach dem Sprung muß der pas coupé elastisch ausgeführt werden, ohne den Schwung in die Sprungrichtung und Wendung zu Unterbrechen. Beim pas coupé nehmen die Arme Schwung für die Wendung und öffnen sich schnell und entschlossen in die Sprungrichtung.

Der Oberkörper und das Zentrum des Körpergewichtes werden beim pas

Grand jeté mit Wendung in 1. arabesque **156**

coupé mit Vehemenz, jedoch in jedem Falle sehr umsichtig nach oben und in die Wendung gestoßen. Ein zu schwacher oder zu ungestümer Abstoß stört den Fluß der gesamten Bewegung, den inneren Rhythmus und die Raumzeichnung der Bewegung.

Beim grand jeté auf der Diagonale oder im Kreis wird nicht der pas coupé, sondern der Absprung akzentuiert. Eine Gleichmäßigkeit in der Ausführung aller Bewegungsdetails ist hier nicht angebracht, da der Sprung dadurch einen monotonen und gleichförmigen Charakter erhalten würde.

Während des pas coupé müssen die Beine so eng wie möglich zusammengeführt werden. Der Absprung erfolgt leicht und kurz, mit einem kräftigen Belasten der Standbeinferse. Die Schultern befinden sich auf einer geraden Linie und sind frei geöffnet. Dieses Detail ist besonders beim grand jeté im Kreis zu beachten.

Manchmal wenden sich die Schüler mit dem Rücken zur Kreismitte und verdrehen auf diese Weise den ganzen Körper und den Aufbau der arabesque. Der grand pas jeté im Kreis ist in der Tat mit einer kurvenförmigen Sprunglinie, d. h. einer leichten Neigung des ganzen Körpers von der Geraden zur Kreismitte, verbunden. Jedoch darf diese Neigung nicht übertrieben werden, so daß die harmonische Struktur der Pose gestört wird.

Abschließend ist noch hervorzuheben, daß jedes jeté im Prinzip als Fortsetzung des vorangegangenen jeté ausgeführt werden muß. Dadurch ergibt sich eine einzige ununterbrochene Fluglinie, und es entsteht der Eindruck, als erfolge dieser Sprung nicht in die Höhe, sondern ausschließlich in die Weite. Der pas coupé dient lediglich einem kurzen, schnellen, kaum wahrnehmbaren elastischen Absprung.

Der Aufschwung des Körpers nach dem Absprung erfolgt immer mit einem Akzent auf den ersten Schlag eines Taktes.

Man lehrt den grand pas jeté mit Wendung mit Hilfe folgender Übung: 2/4-Takt. Ausgangsposition der Beine – V., épaulement croisé. Sissonne tombée croisée rück, coupé und jeté mit Wendung in die Pose attitude croisée. Zum Schluß pas assemblé croisé rück. Arme, Oberkörper und Kopf werden wie gewöhnlich mitgenommen.

Auftakt – sissonne tombée;

1/4 – Ausgreifen mit dem rückwärtigen Bein als Fortsetzung des sissonne tombée;

1/4 – Pas coupé;

2/4 – grand jeté;

2/4 – pas assemblé;

2/4 – Pause.

Danach die Folge zur anderen Seite wiederholen. Insgesamt wird diese Übung viermal ausgeführt.

In die folgenden Übungsbeispiele können bereits komplizierte Ansätze und Sprungverbindungen aufgenommen werden.

Ein Beispiel dafür, wie der grand pas jeté in die 1. arabesque gelehrt werden kann: Ausgangsposition der Beine – V., épaulement croisé. Grand pas jeté in die 1. arabesque mit dem vorderen Bein; danach pas coupé mit Wendung. Dieser Teil wird insgesamt viermal diagonal nach vorn in die untere Ecke des Saales ausgeführt. An Stelle des letzten coupé wird die ganze Folge mit einem assemblé in die V. Position vor beendet. Danach wird alles zur anderen Seite wiederholt.

Anfangs läßt man alle Bewegungen gleichmäßig (ohne Akzent auf dem Absprung) ausführen, jede auf das erste Viertel des Taktes. Später werden die grands pas jetés in der beschriebenen Weise akzentuiert. Als nächstes kann der grand pas jeté in Sprungkombinationen aufgenommen und mit tours chaînés verbunden werden. Die tours chaînés folgen immer auf den pas coupé.

Der grand pas jeté im Kreis wird ebenfalls zu Anfang ohne Akzentuierung des Sprunges und mit gleichmäßiger Ausführung aller Bewegungen gelehrt. Die erste Unterrichtskombination besteht aus zwölf Sprüngen und endet mit tours chaînés und einem Abschluß in die kleine Pose 2. arabesque. Diese Übung beginnt man in der unteren Ecke des Saales und beendet sie in der gegenüberliegenden unteren Ecke. Die Kreisrundung muß genau eingehalten werden.

Als nächstes werden die jetés akzentuiert. In der gleichen Übung verändert man die Sprungrichtung nach einem Dreiviertelkreis durch einen Übergang auf die Diagonale zur unteren Ecke des Saales. Dieser Übergang ist sehr schwer und erfordert ein besonders umsichtiges Erarbeiten.

Nachdem die Schüler diese beiden Arten des grand pas jeté erlernt haben, kann man zu komplizierteren Formen übergehen. Zum Beispiel: der grand pas jeté in die 1. arabesque auf der Diagonale kann mit einer anderen Armhaltung ausgeführt werden. Die Arme öffnen sich in die 2. Position allongée, wobei der Arm, der nicht der Drehrichtung entspricht, im Verhältnis zum anderen Arm um ca. 45° erhöht wird.

Nach dem gleichen Prinzip wie der grand pas jeté in die 1. arabesque im Kreis kann auch der grand pas jeté in die attitude ausgeführt werden. Im Unterschied zum jeté in die 1. arabesque erfolgt jedoch hier der Sprung hauptsächlich in die Höhe und nicht in die Weite. Dementsprechend ist die Fortbewegung wesentlich geringer. Der Aufschwung muß noch stärker akzentuiert werden, so daß der Eindruck entsteht, als würde der Körper in der Luft schweben und sich im Kreis lediglich durch ein elastisches und harmonisches Wiederholen der Pose attitude fortbewegen.

Grand jeté fouetté

Dieses grand jeté wird mit Hilfe des fouetté aus einer Pose in eine andere ausgeführt. Das heißt, daß der Sprung in einer Pose beginnt und in einer anderen mit einer Viertelwendung oder einer halben Wendung fouetté endet.

Gewöhnlich beginnt das jeté in der 1. arabesque und endet in der Pose effacée vor (Viertelwendung) oder in der Pose effacée rück (halbe Wendung) zur oberen Ecke des Saales (Abb. 157).

Um eine maximale Sprunghöhe und eine genaue Wendung zu erreichen, wird der grand pas jeté durch eine Ansatzbewegung, z. B. sissonne tombée, pas glissade, pas failli oder pas de bourrée, ergänzt.

Er wird auf folgende Art ausgeführt: Nach dem Ansatz, z. B. einem sissonne tombée croisée vor, wird das rückwärtige Bein gleichzeitig mit dem Absprung vom anderen Bein nach vorn auf 90° geworfen, wobei der Körper sofort die Pose der 1. arabesque einnimmt. In der Kulmination des Sprunges führt der Oberkörper exakt und energisch eine Viertelwendung en dehors zum rückwärtigen Bein aus. Auf diese Weise endet der Sprung in der Pose effacée vor auf dem Bein, das beim Absprung auf 90° geworfen wurde.

Die Besonderheit dieses Sprunges besteht darin, daß in der Kulmination beide Beine gleichzeitig mit dem Oberkörper die Wendung im Hüftgelenk ausführen. Dieser Bewegungsablauf entspricht dem fouetté mit Viertelwendung auf dem Boden.

Die Arme werden beim Ansatz kräftig in die vorbereitende Haltung gesenkt und dann mit dem Absprung energisch über die 1. Position in die geforderte Pose geöffnet. Während des fouetté werden sie ohne Verzögerung (nicht über die 1. Position) direkt in die Endpose übertragen.

Der Oberkörper neigt sich in der ersten Flugphase etwas nach vorn und bei der Landung in Übereinstimmung mit der Struktur der Endpose etwas nach rück. Der Kopf ist die ganze Zeit über in die Sprungrichtung gewendet.

Bei diesem jeté müssen alle Regeln, die sowohl für die Wendung fouetté als auch den Sprung selbst Gültigkeit besitzen, genauestens beachtet werden.

Insgesamt zeichnet sich der grand pas jeté fouetté durch eine große Verbundenheit und Exaktheit der Wendung, eine leichte Fortbewegung und ein elastisches demi-plié aus. Der Zeitpunkt der Wendung ist so genau zu berechnen, daß die erste Pose nicht zu kurz, die zweite nicht zu ruckartig und schnell (in ein hartes demi-plié) erfolgt. Jede Bewegung muß leicht und ausreichend dynamisch aus der anderen hervorgehen.

3 2 1

Es ist angebracht, den grand pas jeté fouetté zuerst ohne Ansatz, aus einer bereits eingenommenen Pose zu lehren. Zum Beispiel: aus der Pose croisée vor jeté in die 1. arabesque und zurück oder aus der 1. arabesque in die gleiche Pose.

Danach lehrt man den grand pas jeté fouetté mit Ansatz. Zum Beispiel: Ausgangsposition der Beine – V., épaulement croisé. Sissonne tombée croisée vor; grand pas jeté in die 1. arabesque diagonal nach vor zur unteren Saalecke mit Viertelwendung fouetté und Abschluß in der Pose effacée vor; temps levé tombé effacé vor; assemblé in die V. Position vor.

Mit dem sissonne tombée werden die Arme aus der vorbereitenden Haltung in die 1. Position geführt. Zu Beginn des grand pas jeté nahmen sie die der 1. arabesque entsprechende Haltung ein. Am Ende des Sprunges wird der Arm, der die 1. Position fixierte, in die 3. Position übertragen, der andere bleibt in der 2. Position. Beim temps levé tombé öffnet sich der eine Arm aus der 3. in die 2. Position, so daß mit dem pas assemblé beide Arme in die vorbereitende Haltung gesenkt werden können.

Der Oberkörper ist beim sissonne tombée und grand pas jeté angespannt und minimal nach vorn geneigt. Am Schluß des Sprunges führt er die Wendung mit einer gleichzeitigen Neigung nach rück aus. Beim temps levé tombé bewahrt er diese Neigung, und beim pas assemblé richtet er sich wieder auf und nimmt die Ausgangshaltung ein.

Der Kopf ist während der Ansatzbewegung auf die Hand gerichtet, die in der 1. Position fixiert wird. Beim grand pas jeté nimmt er die der 1. arabesque entsprechende Haltung ein. Am Schluß des grand pas jeté wird er zur vorderen Schulter gerichtet. Diese Haltung fixiert er bis zum Ende der Übung.

Danach wird diese Folge zur anderen Seite ausgeführt und alles noch einmal von vorn wiederholt. Jeder Sprung erfolgt auf $^1/_4$ eines $^2/_4$-Taktes.

Ein anderes Beispiel: Ausgangsposition der Beine – V. Pas failli vor; jeté in die 1. arabesque diagonal vor mit halber Wendung fouetté und Abschluß in der Pose effacée vor mit dem Rücken nach vorn; soutenu mit halber Wendung en dehors. Danach wird die Übung zur anderen Seite ausgeführt und alles noch einmal von vorn wiederholt.

Beide Sprünge erfolgen auf 1/4 eines 2/4-Taktes, das soutenu auf einen ganzen Takt.

Als nächstes können schwierigere Ansätze, z. B. pas glissade oder pas de bourrée, und kompliziertere Unterrichtsfolgen verwendet werden.

Jeté entrelacé

Jeté entrelacé wird mit einer halben Wendung en dedans und in der Regel in die Pose arabesque ausgeführt.

Für diesen Sprung ist eine maximale Sprunghöhe erforderlich. Deshalb wird als Ansatz gewöhnlich ein energischer pas chassé über die II. Position ausgeführt. Damit sich die Schüler die Technik dieser Bewegung gut aneignen können, ist es notwendig, daß sie ihre Bestandteile genauestens kennen. Erster Teil: Absprung und Wurf eines Beines, z. B. des rechten, nach vorn auf 90° im Verhältnis zum Oberkörper; nach der halben Wendung fouetté ist dieses Bein hinter dem Körper. Das linke Bein wird gleichzeitig, wenn es den Absprung vollendet, unmittelbar nach dem rechten Bein hinter den Körper auf eine Höhe von 90° geworfen. Dabei schlägt es am rechten Bein vorbei, das sich nach vollzogener Wendung fouetté schnell nach unten senkt. Auf diese Weise wird in der Kulmination des Sprunges eine Pose, z. B. die 1. arabesque, fixiert. Diesen Teil konnte man als den zweiten, hauptsächlichen Teil des jeté entrelacé bezeichnen. Dritter Teil: Landung in der bereits eingenommenen Pose arabesque (Abb. 158).

158 ***Jeté entrelacé***

Aus dieser Beschreibung wird ersichtlich, daß die Schüler zuerst das fouetté mit halber Wendung und Sprung und das jeté passé beherrschen müssen, bevor man das jeté entrelacé als kompliziertere Bewegung lehrt, die eine sorgfältige Ausarbeitung erfordert.

Bei der Ausführung des jeté entrelacé sind folgende Regeln zu beachten: Der Ansatz pas chassé kann aus einer kleinen arabesque oder einem beliebigen Sprung erfolgen. In jedem Falle wird er sehr energisch, mit kräftigem Abstoß nach oben zum nachfolgenden großen Sprung ausgeführt. Das jeté entrelacé wird mit Ballon und ohne Fortbewegung gesprungen. Die akademische Form des pas chassé über die II. Position ist genau einzuhalten. Häufig besteht die Gefahr, daß der Ansatz in einen formlosen Anlauf mit dem Rücken nach vorn ausartet. Eine solche Ausführung steht in keiner Beziehung zum Stil und zur Technik des klassischen Tanzes.

Im höchsten Punkt des pas chassé werden die gestreckten Beine fest in der V. Position zusammengehalten. Das Bein, von dem der Absprung zum jeté entrelacé erfolgt, ist in der V. Position vorn. Am Ende des pas chassé führt der Körper eine Viertelwendung aus, und das vordere, nach vorn ausgreifende Bein wird federnd über die Fußspitze auf die Ferse ins demi-plié abgesetzt, so daß aus dem gleichen Bewegungsfluß der kräftige Absprung zum jeté entrelacé erfolgen kann.

Zu Beginn des jeté entrelacé wird das rückwärtige Bein energisch und genau durch die I. Position (auf keinen Fall durch die II. Position) nach vorn geworfen.

Während des Aufschwunges ist das Absprungbein ebenso energisch nach rück zu werfen. In der Kulmination des Sprunges gleiten beide Beine mit gegenläufigen Bewegungen, ohne sich zu berühren, aneinander vorüber. Beide battements sind exakt, kräftig und trotzdem leicht und nicht »gerissen« auszuführen.

5 6 7

Die Abschlußpose arabesque muß der Körper noch in der Luft einnehmen, vor dem Abschluß des Sprunges im demi-plié. In der letzten Phase, nach der Kulmination, darf das nach rück auf 90° geöffnete Bein nicht gesenkt und das vordere Bein, auf dem die Landung erfolgt, nicht nach vorn geworfen werden. Die Landung findet auf einem senkrecht nach unten gestreckten Bein statt. Das demi-plié ist elastisch und weich. Während des gesamten Bewegungsablaufes sind beide Beine maximal auswärts gedreht. Sie bewegen sich leicht, exakt und fixieren die in die arabesque geöffnete Haltung mit einem Akzent.

Beim pas chassé sind die Arme in die 2. Position geöffnet, der Regel entsprechend. Gleichzeitig mit dem ersten battement zum jeté entrelacé werden sie kräftig durch die vorbereitende Haltung und 1. Position in die 3. Position geführt. Dann werden sie zusammen mit der Wendung und der letzten Phase des zweiten battement wieder energisch in die der arabesque entsprechende Haltung geöffnet. Endet das jeté entrelacé im effacé, dann nehmen die Arme die Haltung der 1. oder 2. arabesque ein, endet es im croisé die Haltung der 3. oder 4. arabesque. Alle Bewegungen der Arme verlaufen in einem Tempo mit den Bewegungen des Körpers, sie sind plastisch und werden ebenfalls beim Aufschwung und beim Übergang in die arabesque mit leichten Akzenten ausgeführt.

Der Oberkörper ist während des pas chassé absolut senkrecht. Beim Absprung zum jeté entrelacé wird er genau auf das Standbein übertragen. Er nimmt aktiv am Absprung und Abstoß in die Wendung teil. In der Endpose neigt er sich ein wenig nach vorn, ohne jedoch die Spannung und harmonische und ausgewogene Haltung zu verlieren. Die Schultern sind frei geöffnet und herabgesenkt.

Der Kopf ist während des pas chassé zur vorderen Schulter gerichtet. Mit dem ersten battement wendet er sich schnell in die gleiche Richtung (Sprungrichtung). Dann wendet er sich zusammen mit dem Oberkörper und wird in der neuen, der Endpose entsprechenden Haltung bis zum Ende des Sprunges fixiert. Alle Wendungen und Haltungen des Kopfes zeichnen sich durch eine große Bestimmtheit und Festigkeit aus. Mit dem Blick ist jeweils die entsprechende Richtung zu fixieren.

Das jeté entrelacé wird im Ganzen in energischem Tempo und mit einem hohen Ballon ausgeführt. Folgt auf das entrelacé noch irgendein anderer Sprung mit Fortbewegung nach rück oder vor, dann muß dies bereits beim Ansatz mit in Betracht gezogen werden, damit der Übergang leicht und beherrscht erfolgen kann. Selbst ein pas de bourrée en tournant nach dem entrelacé muß bereits bei der Ansatzbewegung und dem abschließenden demi-plié durch entsprechenden Krafteinsatz berücksichtigt werden.

Der Ballettmeister kann in seinen Choreographien das jeté entrelacé (und nicht nur diesen Sprung) in unterschiedlichem Tempo und verschiedenartig plastischem Charakter ausführen lassen, in der Schule muß dieser Sprung jedoch in reiner Form voll ausgearbeitet und mit maximaler Sprunghöhe gelehrt werden. Erst dann wird das jeté entrelacé zu einem ausdrucksvollen und besonderen Mittel der Darstellungskunst des Tänzers.

Man lehrt das jeté entrelacé zuerst in die 1. arabesque und aus dem Ansatz pas tombé. Ausgangshaltung – 2. arabesque in der unteren Ecke des Saales, das Spielbein ist auf der Fußspitze auf den Boden aufgestellt. Fouetté en dehors mit halber Wendung und gleichzeitigem relevé auf dem Standbein auf halbe Spitze, Spielbein – 45°. Pas tombé vor und Absprung zum jeté entrelacé, wie es beschrieben wurde. Diese Übung wird viermal mit einem Bein ausgeführt und dann viermal mit dem anderen Bein wiederholt.

4/4-Takt.

1/4 – fouetté;

1/4 – pas tombé;

1/4 – jeté entrelacé;

1/4 – Pause.

Wenn die Schüler diese Übung beherrschen, kann man den Ansatz pas chassé in die Ausführung des jeté entrelacé mit einbeziehen. Anfangs wird nach jedem entrelacé eine Pause gehalten, später läßt man alles en suite ausführen. Zum Beispiel: Ausgangshaltung siehe erste Übung. Pas chassé diagonal in die obere Ecke des Saales; jeté entrelacé in 1. arabesque; relevé auf halbe Spitze und Absetzen ins demi-plié, aus dem sofort ohne Verzögerung die Übung wiederholt wird. Insgesamt wird diese Übung viermal ausgeführt. Danach alles mit dem anderen Bein.

4/4-Takt.

1/4 – pas chassé;

1/4 – jeté entrelacé;

2/4 – relevé und demi-plié.

Wenn die Schüler das jeté entrelacé in 1. arabesque beherrschen, kann die ganze Übung mit der 2., 3. und später auch 4. arabesque wiederholt werden. Als Ansatz wird sofort der pas chassé angewendet.

Zur weiteren Vervollkommnung läßt man nach einiger Zeit das jeté entrelacé auch im Kreis ausführen. Besonders in dieser Etappe ist auf korrekteste Ausführung aller Details zu achten.

In der Abgangsklasse der Männer kann das jeté entrelacé nicht nur mit einer halben Wendung, sondern auch mit einer Dreiviertelwendung gesprungen werden. In diesem Falle muß der Abstoß in die Wendung wesentlich verstärkt werden.

Ein Beispiel: Ausgangshaltung – 2. arabesque auf halber Spitze mit dem Rücken diagonal nach vorn; Ausgangspunkt – obere Saalecke. Aus dieser

Pose pas chassé über die II. Position (Rücken nach vorn) diagonal zur unteren Saalecke; jeté entrelacé – erstes battement jedoch nicht vor den Körper, sondern in die II. Position. Der folgende Bewegungsablauf bleibt unverändert. Dieses jeté entrelacé endet in der 1. arabesque diagonal zur anderen unteren Saalecke.

Arm-, Oberkörper- und Kopfbewegungen bleiben unverändert.

Das erste battement erfolgt in die II. Position, da auf diese Weise das fouetté auf eine Viertelwendung reduziert wird und die Wendung mit dem ganzen Körper (d. h. die Richtungsveränderung) leichter auszuführen ist. Dieses Verfahren stört etwas die plastische Besonderheit dieser Bewegung, gestattet jedoch, den Grad der Wendung mit dem ganzen Körper während des Sprunges zu vergrößern. Folglich wird auch der virtuose Charakter des jeté entrelacé erhöht.

Für die Schüler in der Abgangsklasse ist es außerdem sehr nützlich, wenn man das gewöhnliche jeté entrelacé mit halber Wendung aus einem beliebigen großen Sprung, z. B. einem grand pas jeté, als trampolinartigen Ansatz ausführen läßt. Das erste battement würde in diesem Fall nach dem grand pas jeté ohne Verzögerung aus dem demi-plié nach vorn erfolgen. Auf diese Weise ist das Ende des grand pas jeté gleichzeitig der Beginn des jeté entrelacé.

Mit dem gleichen Verfahren kann das jeté entrelacé von einer Seite zur anderen ausgeführt werden. Aus einem vorbereitenden grand temps levé in der 1. arabesque erfolgt der Übergang in das entrelacé.

Diese Variante erfordert viel Kraft und eine genaue Berechnung des Abstoßes in die Wendung, da die Richtung der Wendungen sich jedesmal ändert. Für Unterrichtszwecke ist eine solche Übung sehr angebracht, denn mit ihrer Hilfe kann man dem Schüler die Fähigkeit anerziehen, sich innerhalb einer Kombination auf kompliziertere Ansätze zu Wendungen in die gegenüberliegende Seite umzustellen.

Das jeté entrelacé aus dem Ansatz pas chassé und mit halber Wendung kann einige Male en suite auf der Diagonale und im Kreis ausgeführt werden. In der Männerklasse ist es möglich, daß das entrelacé mit einer Wendung fouetté aus einer Pose in einer anderen Pose endet (Abb. 159). Dies geschieht auf folgende Weise: Bis zur Kulmination wird die arabesque 90° fixiert. In der zweiten Phase des Sprunges (nach der Kulmination) führt der Körper eine zweite halbe Wendung fouetté en dehors aus, in die Pose effacée vor 90°. Die Landung erfolgt entweder in dieser Endpose oder wird mit einem Übergang in den pas tombé als Ansatz für eine weitere Bewegung verbunden.

Gewöhnlich laßt man dieses jeté entrelacé mit Fortbewegung auf der Diagonale in beide Richtungen ausführen. Zum Beispiel: Ausgangshaltung 2. arabesque, Spielbein mit der Fußspitze am Boden; Ausgangspunkt –

obere Ecke des Saales. Pas chassé über die II. Position diagonal zur unteren Ecke des Saales; Jeté entrelacé mit Abschluß über eine halbe Wendung fouetté en dehors in große Pose effacée vor.

Der Ansatz zu diesem jeté entrelacé muß äußerst energisch sein. Das gleiche gilt auch für den Absprung und den Abstoß in die Wendung. Da der Körper praktisch eine ganze Wendung ausführt, muß auch der Krafteinsatz entsprechend bemessen sein. Alle Bewegungen werden sehr bewußt und bestimmt ausgeführt. Alle Regeln, die für das jeté entrelacé (mit halber Wendung) und die anschließende Wendung fouetté (mit halber Wendung) im einzelnen gelten, sind auch bei dieser zusammengesetzten Form zu beachten. Der Sprung wird exakt, mit größter Gebundenheit aller Elemente und der Plastik ausgeführt.

Arme, Oberkörper und Kopf werden in Haltungen fixiert, die dem gewöhnlichen jeté entrelacé bzw. der Wendung fouetté aus einer Pose in eine andere Pose entsprechen.

Im Anfangsstadium lehrt man diesen Sprung mit einer Pause nach der Landung. Später kann er in einfache, dann in kompliziertere Kombinationen und mit einem Übergang in den pas tombé einbezogen werden.

Diese Form des jeté entrelacé wird nur in der Abgangsklasse gelehrt.

Temps levé simple mit Wendung

Das temps levé simple wird mit einer Viertelwendung, halben Wendung und Dreiviertelwendung ausgeführt. Zum Beispiel: Ausgangshaltung – vorderes Bein in der Haltung sur le cou-de-pied vor, épaulement croisé. Demi-plié auf dem Standbein und Absprung mit Viertelwendung en dehors. Der Sprung endet im demi-plié, épaulement effacé.

Vor dem Sprung wird der Arm, der dem Standbein entspricht, in der etwas tieferen 1. Position gehalten und der andere Arm. in der 2. Gleichzeitig mit dem Absprung tauschen die Arme diese Positionen untereinander aus und fixieren die neue Haltung bis zum Abschluß im demi-plié. Der Oberkörper ist aufrecht und von den Schultern aus etwas zur Spielbeinseite geneigt. Beim Absprung richtet er sich auf und wendet sich. Am Schluß des Sprunges, bei der Landung im demi-plié, neigt er sich ein wenig zur Schulter, die dem Standbein entspricht. Der Kopf ist beim ersten demi-plié zur vorderen Schulter gewendet. Beim Absprung wendet er sich zur gegenüberliegenden Schulter und fixiert diese Haltung bis zur Landung im demi-plié.

Ein weiteres Beispiel: Ausgangshaltung – rückwärtiges Bein sur le cou-de-pied rück, épaulement croisé. Demi-plié und Absprung mit halber Wendung en dehors. In diesem Augenblick wechselt das Spielbein so nahe wie möglich am Absprungbein, ohne es jedoch zu berühren, die Haltung sur le cou-de-pied. Bei diesem Sprung ist die Wendung etwas leichter auszuführen, da der Wechsel der Haltung sur le cou-de-pied gegen die Drehrichtung erfolgt. Der Sprung endet diagonal mit dem Rücken nach vorn.

Ausgangshaltung der Arme: Der dem Spielbein entsprechende Arm fixiert eine etwas tiefere 1. Position, der andere die 2. Position. Mit dem Absprung tauschen die Arme diese Positionen untereinander aus und fixieren die neue Haltung bis zum Abschluß im demi-plié. Der Oberkörper ist etwas über die Standbeinschulter nach vorn geneigt. Beim Absprung richtet er sich auf, wendet sich und neigt sich bei der Landung im demi-plié wieder etwas über die Standbeinschulter. Der Kopf ist vor dem Sprung zur hinteren Schulter gewendet. Während des Sprunges wendet er sich zur anderen Schulter und fixiert diese Haltung bis zur Landung im demi-plié.

Wenn es die Aufgabenstellung verlangt, können beide Neigungen des Oberkörpers und Kopfes in die gegenüberliegende Seite ausgeführt oder miteinander variiert werden. Außerdem kann die halbe Wendung auch en dedans erfolgen. In diesem Falle ist das Spielbein zuerst sur le cou-de-pied vor angelegt und wird während des Sprunges in die entsprechende Haltung rück übertragen. Das temps levé simple kann, in Abhängigkeit von der vorangegangenen und der darauffolgenden Bewegung, mit einer Viertel- und einer halben Wendung in anderen kleinen Posen ausgeführt werden. Das temps levé simple mit einer Dreiviertelwendung erfolgt auf die gleiche Weise wie mit einer halben Wendung. Der Krafteinsatz beim Abstoß in die Wendung erhöht sich entsprechend.

Arm-, Oberkörper- und Kopfbewegungen bleiben die gleichen. Bei diesem Sprung (mit Viertelwendung, halber Wendung und Dreiviertelwendung) muß die Kraft und Leichtigkeit des Absprunges vom Standbein besonders gründlich erarbeitet werden. Das Standbein stößt sich federnd aus dem elastischen demi-plié nach oben ab. Gleichzeitig wird das ganze Bein bis in die Zehenspitzen fest gestreckt. Der Oberschenkel und die Haltung sur le cou-de-pied des Spielbeins sind fest in den gefederten Haltungen zu fixieren. Die Auswärtsdrehung beider Beine ist während des gesamten Bewegungsablaufes unverändert beizubehalten. Die Arme werden genau, gleichzeitig, leicht und frei und ohne übermäßige Anspannung geführt. Das Zentrum des Körpergewichtes liegt immer über dem Standbein. Die Oberkörperneigungen sind leicht und mit einem Gefühl für ihren plastischen Ausdruck auszuführen. Der Kopf wird ebenso leicht und deutlich wie die Arme und der Oberkörper gewendet. Der Blick fixiert einen bestimmten Punkt.

Beim Absprung muß der ganze Körper den Abstoß in die Wendung aktiv unterstützen. Seine Bewegungen bleiben jedoch immer frei und stabil. Je größer der Grad der Wendung, desto höher erfolgt der Sprung. Das abschließende demi-plié wird im Tempo und Charakter bereits auf die folgende Bewegung abgestimmt.

Das temps levé simple mit Viertelwendung und halber Wendung kann mit Hilfe folgender Übung gelehrt werden: Ausgangshaltung – sur le cou-de-pied rück, épaulement croisé. Drei temps levé simple mit je einer Viertelwendung en dedans; pas emboîté sauté mit halber Wendung in die gleiche Richtung. Dann wird die Folge zur anderen Seite wiederholt. Insgesamt führt man die Folge viermal aus. Zum Schluß alles in die umgekehrte Richtung. Jeder Sprung erfolgt auf $1/4$ eines $2/4$-Taktes.

Arm-, Oberkörper- und Kopfbewegungen entsprechend den obengenannten Regeln.

Das temps levé simple mit halber Wendung und Dreiviertelwendung wird zusammen mit dem petit pas jeté, petit ballonné usw. gelehrt. Für die Art der Verbindung dieser Bewegungen könnte man eine Vielzahl von Beispielen anführen. Ein Prinzip ist jedoch allen gemeinsam: Die Bewegungen müssen sich in ausreichendem Maße wiederholen, ihre Entwicklung muß logisch und die Ausführung muß stabil sein.

Temps levé tombé mit Wendung

Dieser Sprung ist eine erschwerte Form des temps levé simple mit Wendung und wird mit einer Viertel-, halben, Dreiviertel- und zweifachen Wendung ausgeführt. Zum Beispiel: Ausgangshaltung – Spielbein sur le cou-de-pied vor, épaulement croisé. Demi-plié und Sprung mit einer Viertelwendung en dehors und Fortbewegung zur unteren Ecke des Saales. Der Sprung endet auf dem rückwärtigen Bein. Das andere Bein wird mit einer leicht über den Boden schleifenden Bewegung (tombé) ins effacé vor geöffnet.

Die Bewegung endet in der 2. oder 1. arabesque 45°. Anschließend kann noch ein pas assemblé in die V. Position rück oder eine beliebige andere Bewegung ausgeführt werden.

Beim ersten demi-plié befinden sich beide Arme in der vorbereitenden Haltung. Gleichzeitig mit dem Absprung werden sie in eine etwas tiefere 1. Position angehoben. Beim tombé nehmen sie die der 2. arabesque entsprechende Haltung ein. Der Oberkörper ist beim Absprung aufrecht, beim tombé neigt er sich leicht nach vorn. Der Kopf ist in der Ausgangshaltung zur vorderen Schulter gewendet. Mit dem Absprung wendet er sich zur anderen Schulter. In dieser Haltung wird er bis zum Abschluß in der 2. arabesque fixiert. Die gesamte Bewegung trägt einen fließenden, elastischen Charakter. Die Fortbewegung erfolgt exakt in die geforderte Richtung und endet mit einem weichen Fixieren der Endpose.

Das temps levé tombé mit halber Wendung wird auf die gleiche Weise ausgeführt. Lediglich der Grad der Wendung und die Höhe des Sprunges vergrößern sich. Die Anfangs- und Endhaltung der Arme kann in Abhängigkeit von der Aufgabe und dem Aufbau der Kombination verändert werden. Bei der halben und ganzen Wendung wird während des Sprunges nach den gleichen Regeln wie beim temps levé simple die Haltung sur le cou-de-pied gewechselt.

Bei diesem Sprung sind alle jene Details besonders aufmerksam zu erarbeiten, die auch beim temps levé simple mit Wendung und beim pas tombé von Bedeutung sind.

Man lehrt das temps levé tombé mit Viertelwendung und halber Wendung sofort innerhalb einer Kombination in Verbindung mit anderen Bewegungen. Das temps levé tombé mit Dreivierteiwendung wird mit Hilfe folgender Übung erarbeitet: 3/4-Takt (lento). Ausgangsposition der Beine – V., épaulement croisé. Sissonne simple ohne Wendung (rückwärtiges Bein sur le cou-de-pied rück); temps levé tombé mit Dreivierteiwendung en dehors und Wechsel der Haltung sur le cou-de-pied und Übergang ins croisé vor; petit pas assemblé in die V. Position rück. Diese Folge wird anschließend in die II. Position wiederholt, dann alles noch einmal von vorn und zum Schluß alles in die umgekehrte Richtung.

Jeder Sprung erfolgt auf 1/4. Arme, Oberkörper und Kopf können verschiedene kleine Posen einnehmen, jedoch so, daß die Wendung immer leicht auszuführen ist.

Das temps levé tombé mit zweifacher Wendung wird gewöhnlich mit einem energischen und weit ausgreifenden Ansatz ausgeführt. Sofort nach dem Absprung wird die Haltung passé fixiert.

Man lehrt diese Bewegung nur in den Abgangsklassen und auch nur jenen Schülern, die in ausreichendem Maße die Technik der großen, komplizierten Sprünge, wie z. B. grand assemblé mit zweifacher Wendung, beherrschen.

Erstes Lehrbeispiel: 2/4-Takt. Ausgangshaltung – V. Position, épaulement croisé. Sissonne tombée ins effacé vor, anschließend pas chassé mit einer Wendung; aus diesem Ansatz temps levé tombé mit zweifacher Wendung en dedans und abschließendem Übergang (tombé) in die kleine Pose der 3. arabesque; petit pas assemblé in die V. Position rück.

Zweites Beispiel: Ausgangshaltung – V. Position, épaulement croisé, mit dem Rücken nach vorn. Sissonne tombée ins effacé vor mit halber Wendung en dehors, anschließend pas chassé mit einer Wendung in die gleiche Richtung und temps levé tombé mit zweifacher Wendung en dedans. Das abschließende tombé erfolgt in die kleine Pose der II. Position, mit dem Rücken nach vorn; petit pas assemblé in die V. Position rück.

Drittes Beispiel: Ausgangshaltung und Ansatz wie beim ersten Beispiel. Nach dem Ansatz (pas chassé en tournant) wird ein pas coupé in die V. Position rück ausgeführt; anschließend temps levé tombé mit zweifacher Wendung en dehors und tombé nach vor in die kleine Pose effacée vor; pas de bourrée simple in die V. Position.

Alle drei Beispiele werden abwechselnd in beide Seiten und insgesamt viermal hintereinander ausgeführt. Bei allen Ansätzen ist besonders auf energische, weitausgreifende und kräftige Bewegungen zu achten, damit das temps levé tombé mit maximaler Sprunghöhe, Ballon und entsprechend vehementen zweifachen Wendungen ausgeführt werden kann.

Das Spielbein muß sofort und genau in der Haltung passé vorn am Absprungbein angelegt werden. Die Auswärtsdrehung ist besonders bei den Wendungen en dehors fest zu fixieren. Der Übergang in das abschließende tombé erfolgt gebunden und mit einem ausreichend elastischen und tiefen demi-plié. Die Arme nehmen bei der Ansatzbewegung die der 1. arabesque entsprechende Haltung ein. Mit dem Absprung werden sie kräftig über die etwas tiefere 1. Position in die 3. Position geworfen. Beim tombé fixieren die Arme die in den obengenannten Beispielen gegebenen Posen.

Der Oberkörper ist aufrecht. Der Kopf wird wie bei den kleinen Pirouetten mitgenommen.

Abschließend sei noch einmal hervorgehoben, daß die Ausstrahlung und die Plastik dieses Sprunges im wesentlichen von einer harmonischen Körperhaltung, einer leichten und exakten Ausführung der beiden Drehungen und einem stabilen und elastischen Abschluß abhängen.

Temps levé in Posen mit Wendung

Dieses temps levé wird in großen Posen und mit Viertelwendungen, halben und ganzen Wendungen gesprungen. Es beginnt gewöhnlich aus irgendeiner beliebigen Bewegung, die dem Körper einen energischen, trampolinartigen Abstoß in die Wendung ermöglicht und mit dem temps levé zu einer einzigen Bewegung verschmilzt. Solche Ansatzbewegungen können sein: pas tombé, sissonne tombée, temps levé tombé, sissonne ouverte, pas failli usw. Zum Beispiel: Sissonne tombée in die 1. arabesque und daraus ohne Unterbrechung Absprung mit Viertelwendung oder halber Wendung en dedans in dergleichen Pose.

Nach einem sissonne ouverte in die Pose écartée rück kann man das temps levé in der gleichen Pose mit Viertelwendung oder halber Wendung en dehors ausführen. Oder: pas chassé über die II. Position diagonal nach oben und temps levé in der Pose à la seconde 90° mit ganzer Wendung en dedans. Die Arme fixieren gewöhnlich die 3. Position. Der pas chassé muß hier ebenso energisch und nach den gleichen Regeln wie vor dem grand saut de basque ausgeführt werden. Unabhängig davon, in welcher Pose, in welche Richtung und wie weit die Wendung ausgeführt wird, muß der Absprung vom Standbein immer aus einem elastischen und kurzen demiplié bei aktiver Teilnahme des ganzen Körpers erfolgen. Der gesamte Sprung trägt einen leichten Charakter. Der Krafteinsatz darf nicht so übermäßig sein, daß sich der Körper verkrampft. Die Pose während der Wendung muß genau den Regeln entsprechen. Der Sprung endet weich, mit einem exakten und leichten Fixieren der Pose in der Abschlußhaltung.

Dieser Sprung kann mit folgender Übung gelehrt werden: Ausgangsposition der Beine – V., épaulement croisé. Sissonne tombée effacée vor in die 1. arabesque; drei temps levés, jedes mit einer Viertelwendung en dedans; pas de bourrée en tournant in die V. Position mit Beinwechsel und drei kleine entrechats quatre. Dann wird diese Übung mit dem anderen Bein wiederholt. Anschließend alles noch einmal von vorn und zum Schluß in die umgekehrte Richtung. Arm-, Oberkörper- und Kopfbewegungen entsprechen den dargelegten Regeln.

Die Übung kann im $^{2}/_{4}$-Takt erfolgen.

2 Takte – sissonne tombée, drei temps levés, jeder Sprung auf $^{1}/_{4}$;

1 Takt – pas de bourrée en tournant;

1 Takt – drei entrechats quatre;

jeder Sprung auf $^{1}/_{8}$.

Die Übung für das temps levé mit Viertelwendung in der Pose à la seconde kann nach dem gleichen Schema wie das temps levé mit halber Wendung in der II. Position gelehrt werden.

Das temps levé mit ganzer Wendung können die Schüler mit Hilfe folgender Anfangsübung erlernen: Ausgangspose – kleine 2. arabesque im Profil. Pas chassé über die II. Position in der Haltung en face. In die gleiche Richtung battement mit dem freien Bein über die I. in die II. Position auf 90° und ganze Wendung en dedans (temps levé). Auf diese Weise wird während des Sprunges und beim Abschluß die Pose à la seconde fixiert.

Mit dem pas chassé öffnen sich die Arme in die 2. Position. Beim Absprung zum temps levé und Abstoß in die Drehung werden sie energisch über die vorbereitende Haltung und 1. Position in die 3. Position geworfen. In dieser Position werden sie bis zum Abschluß fixiert. Der Oberkörper ist aufrecht. Er wird rechtzeitig und genau auf das Absprungbein übertragen. Der Kopf ist während des pas chassé in der Haltung en face. Beim Absprung wendet er sich zur Spielbeinseite. In dieser Haltung bleibt er bis zum abschließenden demi-plié.

Danach wird in die gleiche Richtung ein pas chassé und relevé auf hohe halbe Spitze in die 2. arabesque ausgeführt und die Übung zur anderen Seite wiederholt. Diese Übung läßt man insgesamt viermal ausführen.

Die musikalische Begleitung kann im 3/4-Takt (Walzer) erfolgen. Alle Bewegungen werden gleichmäßig auf die musikalische Phrase verteilt. Das temps levé erfolgt mit einem Akzent auf das erste Viertel des ersten Taktes.

Bei dieser Wendung ist sehr sorgfältig der federnde und kräftige Abstoß des gesamten Körpers nach oben ohne Fortbewegung zu erarbeiten; das freie und korrekte Fixieren der Pose und der elastische und stabile Abschluß des Sprunges.

Später kann das temps levé mit ganzer Wendung in Verbindung mit einem pas chassé diagonal zur oberen Ecke des Saales ausgeführt und in andere Sprungkombinationen aufgenommen werden.

Temps levé aus einer Pose in eine andere mit Wendung

Dieser Sprung mit Wendung kann ausgeführt werden: a) mit einem développé, b) mit einem grand rond de jambe en l'air, c) mit einem fouetté. In den folgenden Abschnitten werden diese Formen einzeln und in der gleichen Reihenfolge beschrieben.

Temps levé-développé: Diese Form wird mit einer Viertelwendung ausgeführt. Ausgangspose écartée, diagonal nach oben. Absprung und gleichzeitiges Übertragen des Spielbeins über die Haltung passé in die Pose croisée vor. Zusammen mit dieser Bewegung führt der ganze Körper eine Viertelwendung en dedans aus.

Während des Sprunges wechseln die Arme ihre Positionen: Der dem Standbein entsprechende Arm wird aus der 2. in die 3. Position geführt und der andere Arm aus der 3. in die 2. Position gesenkt. Der Oberkörper ist aufrecht und genau über dem Standbein. Der Kopf wendet sich während des Sprunges zur vorderen Schulter.

Der gleiche Sprung kann auch in die umgekehrte Richtung erfolgen, mit einer Viertelwendung en dehors in die 3. arabesque oder attitude croisée rück.

Ein anderes Beispiel: Ausgangspose – croisée vor. Absprung mit Viertelwendung en dedans und Übertragen des Spielbeins über die Haltung passé in die 3. arabesque.

Während des Sprunges werden die Arme aus der Ausgangshaltung (große Pose croisée vor) über die 1. Position in die der 3. arabesque entsprechende Haltung geführt. Der Oberkörper ist während des Sprunges aufrecht. Bei der Landung weicht er minimal nach vorn aus. Er muß jedoch immer über dem Standbein gehalten werden. Der Kopf ist während des gesamten Bewegungsablaufes zur unteren Ecke des Saales gerichtet.

Diese Sprünge sind exakt und doch gebunden, mit einem hohen Sprung und unter Beachtung aller plastischen Besonderheiten der Arm-, Oberkörper- und Kopfbewegungen auszuführen. Beide Beine müssen zum Beispiel maximal nach außen gedreht sein. Der Sprung wird in einem elastischen demi-plié aufgefangen. Das Absprungbein streckt sich während des Absprunges bis in die Fußspitzen. Das Spielbein wird energisch zur Haltung passé angewinkelt. Alle Phasen dieses elastischen und freien développé auf 90° verlaufen unter strengster Körperkontrolle. Die Arme wechseln gleichzeitig mit der Spielbeinbewegung ihre Positionen und fixieren leicht und plastisch die Ausgangs- und Endpose. Der Oberkörper ist angespannt und hochgezogen und führt deutlich die geringen Neigungen aus, die durch den Aufbau und die Struktur der einen oder anderen Pose bedingt sind.

Der Sprung muß aktiv vom ganzen Körper, dessen Bewegungsintensität der Sprunghöhe und dem stabilen Abschluß angepaßt ist, unterstützt werden.

Die Schüler erlernen diese Sprünge in Verbindung mit dem sissonne ouverte und anderen Bewegungen in großen Posen oder mit Hilfe folgender Übung: Sissonne ouverte in die Pose écartée diagonal nach oben; temps levé mit Viertelwendung en dedans in die Pose croisée vor; grand jeté in die 3. arabesque und petit pas assemblé rück. Dann wird alles mit dem anderen Bein wiederholt. Insgesamt läßt man die Übung viermal ausführen. Zum Schluß alles in die umgekehrte Richtung. $^2/_4$- oder $^3/_4$-Takt (Walzer). Beim $^2/_4$-Takt erfolgt jeder Sprung auf $^1/_4$, beim $^3/_4$-Takt auf jeden ganzen Takt.

Diese Form des temps levé kann auch mit dem Spielbein in der Haltung sur le cou-de-pied beginnen und in einer großen Pose 90° enden, In diesem Falle wird das Spielbein während des Sprunges aus der Haltung sur le cou-de-pied bis zum Knie angehoben und mit Beginn des abschließenden demi-plié über ein développé in die geforderte Richtung und mit gleichzeitiger Viertelwendung des ganzen Körpers geöffnet.

Arme, Oberkörper und Kopf werden in Übereinstimmung mit den auszuführenden Posen mitgenommen. Zum Beispiel: Ausgangshaltung der Beine: Standbein im demi-plié, Spielbein sur le cou-de-pied rück, épaulement croisé. Der dem Standbein entsprechende Arm wird in der 1., der andere in der 2. Position gehalten. Der Oberkörper ist aufrecht, der Kopf zur vorderen Schulter gerichtet. Aus dieser Pose erfolgt das temps levé mit Viertelwendung en dedans in die 1. arabesque.

Außerdem kann man das Spielbein auch nur auf die Höhe von 45° öffnen. Diese Form wird oft in Verbindung mit anderen Elementen ausgeführt. Mit Hilfe solcher Kombinationen wird dieser Sprung gelehrt.

Temps levé-grand rond de jambe: Dieses temps levé wird mit einer Viertel-, halben und ganzen Wendung ausgeführt. Die energische Ansatzbewegung durch das Spielbein ermöglicht einen kräftigen, trampolinartigen Abstoß in die Wendung und verleiht der gesamten Bewegung einen virtuosen Charakter.

Infolge der Spielbeinübertragung aus der II. in die IV. Position (oder umgekehrt) erfolgt der Sprung mit einer Viertelwendung; beim rond aus der IV. Position vor in die IV. rück (oder umgekehrt) mit einer halben Wendung. Zum Beispiel: aus der Pose écartée vor – temps levé mit Viertelwendung en dehors in die 3. arabesque. Oder aus der Pose croisée – temps levé und halbe Wendung en dehors in die 3. arabesque mit dem Rücken diagonal nach vorn.

Arm-, Oberkörper- und Kopfbewegungen in der Ausgangspose, beim Absprung und rond de jambe mit port de bras, beim Abschluß und in der Endpose entsprechen den allgemeinen Regeln, die beim gewöhnlichen temps levé bereits ausführlich erläutert wurden. Der ganze Körper unterstützt aktiv die Wendung, die aus einem äußerst leichten und bequemen Trampolin und mit maximal unterstützenden Armhaltungen, besonders bei einer halben Wendung, auszuführen ist.

Aus dem vorangegangenen Sprung, z. B. einem sissonne ouverte, stoßen die Beine den Oberkörper kräftig und federnd nach oben und ermöglichen ihm auf diese Weise, leicht und beherrscht die Wendung zu vollziehen. Die Arme unterstützen ebenfalls die Wendung des Oberkörpers, indem sie unter Wahrung der notwendigen Form den Wechsel der Position aktiv in die Richtung der Wendung ausführen. Der Kopf wendet sich entweder sehr bestimmt mit dem Oberkörper oder bewahrt seine Haltung im Raum. In beiden Fällen unterstützt er aktiv die Wendung des ganzen Körpers.

Insgesamt wird dieses temps levé sehr fließend, mit einem leichten Sprung und einem weichen Abschluß ausgeführt.

Das Erlernen der bis jetzt angeführten Formen des temps levé mit grand rond de jambe en l'air und Wendung beginnt mit folgender Übung: 3/4-Takt. Ausgangsposition der Beine – V., épaulement croisé. Sissonne ouverte écartée vor; temps levé mit Viertelwendung en dehors in die 3. arabesque; petit pas assemblé in die V. Position rück. Danach wird diese Folge mit dem anderen Bein wiederholt. Insgesamt läßt man sie viermal ausführen. Zum Schluß alles in die umgekehrte Richtung. Jeder Sprung erfolgt auf einen Takt; auf den vierten Takt – Pause.

Es ist angebracht, das temps levé mit halber Wendung ebenfalls mit grandes sissonnes und in einer sehr einfachen Verbindung beider Elemente zu lehren. Zum Beispiel: sissonne ouverte in die Pose croisée vor; temps levé mit halber Wendung en dehors in die 3. arabesque mit dem Rücken diagonal nach vorn; zwei pas emboîtés mit insgesamt einer halben Wendung in die gleiche Richtung und petit pas assemblé in die V. Position rück épaulement croisé. Danach alles mit dem anderen Bein, insgesamt viermal und zum Schluß alles in die umgekehrte Richtung.

Für diese Übung sollte ein 2/4-Takt verwendet werden.

1/4 – sissonne ouverte;

1/4 – temps levé;

2/8 – zwei emboîtés;

2/8 – pas assemblé und plié als Ansatz für die Wiederholung.

Danach kann das temps levé mit halber Wendung in kompliziertere Übungen aufgenommen werden.

Bei einer anderen Form des temps levé erfolgt eine ganze Wendung en dehors einige Male hintereinander und mit Fortbewegung diagonal aus der oberen Ecke zur unteren Ecke des Saales. Diese Folge auf der Diagonale beginnt mit einem sissonne tombée effacée vor. Dann folgt ein pas coupé mit dem rückwärtigen Bein und daraus rond de jambe jeté mit gleichzeitigem temps levé und ganzer Wendung en dehors in die 3. arabesque 90°. Dieser Sprung endet mit einem pas de bourrée en tournant und Übergang in die IV. Position effacée vor. Dann wird der pas coupé wiederholt usw.

Die Arme werden beim sissonne tombée aus der vorbereitenden Haltung in folgende kleine Pose geführt: Der dem vorderen Bein entsprechende Arm wird in die 1. Position angehoben und der andere gleichzeitig über die 1. in die 2. Position geöffnet. Während des pas coupé bleiben die Arme in dieser Haltung, und mit dem temps levé werden sie energisch in die 3. arabesque geöffnet. Diese Pose wird bis zur Landung im demi-plié fixiert. Beim pas de bourrée schließen sich die Arme in eine etwas tiefere 1. Position. Danach wird das ganze port de bras wiederholt.

Der Oberkörper neigt sich beim pas tombé leicht nach vorn. Während des Sprunges und des abschließenden demi-plié bewahrt er diese Haltung. Mit dem pas de bourrée richtet er sich wieder auf. Der Kopf ist beim sissonne tombée zur vorderen Hand gerichtet. Während des pas coupé, des Sprunges und Abschlusses wendet er sich zusammen mit dem Oberkörper. Beim pas de bourrée en tournant wird er wie bei den kleinen Pirouetten »mitgenommen«.

Die Wendungen sind in einem zügigen Tempo und mit stufenlosen und exakten Übergängen von einem Sprung zum anderen auszuführen.

Anfangs wird dieser Sprung auf der Diagonale im etwas langsameren Tempo und vier- bis sechsmal en suite gelehrt. Hierbei endet jeder pas de bourrée in der V. Position, d. h., daß vor jedem neuen temps levé der Ansatz sissonne tombée effacée vor wiederholt werden muß. $^2/_4$-Takt für diese Lehrform.

Auftakt – sissonne tombée;
$^1/_4$ – pas coupé und temps levé;
$^1/_8$ – pas de bourrée en tournant;
$^1/_8$ – sissonne tombée usw.

Wenn die Wendung genügend gefestigt ist, kann man zur Ausführung ohne sissonne tombée ab zweiten Sprung und mit dem Abschluß des pas de bourrée in die IV. Position übergehen. In diesem Fall erfolgen pas coupé, temps levé und pas de bourrée zusammen auf einen $^2/_4$-Takt.

Später kann diese Übung auch auf einen $^3/_4$-Takt (schneller Walzer) nach folgendem Schema ausgeführt werden.

$^1/_4$ – pas coupé;
$^2/_4$ – temps levé und Abschluß;
$^3/_4$ – pas de bourrée en tournant usw.

Temps levé-fouetté: Dieses temps levé wird mit einer Viertel-, halben und ganzen Wendung ausgeführt. Alle Besonderheiten dieser Wendung selbst wurden bereits im Kapitel »Wendungen und Drehungen« ausführlich behandelt. Aus diesem Grunde entfallen sie hier. Im folgenden werden lediglich der Sprung, seine Verbindung mit dem fouetté und die Lehrmethode beschrieben.

Der Sprung kann aus jeder beliebigen großen Pose beginnen. Während des Sprunges wird das fouetté so zeitig ausgeführt, daß die zweite Pose noch vor der Landung im demi-plié fixiert werden kann. Zum Beispiel: Temps levé mit fouetté und Viertelwendung en dedans aus der Pose écartée rück in die 1. arabesque. Oder temps levé mit halber Wendung en dehors aus der 2. arabesque (diagonal zur oberen Saalecke) in die Pose effacée vor.

Die Arme, der Oberkörper und der Kopf wechseln – den Regeln des port de bras entsprechend – während des Sprunges von der Ausgangspose in die Endpose.

Das Standbein muß sich trampolinartig und mit einem bis in die Zehenspitzen gestreckten Bein vom Boden abstoßen. Das gestreckte Spielbein wird während des Sprunges und besonders bei der Landung fest auf der Höhe von 90° gehalten. Beide Beine sind maximal nach außen gedreht. Das abschließende demi-plié ist sehr weich.

Die Wendung in der Luft muß leicht erfolgen, ohne die Muskeln des Oberkörpers und besonders der Arme zu verkrampfen. Anfangs- und Endpose müssen sehr plastisch und klar in ihren Raumzeichnungen sein. Der gesamte Körper ist in der Luft angespannt. Andernfalls würde die Stabilität verlorengehen, und es wäre nicht möglich, das Zentrum des Körpergewichtes am Anfang und Ende des Sprunges richtig auf das Standbein zu übertragen.

Beim Erlernen dieses Sprunges müssen die Schüler die Möglichkeit erhalten, sich seine Besonderheiten auch gefühlsmäßig mit Hilfe einfachster Übungen, wie battements divisés en quarts, anzueignen. Diese Übung wird durch den Sprung und ein relevé auf hohe halbe Spitze nach der Landung mit gleichzeitigem Fixieren des Spielbeins auf 90° erschwert. Der Sprung (temps levé) ersetzt hier das relevé auf halbe Spitze mit Viertelwendung en dehors oder en dedans. Danach wird das Spielbein zur Haltung passé angewinkelt; das Standbein bleibt auf halber Spitze. Anschließend wird alles wiederholt. Arm-, Oberkörper- und Kopfbewegungen sind die gleichen wie bei den battements divisés en quarts am Boden.

Wenn die Schüler diese Wendungen beherrschen, kann man das temps levé zuerst mit einer Viertelwendung, dann mit einer halben Wendung aus einer Pose in eine andere Pose lehren. In der darauffolgenden Etappe erlernen die Schüler dieses temps levé mit einem Anwinkeln und Strecken (développé) des Spielbeins während des Sprunges. Alle Regeln zur Ausführung dieser Wendungen ohne und mit Sprung sind genauestens zu beachten.

Alle Formen des temps levé mit halber Wendung en dedans können aus einem beliebigen Ansatz über die IV. Position vor, z. B. sissonne tombée, pas chassé, pas glissade, pas failli usw., ausgeführt werden. Bei diesen Ansatzbewegungen erfolgt der Übergang zum temps levé mit Hilfe eines grand battement jeté durch die I. in die IV. Position vor. Wenn das Spielbein durch die I. Position gleitet, führt das Standbein ein trampolinartiges demi-plié aus, mit gleichzeitigem Abstoß des Körpers in die Wendung.

Zusammen mit dem grand battement werden die Arme energisch durch die 1. in die 3. Position geworfen und von dort nach vollzogener Wendung in die Endpose geöffnet. Oberkörper und Kopf werden wie gewöhnlich mitgenommen; der Akzent beim Absprung wird jedoch wesentlich verstärkt.

Das grand fouetté wurde bereits ausführlich bei den Wendungen am Boden beschrieben. Deshalb fallen Erläuterungen an dieser Stelle weg. Alle Regeln, die für die Ausführung dieses temps levé auf halber Spitze Gültigkeit besitzen, sind unbedingt auch beim Sprung mit Wendung zu beachten. Das grand fouetté beginnt im Unterschied zum fouetté auf halber Spitze mit einem kleinen jeté oder pas coupé.

Rond de jambe en l'air sauté mit Wendung

Dieser Sprung hat das temps levé zur Grundlage und wird mit einer Viertelwendung en dehors und en dedans ausgeführt. Zum Beispiel: Ausgangsposition der Beine – V., épaulement croisé. Gleichzeitig mit dem Öffnen des vorderen Beines zur Seite auf 45° erfolgt der Sprung mit Viertelwendung en dehors. In der Kulmination beginnt das Spielbein das petit rond de jambe en l'air en dehors auszuführen, das gleichzeitig mit der Landung des Standbeins im demi-plié endet. Danach wird diese Bewegung noch dreimal wiederholt, jedoch nicht aus der V. Position, sondern aus geöffneter Spielbeinhaltung. Auf das vierte rond sauté folgt ein pas de bourrée en tournant mit Wendung in die gleiche Richtung. Er endet in der V. Position. Zum Schluß führt man zwei kleine Pirouetten en dehors mit Abschluß in die V. Position rück aus. Anschließend wird die Übung zur anderen Seite wiederholt. Zum Schluß alles in die umgekehrte Richtung.

Mit dem ersten Sprung öffnen sich die Arme aus der vorbereitenden Haltung über die 1. in die 2. Position. Während der drei nachfolgenden Sprünge werden sie in dieser Haltung fixiert. Beim pas de bourrée senken sie sich in die vorbereitende Haltung und nehmen am Ende folgende Haltung ein: Der Arm, der der Drehrichtung entspricht, fixiert die 1. Position, der andere die 2. Während der Pirouetten werden die Arme in einer etwas tieferen 1. Position gehalten.

Der Oberkörper ist immer aufrecht, er befindet sich genau über dem Standbein und antwortet leicht auf die plastischen Bewegungen des Kopfes. Der Kopf ist beim rond de jambe en dehors zum Spielbein gewendet und ein wenig nach vorn geneigt. Beim rond de jambe en dedans neigt er sich etwas nach hinten. Während des pas de bourrée und der beiden Pirouetten wird er den Regeln für diese Bewegungen entsprechend »mitgenommen«.

Die ganze Übung wird sehr fließend, exakt und standfest ausgeführt. Absprung und Abstoß in die Wendung müssen gleichzeitig und wie eine einzige Bewegung erfolgen. Der Oberkörper ist angespannt und hochgezogen. Diesen Sprung lehrt man anfangs mit Hilfe einfachster Übungen: zuerst nur aus der V. Position; dann aus der geöffneten Spielbeinhaltung, in beiden Fällen folgt auf das rond sauté ein petit pas assemblé. Diese Anfangsübungen werden auf einen 2/4-Takt und en suite ausgeführt. Später erfolgt jede Bewegung auf einen ganzen 3/4-Takt (Walzer) und wird zusammen mit anderen Elementen in Unterrichtskombinationen ausgeführt. In der Oberstufe und besonders in der Abgangsklasse wird dieser Sprung durch ein double rond de jambe erschwert. Diese Form muß ebenfalls zuerst mit Hilfe einfachster Übungen gelehrt werden.

Pas ballonné mit Wendung

Dieser Sprung basiert wie die vorangegangenen Sprünge auf dem temps levé und wird in einer kleinen und großen Form ausgeführt.

Petit pas ballonné: Der petit pas ballonné wird in kleinen Posen und mit einem Öffnen des Spielbeins auf 45° vor, zur Seite und rück ausgeführt. Die Viertelwendung erfolgt en dehors und en dedans. Zum Beispiel: Ausgangsposition der Beine – V., épaulement croisé. Vier pas ballonnés vor, jeder mit einer Viertelwendung en dehors; grand pas jeté in 1. arabesque; pas ballonné durch die I. Position croisée vor; grand pas jeté vor in attitude croisée und assemblé in V. Position rück.

Mit dem ersten pas ballonné führen die Arme folgendes port de bras aus: Aus der vorbereitenden Haltung öffnet sich der dem Spielbein entsprechende Arm in die 2. Position und der andere in die 1. Position. In dieser Haltung werden sie noch drei weitere pas ballonnés fixiert. Beim ersten grand pas jeté werden sie in die 1. arabesque geführt und beim anschließenden pas ballonné wieder in die Anfangshaltung. Mit dem zweiten grand pas jeté nehmen sie die 2. Position ein, und beim pas assemblé senken sie sich in die vorbereitende Haltung. Der Oberkörper ist bei den ersten vier pas ballonnés leicht nach rück geneigt. Beim jeté in die 1. arabesque neigt er sich nach vorn, und beim nochmaligen pas ballonné, grand jeté und pas assemblé richtet er sich wieder auf. Der Kopf neigt sich während der ersten vier ballonnés leicht mit dem Oberkörper nach rück. Er ist zur vorderen Schulter gewendet. Mit dem ersten jeté dreht er sich ins Profil. Beim pas ballonné durch die I. Position wird er wie am Anfang geführt und in dieser Haltung bis zum Schluß fixiert. Diese Übung wird dann mit dem anderen Bein wiederholt. Anschließend alles in die umgekehrte Richtung. 2/4-Takt. Jeder Sprung erfolgt auf ein Viertel.

Die Übung wird exakt, leicht und elastisch ausgeführt. Im zweiten Teil werden der Krafteinsatz und die Sprünge allmählich erhöht. Diese Veränderung trifft nicht auf den petit pas assemblé zu.

Ein anderes Beispiel: Ausgangsposition der Beine – V., épaulement croisé. Vier pas ballonnés zur Seite, jeder mit einer Viertelwendung en dehors; zwei pas jetés mit Fortbewegung zur Seite und halber Wendung; ein grand pas jeté in die Pose écartée diagonal nach oben; petit pas assemblé in die V. Position vor. Die Arme öffnen sich beim ersten pas ballonné aus der vorbereitenden Haltung über die 1. in die 2. Position. In dieser Haltung werden sie noch drei weitere pas ballonnés fixiert. Beim Absprung zum ersten pas jeté mit Fortbewegung zur Seite werden die Arme allongé gehalten. Gleichzeitig mit der Landung auf einem Bein wird der dem Standbein entsprechende Arm in die 1. Position geführt. Der andere Arm bleibt in der 2. Position. Beim zweiten jeté werden die Arme auf die gleiche Weise in diesen Positionen gewechselt. Während des grand pas jeté in die Pose écartée öffnen sie sich über allongé in die 2. Position. Beim assemblé senken sie sich in die vorbereitende Haltung.

Der Oberkörper wird bei allen Sprüngen aufrecht gehalten. Geringfügige Abweichungen von der Senkrechten, die den Regeln zur Ausführung jeder einzelnen Bewegung entsprechen, sind zulässig.

Der Kopf ist bei allen vier pas ballonnés in die dem Spielbein gegenüberliegende Seite gewendet. Während der beiden pas jetés wird er – den Regeln entsprechend – mitgenommen. Beim grand pas jeté in die Pose écartée wendet er sich zur vorderen Schulter. In dieser Haltung bleibt er auch beim abschließenden petit pas assemblé.

Diese Übung wird dann mit dem anderen Bein wiederholt. Anschließend alles in die umgekehrte Richtung. 2/4-Takt. Jeder Sprung erfolgt auf 1/4. Die Ausführung ist leicht, exakt und elastisch. Im zweiten Teil werden allmählich der Krafteinsatz und die Sprünge erhöht.

Dieser pas ballonné kann auch mit Hilfe des Ansatzes pas coupé abwechselnd mit dem rechten und linken Bein ausgeführt werden. Die Viertelwendungen erfolgen immer in ein und dieselbe Richtung. Für diese Übung sollte besser ein 3/4-Takt verwendet werden, da hier Absprung, Sprung und Landung im demi-plié jeweils auf einen Takt erfolgen.

Im allgemeinen kann der petit pas ballonné mit Viertelwendungen in den unterschiedlichsten Tempi ausgeführt werden, jedoch immer ineinander übergehend mit anderen Bewegungen und in Übereinstimmung mit dem Charakter und dem Ziel der Unterrichtskombination.

Dieser pas ballonné wird etwas einfacher und ohne ein allmähliches Erschweren der Unterrichtskombinationen in der ersten Etappe gelehrt.

Eine Kombination kann zum Beispiel mit dem ersten Teil aus einer der obengenannten Übungen beginnen. Der zweite Teil kann aus einfachen kleinen Sprüngen oder einfachen, bereits gut beherrschten entrechats bestehen.

Diese Übung wird dann nach und nach erschwert, ungefähr wie die beiden letzten Übungen. Als nächstes lehrt man diesen pas ballonné mit einer Viertelwendung und halben Wendung fouetté. Zum Beispiel: Der Sprung beginnt mit dem Öffnen des Beines in die kleine Pose effacée vor und endet mit einer Viertelwendung en dedans und einem Anlegen des Spielbeins zur Haltung sur le cou-de-pied rück. Diese Bewegung kann auch umgekehrt oder mit halber Wendung und Abschluß mit dem Rücken zur unteren Ecke des Saales ausgeführt werden.

Die Wendungen sind sehr exakt, elastisch und mit entsprechenden Arm-, Oberkörper und Kopfbewegungen auszuführen.

Grand pas ballonné: Der grand pas ballonné wird mit halber und ganzer Wendung gesprungen. Zum Beispiel: Ausgangspose – 1. arabesque im Profil auf hoher halber Spitze. Pas chassé en face über die II. Position; grand pas ballonné in der Pose à la seconde mit halber Wendung en dedans (die Landung erfolgt mit Rücken nach vor); temps levé simple mit halber Wendung en dedans und Übertragen des Spielsbeins in die Haltung sur le cou-de-pied rück; grande cabriole in der 2. arabesque.

Die Arme werden beim pas chassé in die 2. Position geöffnet und mit dem pas ballonné über die vorbereitende Haltung und 1. Position in die 3. Position geworfen. Beim temps levé simple bleiben sie in dieser Position, und mit dem grande cabriole öffnen sie sich in die 2. arabesque.

Der Oberkörper ist mit Ausnahme bei der 2. arabesque (leichte Vorneigung) immer aufrecht. Der Kopf ist beim pas chassé en face. Beim pas ballonné wendet er sich zum Spielbein. Auf dieser Seite wird er auch beim temps levé simple gehalten.

Dann wird die Übung mit dem anderen Bein wiederholt und anschließend alles noch einmal von vorn. $^2/_4$-Takt oder $^3/_4$-Takt (Walzer). Beim $^2/_4$-Takt erfolgt jeder Sprung auf ein Viertel, beim $^3/_4$-Takt auf einen ganzen Takt.

In dieser Übung kann der pas ballonné mit einer ganzen Wendung in die gleiche Richtung ausgeführt werden. Jedoch müssen in einem solchen Falle die nachfolgenden Bewegungen verändert werden.

Bei der Ausführung des pas ballonné muß während des Sprunges genau die Pose à la seconde 90° fixiert werden. Erst am Ende des Sprunges darf das Spielbein zur erhöhten Haltung sur le cou-de-pied angewinkelt werden. Der Absprung erfolgt mit Elastizität und Trampolin. Der Sprung wird in einem weichen und stabilen demi-plié aufgefangen.

Es empfiehlt sich, den grand pas ballonné nicht eher zu lehren, bis die Schüler den petit pas ballonné und das temps levé in der Pose à la seconde mit ganzer Wendung beherrschen.

Zum Schluß wird der grand pas ballonné ebenso wie der petit pas ballonné mit einer Viertelwendung und einer halben Wendung fouetté gelehrt. Ausgangsposition der Beine – V. Pas failli; grand pas ballonné über die I. Position auf 90° in die Pose effacée und Viertelwendung en dedans in die Pose écartée zur unteren Ecke des Saales. Der Sprung endet mit dem Spielbein in der Haltung sur le cou-de-pied rück, épaulement effacé. Dann kann ein grand pas jeté en tournant ausgeführt werden usw. Die Arme werden beim pas failli wie gewöhnlich geführt. Beim pas ballonné wird der dem Absprungbein entsprechende Arm über die vorbereitende Haltung in die 1. Position geführt, der andere bleibt in der 2. Position. Bei der Wendung ins écarté öffnet sich der Arm, der bisher die 1. Position fixierte, in die 2. Position, der andere Arm bleibt in der 2. Position. Beim Abschluß wird der dem Spielbein entsprechende Arm aus der 2. in die 1. Position geführt, der andere Arm bleibt in der 2. Position.

Der Oberkörper wird während des pas failli wie gewöhnlich gehalten. Zu Beginn des pas ballonné neigt er sich etwas nach rück. Während der Wendung fouetté richtet er sich auf, und am Ende des Sprunges neigt er sich wieder etwas nach rück.

Der Kopf ist beim pas failli und Absprung zum pas ballonné zur vorderen Schulter gewendet. Zusammen mit der Wendung fouetté wird er zur anderen Schulter gedreht. Diese Haltung fixiert er bis zur Landung im demi-plié.

Dieser pas ballonné kann auch croisé vor aus dem Ansatz sissonne tombeé effacée vor begonnen oder mit einer halben Wendung fouetté ausgeführt werden. In diesem Falle endet der Sprung mit dem Rücken in jene Richtung, in die der Sprung begann.

In der Regel wird dieser pas ballonné nicht in die umgekehrte Richtung gesprungen, da die Fortbewegung kaum auszuführen ist, der Sprung dadurch unbeholfen wirkt und deshalb die gesamte Bewegung nicht zweckmäßig wäre.

Während des grand pas ballonné mit fouetté ist immer darauf zu achten, daß die Pose beim Absprung und in der Kulmination exakt fixiert wird und daß das Spielbein nicht zu früh in der Haltung sur le cou-de-pied angelegt wird. Es muß energisch und gleichzeitig mit einem elastischen demi-plié sur le cou-de-pied angelegt werden.

Arme, Oberkörper und Kopf unterstützen aktiv den Abstoß in die Wendung, ohne dabei zuviel Kraft einzusetzen, und mit einem sicheren Empfinden für die Plastik des Sprunges.

Der pas ballonné mit Wendung fouetté sollte zuerst zusammen mit dem petit pas ballonné ohne Wendung gelehrt werden. Später wird er mit verschiedenen Ansatzbewegungen zu großen Sprüngen ausgeführt.

Cabriole mit Wendung

Diese Bewegung wird mit einer Viertelwendung und einer halben Wendung, in Posen auf 45° und 90°, en dehors und en dedans ausgeführt. Da das temps levé mit Wendung und cabriole bereits weiter vorn ausführlich behandelt wurden, ist es hier nur notwendig, auf die Verbindung beider Elemente näher einzugehen.

Cabriole ohne Posenwechsel: Diese Form erfolgt in Posen auf 45° und 90° und en dehors und en dedans. Zum Beispiel: Ausgangsposition der Beine – V., épaulement croisé. Sissonne tombée in die 1. arabesque 45°; drei cabrioles in dieser Pose, jedes mit einer Viertelwendung en dedans; jeté passé in 3. arabesque 90°; zwei cabrioles in dieser Pose, jedes mit einer halben Wendung en dedans und assemblé rück in die V. Position.

Die Arme werden beim sissonne tombée aus der vorbereitenden Haltung über die 1. Position in die 1. arabesque geöffnet. Bei allen cabrioles werden sie in den Haltungen fixiert, die sie beim vorangegangenen Sprung eingenommen haben. Mit dem abschließenden pas assemblé senken sie sich wieder in die vorbereitende Haltung.

Der Oberkörper neigt sich beim sissonne tombée leicht nach vorn. In dieser Haltung wird er bei allen cabrioles und entsprechend der Struktur der arabesque gehalten. Mit dem abschließenden pas assemblé nimmt er wieder die Ausgangshaltung ein. Der Kopf wendet sich bei allen cabrioles zusammen mit dem Oberkörper in die neue Richtung, ohne daß jedoch dabei die Pose verändert wird. Beim letzten pas assemblé wird er zur vorderen Schulter in die Ausgangshaltung gedreht.

Danach wird diese Übung zur anderen Seite wiederholt. Zum Schluß alles in die umgekehrte Richtung. 2/4-Takt. Jeder Sprung erfolgt auf 1/4.

Natürlich darf man mit einer solchen komplizierten Übung nicht beginnen, cabriole mit Wendung zu lehren. Sie wurde nur deswegen gleich zu Anfang dieses Abschnittes angeführt, da in ihr sehr gut die grundlegenden Besonderheiten dieses Sprunges sichtbar werden.

Dieses cabriole mit Wendung kann aus den gleichen Haltungen und Ansätzen wie die Grundform ohne Wendung beginnen und selbstverständlich unter Beachtung der gleichen Regeln.

Man lehrt cabriole mit Wendung mit Hilfe einfachster Übungen. Zum

Beispiel: Sissonne ouverte in die 3. arabesque 45°; zwei cabrioles in der gleichen Pose mit je einer Viertelwendung en dehors; pas assemblé in die V. Position rück mit dem Rücken nach vorn.

Diese Übung wird insgesamt viermal ausgeführt, dann extra mit dem anderen Bein und zum Schluß in die umgekehrte Richtung. 2/4-Takt. Jeder Sprung erfolgt auf 1/4.

Danach beginnt man schwierigere Unterrichtsbeispiele für das cabriole 45° zusammenzustellen, zum Beispiel mit kleinen Sprüngen wie sissonne simple, temps levé simple, petit pas jeté usw. Als nächstes erlernen die Schüler das cabriole 90°. Gleichzeitig setzt man die Übungen fort, die das Tempo entwickeln und kompliziertere Arten von Verbindungen des cabriole 45° mit battus und anderen kleinen Sprüngen mit Wendungen beinhalten.

Zum Schluß werden diese cabrioles in Unterrichtskombinationen mit einem fermé in die V. Position und tombé in die IV. Position (am Ende des Sprunges) ausgeführt.

Cabriole mit Posenwechsel: Diese Form des cabriole wird mit einem fouetté nur in den Posen auf 90° und nur en dedans ausgeführt. Zum Beispiel: Ausgangsposition der Beine – V., épaulement croisé. Pas failli; temps levé mit einem battement des Spielbeins durch die I. Position in die große Pose effacée vor. Nach dem Absprung erfolgt eine halbe Wendung fouetté en dedans in die 1. arabesque. Am Ende der Wendung schlägt das Absprungbein von unten nach oben an das Wurfbein (cabriole). Der Sprung endet wieder auf dem Absprungbein in der 1. arabesque.

Die Arme öffnen sich beim pas failli ein wenig aus der vorbereitenden Haltung in eine tiefere 2. Position und senken sich wieder in die vorbereitende Haltung. Im Moment des Absprungs (zum temps levé) werden sie kräftig über die 1. in die 3. Position geworfen. Mit dem fouetté öffnen sie sich in die 1. arabesque. In dieser Haltung werden sie bis zum Schluß des Sprunges fixiert. Der Oberkörper wird beim pas failli während der Wendung nach vorn auf das Bein übertragen, das durch die I. in die IV. Position gleitet. Beim temps levé neigt er sich etwas nach rück, wendet sich in dieser Haltung und nimmt die 1. arabesque ein. Der Kopf ist während des pas failli zur vorderen Schulter gerichtet. Beim temps levé bleibt er in dieser Haltung, und beim fouetté nimmt er die der 1. arabesque entsprechende Haltung ein.

Danach wird dieses cabriole mit dem anderen Bein ausgeführt, wobei der pas failli nicht aus der V. Position, sondern direkt aus der 1. arabesque beginnt. Das bedeutet, daß sich der Körper nicht wie beim ersten pas failli wendet und sich die Arme nicht in die 2. Position öffnen. Oberkörper und Kopf wiederholen ihre Bewegungen.

Diese Übung wird gewöhnlich vier- bis achtmal hintereinander ausgeführt. 2/4- oder 3/4-Takt (Walzer). Beim 2/4-Takt erfolgt jeder Sprung auf ein Viertel, beim 3/4-Takt auf einen ganzen Takt.

Das cabriole kann auch aus anderen Ansatzbewegungen, wie sissonne tombée, pas glissade und pas chassé, begonnen und mit Wendung in die 3. arabesque ausgeführt werden. Der Ansatz in die 3. arabesque erfolgt mit einem pas chassé über die II. Position in die obere Ecke des Saales.

Zum Schluß kann dieses cabriole noch durch ein grand fouetté mit Wendung en dedans in die 3. arabesque erschwert werden. Zum Beispiel: Ausgangsposition der Beine – V., en face. Sissonne ouverte in die Pose à la seconde 90° und temps levé in die Pose écartée mit Achtelwendung en dedans. Daraus sofort battement mit dem Spielbein durch die I. in die IV. Position vor und temps levé mit halber Wendung en dedans in die 3. arabesque. Dann kann die Wendung in der Luft mit einem cabriole des Absprungbeins nach oben gegen das Spielbein beendet werden. Abschließend ein petit pas assemblé in die V. Position rück.

Die Arme werden mit dem sissonne ouverte aus der vorbereitenden Haltung über die 1. in die 2. Position geöffnet. Beim Absprung zum ersten temps levé drehen sich die Handflächen allongé nach unten. Beim Übergang zum zweiten temps levé werden die Arme gleichzeitig mit dem Spielbein (battement durch die I. Position) energisch in die vorbereitende Haltung gesenkt und weiter über die 1. in die 3. Position angehoben. Während des fouetté öffnen sie sich in die 3. arabesque. In dieser Haltung werden sie bis zum Abschluß des Sprunges fixiert. Mit dem pas assemblé senken sie sich wieder in die vorbereitende Haltung.

Der Oberkörper ist aufrecht und befindet sich genau über dem Standbein. Bei der Wendung in die 3. arabesque neigt er sich etwas nach vorn und bleibt in dieser Haltung bis zur Landung im demi-plié. Mit dem pas assemblé richtet er sich wieder auf. Der Kopf bleibt beim sissonne ouverte in der Haltung en face; beim temps levé in die Pose écartée wendet er sich zur vorderen Schulter; beim battement durch die I. Position ist er zur oberen Ecke des Saales gerichtet; dann wendet er sich zusammen mit dem Oberkörper in die der 3. arabesque entsprechende Haltung; mit dem pas assemblé wird er zur vorderen Schulter gerichtet.

Danach wird das cabriole mit dem anderen Bein wiederholt. Insgesamt läßt man diese Übung viermal ausführen. 2/4- oder 3/4-Takt (Walzer). Beim 2/4-Takt erfolgt jeder Sprung auf ein Viertel und beim 3/4-Takt auf einen ganzen Takt.

Dieser Sprung kann noch mehr erschwert werden, indem das cabriole einige Male hintereinander mit ein und demselben Bein ausgeführt wird. Bei dieser Übung wird nach dem ersten cabriole das Spielbein gleichzeitig mit einem temps levé durch die I. Position in die Pose écartée vor geworfen, aus der dann das grand fouetté mit cabriole wiederholt wird usw. 2/4-Takt.

Auftakt – temps levé in die Pose écartée vor;

1/4 – Absprung zum grande fouettée cabriole;

1/4 – Landung im demi-plié. Arme, Oberkörper und Kopf werden wie bei der ersten Übung für das grand fouetté mit cabriole geführt bzw. gehalten.

Beim cabriole mit Wendung kann, mit Ausnahme bei der letzten Form grand fouetté, das cabriole zu Beginn der Wendung und nicht am Ende erfolgen. In diesem Fall wird das cabriole in der IV. Position vor ausgeführt. Dann folgt in einem Fluß und mit Hilfe des fouetté die Wendung in die Endpose (in der Regel in die Pose arabesque).

Man kann zum Beispiel aus dem Ansatz pas chassé über die II. Position zur oberen Saalecke ein cabriole in die gleiche Richtung mit anschließendem fouetté in die 3. arabesque ausführen, oder aus dem Ansatz pas failli ein cabriole in die Pose effacée vor mit anschließendem fouetté in die 1. arabesque usw.

Diese Arten des cabriole können mit Hilfe zweier verschiedener technischer Verfahrensweisen mit einem doppelten Schlag (double cabriole) ausgeführt werden: 1. beide Schläge erfolgen nach der Wendung fouetté in der Pose arabesque; 2. das erste cabriole erfolgt in der IV. Position vor und das zweite nach vollzogener Wendung fouetté in der IV. Position rück.

In der letzten Etappe kann das einfache cabriole fouettée mit einem tombé in die IV. oder einem fermé in die V. Position beendet werden. Das double cabriole wird beim Abschluß nur mit dem tombé verbunden.

Insgesamt muß jede beschriebene Form des cabriole mit Wendung genauso exakt, leicht federnd und in einem Tempo ausgeführt werden wie die Grundform ohne Wendung. Absolut unzulässig sind selbst geringfügige Abweichungen von der Struktur der Pose und durch eine schlechte technische Ausführung bedingte Veränderungen in der Plastik während des Sprunges und bei der Landung.

Folgende Mängel in der Technik und Ausführung treten häufig auf: kraftlose und ungenaue Beinschläge, besonders beim double cabriole, ein hartes und unstabiles demi-plié am Ende des Sprunges, eine gekrümmte Oberkörperhaltung, hochgezogene Schulter, reflektierende und verkrampfte Bewegungen der Arme und des Halses.

Es ist angebracht, das cabriole fouettée in der gleichen Reihenfolge zu lehren, wie es hier beschrieben wurde. Anfangs nur mit Hilfe einfachster Übungen und leicht auszuführender Ansätze, z. B. sissonne tombée, pas failli, pas glissade und pas chassé. Das cabriole darf erst in Unterrichtskombinationen aufgenommen werden, wenn es vom Schüler in elementaren Übungen in einer fehlerlosen Form beherrscht wird.

Beim cabriole ohne Wendung wurde bereits darüber gesprochen, daß dieser Sprung auch mit einem soubresaut ausgeführt werden kann.

Diese Form ist auch beim cabriole fouettée, jedoch nur nach rück möglich. Zum Beispiel: aus dem Ansatz pas failli in die 1. arabesque oder aus dem Ansatz pas chassé über die II. Position in die 3. arabesque usw.

Das gleiche cabriole kann noch durch ein Anwinkeln des Absprungbeins zur Haltung passé an das Spielbein und ein Fixieren dieser Haltung in der Kulmination des Sprunges variiert werden.

Die Arme werden beim cabriole mit gestreckten Beinen wie gewöhnlich geführt. Beim cabriole mit einem angewinkelten Bein werden beide Arme in der 3. Position gehalten. Am Ende des Sprunges öffnen sie sich in die arabesque, oder ein Arm wird in die 3. und der andere in die 2. Position geführt und in dieser Haltung bis zum Ende des Sprunges fixiert.

Oberkörper- und Kopfbewegungen sind die gleichen wie bei den anderen cabrioles mit fouetté.

Bei beiden Varianten müssen der Ballon, das kräftige Absprungtrampolin, das exakte Fixieren der Pose während des Sprunges, die Leichtigkeit der Bewegung und der elastische Abschluß maximal erarbeitet werden.

Zum Erlernen dieser beiden cabrioles werden anfangs einfachste Übungen und der Ansatz pas failli verwendet.

Beim cabriole in der Haltung passé muß der Absprung sehr kräftig, elastisch und mit einem federnden Trampolin erfolgen, damit das Absprungbein schnell und ohne die geringste Verzögerung zum Spielbein angewinkelt werden kann. Dann wird die Haltung passé exakt fixiert, anschließend das Bein energisch nach unten gestreckt und der Körper weich im demi-plié aufgefangen.

Daraus ist ersichtlich, daß man die Bewegungen des Absprungbeins sehr genau kontrollieren und detailliert erarbeiten muß. Das Spielbein wird während des Sprunges und danach genau auf 90° und in einer Raumrichtung fixiert. Nicht die geringste Gegenbewegung zum Absprungbein während des Absprunges ist zulässig.

Zuerst sollte dieses besondere cabriole ohne ein Fixieren der Haltung passé gelehrt werden. Mit dem Anwachsen der Kraft bzw. Sprunghöhe und der Konsolidierung der Sprungtechnik kann das Absprungbein immer länger in der Haltung passé fixiert werden. Gleichzeitig wird der Ballon bis zur äußersten Grenze entwickelt.

Renversé

Im Abschnitt »Wendungen und Drehungen am Boden« wurde bereits das renversé en attitude beschrieben. Diese Bewegung kann ebenfalls im Sprung mit Hilfe des temps levé erfolgen.

Das renversé en attitude mit Sprung wird in genau der gleichen Form wie am Boden ausgeführt. Es wird nur durch den Sprung von einem Bein ergänzt, der das relevé auf hohe halbe Spitze ersetzt. Ausgangshaltung – attitude croisée. Demi-plié und gleichzeitig leichtes Neigen des Oberkörpers, der Arme und des Kopfes nach vorn. Daraus ohne jede Verzögerung Absprung und Aufrichten des ganzen Körpers. Der Sprung endet in der attitude croisée im demi-plié und wird sofort mit einem pas de bourrée weitergeführt. Dabei neigt sich der Oberkörper wie beim renversé auf halbe Spitze von den Schultern aus leicht und elastisch nach rück. Die Bewegung endet in der V. Position im demi-plié.

Insgesamt müssen also drei im Charakter unterschiedliche demi-pliés ausgeführt werden: beim Vorneigen des Oberkörpers zu Beginn der Bewegung ein energisches, das zweite, nicht zu weiche nach dem Sprung und das dritte weiche demi-plié nach dem pas de bourrée in der V. Position. Alle Bein-, Arm-, Oberkörper- und Kopfbewegungen erfolgen nach den gleichen Regeln wie beim renversé en attitude auf halber Spitze.

Der Sprung muß im ganzen elastisch, leicht, hoch und mit fließenden, geschmeidigen Bewegungen des Oberkörpers ausgeführt werden. Er wird sofort innerhalb einfachster Unterrichtskombinationen gelehrt, anfangs aus der Pose attitude croisée rück und mit pas de bourrée en dedans, danach aus der Pose croisée vor und mit pas de bourrée en dehors. Unbedingte Voraussetzung für eine richtige Ausführung ist das Beherrschen des renversé en attitude auf halber Spitze und des temps levé in der entsprechenden Pose.

Revoltade

Dieser Sprung wird mit einer ganzen Wendung en dehors in die 1. oder 3. arabesque ausgeführt. Er kann in der Regel aus jedem beliebigen Ansatz beginnen, zum Beispiel aus einem sissonne tombée, temps levé tombé, pas chassé, pas failli usw.

Ein Beispiel: Ausgangsposition der Beine – V., rechtes Bein vorn, épaulement croisé. Sissonne tombée croisée vor, pas coupé mit dem linken Bein hinter das rechte; daraus ohne jede Pause Absprung mit halber Wendung en dehors (über rechts) und gleichzeitig battement über die I. Position mit dem rechten Bein vor. In dieser Phase wird für einen kurzen Moment das linke Bein an das rechte herangeführt, so daß beide Beine vorübergehend in der V. Position geschlossen sind. Aus dieser Haltung beginnt die zweite halbe Wendung in der Luft, in deren Verlauf beide Beine über die I. Position aneinander vorübergleiten und in die IV. Position geöffnet werden. Dann wird das linke Bein gesenkt, so daß der Sprung auf diesem Bein im demi-plié beendet werden kann, und das rechte Bein wird durch ein leichtes Erhöhen auf 90° fixiert.

Beim sissonne tombée werden die Arme aus der vorbereitenden Haltung in folgende Positionen angehoben: der rechte Arm in die 1. und der linke in die 2. Position. Während des pas coupé und des Absprunges werden beide Arme in die 3. Position geführt. Danach öffnen sie sich bei der Landung in die 1. arabesque.

Der Oberkörper neigt sich beim sissonne tombée leicht nach vorn, beim pas coupé richtet er sich wieder auf; während des Absprunges und der anschließenden Flugphase bis zur Wendung neigt er sich nach rück, und bei der Landung nimmt er die der 1. arabesque entsprechende Haltung ein. Der Kopf ist beim sissonne tombée zur vorderen Schulter gewendet. Beim pas coupé und Absprung wendet er sich gleichzeitig mit dem Oberkörper, und bei der Landung nimmt er die der 1. arabesque entsprechende Haltung ein.

Während der ersten Flugphase (vom Absprung bis zur Kulmination) liegt der ganze Körper fast waagerecht in der Luft. Erst am Ende des Sprunges nimmt er die 1. arabesque ein.

Revoltade muß hoch, im energischen Tempo, mit exakter und leichter Wendung des ganzen Körpers gesprungen werden. Der Charakter dieses Sprunges wird durch eine strenge und saubere Bewegungsführung geprägt, die frei von jeglichen akrobatischen Akzenten ist (Abb. 160).

Der pas coupé wird kraftvoll und genau über die V. Position als trampolinartiger Ansatz zum revoltade ausgeführt. Das battement des frei werdenden Beines erfolgt kräftig und genau in die IV. Position. Sofort nach dem Absprung wird das Absprungbein energisch und ohne Verzögerung an das andere Bein herangeführt. Während des Sprunges sind beide Beine maximal gestreckt. Die Beine werden leicht und genau in der V. Position geschlossen und sofort wieder ohne Haltepunkt geöffnet. Der Sprung endet in einem weichen und elastischen demi-plié. Das Spielbein wird leicht und exakt auf 90° fixiert. Im Verlauf des gesamten Sprunges sind die Beine so weit wie möglich auswärtsgedreht.

Die Armbewegungen erfolgen energisch, exakt und in einem Tempo mit dem Absprung und der Wendung des gesamten Körpers. Der Oberkörper ist angespannt und bewahrt eine makellose und harmonische Haltung. Er wird im Moment des Absprunges gewendet. Der Kopf ergänzt durch eine

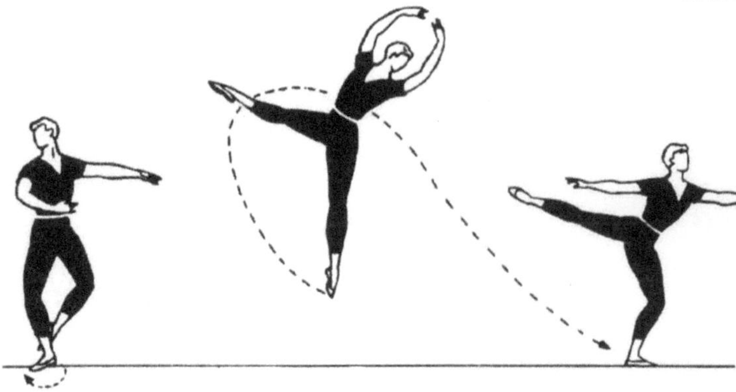

1 2 3

sichere und klare Wendung bzw. Haltung die Bewegungen der Arme und des Oberkörpers.

Revoltade sollte zuerst in die 1. arabesque, als einzelne Bewegung und mit einer Pause nach jedem Sprung gelehrt werden. Ein Beispiel:

$^2/_4$-Takt.

$^1/_4$ – sissonne tombée;

$^1/_4$ – pas coupé und revoltade;

$^1/_4$ – Pause:

$^1/_4$ – Spielbein in die V. Position vor einsetzen.

Diese Übung wird viermal mit dem einen Bein und dann ebenso oft mit dem anderen Bein ausgeführt.

Als nächste Etappe wird revoltade, das die Schüler bereits beherrschen, in nicht sehr komplizierte Kombinationen aufgenommen. Zur gleichen Zeit lehrt man auch revoltade in die 3. arabesque. In diesem Fall erfolgt das sissonne tombée effacée vor. Dann werden beide Formen des revoltade in kompliziertere Übungen eingefügt.

Einige virtuose Tänzer springen revoltade in einer sehr schwierigen Form: das revoltade mit zweifacher Wendung. Dieses revoltade darf von den Schülern der Abgangsklasse nur dann ausgeführt werden, wenn sie über besondere technische Voraussetzungen und eine ausgezeichnete Schule verfügen. Die Endphase dieses Sprunges ist nicht nur äußerst schwierig, sondern für den ungenügend ausgebildeten Tänzer auch sehr gefährlich. Selbst kleinste Fehler oder zufällige Unachtsamkeiten können zu Verletzungen der Beinsehnen führen. Aus diesem Grunde ist der Pädagoge verpflichtet, sehr gründlich und verantwortungsbewußt alle vorhandenen Voraussetzungen des Schülers für einen Sprung dieses Schwierigkeitsgrades zu überprüfen, bevor er erlaubt, revoltade mit doppelter Wendung zu probieren.

Zum Schluß sei nochmals darauf hingewiesen, daß auch revoltade mit zweifacher Wendung in einem strengen klassischen Stil und ohne akrobatische »Tricks« auszuführen ist.

Battus mit Wendung

Die battus mit Wendung oder Sprünge mit Wendung, die durch battus erschwert sind (z. B. jeté entrelacé), erweitern die Ausdrucksmöglichkeiten des klassischen Tanzes durch neue dynamische Akzente und geben der Technik einen virtuosen Charakter.

Alle battus ohne Wendung sind in der Haltung en face besser wahrzunehmen. Beim battu im Profil ist für den Zuschauer das Aneinanderschlagen der Beine nicht mehr deutlich sichtbar. Aus diesem Grund werden beim entrechat quatre mit ganzer Wendung die Bewegungen der Beine teilweise verwischt. Der Sprung erhält jedoch dafür einen neuen dynamischen Effekt, der vom Choreographen als besonderes technisches Mittel zur Erhöhung der Ausdrucksmöglichkeiten des Tanzes benutzt werden kann. Folglich muß auch der künftige Tänzer alle Formen des battu mit Wendung von den einfachsten bis zu den kompliziertesten einwandfrei beherrschen.

Die battus mit Wendungen werden hier in der gleichen Gruppierung und Reihenfolge beschrieben wie in dem Abschnitt ohne Wendung. Technische Erläuterungen zum battu werden nur dann noch einmal wiederholt, wenn die Wendung die Grundausführung des battu verändert oder wenn das battu eine andere Ausführung der Wendung erfordert.

Folgende Mängel können anfangs beim Erlernen des battu mit Wendung auftreten: Der Abstoß in die Wendung und der Beginn des battu stimmen zeitlich nicht überein; die Bewegungen der Beine verlieren die notwendige Exaktheit und Kraft; vor dem Schlag öffnen sich die Beine nicht in die II. Position, sondern auf einer bogenförmigen Linie; der trampolinartige Absprung ist zu stark oder hart, die Landung ist nicht stabil; die Arme reflektieren die Bewegungen der Beine, die Harmonie der Oberkörperhaltung wird gestört; der Kopf wird nicht frei gedreht; die Ausführung ist rhythmisch nicht genau.

Alle diese Unzulänglichkeiten sind zu beseitigen. Ganz besondere Aufmerksamkeit ist auf den Kardinalfehler, das mechanische Verbinden des battu mit der Wendung, zu richten, denn das Ziel besteht in erster Linie darin, die tänzerische Plastik dieser Sprünge zu entwickeln.

Entrechats mit Wendungen

Royal

Das royal wird mit einer Viertelwendung und einer halben Wendung ausgeführt. Man lehrt es mit Hilfe folgender Übung: 2/4-Takt. Ausgangsposition der Beine – V., rechtes Bein vorn, épaulement croisé. Vier royals, jedes mit einer Viertelwendung über rechts; drei schnelle entrechats quatre ohne Wendung; ein royal mit Viertelwendung und Wechsel des épaulement. Jedes royal erfolgt auf ein Viertel, jedes entrechat quatre auf ein Achtel.

Die Arme sind bei allen Sprüngen in der vorbereitenden Haltung. Der Oberkörper ist aufrecht. Der Kopf ist in der Ausgangshaltung zur vorderen Schulter gewendet. Bei allen royals ist er im Verhältnis zum Oberkörper geradeaus gerichtet. Beim ersten entrechat quatre wird er zur vorderen Schulter gewendet und beim abschließenden royal zur anderen Schulter.

Danach wird die Übung mit Wendungen zur anderen Seite ausgeführt. Zum Schluß alles noch einmal von vorn. Anfangs ist das Tempo etwas langsamer. In dieser Etappe kommt es darauf an, alle Ungenauigkeiten bei der Wendung und beim battu zu beseitigen. Anschließend lehrt man das royal mit halber Wendung.

Ein Beispiel: 2/4-Takt. Ausgangsposition der Beine – V., rechtes Bein vorn, épaulement croisé. Vier royals, jedes mit einer halben Wendung über rechts; drei schnelle entrechats quatre ohne Wendung; ein changement de pied mit ganzer Wendung über rechts.

Die Arme sind außer bei den beiden letzten Sprüngen immer in der vorbereitenden Haltung. Mit dem dritten entrechat quatre wird der rechte Arm in die 1. Position und der linke in die 2. Position geführt. Beim changement de pied schließen sie sich in eine etwas tiefere 1. Position und beim abschließenden demi-plié öffnen sie sich ein wenig in die 2. Position. Der Oberkörper ist aufrecht. Der Kopf ist in der Ausgangshaltung zur vorderen Schulter gewendet. Während der vier royals ist er im Verhältnis zum Oberkörper geradeaus gerichtet. Die Wendung erfolgt zusammen mit dem Oberkörper. Mit dem ersten entrechat quatre wird er zur vorderen Schulter gewendet. Während des changement de pied wird er wie bei den tours en l'air »mitgenommen«. Anschließend wird die Übung zur anderen Seite wiederholt. Zum Schluß alles noch einmal von vorn.

Jedes royal erfolgt auf 1/4, jedes entrechat quatre auf 1/8, das abschließende changement de pied auf 1/4.

Beide Übungen können auch einfacher oder schwieriger zusammengestellt werden. In jedem Falle ist jedoch zu berücksichtigen, inwieweit der Schüler die Technik der battus bereits beherrscht. Wenn er die gewöhnlichen battus und Bewegungen mit Wendungen, aus denen die Übung besteht, schlecht ausführt, so bedeutet das, daß er sich nur das Schema der Übung aneignen und nicht an der eigentlichen Grundaufgabe arbeiten wird, nämlich die Darstellungsmittel des Tänzers zu erweitern und zu vervollkommnen.

Entrechat trois

Das entrechat trois wird mit einer Viertelwendung und halben Wendung ausgeführt. Man lehrt es mit Hilfe folgender Anfangsübung: $^2/_4$-Takt. Ausgangsposition der Beine – V., épaulement croisé. Entrechat trois rück (in die Haltung sur le cou-de-pied rück) mit Viertelwendung en dehors; petit pas assemblé croisé rück in die V. Position. Dann alles in die umgekehrte Richtung mit einer Viertelwendung en dedans. Anschließend drei petits changements de pied mit insgesamt einer ganzen Wendung in die gleiche Seite; ein entrechat quatre ohne Wendung mit Fortbewegung croisé vor.

Beim ersten entrechat trois wird folgendes port de bras ausgeführt: Der dem Spielbein entsprechende Arm wird aus der vorbereitenden Haltung in die 1. Position angehoben und der andere Arm aus der vorbereitenden Haltung über die 1. in die 2. Position geöffnet. Während des assemblé bleiben die Arme in diesen Positionen. Mit dem zweiten entrechat trois werden sie in diesen Positionen gewechselt. Während der drei petits changements de pied senken sie sich in die vorbereitende Haltung, wo sie bis zum Schluß der Übung fixiert werden.

Der Oberkörper ist bei allen Sprüngen aufrecht. Nur beim zweiten entrechat trois neigt er sich minimal nach vorn. Der Kopf ist bei beiden entrechats quatre zu der Schulter gewendet, die dem Arm in der 1. Position entspricht. Mit dem assemblé croisé vor richtet er sich auf und wendet sich zur vorderen Schulter. Während der drei petits changements de pied wird er allmählich zur gegenüberliegenden Schulter gewendet. In dieser Haltung bleibt er bis zum Schluß der Übung.

Danach wird die Übung auf der anderen Seite wiederholt und anschließend alles noch einmal von vorn. Nach einer kleinen Pause wird die gesamte Kombination in die umgekehrte Richtung ausgeführt.

Jedes petit changement de pied erfolgt auf $^1/_8$, alle anderen Sprünge auf $^1/_4$.

Ein Beispiel für eine Übung mit einem entrechat trois mit halber Wendung: Takt und Ausgangshaltung – siehe vorangegangene Übung. Zweimal hintereinander die Folge: entrechat trois mit halber Wendung en dehors und petit pas assemblé über die II. in die V. Position vor; drei kleine entrechats quatre ohne Wendung; ein changement de pied mit ganzer Wendung in die gleiche Richtung.

Die Arme bleiben bei den ersten vier Sprüngen in der vorbereitenden Haltung. Beim dritten entrechat quatre wird der Arm, der der Drehrichtung beim anschließenden changement en tournant entspricht, in die 1. Position und der andere Arm in die 2. Position geführt. Mit dem changement schließen sie sich in einer etwas tieferen 1. Position.

Beim abschließenden demi-plié öffnen sie sich leicht. Der Oberkörper ist immer aufrecht. Der Kopf ist in der Ausgangshaltung zur vorderen Schulter gewendet. Mit dem ersten entrechat trois wendet er sich zur anderen Schulter, und mit dem zweiten entrechat trois kehrt er wieder in die Ausgangshaltung zurück, in der er während der drei kleinen entrechats quatre fixiert wird. Beim changement de pied wird er wie bei den tours en l'air »mitgenommen«. Danach wird die ganze Kombination zur anderen Seite wiederholt. Anschließend alles noch einmal von vorn und zum Schluß in die umgekehrte Richtung. Jedes entrechat quatre erfolgt auf $^1/_8$, alle übrigen Sprünge auf $^1/_4$.

Entrechat quatre

Das entrechat quatre wird wie die vorangegangenen Sprünge mit einer Viertelwendung und einer halben Wendung ausgeführt. Man lehrt es mit Hilfe folgender Übung: $^2/_4$-Takt. Ausgangsposition der Beine – V., rechtes Bein vorn, épaulement croisé. Vier entrechats quatre, jedes mit einer Viertelwendung über rechts; drei kleine entrechats quatre ohne Wendung; ein jeté fermé zur Seite (nach rechts) mit Wechsel der V. Position und ein entrechat quatre ohne Wendung.

Die Arme werden bei allen Sprüngen in der vorbereitenden Position gehalten. Nur während des jeté fermé öffnen sie sich leicht in die 2. Position und senken sich sofort wieder. Der Oberkörper ist aufrecht. Beim jeté fermé neigt er sich ein wenig in die Seite, in die der Sprung erfolgt. Mit dem letzten Sprung, dem entrechat quatre, richtet er sich wieder auf.

Der Kopf ist bei allen Sprüngen bis zum jeté zur rechten Schulter gewendet. Beim jeté wechselt er die Seite. Danach wird die Übung auf der anderen Seite ausgeführt. Zum Schluß nochmal von vorn. Bei den drei kleinen entrechats quatre erfolgt jeder Sprung auf $^1/_8$, alle übrigen Sprünge auf $^1/_4$.

Im folgenden Abschnitt ein Beispiel für eine Anfangsübung mit einem entrechat quatre mit halber Wendung. Takt und Ausgangshaltung – siehe vorangegangenes Beispiel. Zweimal hintereinander die Folge: ein entrechat quatre mit halber Wendung über rechts und zwei kleine entrechats quatre ohne Wendung (mit dem Rücken nach vorn); zwei entrechats quatre mit je einer halben Wendung über rechts; im changement de pied mit ganzer Wendung in die gleiche Richtung.

Die Arme sind außer bei den beiden letzten Sprüngen immer in der vorbereitenden Haltung. Beim vorletzten Sprung, dem letzten entrechat quatre mit halber Wendung, wird der rechte Arm in die 1. Position geführt und der linke Arm in die 2. Mit dem changement en tournant werden die Arme in einer etwas tieferen 1. Position geschlossen und beim abschließenden demi-plié leicht geöffnet. Der Oberkörper ist aufrecht. Der Kopf ist in der Ausgangshaltung zur vorderen Schulter gewendet. Während der ersten sechs Sprünge bleibt er in dieser Haltung. Beim ersten entrechat quatre im zweiten Teil der Übung führt er seine Wendung etwas später als der Oberkörper aus, und mit dem zweiten entrechat quatre kehrt er wieder in die Ausgangshaltung zurück. Beim changement de pied en tournant wird er wie bei den tours en l'air »mitgenommen«.

Danach wird die Übung zur anderen Seite wiederholt. Zum Schluß alles noch einmal von vorn. Das erste entrechat quatre erfolgt auf $1/4$, die beiden kleinen entrechats quatre je auf $1/8$. Das gleiche gilt für die Wiederholung. Danach wird jeder Sprung auf $1/4$ ausgeführt.

Ich erinnere nochmals daran, daß diese Beispiele vom Pädagogen nach eigenem Ermessen verändert werden können. In jedem Falle sind aber die technischen Voraussetzungen des Schülers und das Prinzip, daß sich die Grundelemente jeder Übung in ausreichendem Maße wiederholen müssen, zu berücksichtigen.

Entrechat cinq

Das entrechat cinq wird mit einer Viertelwendung und einer halben Wendung ausgeführt. Es wird mit Hilfe folgender Übung gelehrt: $2/4$-Takt. Ausgangsposition der Beine – V., épaulement croisé. Dreimal hintereinander die Folge: entrechat cinq rück mit Viertelwendung en dehors und assemblé in die V. Position rück; zum Schluß drei kleine royals ohne Wendung. Beim ersten entrechat cinq werden die Arme wie folgt geführt: der dem Spielbein entsprechende Arm wird in die 1. Position und der andere Arm in die 2. Position geöffnet. Während des assemblé fixieren sie diese Positionen. Mit dem zweiten entrechat cinq werden die Arme in diesen Positionen gewechselt. Die neue Armhaltung wird beim nächsten assemblé wieder fixiert. Beim dritten entrechat cinq und assemblé wiederholt sich dieser Vorgang. Während der drei kleinen royals senken sich die Arme in die vorbereitende Haltung. Der Oberkörper weicht am Ende des ersten entrechat cinq minimal von der Senkrechten zur Spielbeinseite ab und fixiert diese Haltung auch beim assemblé. Während des Absprunges zum nächsten entrechat cinq richtet er sich wieder auf, und bei der darauffolgenden Landung neigt er sich minimal über die Standbeinseite. Während der drei kleinen royals wird er aufrecht gehalten.

Der Kopf ist in der Ausgangshaltung zur vorderen Schulter gerichtet. Beim ersten entrechat cinq wird er zur anderen Schulter gewendet. In dieser Haltung wird er auch beim assemblé fixiert. Beim zweiten entrechat cinq kehrt er wieder in die Ausgangshaltung zurück, und beim dritten entrechat cinq wendet er sich wieder zur vorderen Schulter, wo er bis zum Schluß der Übung fixiert wird. Danach wird die Übung mit dem anderen Bein wiederholt. Anschließend alles noch einmal von vorn und zum Schluß alles in die umgekehrte Richtung.

Jedes kleine royal erfolgt auf 1/8, alle anderen Sprünge auf 1/4.

Ein Beispiel für eine Übung mit halben Wendungen: Takt und Ausgangshaltung – siehe vorangegangene Übung. Dreimal hintereinander die Folge: entrechat cinq rück mit halber Wendung en dehors und assemblé in die V. Position rück; grand changement de pied de volée mit Viertelwendung in die gleiche Richtung.

Arm-, Oberkörper- und Kopfbewegungen sind die gleichen wie bei der vorangegangenen Übung. Während des changement de pied senken sich die Arme in die vorbereitende Haltung, der Oberkörper richtet sich auf, der Kopf ist zur vorderen Schulter gewendet. Anschließend wird diese Übung zur anderen Seite wiederholt, dann alles noch einmal von vorn und zum Schluß alles in die umgekehrte Richtung.

In dieser Übung erfolgt jeder Sprung auf 1/4.

Entrechat six

Es empfiehlt sich, das entrechat six ebenfalls mit nicht mehr als einer Viertelwendung und einer halben Wendung auszuführen. Man lehrt diesen Sprung mit Hilfe folgender Übung: 2/4-Takt. Ausgangsposition der Beine – V., rechtes Bein vorn, épaulement croisé. Drei entrechats six, jedes mit einer Viertelwendung über rechts.

Beim dritten entrechat six werden die Arme in die 3. Position geworfen. In der darauffolgenden Pause senken sie sich über die 2. Position in die vorbereitende Haltung. Der Oberkörper ist aufrecht. Während der ersten beiden Sprünge bleibt der Kopf in der Ausgangshaltung, und beim dritten Sprung wendet er sich zur anderen Schulter. Diese kurze Folge wird insgesamt viermal ausgeführt. Anschließend alles auf der anderen Seite.

Jeder Sprung erfolgt auf 1/4. Nach dem dritten Sprung wird auf 1/4 eine Pause gehalten.

Das entrechat six mit halber Wendung wird mit Hilfe folgender Übung gelehrt: Takt und Ausgangshaltung – siehe vorangegangene Übung. Zwei entrechats six, jedes mit einer halben Wendung über rechts; grande sissonne ouverte par développé in die Pose à la seconde und petit pas assemblé rück.

Die Arme bleiben bei den ersten beiden Sprüngen in der vorbereitenden Haltung. Beim sissonne ouverte öffnen sie sich über die 1. in die 2. Position, und beim petit pas assemblé senken sie sich wieder in die vorbereitende Haltung. Der Oberkörper ist beim entrechat six aufrecht. Am Ende des grande sissonne neigt sich der Oberkörper etwas vom Spielbein weg. Mit dem petit pas assemblé richtet er sich wieder auf. Der Kopf ist während der beiden entrechats six geradeaus gerichtet. Beim grande sissonne wird er zur Standbeinschulter gewendet und in dieser Haltung bis zum Ende der Übung fixiert.

Danach wird die Übung zur anderen Seite ausgeführt. Anschließend alles noch einmal von vorn und zum Schluß alles in die umgekehrte Richtung. Jeder Sprung erfolgt auf 1/4.

Später wird das entrechat six mit Wendung in kompliziertere Kombinationen aufgenommen, die aus großen Sprüngen mit Fortbewegung bestehen.

Entrechat sept

Das entrechat sept wird gewöhnlich mit nicht mehr als einer Viertelwendung ausgeführt, da die Landung auf einem Bein (das andere Bein in der Haltung sur le cou-de-pied rück) nach den komplizierten battus und dem hohen Sprung sehr schwer ist.

Ein Beispiel für die erste Übung: 2/4-Takt. Ausgangsposition der Beine – V., rechtes Bein vorn, épaulement croisé. Entrechat sept rück mit Viertelwendung en dehors; pas coupé und petit pas assemblé vor. Diese Folge insgesamt dreimal und zum Schluß zwei sissonnes fermées in die Pose écartée vor.

Mit dem ersten entrechat sept werden die Arme aus der vorbereitenden Haltung in folgende Positionen geführt: der rechte Arm in die 1. Position und der linke Arm über die 1. in die 2. Position. Während des pas coupé und des petit pas assemblé bleiben die Arme in diesen Positionen. Beim zweiten entrechat sept werden sie in diesen Positionen gewechselt usw. Der Oberkörper ist in der Flugphase aufrecht. Am Ende jedes entrechat sept neigt er sich minimal in die Seite, die dem Standbein entspricht. Diese leichte Neigung wird auch während des pas coupé und petit pas assemblé beibehalten. Während der beiden sissonnes fermées neigt er sich etwas in die Richtung, in die die Fortbewegung erfolgt.

Der Kopf wird mit jedem entrechat sept zur anderen Schulter gewendet. Beim anschließenden pas coupé und petit pas assemblé fixiert er diese Haltung. Während der beiden sissonnes fermées ist er zur vorderen Schulter gewendet.

Anschließend wird die Übung zur anderen Seite wiederholt und zum Schluß in die umgekehrte Richtung. Die pas coupés und petits pas assemblés erfolgen je auf 1/8, alle übrigen Sprünge auf 1/4.

Bei diesem Sprung ist besonders darauf zu achten, daß die Arme leicht gehalten und nicht verkrampft werden. Die Bewegungen der Beine dagegen müssen exakt und elastisch ausgeführt werden.*

Pas battu mit Wendung

Pas échappé battu

Petit pas échappé battu: Dieser pas battu erfolgt mit einer Viertelwendung. Erste Übung: 2/4-Takt. Ausgangsposition der Beine – V., rechtes Bein vorn, épaulement croisé. Erster Sprung (aus der V. in die II. Position) mit einem kleinen (einfachen) battu und Viertelwendung über rechts; zweiter Sprung (aus der II. in die V. Position) mit einem kleinen battu, jedoch ohne Wendung. Bei beiden battus schlägt das rechte Bein in der V. Position von hinten gegen das linke Bein. Dieser pas échappé wird insgesamt viermal mit Wendungen in ein und dieselbe Richtung ausgeführt. Beim letzten battu schlägt das rechte Bein vorn gegen das linke Bein. Danach wird die Übung zur anderen Seite wiederholt. Arm-, Oberkörper- und Kopfbewegungen sind die gleichen wie beim gewöhnlichen petit pas échappé battu. Jeder Sprung erfolgt auf 1/4.

In dieser Übung kann auch jeder Sprung mit einer Wendung ausgeführt werden. Dadurch erfolgen auf jeder Seite insgesamt zwei ganze Wendungen.

Als nächstes lehrt man diese Übung mit einem Abschluß des zweiten Sprunges auf einem Bein, das andere in der Haltung sur le cou-de-pied vor oder rück. Bei dieser Variante fällt das battu des ersten Sprunges weg, und beim zweiten battu schlägt das rechte Bein in der V. Position vorn an und wird dann in die Haltung sur le cou-de-pied rück angelegt. Der zweite pas échappé beginnt aus der Haltung sur le cou-de-pied und endet mit dem linken Bein sur le cou-de-pied rück. Beim letzten Sprung schlägt das rechte Bein vor dem linken in der V. Position an und wird dann in die V. Position rück eingesetzt. Danach wird die Übung zur anderen Seite wiederholt. Zum Schluß alles en dedans mit dem Spielbein in der Haltung sur le cou-de-pied vor.

Arm-, Oberkörper- und Kopfbewegungen sind die gleichen wie beim gewöhnlichen petit pas échappé battu mit Anlegen eines Beines zur Haltung sur le cou-de-pied.

---

* Das entrechat huit wird in diesem Abschnitt nicht behandelt, da es nur ohne Wendung ausgeführt wird.

Grand pas échappé battu: Der grand pas échappé battu wird mit einer Viertelwendung und einer halben Wendung ausgeführt. Folgende Kombination kann als erste Übung gelehrt werden: 2/4-Takt. Ausgangsposition der Beine – V., rechtes Bein vorn, épaulement croisé. Erster Sprung (aus der V. in die II. Position) mit einem großen battu (zweifachen) und Viertelwendung über rechts; zweiter Sprung (aus der II. in die V. Position) mit einem großen battu und Viertelwendung über rechts. Beim ersten Sprung schlägt das rechte Bein in der V. Position zuerst hinten an. Danach wird die V. Position mit dem zweiten Schlag gewechselt, und die Beine öffnen sich gleichzeitig mit der Landung im demi-plié in die II. Position. Beim zweiten Sprung schlägt das rechte Bein zuerst vorn an, dann wechseln die Beine die V. Position, öffnen sich nochmals und nehmen die V., die Ausgangsposition ein (rechtes Bein vorn). Dieses grand échappé wird wiederholt. Die Folge schließt mit drei kleinen entrechats quatre und double tours en l'air über rechts. Diese Übung wird insgesamt viermal ausgeführt.

Arm-, Oberkörper- und Kopfbewegungen sind die gleichen wie beim gewöhnlichen grand pas échappé battu.

Jedes kleine entrechat quatre erfolgt auf 1/8, die anderen Sprünge jeweils auf 1/4.

In dieser Übung kann auch der pas échappé mit einer ganzen Wendung, d. h. jeder Sprung mit einer halben Wendung, ausgeführt werden.

Danach beginnt man dieses échappé auf ein Bein, das andere in der Haltung sur le cou-de-pied vor oder rück, zu lehren. 2/4-Takt. Ausgangsposition der Beine – V., rechtes Bein vorn, épaulement croisé. Der erste Sprung des grand pas échappé battu mit halber Wendung über rechts; dann der zweite Sprung ebenfalls mit halber Wendung über rechts mit Landung auf dem rechten Bein, das andere sur le cou-de-pied rück; pas coupé und petit pas assemblé über die II. in die V. Position rück; zwei kleine entrechats quatre.

Danach wird die Folge zur anderen Seite ausgeführt. Bei der Wiederholung in die umgekehrte Richtung ist ein Bein am Ende des pas échappé sur le cou-de-pied vor angelegt. Arm,- Oberkörper- und Kopfbewegungen sind die gleichen wie beim grand pas échappé mit battu auf ein Bein ohne Wendung.

Jedes échape erfolgt auf 2/4, alle übrigen Sprünge auf 1/8.

Sissonne ouverte battue mit Wendung

Petite sissonne ouverte battue: Dieses sissonne wird mit einer Viertelwendung und einer halben Wendung ausgeführt und mit Hilfe folgender Anfangsübung gelehrt: 2/4-Takt. Ausgangsposition der Beine – V., rechtes Bein vorn, épaulement croisé. Petite sissonne battue mit einem Öffnen des linken Beines écarté vor und Fortbewegung nach Punkt 4.

Dieser Sprung erfolgt gleichzeitig mit einer Viertelwendung über rechts en dedans. Das battu ist einfach. Das linke Bein schlägt in der V. Position vorn an und wird anschließend auf 45° in die kleine Pose écartée vor geöffnet. Danach petit pas assemblé in die V. Position rück. Diese Folge wird noch dreimal ausgeführt. Der letzte petit pas assemblé erfolgt in die V. Position vor, damit die gesamte Übung zur anderen Seite wiederholt werden kann. Das sissonne mit Fortbewegung erfolgt jedesmal in die Richtung, in die der Rücken des Ausführenden nach dem pas assemblé in die V. Position zeigt.

Arm-, Oberkörper- und Kopfbewegungen sind die gleichen wie beim sissonne ouverte battue ohne Wendung.

Wird diese Übung in die umgekehrte Richtung ausgeführt, dann öffnet sich das rechte Bein in die kleine Pose écartée rück, und die Fortbewegung erfolgt nach Punkt 8. Die Viertelwendung wird ebenfalls über rechts, aber en dehors ausgeführt. Das battu ist einfach. Das rechte Bein schlägt in der V. Position rück an und wird anschließend auf 45° in die kleine Pose écartée rück geöffnet. Arm-, Oberkörper- und Kopfbewegungen sind die gleichen wie beim sissonne ouverte battue ohne Wendung.

Es ist sehr nützlich, diese Übung mit einer halben Wendung en dehors und en dedans ausführen zu lassen. Das battu selbst bleibt unverändert. Beim sissonne en dedans (über rechts) erfolgt die Fortbewegung (bei gleicher Ausgangsposition wie oben) nach Punkt 6, un das Spielbein ist in der Pose écartée vor auf Punkt 2 gerichtet. Der Rücken zeigt nach vorn. Die Wendung beim nächsten sissonne erfolgt über die gleiche Seite, jedoch mit Fortbewegung nach Punkt 2 in die Pose écartée rück. Der petit pas assemblé nach jedem sissonne wird in die V. Position rück ausgeführt. Anschließend drei kleine changements de pied und ein entrechat quatre de volée vor. Danach kann die Übung zur anderen Seite wiederholt werden.

Wird diese Übung in die umgekehrte Richtung ausgeführt, so erfolgt das erste sissonne mit einer Wendung en dehors (über rechts) und Fortbewegung nach Punkt 2. Der Sprung endet mit einem Öffnen des rechten Beines auf 45° in die kleine Pose écartée (Rücken nach vorn).

Das zweite sissonne wird mit einer Wendung in die gleiche Seite ausgeführt, und die Fortbewegung erfolgt nach Punkt 6. Dieser Sprung endet mit einem Öffnen des rechten Beines in die Pose écartée vor. Bei beiden assemblés wird das Spielbein in die V. Position vor eingesetzt. Die petis changements de pied bleiben unverändert, und das entrechat quatre de volée erfolgt mit einer Fortbewegung nach rück.

Arm-, Oberkörper- und Kopfbewegungen sind die gleichen wie beim petite sissonne ouverte battue ohne Wendung.

Bei allen obengenannten Übungen erfolgt jeder Sprung auf $^1/_4$. Das gilt nicht für die petits changements, die auf insgesamt $^3/_8$ gesprungen werden.

Dieses sissonne kann mit dem gleichen Nutzeffekt auch in andere kleine Posen (Spielbein auf 45° vor oder rück bzw. croisé oder effacé) ausgeführt werden. Beim Erlernen wird das gleiche Schema wie bei den obigen Kombinationen mit Viertelwendungen und halben Wendungen benutzt.

Ein Beispiel: Takt und Ausgangshaltung siehe oben. Petite sissonne battue mit einem Öffnen des linken Beines nach rück, gleichzeitig Viertelwendung en dedans (über rechts) und Fortbewegung nach Punkt 2. Das battu ist einfach, und das linke Bein schlägt in der V. Position vorn an. Anschließend wird es nach rück in eine kleine Pose geöffnet. Dann petit pas assemblé in die V. Position rück. Diese Folge wird insgesamt viermal ausgeführt, wobei die Wendung immer über die gleiche Seite erfolgt. Beim letzten pas assemblé wird das Spielbein in die V. Position vor eingesetzt mit gleichzeitiger Viertelwendung en dedans. Anschließend wird die Übung zur anderen Seite wiederholt.

Die Arme werden beim ersten sissonne aus der vorbereitenden Haltung in folgende Positionen geführt: der linke in die 1. und der rechte über die 1. in die 2. Position. Diese Haltung wird bis zum letzten pas assemblé fixiert. Abschließend senken sich die Arme mit dem assemblé in die vorbereitende Haltung.

Bei jedem sissonne neigt sich der Oberkörper minimal nach vorn, und beim assemblé richtet er sich wieder auf. Der Kopf ist in der Ausgangshaltung zur vorderen Schulter gewendet. Mit dem ersten Sprung wendet er sich zur gegenüberliegenden Schulter. In dieser Haltung wird er bis zum Schluß der Kombination fixiert. Bei der anschließenden Wiederholung der Übung zur anderen Seite wendet er sich wieder auf die andere Seite.

Diese Übung wird auf folgende Art und Weise in die umgekehrte Richtung ausgeführt: Ausgangshaltung wie oben. Petite sissonne battue mit einem Öffnen des rechten Beines effacé vor, gleichzeitig eine Viertelwendung en dehors (über rechts) und Fortbewegung nach Punkt 8. Das battu ist einfach, und das rechte Bein schlägt in der V. Position rück an. Anschließend petit pas assemblé in die V. Position vor. Diese Folge wird insgesamt viermal ausgeführt, wobei die Wendung immer über die gleiche Seite erfolgt. Beim letzten pas assemblé wird das Spielbein mit gleichzeitiger Viertelwendung en dehors in die V. Position rück eingesetzt.

Danach wird die Kombination zur anderen Seite wiederholt. Arm-, Oberkörper- und Kopfbewegungen bleiben im Prinzip unverändert.

Diese Übung kann ebenfalls mit anderen kleinen Posen, z. B. der arabesque, ausgeführt werden, oder mit einem Verändern der Pose bei jedem sissonne. Die letzte Variante darf erst im Stadium der Vervollkommnung gelehrt werden.

In diesem Zusammenhang ist es notwendig, darauf hinzuweisen, daß diese Übungen eine wichtige Vorstufe für andere kompliziertere und größere battus mit Wendungen darstellen, da mit ihrer Hilfe der Schüler dazu erzogen wird, gleichzeitig und exakt Sprung, battu mit Wendung und Fortbewegung auszuführen. Die Bewegungen dürfen erst gelehrt werden, wenn die Schüler die Grundelemente beherrschen, aus denen sie zusammengesetzt sind.

Grande sissonne ouverte battue: Dieses sissonne wird mit einer Viertelwendung, einer halben Wendung und Dreiviertelwendung ausgeführt. Es kann nach dem gleichen Schema wie das petite sissonne ouverte battue mit Viertelwendung gelehrt werden. Lediglich der Sprung wird erhöht, das battu verdoppelt, die Fortbewegung vergrößert und der Sprung in der großen Pose écartée beendet.

Wenn das sissonne mit einer Wendung en dedans ausgeführt wird, dann schlägt das linke Bein nach dem Öffnen aus der V. Position rück zuerst vorn und dann rück an und wird anschließend auf 90° in die große Pose écartée geöffnet. Beim sissonne mit Wendung en dehors schlägt das rechte Bein nach dem Öffnen aus der V. Position vor zuerst rück und dann vorn an.

Alle petits pas assemblés werden genauso wie in der ersten Übung für das petite sissonne ouverte battue ausgeführt.

Es empfiehlt sich, für das sissonne battue mit halber Wendung und in Posen der IV. Position die gleichen Übungen wie beim petite sissonne battue zu verwenden.

Die grandes sissonnes ouvertes battues mit Dreiviertelwendung werden auf folgende Art und Weise gelehrt: Ausgangsposition der Beine – V., rechtes Bein vorn, épaulement croisé. Grande sissonne ouverte battue in die 3. arabesque mit Dreiviertelwendung en dedans über links und Fortbewegung nach Punkt 2. Der Sprung beginnt mit dem Rücken und wird in die Weite nach Punkt 2 ausgeführt. Das rechte Bein schlägt zuerst in der V. Position rück an, dann vorn und öffnet sich abschließend nach rück auf 90°. Danach pas coupé und petit pas assemblé in die V. Position vor.

Die Arme können mit dem sissonne aus der vorbereitenden Haltung über die 1. Position oder über die 1. und 3. Position in die 3. arabesque geöffnet werden. Während des pas coupé und petit pas assemblé senken sie sich in die vorbereitende Haltung. Der Oberkörper und das Körpergewicht müssen während des sissonne energisch in die Sprungrichtung geworfen werden. Der Oberkörper neigt sich bereits in die Ausgangshaltung, beim demiplié in die Sprungrichtung. Der Absprung erfolgt trampolinartig.

Der Oberkörper strebt auf einer aufsteigenden Flugbahn nach Punkt 2. Am Ende des Sprunges wird er genau auf das Standbein übertragen. Das abschließende demi-plié ist elastisch. Mit dem pas coupé richtet sich der

Oberkörper wieder auf, und beim demi-plié nach dem assemblé neigt er sich wieder in die Richtung des nächsten Sprunges.

Der Kopf ist in der Ausgangshaltung zur vorderen Schulter gewendet. Während des Sprunges und bei der Landung wendet er sich zusammen mit dem Oberkörper nach Punkt 2 und fixiert diese Richtung während der 3. arabesque. Beim pas coupé und pas assemblé wendet er sich zur vorderen Schulter.

Danach wird diese Folge mit einer Dreiviertelwendung en dedans zur anderen Seite wiederholt. Anschließend alles noch einmal zur anderen Seite. Nach einer Pause wird die Übung, auf der anderen Seite beginnend, wiederholt.

Jedes sissonne erfolgt auf 1/4 und jeder pas coupé und assemblé auf je 1/8. Auf den vierten und achten Takt wird eine Pause gehalten.

Beim sissonne ouverte battue in die umgekehrte Richtung wird das Spielbein croisé vor in die große Pose geöffnet, und die Fortbewegung erfolgt nach Punkt 6. Der Sprung beginnt mit der Körperfront nach Punkt 6 und einer Wendung über links. Die Fortbewegung erfolgt diagonal nach Punkt 6. Das double battu wird wie folgt ausgeführt: Das linke Bein schlägt zuerst vorn an, dann rück und wird abschließend nach vor auf 90° geöffnet. Zum Abschluß pas coupé und assemblé die V. Position rück.

Die Arme werden beim Absprung aus der vorbereitenden Haltung in die 1. Position geführt und dann in verschiedene Positionen geöffnet, z. B.: der linke Arm in die 2. und der rechte in die 3. Position oder beide Arme in die 3. Position oder der linke Arm in die 2. und der rechte in die 1. Position (mit allongé). Während des pas coupé und assemblé senken sie sich in die vorbereitende Haltung.

Der Oberkörper wird mit dem Absprung energisch in die Sprungrichtung geworfen, d. h., daß er sich bereits in der Ausgangshaltung beim demi-plié in die Seite, in die der Sprung erfolgt, neigt. Während des Sprunges strebt der Oberkörper auf einer aufsteigenden Flugbahn nach Punkt 6. Am Ende des Sprunges wird er genau auf das Standbein übertragen. Das abschließende demi-plié ist elastisch. Beim pas coupé richtet sich der Oberkörper wieder auf, und beim demi-plié nach dem pas assemblé neigt er sich wieder in die Richtung des nächsten Sprunges.

Der Kopf ist in der Ausgangshaltung zur vorderen Schulter gewendet. Während des Sprunges und bei der Landung wendet er sich zusammen mit dem Oberkörper nach Punkt 8 und fixiert diese Richtung in der großen Pose croisée vor. Mit dem pas coupé und assemblé wendet er sich zur anderen Schulter.

Die ganze Folge wird mit einer Dreiviertelwendung en dehors zur anderen Seite wiederholt. Anschließend noch einmal zur anderen Seite usw.

Alle grandes sissonnes mit Wendungen, besonders jene mit halben Wendungen und Dreivierteiwendungen, dürfen erst in der vorletzten und letzten Klasse gelehrt werden.

Assemblé battu mit Wendung

Petit assemblé battu: Dieses assemblé wird mit einer Viertelwendung ausgeführt. Es kann mit Hilfe folgender Grundübung gelehrt werden: $^{2}/_{4}$-Takt; Ausgangsposition der Beine – V., rechtes Bein vorn, épaulement croisé. Petit assemblé mit dem linken Bein über die II. Position und Viertelwendung en dedans (über rechts). Das battu ist einfach, und das linke Bein schlagt zuerst in der V. Position rück an. Der Sprung endet, indem das linke Bein in die V. Position vor eingeschlossen wird. Anschließend ein petit assemblé mit dem rechten Bein und Viertelwendung in die gleiche Seite. Diese Folge wird wiederholt, so daß mit jedem Bein abwechselnd zwei assemblés ausgeführt werden. Das erste und dritte assemblé erfolgen en dedans, das zweite und vierte en dehors.

Diese Übung wird mit drei petits changements de pied mit insgesamt einer ganzen Wendung in die gleiche Seite und zwei entrechats six beendet.

Beim Absprung zum assemblé werden die Arme aus der vorbereitenden Haltung ein wenig zur Seite in die 2. Position angehoben. Danach wird gleichzeitig mit der Landung der linke Arm in eine etwas tiefere 1. Position geführt, während der rechte Arm in der 2. Position bleibt. Dieses port de bras wird bei jedem folgenden assemblé wiederholt, jedoch nicht aus der vorbereitenden Haltung, sondern direkt aus den vorangegangenen Positionen. Während der drei petits changements senken sich die Arme gleichmäßig in die vorbereitende Haltung, in der sie auch bei den beiden entrechats six fixiert werden.

Der Oberkörper ist aufrecht. Der Kopf wendet sich bei jedem assemblé leicht zur Spielbeinseite. Während der drei petits changements de pied wendet er sich ruhig auf die andere Seite, wo er bei den entrechats six fixiert wird.

Danach wird die Übung zur anderen Seite wiederholt. Zum Schluß alles in die umgekehrte Richtung.

Die petits changements de pied erfolgen auf jeweils $^{1}/_{8}$, die übrigen Sprünge auf $^{1}/_{4}$.

Wenn diese Übung in die umgekehrte Richtung ausgeführt wird, beginnen alle assemblés mit dem vorderen Bein, zuerst mit allen Wendungen über rechts und dann über links. Das battu ist einfach. Das Spielbein schlägt zuerst vorn an und wird dann in die V. Position rück eingesetzt.

Am Ende jedes pas assemblé wird der dem Spielbein gegenüberliegende

Arm aus der 2. in die 1. Position geführt, während der andere Arm in der 2. Position bleibt. Alle übrigen Bewegungen bleiben unverändert.

Grand assemblé battu: Dieses assemblé wird mit einer halben und ganzen Wendung und nur en dedans ausgeführt.

Es kann mit Hilfe folgender Übung gelehrt werden: 2/4-Takt. Ausgangsort linke untere Saalecke. Ausgangspose – 3. arabesque auf hoher halber Spitze, linkes Bein auf 45°. Pas chassé über die II. Position mit Viertelwendung (über links, mit dem Rücken zum Zuschauer); grand assemblé battu mit einem battement des rechten Beines ins écarté nach Punkt 4 (der Ausgangsrichtung entgegengesetzt) und halber Wendung en dedans. Das double battu wird wie folgt ausgeführt: Das rechte Bein schlägt zuerst vorn an, dann rück und wird zum Schluß in die V. Position vor eingesetzt. Danach pas glissade über die II. Position diagonal nach Punkt 4 und sissonne ouverte in die 3. arabesque.

Mit dem pas chassé öffnen sich die Arme aus der 3. arabesque in die 2. Position. Beim grand assemblé werden sie energisch über die vorbereitende Haltung und 1. Position in folgende Haltung geworfen: rechter Arm – 3. Position, linker Arm – 2. Position, beide allongé. Während des pas glissade senken sie sich wieder in die vorbereitende Haltung, und beim sissonne ouverte öffnen sie sich über die 1. Position in die 3. arabesque. Der Oberkörper richtet sich während des pas chassé aus der 3. arabesque auf, beim assemblé bleibt er in der Senkrechten, und beim pas glissade neigt er sich etwas zur Seite, in die das glissade erfolgt. Mit dem sissonne ouverte neigt er sich wieder etwas in dem Maße, wie es die 3. arabesque erfordert, nach vorn. Der Kopf bleibt beim pas chassé in der Ausgangshaltung. Während des assemblé wendet er sich schnell in die Richtung der Fortbewegung, beim pas glissade dann zur anderen Schulter und beim sissonne ouverte in die der 3. arabesque entsprechende Haltung.

Danach wird die Folge zur anderen Seite wiederholt. Anschließend alles noch einmal von vorn.

Jeder Sprung erfolgt auf 1/4. Etwas später sollte diese Übung etwas energischer auf einen 3/4-Takt (Walzer) ausgeführt werden. Dabei erfolgt jeder Sprung auf einen Takt.

Das assemblé mit ganzer Wendung kann auf folgende Art ausgeführt werden: Ausgangsort – rechte untere Saalecke. Ausgangspose – 1. arabesque auf hoher halber Spitze, linkes Bein auf 45°. Pas chassé nach Punkt 6; grand assemblé battu mit einem battement des rechten Beines ins écarté nach Punkt 6 und ganzer Wendung en dedans. Das double battu erfolgt genauso wie bei der vorigen Übung. Danach sissonne tombée croisée vor und jeté passé in die 1. arabesque.

Die Arme werden beim pas chassé in der 2. Position fixiert. Beim assemblé werden sie energisch über die vorbereitende Haltung und 1. Position in die 3. Position geworfen, dann mit dem sissonne tombée in die 1. Position gesenkt und beim jeté passé in die 1. arabesque geöffnet.

Der Oberkörper ist beim pas chassé aus der 1. arabesque aufrecht. Während des assemblé und des anschließenden sissonne tombée bleibt er in dieser Haltung. Beim jeté passé neigt er sich leicht nach vorn. Der Kopf wird beim pas chassé etwas in der Ausgangshaltung verzögert und beim assemblé schnell in die Richtung der Fortbewegung gewendet. Am Ende des Sprunges ist er zur vorderen Schulter gerichtet. Während des sissonne tombée wird er auf die Hand des Armes gerichtet, der in diesem Augenblick durch die 1. Position gleitet. Beim jeté passé nimmt er die Haltung ein, die der 1. arabesque entspricht.

Danach wird die Übung zur anderen Seite wiederholt. Alle Sprünge werden gleichmäßig auf einen $^2/_4$- oder $^3/_4$-Takt ausgeführt.

Ich erinnere nochmals daran, daß bei diesen beiden Übungen alle jene Regeln genauestens beachtet werden müssen, die für die einzelnen Elemente dieser Übungen Gültigkeit besitzen.

Später wird dieses assemblé in kompliziertere Verbindungen mit anderen großen Sprüngen weiter vervollkommnet.

Pas jeté battu

Petit pas jeté battu: Dieses battu wird mit einer Viertelwendung und einer halben Wendung ausgeführt. Es wird mit Hilfe folgender Grundübung gelehrt: $^2/_4$-Takt. Ausgangsposition der Beine – V., épaulement croisé, rechtes Bein vorn. Petit pas jeté battu mit dem linken Bein über die II. Position und Viertelwendung en dedans (über rechts). Das battu ist einfach, und das linke Bein schlägt zuerst in der V. Position rück an. Der Sprung endet mit einem Anlegen des rechten Beines zur Haltung sur le cou-de-pied rück und gleichzeitigem demi-plié auf dem linken Bein. Danach jeté mit dem rechten Bein und Viertelwendung zur gleichen Seite usw. Alle vier jetés battus werden nach dem gleichen Schema ausgeführt wie der petit pas assemblé battu mit Wendung. Zum Schluß drei petits emboîtés sur le cou-de-pied rück mit insgesamt einer ganzen Wendung zur gleichen Seite (über rechts); ein cabriole in die 3. arabesque und petit pas assemblé croisé rück in die V. Position.*

Arm-, Oberkörper- und Kopfbewegungen sind die gleichen wie bei der Übung für das petit assemblé battu mit Viertelwendung. Während der drei

* An Stelle des cabriole und assemblé können auch brisé dessus-dessous ausgeführt werden.

emboîtés senken sich die Arme gleichmäßig in die vorbereitende Haltung, beim cabriole öffnen sie sich über die 1. Position in die 3. arabesque, und beim assemblé senken sie sich wieder in die vorbereitende Haltung. Der Oberkörper ist aufrecht. Nur beim cabriole neigt er sich etwas nach vor. Der Kopf wird bei jedem jeté leicht zur Spielbeinseite gewendet; während der drei petits emboîtés wechselt er ruhig die Seite; beim cabriole nimmt er die der 3. arabesque entsprechende Haltung ein, und beim assemblé wendet er sich wieder zur vorderen Schulter.

Danach wird die Übung zur anderen Seite ausgeführt und zum Schluß in die umgekehrte Richtung. Die petits emboîtés erfolgen je auf $^1/_4$.

Wird diese Übung in die umgekehrte Richtung ausgeführt, dann beginnen alle jetés mit dem vorderen Bein, zuerst mit Viertelwendungen über rechts und dann über links. Beim battu schlägt das Spielbein zuerst vorn an. Danach wird das andere Bein in der Haltung sur le cou-de-pied vor angelegt. Die drei petits emboîtés, das cabriole und das assemblé werden nach vorn ausgeführt.

Während der jetés wird das gleiche port de bras wie beim petit pas assemblé battu in die umgekehrte Richtung ausgeführt. Während der drei petits emboîtés senken sich die Arme gleichmäßig in die vorbereitende Haltung. Beim cabriole werden sie in die 1. Position geführt und dann in folgende kleine Pose allongée geöffnet: der dem Absprungbein entsprechende Arm in die 2. Position und der andere in die 1. Mit dem assemblé senken sie sich in dievorbereitende Haltung.

Jeté battu mit Fortbewegung zur Seite und halber Wendung: Diese Bewegung wurde ausführlich im Kapitel »Die Sprünge und Battus« beschrieben. Hier wird nur das battu in Verbindung mit der halben Wendung erläutert.

Ein Beispiel: $^2/_4$-Takt. Ausgangsposition der Beine – V., en face. Mit dem vorderen Bein jeté mit Fortbewegung nach rechts und halber Wendung en dedans zur gleichen Seite. Am Ende des Sprunges, der mit dem Rücken nach vorn endet, wird das linke Bein in der V. Position vorn angeschlagen und sur le cou-de-pied rück angelegt. Danach führt das linke Bein das nächste jeté mit Fortbewegung und halber Wendung en dehors in die gleiche Seite aus. Der Sprung endet en face, und das rechte Bein, das einmal in der V. Position rück angeschlagen wurde, wird sur le cou-de-pied vor angelegt. Anschließend zwei temps levés simples sur le cou-de-pied vor. Zum Schluß noch zweimal jeté battu mit Fortbewegung und halber Wendung in die gleiche Seite und petit pas assemblé in die V. Position rück.

Danach wird die Übung zur anderen Seite wiederholt. Zum Schluß alles in die umgekehrte Richtung. Arm-, Oberkörper- und Kopfbewegungen sind die gleichen wie beim petit pas jeté mit Fortbewegung ohne battu. Aus diesem Grunde ist es nicht notwendig, ausführlich auf sie einzugehen. Jeder Sprung erfolgt auf 1/4.

Jeté passé battu mit Wendung

Dieses battu wird mit einer Viertelwendung ausgeführt. 2/4-Takt. Ausgangsposition der Beine -V., rechtes Bein vorn, épaulement croisé. Sissonne ouverte in die 3. arabesque; jeté passé battu ebenfalls in die 3. arabesque mit gleichzeitiger Viertelwendung en dehors (über rechts); grande cabriole in der 3. arabesque; petit pas assemblé croisé rück in die V. Position. Das battu ist einfach, und das rechte Bein schlägt in der Kulmination des Sprunges gegen das linke Bein. Dieses battu wird wie ein brisé ausgeführt, d. h., daß es aus der IV. und nicht aus der II. Position beginnt und daß das Aneinanderschlagen in dem Augenblick erfolgt, wenn sich beide Beine fast auf der Horizontalen befinden. Nach dem Schlag gleiten beide Beine aneinander vorüber, das linke Bein wird senkrecht in ein elastisches demi-plié abgesetzt, und das rechte Bein wird gleichzeitig etwas erhöht.

Die Arme passieren während des jeté passé die 1. Position; der Oberkörper ist leicht nach vorn geneigt; der Kopf wendet sich nach Punkt 2. Alle übrigen Bewegungen werden wie beim jeté passé ohne battu und Wendung ausgeführt.

Diese Übung wird insgesamt viermal ausgeführt. Danach ebenso oft in die umgekehrte Richtung.

Jede Bewegung erfolgt auf 1/4. Das Tempo ist energisch und straff.

Jeté entrelacé battu

Die Regeln zur Ausführung dieser Bewegung wurden bereits ausführlich in dem Kapitel »Die Sprünge und Battus« erläutert. Hier wird nur noch beschrieben, wie das jeté entrelacé durch das battu erschwert werden kann.

Ein Beispiel für eine Anfangsübung: 2/4-Takt. Ausgangspunkt – rechte untere Saalecke. Ausgangspose – 1. arabesque auf hoher halber Spitze. Pas chassé über die II. Position nach Punkt 6; jeté entrelacé: Das rechte Bein wird diagonal nach vor (nach Punkt 6) geworfen; anschließend in die gleiche Richtung battement mit dem linken Bein. In diesem Moment, fast in der Kulmination des Sprunges, erfolgt das erste Aneinanderschlagen der Beine das rechte vorn, das linke rück. Danach erfolgt während der zweiten Hälfte der Wendung das zweite Aneinanderschlagen – das linke vorn, das rechte rück. Anschließend öffnen sich die Beine, gleiten aneinander vorüber, und das rechte Bein wird in ein elastisches demi-plié abgesetzt, während das linke gleichzeitig leicht nach oben geworfen wird.

Der Sprung endet in der 1. arabesque, die schnell und exakt eingenommen wird, unter Beachtung aller für die Ausführung des jeté entrelacé und double battu zutreffenden Regeln.

Anschließend relevé auf hohe halbe Spitze in der 1. arabesque, und die Folge wird noch einmal wiederholt. Das zweite jeté entrelacé endet mit einem temps levé tombé und Viertelwendung en dehors und kleinem cabriole in der 1. arabesque. Das temps levé wird mit einem Wechsel des Spielbeins über die Haltung »an der Wade« und Fortbewegung nach Punkt 8 ausgeführt. Dann wird die Übung auf der anderen Seite wiederholt. Zum Schluß alles noch einmal von vorn.

Arm-, Oberkörper- und Kopfbewegungen sind die gleichen wie bei diesen Sprüngen ohne battu.

Jeder Sprung erfolgt auf 1/4.

Abschließend muß nochmals betont werden, daß bei diesem battu ebenso wie beim jeté passé battu die Beine in der Horizontalen aneinandergeschlagen werden müssen. Dadurch erhöht sich zwar der Schwierigkeitsgrad des Sprunges, aber gleichzeitig gewinnt die gesamte Bewegung durch den Effekt eines hohen Fluges an Intensität und Ausstrahlungskraft. Die Beine müssen sich kräftig und leicht bewegen. Der Körper darf weder übermäßig angespannt werden, noch die Bewegungen der Beine beim battu reflektieren.

Bevor man das jeté entrelacé battu lehrt, müssen die Schüler alle doubles battus mit Wendungen, darunter auch jene, die mit Hilfe eines fouetté ausgeführt werden, beherrschen.

Wenn sich die Schüler das jeté entrelacé mit double battu in komplizierten Verbindungen mit anderen großen Sprüngen in ausreichendem Maße angeeignet haben, kann man es mit einem double cabriole an Stelle des double battu erschweren. Diese Form darf man selbstverständlich nur von den Schülern der Abgangsklasse ausführen lassen, die über eine ausgezeichnete technische Grundlage und über die notwendige Sprunghöhe verfügen. Dieses double cabriole rück erfolgt ebenfalls in der Kulmination des Sprunges, in der letzten Phase der Wendung fouetté. Dieses kleine, jedoch äußerst schwere Detail muß sehr gut durch doubles cabrioles mit fouetté in der 3. oder 1. arabesque vorbereitet und erarbeitet werden.

Die Wendung beim jeté entrelacé mit double cabriole muß noch energischer und schneller erfolgen, damit der Tänzer Zeit für die Bewegungen der Beine in der Rückhaltung gewinnt.

Das jeté entrelacé mit double cabriole wurde deshalb in diesem Abschnitt beschrieben, weil durch den inhaltlichen Zusammenhang diese äußerst virtuose und sehr selten ausgeführte Bewegung wesentlich kürzer und verständlicher erläutert werden kann.

Pas ballonné battu mit Wendung

Dieser pas ballonné wird nur in der kleinen Form mit einer Viertelwendung ausgeführt. Er wird mit Hilfe folgender Übung gelehrt: 2/4-Takt. Ausgangsposition der Beine – V., rechtes Bein vorn, épaulement croisé. Dreimal hintereinander die Folge: pas coupé und petit pas ballonné battu über die II. Position mit gleichzeitiger Viertelwendung über rechts. Beim demi-plié vor dem pas coupé wird das rückwärtige Bein sur le cou-de-pied rück angelegt. Alle pas coupés erfolgen in die V. Position rück. Beim battu wird das Spielbein immer zuerst vorn angeschlagen und dann sur le cou-de-pied rück angelegt. Der erste und dritte pas ballonné erfolgt mit dem rechten Bein und der zweite mit dem linken Bein. Nach dieser Folge zwei pas emboîtés in die Haltung sur le cou-de-pied rück, jeder mit einer Viertelwendung zur gleichen Seite, und anschließend die Übung zur anderen Seite.

Während des demi-plié vor dem pas coupé werden die Arme aus der vorbereitenden Haltung in die 1. Position geführt. Beim pas coupé und ballonné öffnet sich der rechte Arm in die 2. Position, der linke bleibt in der 1. Position. Beim zweiten und dritten pas coupé und ballonné werden die Arme jedesmal in diesen Positionen gewechselt. Während der beiden emboîtés fixieren sie die letzte Haltung usw.

Beim ersten demi-plié und am Ende jedes pas ballonné neigt sich der Oberkörper ganz leicht zur Standbeinseite. In der letzten Neigung wird er auch während der emboîtés fixiert.

Der Kopf wendet sich bei jedem pas coupé vom Spielbein. Während der emboîtés fixiert er die letzte Haltung.

Nachdem die Übung zur anderen Seite ausgeführt wurde, läßt man sie in die umgekehrte Richtung wiederholen. Im letzten Fall nehmen die Arme jene Positionen ein, die den beschriebenen entgegengesetzt sind, nicht der rechte Arm wird in die 2. Position geöffnet, sondern der linke. Der Wechsel der Armpositionen erfolgt dann bei jedem pas coupé und ballonné auf die gleiche Art und Weise. Der Oberkörper neigt sich leicht zum Spielbein. Während der beiden emboîtés wird er in der letzten Neigung fixiert.

Der Kopf wendet sich bei jedem ballonné zur Spielbeinseite. Jeder Sprung erfolgt auf 1/4.

Ein anderes Beispiel: 2/4-Takt. Ausgangsposition der Beine – V., rechtes Bein vorn, épaulement croisé. Petit pas ballonné battu mit dem rechten Bein über die II. Position und gleichzeitiger Viertelwendung en dehors (über rechts). Beim battu schlägt das rechte Bein vorn an und wird sur le cou-de-pied rück angelegt. Anschließend temps levé simple in der Haltung sur le cou-de-pied rück und ballonné battu mit dem gleichen Bein in die umgekehrte Richtung und Viertelwendung zur gleichen Seite; temps levé in der

Haltung sur le cou-de-pied vor; dann noch einmal das erste ballonné mit Viertelwendung und temps levé und abschließend ein petit pas emboîté mit Viertelwendung und petit pas assemblé über die II. Position mit Viertelwendung zur gleichen Seite ins épaulement croisé.

Arm-, Oberkörper- und Kopfbewegungen sind im wesentlichen die gleichen wie bei der ersten Übung. Sie werden nur in folgenden Details verändert: 1. Bei jedem temps levé simple fixieren die Arme die Haltung, die sie zuletzt eingenommen haben, beim pas emboîté öffnen sie sich in die vorbereitende Haltung. 2. Der Oberkörper richtet sich beim pas emboîté und assemblé auf. 3. Der Kopf wird während des pas emboîté en face gehalten und beim assemblé zur vorderen Schulter gewendet.

Dann wird die Übung zur anderen Seite wiederholt. Zum Schluß alles in die umgekehrte Richtung. Dabei werden Arme, Oberkörper und Kopf wie bei der ersten Übung und unter Berücksichtigung der beiden letzten Sprünge mitgenommen.

Jeder Sprung in der zweiten Übung erfolgt auf $1/4$.

Bei den ballonnés battus mit Wendungen sind alle Regeln zur Ausführung dieses Sprunges und des battu genauestens zu befolgen.

Grand fouetté battu

Dieses battu wird mit einer halben Wendung fouetté ausgeführt. Die Grundbewegung ohne battu wurde bereits im Absatz »Sprünge mit Wendungen« erläutert. Deshalb wird nur das battu selbst hier erklärt.

Das grand fouetté battu wird mit Hilfe folgender Übung gelehrt: $2/4$-Takt. Ausgangsort – rechte untere Saalecke. Ausgangspose – 1. arabesque auf hoher halber Spitze. Pas chassé über die II. Position nach Punkt 6 und grand fouetté mit double battu. Dabei wird das rechte Bein in die IV. Position vor nach Punkt 6 geworfen und gleich darauf das Absprungbein in die gleiche Richtung. Kurz vor der Kulmination des Sprunges erfolgt der erste Schlag: linkes Bein rück, rechtes Bein vorn. Danach wird die Wendung fouetté fortgesetzt, und es erfolgt der zweite Schlag: rechtes Bein rück, linkes Bein vorn. Sofort anschließend wird das linke Bein in ein elastisches demi-plié abgesetzt und das rechte gleichzeitig etwas erhöht. Der Sprung endet in der 3. arabesque.

Danach pas chassé über die IV. Position nach Punkt 8 mit Viertelwendung en dehors und petite cabriole in der 1. arabesque. Anschließend die Folge zur anderen Seite und alles noch einmal von vorn.

Die gesamte Bewegung wird sehr kräftig, schnell und exakt, in strenger Übereinstimmung mit den Regeln für das fouetté und das double battu ausgeführt.

Arm-, Oberkörper- und Kopfbewegungen sind die gleichen wie bei diesen Sprüngen ohne Battu. Jeder Sprung erfolgt auf $1/4$.

Später wird das grand fouetté battu aus den Ansatzbewegungen pas failli und sissonne tombée mit Abschluß in der 1. arabesque gelehrt.

Brisé mit Wendung

Brisé in die V. Position: Dieses battu wird mit einer Viertelwendung ausgeführt. Grundübung: $2/4$-Takt. Ausgangsposition der Beine – V., rechtes Bein vorn, épaulement croisé. Brisé vor mit Viertelwendung en dehors (über links). Dabei wird das rückwärtige Bein aus der V. Position in jene Richtung geworfen, in die seine Fußspitze in der Ausgangsposition zeigt; mit anderen Worten, es beginnt in der II. und endet in der IV. Position. Dieses brisé wird also praktisch mit einem fouetté ausgeführt, und obwohl es kaum wahrnehmbar ist, muß es der Schüler doch ganz bewußt und unter Beachtung aller entsprechenden Regeln ausführen.

Als nächstes zwei petits changements de pied. Danach wird diese Folge noch zweimal wiederholt. Als Abschluß ein viertes brisé mit Viertelwendung und an Stelle der zwei changements ein pas glissade nach rechts mit Beinwechsel in der V. Position. Anschließend wird die Übung mit dem anderen Bein wiederholt und nach einer kurzen Pause alles in die umgekehrte Richtung.

Beim bris rück mit Viertelwendung en dedans (über links) wird das vordere Bein aus der V. Position mit Fortbewegung in die Richtung geworfen, in die seine Fußspitze in der Ausgangsposition zeigt.

Wenn man sich diese Sprünge mit Fortbewegung bildlich in der Art eines Schemas vorstellt, so erhält man zwei Vierecke.

Arm-, Oberkörper- und Kopfbewegungen sind die gleichen wie beim brisé ohne Wendung.

Jedes brisé mit Wendung und der pas glissade erfolgen auf $1/4$; jedes petit changement de pied auf $1/8$.

Ein anderes Beispiel: Takt, Ausgangshaltung und Schema der Übung siehe oben. Brisé vor mit Viertelwendung en dehors (über links); ein entrechat quatre; brisé rück mit Viertelwendung en dedans zur gleichen Seite; ein entrechat quatre; alles noch einmal. Am Ende der Übung an Stelle des entrechat quatre ein royal. Danach die Übung mit dem anderen Bein.

Jeder Sprung erfolgt auf $1/4$.

Später kann dieses brisé mit komplizierteren battus mit und ohne Wendungen verbunden werden.

Bei der Ausführung des brisé mit Wendung in die V. Position ist sorgfältig darauf zu achten, daß das Spielbein auswärts und auf einer geraden Linie aus der V. in die IV. Position geworfen wird. Dabei darf das Standbein nicht am Boden hin und her rutschen oder die Fortbewegung des Sprunges verkürzt werden. Der Abstoß in die Wendung vom Standbein muß ausreichend kräftig und exakt erfolgen.

Das Körpergewicht wird in die gleiche Richtung übertragen wie das Spielbein. Selbst die geringste Ungenauigkeit in dieser Beziehung verhindert eine richtige Ausführung der Fortbewegung, der Wendung und sogar des battu. Arme und Kopf müssen aktiv die Wendung unterstützen und sich in die gleiche Richtung wie der Körper bewegen. Alle übrigen Regeln zur Ausführung des Sprunges, des battu und der Wendung müssen genau beachtet werden.

Brisé dessus-dessous: Dieses brisé wird ebenso wie das vorangegangene mit Viertelwendung ausgeführt.

Erste Übung: 2/4-Takt. Ausgangsposition der Beine – V., rechtes Bein vorn, épaulement croisé. Brisé dessus vor mit Viertelwendung en dehors (über links). Der Sprung endet auf dem Spielbein, und das andere Bein wird nach dem battu sur le cou-de-pied vor angelegt. Danach temps levé simple, brisé dessous rück mit Viertelwendung in die gleiche Seite und temps levé simple. Beim brisé dessous wird das Absprungbein sur le cou-de-pied rück angelegt. Anschließend alles noch einmal von vorn, jedoch nach dem vierten brisé an Stelle des temps levé ein petit pas ballonné battu zur Seite mit Abschluß in der Haltung sur le cou-de-pied rück. Dann wird die Übung zur anderen Seite ausgeführt.

Sowohl beim brisé dessus als auch dessous muß das Spielbein zuerst in die II. Position geworfen und dann mit einem fouetté in die IV. Position übertragen werden.

Eine Beschreibung der Arm-, Oberkörper- und Kopfbewegungen ist hier aus den gleichen Gründen wie beim brisé in die V. Position mit Wendung nicht notwendig.

Jeder Sprung erfolgt auf 1/4.

Zweite Übung: Takt, Ausgangshaltung und Schema der Übung siehe erstes Beispiel. Brisé dessus-dessous mit jeweils einer Viertelwendung über links; brisé dessus-dessous wiederholen; drei petits emboîtés mit insgesamt einer Dreiviertelwendung. Anschließend die Übung zur anderen Seite und in die umgekehrte Richtung. Bei der letzten Variante in die umgekehrte Richtung beginnt die Übung mit einem brisé dessous nach rück und Viertelwendung über links usw.

Jedes petit emboîté erfolgt auf 1/8. Jeder andere Sprung auf 1/4. Wenn die Schüler diese Übung einwandfrei beherrschen, kann man davon überzeugt sein, daß sie fähig sind, sich gut im Raum zu orientieren und daß sie eine gute Grundlage für noch virtuosere Bewegungen und Übungen besitzen. Gleichzeitig ist es notwendig, daran zu erinnern, daß mit einer rein mechanisch-exakten Ausführung der Schüler sich nicht die notwendige tänzerische Plastik aneignet und sich folglich ungenügend für die Bühne und einen künstlerisch-ausdrucksvollen Gestaltungsstil vorbereitet; er hat sich lediglich die Technik einer Bewegung angeeignet.

Drehbewegungen in der Luft

Diese Gruppe von Bewegungen besteht aus großen Sprüngen, die mit einer zweifachen Drehung in der Luft ausgeführt werden; sie tragen die Bezeichnung »tours en l'air« und werden mit Hilfe folgender Grundbewegungen ausgeführt: changement de pied, temps sauté und verschiedene Formen des sissonne.

Die zweifache Wendung bzw. Drehung in der Luft verleiht der gesamten Bewegung eine neue Dynamik, Qualität und verändert dadurch auch die Ausführung der Grundbewegung, mit deren Hilfe die Drehung vollzogen wird. Bei einer teilweisen oder gar ganzen Wendung verändert sich die ursprüngliche Form dieser Sprünge qualitativ kaum; ihre plastische Form wird weitgehend bewahrt. Bei zwei ganzen und schnellen Drehungen jedoch nehmen diese Bewegungen eine andere Form an, und die Drehung wird zu einer neuen selbständigen Bewegung, die, mit anderen Worten, ohne Drehung nicht existieren kann. Deshalb werden die obengenannten Bewegungen an dieser Stelle als tours en l'air (Drehungen in der Luft) beschrieben und nicht als Sprünge, die mit einer doppelten Wendung erschwert werden.

Die tours en l'air werden sehr viel und verschiedenartig im klassischen Tanz angewendet. Jedoch Genauigkeit und Stabilität ihrer Ausführung allein können ebensowenig wie bei anderen Bewegungen des klassischen Tanzes dem Charakter und der »Gestalt« der tänzerischen Bewegung gerecht werden – dies erfordert vom Tänzer Meisterschaft im Ausdruck und in der Plastik. So können zum Beispiel ein und dieselben tours en l'air, ausgeführt von Tänzern, die verschiedene Rollen darstellen (Herzog Albrecht in »Giselle«, Danila in »Die steinerne Blume«, Eugen in »Der Eherne Reiter« und Basil in »Don Quichotte«) in der technischen Ausführung gleich sein, jedoch völlig unterschiedlich im Charakter und Stil.

Die Notwendigkeit besteht also darin, daß sich der zukünftige Tänzer beim Erlernen der tours en l'air in verschiedenen Unterrichtsaufgaben allmählich die Fähigkeit aneignet, durch ein Verstärken oder Abschwächen der Absprungkraft, durch ein kurzes oder tiefes demi-plié, durch schnelle, heftige oder langsame, verzögerte Bewegungen der Arme, des Oberkörpers und des Kopfes einen bestimmten plastischen Charakter der tours en l'air wiederzugeben. Selbstverständlich erarbeitet sich jeder Schüler im Laufe des Unterrichts seinen individuellen Stil und sein eigenes Tempo der tours en l'air, jedoch muß auch diese Stabilität der Drehung allmählich zu einer größeren Variabilität der Ausführung bzw. zu einer umfassenderen und nuancenreicheren musikalisch-plastischen Skala des Ausdrucks finden.

Die tours en l'air sind in erster Linie nicht irgendein technischer Effekt, sondern eine »tänzerische Geste«, mit deren Hilfe ausdrucksvoll, überzeugend und sehr wirksam einem bestimmten Gefühl der darzustellenden Person oder einem Handlungsmoment Ausdruck verliehen werden kann.

Alle diese Faktoren muß der Pädagoge bei der Erziehung seiner Schüler sowohl im Unterricht als auch später auf der Bühne in Betracht ziehen. Die tours en l'air müssen so erarbeitet werden, daß der zukünftige Tänzer und Darsteller seine Bewegungen auf der Bühne mit einer lebendigen Intonation und Virtuosität anreichern kann. Für dieses Ziel müssen im Unterricht des klassischen Tanzes die entsprechenden Voraussetzungen geschaffen werden.

Einige führende Tänzer sind sowohl früher als auch heute die tours en l'air aus der V. in die V. Position mit einer dreifachen Drehung gesprungen. Eine solche Ausführung zeugt selbstverständlich von höchster Meisterschaft und Virtuosität, jedoch auch nur bei echter künstlerischer Gestaltung.

Man beginnt die tours en l'air nicht eher zu lehren, bevor die Schüler die kleinen und großen Sprünge mit Viertelwendungen, halben und ganzen Wendungen beherrschen.

Die tours en l'air können ebenso wie die kleinen und großen Pirouetten nicht ohne eine folgerichtige Vorbereitung durch elementare Übungen erlernt werden. Stellte für die Pirouetten folgendes die Grundlage dar: die Stabilität der halben Spitze, die Kraft, den Rücken zu halten, die Fähigkeit, die Bewegungen des Exercice mit Wendungen richtig auszuführen, so müssen für die tours en l'air die Kraft, Stabilität und Wendigkeit des Sprunges ausreichend erarbeitet werden.

Außerdem müssen sich die Schüler alle tours en l'air auf beiden Seiten aneignen, auf »ihrer«, der bequemen, und der »fremden«. Durch dieses Prinzip wird die Technik der tours umfassend vervollkommnet. Wenn der Schüler durch unzureichende körperliche Voraussetzungen nicht zwei tours auf der »fremden« Seite ausführen kann, also die Gefahr besteht, daß er sich ernsthaft verletzen kann, dann darf ihm der Pädagoge auf dieser Seite nur eine Drehung gestatten. Sollte sich der Schüler jedoch nur vor der

»fremden« Seite fürchten, dann muß ihm der Pädagoge helfen, diese Charakterschwäche zu überwinden und doch die tours en l'air auf beiden Seiten zu erarbeiten.

Tours en l'air aus der V. in die V. Position

Diese tours en l'air werden mit Hilfe eines grand changement de pied ausgeführt. Ausgangsposition der Beine – V., rechtes Bein vorn, épaulement croisé. Durch ein trampolinartiges demi-plié bei elastischer und gleichmäßiger Belastung der Fersen, erfolgt der kräftige und absolut senkrechte Abstoß in die Drehung über rechts. Während des Absprungs werden die Beine sofort und exakt, dicht, nebeneinander gewechselt und fest zusammengepreßt in der V. Position bis zur Landung im demi-plié gehalten. Das abschließende demi-plié erfolgt weich, stabil und genau in der V. Position, unter elastischer und gleichmäßiger Belastung beider Fersen

Die Arme werden beim ersten demi-plié in folgende Positionen angehoben: der linke Arm über die 1. in die 2. Position, der rechte in die 1. Position. Während des Abstoßes in die Drehung öffnet sich der rechte Arm mit Kraft aus der 1. in die 2. Position; sofort anschließend werden beide Arme in eine etwas tiefere 1. Position geschlossen oder in die 3. Position übertragen. Während des Sprunges und der Drehung werden sie in einer der beiden Haltungen fixiert. Mit der Landung im demi-plié öffnen sie sich leicht und schnell in eine etwas tiefere 2. Position.

Der Oberkörper, der aktiv den Abstoß in die Drehung unterstützt, wird aufrecht und mit einem festen Rücken gehalten. Die Schultern sind frei geöffnet und herabgesenkt.

Der Kopf wird wie bei den kleinen Pirouetten »mitgenommen«. Mit dem Blick wird ein bestimmter Punkt in Augenhöhe vor dem Körper fixiert. Der Hals darf nicht verkrampft werden, die Gesichtsmuskeln sind entspannt.

Der Sprung für die tours en l'air ist hoch und leicht, die Drehungen werden in einem schnellen Rhythmus und einem energischen Tempo ausgeführt. Die Landung ist weich, leicht und stabil. Für eine solche Ausführung muß sich der Schüler vor allem die Fähigkeit aneignen, die Kraft des Abstoßes in die Drehung auf die Sprunghöhe abzustimmen.

Wenn zum Beispiel der Sprung zu niedrig und der Abstoß in die Drehung zu kräftig ist, werden die tours zu schnell und hastig und die Landung abrupt und hart. Außerdem geht ein zu kräftiger Abstoß in die Drehung erfahrungsgemäß immer auf Kosten der Höhe und Kraft des Sprunges. Im Gegensatz dazu werden bei zu schwachem Abstoß in die Drehung die tours unexakt und der Abschluß im demi-plié nicht standfest.

Die tours en l'air müssen mit einem maßvollen, jedoch für zwei ganze schnelle und hohe Drehungen ausreichenden Abstoß in die Drehung erarbeitet werden. Erst dann ist es möglich, den Sprung vollkommen frei und weich im demi-plié, wie bei einem gewöhnlichen grand changement de pied, zu beenden.

Die Beine erhalten den Drehschwung während der tours ohne besonderen Kraftaufwand durch den schnellen und aktiven Wechsel der Positionen. Werden sie nicht energisch genug in die V. Position eingeschlossen oder in einer geöffneten Haltung fixiert, wird die Drehung des ganzen Körpers gebremst.

Die Arme erhalten den Drehschwung ebenso wie die Beine durch das energische Schließen in die 1. Position. Erfolgt diese Bewegung zu schwach oder zu kräftig und schnell, dann wird die Drehung des ganzen Körpers schwerfällig.

Der Oberkörper, der das Schwungnehmen der Arme und Beine unterstützt, strebt selbst aktiv in die Drehrichtung. Bei einer zu schwachen oder abrupten Wendung werden das einheitliche Tempo und die Koordination der Bewegung des ganzen Körpers gestört. Der Kopf erhält den Drehschwung mit Hilfe einer schnellen und eigenständigen Bewegung des Halses. Zu schnelle oder zu langsame Drehungen wirken sich ebenfalls negativ auf die Drehung des ganzen Körpers aus.

Auf diese Weise ergänzen sich die Bewegungen der Beine, Arme, des Oberkörpers und Kopfes während des Abstoßes in die Drehung gegenseitig und erfordern ein einheitliches Tempo und ein Abstimmen der verschiedenen Krafteinsätze. Von diesen Faktoren hängt sehr viel für eine richtige und virtuose Ausführung der tours en l'air ab. Folgende Fehler sind unzulässig: 1. Die Auswärtsdrehung der Beine läßt nach; die Füße rutschen beim Absprung am Boden hin und her; der Wechsel der Positionen erfolgt zu spät und mit zu weit geöffneten und kraftlosen Beinen; die Spannung in den Knien, im Spann und den Fußspitzen läßt nach; die Landung erfolgt hart und nicht genau in der V. Position. 2. Die allgemeine Plastik der Bewegungen der Arme wird gestört, die Arme bleiben beim Absprung hinter dem Körper zurück; sie werden verkrampft und nicht genug in der 1. Position abgerundet; sie werden zu hoch oder zu tief gehalten und am Ende des Sprunges kraftlos oder zu forciert in die 2. Position geöffnet. 3. Der Oberkörper wird zu sehr angespannt oder entspannt; er weicht von der Senkrechten ab oder wendet sich vor dem Absprung in die entgegengesetzte Richtung; das Körpergewicht wird beim Absprung und bei der Landung nicht gleichmäßig auf beide Beine verteilt. 4. Der Kopf wird nicht senkrecht gehalten; er wird gleichzeitig mit dem Oberkörper gedreht; das Kinn wird an den Hals gedrückt; die Blickrichtung geht nach unten oder wird nicht genau vor sich gehalten.

Im Unterricht sind Charakter und Stil der Ausführung der tours en l'air sehr klar und streng, beherrscht und frei von vordergründiger Virtuosität, gleichzeitig jedoch emotional überzeugend und männlich zu lehren. Eine eintönige, farblose und mechanische Ausführung ist unvereinbar mit dem Stil des klassischen Tanzes.

Die tours en l'air werden am besten mit Hilfe folgender Übung gelehrt: $^2/_4$-Takt. Ausgangsposition der Beine V., rechtes Bein vorn, en face. Drei petits changements de pied und zwei tours en l'air. Das dritte changement endet mit einem kräftigeren, tieferen und trampolinartigen demi-plié, aus dem der Körper auf die notwendige Sprunghohe abgestoßen wird.

Die tours en l'air enden in einem weichen und stabilen demi-plié. Danach wird ebenfalls im demi-plié eine Pause ausgehalten. Insgesamt wird diese Folge viermal ausgeführt. Anschließend auf der anderen Seiten.

Die Arm-, Oberkörper- und Kopfbewegungen wurden bereits erläutert.

$^2/_4$ – drei changements, jedes auf $^1/_8$;

$^1/_4$ – tours en l'air;

$^1/_4$ – Pause im demi-plié.

Beim Erlernen dieser oder auch anderer tours en l'air werden die drei changements de pied als Ansatz benutzt. Diese Sprünge helfen dem Schüler durch das fortwährende und gleichmäßige Abstoßen des Körpers, sich auf einen richtigen und stabilen Absprung zu den tours en l'air vorzubereiten.

Zur weiteren Vervollkommnung empfiehlt es sich, die tours en l'air im Laufe des Unterrichts folgendermaßen zu erschweren: a) ohne Ansatz (am Platz, jedoch noch mit einer Pause nach den Drehungen; b) ohne Ansatz, mit kleinen Sprüngen nach den Drehungen; c) mit petits assemblés (über die II. und IV. Position) als Ansatz und einer Pause nach den Drehungen; d) mit pas glissade aus der V. in die V. Position (über die II. und IV. Position) und Übergang in große Sprünge, wie sissonne ouverte in große Posen usw.

Die Möglichkeiten, die Übungen für die tours en l'air der Form und dem Schwierigkeitsgrad nach zu variieren, sind praktisch unbegrenzt. Der Pädagoge muß aber in jedem Fall von dem Prinzip ausgehen, daß sie dem Schüler bei der folgerichtigen und allmählichen Aneignung einer stabilen Drehung im Sprung und ihrer tänzerisch-künstlerischen Dynamik helfen müssen. Die tours en l'air werden am günstigsten in der Mitte oder am Ende großer Sprungkombinationen ausgeführt. Wenn sich die Technik der Drehungen gefestigt hat, kann man manchmal, für den Schüler etwas unerwartet, das Adagio mit tours en l'air beginnen oder sie in Kombinationen, die zum Beispiel aus grands battements jetés bestehen, aufnehmen. Die Maßnahmen haben das Ziel, auf den Schüler dahingehend einzuwirken, daß er sich die tours en l'air als ganz gewöhnlichen Sprung aneignet und nicht als außergewöhnliche technische Bewegung des Tanzes, die nur aus ganz bestimmten und gut bekannten Ansätzen ausführbar ist.

Die Arme können von dem Zeitpunkt an während der tours en l'air in die 3. Position geführt werden, wenn die Drehungen in einem zügigen Tempo erfolgen, der Sprung ausreichend hoch und die Landung stabil ist. Dabei werden die Arme in der 3. Position nicht vor dem Oberkörper, sondern über dem Kopf, genau auf einer Linie mit der Körpersenkrechten gehalten. So können sie nicht das Gleichgewicht und die Stabilität der Drehung stören.

Außer den obengenannten Ansatzbewegungen kann auch das relevé auf halbe Spitze in der V. Position als Ansatz verwendet werden. Dieser traditionelle Ansatz ist sehr weit verbreitet. Ich bin jedoch der Meinung, daß der Nutzen des relevé auf halbe Spitze gering ist, wenn der Schüler die verschiedenen Wendungen und Drehungen am Boden und in der Luft, die im Lehrprogramm vorgesehen sind, gut beherrscht.

Das relevé auf halbe Spitze kann und sollte sogar im Unterricht gelehrt werden, jedoch mehr wie ein Element des historisch-tänzerischen Bewegungskanons und weniger als eine unserer Zeit und der Entwicklung einer komplizierten und schwierigen Technik entsprechende Ansatzbewegung.

*Zweifache double tours en l'air**

Die double tours en l'air von zwei Beinen auf zwei Beine können zweimal hintereinander ausgeführt werden und werden zweifache double tours en l'air genannt. Die Besonderheit dieser Sprünge besteht darin, daß der erste Sprung wie ein temps sauté ausgeführt wird und der zweite wie ein changement de pied. Beim changement wird das vordere Bein nach rück in die V. Position eingeschlossen.

Der Übergang von einem Sprung zum anderen erfolgt trampolinartig und gebunden, über ein kurzes und schnelles demi-plié, so daß die Drehung nicht unterbrochen wird und das Ende der ersten tours en l'air als Ansatz für die zweiten tours dient.

Die Arme nehmen bei den zweiten Drehungen auf die gleiche Weise Schwung wie bereits beschrieben, jedoch etwas kürzer, aus einem Bewe-

* Die für die zweifachen double tours en l'air in der Sowjetunion übliche Bezeichnung »tours en l'air w tempje« (tours en l'air in einem Tempo) wird in der Übersetzung nicht verwendet, da sie in der Ballettpraxis der DDR nicht üblich ist. Allerdings gibt die russische Bezeichnung ausgezeichnet den Charakter dieser tours wieder, nämlich daß sie in einem Bewegungsfluß, eben in einem Tempo ausgeführt werden. (Anm. d. Übers.)

gungsfluß und in einem Tempo mit dem Abstoß des gesamten Körpers in die Drehung.

Von entscheidender Bedeutung für die Stabilität, besonders der zweiten tours en l'air, ist die absolut senkrechte Haltung des Körpers, eine äußerste Anspannung der Beine und ein gleichmäßiger Absprung von beiden Beinen. Außerdem müssen beide tours en l'air unbedingt an einem Platz erfolgen. Jegliches Zur-Seite-Springen oder Platzwechseln ist unzulässig.

Alle übrigen Regeln zur Ausführung der tours en l'air müssen vollständig beachtet werden.

Die zweifachen double tours en l'air werden als letzte Form der tours in der Abgangsklasse gelehrt und nur von den Schülern ausgeführt, die die notwendigen Voraussetzungen dafür mitbringen. Wenn einer der Schüler diese tours en l'air gut beherrscht, kann man sie drei- und sogar viermal hintereinander ausführen lassen. In diesem Falle werden erst die letzten tours so ausgeführt, wie es beschrieben wurde.

Die zweifachen double tours en l'air werden wie folgt gelehrt: $^2/_4$-Takt. Ausgangsposition der Beine – V., rechtes Bein vorn, en face. Die Übung beginnt mit zweifachen double tours en l'air, dann drei petits changements de pied. Diese Folge wird insgesamt viermal ausgeführt. Es ist üblich, daß die Schüler diese tours nur auf »ihrer« Seite ausführen.

Auftakt – Absprung zu den ersten tours en l'air;

$^1/_4$ – Landung;

$^1/_4$ – Absprung zu den zweiten tours en l'air;

$^1/_4$ – drei petits changements de pied, jedes auf $^1/_8$.

Die nächsten Übungen müssen so zusammengestellt werden, daß sich der Ansatz zur zweifachen double tours en l'air allmählich erschwert.

Tours en l'air mit sissonne simple

Es wurde bereits beschrieben, wie man sissonne simple mit einer Wendung ausführt. Auf der gleichen Grundlage basiert auch die Ausführung dieser tours en l'air, wobei der Sprung entsprechend erhöht und der Abstoß in die Drehung verstärkt werden.

Die Beine können während des Sprunges auf zweierlei Art und Weise geführt werden: Sie werden während des Sprunges nicht gewechselt; bei der ersten Form bleiben beide Beine bis zur Kulmination des Sprunges in der V. Position; dann wird das vordere Bein sur le cou-de-pied vor angelegt. Die Drehung erfolgt dabei en dehors. Die tours en l'air sissonne simple en dedans werden analog dazu ausgeführt.

Bei der zweiten Form wechseln die Beine sofort nach dem Absprung wie bei den gewöhnlichen tours en l'air die Positionen. Dabei wird das vordere Bein sur le cou-de-pied rück übertragen, wenn die Drehung en dehors erfolgt, bzw. das rückwärtige Bein sur le cou-de-pied vor, wenn die Drehung en dedans erfolgt. Jede dieser beiden Formen besitzt ihre besonderen Schwierigkeiten. Die Schwierigkeit der ersten Form besteht darin, daß durch das Fehlen des Beinwechsels die Drehung des Körpers in der Luft nicht im vollen Maße gefordert wird. Aus diesem Grunde muß der Abstoß in die Drehung etwas kräftiger als bei den gewöhnlichen tours aus der V. Position unter genauer Beachtung der entsprechenden Regeln erfolgen. Ein zu kräftiger Abstoß ist unzulässig, da dadurch die Stabilität der tours in der Endphase verlorengehen kann, d. h. bei der Landung auf einem Bein und beim Anlegen des anderen Beines in die Haltung sur le cou-de-pied. Das Prinzip, den Krafteinsatz beim Abstoß in die Drehung auf die besondere Art des Abschlusses abzustimmen, muß also in diesem Falle besonders aufmerksam beachtet werden. Die Schwierigkeit der zweiten Form besteht darin, daß während des Sprunges die Haltung sur le cou-de-pied rück (en dehors) oder vor (en dedans) fixiert wird. Gleichzeitig ist durch den Wechsel der Beine weniger Schwung beim Abstoß in die Drehung notwendig. Beide Beine müssen gleichmäßig stark und trampolinartig den Absprung und Abstoß in die Drehung ausführen. Der Beinwechsel erfolgt gleich nach dem Absprung sehr schnell, auswärts und mit einem genauen Anlegen des Beines zur erhöhten Haltung sur le cou-de-pied. Das zukünftige Standbein wird absolut senkrecht gehalten, während das andere Bein so dicht wie möglich an ihm vorbei zur leicht erhöhten Haltung sur le cou-de-pied rück oder vor angelegt wird. Dabei ist sehr wichtig, daß der Oberschenkel des Spielbeins ruhig und fest in der richtigen Haltung fixiert wird. Arm-, Oberkörper- und Kopfbewegungen sind die gleichen wie bei den gewöhnlichen tours en l'air.

Erste Übung für diese tours ohne Beinwechsel: $^2/_4$-Takt. Ausgangsposition der Beine – V., rechtes Bein vorn, épaulement croisé. Zwei tours en l'air mit Anlegen des rechten Beines sur le cou-de-pied vor; ein petit pas assemblé über die II. Position in die V. Position rück; drei petits changements de pied.

Die Arme werden wie gewöhnlich in der etwas tieferen 1. Position geschlossen. Beim assemblé senken sie sich in die vorbereitende Haltung, wo sie bis zum letzten changement fixiert werden. Mit dem letzten changement wird der linke Arm über die 1. in die 2. Position geöffnet und der rechte Arm in die 1. Position geführt.

Der Oberkörper ist aufrecht und angespannt. Bei der Landung im demiplié wird das Zentrum des Körpergewichtes genau auf das Standbein übertragen. Dieses Detail ist besonders wichtig, da es die Voraussetzung dafür schafft, daß sich der Schüler später andere Arten der tours en l'air mit

Abschluß auf einem Bein richtig und mit Erfolg aneignen kann. Beim assemblé und den petits changements wechselt der Oberkörper das épaulement, d. h, er führt eine Viertelwendung aus. Der Kopf wird bei allen tours und allen anderen Bewegungen in dieser Übung wie üblich mitgenommen.

Diese Übung wird insgesamt viermal über rechts ausgeführt, dann extra über links und schließlich en dedans auf beiden Seiten.

$^1/_4$ – tours en l'air;

$^1/_4$ – pas assemblé;

$^2/_4$ – drei petits changements, jedes auf $^1/_8$.

Später kann der pas assemblé durch einen pas glissade zur Seite ersetzt werden, die petits changements de pied können durch ein entrechat quatre ersetzt werden usw.

Erste Übung für diese tours mit Beinwechsel: Takt und Ausgangshaltung siehe vorige Übung. Zwei tours en l'air en dehors mit Anlegen des rechten Beines sur le cou-de-pied rück; petit pas assemblé in die V. Position rück croisée; drei petits changements de pied. Arm-, Oberkörper- und Kopfbewegungen siehe vorige Übung. Diese Übung wird viermal über rechts ausgeführt, an Stelle der letzten changements de pied wird eine Pause gehalten. Danach wird die Übung über links wiederholt und nach einer kurzen Pause alles en dedans.

$^1/_4$ – tours en l'air;

$^1/_4$ – pas assemblé;

$^2/_4$ – drei changements de pied bzw. eine Pause. Später kann auch hier der petit pas assemblé durch einen pas glissade croisé rück und vor oder durch einen pas de bourrée simple mit ganzer Wendung über die gleiche Seite ersetzt werden, die petits changements de pied können durch kompliziertere Sprünge ersetzt werden.

Es existiert noch eine allgemein übliche Form der Verbindung dieser tours ohne Beinwechsel mit dem Sprung renversé en attitude. Sie wird wie folgt ausgeführt: Im Moment der Landung nach den tours en l'air wird das vordere Bein aus der Haltung sur le cou-de-pied mit einem gleichzeitigen zweiten Sprung (temps levé) und rond de jambe jeté über die II. Position in die attitude croisée rück geworfen. Dabei wird das Spielbein gleichmäßig bis auf 90° erhöht. Diese Bewegung endet zusammen mit der Landung nach dem temps levé im demi-plié. Anschließend pas de bourrée mit ganzer Wendung in die V. Position. Gleichzeitig mit dem battement werden die Arme aus der etwas tieferen 1. in die 2. Position geöffnet. Wenn das Spielbein in die attitude croisée rück übertragen wird, nehmen die Arme die der Pose attitude entsprechende und beim renversé übliche Haltung ein. Oberkörper und Kopf werden bei den tours und dem renversé wie gewöhnlich mitgenommen.

Beide Sprünge werden ineinander übergehend, elastisch und unter Beachtung aller zutreffenden Regeln ausgeführt.

Für die Übung 2/4-Takt. Ausgangsposition der Beine – V., rechtes Bein vorn, épaulement croisé. Zwei tours en dehors ohne Beinwechsel; renversé en attitude croisée rück; pas de bourrée in die IV. Position; petit pas assemblé rück in die V. Position. Arm-, Oberkörper- und Kopfbewegungen wie gewöhnlich. Die tours werden auftaktig ausgeführt, alle übrigen Sprünge auf je 1/4. Die Übung wird viermal hintereinander diagonal nach unten ausgeführt; anschließend auf der anderen Seite.

Diese Verbindung der tours en l'air mit renversé kann später in kompliziertere Unterrichtskombinationen aufgenommen werden.

Tours en l'air mit sissonne tombée

Diese tours en l'air sind eine weiterentwickelte Form der tours en l'air mit sissonne simple. Sie werden durch ein tombé ergänzt: Das Spielbein öffnet sich aus der Haltung sur le cou-de-pied in die IV. oder II. Position; dann wird das Körpergewicht auf das Spielbein übertragen. Diese Bewegungen sind miteinander verbunden, elastisch und werden während der Landung im demi-plié ausgeführt.

Eine weitere Besonderheit: Der pas tombé nach den tours wird mit Fortbewegung ausgeführt. So wird beim Übergang ins abschließende demi-plié der Körper leicht in die Richtung des sich öffnenden Beines übertragen.

Diese tours en l'air werden mit beiden Formen der Drehung ausgeführt: mit und ohne Beinwechsel.

Beim tombé wird das Spielbein mit der Fußspitze am Boden geöffnet. Arme, Oberkörper und Kopf nehmen in diesem Augenblick eine Haltung ein, die der auszuführenden kleinen Pose entspricht, z. B. die Pose effacée oder croisée vor und rück, à la seconde oder écartée. Erste Übung für die tours en l'air mit sissonne tombée ohne Beinwechsel: 2/4-Takt. Ausgangsposition der Beine – V., rechtes Bein vorn, épaulement croisé. Zwei tours en l'air mit tombé croisé vor und Übergang in die 3. arabesque (rückwärtiges Bein mit der Fußspitze am Boden), petit pas assemblé in die V. Position rück. Arm-, Oberkörper- und Kopfbewegungen während der tours wie gewöhnlich. Beim assemblé wird der linke Arm aus der 1. in die 2. und der rechte Arm aus der 2. in die 1. Position geführt.

Die Übung wird insgesamt viermal ausgeführt. Die letzten tours enden in der V. Position. Danach alles zur anderen Seite. Jeder Sprung erfolgt auf 1/4

Als nächstes lehrt man diese tours mit einem tombé in die kleine Pose à la seconde, Fußspitze am Boden, mit Hilfe der gleichen Übung.

Als letzte Etappe läßt man die tours mit tombé in die 3. arabesque und anschließendem petit pas assemblé in die V. Position rück achtmal en suite ausführen. Die achten tours enden in der V. Position.

Danach können die verschiedenen Arten der tours en l'air mit sissonne tombée abwechselnd miteinander ausgeführt werden, z. B.: die ersten tours mit tombé croisé vor, die zweiten tours mit tombé zur Seite, oder sie werden in andere kompliziertere Übungen eingefügt.

Im folgenden Abschnitt eine Übung zum Erlernen dieser tours mit Beinwechsel: Takt und Ausgangsübung siehe vorige Übung. Zwei tours en dehors mit tombé croisé rück (Spielbein mit der Fußspitze am Boden); petit pas assemblé in die V. Position vor; drei petits changements de pied. Arm-, Oberkörper- und Kopfbewegungen während der tours wie gewöhnlich. Beim tombé öffnet sich der rechte Arm in die 2. Position, der linke Arm bleibt in der 1. Position. Mit dem assemblé öffnet sich der linke Arm in die 2. Position, und der rechte Arm wird unverändert in der 2. Position gehalten. Während der drei changements wird der rechte Arm in die 1. Position geführt.

Diese Folge wird insgesamt viermal ausgeführt. Die letzten tours enden in der V. Position. An Stelle der letzten drei changements beendet man die Kombination mit einem entrechat quatre. Anschließend alles zur anderen Seite und zum Schluß in die umgekehrte Richtung, mit tours en dedans und tombé vor.

$^1/_4$ – tours en l'air;

$^1/_4$ – assemblé;

$^2/_4$ – drei changements, jedes auf $^1/_8$ bzw. $^1/_4$ – entrechat quatre und $^1/_4$ Pause.

Dann läßt man diese tours mit einem tombé in die II. Position ausführen. Das Schema der Übung ist das gleiche wie oben. Später werden sie innerhalb einer Übung untereinander abgewechselt und in kompliziertere Sprungkombinationen mit einem port de bras in die 2. Position eingefügt.

Tours en l'air mit sissonne ouverte

Bei diesen tours erfolgt der Beinwechsel auf die gleiche Art wie bei den vorangegangenen tours en dehors, jedoch mit einem Öffnen des Spielbeins nur in die IV. Position rück auf ganzen Fuß, auf das Knie und auf 90° in die 1. arabesque oder attitude croisée rück.

Tours en l'air in die IV. Position: Bei diesen tours wird das vordere Bein beim Absprung schnell und exakt in der erhöhten Haltung sur le cou-de-pied rück angelegt. Wie bereits gesagt, muß dieses Bein sofort nach dem Abstoß in die Drehung so nah wie möglich am anderen vorbeigeführt werden. Das Bein, auf dem die Landung erfolgt, ist absolut senkrecht. Beide Beine werden in dieser Haltung, auswärts und mit festgestrecktem Spann und festgestreckten Zehen fixiert. Beim Abschluß der tours wird das angewinkelte Bein im Knie gestreckt, nach croisé rück geöffnet und elastisch mit dem ganzen Fuß in der IV. Position auf den Boden abgesetzt. Gleichzeitig erfolgt die Landung auf dem anderen Bein im demi-plié. Arme, Oberkörper und Kopf nehmen in diesem Moment die Haltung ein, die der 3. arabesque entspricht.

Mit Hilfe folgender Übung kann diese Gruppe der tours en l'air gelehrt werden: 2/4-Takt. Ausgangsposition der Beine – V., rechtes Bein vorn, épaulement croisé. Zwei tours in die IV. Position croisée rück; das Standbein wird aus dem demi-plié eingesetzt. Arme, Oberkörper und Kopf nehmen am Ende der tours die der 3. arabesque entsprechende Haltung ein. Während des demi-plié in der V. Position führen die Arme die préparation aus, die für die folgenden tours auf der anderen Seite notwendig ist. Die Übung wird insgesamt viermal ausgeführt.

Auftakt – tours en l'air;
1/4 – Landung;
1/4 – Pause in der 3. arabesque;
1/4 – Strecken des Standbeins;
1/4 – demi-plié in der V. Position.

Dieser Abschluß in die 3. arabesque, der als erste Form der Beendigung dieser tours gelehrt wird, kann später variiert werden. Zum Beispiel: Die Arme können sich in eine etwas tiefere 2. Position öffnen, in die gewöhnliche attitude croisée rück oder in die große Pose croisée rück allongé. Andere Formen sind Abschlüsse in die IV. Position effacée rück – in die 1. arabesque und andere Posen. Oberkörper und Kopf nehmen bei allen Formen die der Endpose entsprechende Haltung ein.

Die verschiedenen Formen des Abschlusses müssen sich die Schüler allmählich und in unterschiedlichen Unterrichtskombinationen aneignen.

Tours en l'air auf ein Knie: Diese Art der tours en l'air wird nur in die Richtung en dehors mit Beinwechsel, erhöhter Haltung sur le cou-de-pied rück und auf die gleiche Art und Weise wie die vorangegangenen tours in die IV. Position ausgeführt. Im Moment des Abschlusses der Drehung wird das rückwärtige Bein schnell und elastisch auf den Boden auf das Knie abgesetzt. Die Bewegung erfolgt ohne Strecken des Knies, mit gestrecktem Fuß und mit abfedernd den Boden berührenden Zehenspitzen, über den Spann auf das Knie abrollend, sehr weich, ohne auf den Boden aufzuschlagen genau in der IV. Position im Verhältnis zum Standbein. Es ist unzulässig, das Knie zu nah am Standbein abzusetzen, mit ihm zu weit nach rück oder zur Seite auszuweichen. All diese Ungenauigkeiten würden den strengen und exakten Charakter des Abschlusses beeinträchtigen. Das Standbein führt gleichzeitig mit dem Öffnen des anderen Beines das demi-plié aus und übernimmt ebenso elastisch das Zentrum des Körpergewichts. Das demi-plié darf weder spannungslos noch hart oder zu langgezogen sein. Es muß weich, leicht und exakt ausgeführt werden. Insgesamt müssen alle Bewegungen der Beine frei, in einem Tempo, auswärts und elastisch verlaufen.

Die Arme werden während der tours in der etwas tieferen 1. oder 3. Position gehalten. Beim Übergang auf das Knie können sie sich in die 2. Position oder eine der Pose attitude (mit abgerundeten Armen und mit allongé) entsprechende Haltung öffnen. Der Oberkörper ist angespannt und hochgezogen. Beim Übergang auf das Knie wird er leicht nach rück übertragen und dasGewicht des Körpers auf beide Beine verteilt. Dieses Bewegungsdetail muß sehr bewußt und nicht zu stark ausgeführt werden, da sonst die Gefahr besteht, daß man sich auf das rückwärtige Bein »setzt«. Fehlt diese Rückverlagerung, dann kann der Oberkörper nach vorn fallen und das vordere Bein in seiner Bewegungsfreiheit durch das Verlieren des Gleichgewichtes sehr eingeschränkt werden. Der Kopf wird während der tours »mitgenommen«. Beim Absetzen auf das Knie nimmt er die der Endpose entsprechende Haltung ein.

Insgesamt müssen die Arme, der Oberkörper und der Kopf sehr exakt, streng, mit Aplomb und ohne irgendwelche vordergründige Effekte geführt werden.

Die tours en l'air auf ein Knie können mit Hilfe folgender Übung gelehrt werden: 2/4-Takt. Ausgangsposition der Beine – V., rechtes Bein vorn, épaulement croisé rück; beide Beine strecken sich, gleichzeitig Übertreten auf das vordere (linke) Bein; das rechte Bein wird mit der Fußspitze croisé auf den Boden aufgesetzt und dann in die V. Position rück ins demi-plié eingesetzt.

Die Arme werden während der tours wie üblich gehalten und beim Absetzen auf das Knie in die 2. Position geöffnet. Während des Streckens der Beine wird diese Haltung fixiert, und mit dem Einsetzen des rückwärtigen Beines in die V. Position senken sich die Arme in die vorbereitende Haltung. Der Oberkörper ist aufrecht. Der Kopf wird während der tours en l'air »mitgenommen«. Beim Absetzen auf das Knie wird er zur vorderen Schulter gewendet und in dieser Haltung bis zum Ende der Bewegung fixiert.

Auftakt – tours en l'air;

1/4 – Absetzen auf das Knie;

1/4 – Pause;

$1/4$ – Strecken der Beine und Übertreten;
$1/4$ – Schließen des rückwärtigen Beines in die V. Position.

Danach wird die gesamte Bewegung zur anderen Seite wiederholt, insgesamt zweimal auf jeder Seite. Später können diese tours in große Sprungkombinationen aufgenommen und mit anderen Armhaltungen ausgeführt werden.

Abschließend muß nochmals daran erinnert werden, daß das Übertreten auf das vordere Bein sehr leicht und frei, in der Art einer weiterführenden tänzerischen und nicht eintönigen, bedeutungslosen Bewegung ausgeführt werden muß.

Tours en l'air in arabesque und attitude 90°: Diese tours werden wie die tours en l'air in die IV. Position ausschließlich in die Richtung en dehors und mit erhöhter Haltung sur le cou-de-pied rück ausgeführt. Am Ende der Drehung öffnet sich das angewinkelte Bein schnell nach rück auf 90°.

Wenn die tours in der 1. arabesque enden, muß das Spielbein maximal gestreckt werden, enden sie in der attitude croisée rück, dann wird es nur leicht angewinkelt.

In beiden Fällen öffnet sich das Spielbein, weder zu langsam noch zu schnell, gleichzeitig mit der Landung im demi-plié. Die Bewegungen beider Beine erfolgen in diesem Augenblick in einem Tempo, sehr elastisch und bei äußerster Auswärtsdrehung, so daß die tours en l'air mit einem einheitlichen und energischen Akzent beendet werden können.

Das demi-plié auf dem Standbein darf weder kraftlos noch hart erfolgen, noch darf der Oberschenkel des angewinkelten Beines gesenkt, oder andere Regeln, die für die Ausführung des gewöhnlichen grande sissonne ouverte und der gegebenen Posen zutreffen, außer acht gelassen werden.

Bei tours en l'air in die 1. arabesque werden die Arme während der Drehung energisch in die 3. Position angehoben und dann gleichzeitig mit der Landung im demi-plié in die entsprechende Haltung geöffnet. Vermieden werden muß ein »ängstliches« oder zu heftiges Öffnen der Arme. Das port de bras muß mit der notwendigen Plastik und Zielgerichtetheit ausgeführt werden. Strenge und Maß sind hier ebenso notwendig wie in allen anderen Bewegungen des klassischen Tanzes.

Enden die tours in der attitude croisée, dann werden die Arme während der Drehung ebenfalls in der 3. Position fixiert. Beim Abschluß bleibt der Arm, der dem Spielbein entspricht, in der 3. Position, und der andere öffnet sich in die 2. Position.

Der Oberkörper ist während der Drehung bei tours en l'air in 1. arabesque absolut senkrecht. Beim Auffangen des Sprunges auf dem Standbein neigt er sich leicht nach vorn. Diese Bewegung muß sehr genau und ruhig erfolgen, damit das Gleichgewichtsverhältnis zwischen Oberkörper und Spielbein nicht beeinträchtigt wird.

Bei tours en l'air in attitude croisée wird der Oberkörper in geringerem Maße nach vorn geneigt, da das Spielbein angewinkelt ist und infolgedessen weniger Gegengewicht notwendig ist. Der Kopf wird während der Drehungen »mitgenommen«. Bei der Landung nimmt er jene Haltung ein, die der 1. arabesque bzw. attitude croisée rück entspricht. Der Blick ist fest geradeaus gerichtet und fixiert wie bei allen tours en l'air einen bestimmten Punkt in Augenhöhe.

Im Prinzip wird diese Art von tours en l'air mit einem leichten und weichen demi-plié beendet, frei vom Drehschwung der soeben beendeten Drehung in der Luft. Dies wird erreicht, darüber wurde bereits bei den ersten tours gesprochen, durch ein Aufeinanderabstimmen des Abstoßes in die Drehung und den in entsprechendem Tempo erfolgenden Abschluß in einer bestimmten Pose.

Diese tours en l'air können mit Hilfe folgender Übung und bei jedem Schüler auf »seiner Seite« gelehrt werden: 2/4-Takt. Ausgangsposition der Beine – V., épaulement croisé. Zwei tours en l'air in die 1. arabesque; pas chassé effacé vor; petit pas assemblé in die V. Position vor. Während der tours werden die Arme in der 3. Position gehalten und bei der Landung in die 1. arabesque geöffnet. Beim pas chassé öff net sich der Arm, der in der 1. Position fixiert wurde, in die 2. Position, und der andere Arm schließt sich in die 1. Position. In dieser Haltung bleiben sie während des pas assemblé. Der Oberkörper ist bei den tours aufrecht und angespannt; mit der Landung neigt er sich etwas nach vorn; beim pas chassé richtet er sich wieder auf und bleibt in dieser Haltung beim pas assemblé. Der Kopf ist in der Ausgangshaltung in jene Richtung gewendet, in die die 1. arabesque erfolgt – diagonal nach unten. Während der tours wird er »mitgenommen«, und in der Abschlußpose nimmt er die der 1. Arabesque entsprechende Haltung ein. Beim pas chassé ist er zur vorderen Schulter gewendet, und beim pas assemblé nimmt er wieder die Ausgangshaltung ein.

Diese Folge wird insgesamt dreimal diagonal nach unten ausgeführt und dann mit kleinen Pirouetten en dehors aus der II. Position (in die gleiche Drehrichtung) beendet.

Auftakt – tours en l'air;
1/4 – Landung in der 1. arabesque;
1/4 – Pause;
1/4 – pas chassé;
1/4 – pas assemblé.

Auf die letzten beiden Takte der Übung werden die kleinen Pirouetten ausgeführt.

Beherrschen die Schüler diese Übung auf »ihrer Seite«, dann kann die Pause nach den tours weggelassen und die Übung auf der »fremden Seite« ausgeführt werden. Anschließend werden diese tours en l'air in andere kompliziertere Sprungkombinationen aufgenommen.

Die tours in attitude werden etwas später und mit Hilfe folgender Übung gelehrt: Takt und Ausgangsposition siehe vorige Übung. Zwei tours en l'air in attitude croisée rück (jeder auf »seiner Seite«); temps levé tombé effacé vor (über die Haltung »an der Wade«); petit pas assemblé in V. Position rück im épaulement effacé.

Die Arme werden beim Absprung energisch in die 3. Position geführt. Bei der Landung öffnet sich der dem Standbein entsprechende Arm in die 2. Position, der andere bleibt in der 3. Position. Während des temps levé tombé öffnet sich der Arm aus der 3. in die 2. Position, und beim assemblé wird er in die 1. Position geführt. Der andere Arm bleibt in der 2. Position.

Der Oberkörper ist während der Drehungen aufrecht und angespannt. Bei der Landung neigt er sich etwas nach vorn, mit dem temps levé richtet er sich wieder auf und bleibt in dieser Haltung bis zum Ende der Bewegungsfolge. Der Kopf ist in der Ausgangshaltung in jene Richtung gewendet, in die am Ende der tours die Pose attitude erfolgt – diagonal nach unten. Während der Drehungen wird er »mitgenommen«. Bei der Landung im demi-plié wird er zur vorderen Schulter gewendet und in dieser Haltung auch während des temps levé tombé fixiert. Mit dem pas assemblé nimmt er wieder die Ausgangshaltung ein.

Diese Folge wird dreimal auf der Diagonale und mit Fortbewegung zur unteren Saalecke ausgeführt. Die Übung endet mit kleinen Pirouetten en dehors aus der II. Position (in die gleiche Drehrichtung).

Auftakt – tours en l'air;
$1/4$ – Landung in der attitude;
$1/4$ – Pause;
$1/4$ – temps levé tombé;
$1/4$ – petit pas assemblé rück.

Die kleinen Pirouetten werden auf die letzten beiden Takte der Übung ausgeführt.

Beherrschen die Schüler diese Übung auf »ihrer Seite«, dann kann die Pause weggelassen und die Übung auf der »fremden Seite« ausgeführt werden. Anschließend werden diese tours en l'air in andere Unterrichtskombinationen aufgenommen.

Wenn sich die Schüler diese beiden Formen der tours in ausreichendem Maße angeeignet haben, können sie versuchen, die tours in die 3. arabesque oder attitude effacée rück zu beenden. Diese Etappe muß vom Pädagogen sehr umsichtig vorbereitet werden, damit er den Schüler nicht durch die

Vielzahl der Möglichkeiten, die tours en l'air zu beenden, »verwirrt« und nicht seine Selbstsicherheit durch unerwartet auftretende Mängel schwächt. Sollte dies trotzdem auftreten, dann muß man unverzüglich die Übungen unterbrechen und zu einem günstigeren Zeitpunkt auf sie zurückkommen. Man verbindet dann diese tours en l'air mit anderen Sprüngen, man sucht eine neue Lösung zur Überwindung dieser Schwierigkeiten.

Von dem Zeitpunkt an, an dem die Schüler alle Arten der tours en l'air beherrschen, kann man dazu übergehen, sie mit kleinen Pirouetten als Ansatz ausführen zu lassen. Dabei werden die tours in einem Bewegungsfluß mit den kleinen Pirouetten ausgeführt, d. h. durch ein schnelles Absetzen des Spielbeinfußes aus der Haltung sur le cou-de-pied in die V. Position vor ins demi-plié und ein sofortiges Abstoßen nach oben in die tours en l'air. Das Ensetzen erfolgt mit einem Abrollen des Fußes von den Zehenspitzen bis zur Ferse elastisch und genau in der V. Position en face. Außerdem müssen sich in diesem Moment beide Füße trampolinartig und gleichmäßig stark mit den Fersen auf den Boden absetzen, den Drehschwung der Pirouetten energisch auffangen und ihn beim Absprung in die tours en l'air fortsetzen.

Während dieses kurzen, nicht fixierten demi-plié nehmen die Arme jene Haltung ein, aus der gewöhnlich Schwung für die tours en l'air geholt wird. Diese Bewegung muß so schnell und rechtzeitig ausgeführt werden, daß die Arme in der Haltung en face bereits auf ihrem Platz sind. Danach werden die Arme wie gewöhnlich geführt.

Der Oberkörper ist aufrecht und angespannt. Während des demi-plié zwischen den Pirouetten und den tours muß das Körpergewicht gleichmäßig auf beide Beine verteilt werden. Der Oberkörper setzt die Drehung fort und verstärkt sie beim Absprung durch eine aktive Wendung in die Drehrichtung.

Der Kopf wird bei den Pirouetten und tours »mitgenommen«; die Technik der Drehungen ist im Prinzip die gleiche, jedoch muß der Kopf bei den tours seine Bewegung ganz exakt beginnen und ohne das Tempo zu verlieren, da während des demi-plié das Tempo trotz alledem etwas verlangsamt wird. Diese Verzögerung muß beim Erlernen dieser Art von tours allmählich bis auf ein Minimum verkürzt werden. Dabei ist darauf zu achten, daß die Kopfbewegung nicht durch ein zu überhastetes Fortsetzen der Drehung an Elastizität und Plastik verliert.

Insgesamt ist von Beginn der kleinen Pirouetten an bis zum Ende der tours en l'air eine allgemeine Drehachse zu halten. Wird diese Regel immer beachtet, dann gewinnen die Drehungen an Stabilität und zeichnen sich durch eine virtuose und freie Form aus.

Die kleinen Pirouetten als Ansatz zu den tours en l'air werden gewöhnlich aus der II. Position en dehors ausgeführt, anfangs nicht mehr als drei bis vier Drehungen. Die anschließenden tours enden in der V. Position. Mit dem Anwachsen der Sicherheit und Stabilität der Ausführung kann die Anzahl der Pirouetten erhöht und die tours können auf unterschiedliche Art beendet werden.

Die tours en l'air aus kleinen Pirouetten werden mit Hilfe folgender Übung gelehrt: 2/4-Takt. Ausgangsposition der Beine – V., rechtes Bein vorn, en face; drei kleine Pirouetten en dehors; zwei tours en l'air in die V. Position; drei changements de pied; zwei tours en l'air aus der V. in die V. Position zur gleichen Seite. Bei den letzten tours werden die Arme in die 3. Position geführt; alle übrigen Armbewegungen werden wie üblich ausgeführt.

Auftakt – Abstoß zu den kleinen Pirouetten;

2/4 – drei kleine Pirouetten, jede auf 1/8, demi-plié mit Akzent auf das zweite Viertel;

1/4 – tours en l'air;

1/4 – Landung;

2/4 – drei petits changements, jedes auf 1/8;

1/4 – tours en l'air;

1/4 – Landung.

Anschließend alles zur anderen Seite; insgesamt wird diese Übung zweimal auf jeder Seite ausgeführt.

Es empfiehlt sich nicht, diese Übung vom Schüler nur auf »seiner Seite« ausführen zu lassen, sie muß in diesem Falle unbedingt auf beiden Seiten erarbeitet werden. Es ist lediglich möglich, die Übung mit den kleinen Pirouetten auf »seiner Seite« zu beginnen. Später kann dieser Übergang aus kleinen Pirouetten in tours en l'air in komplizierteren Unterrichtskombinationen angewendet und mit schwierigeren Abschlüssen ausgeführt werden.

Annähernde Reihenfolge des Erlernens der tours en l'air im Unterricht:

1. aus der V. in die V. Position;
2. mit sissonne simple;
3. mit sissonne tombée,
4. mit sissonne ouverte;
5. aus kleinen Pirouetten;
6. zweifache double tours en l'air.

Nachwort

Der Inhalt dieses Buches stellt nur einen geringen Teil der Vielfalt der Unterrichtsmethodik der russischen und sowjetischen Schule des klassischen Tanzes dar. Aus diesem Grunde müssen meine methodischen Empfehlungen nicht immer und nicht in allem mit den Erfahrungen auf diesem Gebiet übereinstimmen, die der zukünftige Ballettpädagoge noch von der Schulzeit an der Ballettschule besitzt.

Viele große Pädagogen des klassischen Tanzes sind führende Lehrer auf der Grundlage jener methodischen Richtungen, mit deren Hilfe die Ballettschulen unseres Landes unter Anwendung der verschiedenen Systeme des Unterrichts und der Erziehung die Tänzer ausgebildet haben. Ich hoffe, daß diese Meister oder ihre Schüler mit der Zeit ihre Methodik der Unterrichtsführung, ihr Wissen und ihre Anschauungen, ihr Können und ihre Erfahrungen in Fachliteratur verallgemeinern. Nichts unterstützt und bereichert den jungen, suchenden Pädagogen mehr, als die Kenntnis der verschiedenen individuellen methodischen Systeme; sie helfen ihm, Klarheit in jenen spezifischen Fragen zu erlangen, die ihn bewegen.

So wie die sowjetische Ballettkunst im allgemeinen beständig ihr klassisches Erbe pflegt, so setzt auch die sowjetische Schule des klassischen Tanzes im besonderen ihre Traditionen fort, indem sie sich das Vorhandene schöpferisch aneignet, entwickelt und vervollkommnet. Manchmal wird der Schule jedoch vorgeworfen, daß sie die zukünftigen Ballettkünstler nicht mit jenen Fertigkeiten ausstattet, die die Choreographen bei der Anwendung verschiedener Tanzstile, z.B. des grotesken, exzentrischen oder akrobatischen, in neuen, zeitgenössischen Ballettwerken von ihnen fordern. Auf diese Frage kann man antworten: Wenn der Choreograph selbst die Schule des klassischen Tanzes beherrscht und noch dazu Talent besitzt, dann genügt ihm die Plastik des klassischen Tanzes als Grundlage vollauf, um darauf seine originellen und zeitgenössischen Werke aufzubauen. Die Choreographen unterschiedlicher Richtungen bevorzugen in der Zusammenarbeit mit den Ausführenden jene Tänzer, die die akademische Schule des klassischen Tanzes absolviert haben. Das klingt paradox, ist jedoch völlig gesetzmäßig. Die Praxis zeigt, daß diese Tänzer während der Proben und der Arbeit an der Aufführung selbst ausgezeichnet die verschiedenen szenischen Aufgaben lösen, in denen die obengenannten tänzerischen Stile angewendet werden. Es ist nicht das Ziel der Schule des klassischen Tanzes, dem Schüler einen bestimmten Komplex von Bewegungen anzuerziehen, sondern mit Hilfe von Übungen den Körper so weit auszubilden und das Bewußtsein des Ausführenden so weit zu erziehen, daß er fähig ist, *sich frei, auf verschiedenartige Weise, ausdrucksvoll und den Vorstellungen des Choreographen entsprechend zu bewegen. Dies ist die Grundaufgabe der Schule; sie sollte Maxime eines jeden Pädagogen sein und geschickt in der Praxis verwirklicht werden.*

Selbstverständlich nimmt die Schule in der künstlerischen Praxis des Theaters einen sehr bescheidenen Platz ein und ist in ihrer Entwicklung in vielem vom Theater abhängig. Obwohl sie in der Meisterschaft der Choreographen und Ausführenden fast völlig aufgeht, kommt sie doch in allen ihren künstlerischen Handlungen zum Ausdruck. *Die Schule kann für den Choreographen, welch stilistischer Richtung er auch immer angehören mag, im allgemeinen der engste, zuverlässigste und nützlichste schöpferische Partner sein, wenn er sich die Schule des klassischen Tanzes angeeignet hat und entsprechende Kenntnisse besitzt.*

Im Prozeß der Loslösung von einer äußerlichen, manierierten Schönheit der Bewegungen, besonders in der Kunst des Männertanzes, hat sich die sowjetische Schule des klassischen Tanzes künstlerisch zielgerichteter, zu einem tiefgründigeren Ideengehalt, zu größerer Virtuosität und Vollendung in der Technik und Vielgestaltigkeit der Form entwickelt. Sie erfreut sich eines ständigen Erfolges bei unseren ausländischen Zuschauern. Ihre Choreographen, Ausführenden und Pädagogen sind gefragte Spezialisten im Ausland. Mit einem Wort, die sowjetische Schule des klassischen Tanzes hat einen nicht geringen Beitrag zur Entwicklung der Ballettkunst im Weltmaßstab geleistet.

Den reinen akademischen Stil des klassischen Tanzes zu bewahren, seine Virtuosität und Kultur zu entwickeln und zu vervollkommnen – diese Aufgabe steht vor der jungen Generation, die in der Ballettkunst tätig ist.

Register

Die Seitenangabe für die genaue Bewegungsbeschreibung ist kursiv gedruckt.

Liane Simmel Eva-Maria Kraft
Ernährung
für Tänzer
Grundlagen
Leistungsförderung
Praxistipps
HENSCHEL

Liane Simmel

Tanzmedizin in der Praxis

Anatomie, Prävention, Trainingstipps

272 Seiten, 285 s/w Abbildungen
ISBN 978-3-89487-596-1

Medizinisches Basiswissen speziell für Tänzer, Tanzpädagogen und Tanzschaffende aller Genres: Hier werden die wichtigsten Aspekte der Tanzmedizin leicht verständlich und anschaulich dargestellt. Reichhaltiges Bildmaterial und viele praktische Tipps und Übungen helfen, das theoretische Wissen im Tanzalltag konkret anzuwenden. Themen u.a.: Reise durch die Anatomie des Körpers, typische Be- und Überlastungen, Anleitung zur Eigenanalyse, Prävention von Verletzungen, Erste Hilfe im Tanzsaal, Regeneration und Trainingsplanung.

www.henschel-verlag.de